i 时代信息化战略管理方法

范玉顺 著

清华大学出版社
北京

内 容 简 介

信息技术的快速发展正在将人类带入信息应用的智能化阶段,即 i 时代,它可以为人们提供无所不在的个性化信息服务,将深入改变人类的生活方式和商业模式。信息技术已经成为企业具有战略价值的技术,对战略信息技术及其应用过程进行有效管理可显著提高企业的竞争力,并使企业在信息技术和资源上的投资取得更大的效益。

本书分三篇论述了信息化管理战略的理论与框架、方法与系统、基础与核心技术,第一篇介绍了信息技术在促进企业运作模式、组织与业务流程、产品和服务创新中的战略作用,介绍了信息化管理的战略框架和信息化整体解决方案;第二篇介绍了企业信息化应用的主要系统,包括现代集成制造系统、工程设计与制造自动化系统、管理信息系统、业务流程管理系统;第三篇介绍了企业信息化的基础理论和核心技术,包括企业管理理论、物联网、云计算、大数据和企业集成方法。

本书可作为企业管理、自动化、计算机、工业工程、制造工程专业的研究生和高年级本科生的教材使用,也可供从事信息技术研究与企业信息化应用的科研人员、企业领导、信息化主管、信息化咨询规划人员作为参考书使用。

本书封面贴有清华大学出版社防伪标签,无标签者不得销售。
版权所有,侵权必究。举报: 010-62782989,beiqinquan@tup.tsinghua.edu.cn。

图书在版编目(CIP)数据

i 时代信息化战略管理方法/范玉顺著.--北京:清华大学出版社,2015(2021.10重印)
ISBN 978-7-302-39214-9

Ⅰ. ①i… Ⅱ. ①范… Ⅲ. ①企业信息化—战略管理—研究 Ⅳ. ①F270.7

中国版本图书馆 CIP 数据核字(2015)第 024169 号

责任编辑:薛　慧
封面设计:何凤霞
责任校对:刘玉霞
责任印制:宋　林

出版发行:清华大学出版社
　　网　　址:http://www.tup.com.cn,http://www.wqbook.com
　　地　　址:北京清华大学学研大厦 A 座　　邮　编:100084
　　社 总 机:010-62770175　　　　　　　　邮　购:010-62786544
　　投稿与读者服务:010-62776969,c-service@tup.tsinghua.edu.cn
　　质量反馈:010-62772015,zhiliang@tup.tsinghua.edu.cn
印 装 者:三河市龙大印装有限公司
经　　销:全国新华书店
开　　本:185mm×260mm　　印　张:33　　字　数:800 千字
版　　次:2015 年 2 月第 1 版　　　　　　　印　次:2021 年 10 月第 7 次印刷
定　　价:99.00 元

产品编号:059408-02

序 PREFACE

信息技术的快速发展正在将人类带入信息应用的智能化阶段,即 i 时代,它可以为人们提供无所不在的个性化信息服务,它将改变人类的生活方式和商业模式。与过去的数字化应用时代相比,i 时代在技术上和商业模式上都有着显著的不同,i 时代是一个"通过利用无所不在的感知、超高速的信息传递、高效的知识共享、智能化的分析和决策,形成人—机—物三元一体化的信息物理融合空间,按用户需求快速提供大批量个性化服务"的时代。在信息应用的智能化阶段,信息化是企业提升竞争力的重要手段之一,也是实现企业创新的重要支持技术,其战略性作用已经获得广泛共识。信息技术在企业的应用必将引起整个企业经营战略、运作模式、组织结构、业务流程、产品开发和制造过程的深刻变化,并最终形成以无所不在的感知、超高速的互联互通、海量数据的智能分析为特征的智能化企业。

信息技术的战略价值表现在它不仅可用于提高企业的业务运作效率,还在整合组织和社会资源中发挥着越来越重要的作用,即通过信息技术将组织、人员及其工作整合为一种网络化的组织形式,以创造更高的生产率,并与其他企业实现协同,促进整个价值链的增值。

在企业信息化应用过程中也遇到了各种各样的困难,使人们逐步认识到企业信息化工作不是一个单纯的技术问题,而是信息技术与企业业务和管理的融合问题。企业信息化工作是一个系统化工程,涉及企业文化、管理模式、组织、业务管理、设计生产流程和外部的政府、机构、供应商、客户等多个环节和多方面因素,信息系统的设计、实施和应用维护是一个非常复杂的过程。因此,对企业信息化实施过程进行有效的管理非常重要,它有助于提高企业信息化实施的成功率,降低信息化实施的风险,降低信息系统实施和维护成本。

在网络经济和知识经济时代,信息资源和知识资源已经成为企业重要的战略性资源,因此,必须从战略的角度对信息资源与知识资源进行有效的管理,企业需要将信息资源作为一种战略财产来管理,应该将信息资源管理与企业的战略规划联系起来,在企业的每个层面上识别信息资源和获利机会,并借以构筑新的竞争优势。

基于对信息技术、信息资源的战略重要性和信息化管理的复杂性的认识,本书分三篇论述了信息化战略管理的理论与框架、信息化管理的方法与系统、信息化管理的基础与核心技术,目的是希望从企业信息化管理的理论和战略框架入手,从战略的角度来论述企业信息化管理问题,通过企业业务战略与信息化战略的融合,逐步建立起有效的信息化战略管理框架和信息化整体解决方案。在信息化战略管理框架和信息化整体解决方案的指导下,基于企业信息化相关基础和核心技术(物联网、云计算、大数据、企业集成、面向服务的体系结构),充分应用信息化管理系统(管理信息系统、产品数据管理系统、现代集成制造系统、业务流程管理系统、制造执行系统等)和方法,进行企业信息系统的规划、实施、应用和维护。

第一篇介绍了信息化战略管理的理论与框架,共分 6 章,内容包括:信息与信息技术的定义与内涵；信息技术支持下的企业管理模式、组织与业务流程、产品和服务的创新；信息化管理的定义和内涵；企业信息化管理的战略内容框架和战略管理框架，信息化管理的战略一致性模型和一致性匹配过程；提出了一个信息化管理的成熟度模型，用于评价企业的信息化管理水平；最后给出了企业信息化整体解决方案的定义、内涵、内容和框架。

第二篇介绍了企业信息化管理的方法与系统，共分4章，内容包括：现代集成制造系统的产生背景、发展历程、系统构成和应用案例；企业信息化应用系统；企业管理信息系统；业务流程管理的概念与框架，业务流程的可视化管理与业务流程的自动化方法和应用案例。

第三篇介绍了对企业信息化实施管理有重要影响的基础与核心技术，共分5章，内容包括：企业管理的相关知识和基本原则；物联网的产生背景、关键技术和应用情况；云计算的概念和内容实践；大数据的产生背景、应用情况和关键技术；企业集成平台的概念、数据集成模式、集成平台实现方法和集成平台的成熟度模型；面向服务的体系结构（SOA）的定义、参考模型、组件化建模方法、实施方法与关键技术问题。

本书是在作者及其研究团队多年研究工作的基础上总结编写而成。一方面是希望将作者多年来在企业信息化方面开展的研究工作进行总结，供广大从事企业信息化工作研究与应用人员参考。另一方面是希望通过本书的编写，促进企业信息化相关理论、实施方法、支撑环境的研究与应用，在信息化管理战略思想和系统论方法的指导下，以建立未来的全面集成的数字化企业为目标，实现企业远景规划、产品发展、管理变革、信息技术支撑的良好匹配和协调，以可控和可持续发展的方式开展企业信息化工作。本书可以作为企业信息化实施管理的参考资料，也可以作为企业管理、自动化、计算机、工业工程、制造工程等相关专业学生学习企业信息化的教材或参考书。

在本书的编写过程中，得到了清华大学、兄弟院校和企业界同行和朋友的大力支持和帮助，在此表示衷心的感谢！作者所在研究组的李想博士后为本书编写了第12章初稿，毕敬博士后为本书编写了第13章初稿，刘轶博士生为本书编写了第14章初稿，在此表示衷心的感谢！企业信息化战略管理是当前的热点研究问题，其理论和方法仍处于快速发展阶段，由于作者水平有限，书中的缺点和错误在所难免，欢迎广大读者批评指正。

作　者
2014年12月于清华园

目录

第一篇 信息化管理战略的理论与框架

第1章 信息与信息技术的发展历程 ········ 3
- 1.1 信息的定义与特征 ········ 3
  - 1.1.1 信息的定义 ········ 3
  - 1.1.2 信息的基本特征和认知模型 ········ 5
  - 1.1.3 数据、信息、知识和智能的关联与区别 ········ 7
- 1.2 信息的度量和价值 ········ 10
  - 1.2.1 信息的度量 ········ 10
  - 1.2.2 信息的价值 ········ 13
- 1.3 信息应用的发展历程 ········ 14
  - 1.3.1 信息应用的前四个阶段 ········ 14
  - 1.3.2 信息应用的智能化阶段(i时代) ········ 17
- 1.4 信息技术的功能 ········ 28
  - 1.4.1 信息技术的本原功能 ········ 28
  - 1.4.2 信息技术的扩展功能 ········ 29
  - 1.4.3 信息技术的战略功能 ········ 30
  - 1.4.4 湿件的作用 ········ 32
- 1.5 信息技术的企业应用发展历程 ········ 32
- 1.6 DELL公司信息技术应用案例 ········ 36
  - 1.6.1 基于Internet的协同产品商务 ········ 36
  - 1.6.2 基于Internet的直线订购模式 ········ 36
- 1.7 虚拟世界——"第二人生" ········ 37
  - 1.7.1 "第二人生"概述 ········ 37
  - 1.7.2 初次登录"第二人生"的体验 ········ 40
  - 1.7.3 "第二人生"中的企业宣传 ········ 41
  - 1.7.4 "第二人生"中的土地问题 ········ 44
  - 1.7.5 "第二人生"中的就业 ········ 46
  - 1.7.6 关于"第二人生"的思考 ········ 46

第 2 章　信息技术支持下的企业运作模式创新 …… 48
2.1　信息时代的企业创新需求 …… 48
2.2　工业化环境下企业管理与生产组织模式 …… 50
2.2.1　工业化环境下企业管理模式的形成和特点 …… 50
2.2.2　工业化环境下企业管理模式的优点和不足 …… 52
2.3　敏捷制造战略 …… 55
2.3.1　敏捷制造的产生背景与组成结构 …… 55
2.3.2　企业敏捷性的含义及其评价指标 …… 57
2.3.3　企业敏捷性的实现方法 …… 58
2.3.4　USM 汽车公司的敏捷制造策略 …… 59
2.4　信息化环境下企业创新运作模式 …… 60
2.5　波音公司战略转型与运作模式创新案例 …… 63
2.5.1　波音公司的战略转型 …… 63
2.5.2　采用信息化方法简化管理 …… 65
2.5.3　波音 787 飞机研制生产中的信息化应用 …… 67
2.6　沃尔玛的信息化应用 …… 69
2.6.1　从战略角度重视信息化应用 …… 69
2.6.2　高效的供应链与物流管理 …… 70
2.7　联合攻击战斗机项目信息技术应用实践 …… 71
2.8　众包模式及其应用 …… 77
2.8.1　众包的特点分析 …… 78
2.8.2　劳动力众包 …… 78
2.8.3　企业业务单元功能众包 …… 79
2.8.4　智力众包 …… 80
2.8.5　众包模式在我国的应用 …… 82

第 3 章　信息技术支持下的组织与流程创新 …… 84
3.1　无边界组织的概念 …… 84
3.2　GE 公司的应用实践 …… 87
3.2.1　GE 公司的无边界组织应用实践 …… 88
3.2.2　GE 公司的信息化应用实践 …… 90
3.3　业务流程再造的基本概念 …… 92
3.3.1　业务流程再造的产生背景 …… 92
3.3.2　业务流程再造的基本概念与内涵 …… 95
3.4　业务流程再造的原则与方法 …… 97
3.4.1　业务流程再造的原则 …… 97
3.4.2　业务流程再造的实施框架 …… 99
3.4.3　业务流程再造的实施步骤 …… 101
3.5　业务流程再造的应用实践 …… 103

第 4 章　信息技术支持下的产品创新 …………………………………………………… 113
4.1　产品创新的意义和内涵 …………………………………………………………… 113
4.2　并行工程产生的背景和特点 ……………………………………………………… 115
4.2.1　并行工程产生的背景 ………………………………………………………… 115
4.2.2　并行工程的定义与特点 ……………………………………………………… 117
4.3　并行工程的核心要素 ……………………………………………………………… 117
4.3.1　数字化产品定义 ……………………………………………………………… 118
4.3.2　集成化产品开发团队 ………………………………………………………… 120
4.3.3　开发过程改进与重组 ………………………………………………………… 123
4.3.4　协作工具与环境 ……………………………………………………………… 125
4.4　并行工程的实施方法 ……………………………………………………………… 126
4.5　并行工程应用实施案例 …………………………………………………………… 128
4.5.1　波音公司的并行工程应用案例 ……………………………………………… 128
4.5.2　并行工程在我国企业的应用效果 …………………………………………… 133
4.6　虚拟制造技术 ……………………………………………………………………… 134
4.6.1　虚拟制造的定义和特点 ……………………………………………………… 134
4.6.2　典型的虚拟制造技术 ………………………………………………………… 136

第 5 章　信息技术支持下的服务创新 …………………………………………………… 142
5.1　服务的价值与特性 ………………………………………………………………… 142
5.1.1　服务的价值 …………………………………………………………………… 142
5.1.2　服务的定义及特性 …………………………………………………………… 144
5.2　服务创新的内涵 …………………………………………………………………… 146
5.3　服务创新理论及创新要素 ………………………………………………………… 148
5.4　服务创新应用案例 ………………………………………………………………… 152
5.4.1　陕鼓制造服务创新应用 ……………………………………………………… 152
5.4.2　富士施乐的文件管理服务 …………………………………………………… 153
5.5　面向服务的企业 …………………………………………………………………… 155
5.5.1　面向服务企业的概念与定义 ………………………………………………… 155
5.5.2　面向服务企业的内涵 ………………………………………………………… 157
5.5.3　业务组件建模方法 …………………………………………………………… 158
5.5.4　荷兰银行面向服务的企业案例 ……………………………………………… 162
5.6　务联网的产生背景与关键技术问题 ……………………………………………… 164

第 6 章　信息化战略管理框架与整体解决方案 ………………………………………… 169
6.1　企业信息化工作面临的主要困难 ………………………………………………… 169
6.1.1　管理层面的困难 ……………………………………………………………… 169
6.1.2　技术层面的困难 ……………………………………………………………… 171
6.1.3　操作层面的困难 ……………………………………………………………… 174
6.1.4　企业信息化实施失败的管理原因分析 ……………………………………… 175

6.2 信息化管理的定义与内涵 …… 176
6.3 信息化战略管理框架 …… 181
6.4 战略一致性模型与管理框架 …… 184
    6.4.1 战略一致性模型 …… 184
    6.4.2 战略一致性匹配 …… 185
    6.4.3 信息系统战略一致性管理框架 …… 186
6.5 信息化管理的成熟度模型 …… 188
6.6 企业信息化整体解决方案 …… 190
    6.6.1 企业信息化整体解决方案的定义和内涵 …… 190
    6.6.2 信息化整体解决方案的具体内容 …… 192
    6.6.3 信息化整体解决方案的实施途径 …… 194
6.7 通用汽车公司的信息化应用案例 …… 197
    6.7.1 通用汽车公司面临的困境 …… 197
    6.7.2 有效的解决方案——DLN …… 198
    6.7.3 DLN 的实施过程 …… 200
    6.7.4 DLN 推广应用 …… 204

第二篇　信息化管理的方法与系统

第 7 章　现代集成制造系统 …… 209
7.1 CIMS 的产生背景与发展历程 …… 209
    7.1.1 计算机集成制造的概念与定义 …… 209
    7.1.2 现代集成制造系统的定义与内涵 …… 211
7.2 CIMS 的组成 …… 213
7.3 CIMS 中的集成 …… 215
7.4 复杂系统求解框架 …… 219
7.5 CIMS 应用案例 …… 222
    7.5.1 企业基本情况和需求 …… 222
    7.5.2 CIMS 工程目标和系统组成 …… 222
    7.5.3 实施效益 …… 224

第 8 章　企业信息化应用系统 …… 227
8.1 企业入口系统 …… 227
    8.1.1 企业入口的概念 …… 227
    8.1.2 企业入口的主要功能和特点 …… 228
8.2 工程设计自动化系统 …… 230
    8.2.1 计算机辅助设计系统 …… 230
    8.2.2 计算机辅助工艺设计系统 …… 233
    8.2.3 计算机辅助制造系统 …… 235

8.2.4 计算机辅助工程 ··· 237
8.2.5 产品数据管理 ··· 239
8.2.6 产品生命周期管理 ·· 242
8.3 制造自动化系统 ··· 244
8.3.1 数控系统 ··· 244
8.3.2 CNC 系统 ··· 247
8.3.3 DNC 系统 ··· 249
8.3.4 柔性制造系统 ··· 250
8.3.5 制造执行系统 ··· 253

第 9 章 企业管理信息系统 ·· 256
9.1 企业管理信息系统概述 ··· 256
9.1.1 企业管理信息系统的特点与功能 ·· 256
9.1.2 企业管理信息系统的发展历程 ··· 258
9.2 MRP Ⅱ/ERP 系统中的基本概念 ··· 262
9.3 物料需求计划 ·· 267
9.4 MRP Ⅱ 系统 ·· 272
9.5 企业资源计划 ·· 277
9.5.1 企业资源计划的扩展特性 ·· 277
9.5.2 企业资源计划系统的主要功能 ··· 278
9.6 供应链与客户关系管理 ··· 283
9.6.1 供应链管理 ··· 283
9.6.2 客户关系管理 ··· 286
9.7 商业智能系统 ·· 287
9.7.1 商业智能概念 ··· 287
9.7.2 商业智能系统方案 ·· 289

第 10 章 业务流程管理系统 ·· 291
10.1 业务流程管理的意义 ··· 291
10.2 业务流程管理的基本概念 ·· 292
10.3 业务流程管理框架 ·· 295
10.4 业务流程建模与优化方法 ·· 298
10.4.1 业务流程建模的基本概念 ·· 298
10.4.2 业务流程建模方法 ·· 300
10.4.3 业务流程分析与优化方法 ·· 305
10.5 业务流程可视化管理与监控 ·· 309
10.5.1 业务流程模型的可视化 ··· 309
10.5.2 业务流程实例的可视化管理 ·· 312
10.5.3 基于业务流程的绩效考核 ·· 313
10.6 业务流程实施与自动化 ··· 315

10.6.1　工作流管理系统参考模型与功能 ……………………………… 315
10.6.2　业务流程管理系统实施方法 …………………………………… 319
10.6.3　实施案例 ………………………………………………………… 320

第三篇　信息化管理的基础与核心技术

第 11 章　企业管理的基本理论 …………………………………………… 327

11.1　企业的基本组成 ………………………………………………………… 327
　　11.1.1　企业的基本概念 ………………………………………………… 327
　　11.1.2　企业的基本特性 ………………………………………………… 328
　　11.1.3　企业类型 ………………………………………………………… 329
11.2　现代企业制度的内涵 …………………………………………………… 332
　　11.2.1　产权清晰、权责明确的企业法人制度 ………………………… 332
　　11.2.2　有限责任制度 …………………………………………………… 333
　　11.2.3　科学的组织管理制度 …………………………………………… 333
11.3　管理的内涵与特性 ……………………………………………………… 334
　　11.3.1　管理的概念 ……………………………………………………… 334
　　11.3.2　管理科学的特性 ………………………………………………… 336
　　11.3.3　企业管理的目标 ………………………………………………… 337
　　11.3.4　企业管理的职能 ………………………………………………… 337
11.4　企业管理理论的起源与发展 …………………………………………… 341
　　11.4.1　早期的管理思想 ………………………………………………… 341
　　11.4.2　古典管理理论 …………………………………………………… 342
　　11.4.3　管理思想中的人性假设 ………………………………………… 344
　　11.4.4　现代管理理论 …………………………………………………… 347
　　11.4.5　未来管理变革的发展趋势 ……………………………………… 351
11.5　企业组织 ………………………………………………………………… 353
　　11.5.1　组织的定义 ……………………………………………………… 353
　　11.5.2　组织设计的基本原则 …………………………………………… 354
　　11.5.3　企业组织结构的基本类型 ……………………………………… 355
　　11.5.4　组织设计的步骤 ………………………………………………… 359
11.6　企业案例 ………………………………………………………………… 359
　　11.6.1　组织机构与信息流图 …………………………………………… 359
　　11.6.2　部门功能和主要业务流程 ……………………………………… 360
　　11.6.3　信息系统 ………………………………………………………… 364

第 12 章　物联网 …………………………………………………………… 366

12.1　物联网的基本概念与发展过程 ………………………………………… 366
　　12.1.1　物联网的概念 …………………………………………………… 366

         12.1.2 物联网的基本架构 …………………………………………… 367
         12.1.3 物联网的特点 ……………………………………………… 369
         12.1.4 物联网的发展历程 …………………………………………… 370
   12.2 RFID 的起源与系统组成 ……………………………………………… 372
         12.2.1 RFID 的起源 ………………………………………………… 372
         12.2.2 RFID 标签 …………………………………………………… 373
         12.2.3 RFID 读写器 ………………………………………………… 377
         12.2.4 天线、频段与应用系统 ……………………………………… 377
   12.3 RFID 的工作原理 ……………………………………………………… 379
   12.4 RFID 中间件 …………………………………………………………… 382
   12.5 物联网的关键技术 ……………………………………………………… 384
         12.5.1 信息感知技术 ………………………………………………… 384
         12.5.2 信息传输技术 ………………………………………………… 385
         12.5.3 信息处理技术 ………………………………………………… 392
         12.5.4 信息安全技术 ………………………………………………… 393
   12.6 物联网的企业应用 ……………………………………………………… 394
         12.6.1 RFID 在零售业的应用 ……………………………………… 394
         12.6.2 RFID 在供应链管理方面的应用 …………………………… 395
         12.6.3 RFID 在制造企业中的应用 ………………………………… 396
         12.6.4 RFID 在其他领域的成功应用 ……………………………… 398
   12.7 智能农业物联网 ………………………………………………………… 398
   12.8 智能交通物联网 ………………………………………………………… 399
   12.9 智能家居 ………………………………………………………………… 400

第 13 章 云计算 ………………………………………………………………………… 402
   13.1 云计算的概念和主要特征 ……………………………………………… 402
         13.1.1 云计算的概念 ………………………………………………… 403
         13.1.2 云计算的主要特征 …………………………………………… 405
   13.2 云计算的工作原理与关键技术 ………………………………………… 406
         13.2.1 云计算的工作原理 …………………………………………… 406
         13.2.2 云计算的关键技术 …………………………………………… 408
   13.3 典型云计算的服务模式 ………………………………………………… 411
   13.4 典型云计算的部署模式 ………………………………………………… 413
   13.5 云计算的现状分析 ……………………………………………………… 413
   13.6 云计算的行业实践 ……………………………………………………… 417
         13.6.1 云计算在电信行业的应用 …………………………………… 417
         13.6.2 云计算在医疗行业的应用 …………………………………… 417
         13.6.3 云计算在制造行业的应用 …………………………………… 418
         13.6.4 云计算在教育领域的应用 …………………………………… 418

第 14 章　大数据 · · · · · · 420

14.1　大数据的产生背景与数据来源 · · · · · · 420
- 14.1.1　大数据的产生背景 · · · · · · 420
- 14.1.2　大数据的来源 · · · · · · 422

14.2　大数据定义与特征 · · · · · · 425
14.3　大数据所带来的思维转变 · · · · · · 429
14.4　大数据与产业变革 · · · · · · 432
14.5　大数据典型行业应用 · · · · · · 435
- 14.5.1　医疗与健康领域应用 · · · · · · 435
- 14.5.2　媒体与广告行业应用 · · · · · · 436
- 14.5.3　教育和科研领域应用 · · · · · · 438
- 14.5.4　制造与设计领域应用 · · · · · · 440
- 14.5.5　金融行业应用 · · · · · · 441
- 14.5.6　零售行业应用 · · · · · · 442

14.6　大数据下企业管理的新方法 · · · · · · 445
- 14.6.1　新的价值创造过程 · · · · · · 445
- 14.6.2　以数据中心为基础的知识管理与决策支持 · · · · · · 447
- 14.6.3　建立企业数据共享平台和开放式企业环境 · · · · · · 450

14.7　大数据应用中的关键技术 · · · · · · 451
- 14.7.1　分布式架构技术 · · · · · · 451
- 14.7.2　数据挖掘技术 · · · · · · 457
- 14.7.3　新型企业数据存储技术 · · · · · · 462

第 15 章　企业集成技术 · · · · · · 465

15.1　企业集成平台 · · · · · · 465
- 15.1.1　企业集成平台概念 · · · · · · 465
- 15.1.2　集成平台的标准化 · · · · · · 468
- 15.1.3　企业集成平台实现技术发展趋势 · · · · · · 468

15.2　数据集成及其实现模式 · · · · · · 471
15.3　应用集成及其实现模式 · · · · · · 473
15.4　企业集成平台的实现模式 · · · · · · 479
15.5　企业集成运行的成熟度模型 · · · · · · 483
15.6　SOA 的基本概念和内涵 · · · · · · 484
15.7　SOA 的参考模型与实施策略 · · · · · · 487
- 15.7.1　SOA 的参考模型 · · · · · · 487
- 15.7.2　SOA 的实施策略 · · · · · · 492

15.8　SOA 的关键技术和相关标准 · · · · · · 498
15.9　面向服务的组件模型 · · · · · · 505

参考文献 · · · · · · 508

第一篇

信息化管理战略的理论与框架

第1章

信息与信息技术的发展历程

1.1 信息的定义与特征

1.1.1 信息的定义

人类社会已经进入了信息时代,"信息"一词也已经成为当前各种媒体中出现频率最高的词汇之一。作者于 2014 年 2 月 20 日在 Google 搜索引擎(http://www.google.com.hk)上输入"信息"搜索到 60.5 亿条记录,输入"Information"搜索到 13.7 亿条记录,在 Google 学术搜索引擎(http://scholar.google.com.hk)上先后输入"信息"和"Information",分别搜索到 616 万个和 601 万个相关论文和图书的条目。上述结果表明,信息在政治、经济、科技、生产、生活等各个领域都发挥着非常重要的作用,广大科研人员也投入了大量的精力和时间开展对信息、信息技术及其应用的研究。那么信息的真正含义是什么呢?

信息一词来源于拉丁文 Informare,原意是指一种陈述或一种解释、理解。在信息应用的发展历程中,不同的研究者从各自研究问题的角度给出了多种关于信息的定义。对如何定义信息大致可以分为两大类观点,第一类观点是基于信息是构成物质世界三大要素这个基本认识,从本体论和认识论的角度探讨信息客观存在性和其本质,即主要说明信息是什么;第二类观点是从信息的效用角度探讨信息的作用、价值和表现形式,即主要说明信息有什么用,有多大价值。

第一类观点中代表性的定义有:

(1) 中文《辞海》中将信息定义为音信、消息。

(2)《现代汉语词典》对信息的定义是:信息论中指用符号传送的报道,报道的内容是接收符号者预先不知道的。

(3) 钟义信教授提出的信息定义:信息是事物存在方式或运动状态,以及对这种方式或状态的直接或间接的表述。

(4) 控制论创始人维纳在 1948 年出版的《控制论——动物和机器中的通信与控制问题》一书中指出:信息就是信息,不是物质,也不是能量。后来他进一步指出:信息是人和外界相互作用的过程中互相交换的内容的名称。

(5) 苏联学者别尔格在其 1971 出版的《控制论中的方法观点》一书中指出:信息作为自然界客观现象的一个方面,是在整个宇宙中无所不存在的,……人们在研究能量场(引力、点、磁场、……)的特点时,也应该考虑到这些场都是信息的负载者。

以上定义对信息的本质特征和含义、信息与物质和能量的关系等进行了讨论,说明了信息的客观独立存在性,信息不是物质也不是能量,信息反映了物质和能量的存在方式和运动状态,同时指出了信息依赖于物资和能量进行存储和传递。对信息的作用、信息量、信息的价值和存在形式等问题没有进行讨论,对信息与数据之间的关系也没有进行讨论。

信息定义的第二类观点则是主要从信息的作用、价值和表现形式方面进行讨论。信息论创始人香农(Shannon)认为:信息是通信的内容,是用来消除未来的某种不确定性的东西,信息的多少反映了消除不确定性的大小。香农关于信息的定义首先明确了信息的本质是通信,即,虽然信息是客观存在的,但是没有通信和交流,信息就没有体现出来。比方说在一个原始森林中倒下了一棵树,当然就产生了信息,但是由于外界没有收到这个信息,所以也就不知道发生了树倒下这个事件。香农关于信息定义的第二个意义是说明了信息的效用和价值,即,信息的效用和价值反映在消除未来的不确定性上。如天气预报发布信息的价值就在于消除了人们对以后天气的未知性,人们可以根据这个信息决定第二天穿多少衣服、是否需要带上雨具。香农关于信息定义的第三个意义是对信息量做出了定义,即用反映消除未来不确定性的大小作为衡量信息量多少的指标,这实际上反映了信息对于决策的重要性。如对报纸上的某条新闻,人们说它是垃圾新闻(信息量低),可能主要是说它报道的都是大家已经知道的事情或者是人们根本不感兴趣的事情,它不能够帮助阅读者进一步消除对某个事情、某个问题存在的疑虑。

卢卡斯给出的信息定义为:信息是指可以用来降低某些事件或者状态的不确定性的有形的或者无形的实体[1]。卢卡斯给出的定义在香农关于信息定义的基础上,指出了信息具有有形的实体和无形的实体两种形式。无形的实体包括电视、广播、电话中传递的声音和图像,报纸、图书中给出的图文信息,计算机磁盘、光盘中存储的资料。而有形的实体则包括雕塑、沙盘、机械模型等。

戴维斯和欧桑给出的信息定义是:信息是经过加工形成的对于接受者有意义的一定格式的数据,它对于当前的或者预期的决策有明确的价值[2]。在这个定义中,戴维斯和欧桑强调了信息对决策要有价值。在日常生活和工作中,人们会收到许多信息,大量的信息多被丢弃,而只有对决策者希望解决的问题有价值的信息才会引起重视并被接受。戴维斯和欧桑还明确指出了信息是经过加工的有格式的数据,这说明了为了使信息接收者能够接受和理解信息,必须要对原始的数据进行加工和处理,形成信息接收者能够理解的格式,同时可以看出信息的处理过程离不开人的智慧和劳动,人对信息进行的智能化加工使得信息能够更方便地进行传递和使用。虽然有许多对采集到的数据进行自动加工处理的系统,但其本质也是人类智力劳动的结果,因为其加工处理程序是由人编制出来的。

刘红军给出的信息定义是:信息是认知主体对物质特征、运动方式、运动状态以及运动的有序性的反映和揭示,是事物之间相互联系、相互作用的状态的描述[3]。这个定义强调了信息是对物质运动有序性的揭示,有序性则是人们希望认识和掌握的客观事物的运动规律,有了运动规律人们就可以去适应、控制,甚至改造客观世界。

除了上面介绍的部分学术界给出的信息定义以外,政府部门、企业管理者、社会活动家们还对信息给出了许多生动的描述,如信息是战略资源、信息是生产力、信息是企业的核心竞争力等,虽然这些描述多少有些像口号,但却反映了不同人对信息及其作用的理解。

1.1.2　信息的基本特征和认知模型

信息具有以下基本特征：

(1) 普遍性：信息反映事物存在和运动的状态与方式，只要事物及其运动客观存在，就必然存在其运动的状态和方式，信息就必然存在。物质、能量、信息一起构成客观世界的三大要素。

(2) 动态性：由于信息是反映客观事物的存在和运动状态的，客观事物处于不断的运动过程中，因此信息也在不断发展更新。

(3) 依附性：信息与认知主体存在密切的联系，必须通过主体的主观认知才能被反映和揭示。信息依附于认知主体，信息的收集、加工、整理、储存、传递都离不开人。人的观念、意识、思维、能力、素质和心理等因素对信息的质与量都有重大的影响。

(4) 相对性：信息是无限的，人的认识能力有限，作为认知主体的人总是不能够全面地认识和感知信息。即使是同样的信息，不同的认知主体对于它的认知程度也不同。

(5) 可持续性和可传递性：信息在时间上可持续保持，在空间范围内可以从一个地点移动到另外一个地点，当然，信息的保持和传递都需要依赖于某种物质媒介作为载体，如纸张、磁盘、广播、网络、电话。

(6) 共享性：物质和能量具有独占性，不能够被共享，而信息是可以被共享的，信息共享范围越大，其价值就越大。因此，基于物质和能量的经济发展方式受到物理资源的制约，具有明显的增长极限，而基于信息的知识经济具有可持续发展性。

(7) 加工性：信息和物质能量一样可以被加工，对信息的加工主要是为了方便信息的传递、理解和使用，加工方式包括对信息进行格式转换、分析、综合、扩充、提炼。对信息进行加工后其信息量可以增加（如信息综合），也可以减小（如图像压缩）。

(8) 时效性：信息具有非常明显的时效性，信息的价值与获得信息的时间、地点、速度密切相关。一般来说，随着时间的流逝，信息的价值会不断降低。

在构成客观世界的三大要素中，物质和能量是不依赖于人的认识的客观存在，具有客观性。而信息除了具有客观性外，还具有很强的主观性，即，信息本身是不依赖于人的认识的客观存在，而对信息的理解和应用则在很大程度上依赖于认知主体。据此，作者提出了图 1-1 所示的信息认知的六维模型，其中位于中心的信息代表了信息的客观存在性，而围绕客观存在信息的是影响人对信息认知的六个因素，其中左上三角形部分的决策维、认知维和环境维反映了影响信息理解和应用的认知层面的三个因素，右下三角形部分的时间维、空间维和形式维反映了影响信息理解和应用的客观层面的三个因素。以下对这六个因素分别进行介绍。

(1) 决策维

人们每天都会接收到大量信息，其中只有很少一部分与信息接收者待决策问题相关的信息被处理和利用。比如说股票市场的信息对于炒股的人是十分重要的，因为这些信息直接影响他们买入和卖出股票的决策，而对从不关心股票交易的球迷可能没有任何意义。因此，与决策问题的相关性是认知者决定信息是否有用、是否对其作进一步处理和应用的第一重要因素。同样，决策者的决策风格也对信息的获取和应用有重要的影响，如有的决策者固

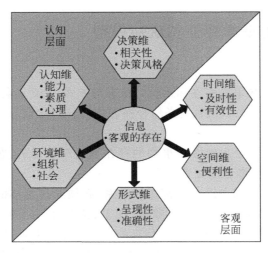

图 1-1　信息认知的六维模型

执地想推进一个方案,就容易忽略掉那些对推进这个方案不利的信息,或者认为这些信息没有价值,有的决策者比较善于广泛听取意见,就可能发现有价值的信息。

(2) 认知维

由于信息必须通过主体的主观认知才能够被反映和揭示,人的观念、意识、思维、能力、素质和心理等因素对信息的质与量都有重大影响。年龄差别、受教育程度差别、个体心理特征(能力、气质和性格)差别、世界观和审美观不同都会严重影响对信息的获取和应用。比如,对同一场电影或者同一本书,6 岁的儿童和 30 岁的成年人的感受是完全不同的。

(3) 环境维

认知者所处的家庭、组织和社会环境对信息的获取、传递和应用也有非常重要的影响。比如,在比较民主和开放的组织中,信息容易被传播和利用,而在非常官僚和封闭的组织中,信息往往得不到充分传播和共享。

(4) 时间维

及时性和有效性对信息的价值有至关重要的影响。古代的"600 里加急军情快递"就是希望尽快得到相关的信息,而派遣商业间谍到竞争对手的公司去收集情报是希望获得在外部得不到的有效信息(当然这种做法在道德和法律上存在问题)。例如,你想今天买股票就需要知道今天的股票价格。

(5) 空间维

信息获取是否方便也直接影响认知者对信息的利用,因此,如果企业内部各个部门掌握的信息没有与其他部门共享,其价值就没有充分发挥出来。因此,在企业信息化应用中,打破部门间的"信息孤岛",实现信息共享是提升企业协作效率的非常基本而重要的任务。互联网的迅速发展和广泛应用大大方便了人们对信息的获取和利用。

(6) 形式维

信息以什么方式提供给接收者以及提供的信息是否准确,也影响人们对信息的利用。例如,绝大多数人愿意接受目前广播和电视中播出的天气预报这种信息表示方式,而不希望把天空云层的雷达反射信号图直接提供给接收者,因为除了专业人士,一般人是看不懂天空云层的雷达反射信号图的。同时，人们希望得到的是准确信息，而不是含糊不清甚至有错误的信息。

信息可以供决策者用来消除未来的某种不确定性。但是，同样的信息对于不同的决策者可能产生不同的作用。比如，对于"某个公司的股票价格正在上升"这个信息，某些人认为应该买入该公司的股票，认为它还会继续上升；而另外一些人则认为应该赶紧卖出，因为相对于该公司的业绩而言，目前它的股票价格已经非常高了。在获得信息和进行决策之间，还有一个非常重要的对信息含义解释的环节，而这个环节取决于决策者所拥有的知识（经验）。图 1-2 给出了一个信息解释模型。下面以股票购买过程为例对图 1-2 的含义进行说明。

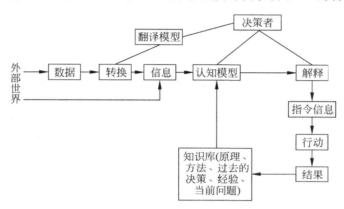

图 1-2　信息的解释模型

在图 1-2 的模型中，假设作为认知主体的决策者王强是一个股票购买者。他从股票交易所的屏幕上看到天通公司的股票价格昨天是 34.8 元（数据），今天是 36.2 元（数据），这些数据经过王强的翻译模型得到"天通公司股票价格在上升"这个信息，同时他又从广播中得到天通公司将收购 HLC 通信公司的移动通信业务的信息；上述信息经过王强的认知模型解释（在王强个人知识库的支持下，对所得到的信息进行综合、分析、逻辑推理和论证）得出大量购买天通公司股票的决策（指令信息）；随后，王强将其所有资金都用来购买了天通公司的股票（行动）；第二天，天通公司股票价格涨到了 40.3 元，王强赚到了一大笔钱（结果）；由于取得了非常好的结果，上述信息解释和决策过程被作为王强的成功经验总结到了其知识库中，以后再有类似的情况发生，他也会采取类似的信息解释、决策和行动方式。

1.1.3　数据、信息、知识和智能的关联与区别

数据、信息、知识和智能是相互关联又有区别的 4 个概念，搞清楚它们之间的关联和区别对于深入理解信息化应用的发展方向和不同时期的工作重点具有重要作用。图 1-3 给出了数据、信息、知识和智能的关联和区别。

数据是没有意义的数字，如 1.85 米，当人们看见 1.85 米这个数字是并不知道它是表示一个人的身高，还是游泳池的水深，必须将它与它所处实际的环境或场景相联系才能够准确理解它。数据是最基础元素，它反映了客观世界最基本的事实和运行状态。早期（1980 年之前）的信息化应用主要是做数据处理，计算机对数据进行处理，得到各种数字结果，然后再

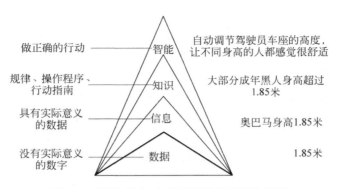

图 1-3　数据、信息、知识和智能的关联和区别

由人对这些结果进行解释,如绘制成特定形式的图或统计表。

信息是指具有实际意义的数据,如"奥巴马身高 1.85 米","你的朋友给你发来一个贺卡"。信息是通过对数据加工处理后得到的,信息是融入了人类数据处理和表现智慧后的数据呈现方式。今天的信息化应用主要是信息处理应用阶段,人们在计算机或者各种移动终端上得到的主要是信息,依据这些信息进行生产经营和业务决策。信息发挥的作用是提供竞争情报、企业经营状态、市场反馈消息、产品成本构成等资讯,帮助管理人员减少决策过程中的不确定性,但是如何理解这些信息,这些信息反映了客观世界的什么规律,如何做出相应的行动完全由人来决定,所做的决策和行动的正确性以及效果则完全因人而异。同样的信息,由于决策者的经验和认识不同,可能会做出截然不同的决策,甚至是背离事物运行方向的错误决策。基于数据和信息处理的信息技术应用属于信息化应用的初级阶段。

知识则是在信息的基础上,总结了人类实践经验后得到的对客观世界运行规律、操作程序和最佳行动策略的认识,如"大部分成年黑人的身高超过 1.85 米"就是一种知识。知识是主体获得的与客观事物存在及变化内在规律有关的系统化、组织化的信息。维基百科(http://zh.wikipedia.org/wiki/%E7%9F%A5%E8%AF%86)中对知识给出的定义是:知识是对某个主题确信的认识,并且这些认识拥有潜在的能力为特定目的而使用。知识是结构化的经验、价值、相关信息和专家洞察力的融合,提供了评价和产生新的经验和信息的框架。维基百科的定义强调了知识的三个重要特征:第一,知识是确信的认识,是指知识是经过大量实践检验后形成的共识;第二,知识可以使用,知识的使用价值是知识的最大作用,它被用来指导生产实践和协调社会活动,使人们的行动方向与客观世界的运行规律相符;第三,知识可以用来评价和产生新的知识,这就使得知识具有了生产要素的特性。随着信息技术的飞速发展,我们正在加速进入知识经济时代,在知识经济中知识成为重要的生产要素,所谓知识经济就是建立在知识的生产、分配和使用(消费)之上的经济。今天得到全球广泛重视的大数据应用可以看做是知识应用的一个方面,即利用大数据挖掘技术,发现企业经营管理和市场运作中隐藏的规律,并用它来指导企业的实践,获得市场竞争优势。企业不能满足于当前的信息处理应用阶段的信息化应用现状,需要不断提升信息化应用的深度,向即将成为主流的知识应用阶段迈进,基于知识的信息技术应用是信息化应用的中级阶段。

智能化是信息化应用的高级阶段。智能是以知识和智力为基础,其中知识是一切智能行为的基础,而智力是获取知识并运用知识求解问题的能力,是头脑中思维活动的具体体现。智能是指个体对客观事物进行合理分析和判断,并灵活自适应地对变化的环境进行响应的一种能力。智能包括环境感知、逻辑推理、策略规划、行动和学习(进化)五种能力,这五种能力是判断一个对象或系统是否具有智能的主要特征。这五种能力结合以后就可以形成若干种智能对象或系统,如智能机器人、智能汽车、智能管理信息系统、智能调度与控制系统、智能大厦、智能工厂、智能电网等。下面以智能汽车为例对这五种能力进行介绍。

(1) 环境感知能力:具有对环境的基本模型建立功能,并能够感知到环境中的变化,如智能汽车可以感知到道路上的障碍物和交通信号灯的信息。

(2) 逻辑推理能力:运用所拥有的知识,对感知到的环境变化进行逻辑推理和判断,识别出对系统运行带来的影响,以决定是否需要采取必要行动,如智能汽车识别出信号灯是红色的,就需要停车,等信号灯变成绿色后再启动汽车。

(3) 策略规划:在逻辑推理得出需要采用行动的情况下,策略规划功能负责制定一个最佳行动策略,如智能汽车识别出道路上的障碍物比较大,需要避让,策略规划功能就需要根据当前的车速、邻近车道上是否有靠近的其他汽车、道路是否湿滑等情况,做出汽车减速和向左(或右)绕行路障的决策。

(4) 行动能力:按照策略规划功能给出的决策,执行系统进行行动操作,如智能汽车的油门和方向控制系统按照策略规划功能给出的策略控制汽车的行进速度和方向。

(5) 学习(进化)能力:每次执行行动完成后,对执行的结果进行评估(刚开始的时候可能需要人帮助进行评估和训练),并总结经验,将成功的结果作为知识进行积累,对失败的结果作为反面案例知识也进行积累,通过学习和知识积累,系统得到不断进化,其对环境变化的响应速度和准确度越来越高。

总结一下,区分一个对象或系统是否具有智能,首先看它是否能够根据环境变化对同样的输入信号做出不同的响应,其次是它本身是否具有进化能力,即随着时间的推移和操作次数的增加,它是否越来越"聪明"。按照这种评价方法,可以判定当前所用的许多信息化系统还不是智能化系统。

《现代汉语词典》对智能的定义是"智慧和能力",对智慧的定义是"辨析判断、发明创造的能力"。对智慧的另外一种定义是"对事物能迅速、灵活、正确地理解和处理的能力。"依据智慧的内容以及所起作用的不同,可以把智慧分为三类:创新智慧、发现智慧和整合智慧。创新智慧,是指人们可以从无到有地创造或发明新东西的能力。发现智慧是指人们发掘已经存在但尚未被认知的事物或其本质、规律的能力。整合智慧是指人们运用现有的规则和知识来调整、梳理、矫正、改变已经存在的东西的能力。

由以上介绍可以看出智能和智慧的含义非常相近,本书采用智能而非智慧来定义信息化的高级阶段,主要原因如下:

(1) 智慧更多地用于形容人,智能更多地用于形容物件或者系统。如称一位老人"智慧老人"是合适的,而称其"智能老人"则有些可笑。把一种手机叫做"智能手机"是合适的,而叫"智慧手机"则不是很合适。

(2) 智慧更多的是反映人类精神层面的活动过程,包括感知、综合、推理、判断、决策、学习等各种智力活动,它主要反映人类拥有知识的丰富程度和认识事物本质的能力,一个人的认识结果越是接近事物的本质,则表明越有智慧,智慧并不要求具有行动能力。而智能除了精神层面的认知和决策过程外,还要关注在物理层面的行动能力,智能必须要有行动能力。一个没有行动能力的人(如物理学家霍金)依然可以称为具有智慧的人。但是一个没有行动能力的对象或系统(如不能开的汽车),是不可以称为智能对象或系统(智能汽车)。

(3) 智慧更多地用于描述一个定性的目标,通常难于评价和测量,如建立智慧城市、智慧地球。智能更多地描述一个可以量化的目标,通常方便进行评价和测量,如设计一个智能控制系统,可以用其能够完成自适应控制的参数变化范围、响应速度、控制精度等进行评价。

1.2 信息的度量和价值

1.2.1 信息的度量

信息是用来消除未来不确定性的东西。从这个意义上看,信息量越大说明消除未来不确定性的能力就越强,那么如何来定量地计算信息量呢? 这里先对如何度量不确定性进行介绍,为此引入熵的概念如下:

设 X 是个随机变量,它取值 x 的概率为 $P(x)$,定义 $H(X)$ 为随机变量 X 的熵

$$H(X) = -\sum_{i=1}^{n} P(x) \log_a P(x) \tag{1-1}$$

当 $a=2$ 时,公式(1-1)得到的熵的单位是比特(bit); $a=10$ 时,熵的单位是底特(dit); 当 $a=e$ 时,熵的单位是奈特(nat)。在统计热力学中,熵是对一个系统混乱度的衡量,混乱度越小,熵越小;在统计热力学中,任何系统的演化,熵只能增加而不会减少,除非施加能量,否则熵不会降低,即熵增原理(热力学第二定律),即一个孤立系统总是从有序向着无序状态演化,系统趋向于熵增,最终达到熵的最大状态,也就是系统的最混乱无序状态。

在信息论中,熵的计算公式(1-1)中取 $a=2$,由此得到是信息熵,它是对事件或系统不确定性的衡量,即一个事件发生的概率越大,其熵越小,不确定性也越小;反之,一个事件发生的概率越小,其熵越大,不确定性也越大。假设一个系统有 n 个可能状态 $S=\{E_1,E_2,\cdots,E_n\}$,每个事件的发生概率 $P=\{p_1,p_2,\cdots,p_n\}$,则每个事件本身的信息熵为 $I_k=-\text{Log}_2 p_k$,此时整个系统的信息熵 $H(S)$ 是所有事件信息熵的平均值,它反映了整个系统的平均不确定性。

$$H(S) = -\sum_{k=1}^{n} p_k \log_2 p_k \tag{1-2}$$

在信息论中,信息熵只能减少而不能增加,这就是信息不增性原理,也就是说对一个系统或者一个事件,不管你对它的评价(提供的信息)是真的还是假的,都增加了人们对它的认识,所以任何输入信息都只能减少人们对它的认识的不确定性,而不可能增加不确定性。

熵可以用来衡量随机变量 X 在不同取值上分布的纯度,随机变量 X 的熵越小,表明该随机变量在不同取值上的分布越不均匀。熵越大,该随机变量在不同取值上的分布越均匀。假设随机变量 X 可以取 2 个值 A,B,取值为 A 的概率为 $p(0 \leqslant p \leqslant 1)$,取值为 B 的概率为 $1-p$,则 $H(X) = -p\log_2 p - (1-p)\log_2(1-p)$,图 1-4 给出了随着 p 从 0 变化到 1 的时候,$H(X)$ 的变化情况。当 $p=0, p=1$ 时,$H(X)=0$; $p=0.5$ 时,$H(X)=1$ 最大; 当 $p=0.1, p=0.9$ 时,$H(X)=0.4690$; 当 $p=0.25, p=0.75$ 时,$H(X)=0.8113$。

从图 1-4 中可以看出,当随机变量 X 的两个取值 A 和 B 出现的概率相同时,其不确定性最大。这点也可以进行如下理解。我们假设是 A 和 B 分别是 2 个球队,p 是 A 球队获胜

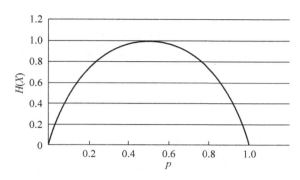

图 1-4 随机变量 X 的熵随其值 A 的概率 p 的变化情况

的概率,当 $p=0.5$ 时,说明两个球队实力相等,有同样的获胜可能性,熵为最大值 1,所以比赛结果的不确定性最大。而当 $p=0.9$,A 球队获胜的可能性就很大了,这时熵为 0.4690,比赛结果的不确定性明显下降了。

至今为止,本书还没有给出信息量的计算方法,而仅仅给出了信息熵,用来衡量事件或系统的不确定性。认为一个系统的信息熵就是信息量的说法是不正确的,因为信息熵是系统自身不确定性的一种度量指标,反映的是系统的内在特性,与信息量完全是两个概念。为了消除事件或系统存在的不确定性就需要提供额外的输入信息,信息量是用来衡量一个消息能够在多大程度上消除对于系统状态了解程度的不确定性的一个概念。一个消息的信息量越大,它消除决策的不确定性的效果就越好。能够完全消除一个事件或系统的不确定性而需要提供的最少额外输入信息量的值等于信息熵,也就是说为了完全消除一个事件或系统的不确定性,至少需要提供不少于其信息熵值的信息量。如果提供的信息量小于系统的信息熵,则不能完全消除其不确定性。那么有没有可能提供的信息量大于信息熵呢? 回答是不可能的。比如一个人说"你提供的信息量太大了,都超出我的预料了",这个说法仅仅是说信息量很大,超出了接收者的期望,但是并没有超过信息熵。实际情况是,当信息量等于信息熵时,已经完全可以消除系统的不确定性了,那些超出预料的信息量实际上是冗余的,对待研究系统和相关的决策是没有任何价值的。信息的作用是用来消除不确定性,那么信息是如何消除不确定性的呢? 有 A 和 B 共 2 支球队比赛,假设它们获胜的概率相同,最终的结果有 2 种可能,A 获胜或者 B 获胜,最终比赛结果这个事件的信息熵为 1 比特。如果有一个人没有观看比赛,他通过询问观看比赛的人最终结果是什么,如果 A 获胜回答 Y,如果 B 获胜则回答 N,他要知道比赛结果仅需要询问一次,得到 1 比特信息就可以了。也就是说在 2 种出现概率相同的状态中确定一个结果需要 1 比特的信息量,信息量正好等于信息熵。

在实际计算中,有时要对信息熵进行取整运算,这时可能出现信息量大于信息熵的情况,但这仅是计算上的细微差别。例如,在由 3 支球队参加的比赛中,每支队夺得第 1 名的概率相同,随机变量 X 的取值为 1,2,3,分别代表第 1、2、3 支球队获得第 1 名,随机变量 X 取每个值的概率都是 1/3,则 $H(X)=1.585$ 比特,而为了消除随机变量 X 的不确定性,需要 2 比特的信息量,即最多需要询问 2 次就可以知道哪个队夺得了第 1 名。

在足球世界杯比赛中,有 32 支球队参加比赛,这里也假设每支球队获胜的概率相同,32 支球队都可能夺冠,最终冠军有 32 种可能性,采用公式(1-2)计算得到最终冠军这个事件的信息熵为5。如果有一个人没有观看比赛,他希望知道最终哪支球队夺冠,他最多需要询问5次回答为Y或者N的问题就可以知道结果了,也就是说需要5比特的信息量就能够知道最终结果,这里信息量=信息熵=5比特。他是如何做到的呢?首先他把32支球队从1到32进行编号,然后把1~16号球队作为第1组,17~32号球队作为第2组,通过询问冠军是否在第1组,得到Y或N的回答(回答者提供了1比特信息),然后他将回答为Y的组(本例中为第1组)再分成第1分组(1~8号)和第2分组(9~16号),再次进行询问,依此类推,他最多询问5次就可以知道最终结果了,所需要的信息量为5比特(5次回答Y或者N),图1-5给出了上述决策过程形成的决策树模型。

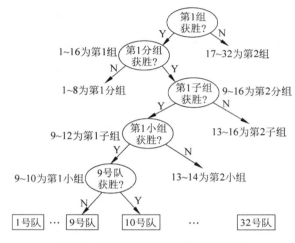

图1-5　询问冠军球队的决策树模型

上面的32支球队参加的比赛有32种可能结果,用5比特的信息就可以确定了,所以信息量i和实际系统的状态数量N之间存在如下的近似关系:

$$N = 2^i \tag{1-3}$$

$$i = \log_2 N \tag{1-4}$$

公式(1-3)和公式(1-4)也解释了为什么公式(1-2)中对数的底数取为2。同样公式(1-3)和公式(1-4)也向人们揭示了信息在描述复杂现象时表现出的强大能力,在1024个人参加的全国数学竞赛中找出获得第1名的选手,用10比特信息就可以了。公式(1-3)和公式(1-4)称为近似关系是因为它们是在所有状态出现概率均等的条件下成立,在不同状态出现概率不等的情况下,信息量i的值比公式(1-4)计算得到的数更小。

上面介绍32支球队参加足球世界杯比赛的例子中,假设是每个队获得冠军的可能性相等,即每个球队获得冠军的概率都是1/32,这种情况下询问5次就可以知道最终结果了。但是在实际情况中,各队的实力差距很大,如果把实力较强的17支队分为第1组,实力较差的分在第2组,这样利用先验知识就可以先排除掉第2组,使决策范围缩小一半,这时询问4次就可以知道最终结果了。这两种在不同获胜概率下决策所需要信息量的差异情况,与图1-4中反映的随机变量分布越均匀,随机变量的熵就越大,系统不确定性就越大,消除这种不确定性需要输入的信息量就越大的结论是一致的。

对信息量认识的另外一个错误认识是把它看成数据量。一个文本(或者文档)的规模可以很大,称之为数据量大,但是这些数据如果不能用来消除决策的不确定性,它的信息量并不大。比如,你要决策的问题是哪个球队会夺冠,给你一本 500 页的有关烹调的书并不会给你带去任何有用的信息。所以,数据量大不等于信息量大,信息量和数据的数量没有直接对应的关系。

在每次足球世界杯比赛中都会出现"黑马",就是看上去不能获胜的球队赢得了比赛胜利。每次出现"黑马"后,都会引起很大的轰动。为什么"黑马"获胜后会引起轰动,而本来实力强的球队获得胜利就不能引起大家的共鸣呢?从信息论的角度看,所谓"黑马"就是获胜概率很小的球队,它获胜与人们普遍的预期相反,所以当它发生后带来的信息量就大。因此,出现概率越小的事件在发生后,它带来的信息量就越大,信息量与事件出现的概率成反比。比如说,一个人告诉你他今天吃了三顿饭,你不会感到有什么新奇,但是如果一个人说他一个星期就吃了一顿饭,就会引起你的巨大关注。

在当今的智能化时代(i 时代),企业获得的信息种类和数量与日俱增,企业正在面临"信息爆炸"的困境,所谓"信息爆炸"是指企业的信息处理速度赶不上信息增加的速度,许多信息来不及也没有能力去处理,导致大量的信息被丢弃或束之高阁,而那些未被关注和处理的信息中可能包含对企业经营决策至关重要的信息。如何对信息进行过滤,发现有重要价值的信息是企业普遍关心的问题。在此,作者建议企业一方面要加强和提升企业的信息处理速度和能力,另外一方面要特别关注在市场竞争、企业运作、客户服务、员工心态等方面出现的小概率事件,不要简单地把平常不会出现的小概率事件当成偶然事件,要对它们进行必要的分析,看看它们是否会发展成为未来的必然事件,从而及时采取有针对性的措施。许多企业在经营上遇到的重大难题,其实都是不重视发生的小概率事件问题造成的。比如,曾经是手机行业龙头老大的诺基亚公司,其经营失败主要是不重视苹果公司和三星公司等在智能手机研发方面的消息,导致公司的手机销售业绩在数年内迅速下跌,并最终退出了手机市场。

1.2.2 信息的价值

信息的作用是消除对未来的不确定性,信息的价值就在于信息在多大范围内为多少人消除了不确定性。因此,信息的价值不仅仅取决于信息量本身,还受到其传输速度和信息共享范围的影响。公式(1-5)定性地描述了信息的价值,其中 I 是信息量,V 是传递速度,S 是共享范围。

$$信息的价值 = (I \times V)^S \tag{1-5}$$

在互联网得到广泛应用之前,信息的传递速度很低,共享范围很小,所以即使有重要的信息产生,对全社会的影响力也非常有限。今天发达的网络通信技术,极大地提高了信息的传递速度和共享范围,使得即使是一个信息量非常小的事情都可能产生巨大的影响。许多人也借助互联网的力量而一夜成名,某些并不想炒作出名的人,也会因为互联网而无意中成为名人。

央视某女记者因为想与网友们分享其愉快的网购经历,在论坛上发了几张组装鞋柜的照片,并留言"头天下订单,第 2 天就到货,感觉真不错",这样的帖子和留言在没有互联网的时代会很快被人遗忘。但是今天她没有想到因为这个帖子,她竟会被人从茫茫人海中"搜"

了出来。首先是某个网友看到鞋柜比较高,就提出了一个问题,说"这个鞋柜这么高,她是不是同性恋啊?"这个问题本身是一个很无聊的问题,在现实生活中人们也会一笑置之。但是,互联网是个奇怪的东西,作者称它为"万能应答机"或"有问必答机",在互联网上任何时间提出任何问题都会有人回答。针对网友提出的问题,大家开始寻找答案,从照片上的房间地面刷绿色油漆这个信息推理出房子是租的(北京人自家的住房一般会铺地板),从房间结构猜测出其所租房屋在北京所处的地段,并据此到租房网上寻找相关信息,然后从放上鞋架的鞋子推断发帖者是某运动品牌的狂热爱好者及其大致年龄、性别,最终逐步锁定了发帖者的毕业院校、工作单位及真正身份。事实证明,发帖者和同性恋没有任何关系。可以说,这些网友的水平很高,能够根据非常少的信息,迅速从茫茫人海中将发帖者"搜"了出来。这件事情本身没有任何意义,正如有位专家说"好热闹的帖子,讨论实质性的东西并不多,不得不承认,一群寂寞的人啊!"

现在,根据中国国家互联网信息办公室2013年9月发布的数据,中国网民数量已达6.04亿,微博用户规模达到3.31亿。微信从2011年1月发布至今,用户规模已经突破6亿。如此多的人数,如果对任何问题感兴趣,即使是一个非常没有意义的事情也会搞得轰轰烈烈。在互联网上,什么样的人都有,《纽约客》的一幅漫画"一条狗坐在计算机前,对它的狗类朋友说,在互联网上,没有人知道你是一条狗。"如何让众多网民不去响应那些无聊的帖子,让广大网民发挥他们的智慧为社会做些有价值的事情呢?这就是最近几年兴起并得到广泛重视的众包模式(crowd sourcing)有望解决的问题,第2章将介绍众包模式及其成功应用案例。

1.3 信息应用的发展历程

物质、能量、信息是构成客观世界的三大要素,自有人类以来,人们的生产生活都是围绕这三大要素展开的。在人类发展历史上,对物资和能量的获取利用是为了满足人们物质生活的需要,而对信息的获取利用则是为了满足人们物质生活和精神生活两方面的需求。一方面,获取和处理信息是为了支持人们对物质和能量的获取和利用,如获取天气信息用来指导农业生产;另一方面,获取和利用信息是为了满足人们在精神生活上的需求,如通过听故事满足人们娱乐的需要,通过听大师讲授课程满足人们对知识的渴望。

在人类发展历史上,伴随着印刷术、通信技术、计算机技术、网络技术和移动通信技术的发明和广泛应用,信息应用的范围越来越大,应用的程度也越来越深入。信息应用的不断深入深刻影响了人们的生产和生活方式,信息应用的目标也从最初满足物质生活水平的需要逐步向满足精神生活需要的方向发展。根据信息应用的发展历程,可以将信息应用划分成初级、通信、自动化、网络化(e时代)和智能化(i时代)五个发展阶段。

1.3.1 信息应用的前四个阶段

1. 信息应用的初级阶段

在人类发展历史的长河中,信息成为人们关注的重点还是20世纪80年代以后的事情,在现代通信技术发明以前,信息的收集、记录、传递和应用水平都非常落后。古代的信息应用水平基本上处于比较原始的初级阶段,烽火报警和 600 里加急军情快递充分说明了对信息的重视。可是以下两个方面的因素制约了人们对信息的广泛获取和利用。第一个方面是受到信息记录媒介原始(主要是纸介质媒介,没有电子化的媒介)、传递手段落后(主要是口传、报纸和书信邮递,没有电视、广播、网络等大众传播媒介)、传递速度慢(主要是采用传统的交通工具传递,没有以光速传递的网络通信手段)的制约,导致信息很难在广大的范围内被快速传递和利用;第二个方面是由于物质相对匮乏,人们把主要精力和时间都花在对物质和能量的获取与利用上,以满足人们物质生活需要作为最重要的生产生活目标,这在很大程度上也降低了人们对信息的关注程度。

2. 信息应用的通信阶段

1844 年 5 月 24 日,电报发明者莫尔斯无比激动地用手指从华盛顿向 70 公里外的巴尔的摩发出了人类历史上第一份长途电报:"上帝创造了何等的奇迹!",从而揭开了人类信息通信史上新的一页,人类终于可以以光速向远地传递文字信息了。亚历山大·格拉汉姆·贝尔于 1876 年发明了电话,使得人们可以以光速向远地传递声音信息,1892 年纽约到芝加哥的电话线路开通,标志着人类进入了实时远程互动信息交流的阶段。

1902 年美国人巴纳特·史特波斐德在肯塔基州穆雷市进行了第一次无线电广播,使得人类第一次可以通过广播媒介向大众传递信息,从而大大扩展了信息传递的范围。1884 年俄裔德国科学家保尔·尼普可夫提出了机械转轮式电视机的原理,1900 年,在巴黎举行的世界博览会上第一次使用了电视这个词,1906 年德国制造出第一台电子电视图像接收机(图 1-6)。1936 年电视业获得了重大发展,这一年的 11 月 2 日,英国广播公司在伦敦郊外的亚历山大宫播出了一场颇具规模的歌舞节目。到了 1939 年,英国已经有大约 2 万个家庭拥有了电视机。因为图像信号包含了比声音信号更多的信息量,因此,电视机的出现不但扩大了信息传播的范围,而且也显著增加了传递的信息量。

电报、电话、广播和电视的发明和应用极大提升了人类传递和应用信息的水平,标志着信息应用进入了远程和广域通信的阶段,但是这些技术进步并没有把人类带进信息时代。除了当时人类物质生活需求尚未得到很好满足这个原因之外,电报、电话、广播和电视本身存在的局限性也是制约人类开展广泛深入的信息应用的重要因素。早期的电报和电话由于使用成本高,在相当长的一段时间内基本上属于奢侈品,仅有少数人能够利

图 1-6　第一台电子电视图像接收机

用它们进行信息交流,而且交流的时间和内容(信息量)都比较有限。例如,在 1930 年,从纽约打 3 分钟电话到伦敦,其费用高达 300 美元[4]。广播和电视主要是以新闻、气象和娱乐节目的方式向外发布信息,人们仅是被动地获取电台和电视台播发的信息,无法通过广播和电视主动获取对自己的生产生活有重要影响的信息。所以,人们主要把广播和电视看成一种娱乐方式和接收政治、经济、军事、气象、交通等信息的手段。电报、电话在信息交流上的高成本和广播、电视在信息传播方式上的单向性使人们无法通过这些渠道真正获得应用于企业的信息,因此信息也没有对企业的生产、经营和管理模式产生深刻影响,更没有成为影响人们社会生活的重要因素。

3. 信息应用的自动化阶段

1946年，冯·诺伊曼研制出了第一台被认为是现代计算机原型的通用电子计算机 EDVAC(Electronic Discrete Variable Automatic Computer)。这种基于二进制逻辑运算思想的电子计算机首次以数字化方式实现了信息的存储和传递，为高速信息处理和科学计算提供了有效的方法，为人类科技迅速发展和进入信息时代奠定了重要的基础。图1-7是冯·诺伊曼和第1台计算机EDVAC的照片。

图1-7　冯·诺伊曼和第1台计算机EDVAC

EDVAC使用了大约6000个真空电子管和12000个二极管，占地45.5m^2，重达7850kg，消耗电力56kW，使用时需要30名技术人员同时操作。由于EDVAC主要是以真空电子管作为计算单元，体积大，价格贵，速度很慢，每秒几千次。许多人认为计算机没有商业应用的前途。1943年，IBM公司创始人托马斯·沃森在接受记者采访时说："我觉得全球市场大概只需要5台计算机"。

20世纪50年代后期到60年代，晶体管和集成电路开始代替电子管作为计算机的主要计算原件，大幅度提高了计算速度，而体积和成本则大幅度下降。英特尔(Intel)名誉董事长戈登·摩尔(Gordon Moore)于1965年4月19日的美国《电子学》杂志(Electronics Magazine)第114页发表文章《让集成电路填满更多的组件》，文中预言半导体芯片上集成的晶体管和电阻数量将每年增加一倍。1975年，摩尔在IEEE国际电子组件大会上提交了一篇论文《数字集成电路的进展》(*Progress in Digital Integrated Electronics*, *IEDM Tech Digest*, 1975, pp. 11-13)，根据当时的实际情况对摩尔定律进行了修正，把"每年增加一倍"改为"每两年增加一倍"。后来研究者根据集成电路集成度实际增长速度，把他的预测时间从24个月修改为18个月。现在关于摩尔定律的说法是"集成电路上可容纳的晶体管数目，每隔18个月就翻一番"。

研究者还观察到在集成电路集成集成度增加的同时，集成电路的价格在下降，其价格下降的速度也基本符合每18个月下降一半，因此，用一美元所能买到的电脑性能每隔18个月翻两番。

冯·诺伊曼计算机的出现并没有直接将人类带入信息时代，而是将人类带进了信息处理和应用的自动化阶段。在这个阶段产生了大量以计算机技术为核心的先进设备和系统，如程控电话系统、飞机自动导航系统、数控机床、柔性制造系统、自动电梯、计算机辅助设计系统、企业生产计划系统、电子数据交换系统等。这些自动化装备和管理信息系统的产生和应用，对国民经济的发展起到了巨大的促进作用，大大加快了工业化进程，显著提升了人类的物质生活水平和科技水平，也促进了企业生产和经营管理模式的变化，从过去的粗放式管理逐步向着精细化管理的模式转变。

4. 信息应用的网络化阶段(e时代)

真正把人类带入信息时代的是20世纪80年代以后得到广泛应用的个人计算机和计算机网络系统，特别是20世纪90年代得到快速发展的互联网(Internet)。由于个人计算机成本的迅速降低，使得原本仅仅应用于科学和工业领域的计算机得以迅速普及，成为个人获取和处理信息的工具。而互联网的出现使得全球的计算机可以实现互联和信息共享。信息获取和发布的方便性、互联网上丰富的信息资源、信息获取成本的低廉和用于信息处理的个人计算机工具的低成本促进了人类对信息的获取和应用水平，人类从此进入了以网络化为标志的 e 时代（电子化时代）。

在信息应用促进传统物质生产和国民经济发展的同时，以信息化设备生产、信息系统开发应用、信息资源获取和利用、网络通信和信息服务为核心的信息产业在国民经济中的比重也日益增加，已经成为当前世界发达国家和正在迅速发展中的国家的国民经济的重要组成部分。

进入信息时代以来，互联网和个人计算机的普及应用一方面显著提高了人们的生产生活水平，另一方面，也深刻地影响着人们的生产和生活方式。电子邮件系统、网上购物、网络银行、网络电影、网络游戏的普及深刻地影响了人们的生活、交流和娱乐方式。电子商务、企业资源计划、供应链管理、产品全生命周期管理等系统的应用深刻地改变了企业的经营管理和运作模式，产生了敏捷制造、并行工程、大批量定制、网络化协同设计制造等先进的制造模式，以及业务流程再造、组织结构扁平化、学习型企业等先进的管理模式。

20 世纪 50 年代到 70 年代末快速发展的自动化技术大大提升了物质生产水平，基本满足了人们对物质生活的需求，人们开始把更多的精力和时间投入到具有创造性、知识性和高附加值的信息产品生产领域，并且用更多的精力来生产满足人类精神生活需要的信息产品。由于信息处理和发布工具的广泛普及应用，特别是智能手机等移动设备的广泛应用，加上社交网络的迅速发展，今天，人人都成为信息发布者，人类产生和存储信息的增长速度明显加快。2002 年中，全球由纸张、胶片以及磁、光存储介质所记录的信息生产总量达到 5 万亿兆字节，约等于 1999 年全球信息产量的两倍。也就是说，在 1999 年到 2002 年这 4 年间，世界范围内信息生产量以平均每年 30% 左右的速度递增。5 万亿兆字节信息是什么概念呢？研究人员说，如果以馆藏 1900 万册书籍和其他印刷出版物的美国国会图书馆为标准，5 万亿兆字节信息量足以填满 50 万座美国国会图书馆。2010 年以后，信息产生的速度更快，每 20 个月全球存储的信息量就增加一倍。已经非常接近图灵奖获得者 Jim Gray 于 1998 年提出的存储界"新摩尔定律"：每 18 个月全球新增信息量等于有史以来全部信息量的总和。由于数据增长速度的加快，对数据的开发利用越来越引起广泛的重视，人类进入了大数据时代，大数据也成为世界各国下一个竞争力提高的前沿[5]。

1.3.2 信息应用的智能化阶段（i 时代）

当前，人类社会正在享受以网络化为标志的信息化应用成果，感受着信息时代给生产生活带来的冲击，但是人们今天使用的信息网络依然有很多令人头疼的问题。首先，在网络上查询信息，最令人头痛的问题是现在网络上看似信息很多，但是要找到真正有用的信息却非常困难，这些有用的信息被淹没在大量的广告和垃圾信息中，由于许多网络搜索工具受到经济利益的驱动，经常把付了广告费的网页放在搜索结果的最靠前位置。垃圾数量之多常使人无法在短时间内找到想要的信息，同样，垃圾邮件和短信也是令人十分头痛的问题。著名科幻小说家西奥多·斯特金经过 20 年的研究，提出了斯特金定律"90% 的科幻小说根本就是浪费纸张",这样的规律也适用于当今互联网。《众包》的作者杰夫·豪指出:"任何事情(特别是网络上用户创造的内容),90%都是垃圾"[6]。

第二个问题是网络速度太慢和网络基础设施发展不均衡,制约了网络应用的发展,由于缺乏高速可靠的移动访问方式,使得许多需要在移动环境下开展的业务无法进行。安全性和病毒问题是影响网络应用的第三个严重问题,特别是对于需要高度保密的商业和军事应用,这个问题尤为突出。第四个问题是虚假信息和信用问题,这个问题的存在导致人们对网上发布的信息和商家的不信任,使网上销售和网上购物的发展受到非常大的影响。信息质量不高是当前网络信息获取中第五个问题,由于信息质量的低劣导致人们在获取到相关信息后还需要花费很大的精力进行信息的过滤和人为再加工,导致信息应用成本和花费时间的增加。第六个问题是网络信息检索方式落后,由于人们解决问题主要依靠知识,从网上进行检索的目的主要也是希望找到有助于问题解决的相关知识,而目前在网络上采用的基于关键词的检索方式无法提供查询者希望得到的知识。上述问题的存在制约了网络应用的发展,也是当前迫切需要解决的问题。

信息技术的快速发展正在将人类带入信息应用的智能化阶段,即i时代,它可以解决上面所述的信息网络应用存在的问题,为人们提供无所不在的个性化信息服务,它将改变人类的生活方式和商业模式。与过去的信息应用阶段相比,i时代在技术上和商业模式上都有着显著的不同,i时代是一个"通过利用无所不在的感知、超高速的信息传递、高效的知识共享、智能化的分析和决策,形成人-机-物三元一体化的信息物理融合空间,按用户需求快速提供大批量个性化服务"的时代。下面对i时代的特点进行阐述。

1. 无所不在的感知

近些年来,随着无线射频识别(radio frequency identification, RFID)和无线传感器网络技术的迅速发展,物联网的应用日益普及。所谓物联网即指把传感器设备安装到电网、铁路、桥梁、隧道、供水系统、油气管道等各种物体中,并且普遍连接形成网络,以为人类提供"全面的感知、可靠的传输、智能化处理"为特征,连接现实世界和虚拟世界,以安全优质、随时随地提供可运营、可管理的信息服务为目标的全球化网络。第12章将对物联网进行介绍。

2. 超高速的信息传递

(1) 第二代互联网

2004年12月25日,清华大学启动了中国下一代互联网CERNET2主干网。CERNET2是我国建成的目前世界上最大规模的超高速信息网络,采用70%国产网络设备,连接分布在全国20座城市的25所高校,传输速率达到10Gb/s。该超高速信息网络1秒钟传输的信息量相当于1万册25万字的图书,40分钟内就可以传完中国国家图书馆2200多万册藏书的全部信息。美国于1998年启动了建设每秒可传递2.5Gb的超高速基干网Abilene计划,该网络于2002年完成建设并开展了十项应用。2007年8月,由美国120多所大学、协会、公司和政府机构共同努力建设的网络Internet2(第二代互联网)推出,该网络由Level 3 Communications公司负责运营,它与目前的普通互联网并行运作,为各个大学、研究所提供每秒10Gb实时的信息交换服务,其最高网速可达100Gb/s。我国烽火通信科技股份有限公司2012年销售的某型号光交换机的交换速度已经达到3.4Tb/s,可供8000万人同时通话。

（2）移动通信与家庭网络建设

在移动通信技术方面，第四代移动通信技术（简称 4G 技术）正在全面开始普及应用，它是 3G 技术之后的延伸。从技术标准的角度看，按照国际电信联盟（ITU）的定义，静态传输速率达到 1Gb/s，用户在高速移动状态下可以达到 100Mb/s，就可以称为 4G 技术。目前 3G 的平均速度在 200Mb/s，因此 4G 比 3G 快 50 倍。4G 技术的应用标志着人类社会真正进入了移动互联时代。智能手机和各种移动智能终端正在迅速吞噬传统的个人计算机终端市场，成为连接商家与顾客的重要渠道，它们正在颠覆传统的营销和业务运作模式，改变着企业的组织架构和流程，并将重塑整个商业世界。据 CNET 科技资讯网 2014 年 1 月 10 日报道(http://www.cnetnews.com.cn/2014/0110/3008422.shtml)，Gartner 公司研究数据显示，截止到 2013 年第四季度，全球个人计算机出货量连续 7 个季度下滑，2013 年全球 PC 出货量为 3.159 亿台，比 2012 年减少 10%。

在家庭网络建设中，韩国政府的计划是在 1998—2002 年，建设基于 622Mb/s 的光纤同步数字系列网络，提供音响、视频和数据服务。在 2003—2015 年，建成 1Gb/s 的超高速信息网，为全国家庭服务。荷兰阿姆斯特丹市的智慧小区建设中已经实现"三网融合"，即一个 1Gb/s 的光纤连接到每个家庭，提供计算机、电视、电话和智能家居所需要的上网服务。

（3）卫星导航系统

在卫星导航系统方面，我国已成功发射 4 颗北斗导航试验卫星和 16 颗北斗导航卫星，北斗卫星导航区域组网已顺利实现，北斗导航系统在亚太地区的精度和级别不亚于美国 GPS 全球定位系统。北斗系统最大的特点就是把导航与通信紧密结合起来，增加了短报文功能，使用户之间能用类似手机短信的方式相互交流，每条信息可容纳 120 个汉字，这是其他导航系统所不具备的。2008 年汶川地震期间，重灾区通信中断。救援部队持北斗终端设备进入，利用其短报文功能突破通信盲点，与外界取得了联系。北斗系统的位置报告服务，能支持用户将自己的位置发到信息中心，再发给经过授权的其他用户，互相同时解决"我在哪"和"你在哪"的问题。管理中心则通过位置报告功能，随时掌握着每一个终端所处的位置。

（4）免费无线网络服务

免费无线上网是广大用户都希望能够得到的服务，就像国家的高速公路免费一样，未来的信息高速公路也是国家重要的基础设施，对提高整个国家的生产力水平至关重要，而高额的上网费用阻碍了生产力水平和国家竞争力水平的提高，作者认为提供免费上网服务是国家经济发展和竞争力水平提高的必然要求。作者 2010 年 7 月在芬兰参加欧盟第 7 框架项目的工作会议期间，发现几乎在芬兰任何地方（包括非常小的岛上），打开笔记本电脑后就自动连通了无线网络，非常方便，速度也很快，没有遇到要收费的问题。从 2010 年 7 月 1 号起，芬兰把宽带接入权确认为公民基本权利之一。根据新规，自 2010 年 7 月 1 号起，芬兰所有网络服务商有义务为用户提供 1 兆比特的宽带上网服务，无论用户身处何地。芬兰政府计划在 2015 年前使所有民众享用高速互联网。根据芬兰电信局的说法，届时全国超过 99% 居民距离任何一个 100 兆比特的高速互联网络将"不到两公里"。

据国外媒体报道，美国的一家媒体发展投资基金公司（MDIF）预计在 2015 年 6 月前向近地轨道发射 150 颗迷你卫星，这些卫星面向地球持续释放 WiFi 信号，覆盖世界每个角落，使用任何电子终端都能免费连接上无线网。它是一项雄心勃勃的计划——"OUTERNET"

（外联网），试图改变全球 40% 的地区无法上网的局面。（http://www.edu.cn/IT_kuai_xun_1127/20140228/t20140228_1079876.shtml）

2013 年 6 月，Google 公司推出了最具雄心的项目之———Project Loon。该项目计划搭建一个用热气球组成的无线网络，为普通的有线和无线技术难以覆盖的地区提供高速稳定的互联网连接。这些热气球有 12m 高、15m 宽，表面积 500m² 左右，白天采用太阳能供电，晚上则靠电池续航，这些氢气球的生命周期为 100 天或绕地球飞行三圈，正常情况下，每个气球可以给直径 40km 范围的区域提供相当于 3Gb/s 速度的互联网接入。Google 公司 2013 年 6 月在新西兰推出的试点共有 30 个热气球，这些气球搭载了发射装置，机身附有一块篮球板大小的太阳能电池，装置里面包含了计算机、GPS 等设备。气球将这个装置带到 2 万米的高空，悬停在该高度。利用当地预留的空白电视频段，将信号发到地面的接收器，接收器再将信号转到终端设备上。Google 公司 Project Loon 的终极目标是让足够多的热气球布满平流层，从而提供普遍的互联网接入服务，为更多的偏远地区带去互联网链接。

flightrader24.com 是一个实时查看实时飞机位置的网站，只不过现在可追踪对象不止飞机了，通过输入不同的气球编号，人们可以实时追踪到这些气球的运行轨迹。据 flightrader24 于 2014 年 3 月 3 日发布的消息，共有 7 个气球已经在新西兰海岸附近被目击。现在，这些气球正在离地约 250m 的高度以 6km/h 的速度移动着，根据路线图所显示的记录，它们最高曾达到了 13000m。图 1-8 是 flightrader24 发布的编号为 LOON160 号气球的观测图，图 1-9 是编号为 I-74 号气球的运行轨迹图（http://www.ifanr.com/405379）。

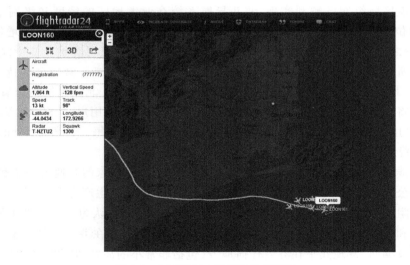

图 1-8　LOON160 号气球的观测图

2014 年 3 月 4 日，外国媒体报道称，Facebook 公司目前正在与无人机公司 Aerospace 洽谈收购事宜，希望未来能提供基于太阳能无人机的网络服务。据悉 Aerospace 旗下的产品一次最久能在天空中呆上五年，而 Facebook 公司收购成功后的初步计划，是在非洲上空布置 11000 架无人机用于数据传输。Aerospace 方面已经证实确与 Facebook 公司进行过讨论，如果顺利的话，那无疑会对 Facebook 公司的 Internet.org 计划（用来在发展中国家普及网络）产生很大的推进作用。图 1-10 是 Facebook 公司的无人机免费无线网络概念图 （http://cn.engadget.com/2014/03/04/facebook-drone-company-internet/）。

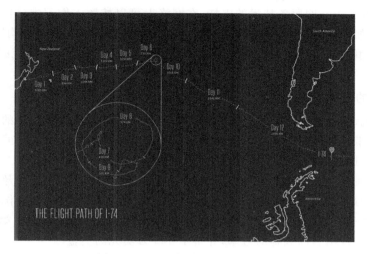

图1-9　I-74号气球的运行轨迹图

图1-10　Facebook的无人机免费无线网络概念图

3. 高效的知识共享

大量的垃圾信息是今天的信息网络存在的主要问题之一，有效地过滤垃圾信息，为用户提供知识和解决方案服务是下一代网络发展的主要方向之一。在未来的信息网络上，人们不仅可以获得信息服务，还可以方便地获得知识和解决方案服务。相对于信息服务而言，知识和解决方案服务具有更高价值，因为在许多领域，人们通常缺乏的和最希望得到的是知识和解决方案，而不仅仅是信息，知识和解决方案通常能够直接解决用户面临的问题。同时，面向知识和解决方案的服务也可以在最大程度上实现全社会的知识共享，提升个体、企业和整个社会的创新能力。支持网络环境下知识共享和服务的主要热点技术是语义网服务(semantic Web service)技术。知识本体是语义网服务中的基础和核心技术。万维网联盟(World Wide Web Consortium，W3C)定义了一种建立网络本体的语言——网络本体语言(Web Ontology Language，OWL)，用来支持对信息内容的处理(而不是像传统的信息服务那样仅把信息发送给用户，因为这样发送给用户的信息中可能没有用户需要的知识，也不能有效帮助用户解决所关心的问题)。目前，在OWL基础上发展起来的基于OWL的网络服务本体(OWL-based Web service ontology，OWL-S)为Web服务提供了一种定义其服务能力和特性的标识语言，为网络环境下基于语义的知识查询、知识服务和知识共享奠定了坚实的技术基础。有了语义网服务技术的支持,在网络上可以按照人们习惯的问询方式进行智能化知识查询,如可以支持查询"具有国家认证资质的房地产资产评估机构"、"具有软件专业博士学位、从事过3年以上软件开发的架构设计师"、"重量小于300千克的1.8升发动机的减震方案"等。

4. 智能化的分析和决策

超级计算机、云计算和大数据的发展应用,极大地提高了企业智能化的分析和决策水平,正在将人类带入智能化为主要特征的信息应用时代。第13章和第14章将分别介绍云计算和大数据。这里主要介绍超级计算机的智能应用情况。

2013年11月,在国际超级计算机500强评比中,我国3.8千万亿次超级计算机系统"天河二号"成为最快超级计算机。2011年2月14日到2月16日,在美国智力问答节目《危险边缘》连续三天的比赛中,IBM公司研制的超级计算机"沃森"以超出第二名两倍多分数的绝对优势,击败两名前大赛的冠军,夺得了100万美元的奖金。

《危险边缘》是一个涵盖时事、历史、文学、艺术、流行文化、科学、体育、地理、文字游戏多方面知识的智力问答电视秀节目。在该节目的独特问答形式中,选手必须根据以回答形式给出的线索提示找出答案,并且以提问的方式回答。举个例子,当节目主持给出提示信息:"这是一种冷血的无足的冬眠动物",选手应该回答"什么是蛇?"而不是简单的回答"蛇"。《危险边缘》对于计算系统是一个巨大的挑战,因为它涉及广泛的学科和主题,选手们要在很短时间内提供正确答案。

超级计算机"沃森"由90台IBM服务器、360个计算机芯片驱动组成,是一个有10台普通冰箱那么大的计算机系统。它拥有15TB内存、2880个处理器、每秒可进行80万亿次运算。IBM公司内部将其称为认知计算(cognitive computing),这代表着真正的人工智能时代的到来,IBM公司在介绍"沃森"时说:"它是一个集高级自然语言处理、信息检索、知识表示、自动推理、机器学习等开放式问答技术的应用",并且"基于为假设认知和大规模的证据搜集、分析、评价而开发的深度问答技术"。在比赛过程中,"沃森"不连接互联网,依赖从书本学习到的知识和从大量自然语言文本中收集到的知识来回答问题。

在人机智力大战中,超级计算机"沃森"表现出以下的智能特征:

(1) 感知能力:"沃森"能听得懂人的自然语言,能够看懂显示屏幕上的题目,并且用自然语言选择题目和回答问题。

(2) 学习能力:"沃森"使用了机器学习的技术,已经具有一定的学习能力,"沃森"既可以通过阅读资料获得知识,也可以通过问答的方式来不断完善自己的知识。不过这个学习还是有指导的,完全的自学习能力还有待进一步研究和开发。

(3) 超级分析和推理能力:根据屏幕上给出的问题,"沃森"使用问答技术分析问题的措辞结构,并且在几秒内给出一个具有最高"可信度"的答案。"沃森"可以回答"自然语言"类的问题,包含双关语、俚语、术语和缩写词,而"沃森"在返回可信答案时必须对这些进行评估。

(4) 超快的回忆速度:"沃森"具有超快的回忆速度,它可以在1秒钟内回忆600万页书记录的内容。

IBM公司目前正在尝试"沃森"在医疗领域的应用。从2012年4月开始,"沃森"在进行医学实习,通过利用IBM公司设计的一个应用的模拟来学习怎样为癌症患者诊断配药。

接下来,这台超级计算机将会开始接触真正的病人,"沃森"将会从病人的谈话抓取数据,按照一定的规律原则提出一些治疗方案。例如,"沃森"可能会建议进行两个化疗疗程,但是同时也会指出只有90%的把握性,但是其他方法只有75%的把握性。然后,真正的医生会做出最终的决定。

IBM公司研究人员曾教导"沃森"理解人类语言,尤其是口语。"沃森"的学习能力虽然很强,但是却无法区分灌输给它的词语中哪些是礼貌用语,哪些是脏话。在测试中,它甚至会用"bullshit"(胡说,废话)来回答研究人员的提问。研究人员不得已要对它进行洗脑。目前,IBM公司宣布送"沃森"到伦斯勒理工学院(Rensselaer Polytechnic Institute)深造,IBM公司为"沃森""缴纳"了学习费用,让它在那里接受三年教育,学习数学和语言交流,从而提高其认知能力。伦斯勒理工大学的研究人员将帮助"沃森"提高数学能力,迅速理解新词或合成词的意思,提高它的文明用语水平。

5. 人-机-物三元一体化的信息物理融合空间

人类过去生活在三元世界中,这三元世界分别是由物质和能量构成的物理世界、由计算机互联互通构成的虚拟世界、由人的思维和行为互动构成的精神世界,这三个世界各有自己的运行模型和管控机制,各自独立运作,通过有限的方式实现信息交换和控制指令发布,我们称之为物、机、人三元分离的世界。今天,无线射频识别(RFID)和无线传感器网络技术的迅速发展,实现了物理世界和虚拟世界的互联互通,人机接口技术(特别是脑机接口技术)的发展实现了人和虚拟世界的互联互通,人类开始进入了一个三元互通的世界,即形成了一个人-机-物三元一体化的信息物理融合空间。

(1) 人机接口技术的发展状况

人机接口技术的发展历程经历了最初的键盘输入技术阶段,20世纪80年代后期广泛使用的Windows界面接口技术阶段,20世纪90年代开始使用的语音识别技术和指纹识别技术阶段,今天已经开始进入思维控制技术(脑机接口)阶段。据新华网华盛顿2003年10月13日电(记者毛磊):两只脑中植入微型电极的猴子,经过训练后仅仅通过思维就能控制机械手的运动。负责这项实验的杜克大学尼科莱利斯博士等人在创刊号的网络科学刊物《公共科学图书馆生物学》上介绍说,电极分别植入这两只雌性恒河猴大脑额叶和顶叶部位,每个电极不到人的一根头发丝粗细。它们发出的微弱电信号通过导线进入一套独特的计算机系统。该系统能识别与动物手臂特定运动相关的大脑信号模式,信号经翻译后用来对机械手运动进行控制。实验中,科学家们首先训练猴子使用操纵杆来玩一种电子游戏,控制电视屏幕上的光标移向靶子。猴子如果成绩好,将会获得一杯果汁的奖励。然后在实验中引入机械手,屏幕上光标运动会因机械手的动力和惯性等产生相应变化,但猴子们经过熟悉后很快就玩得灵活自如。接下来,操纵杆被撤走。猴子起初不太适应,爪子继续在那挥舞着,试图控制屏幕上的光标,机械手也随之相应运动。尼科莱利斯博士介绍说,这种情况持续短短几天后,"最令人惊异的结果就出现了,猴子突然意识到实际上根本就没有必要移动自己的手臂"。在意识到这点后,猴子臂部肌肉完全停止运动,仅用大脑信号和视觉反馈来控制机械手。对猴子大脑信号的分析显示,它们似乎把机械手当成自己的一部分了。图1-11是美国杜克大学科学家米格尔博士在展示操纵杆。科学家们说,借助类似技术,瘫痪的人将来也许可以用思维控制机器或工具,或者重新获得对手脚运动的控制能力。这种技术甚至还有可能用于开发出微型机器人,它们会直接被人脑信号操纵(http://tech.sina.com.cn/

other/2003-10-15/0725243967.shtml)。

据新华社伦敦 2014 年 2 月 18 日电（记者刘石磊）：科幻电影《阿凡达》中，人通过脑电波控制可以掌控克隆外星人"阿凡达"的躯体。美国科研人员 2014 年 2 月 18 日报告说，他们首次在猴子身上实现了这种异体操控，这一成果有助于未来帮助瘫痪者重新控制自己的身体。脊髓损伤会阻碍大脑指令信息向躯体的传递，导致运动能力受损甚至瘫痪。目前许多科学家都在研究通过模拟脑电波信号对受伤脊髓进行电刺激，使伤者的躯体能重新接收运动指令。美国哈佛大学医学院等机构研究人员在新一期英国《自然-通信》杂志上报告说，他们在实验中使用了两只猴子，一只作为发出指令的"主体"，另一只则是接收指令、完成动作的"阿凡达"。研究人员先在"主体"猴子的大脑中植入一个芯片，对多达 100 个神经元的电活动进行监控，记录它支配每个身体动作时的大脑神经元电活动，而猴子"阿凡达"脊髓中则植入了 36 个电极，并尝试刺激不同的电极组合以研究对肢体运动有何影响。在实验中，研究人员通过仪器将这两只猴子身上的装置相连接，并给

图 1-11　美国杜克大学科学家米格尔博士在展示操纵杆

"阿凡达"服用了镇静剂，使它的身体动作可完全由"主体"的脑活动所控制。它俩的任务是协作使得电脑屏幕上的光标上下移动，操纵杆掌握在"阿凡达"手中。结果"主体"控制"阿凡达"完成这一任务的成功率高达 98%（http://www.stdaily.com/shouye/guoji/201402/t20140220_649155.shtml）。

研究人员第一次把人脑控制机械臂的实验从猴子转移到人身上发生在 2011 年。美国布朗大学的神经科学教授约翰·多诺霍(John Donoghue)让一名瘫痪了 15 年的女子能够用意念控制机械臂，拿起一杯饮料送到自己的嘴边来喝。这个研究发表在当年的美国《自然》杂志上，成为历史上第一个人类意念控制机械臂的临床试验。2011 年，匹兹堡大学的安德鲁·施瓦茨，在让猴子控制机械臂来进食之后，也成功把这项技术应用在了人身上。一名四肢瘫痪的男子能够用大脑控制电脑屏幕上的物体进行移动，还可以让机械臂伸出去触碰他的女朋友。2012 年，一位名叫简·舒尔曼(Jan Scheuermann)的女性找到施瓦茨。她患有一种发病机理不明的疾病，大脑与肌肉之间的神经连接会逐渐退化。最初是腿脚不灵，最终发展成四肢瘫痪，连耸一下肩膀都困难。她希望能够在施瓦茨这里得到帮助。在施瓦茨的实验室，舒尔曼的大脑被植入了一块 $16mm^2$ 的芯片，芯片位于她大脑的左运动皮质上。芯片与一只机械臂相连接，这只机械臂非常精密，在许多结构上与人手相近。舒尔曼于是学习用意念去控制这只机械臂。仅仅是在训练开始的第二天，她就能做到用意念让它运动了，而一星期后已经可以控制它上下左右运动。她一共训练了 13 周，最后她已经能够用机械臂拿起不同的物体，再放到想要放的位置。

（2）信息物理融合系统

信息物理融合系统(cyber physical systems, CPS)是一个综合计算、网络和物理环境的多维复杂系统，通过计算(computation)、通信(communication)、控制(control)技术（简称 3C 技术）的有机融合与深度协作，实现大型工程系统的实时感知、动态控制和信息服务。

CPS实现计算、通信与物理系统的一体化设计,可使系统更加可靠、高效、实时协同,具有重要而广泛的应用前景。

近年来,CPS已成为国际学术界和科技界研究开发的重要方向。2006年2月发布的《美国竞争力计划》将信息物理融合系统CPS列为重要的研究项目。2007年7月,美国总统科学技术顾问委员会(PCAST)在题为《挑战下的领先——竞争世界中的信息技术研发》的报告中列出了8大关键的信息技术,其中CPS位列首位,其余分别是软件、数据、数据存储与数据流、网络、高端计算、网络与信息安全、人机界面。欧盟计划从2007年到2013年在嵌入智能与系统的先进研究与技术(ARTMEIS)上投入54亿欧元(超过400亿元人民币),以期使欧盟在2016年成为智能电子系统的世界领袖。

CPS的意义在于将物理设备联网,特别是连接到互联网上,使得物理设备具有计算、通信、精确控制、远程协调和自治等五大功能。CPS本质上是一个具有控制属性的网络,但它又有别于现有的控制系统。CPS则把通信放在与计算和控制同等地位上,这是因为CPS强调的分布式应用系统中物理设备之间的协调是离不开通信的。CPS对网络内部设备的远程协调能力、自治能力、控制对象的种类和数量,特别是网络规模上远远超过现有的工控网络。美国国家科学基金会(NSF)认为,CPS将让整个世界互联起来。如同互联网改变了人与人的互动一样,CPS将会改变我们与物理世界的互动。

物联网不是CPS,物联网中的物品不具备控制和自治能力,通信也大都发生在物品与服务器之间,因此物品之间无法进行协同。从这个角度来说物联网可以看作CPS的一种简约应用,或者说,物联网未来发展的高级阶段是CPS。在人类社会对物理世界实现"感、知、控"的三个环节中,物联网主要实现的是第一个环节的功能,而要实现"知、控"这后两个环节就需要云计算、大数据和智能控制技术。

目前,对于CPS的研究还处于起步阶段,在科学问题和关键技术上还面临许多挑战。第一方面的挑战来自控制领域与计算领域对建模方法上的差异。通常,控制领域是通过微分方程和连续的边界条件来建立对象模型,而计算则采用离散数学的方法来建立对象模型;控制问题对时间和空间都十分敏感,而计算则主要关心功能的实现。通俗地说,研究控制的人和研究计算机的人没有一种建立对象模型的"共同语言"。这种差异将给计算机科学和应用带来基础性的变革,需要开发新的科学和工程原理、方法、算法和模型,融合连续和离散数学的方法,实现对复杂CPS连续和离散特性的综合描述和分析,将信息和物理世界集成在统一的基础原理之上。

CPS面临的第二个挑战是目前信号处理和计算机控制方法是基于如下的基本假设,即样本时间是等距的、确定性的、不变的和同步的。但是,当系统组件之间的互联是基于互联网时,由于信息传送延迟、性能不稳定、信息包丢失等问题时,上述假设都不再成立。CPS需要发展基于互联网的"网络化控制系统",系统下一个状态的更新时间只是一个可能的概率分布,这就需要一个全新的系统理论,来处理时标不统一问题[7]。

CPS应用实施中面临的第三个挑战是需要面对复杂网络环境下的海量资源的管理、控制与优化。复杂网络控制是实现CPS系统海量资源管理和控制的重要方法之一。复杂网络在经历了十几年的发展之后,目前正在形成许多有价值的理论和方法,并且揭示了复杂网络现象背后的许多基本规律,如度分布规律、幂律分布规律、小世界现象、长尾效应、马太效应(富者更富现象)等。CPS的出现给复杂网络领域的研究者带来了新的挑战和机遇。CPS

最大的特点就在于它是由很多具有通信、计算和决策控制功能的设备组成的智能网络,这些设备可以通过相互作用使得整个系统处于最佳状态。例如,在机器人足球比赛中,当某个机器人准备传球时,它会收集每个同伴的信息,然后通过计算得出一个最佳的传球方案,并且将该方案传给所有队员,让队员们配合这个传球过程,通过这种方式可以提高整个球队的水平。该思想同样可以应用于很多其他系统,如交通系统中车辆之间通过通信和计算得出最佳行车路线,并避免各种交通事故;电力系统中各个站点通过信息传递从而动态调整负荷,避免大规模级联故障等。这些系统的运行其实就是复杂网络的动力学过程,只不过这些过程集合了复杂网络中的信息传播、同步、博弈等多种动力学过程,因此研究的内容更加丰富和复杂,具体的研究内容有很多,如研究制定系统规则(或协议)使系统在最短时间内达到最佳状态,此外还可以研究各种外界因素如何影响系统的运行等[8]。

CPS 面临的第四个挑战是对于复杂网络环境下的 CPS 性能分析和优化。由于很难建立 CPS 精确的数学模型和有效的解析方法。采用仿真技术可以有效地实现复杂 CPS 的分析。目前,CPS 的一个重要挑战是开发强有力的仿真和设计工具来处理信息和物理世界的分布和多变性。建模和仿真是处理物理世界问题的常用方法。对于 CPS,不单要满足连续系统仿真,同时也要对网络环境下的大量离散事件进行处理。信息和物理世界的混合使我们需要一种协同仿真和设计工具。这些工具将对 CPS 的建模、分析、处理和优化起到关键作用。该方向的预期目标是建立一个可以预测、建模、验证、确认和理解 CPS 的工具集[7]。

除此以外,CPS 需要解决的问题还包括:海量数据快速处理、复杂系统的资源调度与优化、资源虚拟化以及虚拟资源管理技术等。

CPS 和脑机接口技术的发展和应用基本实现了人-机-物三元世界的一体化,形成了全新的信息物理融合空间,并最终实现了"所想即所得"的服务,即人想得到什么,如想喝杯冰镇啤酒,计算机就理解了人的需求,并且指示机器人端上一杯冰镇啤酒。

6. 按用户需求快速提供大批量个性化服务

大批量个性化服务的含义是指用大批量生产的成本为用户提供定制化服务。与今天人们在网络上通过信息搜索工具查询信息的方法不同,在信息应用的智能化阶段,人们享受的是随时随地的个性化信息和业务服务,得到信息和业务服务就如同今天用电和自来水一样方便。具体含义是:①服务的时间没有间断,夜以继日;②服务的地点没有限制,无论你走到那里,都可以得到所需要的服务;③服务的载体多种多样,你可以用不同的方式获得服务,你穿的衣服、戴的眼镜、开的汽车都可以成为获取信息和业务服务的工具;④服务具有平等性,只要你进入了服务系统,针对你的服务总是有效的;⑤服务具有高可靠性和连续性,无论网络系统或者服务器是否出现故障,你享受的服务是不受影响的,你感觉不到服务器切换这些操作细节问题;⑥服务具有个性化特点,你得到的是专门为你定制的服务,你需要的服务都会及时提供给你。要做到按用户需求快速提供大批量个性化服务,需要引入务联网(Internet of Service,IoS)和面向服务的企业(Service Oriented Enterprise,SOE)的概念和平台,第 5 章将介绍务联网和面向服务的企业。

作为本节内容的小结,表 1-1 对信息应用五个发展阶段的一些特性进行了对比。

从上述对信息应用发展历程的五个阶段的简单介绍可以看出,信息应用的智能化阶段是信息应用发展的高级阶段,它将显著改变人们的生产与生活方式,智能化的信息网络将成为人们学习、交流、企业业务运作和大众娱乐等不可或缺的基本环境。在高度发达的智能化

表 1-1 信息应用不同发展阶段的特性对比

发展阶段	发展年代	标志性技术	信息传递介质方式与传递方式	传递的模式	传递方式	传递范围	传递速度	传递量	获取成本	信息传递的安全性	用户获得感兴趣信息的方便性	对用户决策问题的针对性	对生产生活方式的影响程度	对制造业组织和管理模式的影响
初级	1860's以前	印刷术	石刻、纸张	模拟信号	口传、邮递	本地	低	小	高	差	不方便	低	小	小
通信	1860's~1940's	电报、电话、广播、电视	纸张、声音、图像	模拟信号	电话、电报、广播、电视	区域性	高	小	高	差	不方便	低	小	小
自动化	1940's~1980's	电子计算机	磁带、磁盘	数字信号	计算机磁带、磁盘	区域性	高	较大	较高	中等	较方便	中等	中等	中等
网络化	1980's~2010's	个人计算机、网络	光盘、芯片、移动硬盘	数字信号	网络	全球范围	高	大	较低	中等→较高	较方便	较高	大	较大→大
服务	2010's以后	超强计算机、超高速网络、4G移动通信技术、无线传感技术	海量存储光盘、芯片	数字信号	网络、移动设备、无线传感	全球范围	高	很大	低	高	很方便	很高	大	很大

信息网络环境下，信息和知识将成为国民经济中最重要的生产力要素，围绕信息和知识的获取、存储、处理、共享和利用，将涌现出大量的新型产业（如基于信息技术的新型服务业、创意产业、虚拟网络平台），制造出大量的信息和知识产品，促进经济的增长并极大地丰富人类的精神生活。

1.4 信息技术的功能

信息技术是指对信息进行采集、加工、存储、传递、分析和应用的技术的统称。自从有了人类社会，就有了对信息的认知，也就产生了信息技术和对信息技术的应用，如古代的烽火报警就是典型的信息传递技术。因此，信息技术并不是有了计算机和网络系统以后才产生的。

虽然信息技术古已有之，但是在没有发明计算机和网络系统之前，人类对信息技术的应用主要依赖于人的感觉器官进行信息收集，采用传统的交通和交流方式进行信息传递，借助纸张等媒介进行信息存储，利用人脑的计算能力（借助简单的工具，如算盘、计算尺等）进行信息推理和综合，因此，当时人类社会的信息技术水平和应用能力非常低（参见表1-1），具体反映在信息采集手段原始、信息获取成本高、信息处理能力低、信息传递速度慢、信息传播范围小、信息存储介质原始、信息存储容量小等方面，这些问题导致了信息技术对人们的生产和生活方式没有产生显著影响，信息技术本身也没有得到广泛重视，并且没有形成专门学科和专业对信息技术进行研究。

计算机和网络系统的发明极大地提升了人类对信息的处理和应用能力，促进了以计算机和网络技术为核心的信息技术的迅速发展，信息技术的广泛应用深刻地改变了人们的生产生活方式。因此，今天人们概念中的信息技术主要是指以电子形式采集、处理、储存、传递和利用信息的技术。

冯·诺伊曼研制第一台电子计算机的主要目的是用来进行科学计算，解决人类计算能力有限和计算速度慢的问题。在互联网出现的时候，其主要目的是解决信息传递距离短、传递速度慢、传递信息量小的问题。这两项技术发明的主要目的是拓展人类的信息技术处理能力。随着计算机和网络技术的普及，其在企业应用的范围不断扩大，功能不断增加，相应的软件工具和系统日益丰富，信息技术已经成为无孔不入的技术，渗透到了企业生产、经营和管理的方方面面。那么对于企业应用而言，信息技术究竟具有什么功能呢？如何划分这些功能呢？作者认为，虽然企业的应用信息系统非常多，解决的问题多种多样，但信息技术在企业的应用可以概括为本原、扩展和战略三类功能。

1.4.1 信息技术的本原功能

信息技术的本原功能是指计算机和网络技术诞生之日起就注定要发挥作用的功能。计算机和网络技术的本原功能就是完成科学计算、信息存储和信息传递，这些功能是计算机和网络技术的强项，也是人类发明计算机和网络系统的最初目的（拓展人类的信息处理和传递能力），就如同人类发明了手机是用来进行移动通信、发明了汽车是用来旅行一样。在企业应用场景中，信息技术的本原功能主要是指基于计算机和网络技术的计算、存储和传递功能，开发实施支持企业进行科学计算、信息存储、信息交换的应用软件系统，拓展企业工作人员事务处理和信息传递的能力，加快企业事务工作的速度、提高事务工作的准确性、提高办公和办事效率。

信息技术的本原功能在企业的具体应用包括采用计算机软件进行物料需求计划制定、库存统计、财务记账、产品辅助设计、工艺路径辅助编制、设备控制、数据采集、质量统计、报表生成等，还包括采用电子邮件系统发送和接收电子订单、网上发布公司介绍和产品广告等。

由于科学计算、信息存储、信息传递本身具有科学性和客观性的特点，其应用方法和效果不受人的主观因素影响，信息技术本原功能在企业的应用方便了人们的工作，减轻了人们的劳动强度，使得过去无法解决的大规模计算和信息存储问题得到有效的解决，受到了人们普遍的欢迎。如同没有人抱怨手机具有移动通信功能一样，至今也没有人对采用计算机进行物料需求计划制定的方法提出批评，也没有人提出要摒弃计算机而退回到过去用手工编制物料需求计划的想法，更没有人抱怨用电子邮件系统来交换信息的做法（垃圾邮件的产生是人的道德和品质问题，不是电子邮件系统本身的问题）。

这里需要指出的是，信息技术的本原功能在企业的应用是企业信息技术应用的初级阶段，主要解决个人事务处理问题，并没有解决企业生产组织、管理和运作层面上的问题，因此对提高整个企业效益的作用还不明显。

1.4.2　信息技术的扩展功能

信息技术的扩展功能是指在计算机和网络技术本原功能的基础上，将企业运营中本来由人进行管理的业务运作模式、业务流程、业务对象及其相互之间的关系，经过整理和总结，编制成相应的应用信息系统，并在应用信息系统的支持下开展企业管理和业务运作，以提高企业的管理水平和业务运作效率，提高企业的市场竞争力，取得良好的经济效益。信息技术的扩展功能可以总结成公式（1-6）：

$$信息技术的扩展功能 = 信息技术的本原功能 + 企业管理和业务运作方法 \quad (1-6)$$

企业的运作模式和管理方法涉及了企业管理的方方面面，包括企业管理思想、管理方法和管理制度、业务运作模式、业务流程和业务规则、生产组织方式、资源调度和优化方法、产品开发方法、组织设置和人力资源管理方法等，因此，信息技术的扩展功能包含的内容十分丰富。常见的实现信息技术扩展功能的应用系统有企业资源计划系统、产品研发管理系统、制造执行系统、人力资源管理系统、后勤保障系统、营销与采购管理系统、能源动力管理系统、办公自动化系统、文档与知识管理系统、物流管理与控制系统、项目管理系统、决策支持系统、考勤与绩效考核系统等。

在信息技术本原功能的基础上，信息技术的扩展功能将企业的管理思想和方法以一种模型化和程序化的方法，通过编制软件程序固化到相应的应用信息系统中，并在应用信息系统的支持下实现企业管理和运作的规范化、科学化和制度化，从而达到提升企业管理水平和业务运作效率的目的。实现信息技术扩展功能的核心工作是总结整理企业管理思想、方法、业务规则和运作方式，形成计算机可以理解的形式化表示方法（包括企业管理模型、业务规则、优化算法、控制程序和资源分配策略等），并固化到相应的软件程序中。信息技术的扩展功能是否丰富、实用、高效和合理,本质上取决于企业对相应的模型和规则的总结整理水平。企业总结整理得到的模型和规则内容丰富、科学先进、符合企业业务运作实际,则据此开发实施的信息管理系统就会得到认可并发挥重要作用。反之,则不会得到认可,也不能够在实际应用中发挥出重要作用。

在企业对商用信息管理系统进行选型时,要考察相应的软件系统中采用的企业管理模型和规则内容是否丰富、是否科学先进、是否符合企业业务运作情况,这些是对商用信息管理系统进行评价的重要依据。

实现信息技术的扩展功能,建立支持企业管理和业务运作的信息管理系统,是当前企业信息化工作的主要内容。由于认识和方法上的问题,有些企业在实施信息化过程中遇到了许多困难,走了许多弯路,甚至造成了部分企业在信息化上投资的浪费,并由此产生一些对企业信息技术应用的质疑。作者认为,造成信息技术在企业应用过程中出现问题的根本原因不在信息技术本身,而在于当企业应用信息技术的扩展功能时,对反映企业管理和运作过程的企业管理模型、业务规则、优化算法、控制程序和资源分配策略等缺乏深入的分析,导致实施的管理信息系统与企业实际业务运作情况不符合。另外,企业管理水平不高、管理信息系统的开发实施方法存在问题、对业务人员的信息技术培训不够重视等,也是造成信息化应用失败的重要原因。

1.4.3 信息技术的战略功能

信息技术的战略功能是指利用信息技术支持企业经营模式和管理战略的创新,实现企业内部、供应商、客户和社会资源的整合,建立企业战略竞争优势,赢得市场竞争。信息技术的本原功能是在个人事务处理层面发挥作用,扩展功能是在企业管理和业务运作层面发挥作用,战略功能则是在企业战略运营和社会资源整合层面发挥作用。

网络技术发展和应用普及,使信息技术具有可以无限延伸和以光速传播信息的能力,企业可以利用信息技术提供的能力,突破过去地域、时间、管理手段等因素给企业经营管理方式带来的制约,实现企业经营和管理战略上的创新,实现社会资源的整合。以下给出几个采用信息技术实现企业战略创新的示例。

案例1:洛克希德·马丁公司在竞争美国联合攻击战斗机项目时,采用信息技术,建立了全球30个国家50家公司参与研发的数字化协同环境,形成了无缝连接、紧密配合的全球虚拟企业,快速地完成了以数字化技术为研制基础的三种变型、四个军种、客户化程度高的飞机设计,赢得了全球有史以来最大的军火合同,总合同价值约2000亿美元[9]。

案例2:DELL计算机公司利用网络技术构建了定制化计算机的直销模式,用户可以通过DELL提供的网上计算机定制系统进行计算机配置,并直接给DELL下订单,从而消除了大量中间环节,DELL根据顾客的订单安排采购和生产,从而实现了与顾客的零距离和产品的零库存[10]。

案例3:2001年10月1日,GE Fanuc公司与Datasweep公司结成联盟,共同开发从车间加工设备到全球供应链的e制造系统。由GE Fanuc公司设计的基于车间自动化的eManufactuirng方案及其产品CIMPLICITY可以方便地集成车间中的各种系统,收集和分析各种生产和管理信息。Datasweep公司的Advantage产品是一个基于Web的制造管理系统。Advantage可以提供实时的协同制造解决方案,解决企业与多个供应商之间实时生产信息的交流和共享问题,对整个商务过程——从车间设备到整个供应链的情况进行实时动态的监控基于当今动态多变的企业组织结构,CIMPLICITY Advantage方案为企业的管理者们提供了全面了解整个生产过程执行情况和实时动态监控的功能,企业可以方便地了解和控制分布在世界各地的分公司、协作商等的经营情况。另外,CIMPLICITY Advantage将数据集市(Data Mart)技术以及联机事务处理(OLTP)和联机分析处理(OLAP)技术用于企业操作层面的分析处理,使得对整个供应链的管理更加高效、可靠[10]。

目前有一些公司为了提高其产品的研发速度,在全球的多个地点建立产品研发中心,这些研发中心之间通过网络实现产品研发数据的交换,从而建立全球协同的产品研发团队,利用不同地区的时差,实现产品24小时不间断的研发,从而大大加快了产品研发的速度。还有一些公司在全球的多个地点建立产品服务支持中心,利用不同地区的时差,为用户提供24小时不间断的产品服务技术支持,从而大大提高客户满意度。

实现信息技术的战略功能首先需要企业有创新的经营管理理念,其次要充分利用信息技术在信息获取、传递、处理上的优势,用这些优势弥补传统企业经营管理方式上存在的不足,在社会范围内进行资源整合,并面向全球开展企业运作。

典型的实现信息技术战略功能的应用系统有电子商务系统、协同产品商务系统、供应链管理系统、电子化制造系统(e-manufacturing system)、异地协同设计制造系统、动态联盟和敏捷制造系统、产品全生命周期管理系统等。与提供信息技术本原功能和扩展功能的应用系统相比,实现信息技术战略功能的应用信息系统的特点包括:①支持企业战略运营,而不仅仅是日常业务的管理;②运作范围广,跨越了企业边界,支持在多企业间和社会范围内的企业协同和资源共享;③突破了传统的时间和地域约束,实现产品研发和技术支持的24小时不间断运作;④对产品实现从客户需求获取、产品研发、生产制造、产品使用到服务支持的全生命周期管理。

表1-2给出了信息技术三类功能的对比,供读者参考。

表1-2 信息技术三类功能的比较

功能	应用目的	应用层面	应用范围	典型应用	效果
本原功能	提升个人事务处理能力	个人事务	个人、部门内部	库存管理、财务统计、物料需求计划制定、计算机辅助产品设计	加快企业事务工作的速度、提高事务工作的准确性、提高办公和办事效率
扩展功能	提升企业管理和业务运作能力	企业管理和业务运作	部门、全企业	企业资源计划系统、产品数据管理系统、办公自动化系统、制造执行系统	提高企业的管理水平和业务运作效率,提高企业的市场竞争力,取得良好的经济效益
战略功能	提高企业战略管理和创新能力	企业战略管理和社会资源整合	跨企业、社会	协同产品商务系统、产品全生命周期管理系统、动态联盟管理系统、供应链和客户关系管理系统	促进企业创新、实现社会资源整合、建立企业核心竞争优势

1.4.4 湿件的作用

信息系统包含硬件（hardware）、软件（software）和湿件（wetware）三个组成部分，其中硬件是信息系统的物理载体，主要包括运算器、控制器、存储器、输入设备和输出设备。而只有硬件的裸机是无法运行的，还需要软件的支持。所谓软件，是指为解决问题的而编制的程序及其文档。计算机软件包括计算机本身运行所需要的系统软件和用户完成任务所需要的应用软件。湿件是指与计算机软件、硬件系统紧密相连的人（程序员、操作员、管理员、业务人员），及与系统相连的人类神经系统，是储存于人脑之中、无法与拥有它的人分离的能力、才干、知识等。在企业信息化应用过程中，湿件是指基于给定的硬件和软件环境，一个组织内部的人员开展业务处理和协同工作的能力和水平，它主要反映人使用信息系统的熟练程度。把湿件作为信息系统的组成部分是因为今天的信息系统基本上都是人机交互的系统，特别是企业应用信息系统，其功能主要是与人交互完成业务处理和控制决策。湿件是与软件、硬件并列的信息系统第三大件。湿件将人的作用突显出来，而且这种作用远远高于软件和硬件。没有软件，硬件是无用的；没有人的操作或指示，软件、硬件一起也做不了什么，由此可见，湿件是信息系统发挥作用的重要组成部分。在企业信息化应用过程中，仅有良好的硬件和软件是不够的，还要大力加强人员使用信息系统技能的培训，否则企业在信息化上的投资无法取得良好的收益。

有些企业喜欢在技术上追求先进性，频繁引入新的硬件和软件，但是实际上获得的信息化收益却与投入呈反比。某些人将信息化收益与投入呈反比现象称为"IT悖论"，通过引入湿件概念可以在一定程度上解释这种现象。即企业引入新的硬件和软件导致投入增加，而硬件和软件本身并不会为企业带来收益，只有湿件才能为企业创造价值。但是由于引入了新的硬件和软件，员工需要放弃过去熟悉的操作界面、工作方式和协作程序，而熟悉新的系统需要培训和时间，导致在相当长的一段时间内，员工的湿件水平下降，企业业务运作效率下降，信息化收益下降。所以，企业在一定时期内，不要频繁地升级或更换系统，要把主要精力放在用好已有信息系统上，在新的系统上线后，要及时进行操作技能的培训，使信息化投入尽快获得回报。

1.5 信息技术的企业应用发展历程

信息技术在企业的应用经历了由浅到深、由孤立应用到集成应用、由技术系统到管理系统的发展过程。回顾信息技术在企业应用的发展历史，展望信息技术在企业应用的未来，有利于更好地把握信息技术在企业应用的实质，对于应用中出现的问题也会有更清楚的认识。

美国人诺兰（Nolan）曾于1979年提出了图1-12所示的数据处理发展阶段的诺兰模型。在模型中，诺兰将数据处理技术在企业的应用过程分成六个阶段，并将前三个阶段称为计算机时代，而后三个阶段称为信息时代。

（1）启动阶段：企业数据处理技术应用的开始阶段，其标志是企业安装了第一台计算机，将其应用于数据处理工作，并引入了自动化的概念。

（2）扩散阶段：随着自动化技术在企业应用的日益扩展，导致企业计算机系统数量的

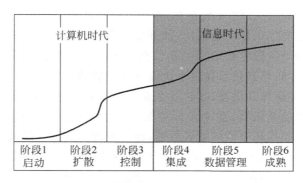

图 1-12　数据处理发展阶段的诺兰模型

快速增加。

(3) 控制阶段：试图遏制快速上升的计算机服务成本，并将数据处理系统的发展置于受控状态。

(4) 集成阶段：本阶段的重点是实现企业各种信息技术平台和数据处理系统的整合，将各种各样的系统和技术集成为内在统一的系统，使数据处理系统的发展进入再生和受控发展时期。

(5) 数据管理阶段：本阶段的标志是完成了集成化的数据处理系统的实施，企业将主要精力从数据处理系统的建设转向数据处理系统的应用，并开始取得良好的经济效益。

(6) 成熟阶段：企业数据处理系统日益成熟，成为企业经营管理和业务运作的重要支撑环境。

目前我国大部分企业的信息化工作处于从控制阶段向集成阶段的过渡过程中，部分信息化实施的先进企业进入了数据管理阶段。需要指出的是，图 1-12 给出的诺兰模型是对企业数据应用发展过程总结后得到的一个模型，它并不是企业信息化应用的理想模型，企业在实施信息化的过程中，不要按照这个模型去规划信息化应用的发展阶段，这样会导致企业在信息化的过程中走不必要的弯路。当前实施企业信息化的较好方法是在企业信息化规划的指导下，加强业务流程与信息技术的融合，实施集成化的信息化应用系统。

诺兰本人也认识到了该模型已经不能够充分反映企业信息化应用发展的实际情况，他于 1995 年提出了图 1-13 所示的信息技术发展的三个时代模型。

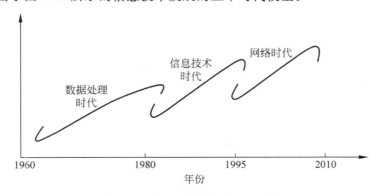

图 1-13　信息技术发展的三个时代

在数据处理时代(20世纪60年代至80年代),信息技术主要在企业的操作和管理层面起作用,其主要功能是专门工作的自动化,如开展库存管理、财务管理、生产计划制定、计算机辅助设计制造等,这个阶段主要应用的是信息技术的本原功能。在信息技术时代(20世纪80年代至90年代中),信息技术在整个企业的业务管理和决策层面发挥作用,强调基于信息技术开展企业业务运作和决策,如建立企业资源计划管理系统、产品数据管理系统、办公自动化系统、决策支持系统等,这个阶段主要应用的是信息技术的扩展功能。在网络时代,信息技术不仅仅用于提高企业的业务效能,而是强调信息技术的战略作用和社会资源的整合,通过信息技术将组织、人员及其工作整合为一种网络化的组织形式以创造更高的生产率,并与其他企业实现协同,促进整个价值链的增值,如建立电子商务系统、供应链与客户关系管理系统、协同产品商务系统、异地网络化协同设计制造系统等,这个阶段主要应用的是信息技术的战略功能。

诺兰给出的两种描述信息技术企业应用阶段的模型还不够细致,作者根据自身对我国企业信息化发展历程的研究和理解,给出了图1-14所示的信息技术在企业应用的五个发展阶段模型。

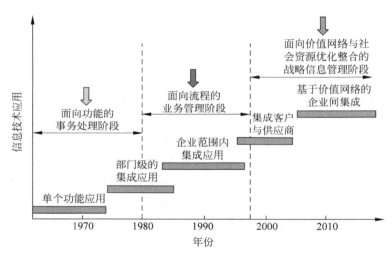

图1-14 信息技术在企业应用的五个发展阶段

以下简要介绍信息技术在企业应用的五个发展阶段。

(1) 单个功能应用:20世纪70年代中期以前,企业的信息技术应用水平还较低,所开发的信息应用功能也比较简单,主要支持部门内部和个人的事务性工作,如财务记账、生产计划制定、采购物料数量品种计算、库存统计、计算机辅助绘图等。

(2) 部门级的集成应用:20世纪70年代中期至80年代中期,开始应用具有一定集成度的综合应用软件,如实现了财务、库存、采购、计划集成的MRPII(制造资源计划)系统,CAD软件实现了产品造型与绘图的功能,这些集成化的应用系统将企业的信息技术应用水平推上了一个新高度。

(3) 企业范围内集成应用:20世纪80年代中期开始的以计算机集成制造技术(CIM)、企业资源规划(ERP)、产品数据管理(PDM)为代表的企业范围内的集成应用。ERP扩展了MRPII应用的范围,不仅包含了MRPII的基本功能,还包含了如客户关系管理、售后服务、项目管理、集成化的过程管理等功能。在产品研制和设计自动化应用方面，在 PDM 系统的基础上，对产品研制过程和研制过程中涉及的产品数据进行集成化的管理，实现了 CAD/CAPP/CAM 集成的计算机应用，这些工作促进了产品设计自动化水平的提高。而 CIM 则是信息技术与先进制造技术结合的典型，从整个企业信息集成与系统优化的角度出发，强调信息集成和企业信息技术应用的整体规划，以期提高整个企业的 T（产品上市快）、Q（质量好）、C（成本低）、S（服务好）水平。CIM 技术的成功应用大大增强了企业采用先进的信息技术改造和提升传统制造业的信心，加快了企业信息技术应用的步伐。无论是 ERP、PDM 还是 CIM，都表明计算机应用技术已经从支持功能事务处理阶段发展到支持流程集成与流程管理的业务处理阶段。

（4）集成客户与供应商：自 20 世纪 90 年代中以来，电子商务和供应链管理（supply chain management）技术受到企业广泛重视。作为集成客户和供应商重要手段之一的电子商务技术得到了广泛的应用，许多大型企业和集团纷纷推出自己的电子商务系统，希望通过电子商务这种低价位的新型方式来获得更大的市场份额。同样，供应链管理系统也获得了充分的重视和发展，供应链管理系统的基本观点是在整个供应链中，每个企业（无论是原材料供应商、部件供应商、整机装配厂、还是代理商和销售商）都是为最终客户提供服务的整个服务链中的一个环节，绝大多数厂家既是为后续厂商提供产品的供应商，又是前趋厂家提供产品的客户。因此，快速高效地实现供应链中相关环节之间的信息交换，降低信息交换的事务成本有利于为最终客户提供低成本高质量的服务，并且可以对市场的变化进行快速的响应。供应链管理软件通过与企业的 ERP 或者相应管理软件的集成，并通过电子数据交换、工作流管理软件、Web 等方式迅速交换信息来达到上述目标。通过供应链管理，企业可以与客户和供应商建立紧密的联系，并且规范供应链中的上下游关系。在供应链管理中，不仅要组织好企业的内部信息，更重要的是要实现整个供应链上下游之间的过程管理。

（5）基于价值网络的企业间集成：进入 21 世纪以来，企业的业务环境正在经历巨大的变化。许多 CEO 已经认识到要实现企业效益的增长，必须使企业主动响应市场变化。创新、柔性、产品上市时间短的需求，企业创造新的利润来源的愿望，促使企业对产业的结构进行彻底的再思考，关注公司核心能力和核心业务竞争力的概念得到越来越多的认同。这种围绕核心能力对公司进行分解和重组的过程，导致了新型的协同生态系统（collaborating ecosystem）的出现。从 IT 专业人士的角度看，公司已经开始变成组件化。为了高效率地开展业务运作和管理，仅仅组件化是不够的，还需要在整个价值网上实现业务组件间交互的无缝和紧密集成。价值网业务柔性化要求组件网络必须具有柔性。即：企业可以"内化（in-source）"外包得到的组件，或者"外包"其内部的组件，从而使企业实现随需应变的业务（on demand business），即企业能够在市场变化发生时就能够识别其变化，先于其竞争对手做出合适的反应，并且保持与客户、价值网伙伴和员工需求的同步。信息技术在支持企业业务转型和价值网络集成中扮演着极其重要的角色。近些年来，云计算、物联网计算、面向服务的体系架构（SOA）、协同管理系统、产品全生命周期管理术、业务流程管理等先进信息技术和系统得到了广泛的重视，成为支持基于价值网络和面向服务的企业间集成和协同的重要支撑环境，为企业进行社会资源整合和价值网络的增值提供了有效的手段。

从图 1-14 中可以看出，信息技术在企业的应用还可以分成三个大的阶段。第一个阶段是面向功能的事务处理阶段，其工作重点是提高部门内和个人事务处理的效率、降低事务处理成本,该阶段对应于信息技术的本原功能。第二个阶段是面向流程的业务管理阶段,强化了面向流程管理的业务处理系统功能,支持全企业的经营管理和业务运作,主要目的是从提高整个经营过程效益、提高客户满意度、提高经营过程柔性等影响企业市场竞争力的因素入手,按照经营业务而不是按照功能、根据最终经营目标而不是局部优化的思路,在面向市场、面向客户的指导方针下发展企业的信息技术应用系统,该阶段对应于信息技术的扩展功能。第三个阶段是面向价值网络和社会资源优化整合的战略信息管理阶段,对应于信息技术的战略功能,在这个阶段,信息技术的应用已经跨越了企业的边界,成为在社会范围内进行资源优化整合和价值网络集成的支撑平台。

1.6　DELL 公司信息技术应用案例

1984 年迈克尔·戴尔创立了戴尔(Dell)计算机公司。目前 Dell 公司已成为全球领先的计算机系统直销商,跻身业内主要制造企业之列。在美国,Dell 公司是在商业用户、政府部门、教育机构和个人用户计算机市场名列第一的供应商。Dell 公司在全球 34 个国家设有销售办事处,其产品和服务遍及 170 多个国家和地区。

1.6.1　基于 Internet 的协同产品商务

Dell 公司成功应用了基于 Internet 的产品协同商务,协助遍布在全球各地的运营部门以及供应商进行文档管理、BOM 创建、产品技术状态管理以及工程变更管理等[11]。

称作 e-Hub 的应用门户以及基于 Internet 的文件服务器构成了访问和共享电子文档的核心。产品数据校验系统负责检查产品数据的准确性以及是否符合制造条件,同时提供与全球各生产点的 ERP 系统和产品结构管理系统的信息接口。产品数据校验系统还提供了与复杂产品配置系统之间的接口,后者按照产品零部件的工程技术属性,能够自动按销售订单进行产品配置,从而真正做到了按订单生产。

2000 年初开始,通过约一年半时间的实施,Dell 公司的产品协同商务系统已经拥有约 3300 名内部用户,120 家供应商,系统管理了大约 250 000 种物料以及 20 000 份文档。通过内部及与供应商的协作,工程变更的效率大大提高,人力物力节约了 30%,平均工程变更管理时间缩短了 50%,平均每月处理超过 4000 个工程变更指令,涉及 20 000 多种物料,而产品数据校验系统每月能检查出超过 8500 个错误,大大提高了导入 ERP 的产品数据的准确性。

1.6.2　基于 Internet 的直线订购模式

目前,Dell 公司利用因特网进一步推广其直线订购模式,再次处于业内领先地位。Dell 公司在 1994 年建立了 www.dell.com 网站,并于 1996 年增加了电子商务功能,推动商业向因特网方向发展。Dell 公司的 www.dell.com 网址包括 80 多个国家的站点,目前每个季度有超过 4000 万人浏览。用户可以评估各种计算机系统的配置,即时获取报价,得到技术支持。

Dell 公司的计算机生产过程如下：各种计算机由来自几百家供应商的几千种零部件组装而成。供应商发送零件不仅要准时，而且要按生产的先后顺序和客户的订单形成不断变化的产品组合。这种协作要求供应商的信息管理系统能够及时掌握 Dell 公司每一分钟的生产计划，同样，Dell 公司的计算中心及时通知供应商的计算机系统发送下一批货的具体要求。

Dell 公司通过"零距离直销、零库存、与用户结盟"这三种方法实现了企业间的集成。

（1）零距离直销

Dell 公司建立了一套与用户联系的渠道，由用户直接向 Dell 公司发出订单，订单中可以详细列出所需的配置，然后由 Dell 公司按订单组织生产。零距离直销简化、取消了中间商，降低了产品的成本，缩短了交货时间。

（2）零库存

按订单生产可以使 Dell 公司实现零库存的目标。而零库存不仅意味着减少资金占用，还意味着减少 PC 行业的巨大降价风险。直销的精髓在于速度，优势体现在库存成本。计算机产品更新迅速、价格波动频繁，库存成本成为 PC 行业最大的隐形杀手。Dell 公司通过网络更全面地掌握了实际销售情况，从而可以使存货量维持在 8 天以下，而一般的 PC 厂商的库存时间为 2 个月左右。此外，Dell 公司还用网络为重要的供应商提供每小时更新的资料。例如，英特尔公司过去每星期送一次货，现在改为每星期送三次。这使 Dell 公司可以比其竞争对手以快得多的速度将最新技术提供给用户。

位于爱尔兰西海岸 Limerick 郊区的 Dell 公司总装厂负责向全欧洲提供定制的个人计算机。当订单通过 Dell 的网站和呼叫中心到达工厂时，公司就将所需零配件的名称、数量、时间等细节分别通知相关的供应商。所有的零配件、硬盘驱动器、主板和调制解调器等都用卡车及时装运到工厂，仅仅几小时以后可以将装配好的整机运走。

（3）与用户结盟

Dell 公司的需求量由用户需求而定，前置期通常在 5 天之内。而其手边的原料只有几天的库存，通过网络技术与供应商之间保持完善沟通，可以始终知道库存情况与补货需求。Dell 公司从网络直销得到的毛利比电话直销高出 30%。公司网页提供的技术信息服务节省了不少电话技术支援的昂贵支出。Dell 公司每个月接到 40 万个寻求技术支援的电话，而公司技术支援网页的阅览数高达 250 万次。Dell 公司最创新的用户服务形式就是"贵宾网页"，8000 个迷你网站是 Dell 公司针对每一位重要企业用户的特定需求，精心设计的资源管理工具。企业用户可以在这些网页上找到企业常用的个人计算机规格与报价，并上线订购，同时还可以进入 Dell 公司的技术支援资料库下载有关信息，深受企业界欢迎。Dell 公司以每个月增加 1000 个"贵宾网页"的速度，为用户提供便利的服务，进而增加用户的忠诚度。

1.7 虚拟世界——"第二人生"

1.7.1 "第二人生"概述

"第二人生"（second life），一个由林登实验室推出的网上虚拟世界（http://secondlife.com/），有人说它是一款全新概念的网络游戏，因为它有五彩缤纷、绚丽多姿的三维界面，有生动鲜明的虚拟人物角色,有可以购买虚拟商品的游戏币,玩家可以在虚拟世界中打工挣钱,这一切确实太像当今风靡全球,让无数青少年网虫为之通宵达旦废寝忘食的魔兽世界、传奇世界、凯旋和奇迹等大型网络游戏了,但是它和一般的网络游戏还有很多不同的地方。一般的网络游戏主要是以神话故事、古代传说、经典名著等为故事背景,以打怪、升级、整装备、互相PK等为主要内容,人物的形象、能力和动作等很多是现实世界中不存在的。"第二人生"模拟的则是当今现实世界,注重不断提升与现实世界的相似程度,逐步模糊虚拟世界与现实世界之间的界限,最终的目标是建立一个与现实世界无限接近的虚拟世界。

"第二人生",还有人说它属于最Web2.0的范畴,与现有以数据为核心的网站技术相比,Web2.0是以人为核心,旨在为用户提供更人性化的服务,包括博客、bbs、三维网站等。"第二人生"让用户自己去设计三维模型来描述重现现实世界,将互联网从基于网页的二维时代向基于实体模型的三维时代推进。它还拥有自己的脚本语言和设计工具,让用户可以像设计网页一样灵活地设计生动的三维图形界面元素。如果说"第二人生"的客户端相当于IE、Opera等网页浏览器的话,那么用户自己的界面元素就是一个个的网页,只不过这个Web2.0网站服务器目前暂时只有林登实验室独家拥有,而当今最新型的计算机在显示这个Web2.0网站时,遇到复杂一点的"界面"也会显得有些力不从心,因为要处理众多三维图形细节对CPU、显卡、内存、硬盘和网络带宽在速度和能力上都绝对是一个巨大挑战。在目前微型计算机硬件条件下,等待一个坐满了5万人的足球场的数据显示将是一个漫长的过程。"第二人生"的发展,将大大带动计算机硬件水平的提高,因为这是制约"第二人生"网站得到更多应用的瓶颈所在。

"第二人生"有自己的货币——林登币。虽然林登币是一种虚拟货币,它可以与真实货币在美国数家知名银行进行自由兑换,其买入和卖出价差距比较大,用1美元可兑换186林登币(买入),而285林登币才可兑换1美元(卖出)。你可以设计流行的服装,到"第二人生"去赚钱。德国人钟安社在"第二人生"通过虚拟房地产交易2年赚了110万美元,被《商业周刊》评为封面人物。

世界500强企业纷纷登录"第二人生"进行"圈地"。微软、通用、阿迪达斯等近50家企业入住"第二人生",展示其最新的产品,可口可乐、耐克等公司在这个虚拟世界的重要路段投放路牌广告,零售业巨头BestBuy也在其中开了自己的虚拟商店,路透社前不久在这里建起了一栋以自己在伦敦和纽约时代广场办公室为原型的分部,并且向虚拟社会中的居民发布实时新闻。纽约是世界闻名的繁华都市,虚拟的纽约照样精彩,纽约港口的货轮,哥特式的古典城堡,繁忙的街道两旁商店林立,世界各国的名牌在这里荟萃,各种名车招摇过市。希拉里甚至在里面开辟了一个大宣传屏幕,为她的总统竞选服务(图1-15)。

世界自然保护基金会(WWF),为保护世界上濒临绝灭的野生动物,而在"Second Life"里开设了启蒙活动空间。像进行密林探险似的,用户可以在这里遭遇许多野生动物,在海里还可以听见鲸鱼的歌声,WWF在"第二人生"中特别为保护中国的国宝大熊猫进行了宣传。在标示着联合国儿童基金会(unicef)的设施中,还可以进行捐赠,捐赠的资金可通过林登公司转给联合国儿童基金会。

瑞典在"第二人生"开设了大使馆,瑞典虚拟大使馆建设负责人奥勒·瓦伊斯贝里在接受媒体采访时说:"虚拟使馆操作简便、成本低廉,但却可以成为瑞典对外提供消息的一道大门,使人们了解瑞典"。进入虚拟使馆,可见依山傍水的大使馆巨幅照片,以瑞典驻美国使

图 1-15 希拉里在"第二人生"中为总统竞选做宣传

馆为原型所建,人们可以看到使馆内斯堪的纳维亚风格的装饰,有"虚拟人"引导参观使馆的各个房间,可以看到瑞典国家博物馆的艺术品,人们在这里可以了解瑞典签证、移民政策,找到介绍瑞典情况的资料。瑞典虚拟使馆开张 3 个月,访问次数达 1000 多万,瑞典还继续在"第二人生"扩建大使馆,提供更加个性化的内容,并计划以使馆为起点,把更多的瑞典机构搬到"第二人生"。

"第二人生"模拟现实世界,需要成千上万的用户去支持和充实它。"第二人生"也为各行各业的人们提供无限的商机,为社会提供了新的就业空间,它在给为互联网带来一场革命的同时,也将对现实社会产生深远的影响。

当"第二人生"2003 年刚刚诞生的时候,用户从客户端进入之后,还只能看到粗放的线条勾勒出的空旷大陆,以及零星散布的人群,最初的玩家是伟大的,因为他们有着开拓者的精神,忍受着先驱探索的寂寞和初始界面的笨拙,但是他们知道自己在支持并从事着一个新的事业。"第二人生"从 2003 年启动到 2006 年初,总共才有 10 万用户,正是这 10 万用户 6 年的辛勤耕耘,才使今天的"第二人生"显示出了一派欣欣向荣的景象:高楼大厦林立、商店街道纵横交错、古典建筑与现代楼房交相辉映,到处闪着霓虹灯的繁华大街上人来人往,川流不息,政界要员、商界巨子、帅哥美女从面前闪过,他们或者行色匆匆,或者姿势优雅,或者谈笑风生,或者卿卿我我,构成了一道道靓丽风景,人游其中,可以感觉到奢华现实与绝美仙境的珠联璧合与无缝集成。"第二人生"上市十年之际,林登实验室于 2013 年 6 月 21 日公布,目前已发展了 3600 万注册用户,累计度过的虚拟日子相当于 21 万 7266 年。平均每月有超过 40 万新用户加入,而月均活跃用户数量有 100 万。上线运营至今的虚拟交易累计金额达 32 亿美元,平均每天的虚拟交易金额达 120 万美元,其中最受欢迎的道具当属女性发型。目前"第二人生"中用户购买的虚拟陆地面积接近 700 平方英里,相当于 14 个旧金山城市的大小。

在"第二人生"的管理者、投资者、开发者、玩家、互联网公司、政府部门、商业公司,金融机构、互联网和计算机软硬件制造商等的共同努力下,"第二人生"功能日益丰富、系统界面越来越友好、人物建筑等造型越来越逼真,其中,2007 年 5 月运营商林登实验室对 Windward Mark Interactive 互动公司的收购是促进系统革新的最大因素。Windward

Mark Interactive 互动公司由 5 名哈佛大学学生在 2003 年创立,专门致力于游戏图形拟真渲染技术的开发。其开发的 3D 场景渲染特效技术 WindLight 演算系统可以模拟光线在真实世界中受尘土和雾气影响下的变化效果,还可以灵巧地模拟真实世界中云彩的运动和变化,这项成果在"第二人生"软件系统的应用大大提升了"第二人生"界面的渲染效果。

"第二人生"在光影特效上的进步使得画面效果异常美丽。蔚蓝天空中漂浮移动着朵朵白云,犹如巨大的蓝宝石一样的海水清澈见底,小岛、绿树、水上别墅、沙滩等一切都显得那么真实,犹如身临其境,就像是一张摄影大师的专业作品。林登实验室首席技术总监 Cory Ondrejka 在评价 Windward Mark Interactive 团队的工作时称赞[12]:"这些小伙子们非常有想象力,做的东西使虚拟世界更加美丽。"

WindLight 的在"第二人生"的应用,从技术层面上讲是解决了其一直存在的粗糙界面问题,在商业层面上更是吸引了大批追求视觉享受的用户的加入,更加利于开展高端商业应用,赚取高额商业利润。纽约市场分析机构 Jupiter Research 的高级分析师 Joseph Laszlo 说[12]:"越能够创造一种人在真实世界环境中而不只是卡通环境中的幻象,就越有价值。"

1.7.2 初次登录"第二人生"的体验

第一次登录"第二人生"用户会发现自己出生在新人岛上,"第二人生"专设了几个小岛作为新人的出生地。用户可以设定再次登录的时候是出现在上次下线的地方,还是出现在 home 所在地。

大多数用户登录"第二人生"后都会想到要到处走走,只需要按下键盘上的方向键就可以走动,如果觉得行走太慢,还可以通过"Ctrl+r"来切换行走模式和跑步模式。如果觉得跑步还是太慢,或者一直梦想像鸟儿一样展翅飞翔,只要轻轻一按 F 键就可以满足你的愿望,实现遨游天空的梦想。每一个用户,无论是付费的还是不付费的,也不论种族、肤色、年龄、身高和工资高低,没有贵贱之分,都可以自由地在"第二人生"的天空翱翔。当你觉得飞得太久了太累了想歇歇脚的时候,只要再次轻轻一按 F 键就会优雅而又平稳地降落到地面上。

每个新用户刚登录的时候都是与自己性别相同的玩家长得一模一样的,通过装扮自己可以让自己与众不同。如何装扮自己呢?需要单击 inventory 仓库按钮,打开 body parts 和 clothing,也就是你的衣柜和首饰盒,穿戴上吧,这是"第二人生"免费送给你的,当然大家送的都差不多,也是很便宜很少的几件。商店里面有琳琅满目的行头,你可以通过打工挣钱去买你喜欢的衣服,把你自己变得更美更帅。穿戴上几件新手的东西后就可以东逛西逛了。

装扮好自己之后用户可以先去 helpland 走一走,这是"第二人生"让新人了解这个游戏一个小岛。去 helpland 的方式可以是飞翔,更可以用天遁缩地法 teleport 瞬间传送过去,那速度已经超过光速了。在小岛上用户可以练习行走、飞行、熟悉建筑,学习"第二人生"的环保课程,不要随便丢弃你的创造物,不要随便搞烂尾工程和豆腐渣工程。在 helpland 上林登实验室会派出官方人员维护秩序,派出导师为新人讲解和答疑,新人之间也可以互相交流。Helpland 是新手学习知识的地方,一旦离开 helpland,你便不再是新手,也就不可以再回到这里,因为外边有更加精彩的世界等着你去探索。

"第二人生"与一般的游戏网站最大的不同点就是用户可以创建自己的创造物。"第二人生"官方只提供土地和公共服务,类似于国家政府,游戏里的一切其实都是由玩家自己创造的,包括服装、建筑等等。官方保护用户的私有财产并鼓励用户交易自己的产品。这个游戏没有任何官方的剧情和任务,所有的一切都由用户自己来创造,通过一个内含的三维造型工具和脚本工具,用户几乎可以造出所有自己能想象出的东西来。你可以建造城堡、宇宙飞船或者编写自己的游戏,创造物的所有权归用户本人所有,官方不收取任何费用。官方的收入来源主要来自出卖土地。土地拥有者除需支付一笔一次性费用之外,还需要按月支付土地使用费(费用多少与土地面积有关)。

用户可以通过地图对这个世界有一个大致的了解。单击 map 菜单即可调出地图,图 1-16 是"第二人生"的地图。

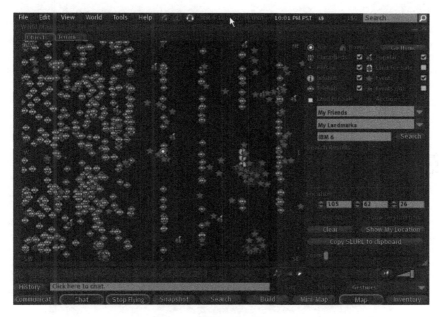

图 1-16 "第二人生"的地图

用户可以单击地图上任何一个地方,通过单击 search 查看地点说明,单击 teleport 瞬移过去。你可以随意地到处走走,图 1-17 是北京的紫禁城。

1.7.3 "第二人生"中的企业宣传

在"第二人生"虚拟社会当中,一个刚入门的新手拥有官方送给她(他)的几件免费装备,要想购买豪华衣物装扮自己,购买土地创造建筑物,都需要有一定的资金,要想开始商业生涯,就必须要先创造,因此如何赚取自己的第一桶金,是每个新手首要面对的问题。

虚拟社区是网络发展的主要趋势之一,越来越多的世界主流企业、跨国集团也都纷纷入住"第二人生",IBM、Dell、Adidas、Toyota、Sony、AOL 等都纷纷入住"第二人生",拥有自己的土地和豪华办公大楼,图 1-18 标出了各企业在"第二人生"中的位置。用户可以竞聘他们提供的职位,竞聘上之后通过工作获得优厚的报酬,利用报酬创造属于自己的东西。IBM 在

图 1-17　北京的紫禁城

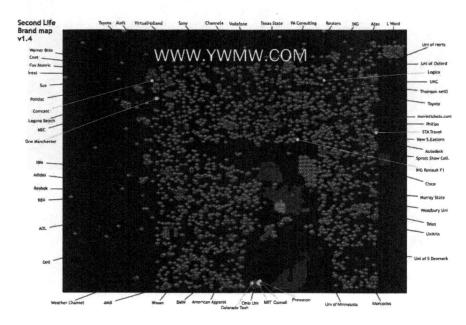

图 1-18　各大公司在"第二人生"的地图

"第二人生"有 230 名员工,以及大约 24 个岛,向用户展示它们的产品、服务和设想,图 1-19 是 IBM 在"第二人生"的办公场所。

　　Dell 公司的小岛同样有很多闪光点,非常值得一看。模拟真实的 Dell 设备的工厂模型、电脑博物馆和麦克·戴尔(Michael Dell)读大学时的宿舍在小岛上都可以看到。miLOS(米卢斯)是家设计鞋类等日用品的设计公司,公司为 Adidas 和 Nike 等知名企业设计产品。

图 1-19　IBM 在"第二人生"的办公场所

居民也可以订制自己喜欢的鞋子，穿上米卢斯设计的产品，可以让你沐浴在别人艳羡的目光之中。思科公司在宣传方面丝毫不落后于任何其他跨国企业，网络产品是其灵魂所在，思科的社区分为几个大区，移动方案、数据方案、路由管理等等，清新的浅绿色植物，现代气息的建筑物是思科公司"第二人生"的主旋律。日本电通在"第二人生"内拥有 12 个区位，开始实现"虚构东京"的宏伟构想。其中主要 4 个区位，为"映像"、"体育馆"、"滑雪台"和"博物馆"。企业租用这些空间的价格为每家 600 万日元。在上月底公开的"Tokyo4"中，可享受与现实社会互动的 TBS 的世界田径比赛实况。

　　娱乐业永远是最多人追逐的产业，娱乐业巨头华纳在线（Gaia Online）当然也是"第二人生"中成长速度最快的在线虚拟世界，据报道华纳在线已经拥有 300 万常驻居民，每月虚拟世界内的虚拟物品交易额超过等值 100 万美元，每天有 10 万笔虚拟物品交易。时代华纳虚拟世界中最多的访问者是青少年，每天会有数百万青少年来华纳在线交朋友、玩游戏、参与这个号称是世界上最活跃的在线社区。华纳在线为居民提供了各种有趣的活动，例如定制形象、领养宠物、管理资产、开个人聚会、共享唱片等。时代华纳为了吸引更多人参加社区，对任何居民加入都是免费的，居民在这里可以打工赚钱，挂机、打游戏、跳舞、开商店、摆地摊等既是赚钱的方式，也是游戏的方式，难怪有那么多人喜欢它，因为它牢牢抓住了青少年的心，深刻了解他们的爱好，通过在线、打游戏和社交等行为赚取林登币。总而言之，华纳在线提供了一个引人入胜的虚拟社会化环境，鼓励用户挖掘自己的个性和创造性。华纳在线着力于模拟现实社会中青少年的各项娱乐、竞技和社交等活动，从而吸引他们，挖掘他们的潜力，华纳在线已经是"第二人生"中青少年展现自我才华的虚拟平台。

　　华纳在线在大力开展虚拟社区的同时，并不缺乏资金的支持，因为它广大的用户群是一笔宝贵的财富，投资者和合作伙伴对此青睐有加，华纳在线已经吸引到 2000 多万美金的风险投资，投资方中有著名的投资公司，也有腰缠万贯的富翁，还有新兴的 IT 精英。他们一致看好华纳在线，看好"第二人生"的虚拟社区，这说明了"第二人生"的成功，说明了虚拟社区的成功。图 1-20 是华纳唱片公司在"第二人生"中推介 Regina Spektor 的新专辑。图 1-21 是路透社正在"第二人生"播报新闻。

图 1-20　华纳唱片在"第二人生"中推介 Regina Spektor 的新专辑

图 1-21　路透社正在"第二人生"播报新闻

荷兰智囊团(EPN)报告说,荷兰百强企业中的二十八家正积极参与虚拟世界。在荷兰的百强企业中,60％认为其对内部交流有帮助,52％认为其在公司培训和树立品牌方面有好处,45％认为有益于产品创作和录用员工等外部活动,66％认为很多应该进入 SL 的人们还未加入,50％认为"第二人生"的稳定性是一大难题。EPN 认为,如果对更多公司进行调查,相信这些数据将会更高,而且这些百分比还是比较准确的[13]。

1.7.4　"第二人生"中的土地问题

土地是"第二人生"居民创建自己产业的载体,居民要购买土地,必须注意搞清楚购买土地的目的和用途,以及土地的价格问题。在土地购买中购买者还需要关注以下几点。

作为一名"第二人生"的居民,您并不一定需要拥有土地。只有大约 15％的"第二人生"居民拥有土地。基本账户(免费用户)可以在私人小岛上购买土地,费用包括土地购买费和月租金(或周租金)。基本账户不能在大陆(mainland)上拥有土地,只有付费用户才能拥有大陆上的土地。

在"第二人生"中土地有一个控制权的概念,相当于国有土地和私人土地的概念,控制权分为公控和私控两种。公控土地是"第二人生"官方控制与管理的土地,而私控就是玩家控制与管理的土地,并不是所有玩家都有土地控制权,只有那些一次性向林登实验室购买了整个区(65536 平方米)的玩家才能拥有土地控制权。

付费会员可以购买公控土地,会员在土地上的活动没有契约限制,例如可以自己创建建筑等。基本用户只可以在私控土地上购买土地,基本用户在私控土地上的活动由土地控制方约束规定,有的规定不能创建商场,有的规定不能创建交通工具等,约束规定的制定权完全属于土地控制方。私控土地主要是岛屿,购买私控土地之前应多了解土地控制方也就是岛主的声誉,并实地考察。

居民可以购买的最小土地面积为 512 平方米,林登实验室有一个初始土地计划,通过这个计划用户可以以 512 林登币的优惠价格获得一块 512 平方米的土地。你可以通过出售这块土地获取一点微薄的利润。不过在出售土地之前,先想清楚你能在这块土地上做点什么,这对于每一位"第二人生"居民来说都是一个大机遇。或许你在仔细思考之后就不会再出卖它,而是利用这块土地开始你在"第二人生"的商业生涯了。

居民可以在客户端单击 Find→Land Sales,然后在打开的菜单中选择初始土地,就可以看见挂牌出售的初始土地了。也可以用 teleport 按钮传送到所出售的土地实地考察一番,转一转,看看地理位置、风水朝向、是否偏僻、是否是黄金地段等。一旦你决定购买某块土地了,右键单击这块土地,然后选择购买菜单来购买。需要指出的是每个"第二人生"居民只有一次机会购买初始土地。

"第二人生"中的土地可以进行拍卖,可以用林登币或者美元支付,土地拍卖的链接是 http://secondlife.com/auctions/。在买入或卖出土地之前,可以先看看 Find→Land Sales 窗口,查看需要类型的土地价格和当前出售中的土地类型,这样就不会因为高价买地和低价卖地而造成损失了,同时由于了解了行情,在与其他买卖者沟通时可减少很多不必要的麻烦,节约双方的宝贵时间。在购买土地之前,你不妨问一问你的朋友,或许他们会给出一些有用的建议。这样你们之间通过交流而拉近了关系,你的朋友圈也就更加融洽了。

"第二人生"的土地价格是由卖家随意设定的,当然大多数卖家也不会漫天要价。通过多家比较,通常能够以一个比较合理的价位购得一块较为满意的土地,这和我们日常生活中逛商店买东西的方式很相似。"第二人生"也和现实社会差不多,每天,我们周围都在发生着变化,新盖了高楼,新开了商场,新建了厂房,"第二人生"中也是如此,今天这里还是一块平静的海湾,过不久也许你就会发现停靠了一艘豪华游艇,建起了一栋水上别墅,挖了一个游泳池,多了几把沙滩椅,每次进入"第二人生",都会有不同的感受。

短短的一段文字也不能包括居民在购买土地时可能遇到的所有情况。除了上述方法之外,居民还可以去找那些姓"林登"的居民,这些林登实验室的雇员可能会对你有所帮助。

私人岛屿是"第二人生"中的另外一种土地类型,岛屿是完全的私家领地,私人岛屿相对于大陆来说具有很多优势,比如说居民可以一次性拥有大块土地,即整座岛屿。"第二人生"的大陆每天都在发生着变化,熙熙攘攘,吵吵闹闹,如果你想远离这种喧嚣,寻找一个世外桃源,那岛屿是再合适不过了。在私人岛屿上,居民享有比大陆土地拥有者更多的权限,可以自主命名自己的小岛。到 2007 年 4 月上旬,林登实验室已经卖出了超过 5800 个私人岛屿。岛屿的好处不言而喻,那么岛屿的拥有成本自然也就要比大陆土地的拥有成本更高,表 1-3 是岛屿土地的对应面积和月使用费。这个价格还不包括一次性支付的费用。向林登购买整个区域的购买费用为 1675 美元,每个月的使用费为 195 美元,但免除第一个月的使用费。

表 1-3 岛屿土地的对应面积和月使用费

附加土地(区域)	对应的面积/m^2	月使用费/美元
1/128	512	5
1/64	1024	8
1/32	2048	15
1/16	4096	25
1/8	8192	40
1/4	16384	75
1/2	32768	125
1	65536	195

土地销售异常火爆,使得目前虚拟房产已经成为"第二人生"最有利可图的产业了,美国知名的房地产经纪公司信义房产(Coldwell Banker)已在"第二人生"的中心区域购买了大片土地和不动产。

1.7.5 "第二人生"中的就业

"第二人生"中有 4 个大类 13 种职业,四个大类分别是 Unskilled Jobs,即非技术类工作;Skilled Jobs,即技术类工作;Free-lancers & Entrepeneurs,即自由职业类工作;Unclassified Jobs,即未分类工作。非技术类分为 Dancer(舞者)、Model(模特)、Shop Attendant(商店服务员)、Bouncer/Security Agent(保镖、安全人员)4 种职业。技术类包括 Builder/Modeller(建筑师、造型师)、Texturer(图案设计师)、Fashion Designer(时装设计师)、Scripter(脚本设计师)、Animator(动作设计师)、Event Hoster(活动策划)、DJ(主持人)7 种职业。自由职业类包括 Land Baron(地产商)、Linden Dollar Brokers(林登币经纪人)2 种职业。

进入"第二人生"的用户可以根据自己的特长选择合适的职业,如选择服装设计或者建筑设计职业。"第二人生"的用户可以用外观编辑器来修改服装,服装上的纹理可以用别的软件如 Adobe Photoshop、Microsoft Paint、Gimp 来编辑,编辑好后可以将你的纹理文件通过文件菜单下的上传纹理功能上传到"第二人生"。"第二人生"的用户同样可以在自己身上应用自己设计的纹理,就像现实生活中的文身。设计衣服不仅需要计算机知识,还需要服装设计、美学等方面的知识,好衣服出自优秀的设计师之手。"第二人生"中有专门设计服装的公司,他们的优秀设计师设计的服装供不应求,设计师的薪水自然也是很高的。

"第二人生"的用户同样可以在"第二人生"中创建自己的建筑物,具体的创建方法就是在地面上单击右键来打开物体编辑器,在物体编辑器中,居民可以选择喜欢的基本形状,然后放到自己喜欢的位置,这样就可以在指定位置创建一个基本形状的物体了,同样这个物体可以被编辑,例如改变形状、添加颜色、设置纹理、设置灯光和透明度等。物体在创建好之后,还可以移动,一般复杂物体都是由简单物体组合编辑而成。在"第二人生"中建造物体是一门技术,学习建造物体需要一定的时间。根据天赋、文化背景、个人喜好不同,每个人造出的建筑物风格也不相同,通过一个区域建筑物的风格,基本上能判断该区域主要是哪些人居住。"第二人生"中的房地产开发商雇用了专门的建筑设计师,我们所见到的气势恢宏、精美绝伦的建筑物都是出自这些天才的设计师之手。

1.7.6 关于"第二人生"的思考

由于"第二人生"在技术和商业运作上的成功,已经引起了越来越多的人的关注,"第二人生"将真实世界和虚拟世界边线变得越来越模糊。这也引起了许多人对虚拟世界本质问题的关注,美国有一半人认为虚拟世界和现实世界一样重要。北京师范大学哲学系教授李建会认为"把信息而不是物质看成是构成世界的最基本要素,不同的物理过程是不同的处理信息的算法的话,就可以理解'人工生命'和真实世界中的生命有同样的形式。"

由于"第二人生"已经超出的游戏的范围,它一方面成为一个建立在网络世界的全球化交流社区,另一方面又带来了新的商机,因此加入"第二人生"的用户的动机和行动与现实世界中的情况一样非常复杂。随着加入虚拟世界的人数的增加,"第二人生"可能会影响人们的工作和生活。由于存在交易和利益,在虚拟世界中同样存在监控机制、法律问题、心理问题,甚至社会问题。

  "第二人生"的林登币虽然是虚拟货币,但是由于它可以与美元进行自由兑换,从本质上讲,它与真实货币具有同样的作用。目前"第二人生"每天平均交易额 120 万美元,年总交易额近 5 亿美元,而且还在继续增长,美国相关部门已经要求从虚拟经济中获得收入的人呈报经济收入。如果该虚拟产值和货币的规模不断扩大,比如说扩大到每年 10 万亿美元或者更多,那么它会对世界经济产生重大影响。未来是否会发生由于林登币的贬值导致世界经济剧烈动荡?就像 2008 年美国的次贷危机给金融业造成巨大损失一样?但愿这仅是作者的杞人忧天。

第2章

信息技术支持下的企业运作模式创新

2.1 信息时代的企业创新需求

创新是一个民族的灵魂,创新也是企业赖以生存和发展的基础。图 2-1 给出了制造企业在不同年代主要竞争要素的变化情况。从图中可以看出,企业赢得市场竞争的要素,即企业赢得市场竞争的主要手段,从 20 世纪 70 年代以前的低成本、20 世纪 70 年代的高质量、20 世纪 80 年代的及时交货、20 世纪 90 年代的良好服务和环境清洁,发展到了 21 世纪的知识创新。随着企业竞争要素的变化,企业的创新能力已经成为 21 世纪企业赢得市场竞争的主要因素。

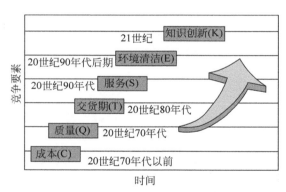

图 2-1 企业竞争要素的变化

企业为什么需要创新这个问题已经不再需要讨论,现在重点关心的是企业究竟需要进行哪些创新?信息技术如何支持企业实现创新?要回答这些问题,首先回顾一下美国制造业在 20 世纪 70 年代后的发展历史。在 20 世纪 70 年代,美国产业政策过分夸大了第三产业的作用,而将制造业贬低为"夕阳工业"、"生了锈的皮带",这导致美国制造业优势的衰退。20 世纪 80 年代初开始的世界性石油危机,暴露出美国制造业的优势多数已被日本所取代,美国报纸说:"十个高技术产品中的七个,其市场已为日本所占有"、"日本产品在美国人心目中已经成为质量好、价格便宜的同义词"。

在此背景下,一些美国专家提出要用其信息技术的优势夺回美国制造业的领导地位,提出了计算机集成制造(computer integrated manufacturing,CIM)的理念,即用信息技术通过集成企业的人、财、物,产、供、销等各个环节,形成计算机集成制造系统,夺回美国制造业的优势。计算机集成制造理念的出现在欧洲和中国得到了广泛的重视,中国在国家"863"高技术研究发展计划中设立了计算机集成制造系统主题,1987 年在清华大学设立了国家计算机集成制造系统实验工程研究中心,开展用信息技术改造和提升传统制造业的研究和应用,取得了显著的成绩,并于 1993 年将国家计算机集成制造系统实验工程研究中心改名为国家计算机集成制造系统工程技术研究中心。但是,在 20 世纪 80 年代,美国并没有改变它不重视制造业的情况,因为许多美国人认为他们丢掉的是附加值低的制造业,没有关系。比如,有人算过账,美国一年照相机的销售规模仅相当于一架波音 747 客机的产值。所以,美国不重视制造业的情况一直延续到 20 世纪 90 年代初。

1990 年由麻省理工学院 Womack 等三人合著的《改变世界的机器》(*The Machine That Changed the World*)一书惊醒了美国人[14]。美国人开始意识到,他们丢掉的已经不仅仅是附加值不高的制造产品和不是高技术的技术了,而是丢掉了先进的企业管理模式,失去了制造业领袖的地位。《改变世界的机器》一书介绍的主要是日本丰田汽车的精益制造模式,提出了著名的 Just in Time(准时制、零库存)生产模式。该书的出版在全球制造业掀起了学习丰田精益制造模式的高潮,在世界制造业领袖峰会和专家研讨会上,人们不再以美国制造企业作为学习的榜样和谈论的对象了,美国人心理上受到了极大的打击,他们知道必须采取行动了。

为此,美国开展了多项基于信息技术的先进制造发展战略研究,其中最有影响的是 1991 年由美国国防制造技术计划秘书办公室资助,里海(Lehigh)大学的亚柯卡(Iacocca)研究所主持的关于 21 世纪先进制造发展战略的研究。这项研究由亚柯卡研究所和美国 13 家大型企业的行政首脑组成核心组进行,并邀请 100 多家企业和著名的咨询公司参与研讨,研究历时半年,形成了一份名为《21 世纪制造企业发展战略》的著名报告。敏捷制造(agile manufacturing)正是在这份报告中总结经济发展现状、展望未来而提出的一种先进制造发展战略。报告明确提出了敏捷制造是 21 世纪制造业发展的主要战略,敏捷制造的核心就是通过提高企业对市场的快速响应能力来提高其市场竞争力。企业快速响应市场的能力将成为未来企业能否赢得市场竞争的最重要的核心能力。在未来的制造业竞争中将不再是"大鱼吃小鱼"的竞争格局,而是"快鱼吃慢鱼"的竞争环境。

报告提出"快鱼吃慢鱼"的理论依据是 20 世纪 90 年代以后国际市场正在发生持续、快速和不可预见的变化。变化是永恒的,不变是暂时的,对于市场发生的阶段性的、缓慢的和可以预见的变化,企业可以通过预测的方法获取变化的趋势,从而采取相应的战略和方法来适应变化,减少变化对企业市场经营和生产组织的冲击。但是对于市场发生的快速、持续和不可预见的变化,企业无法提前进行预测,也不可能预先采取抵御变化的方法。所以很多企业都害怕这种变化,而敏捷企业或者说能够快速响应变化的企业,就能从变化中获益,有时甚至会主动挑起市场的变化,从而获得更多的市场份额。什么样的企业是快速反应的企业,它需要具有什么样的能力才能实现对市场的快速反应呢?敏捷制造战略报告描绘了 21 世纪快速响应市场变化企业应该具有的能力,包括三个方面:

(1) 为了应对市场不可预见的变化,企业要以低成本、高质量且满足用户需求的创新性产品来快速响应市场,并且提供满意的用户服务,这是企业赢得竞争的主要手段。从这里可以看出企业必须具有产品创新和服务创新能力。

(2) 敏捷制造报告还提出了一个非常重要和严肃的问题,即,它认为美国企业(由于敏捷制造报告是为美国企业做的)在企业组织结构和生产组织方式上存在问题。指出美国企业采用的高耸的金字塔式组织结构和"大而全"、"小而全"的生产组织方式已经不能适应未来市场竞争的要求,所以要从组织结构上进行创新。自此以后,在美国乃至全球掀起了从组织结构扁平化、业务专业化、业务外包和业务流程再造为代表的组织结构和生产组织模式变革的浪潮。

(3) 敏捷制造报告同时指出,在信息技术和知识经济的环境下,未来的企业竞争已经不仅仅是资金和技术这两方面的竞争,更为重要的是组织模式、员工素质、企业对外开放和合作能力的竞争,因此要求企业必须进行运作模式的创新、经营管理理念的创新、知识的创新,要建立具有良好社会协作能力的学习型企业。

从以上介绍的情况可以得出,要快速响应市场变化,赢得未来的竞争,制造企业必须在运作模式、经营管理理念、知识、组织结构、产品和服务等方面进行创新。

要实现企业运作模式的创新,首先需要观念的创新。2.2节将对工业化环境下的企业管理模式和生产组织方式、资源管理方式和对信息技术的认识等问题进行探讨,并分析其存在的不足。2.3节将对敏捷制造战略进行介绍,在此基础上,2.4节将对信息化环境下企业运作模式创新进行探讨,2.5节将介绍美国联合攻击战斗机项目的信息技术应用案例,通过案例说明如何用信息技术支持企业运作模式的创新,实现快速响应市场变化的敏捷制造战略。最后在2.6节介绍无所不在的信息服务时代出现的一种新的社会化协作生产和产品创新模式——众包模式,并介绍劳动力众包、企业业务部门众包、智力众包的成功应用案例。

2.2 工业化环境下企业管理与生产组织模式

2.2.1 工业化环境下企业管理模式的形成和特点

1. 工业化环境下企业管理模式的形成

工业化初期(18世纪60年代以前),产品制造主要是手工单件生产方式。其特点是组织上非常分散(尚未形成有正规组织结构的企业),每个独立的生产单位人数都很少,制造装备的水平较低,每个制造部门基本上都是一个独立的手工作坊。这是一种简单的协作劳动,虽需要一些管理,但仍比较简单,一般不需要专门从事管理的人员,因此也没有建立专门的组织管理机构。18世纪60年代开始产生了以机器为基本生产手段的工厂,生产规模的扩大、专业化程度的提高、产品和生产技术的复杂性增加都对生产协作管理提出了更高的要求,因此对管理职能专业化的需求日益增加。在此背景下,以现代工业生产为背景的管理思想和管理理论相继出现。

工业化环境下的企业运作模式和生产组织方式的理论基础主要是亚当·斯密提出的劳动分工理论和弗雷德里克·泰勒提出的科学管理理论。斯密在1776年出版的《国富论》一书中提出了劳动分工理论,在该著作中,斯密深入细致地分析了劳动分工与提高工作效率的问题,强调专业化和劳动分工是促进技术进步、提高劳动生产率的最重要原因。他认为劳动分工之所以能大大提高生产效率,可以归纳为三个原因:提高了工人的技术熟练程度;节省了从一种工作变换为另一种工作所需要的时间;简化了劳动过程,有利于改进工具设备。劳动分工理论成为以后企业管理理论中的一条重要原理。

在劳动分工理论的基础上,泰勒根据自己长期的实验研究和管理实践,系统化地总结出管理的原理和方法,形成了"科学管理"的思想。泰勒在其代表作《科学管理原理》(1911)中将科学管理思想概括为5条:工作方法的标准化原理、能力与工作相适应原理、工时定额原理、差别计件付酬制、计划和执行分离原理。泰勒的一整套科学管理制度被称为"泰勒制",其根本目的是谋求高效率,而达到高效率的重要手段是用科学化、标准化的管理方法代替过去的经验管理。

2. 工业化环境下企业管理模式的特点

基于劳动分工和科学管理理论形成的制造企业管理与组织模式至今依然是大多数企业的主要管理模式,或者说,当前大多数企业进行管理和生产组织的主要理论基础依然是劳动分工和科学管理理论。基于劳动分工和科学管理理论的企业管理与组织模式具有以下特点。

(1) 功能部门制组织结构

企业的组织结构是基于劳动分工,按照不同的功能进行组织而形成的功能部门制组织结构,其目的是希望通过专业化分工,提高劳动生产率,通过大批量生产降低产品成本,并获得高效益。传统的企业组织结构是功能部门制,即按照不同的功能和职能设立不同的部门,上下级之间形成一个树型的组织结构。整个企业的结构呈如图2-2所示的金字塔式结构。由图2-2可以看出,企业的决策周期由上层到下层呈逐渐缩短趋势,不同层次的实时性由下向上呈逐渐降低的趋势。

(2) 大而全、小而全的组织体系

在工业化的早期,社会协作配套体系的不健全,工业产品的匮乏,市场缺乏充分的竞争,导致几乎所有的工业品生产基本上都有利可图,因此,所有的制造企业,特别是大型制造企业都希望尽可能获得所有生产环节的利润,为此,围绕着产品形成过程建立了全套的生产部门,包括原材料加工、零部件制造、产品部装、总装和测试部门。随着产品产量的迅速增加,管理机构和计划机构的功能和职能得到了强化,从上而下的一体化生产组织结构、大而全的计划管理模式逐步形成。

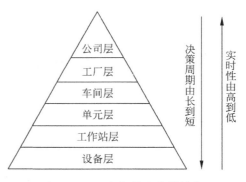

图 2-2 企业组织的金字塔结构

如在福特汽车公司,从原材料采购、零部件制造、汽车装配所有环节都要求在公司的统一控制下进行,并且要求所有的零部件都自制完成。

(3) 以生产为中心的组织管理模式

在工业化早期,工业产品属于稀缺品,市场基本上是卖方市场,企业只要能够生产出产品,就卖得出去,因此,企业管理的目的是保证产品的生产,围绕如何保证大批量生产产品这个中心目标进行企业的生产组织、物资供应和人员管理。在这个时代,企业生产什么,客户就用什么,客户完成没有挑选产品的余地,企业完全不关心客户是否对产品和服务是否满意。1918年底,全美国的汽车有一半都是福特公司生产的T型车,当时绝大部分T型车的颜色都是清一色的黑色,基本没有什么其他颜色可供选择。福特汽车公司创始人亨利·福特的名言"顾客可以选择他想要的任何一种颜色,只要它是黑色。"就代表了大工业时代企业管理者的普遍想法。

(4) 重视物理能力建设

在工业化时代,制造能力代表了企业规模和能力,企业普遍重视物理设施的建设和设备自动化水平的提高,企业的主要投资也用在物化资源的建设上,如设备、厂房、能源动力、仓库、物流装备、仪器仪表和工具。又由于每个企业都把制造能力看成是自己的核心能力,因此企业生产能力与资源严格相关,要扩大生产能力就需要建新的厂房和生产线。企业生产能力与资源严格相关(扩大生产能力就需要建厂房)。扩大生产和转型生产的准备周期长,代价高,资源投资回收困难,特别是遇到市场发生变化,原定生产的产品市场需求不足时,企业高额的硬件投资就不能得到充分利用,成为企业的负担,导致企业亏损甚至破产。

(5) 橄榄形的企业结构

20世纪70年代以前,产品供不应求,所以企业不必花大力气去进行产品的市场营销。同样一种产品可以在市场上销售很长时间,这导致了企业普遍不重视新产品开发。以汽车工业为例,在20世纪50—70年代,汽车公司推出的大部分车型平

图2-3 橄榄形的企业结构

均可以有15~20年的生命周期。在此情况下,企业的组织结构普遍呈现图2-3所示的橄榄形结构。即两头小(市场营销、产品开发能力弱),中间大(生产制造规模大、能力强)。

2.2.2 工业化环境下企业管理模式的优点和不足

1. 工业化环境下企业管理模式的优点

上述生产组织和管理模式追求的目标是实现大批量生产下的高效率,优点是:

(1) 大批量的产品生产使劳动生产率得到极大的提高,相应地降低了产品的生产制造成本,企业可以获得高利润。

(2) 企业组织结构稳定,层次分明。

(3) 管理部门和管理人员都有明确的分工,各司其职。

(4) 有一整套科学规范的管理制度和运行流程。

(5) 人员招聘和培训工作量小、成本低,容易进行扩大再生产。

(6) 大而全、小而全的组织体系和强大的制造能力使得企业成为一个自己配套能力很强的计划生产体系,对外部企业的依赖性比较小,企业的决策容易得到贯彻执行。

(7) 管理理论与方法成熟。经过企业经营管理者的大量实践和专家学者的研究总结,在企业计划、管理、运作等各方面都形成了许多成熟和有效的管理方法,积累了许多成功经验和应用实例,有许多学术著作、论文、教材、成功案例可供参考学习。

(8) 人才丰富,有大批熟悉这种管理理念的管理者。

2. 工业化环境下企业管理模式存在的不足

进入20世纪90年代以后,由于信息技术和网络技术的广泛应用,世界市场已经由传统的相对稳定逐步演变成动态多变,企业之间的竞争也由过去的局部竞争演变成全球范围内的竞争。同行业之间、跨行业之间相互渗透和相互竞争日趋激烈。物质产品的日益丰富使卖方市场变成了买方市场,顾客有了更多的产品选择机会,企业必须不断地推出新的产品来

赢得客户。以汽车工业为例,20世纪90年代后期,汽车的平均生命周期已经缩短到了5~7年;到了21世纪初期,汽车的平均生命周期更缩短到了2~3年。在这种市场环境下,面向大批量生产的企业管理与组织模式不适应市场变化和需求的问题开始逐步显现出来,主要反映在以下几个方面。

(1) 与市场和客户需求的脱节严重,客户满意度不高

大批量生产模式是以生产为中心的管理模式,企业关注的重点是低成本完成产品生产,对市场和客户需求不重视,把产品销售以后的客户服务看成是额外负担,不能够主动为客户提供良好的售后服务和技术支持,导致客户满意度不高,对企业的忠诚度不高。当市场产品供过于求、出现了强大的竞争对手或者其他企业推出了具有更好性能的新产品时,这类企业的市场竞争力就会迅速下降,市场占有份额迅速减少,产品积压,企业利润减少甚至亏损。

(2) 管理层次多,管理成本高,官僚主义严重,决策周期长,对市场响应速度慢

在传统的功能部门制结构下,按照最优管理方法设计的管理模式,一个部门管理的下属机构通常不超过7个(根据人类认知科学和企业管理的经验,一个人直接管理的事务数量最好小于7个,才能够保证最高的管理效率),如果一个部门管理的下属机构超过7个,一般会将一部分机构进行重新分类并在其上定义一个新的中间机构,这个新的中间机构成为这个部门的上级并实现对从原来部门中分离出来的机构进行管理。如一个厂的车间超过7个,可能会在车间之上定义分厂这个机构,并使分厂管理的车间少于7个。因此,在功能部门制组织结构下,如果哪个管理部门由于管理的机构太多而导致效率低下,就会对组织结构进行调整以提高效率,而这种不断调整的结果就是产生了高耸的金字塔式组织结构,如在1980年前后,美国通用电气公司有35万名员工,它的组织结构有26个层次之多。

在大而全、小而全的企业中,其管理层次一般都比较多,管理层次的增多直接导致管理成本的上升,有时甚至将分工带来的效益完全丧失。实际上,分工增加专业化的同时,必然增加了协调的成本,这是分工理论经济性不好的一个重要方面。分工越细,需要交流或协调的次数越多,频率越高,交流和协调的成本越高。管理层次的增多还导致企业的决策周期长,对市场响应速度慢。大而全、小而全计划生产体系还会产生严重的官僚主义,导致对市场营销、产品开发、生产制造等一线部门出现的问题解决周期非常长,影响了企业的发展。

(3) 部门间各自为政,协作性差,本位主义严重

在面向大批量生产的金字塔式组织结构下,每个部门的首要任务是按时按量完成自己的工作,至于其他部门如何工作不需要他们考虑,即"各人自扫门前雪,不管他人瓦上霜"。如产品设计部门仅负责完成产品的设计,而对于工艺部门如何完成工艺设计、是否方便完成工艺设计,生产部门如何完成产品制造、产品制造是否成本最低等问题并不关心,只有在出现工艺设计或者产品制造无法完成的情况下,产品设计部门才会对产品的设计进行修改和改进。

在面向大批量生产的金字塔式组织结构下,每个单元都由其上一级的功能单元进行管理,它的工作完成质量由上级进行评价,决策也由上级进行。因此,在出现问题的时候,每一级都会把责任推到上一级的功能单元,导致出现扯皮和责任不清现象,不利于解决问题和改进工作,这种职责不清现象最直接的后果是导致产品设计制造过程执行时间长和产品成本高。每个单元对其上级负责而不是对用户负责,往往导致客户的满意度不高。另外,这种组

织结构的柔性非常低,在订单投入生产后,客户想改变订单的需求、功能或者性能要求是非常困难的,即使能够改变,涉及的生产成本的增加也非常大。

(4) 竞争优势不突出、存在大量的低效益,甚至负效益的环节

在大而全、小而全思想下建立的企业组织结构中,由于强调产品的自主生产和配套能力,企业建立了各类部门,负责完成从产品设计、原材料采购、毛坯制造、零部件制造、产品部装、总装、测试、销售、物流运输、销售和服务的所有活动(功能)。其中,并不是每个活动都是企业最擅长完成的,企业完成它们也不一定都是成本最低的。那些企业所不擅长完成的活动通常是企业的低效益环节,有时候甚至是亏损的环节。由于存在大量的低效益,甚至负效益的环节,企业的竞争优势不突出,整体效益受到很大的影响。

(5) 产品研发和市场开拓能力差

从图 2-3 给出的橄榄形企业结构可以看出,面向大批量生产模式的企业,产品研发和市场开拓能力都比较差。市场开拓能力差导致企业无力开展积极的市场营销,产品销售困难。由于产品开发能力差,产品更新换代速度慢,企业不能够积极应对市场的变化和满足客户不断提高的需求。上述问题的存在,经常使企业陷入一方面已经生产出来的产品积压在仓库中销售不出去,另外一方面客户需要的产品又不能够生产出来的两难境地。

(6) 资源观念落后,企业转型困难,企业经营风险大

传统的企业管理模式的资源观念落后,企业管理者主要关注看得见、管得着、物化的资源,如设备、厂房、仪器仪表、原材料等,企业的大部分资金也花费在物化资源的投资上,忽略了在人力、智力、知识资源上的投资和利用,忽略了在社会范围内的资源利用(不求所有,但求所用)。而对于花费了大量资金购买来的物化资源也仅仅关注对其进行登记式的管理,舍不得花费一定的费用去开发资源优化利用的调度和管理系统,导致资源利用率不高。

落后的资源观念导致企业的生产能力与企业拥有的物理资源能力严格相关,企业要扩大生产就必须建新厂房和新的生产线。这些新建的生产线通常投资巨大,需要很长时间才能够收回投资。在当今迅速变化的市场环境中,企业投资建立的生产线所生产的产品可能在短期内就没有了销售市场,导致企业的投资无法收回,企业经营风险增大。同时,建立新的生产线需要招聘大量的员工,一旦生产线停止生产,这些员工的收入也受到影响,甚至导致员工下岗,引起许多个人、家庭和社会问题。

同样,在生产能力与企业拥有的资源能力严格相关的企业,在市场出现巨大需求时,其扩大生产和转型生产的周期长、成本高,企业的发展受到物化资源能力的巨大制约,不能抓住市场需求扩大给企业发展带来的契机,企业无法迅速发展壮大。

(7) 对信息技术的重要性认识不足

企业管理者将信息技术简单地当成工具使用,把信息化工作看成是单纯的技术问题,企业的信息化部门是辅助性部门,是一种支持性部门,不是核心业务部门,更不是管理部门。对信息技术的战略意义和重要性认识严重不足。企业停留在被动应用信息技术的阶段,缺乏主动应用信息技术的动机、缺乏利用信息技术创造机会、赢得市场竞争优势的考虑。

(8) 企业经营管理模式和理论需要进一步发展

无论是斯密 230 年前提出的劳动分工理论,还是泰勒 100 多年前提出的科学管理理论,

其基本前提都是当时的社会物质生产水平较低,全社会工业品相对匮乏,社会配套体系不健全,社会物质产品供不应求,市场基本上是卖方市场,因此,基于劳动分工和科学管理理论,产生了面向大批量生产的企业管理与组织模式。这种企业管理与组织模式符合了当时的市场环境和客户需求,因而获得了成功的应用,企业也得到了良好的发展,并造就了许多庞大的制造业巨头,如通用、福特、大众等大型汽车制造商。

但是,今天的市场环境已经发生了本质的变化,随着社会物质生产水平的迅速提高,市场上的产品日益丰富,市场已经从卖方市场变成了买方市场,顾客有了更多的选择,他们已经不仅仅满足于产品的功能性要求,而是希望产品能够满足其更多的个性化需求。同时,社会配套体系的日益健全,市场竞争也从过去单个企业之间的竞争发展到了由多个企业组成的价值链之间的竞争,企业必须将其注意力更加集中到发展其核心优势上,与价值链上的其他企业实现优势互补,从而赢得市场竞争。

信息技术的迅速发展和应用也促进了全球化制造和全球化销售体系的形成。企业信息资源的作用日益显著,它与企业的其他资源具有同等重要的地位,信息资源管理已经成为企业一种新的管理职能。必须将信息资源管理与企业的战略规划联系起来,把信息资源作为战略资产进行管理,在企业的每个层面上识别信息资源和获利机会,并借以构建新的竞争优势。

在此情况下,出现了许多基于信息技术的先进制造模式,如敏捷制造、网络化制造、大批量定制生产等。在企业管理与组织模式上出现了业务流程再造、组织结构扁平化、核心能力理论、专业化和外包、学习型企业等先进的管理理论与组织模式。这些先进的制造模式和管理理论符合当前市场环境,近些年来受到了广泛重视,在许多企业(包括在传统大型企业的转型中)获得了成功的应用,丰富和发展了企业管理的理论和方法。

2.3 敏捷制造战略

2.3.1 敏捷制造的产生背景与组成结构

敏捷制造是美国为恢复其在世界制造业的领导地位而提出的一种先进制造企业组织模式。敏捷制造产生的背景包含以下五个方面的因素:①市场正在发生持续、快速、不可预见的变化;②市场被迅速分割,产品的生命周期缩短;③市场竞争激烈、竞争国际化;④客户要求多样化;⑤信息技术的迅速发展。

以里海大学亚柯卡研究所牵头的项目组在1991年所提出的《21世纪制造企业发展战略》报告中明确给出了敏捷制造的概念。图2-4形象地给出了敏捷制造的概念体系,它强调在集成方法论的指导下,实现人、组织、管理和技术的高度集成。通过培训雇用具有多技能和必要授权的员工实现企业员工的敏捷性;通过建立动态灵活的虚拟组织(动态联

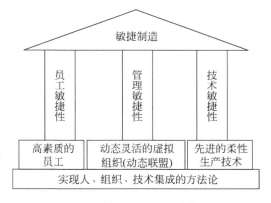

图 2-4 敏捷制造的概念体系

盟)来实现企业管理的敏捷性；通过采用先进的柔性生成技术实现企业生产技术的敏捷性。最终通过以上三个方面的敏捷性来达到提高企业对市场变化的敏捷性(agility)，即快速相应市场的变化，最终实现企业的敏捷制造战略。

敏捷制造的核心是通过敏捷性员工、敏捷性管理和敏捷性技术提供顾客满意的产品，图 2-5 给出了敏捷制造下顾客满意的产品晶状结构图[15]。图 2-6 给出了敏捷性员工的晶状结构图。从图 2-6 中可以看出，敏捷性的员工是受到企业尊重和重用的有知识的员工，通过对敏捷性员工所在工作组进行必要的授权和绩效评价，鼓励员工开展负责任的工作。而为了培养敏捷性员工，企业需要重视智力资源上的投资，并且建立鼓励员工创新和勇于承担责任的敏捷企业文化。

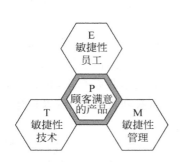

图 2-5　顾客满意的产品晶状结构图

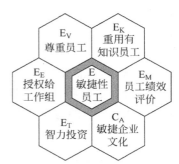

图 2-6　敏捷性员工的晶状结构图

图 2-7 给出了敏捷性经营和管理的晶状结构图。敏捷性经营需要建立创新的企业经营战略，高效的客户交互网络，建立对市场的智能分析和快速响应能力；通过信息基础结构的支持，建立高效运作的虚拟企业和供应链网络。敏捷性管理则需要建立开放式的企业结构，能够根据市场的变化进行灵活快速的经营过程重组；在信息技术的支持下，实现企业的全面集成，并支持面向工作组的业务运作；采用基于活动的成本管理(ABC)和经营绩效评价方法进行运作管理。

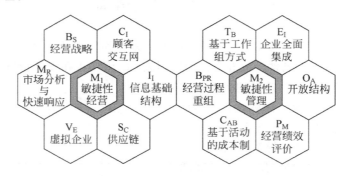

图 2-7　敏捷性经营和管理的晶状结构图

图 2-8 给出了敏捷性设计和制造技术的晶状结构图。敏捷性设计技术包括标准化技术、集成化产品及流程开发技术、并行工程技术、产品设计的全方位仿真技术以及虚拟制造技术。敏捷性制造技术包括标准化技术、可重构/柔性制造设备技术、智能制造技术、快速原型技术以及虚拟制造技术。

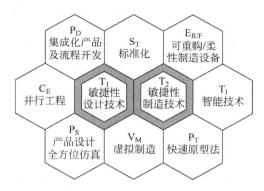

图 2-8 敏捷性设计和制造技术的晶状结构图

2.3.2 企业敏捷性的含义及其评价指标

敏捷企业对市场变化的敏捷性主要体现在：①能适应市场的持续变化；②能快速响应市场变化要求；③能满足用户高的质量要求和时间要求；④能以低的费用提供用户需要的产品。

敏捷制造模式要求企业有很强的自适应能力，可以根据市场的变化迅速完成自我调整，可以迅速与合作者结成新的合作工序，迅速把新技术转化为市场需要的产品。同时，要求企业有很强的新技术开发能力，不仅能被动地适应市场的变化，而且能不断提供新技术和新产品去开拓新的市场和机遇。

为了实现敏捷制造，企业应合理地调整自身的组织结构和资源配置，全面提高员工的素质，以此来增强企业的应变能力。同时，每个企业应将自己的人力和物力集中在自身的优势领域上。通过与其他企业优势互补组建动态联盟。共同完成新产品的开发。从而来快速响应持续多变的市场需求，以便在激烈的市场竞争环境中求得生存与发展。

企业是否具有良好的敏捷性，可以用自适应范围、时间、成本和鲁棒性四个评价指标来进行衡量。

（1）自适应范围：是敏捷性的精华，指企业在业务和产品生产方面能够进行变化的范围。例如，一个汽车制造企业过去仅生产排量 2.0 升以上的家用汽车，现在随着汽油价格的日益上涨，市场对排量在 1.0 升左右的小排量汽车需求增加，该企业如果能够生产这类汽车，则表明它具有适应这个市场需求变化的能力。如果现在市场上重型卡车需求也很旺盛，该汽车制造企业也能够从过去的家用汽车制造转向重型卡车制造，说明该企业具有比较大的自适应范围。企业的自适应范围越大，其敏捷性越好，越有能力把握住市场机会。

（2）时间：是指企业完成业务和产品变化（或转换）所需的时间。企业完成转型的时间越短，就可以获得更多的市场机会，其敏捷性就越高。同样以上述汽车制造转型为例，如果一般的企业需要用一年时间完成 1.0 升小排量汽车转型生产，而该企业能够用 6 个月完成转型生产，它就可获得 6 个月的宝贵市场销售时间。

（3）成本：是指企业完成业务和产品变化（或转换）的成本。企业完成转型的成本越低，其获利就会更多，敏捷性就越高。同样以上述汽车制造转型为例，如果 A 企业完成转型需要花费2个亿的成本,而B企业仅花费1个亿的成本,显然B企业比A企业具有更好的敏捷性。

(4) 鲁棒性:鲁棒性一词的英文是robustness,也可以称为健壮性。原意是指控制系统在控制对象参数发生变化的情况下保持系统稳定性的能力。在这里是指企业变化过程的稳定性。如保持新产品生产组织的有序性和高效性,使新产品依然保持过去产品的质量水平。显然,企业变化过程的鲁棒性越高,其保持生产组织和产品质量稳定性的能力就越强,敏捷性就越高。

2.3.3 企业敏捷性的实现方法

敏捷制造不是一个单纯的制造技术,它是一种先进的生产组织模式。它将利用人的智能和信息技术,通过多方面的协作,改变企业沿用的复杂多层递阶结构,改变传统大批量生产组织方式。其实质是在先进柔性生产技术的基础上,通过企业内部多功能项目组与企业外部多功能项目组共同组成一种虚拟企业,这种多变的动态组织结构把全球范围内的各种资源,包括人的资源集成在一起,实现技术、管理和人的集成,从而能在整个产品生命周期中最大限度地满足用户需求,提高企业的竞争能力。

实现企业的敏捷性包括实现组织的敏捷性和生产系统的敏捷性。企业组织的敏捷性主要通过采用动态联盟构建虚拟企业的方法完成,而生产系统的敏捷性则要求企业的生产系统与过程具有可重构性(reconfigurable)、可重用性(reuseable)和可扩充性(scalable),即RRS特性。

采用动态联盟构建虚拟企业是实现企业组织敏捷性的主要方法,也是敏捷制造的基本组织形态。动态联盟的含义是指企业群体为了赢得某一机遇性市场竞争,围绕某种新产品开发和生产,通过选用不同组织/企业的核心资源,实现专业化分工和优势互补,并将各个企业中的业务单元综合成单一的靠网络通信联系的阶段性经营实体(虚拟企业)。

虚拟企业具有集成性和时效性两大特点,它实质上是不同组织/企业间的动态集成,随市场机遇的存亡而聚散。动态联盟的思想基础是双赢(win-win)模式,虚拟企业联盟中的各个组织/企业互补结盟,以整体优势来应付多变的市场,从而共同承担风险,共同获利。图2-9给出了一种建立虚拟企业的主要步骤[16]。

(1) 首先由动态联盟的盟主企业发现市场出现的某种产品或者服务机遇,并对该机遇进行评估分析,对机遇所要求的产品功能、性能、质量、价格等因素进行描述,同时对满足该机遇所要求的核心资源和能力进行描述。

(2) 盟主企业对自己企业现有的资源和能力与机遇所要求的核心资源和能力进行对比分析,确定企业单靠自己的能力是无法抓住这个市场机遇,需要建立动态联盟,通过联合合作伙伴才能够共同完成任务。盟主企业在发起虚拟企业建立过程前,还需要对虚拟企业建立的目标、项目任务和初步的项目过程进行规划设计。

(3) 盟主企业发起虚拟企业建立过程,邀请有兴趣的企业对虚拟企业目标、项目任务和项目过程进行讨论,并在伙伴选择和评价系统的支持下进行合作伙伴的选择和任务分工,在此基础上形成一个理想的虚拟企业产品开发生产过程;伙伴企业要进一步按照敏捷性评价指标对自身的业务过程进行必要的重组。

（4）在合作伙伴的确定和任务分工完成后，定义虚拟企业的产品、组织、过程、功能、资源的模型，并进行运作过程分析和优化，最终形成一个虚拟企业。

（5）虚拟企业形成后，以类似于一个企业的方式进行项目的详细定义和分工。

（6）根据项目的详细定义和分工，对虚拟企业的组织和过程进行再设计，优化运行流程和协作过程。

（7）在虚拟企业的各个联盟企业之间进行任务详细分工，确定各联盟企业需要完成的任务，需要投入的资金和资源，并根据各联盟企业的投入定义利益分配比例。

（8）虚拟企业进入实际运作。

敏捷制造战略提出后，得到了世界各国政府和企业的重视，美国和欧盟确立了多项研究计划，以支持敏捷制造战略涉及的信息技术基础结构和敏捷制造关键技术的研究，许多大型和新兴的企业采用敏捷制造的思想，积极开展了敏捷制造战略的应用，取得了非常好的应用效果。

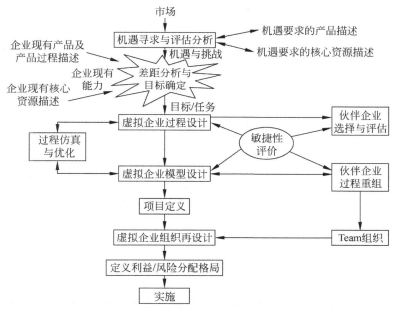

图 2-9　虚拟企业建立步骤

2.3.4　USM 汽车公司的敏捷制造策略

美国 USM(United Motor Co.)汽车公司是主要以美国国防部为用户的汽车公司，该公司制定了以下敏捷制造策略。

USM 公司提供的每辆汽车都是按照用户要求进行制造的，用户可以利用 USM 提供的图表、软件设计自己的汽车，并了解其售价和运行费用。用户选定车型后，可以进行模拟实验，并根据实验结果改进汽车设计。在用户提交订单后 3 天内交货，在整个汽车的全生命周期中保证用户满意，用户甚至可以重新改造已使用的汽车，以延长汽车的使用寿命。

USM公司的工厂按照年产6万辆的规模进行设计,同一生产线可装配所有型号的汽车,数量不受限制。USM公司通过在世界各地建厂,并使新建工厂在6个月内投产。设计与制造能力匹配,产品设计与制造工艺设计同时进行。整个汽车设计采用模块化、标准化方法,对全车设计与制造工艺进行模拟,设计批准后,由计算机选择所有制造设备,并进行汽车投产,保证USM公司每4个月推出一种新车型。

USM公司鼓励配套厂家参与其汽车设计过程,并允许配套厂家提供兼容的设备与部件,在汽车配套件的供应组织中,通过与供应商不断交流信息与技术,提高供应商的技术水平,降低整个供应链的库存,并通过联盟的方式不断扩大供应商基地。

通过实施敏捷制造战略,USM汽车公司建立了个性化定制和服务策略,以及快速生产和供应体系,使其能够在变化无常的市场环境中获得竞争优势。

2.4 信息化环境下企业创新运作模式

1. 信息化环境下企业竞争模式的转变

敏捷制造使企业从"大而全"、"小而全"的组织模式走向分工协作、突出核心竞争力的模式。企业间不断地进行结盟,形成虚拟企业,所形成的虚拟企业采用扁平化的灵活企业组织管理结构。虚拟企业中的每个企业都将主要精力放在发展核心能力上,克服"小而全","大而全"的封闭模式。同时,企业加强市场营销和产品开发能力,使企业结构从过去的橄榄形变成两头大中间小的哑铃形,即企业市场开拓能力强、产品研发能力强,企业保留少量的核心制造环节,大量非企业核心竞争力的制造环节则可以进行外包。

实施敏捷制造战略离不开信息技术强有力的支持,除了企业要建立可重构、高柔性、快速响应业务变化的敏捷化信息系统外,还需要采用信息技术开展基于网络的异地设计和制造,实现虚拟企业的供应链管理,同时,电子商务和电子后勤(e-logistics)系统也是实施敏捷制造不可或缺的系统。

信息技术的应用改变了全球市场竞争模式、促进了制造业模式的变化,形成了全球化制造与销售体系,促进了产业结构的优化和调整(在产品价值链上的分工)。以敏捷制造、虚拟企业为代表的先进企业运作与管理模式得到了快速发展,促进了企业间资源优化配置与企业间协作。图2-10反映了企业竞争模式的演变过程,即从过去"大而全"、"小而全"的单个企业间的竞争,发展到了今天围绕产品设计制造全过程形成的供应链之间的竞争,供应链中的每个企业都重点突出其核心竞争力;而未来,将围绕为最终用户提供良好的服务和解决方案,聚焦大批具有核心能力的优势资源,以服务提供和服务消费的方式形成价值网络,企业的业务单元都将是价值网络中的一个环节,每个环节通过对外提供增值服务来获得回报,通过与价值网络中其他企业的业务单元(服务)进行协同来获得价值增值。在互联网和移动网络技术日益发达的情况下,以大众服务大众的新型社会协作生产模式——众包模式得到越来越广泛的应用,它有可能成为未来的一种主流的社会化协作生产模式,2.6节将介绍众包模式及典型应用。

2. T型企业

基于信息技术手段和敏捷制造思想,利用信息资源和网络化平台,建立全新的企业运作模式是信息化时代企业的主要创新,也是企业的战略性创新。T型(IT技术支撑)企业就是

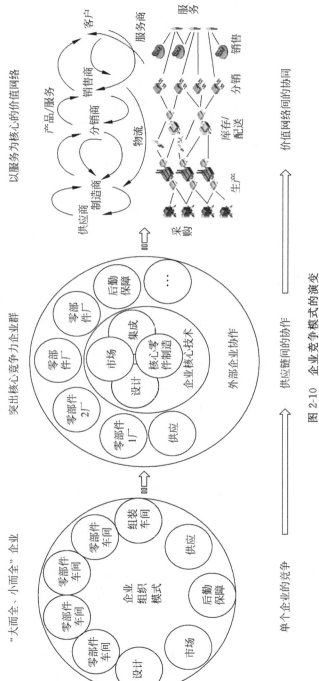

图2-10 企业竞争模式的演变

一种基于敏捷制造思想,利用信息技术整合社会资源的新型企业形态。图 2-11 给出了 T 型企业的结构[1]。

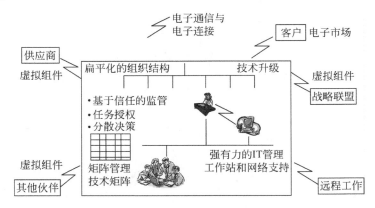

图 2-11　T 型企业结构

T 型企业采用信息通信技术(如 E-mail、群件系统、多媒体会议系统等)协助不同的人共同完成企业任务,实现扁平化的组织结构,以此增加组织的控制跨度和减少组织层次。雇员利用电子化的通信手段来协调彼此的工作。对雇员采取基于信任的控制方法,高层管理者将任务和决策权力授权给低层管理者,而信息系统给管理者决策提供所需要的信息。在 T 型组织中,管理者很少和下属进行面对面的交流,同事之间面对面接触也很少,因为组织中的很多成员基本上在外地工作,甚至没有固定的办公室。

T 型企业的技术架构具有网络化的特征。每个独立的客户端都连接到中央服务器上,网络系统通过入口实现了与全国和全球的连接,因此,企业的员工可以通过该网络与客户、供应商以及任何需要交流的人进行通信。

高度自动化生产线和电子信息处理系统使得 T 型企业使用最少的纸张,系统中的信息主要依靠图像和光存储介质进行保存。采用先进的技术管理系统来评估员工的技能和工作强度,从而使分配给员工的任务刚好是他能够完成的,并且能够充分发挥员工的作用和潜力。企业计划部门将装配线要完成的任务分解成一系列小任务,使每个员工或者工作小组能够在其工作站上完成这些任务。企业还将可采用电子代理(一种具有一定智能的软件代理系统,可以在某些情况下主动完成赋予它的功能,如数据收集、低库存报警等)在网络上完成各种各样的任务。

对于一个特定的项目,大部分 T 型企业将使用通信技术来组建临时性的任务组(任务团队)用信息技术(E-mail、群件系统等)来支持任务组完成工作。临时性任务组中的人员可能包括来自客户、供应商、合作伙伴公司的雇员。

T 型企业与客户和供应商通过电子化方式建立紧密的信息联系,密切的信息沟通有助于提高市场响应速度,提高计划执行的准确性,缩短生产周期,降低企业间业务往来的管理费用。供应商可以访问客户的服务器,从而获得客户对物料的需求,将物料在客户需要的时间运送到需要的地点,客户在使用物料后进行付款,从而实现了客户物料的零库存。

在 T 型企业结构下,可以用虚拟组件来代替过去许多企业必须具有业务部门。如 T 型企业自己不再建立和管理零部件仓库,而由零部件供应商建立和管理,甚至可能零部件供应商也根本没有零部件仓库,而是完全根据客户的需要安排生产,所生产出来的零部件一离开生产线就进入第三方物流公司派来的运输车进行发运。

T 型企业在我国也取得了许多成功实践,典型的案例有美特斯邦威公司的虚拟经营模式[17]。美特斯邦威公司依靠其投资 1 亿元所建立的强大的信息管理系统实现了对上游生产商和下游专卖店的全流程"掌控",能够实时掌握每个专卖店进、销、存状况,还可以根据这些数字随时变更生产订单。信息系统还提高了企业的快速反应能力,一张订单的处理周期原来要 10 天,现在只要 2~3 天。美特斯邦威公司自己没有生产过一件成衣,全部由国内 200 多家服装厂 OEM(代加工),公司本身也不卖衣服,而是由分散在全国的 1200 多家加盟店销售。公司正是依靠这种"虚拟经营"模式,得到了迅速发展,美特斯邦威也成为国内知名的服装品牌,其年销售额在 2012 年达到 110 亿元。

2.5 波音公司战略转型与运作模式创新案例

2.5.1 波音公司的战略转型

波音公司是世界上最大的航空航天公司,其客户遍布全球 145 个国家。波音公司的历史映射出一部世界航空航天发展史。波音不仅是全球最大的民用飞机和军用飞机制造商,而且是美国航空航天局(NASA)最大的承包商。以销售额计算,波音还是美国最大的出口商,1999 年的销售额达到 580 亿美元。波音公司涉及波音民用飞机、空间和通信、军用飞机和导弹,以及共用服务几个方面。其中最为人熟知的是波音公司在民用飞机领域的成就。40 多年来,波音公司一直是世界民用飞机市场的领导者,其主要民机产品包括 717、737、747、757、767、777、787、MD-80、MD-90、MD-11 等系列和波音公务机。目前,全球正在使用中的波音喷气客机达 1.1 万架。波音公司的客户支持部门通过无与伦比的技术支持帮助用户维持飞机的最佳使用状态[18]。

"9·11"事件对民航业产生的冲击最大,乘客大量减少迫使航空公司不得不取消了许多飞行航班,导致民航客机数量过剩。在美国有大量的飞机在"9·11"事件后被存放在内华达州的沙漠中(沙漠气候干燥,便于飞机保养)。民航客机数量过剩导致很多航空公司取消了购买新飞机的订单,作为飞机制造业巨头的波音公司在短期内失去了很多订单。如果波音公司采用的是大而全的企业组织结构,所有零部件制造工作都由波音公司自己完成的话,大量订单的取消将导致企业生产能力严重过剩,制造车间开工不足,工人失业,最终可能导致波音公司破产。

但是波音公司的损失并非人们想象的那么大,因为该公司在"9·11"事件之前已经完成了组织结构的调整,不再是大而全的制造企业模式,波音公司已经成为一个全球虚拟企业。图 2-12 是从 20 世纪 90 年代以来,波音进行产业转型的过程。在波音的战略转型过程中,波音并不是简单地将同类企业并购,而是按照敏捷制造的专业化和外包的思想进行重组,一方面保持和扩充其核心能力,在进行产业调整后,波音公司本身主要承担飞机研发、销售和总装,同时加强其相对薄弱的信息技术、服务领域和集成能力的发展;另外一方面将其巨大的制造部分进行外包,大量零部件制造工作(一架波音 747 飞机包含 450 万个零件)分包给了全球 65 个国家的 1500 家大企业和 1.5 万家中小企业完成。在产业转型完成后,波音已经变成一个位于金字塔顶端的轻资产公司,在"9·11"之后,波音飞机的订单缩减后,损失最大的是零部件供应商,由零部件供应商帮助波音公司维持了飞机制造所需的庞大制造能力和劳动力,这就是波音转嫁市场风险的方法。

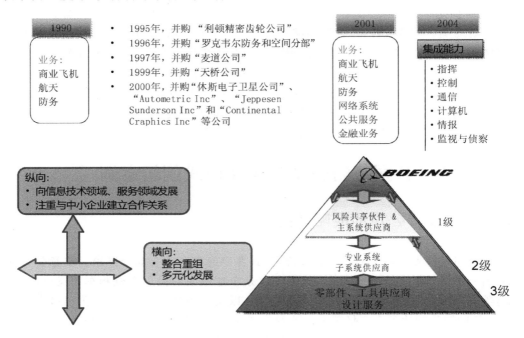

图 2-12　波音公司产业转型过程图

图 2-13 是波音公司战略转型后形成的全球虚拟企业图,基于全球网络的协同工作环境,以波音为核心形成了一个飞机研制生产的动态联盟,波音公司承担了大规模集成商的角色,而其余的工作则由 20 多家部段和系统供应商完成。这种全球虚拟企业模式给波音公司带来三大好处:一是降低了风险;二是使整个飞机设计制造产品的总体成本降低,因为实

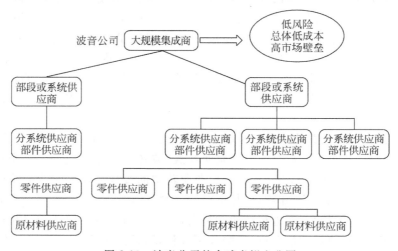

图 2-13　波音公司的全球虚拟企业图

施全球虚拟企业模式后,波音公司和参与联盟的各个公司都是相关领域内最专业的公司,每个公司的管理层次和管理人员都较少,与大而全的模式相比,其总体管理成本显著降低,另外参与全球虚拟企业运作的各家企业之间信息共享,业务协同,降低了企业间协作的交易成本;三是以波音公司为核心形成的全球虚拟企业实际上组成了一个联盟,对其他企业进入该市场形成了很高的市场壁垒。

近几年来,航空运输需求快速增长,民用航空业进入了一个新的高速发展阶段,对飞机的需求量迅速增加,波音公司的飞机订单也迅速增加。由于零部件供应商维持了庞大的制造能力和劳动力,又有一套在信息技术支持下利用全球制造资源为其生产服务的手段和方法,波音公司马上就能扩大生产,利用全球的制造资源为本企业服务。所以这类企业在市场需求旺盛的时候可以迅速扩张,获得更多的利润,并通过分包的方法将部分利润转移给供应商;在市场需求不足的时候可以迅速收缩,减少企业经营风险,不必独自承担,这就是敏捷企业的最大优势。

波音公司还在网络技术的支持下实现了从飞机制造业向飞行服务提供商的公司战略转型。波音公司的网络战略从1996年开始实施,建立了面向全球的EXOSTAR平台,其最初阶段,完成了波音飞机产品零部件的发包业务,并为航空公司和零部件供应商提供维护飞机和经营航线所需的数据。1996年11月波音公司首次在互联网上发布了零部件主页,航空公司通过这个网页订购了9%的零部件,同时客户可以直接上网了解产品价格、供货方式及订货状况。航空维护可能发生在任何地方,波音公司的技术文档必须随时提供支持,这些文档包括各种图表、手册、公告等,单独一本手册就达3万页,这对机械师如何获得及时正确的信息是一个严重的挑战。1996年波音公司的在线数据库开始起用,很快就有7500名使用者。1997年,一家航空公司失火,在事故处理过程中波音公司的网上电子数据发挥了重要作用,客户通过网络到波音公司的电子图书馆查询了所需的全部技术文档。波音公司的网络服务给客户带来了效率的提高、成本降低和收入增长,获得了广泛的好评。

在EXOSTAR平台上,波音公司开始进一步提供航空订票服务,经营航空食品、配料,提供航空娱乐片等增值服务。也就是说,在乘客坐飞机时,所购买的机票、所看的影片、所吃的美食都由波音公司提供。所以,波音公司用网络技术构筑了面向未来航空服务业的一个信息体系。波音公司宣称自己已经不再是一个单纯的飞机制造商,而是飞行服务提供商,即使未来波音公司不生产飞机,但是只要有民航飞机在运营,波音公司依然有利可图。波音利用信息技术成功地将公司从传统的制造企业变成了一个飞行服务提供商。

2.5.2 采用信息化方法简化管理

从20世纪70年代开始,虽然美国首当其冲地受到多次金融危机的冲击,但其实体经济仍然强大,技术明显领先世界。在航空领域,几十年来波音公司一直保持着行业老大的地位,至今还没有一个公司的综合技术能够超过波音777和787研制生产的水平。这与波音公司的信息化策略以及美国在信息技术方面的强势是密不可分的,信息化几乎一直伴随着波音公司的成长和壮大。

从20世纪80年代开始,波音公司就开始在767飞机的研制过程中应用并行工程技术,取得了显著效果,波音并行工程应用是实践在4.5节进行详细的介绍。这里重点介绍波音公司应用信息化技术简化管理和产品构型方面的实践。

波音公司从 1992 年开始酝酿，1994 年正式形成并上马了称作 DCAC/MRM（飞机构型定义控制与制造资源管理）的公司级大型工程项目，以单一产品数据源为基础，以精简业务流为主线来组织飞机的设计构型、工艺规划、生产制造和服务支持的全过程，这一大型的全面技术改造项目是继波音工程设计领域全面推行"无纸设计"（全数字化产品定义）技术后的又一大计算机应用项目，是波音实现其经营目标的战略组成部分，意义十分重大。该项目开始实施于 757、737、747、767 系列飞机，在 777 系列中得到全面应用，对业务流程、飞机构型管理、物料管理和信息管理进行了大幅度简化[19]。

波音公司从研究实际存在的问题入手，对生产过程与管理做了全面细致的分析，归纳出下列对内影响有效组织生产、对外影响灵活迅速提供飞机的主要问题：

（1）与生产工作密切相关的产品构型等定义工作归工程设计部门，与生产管理隔离，不便于进行生产计划与管理；

（2）缺乏对多种生产类型混合生产的有效管理办法；

（3）多场地、多供应商、国际性器材物资供应管理的矛盾日益突出；

（4）生产过程的众多环节有待大大简化和优化；

（5）计算机系统平台环境繁杂，自行开发的应用软件数据管理不统一，维护日益困难，费用日趋昂贵。

为了从根本上寻找解决这些问题的方案，波音公司认为，必须从总体上对产品构型定义与制造资源管理进行彻底的反思，只有从生产流程再造这样一个总的思路出发，按照精益生产原理重新构造生产流程，实现以简化、优化为目标的全面技术改造，才能使生产面貌得到根本改变，从而实现公司总的经营奋斗目标。

民用客机在完成工程设计工作后，按照不同的客户要求，还要进行产品构型定义工作。在新的管理模式改造中，波音公司首先将构型定义工作从设计部门分离出来，划归制造工程部门，让产品构型与工艺过程定义、工装设计、数控编程、工艺文档工作组成一个大的定义工作阶段。波音公司应用信息化技术实现的精简工作主要包括以下四个方面。

（1）简化构型管理（SCM）

改变按产品图纸进行有效性管理的办法，而通过飞机制造顺序号和零件号来控制飞机构型，从而简化了构型更改管理。对所有零件、工装、原材料的计划、订单、采购、库存，采用一个系统实行统一管理。

（2）重新分类与合理组织特定生产流程（TBS）

将组织机构从按功能划分变为按过程划分，从集中层次式管理模式变为"扁平"的管理模式。面对结构复杂、品种繁多、零件数以百万计的大型民用客机，波音公司将生产对象分成三种不同类型：第一类零部件是基本的、稳定的、无个性的零部件，如构成机翼、垂尾等组件的梁、框、型材、蒙皮等零件，一般不再进行工程或工艺更改。由于这类零部件数量很大，由预测来驱动生产。第二类零部件是用户的可选件，如发动机、起落架、轮胎等，主要是波音公司以前曾生产过的产品。它由用户订单来驱动生产，但公司不需要进行设计。第三类零部件是用户特定的零部件，需要重新进行工程设计，而后再组织生产和装配，如新的坐椅、厨房、厕所等，它也是由用户订单来驱动生产的。

在考虑组织各类生产的方法时，波音公司接受了国际 ERP 软件公司 BAAN 提出的"客户订单分离点(CODP)"概念。按此概念,生产控制系统严重受制于客户订单的技术规格要求。从生产流程看,应该用这一分离点来区分按预测驱动的生产和按客户订单驱动的生产这样两种基本情况。在分离点之前交付的产品是无个性特征的产品,按预测进行备货生产;在分离点之后的采购和生产要依据客户订单的实际要求而定,具有很强的客户要求个性,并从这个点开始计算产品交付提前期。

(3) 全面改进与组织特定物料管理(TMM)

采用一种新方法、新工作方式来统一协调地组织满足三种生产流程类型的物料需求,满足多场地、多供应商的资源管理,适应准时制生产模式(JIT)应用要求。按照在物料清单(BOM)表中的位置,确定零件、工装、原材料的采购或生产需求,编制计划进度,使波音公司原有的 800 多个子系统、14 种 BOM 表、30 多种变更管理精简为 400 多个子系统、一种 BOM 表,并实现一致的变更管理。采用同样的程序和标准来处理公司内外的各种供应需求,采用特定的物料管理系统来统一处理一个大的生产区域范围内的所有需求,采用更改协调性模拟和负荷能力平衡分析方法来制定更精确、更协调的进度和资源计划。

(4) 组织统一的生产信息数据库(SSPD)

按照以上三方面新的管理模式,统一管理生产过程的数据,保证信息内容的唯一性、完整性、协调性、有效性和无冗余。建立对每架飞机唯一的生产信息数据库,统一采用集成的 PDM 和 ERP 系统,替代原先众多的应用程序,保证处理的协调性和有效性;有效采集生产现场和外部供应商的反馈信息,支持科学决策,据实编制计划,并提供准确的可视化图表状态信息。

统一的生产信息数据库将集中各阶段生成的、需要统一管理的所有信息,各阶段使用的有关信息也只能从这里提取,从而保证信息的唯一性、完整性、有效性、协调性和无冗余。SSPD 包含的主要信息有:以飞机制造顺序号为基础的飞机构型数据,以零件号为基础的零件、计划、工装与文档的配套表,订单/批量/库存信息库,作业计划,支持服务,技术文档,工程更改,可控性,维护性等。

2.5.3 波音 787 飞机研制生产中的信息化应用

1. 建立全球虚拟动态联盟

波音 787 飞机研制中,波音公司引入了协同制造的思想。美国与英国、土耳其、意大利等八国建立了以项目为龙头的全球虚拟动态联盟,充分利用这些国家已有的技术、人力、资金、设备等资源,实现异地设计制造,加速产品的研制生产,取得了很大的成功,使飞机设计时间减少 50%,工装减少 90%,总装工装减少 95%,零部件数量减少 50%,制造周期缩短 67%,制造成本降低 50%,使用维护成本降低 50%。这个新的商业模式下,波音从根本上保持其"大规模系统集成"(large-scale systems integration)的角色,即让合作伙伴更多的参与全球"风险共享"。该商业模式覆盖了全球供应链;设计过程将更加依赖于协同设计和开发,制造过程将极度倾向于成品装配件(少于 100 个)。波音公司希望通过全球协同环境(global collaboration environment,GCE),确保飞机研制过程阶段内部、阶段之间真正和完整意义的工程协作。它和现有其他波音公司飞机研发项目的不同之处见表 2-1。

表 2-1 波音公司 787 项目与波音其他项目的比较

现有的波音其他项目	787 项目
每架飞机超过 1400 个可用的选项	每架飞机少于 140 个可用选项
波音管理所有层次的几百个供应商	波音处理 20 多个合作伙伴
波音定义成品配置——除了发动机不按照这个规则。供应商按照"按图建造"模式建造成品项	合作伙伴定义成品配置——发动机公司也是一样的规则。合作伙伴定义和建造成品,而不是"按图建造"模式
波音在整个建造周期中管理建造的配置	波音只总装的三天时间内完成构型
在总装阶段有几千个成品	在总装阶段将近 100 个成品
全三维设计,三维和二维并存并关联,二维用于尺寸标注	以三维模型为权威性的设计
与权威性数据相关联的基于纸质的工艺过程规划	嵌入权威性设计数据的基于几何的工艺过程规划
1660 多个应用,正在通过变革确定减少到 450 个	300 个左右的应用

在整个 787 研制过程中,从 2002 年前期论证开始,经过立项,项目启动,直至 2005 年确定飞机配置阶段,合作伙伴有一半的设计人员采用物理集中的方式在美国华盛顿州埃弗雷特市与波音的设计人员一起共同工作。随着发展阶段详细设计工作展开,合作伙伴的设计人员大大增加,大部分设计人员利用 GCE 环境在本地完成设计任务,只有少许设计人员留在波音工作[20]。波音公司在 787 飞机研制中全新生产方式可以总结为以下五大创新:

(1) 新的业务模式:全球供应链;
(2) 新的业务流程:协同式设计和开发;
(3) 新的制造方式:精益最终装配(100 个部件);
(4) 新的材料:复合材料;
(5) 新的机会:产品支持。

2. 基于模型的定义方法

在 787 项目中全面采用了 MBD(基于模型的定义方法,model based definition),采用 ENOVIA 模型存储仓库,采用 CATIA V5 作为模型设计工具,以及采用 DELMIA 作为数字制造工具,连接 EBOM(工程物料清单,engineer bill of materials)和 MBOM(制造物料清单,manufacture bill of materials),基本避免了由于图纸错误引起的装配错误,这是在 767 和 777 项目中没有达到的[21]。波音公司飞机定义的变革历程见表 2-2。

表 2-2 波音公司飞机定义的变革历程

方 法	使 用 状 况	代 表 机 型
基于图纸的定义	制图错误(尤其在不同工作组之间的)造成装配问题	767—100 系列
3D 实体模型+图纸	仍然存在由图纸错误引起的装配问题	767—400 系列
3D 模型定义	很少或没有装配问题	767 Tanker、787

3. 生命周期管理应用策略

787 飞机产品生命管理解决方案包括了电子构型、关联设计、功能集成、虚拟制造、集成全球供应链、精益工厂、改善交付、数字化面向客户的数据。在生命周期管理策略方面，787项目与其他波音项目比较见表2-3。

表2-3 不同机型的生命周期管理策略比较

机型	物理综合	建造综合	功能综合	支持综合	团队
777	数字化产品定义，数字化预装配	无	无	无	设计—建造团队
新型737	透明的数字化预装配	数字化工装定义，硬件变异性控制，数字化装配次序	无	无	集成产品团队
787	基于上下文设计，关联设计	基于几何的工艺过程规划，工厂仿真	逻辑预装配、需求跟踪	维护仿真，飞机健康管理	生命周期产品团队

2.6 沃尔玛的信息化应用

2.6.1 从战略角度重视信息化应用

沃尔玛百货有限公司由美国零售业的传奇人物山姆·沃尔顿先生于1962年在阿肯色州成立，经过五十余年的发展，沃尔玛已经成为美国最大的私人雇主和世界上最大的连锁零售商。目前沃尔玛在全球10个国家开设了超过5000家商场，员工总数160多万，分布在美国、墨西哥、波多黎各、加拿大、阿根廷、巴西、中国、韩国、德国和英国10个国家。每周光临沃尔玛的顾客近一亿四千万人次。2004年沃尔玛全球的销售额达到2852亿美元，连续多年荣登《财富》杂志世界500强企业和"最受尊敬企业"排行榜。

2002年1月，美国最大连锁大卖场之一的凯马特（Kmart）宣布破产；同一时间，沃尔玛（Wal-Mart）成为全球最大企业，这也是零售企业首次登上世界最大企业的宝座。沃尔玛与凯马特都是在20世纪60年代初创立的，沃尔玛拥有4382家大卖场，凯马特拥有2105家大卖场。凯马特早期的扩展速度和规模远大于沃尔玛，然而从20世纪80年代中期开始，尤其是在20世纪90年代，沃尔玛的规模迅速超越了凯马特。是哪些主要原因使得两家曾经旗鼓相当的大型零售企业出现如此不同的结局呢？专家们认为除了经营战略和经营模式等原因外，信息技术是一个关键因素，在某种程度上，后者的作用更重要。

在沃尔玛，信息化建设是"一把手工程"，能够得到各级管理层的充分重视。为了支撑大型现代商业企业的成功运作，沃尔玛采用信息技术实现了全球化管理，2002年沃尔玛的零售额是2200亿美元，信息化投资将近40亿美元。沃尔玛公司总部只是一座普通的平房，但与其相连的计算机控制中心却是一座外貌形同体育馆的庞然大物，公司的计算机系统规模在美国仅次于五角大楼（美国国防部），甚至超过了联邦航天局。全球3000多个店铺的销售、订货、库存情况，可以随时调出查阅。沃尔玛公司同休斯公司合作，发射了两颗企业专用卫星，用于全球店铺的信息传送与运输车辆的定位及联络。公司5500辆运输卡车，全部装备了卫星定位系统，每辆车在什么位置，装载什么货物，目的地是什么地方，总部一目了然，可以合理安排运量和路程，最大限度地发挥运输潜力，避免浪费，降低成本，提高效率。创造性地应用信息技术使得沃尔玛能够持续降低成本,提高效率,不断改进原有的运作模式,提升企业竞争力,在不长的时间里创造了一个零售企业的奇迹。与此相比较,凯马特的管理层在信息技术的应用上不够重视,缺乏企业整体的信息化规划,没有充分应用信息技术来有效地降低库存量和运营成本。

沃尔玛早在20世纪70年代初就非常重视信息技术的应用,大胆引进当时还很新的信息技术,例如,它最早采用扫描收银机,最早建立与供应商之间的电子供应链系统(SCM),在20世纪80年代第一个将刚刚出现的卫星通信技术引入商业流通领域,建立了全美最大的私人卫星通信系统,将其分布在全球的3000多家分店连在了一起,通过高科技手段,大大加快了基础商业数据的收集和整理加工,提高了决策传达和信息反馈的速度,从而降低了物流费用,极大地提高了企业的运作效率。

2.6.2 高效的供应链与物流管理

沃尔玛的供应链与物流管理具有以下特色。

(1) 低成本的物流配送

稍了解沃尔玛的人都知道,低成本战略使物流成本始终保持低位,是像沃尔玛这种廉价商品零售商的看家本领。在物流运营过程中尽可能降低成本,把节省后的成本让利于消费者,这是沃尔玛一贯的经营宗旨。

沃尔玛在整个物流过程当中,最昂贵的就是运输部分,所以沃尔玛在设置新卖场时,尽量以其现有配送中心为出发点,卖场一般都设在配送中心周围,以缩短送货时间,降低送货成本。沃尔玛在物流方面的投资,也非常集中地用于物流配送中心建设。

(2) 快速高效的物流配送中心

物流配送中心一般设立在100多家零售店的中央位置,也就是配送中心设立在销售主市场。这使得一个配送中心可以满足100多个附近周边城市的销售网点的需求;另外运输的半径既比较短又比较均匀,基本上是以320公里为一个商圈建立一个配送中心。

沃尔玛各分店的订单信息通过公司的高速通信网络传递到配送中心,配送中心整合后正式向供应商订货。供应商可以把商品直接送到订货的商店,也可以送到配送中心。有人这样形容沃尔玛的配送中心:这些巨型建筑的平均面积超过11万平方米,相当于24个足球场那么大;里面装着人们所能想象的各种各样的商品,从牙膏到电视机,从卫生巾到玩具,应有尽有,商品种类超过8万种。沃尔玛在美国拥有62个以上的配送中心,为4000多家商场提供服务。这些中心按照各地的贸易区域精心部署,通常情况下,从任何一个中心出发,汽车可在一天内到达它所服务的商店。

在配送中心,计算机掌管着一切。供应商将商品送到配送中心后,先经过核对采购计划、商品检验等程序,分别送到货架的不同位置存放。当每一样商品储存进去的时候,计算机都会把它们的方位和数量一一记录下来;一旦商店提出要货计划,计算机就会查找出这些货物的存放位置,并打印出印有商店代号的标签,以供贴到商品上。整包装的商品将被直接送上传送带,零散的商品由工作人员取出后,也会被送上传送带。商品在长达几千米的传送带上进进出出,通过智能条码和标签识别产品信息,然后把它们送到该送的地方去,传送带上一天输出的货物可达20万箱。对于零散的商品,传送带上有一些信号灯,有红的、有黄的、有绿的,员工可以根据信号灯的提示来确定商品应该被送往的商店,来取这些商品,并将取到的商品放到一个箱子当中,以避免浪费空间。

配送中心的一端是装货平台,可供 130 辆卡车同时装货,在另一端是卸货平台,可同时停放 135 辆卡车。配送中心 24 小时不停地运转,平均每天接待的装卸货物的卡车超过 200 辆。沃尔玛用一种尽可能大的卡车运送货物,大约可能有 16 米加长的货柜,比集装箱运输卡车还要更长或者更高。在美国的公路上经常可以看到这样的车队,沃尔玛的卡车都是自己的,司机也是沃尔玛的员工,他们在美国的各个州之间的高速公路上穿行,而且车中的每立方米都被填得满满的,这样非常有助于节约成本。

公司 6000 多辆运输卡车全部安装了卫星定位系统,每辆车在什么位置、装载什么货物、目的地是什么地方,总部都一目了然。因此,在任何时候,调度中心都可以知道这些车辆在什么地方,离商店还有多远,他们也可以了解到某个商品运输到了什么地方,还有多少时间才能运输到商店。对此,沃尔玛精确到小时。如果员工知道车队由于天气、修路等某种原因耽误了到达时间,装卸工人就可以不用再等待,而安排别的工作。

(3) 高效的物流配送

灵活高放的物流配送使得沃尔玛在激烈的零售业竞争中技高一筹。沃尔玛可以保证,商品从配送中心运到任何一家商店的时间不超过 48 小时,沃尔玛的分店货架平均一周可以补货两次,而其他同业商店平均两周才能补一次货;通过维持尽量少的存货,沃尔玛既节省了存储空间又降低了库存成本。

经济学家斯通博士在对美国零售企业的研究中发现,在美国的三大零售企业中,商品物流成本占销售额购比例在沃尔玛是 1.3%,在凯马特是 8.75%,在希尔斯则为 5%。如果年销售额都按照 250 亿美元计算,沃尔玛的物流成本要比凯马特少 18.625 亿美元,比希尔斯少 4.25 亿美元,差额很大[22]。

2.7 联合攻击战斗机项目信息技术应用实践

联合攻击战斗机(JSF)研制计划是有史以来规模最大的军用飞机研制计划。联合攻击战斗机研制计划是由美国牵头,英国、荷兰、丹麦、挪威、加拿大、意大利、新加坡、土耳其和以色列等多国参与的国际合作研制项目。JSF 的主要目的是取代美空军的 F-15E、F-16、A-10 和 F-117、海军的 F-14、海军陆战队的 AV-8B,英海军的"海鹞"式和空军的"狂风"、"鹞"式等飞机,定型后的 F-35 联合攻击战斗机是美国准备在 21 世纪使用的主力战斗机之一。

联合攻击战斗机的主要设计指标有:

(1) 生存力:降低无线电频率以及红外信号,提高机载电子设备的对抗能力,以此提高在未来战场上的生存力和配合 F-22 战斗机的作战能力。

(2) 杀伤力:综合机载和外来探测器得到的信息,提高发射各种精确武器的命中率和杀伤力。

(3) 保障性:减少对后勤的依赖,提高出动架次率,以保证强大的作战能力。

(4) 实用性:降低研制成本,使联合攻击战斗机能够成为武装力量的一个合理组成部分。

1996 年美国国防部 JSF 项目刚招标时,只有麦道公司、诺斯罗普·格鲁曼公司和洛克希德·马丁公司(Lockheed Martin Aeronautics Company,以下简称马丁公司)三大航空集团提出方案,后来增加了波音公司。美军方经过审查决定由波音公司和马丁公司各自研制2架验证机,编号分别为 X-32 和 X-35。图 2-14(a)是马丁公司研制的 X-35 型联合攻击战斗机,图 2-14(b)是波音公司研制的 X-32 型联合攻击战斗机。经过一番激烈的角逐,马丁公司最终战胜波音公司,赢得了价值约 2000 亿美元的订货合同。首批飞机已于 2008 年交货,飞机寿命 40 至 50 年。图 2-15 给出了 JSF 的主要技术特点。

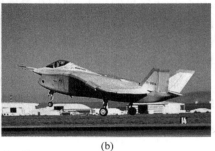

(a) (b)

图 2-14　X-35 型与 X-32 型联合攻击战斗机

(1) 全球数字协同网络
(2) 整个系统实行 PLM
(3) 与任何 CAX 系统兼容
(4) 超过 50 000 用户
(5) 超级保密,迅即访问
(6) 可快速/低风险地扩展
(7) 在一条生产线上生产和装配 4 个军种用的 3 种机型
(8) 使用同一种通用的支援和维护系统
(9) 各种机型之间的零部件/系统/设备的通用性达到 80% 以上

图 2-15　JSF 的主要技术特点

马丁公司为了完成 JSF 的设计,采用了敏捷制造战略,利用信息技术建立了全球 30 个国家 50 家公司参与研发的数字化协同环境,形成了无缝连接、紧密配合的全球虚拟企业,快速地实现了以数字化技术为研制基础的三种变型、四个军种、客户化程度高的飞机设计。图 2-16 给出了马丁公司建立的 JSF 企业合作体系结构。

JSF 企业合作体系以飞机总成为核心,连接了不同国家、不同军种的客户、飞机结构制造商、发动机制造商和机载电子设备提供商。为使 JSF 这一全球项目可以在全球范围内进行协同设计、制造、测试、部署以及跟踪,马丁公司没有利用 SAP 公司的 ERP 系统由上至下重新改组公司的经营过程,而采用了 UGS 公司的全生命周期管理(PLM)软件为集成平台,构建了支持全球范围内虚拟企业运作的数字化协同平台,为客户、飞机结构制造商、发动机制造商、机载电子设备提供商等合作成员提供支持,实现其本地应用信息系统与 PLM 系统的集成。

在项目研制阶段,作为投标方的波音公司和马丁公司在样机的生产过程中,分别以各自的生产特点为基础,大量应用了信息化设计与制造技术。通过采用先进的信息系统和计算

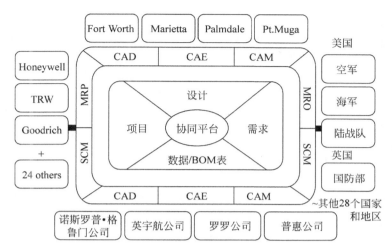

图 2-16　JSF 企业合作体系结构

机辅助设计、制造技术,在武器装备快速研制、全生命周期管理、降低研制成本、提高武器装备经济可承受性等方面取得了相当显著的效益。联合攻击战斗机研制计划是应用信息化技术的成功案例,代表了信息化技术的发展趋势,值得关注[17,23]。

1. 广泛应用信息化设计及预装配技术

波音公司在真正装配 X-32 之前首先进行信息化预装配,而没有采用传统装配过程中必需的生产实体模型。波音公司还利用了与合作伙伴之间的时差进行全天 24 小时连续工作,例如,位于荷兰的福克 Elmo 公司负责配线,当出现问题时,可以发送一个信息化的修改方案给福克 Elmo 公司,在 24 小时之内,福克 Elmo 公司就能发出修改后的配线方案。这项工作的效果非常显著,前机身的装配过程没有出现任何拖延,也没有出现过装配顺序的错误。

作为马丁公司研究小组成员,诺斯罗普·格鲁门和 BAE 系统公司也使用 Catia 系统生成实体模型,彻底实现了无纸化设计制造。同时,自动生成数控加工程序,并利用万能夹具对零件进行高速加工,取消了专用工装。最后使用 Metronor 计算机辅助测量系统验证零件的几何形状。通过采用这种方法,设计和制造周期共缩短了 50%,并消除了因不正确或不完整尺寸、数据误译及 NC 编程错误等造成的返工,大幅度减少了检验工作。这种工艺方法已经在马丁公司的 X-35 概念验证机和机体经济可承受性示范项目中的 900 个全尺寸零件中得到了验证。

2. 虚拟开发环境覆盖全生命周期每一阶段

马丁公司选择了洛杉矶的 MSC(MacNeal - Schwendler Corporation)公司参与 X-35 的开发。MSC 公司在汽车和飞机虚拟产品设计方面具有几十年的经验,开发了相应的软件工具,包括设计/仿真集成、多学科概念设计、分析知识工程(analysis knowledge engineering)、计算机辅助工程数据管理等应用软件工具。虚拟开发环境可用于模拟飞机设计、保障和制造,以便在硬件制造之前对设计方案进行改进并进行工艺验证。同时,虚拟开发环境可以提供位于不同地点的部门间的实时链接,其中包括得克萨斯州福沃斯工厂的战术飞机系统分部、佐治亚州的玛丽埃塔航空系统分部、马里兰州巴尔的摩航空结构分部以及加利福尼亚帕姆戴尔的"臭鼬"工厂等。马丁公司还与 IBM 及达索系统公司在虚拟产品开发创新项目中进行合作。新的虚拟产品开发环境允许马丁公司的合作伙伴及供应商在世界各地实时存取和集成所有机体设计的有关数据,从而提高了设计效率,在产品全生命周期最大限度使用建模和仿真工具,进一步降低了研发的成本。

在项目的实施过程中,马丁公司与诺斯罗普·格鲁门公司、英宇航公司、达索系统公司(软件产品为 Catia)、SDRC 公司(软件产品为 Metaphase Product Data Manager)及 Engineering Animation 公司(软件产品为 VAS Digital Mock-Up)联合开发软件工具和新工艺,所有文本数据都利用产品数据管理系统进行管理,实现了各个工作站点实时读取所有产品数据。此外,单一分布式 PDM 数据库中存放了支持马丁公司 X-35 研制计划的所有设计、制造和维修的数据,以确保对整个 X-35 研制计划进行实时集成和评审。这种工作方式不仅降低了设计成本,而且大大减少了设计更改,从而基本消除了制造过程中的返工现象。同时,这种虚拟的产品开发环境也有利于集思广益,开发出创新的项目。

3. 采用并行工作方式实现异地联合设计制造

X-35 由马丁公司的"臭鼬"项目组开发,与此类似,波音公司的 X-32 由专门从事尖端产品研发的"鬼怪"项目组负责研制。实际上,波音公司的 X-32 研制不仅融入了全美许多航空关联企业,同时英国、荷兰、丹麦、挪威、加拿大、意大利、新加坡、土耳其和以色列也参与其中,这种协同工作是在网络化及信息化基础上完成的。该项目组约有 4000 名高级工程师和研究人员,在设计中用 Catia 系统先在计算机上进行设计和模拟组装,再与其他承包商合作,共同完成装配作业,这种方法极大地降低了成本。波音公司在装配其 X-32 概念验证机期间,创造了先进的设计和制造理念——"在任何地方设计和制造"。这种理念使得 X-32 的生产率大大提高,出错率减少 80%。并行的工作方法是实现异地联合设计和制造的前提,并行的工作方法不仅能充分发挥各自的特长,而且极大地提高了工作效率,波音公司 X-32 概念验证机的开发证实了这种理念的实用性和有效性。

4. 产品数据管理极大简化了工作程序,保证了准确性

波音公司在圣·路易斯生产 X-32 概念验证机前机身的各种部件,在西雅图生产中机身、机翼、后机身和尾翼的各种零部件,都是根据同一个数据库中的数据设计和制造的。过去,波音公司需要把这些数据交给生产部门编写数控加工程序,控制 4～5 台数控机床加工出一个木质或铝质工件,以检验各系统的运转是否正常。而现在,只需要调用有关零件的数字定义,然后在一台计算机自动编程的数控机床上进行加工,一次加工就能完成,节省了大量时间。过去,从发布零件设计到完成零件加工需要 5 周时间,而现在只需要 5 天,质量完全符合要求。

5. 广泛应用集成制造系统技术

在联合攻击战斗机研制计划中,制造系统集成技术在降低成本、提高质量、缩短研发周期方面做出了巨大贡献。波音公司总经理及 X-32 研制计划经理在飞机的开发初期就要求设计和生产要采用创新的方法,并且在 X-32 前机身部件的制造中使用了大量精益设计和精益制造技术。X-32 前机身主要零件包括复合材料蒙皮、数百个加工件和在波音公司肯特空间中心制造的铝隔框等。在肯特空间中心加工的前机身零件充分体现了波音公司"在任何地方设计和制造"的理念,无论地理位置如何,都有能力集成这些技术,降低成本。波音公司建有大量的数据库,可用于 X-32 零件的自动数控加工,如铝合金隔框,其电子版的三维数字

模型发送至西雅图工厂后被自动转换为 NC 加工程序,然后进行数控铣切,一次加工成所需零件,节省了时间和试验件的费用。

6. 通过精益制造实现经济可承受性

精益制造在 X-32 装配中起着重要作用,X-32 已经成为波音公司通过精益设计和制造实现经济可承受性目标的标志。在波音公司制造 X-32 的过程中,几乎没有发生返工现象,这要归功于先进的设计和制造技术——三维实体建模、虚拟设计及虚拟装配。在波音公司的帕姆戴尔工厂,人员和工时均减少了 50%,工装数量比 YF-22 减少了一半,总的制造和装配成本降低 30%~40%。

在总装车间,使用桌面计算机代替纸质图来读取 X-32 设计说明书。通过视频连接,来自西雅图、圣·路易斯、塔尔萨的工程师们可以和帕姆戴尔的工程师行进行面对面的交流。随着 X-32 装配工作的进展,工人们开始佩带一种挂在腰间的微型计算机。通过一种单目镜片,能将体现装配顺序的虚拟模型投射到正在装配的部件上方。这项技术是从圣·路易斯移植到帕姆戴尔的,采用这项新的装配技术之后,大大节省了装配时间,能把 X-32 前机身和中机身对接的装配时间减少到 YF-22 的一半。事实上,X-32A 前机身所用的装配时间只有 YF-22 的 1/3,而装配 X-32B 前机身的时间又比装配 X-32A 的时间减少了 1/3。对于全部由钛合金制成的 X-32A 中机身和后机身来说,装配时间仅为 YF-22 的 1/3。

波音公司吸取了其他项目的经验,改进 X-32 的装配步骤,可以在同一个直线装配线上生产三种不同的机型。据报道,波音 AH-64"阿帕奇"直升机的装配线已经于 1998 年转变成为这种直线装配线。通过这种改造,已经把装配线上的 19 个工作站减少到 10 个,装配周期从 81 天缩短到 44 天。由于装配线的改进,加之在精益制造方面的革新,每架飞机在 AH-64 装配线上的流动时间仅仅需要 35 天,总装周期缩短了 60%。根据同样的设想,波音公司计划用一条仅有 7 个工作站的装配线来满足 X-32 的生产要求。这种装配线每月能生产 17.5 架 X-32,在每个工作站里停留的工作时间仅为 1.5 天。飞机在完成前 4 个工作站的装配之后,就可以从移动式机架上取下。从第 5 个工作站起,X-32 就可以利用其自身的机轮在生产线上转移。同时,移动式机架又回到生产线的起始位置迎接下一架飞机。

7. 采用信息化生产技术实现生产的快速转换

联合攻击战斗机有 3 种不同的机型:美国空军的常规起降型、美国海军的航母舰载型以及美国海军陆战队和英国空、海军的短距起飞/垂直着陆型。3 种机型的机翼材料相同,但用户对机翼的要求不同,因此机翼结构设计是不一样的。例如,与空军常规起降型相比,海军舰载型的着陆速度更高,要求机翼有更厚的内表面。而且目前各种机型的生产量尚未确定,即使确定了,其批量也不会像汽车那样大。因此,如何实现 3 种不同机翼的"混合"式加工制造,控制制造成本,实现联合攻击战斗机的经济可承受性以及针对需求的快速反应制造,便成为联合攻击战斗机生产的技术难题。

马丁公司解决这个问题的最初想法是将各种机翼的设计变化控制在最小的程度,但是这样过分追求共性的做法可能会降低飞机的性能。因此,马丁公司最终采用了信息化技术,使 3 种机型就像是同一种产品一样容易进行管理和生产,以便发挥规模经济的效益和进行全生命周期更新改造。柔性生产线可以从生产一种机型顺利转向另一种机型而几乎不发生停顿,采用高速数控铣床(主轴转速达到 15 000~30 000 转/分钟),直接从 Catia 软件得到指令,实现上述3种机翼的转换加工,机翼铣削加工成本是常规加工成本的1/3。由于数控铣床主轴转速极高,在铣削过程中飞溅出切屑,带走了部件上的热量,避免了热量积聚,减轻了加工部件的弯曲变形,因此不需要采用铣削夹具。由于不需要夹具,从短距起飞/垂直着陆型机翼转向常规起降型的加工过程只需向数控铣床输入新的加工代码即可。另外,通过使用Cadam软件直接进行编程,同样能够大大缩短生产布置时间。以前机型转换需分别用6周时间进行编程和刀具调试验证,现在1天就能完成上述工作。在这种信息化装配线上,1号X-35概念验证机的整体机翼与中部机身拼装只需4个机械师花14分钟的时间,前部和中部机身拼装只用了16分钟,而采用非信息化制造技术,仅机身拼装就需7~10天时间。

据报道,对比传统制造过程,X-35的工装调整时间和制造时间分别减少90%和66%,制造成本和部件数量分别减少50%以上和50%。这样,建造一架X-35(从订货到交付)将仅需5个月,而过去F-16战斗机则需用15个月。

8. 马丁公司在X-35研制和生产中使用的信息化技术系统

图2-17给出了JSF的信息系统框架,其中,产品数据管理系统(PDM)作为集成平台起了核心作用。在JSF的信息系统框架中,选用UGS的Teamcenter作为PDM解决方案,通过虚拟专网、局域网、广域网和Internet向使用者提供各种应用服务。JSF的信息系统实现样述如下。

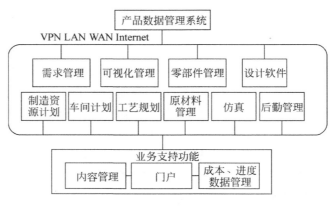

图2-17 表示了JSF的信息系统框架

(1)基于万维网的数据交换和共享:马丁公司建立了虚拟私有网传送CATIA软件的大型数据集合,即采用加密解密的方法,通过虚拟隧道进行传输。文档交换工作使用万维网和无线网络应用程序。由马丁公司提供数字图书馆,并采用全生命周期管理软件。

(2)文档需求管理:采用Telelogic公司开发的面向对象的需求管理系统Doors。所谓需求管理是一种获取、组织并记录系统需求的系统化方法,以及一个使客户与项目组对不断变更的系统需求达成并保持一致的过程。

(3)可视化管理:进行数字化装配的关键是完成产品装配过程中的干涉检查和产品结构的可视化管理,在JSF信息系统框架中,该工作由EDS的可视化装配系统软件e-VIS来完成。

(4)零部件管理:由i2公司提供的Aspect软件完成零部件的管理。

(5)设计软件:采用Dassault公司的Catia V4/V5设计软件,Catia是一个集成了

CAD、CAE、CAM 的应用软件包。

（6）制造资源计划：采用马丁公司自己开发的 MRPII 系统 PIOS，用于控制主生产进度和制定库存品订货计划。

（7）车间计划和工艺规划：采用 HUM 公司提供的 SFM 和 CAPP 软件产品，用于作业计划管理和工艺过程规划。

（8）原材料管理：采用 MSC 公司开发的 Mvision 系统进行制造过程中的原材料管理。

（9）仿真：采用 Dassault 公司的 Delmia 软件进行工厂/生产线布局和仿真。

（10）后勤管理：采用马丁公司开发的 Atlas 软件进行后勤管理，Atlas 是一个现场状态分析软件，该软件曾被用于分析和验证 C-130 运输机以及 F-22 战斗机的平均无故障工作时间。

（11）内容管理：为 JSF 项目提供文档管理和数字化图书馆，采用 Open Text 公司提供的基于 Web 的内容管理系统 Livelink 软件。

（12）门户：采用 PTC 公司提供的 Windchill/Infoengine，为用户提供访问其他数据处理系统的界面。

（13）成本和进度管理：使用 Artimis 公司的 Project View/Cost View 软件，使 JSF 用户能随时了解项目进度和预算执行情况。

JSF 的零部件是由分布在全球各地的企业制造的（远隔 8050 公里），由于在 F-35 项目中应用了数字化设计和制造管理技术，使得这些零部件制造的结构准确度得到了保证，提高了装配的效率。JSF 项目开创了基于信息技术环境下协同生产的新局面，JSF 的高性能也为马丁公司带来了巨大收益，目前已有超过 3000 架的订单。

2.8 众包模式及其应用

众包（crowdsourcing）指的是把传统意义上由内部员工或外部承包商所做的工作外包给一个大型的、没有清晰界限的群体去做。具体的工作可以是开发一项新技术，完成一个设计任务，改善一个算法，或者对海量数据进行分析。这种商业模式是新型的，但是众包的这种做法其实在人类社会的合作过程中已经被广泛的应用。早在 1714 年，英国政府便悬赏 2 万英镑来征集精确测定船舶所处经度的方法。人们常说的"大家帮大家"就是一种众包模式，过去的大家帮大家基本上是熟人间的互助关系，今天在互联网上，大家帮大家模式则在陌生人之间广泛应用，典型的例子就是"百度知道"。你可以在上面提出任何想要解决的问题，无论是生活的问题还是专业性的问题，很多的匿名用户会给你提供各种解决的方法和思路，这些人提供答案不求回报，也不留名。

2006 年美国《连线》杂志专栏作家杰夫·豪（Jeff Howe）首次提出众包这个概念，并于 2009 年出版了《众包——大众力量缘何推动商业未来》一书[6]，书中对众包模式进行了详细的介绍。4 件事情的发展为众包的兴起提供了肥沃的土壤：业余爱好者阶层的出现；一种产品模式——开放源代码软件随之出现；互联网的普及以及廉价的工具让消费者拥有了那些曾经只属于资本雄厚的公司的权利；网络社区将人们组织起来，成为具有经济效益的生产单位。社区是众包背后的基本组织力量。本节先对众包模式的特点进行介绍，然后介绍劳动力众包、企业业务单元功能众包、智力众包三种模式，最后介绍众包在我国的应用情况。

2.8.1 众包的特点分析

众包模式具有以下特点[24]：

（1）众包是对外包的颠覆

所谓外包，是指企业整合利用其外部最优秀的专业化资源，从而达到降低成本、提高效率、充分发挥自身核心竞争力和增强企业对环境的迅速应变能力的一种管理模式。它是社会专业化分工的必然结果，是专业化作用下规模经济的产物。强调的是高度专业化，主张企业"有所为、有所不为"，信赖的是专业机构和专业人士，主张"让专业的人干专业的事"。而众包则是互联网力量彰显的产物，强调的是社会差异性、多元性带来的创新潜力，倚重的是"草根阶层"，相信"劳动人民的智慧是无穷的"，主张"三个臭皮匠顶个诸葛亮"。正如宝洁公司负责科技创新的副总裁拉里·休斯顿（Larry Huston）所言，"人们认为众包就是外包，但这肯定是一种误解。外包是指我们雇用人员提供服务，劳资双方的关系到此为止，其实和雇用关系没什么两样。但众包是从外部吸引人才的参与，使他们参与到这广阔的创新与合作过程。这是两种完全不同的概念。"

（2）众包蕴含着"携手用户协同创新"的理念

众包意味着产品设计由原来的以生产商为主导逐渐转向以消费者为主导，这是因为没有人比消费者更早、更准确了解自己的需求。因此，如果在产品设计过程中尽早吸收消费者的主观意见，尽早让消费者参与进来，企业的产品将更具创造力，也更容易适应市场需求并获得利润上的保证。

（3）众包延伸了创新边界，借社会资源为己所用

以往，企业的研发和创新模式基本上都是"各搞各的，老死不相往来"。如今，越来越多的企业采用了"内外结合"的方式，纷纷放眼外部，借助于社会资源来提升自身的创新与研发实力。创立于2001年的InnoCentive网站（www.InnoCentive.com）就是顺应这一需求而生，目前已经成为化学和生物领域的重要研发供求网络平台。由宝洁、波音和杜邦在内的众多跨国公司组成的"寻求者（seeker）阵营"纷纷把各自最头疼的研发难题抛到"创新中心"上，等待隐藏在网络背后的9万多名自由科研人才组成的"解决者（solver）阵营"破译。

（4）在众包中，"草根"的创新愈发成为主流

轰轰烈烈的软件开源运动充分证明，由网民协作网络写出的程序，质量并不低于微软、Sun等大公司的程序员开发的产品。法国标致汽车集团2005年设计大赛的获奖作品Moove也出自一名23岁的葡萄牙学生之手。由此可见，星星之火可以燎原，草根也是一支不可忽视的潜力股！

2.8.2 劳动力众包

劳动力众包是众包模式中最简单也是目前应用的最广泛的一种模式，即把传统意义上企业员工完成的工作交给社会大众来完成。互联网能够将人类大众的力量聚合成旺盛发展、无限强大的有机体，有一种化整为零的能力。如编写一部百科全书，将这样繁重难当的任务分解成足够小的部分，那么完成它不但可行，而且有趣。维基百科的发展历史就证明了

大众的力量是非常强大的。

2000年,威尔士和桑格决定办一个免费的网络百科全书Nupedia,他们建立了顾问委员会,顾问委员会挑选作者,经过7个步骤的繁琐评审,几个月才完成了十几条。威尔士和桑格的朋友沃德·坎贝宁编写了一个简单的软件WikiWikiWeb(Wiki——夏威夷语,快速的意思),可以让所有的人在一个网页上修改和创造内容,并且记录下每次改变的内容,使打开网页的人知道谁改的。采用了众包的这种方式,维基百科现在已经发展成为世界上最大的百科全书,维基百科的英文词条是220万个,是大英百科全书的23倍。维基仅有很少的人,2007年仅雇了5个人,中文维基百科的管理人员是86人,大英百科全书有超过4000名领取报酬的参与者和100名全职编辑。如果有人恶意篡改某些词条怎么办?互联网上广大的网民时刻在维持着网络正义,实践证明,对维基百科条目的恶意篡改会在1.7分钟内被改正。

加州大学伯克利分校开展的SETI(寻找外星生物)工作,需要利用巨大的计算能力来分析数据,1997年开始,科学家们提出了一个利用志愿者空闲的计算机时间的方法,编写了一个屏幕保护程序,志愿者下载,当计算机进入屏幕保护时,开始进行科学计算,预计寻找10万个志愿者,但是实际上有520万人参与这个工作,累计的计算机工作时间超过300万年。互联网上,人们仅关注你的能力和贡献,没有人去问你的职位和学历。

在劳动力众包模式比传统的外包模式可以以更便宜的方式完成相应的工作。以银行单据录入业务为例,传统的模式是银行员工自己录入业务单据,由于银行的员工现在普遍的学历水平比较高,由这些高学历劳动者完成简单的业务单据录入在成本上是不经济的,因此,银行业今天普遍采用业务外包的方式,将手工填写记录的业务单据以扫描(或照相)的方式变成电子文件,将电子文件发送给外包公司进行单据信息录入。

未来,银行业可以采用众包的模式完成单据的录入工作。采用图像分割的技术,将每个完整的业务单据分割成许多小的信息块,每个信息块仅包含非常少的信息且采用一种特定的编码方式记录该信息块和业务单据的关系,如姓名、身份证号、金额、日期等都独立成为一个小单元(避免银行和个人隐私的泄露),然后把许多单据分割获得的信息块放到该单位的众包网上,有社会大众来完成录入,银行根据每个人录入信息的数量和质量支付一定的报酬。最后银行再根据信息块的编码组合成完整的业务单据。

单据录入的众包模式可以比外包模式更便宜。在传统的外包模式中,外包公司需要有办公楼、计算机、专职的管理部门和人员,以及开设一家实体公司所必需的各种后勤、培训、财务、保安等机构和人员,而上述固定成本、管理成本、财务成本最后都要反映到外包成本中。在众包模式下,录入人员使用的是自己的场地和设备(固定成本没有了),自我管理(管理成本没有了),自己学习的技能(培训成本没有了),自我管理财务账户(财务成本没有了),银行仅需要支付录入者劳动的成本,所以采用众包模式银行可以以更低的成本完成业务单据的录入。

2.8.3 企业业务单元功能众包

公司的首要作用是减少交易成本,麻省理工学院斯隆管理学院托马斯·马隆教授的研究表明,现在各行业的公司平均规模正在变小,这说明由互联网带来的效率迅速降低了交易成本。而实际上互联网对企业运作模式的影响还远远不仅仅是公司规模减小,某些公司的整个部门的业务都可以用众包的模式由社会大众来完成,对于被众包掉的业务的部门,企业也就不再需要这个业务部门了,这就是企业业务单元功能的众包模式。

众包模式的出现打破了传统上认为企业是组织生产的最好组织形式的看法,在线T恤厂商Threadless公司就是一个成功典范[6]。

"杰克兄弟"在创办Threadless.com之初,只想生产出很棒的T恤,并非企图改革设计界,让设计民主化。2000年,杰克·尼克尔和雅各布·德哈特的正式身份是两个高中辍学生,他们住在芝加哥,没有工作。他们两人想办一个属于参赛选手自己的T恤设计竞赛,不用专业的评委,而是由参赛的选手选出获胜者。为此,两人共同创办了一个公司,推出了Threadless.com网站。网站的初步商业计划是:所有人都可以向网站提交T恤设计,由用户投票选出最好的T恤设计方案,获胜者将免费得到他们自己设计的T恤,其他人也可以买这些T恤。

网站刚开始运营的时候,尼克尔的卧室就是"杰克兄弟"的办公室,后来公司越做越大,成长的速度令人惊讶。人们为喜欢的T恤投票,因为这些设计不像"城市装饰品商店"或者"老海军"那样呆板和媚俗。逐渐地,在热门的电视剧节目中和演艺明星的背上,开始出现获胜的设计图案,从那时起,公司的营业额几乎以每年翻一番的速度增长。

现在,Threadless.com每星期会收到上千份设计(公司研发部众包了),由Threadless社区的人投票选举(公司的专家评审组众包了),这个社区人数已经达到60万人。公司会从前100名的设计中挑选9款T恤生产,每款都热卖。事实上,Threadless的人一将设计送到印制厂,就惊喜的发现,他们和消费者的需求非常合拍。

来自民间的设计并没有让公司亏本。2006年,Threadless创造了170万美元的总收入,而且各种消息都显示,公司的业绩仍在快速增长。目前,Threadless每月平均销售9万件T恤,据Threadless公司创意总监杰弗里·卡尔米科夫说,公司创造了"令人难以置信的利润"。Threadless花5美元做一件T恤(外包),然后以12~25美元的价格售出,而且不需要广告或者市场推广的预算,因为优化群体在这方面贡献惊人:为了说服朋友为自己投票,设计者们会为网站做免费宣传,此外,上传一张本人穿Threadless的T恤衫的照片,就可以得到1.5美元的购买信用值。如果你推荐的朋友能买一件T恤,就可以得到3美元的购买信用值(公司营销部众包了)。

在主张DIY(自己动手做)的设计者们心中,尼克尔和德哈特是他们的英雄。两人甚至到麻省理工学院斯隆管理学院给MBA的学生做演讲。企业的执行官们花费大量的时间详尽解释基本的商业规则,但在创立Threadless的时候,杰克兄弟打破了这些规则。

2.8.4 智力众包

1995年,加州理工学院教授斯科特·佩奇建立了一个电脑模型,尝试用"人工代理"来解决难题,"人工代理"是根据设定的代码命令互动的小型电脑程序。这样的电脑模拟对科学家研究问题非常有价值,因为这些模拟提供了一个可控的环境,用于测试人类如何在复杂的系统中互动。佩奇用两组人工代理进行模拟。一组代表最完美、最聪明的问题解决者,称为"高智商组";另外一组代表各种各样的人,他们解决问题的能力各不相同,有的很有才干,但绝大部分不是这样。实验的结果让佩奇大感惊讶,就好像在某所大学的教师休息室里,人们会对穿棕色袜子的人不屑一顾(西方国家的人认为穿西服配棕色袜子的人很没有品位,这里指这些人在某些方面表现不尽如人意的人),但实验结果却是,"棕色袜子组"的表现胜过高智商代理。按理说,一批随机挑选的人不应该超过一组高智商人群的能力。佩奇决定修改一下他的模拟,改变代理的互动规则。然而,他得到了同样的结果。多次实验,结果总是"棕色袜子组"获胜。

经过多年的研究,佩奇在2007年出版了学术著作《差异:多样性如何塑造更好的组织、公司、学校和社会》,提出了"多样性胜于能力"理论,指出"一些随机挑选的问题解决者胜过一群最好的问题解决者"。佩奇的理论核心是:能力强的人是一群同质化的群体,他们当中很多人在同样的机构里接受培训,可能拥有相似的观点,在解决问题时采用同样的技能或者同样的研究方法,他们比大众优秀,但是仅限于某个方面,而许多问题无法仅靠一种思路解决,即使是一种类似的方法也不行,解决这些问题需要"棕色袜子"去尝试一种"精英"绝对想不到的方法。

人们之间的差异之和是一种无限强大的力量,可以用来解决问题,开发新产品,或者仅仅让网络和现实世界都变得更加有趣。这正是众包的优势来源:一是网络的有机互联,即平台资源共享;二是节点的多元灵活,即个体的多样化创新。互联网上各种各样的人的差异性最大,因此,利用互联网集聚大众的智慧,实现企业产品和技术的开放创新是解决制约企业发展面临的人才资源瓶颈的有效途径之一。利用大众智慧,把企业的创意、研发中心搬到互联网上可以为企业带来丰厚的回报。

比如大众广告创意,欧莱雅公司的一个华丽形象广告"有信心找到属于自己的颜色"就来自一个观众的创意,欧莱雅为此支付了1000美元,而自己做至少要完成164项工作,花费32 800美元。

宝洁公司(P&G)自1837年成立以来,没有一年出现过亏损,它能够永葆活力的一个重要原因是公司的创新能力超强。它发明了白色肥皂、合成洗衣粉,它是第一个走家串户做市场调研、在大学校园开招聘会、在电视剧里插播广告的公司。1930年,宝洁公司在美国当红电视剧《烂泥家族》中插播其象牙肥皂广告,"肥皂剧"一词开始流行。2000年宝洁公司业绩下降,股价跌了一半。雷夫利(Lafley)担任CEO后,提出将公司的创新搬到互联网上,公司从外部获得新产品和创意的比例从过去的15%提高到50%。公司创立了YourEncore网站,吸引全球150万名科学家加入其创新网络。2007净利润超过100亿美元,增长了3倍,股价超过过去峰值。

宝洁公司希望发明一种染料,在加入一定量的洗涤剂后能让洗涤水变蓝,宝洁公司将这个需求匿名放到了"创新中心"网站(www.InnoCentive.com)上。意大利的乔治亚学习的专业是化学(在一家杀虫剂工厂上班,做程序化的质量管理工作,没有挑战),每天晚上安置好丈夫和小孩后,开始做实验,完成了该染料的研制。宝洁支付给她3万美元获得了该发明的专利权,后来又支付了1.5万美元,因为她发明的技术又被用于衡量肌肤无力症治疗效果的指示体中。

宝洁公司想在不逸散到周围空气中的情况下,将氟化物粉末注射到牙膏管内。但是宝洁公司的科学家们解决不了这个难题,通过创新中心对外进行发布。美国电气工程师梅尔卡雷克想到了解决方法,给粉末带上电荷,带有正电荷的氟分子就会被牙膏管吸引,从而避免逸散。

智力众包的巨大魅力在于，最有可能解决问题的，是最意想不到的那些人，问题解决者更容易在与自己专业无关的领域获得成功，问题离他们的专业越远，就越有可能得到解决。无论你是谁，大部分最聪明的人都在替别人工作，或者换句话说，无论您的组织多么强大，在遇到难题的时候，你会发现，最聪明的人都不在你的组织内。

世上有没有能征服一切地形的汽车？Local Motors 公司的 Rally Fighter 试图给出答案。LM 公司是一家在亚利桑那州凤凰城成立不到 6 年的汽车公司。Rally Fighter(6.2 升排气量，430 马力)是跑车与越野车的完美融合，也是世界上第一款开放源代码的汽车。图 2-18 是 Rally Fighter 和 LM 公司的创始人约翰·罗杰。Local Motors 利用西门子公司的全生命周期管理软件 Teamcenter，在互联网上招募汽车设计的志愿者参与汽车设计，有数千名志愿者参与了 Rally Fighter 的设计。

图 2-18　Rally Fighter 和 LM 公司的创始人约翰·罗杰

由于 Rally Fighter 的成功，LM 公司获得了美国 DAPRA（美国国防部高等研究计划局）招标的一款军队用的越野车 XC2V 合同，XC2V 成为美国第一款社区设计的部队用车。美国总统奥巴马称赞 XC2V 是军民协同提升美国制造业竞争优势的典范[25]。

2.8.5　众包模式在我国的应用

众包模式在我国也得到了许多应用，下面介绍几个典型的应用[26]。

1. 人人猎头

人人猎头是移动互联网时代众包招聘的创新者。它采用企业悬赏招聘的方式，在众多网络平台（包括自营的移动应用、微信、微博、合作网站）发布悬赏职位，鼓励用户推荐或者自荐来应聘。产品上线五个多月以来，已经实现百万人民币的营收并完成了首轮千万量级的融资。

2. 微差事

中国最大的任务众包平台，帮助用户在碎片时间里赚钱，用户数已破百万。其商业模式是：通过众包帮助企业完成调研、内控、推出精准的品牌互动以及数据采集，包括零售店调查、消费者调研、付费广告、神秘顾客、试用（产品或服务）、指定地点的促销以及门牌采集等。据悉，微差事已获得超 500 万美元的新一轮融资。

3. 拍拍赚

一个基于移动互联网的数据采集众包平台。企业方通过平台自助式地把各类数据采集类型任务发布给拍拍赚手机应用的使用人群，会员利用手机应用直接完成各类数据采集任务。通常一个商业数据采集任务会由几百甚至上千的会员参与完成。

4. 易到用车

它的模式简单说来就是：用户通过呼叫中心或 APP 向易到用车提交需求，易到用车将需求导入数百家上游租车公司，在一分钟内回复是否可以接单。易到用车根据公司评级和服务满意度，选择某个租车公司完成上述订单，并获得分成。易到用车本身不拥有车辆及司机。

第3章

信息技术支持下的组织与流程创新

要实现创新的企业运作模式,必须要在信息技术的支持下对传统企业组织结构和业务流程进行改造和创新,尽可能地减少管理层次,实现组织结构的扁平化,提高决策效率。同时,要打破传统的以功能单元为核心的组织边界和业务组织方式,以提高顾客满意度为目标建立新的流程体系,在实现顾客价值最大化的同时实现企业效益最大化。

组织和流程创新是企业永恒的主题,信息技术的发展为组织和流程创新提供了良好的技术支撑。近年来国内外学者和企业家在这个方面做了许多研究和实践,本章将对无边界组织、业务流程再造的概念和方法进行介绍,并对通用电气公司、海尔集团等企业的应用案例进行介绍。

3.1 无边界组织的概念

在企业的组织结构中通常存在五种边界,即垂直边界、水平边界、外部边界、地理边界和心理边界。垂直边界是指企业在进行组织结构设计时定义的内部管理层次和职位等级;水平边界是不同职能部门之间的界线;外部边界是企业与顾客、供应商、金融、政府管理机构等外部环境之间的边界;地理边界是区分不同的文化、国家和市场的界线;心理边界则反映了组织内部成员和外部利益相关者在价值观、信念、认知、感受和评价等心理上的差别。

这五种边界有自然形成的,如外部边界、地理边界和心理边界,也有人为设置的,如垂直边界和水平边界。边界的存在本身是合理的,没有边界,世界也就不存在了,边界既保持了物种的多样性,又维护了物理世界的秩序。同样,企业组织结构中的边界也具有保持组织单元功能多样性和组织运作有序性的重要作用。

但是,不可否认的事实是边界的存在也增加了物质、能量和信息的消耗。对于企业而言,过度和严格的边界导致了不同组织层次、组织单元之间的割裂和隔阂。在需要跨越组织层次和业务单元的边界进行业务合作时,企业需要额外增加物质和能量的消耗,特别是降低了信息传递速度和加大了信息失真程度,相应地导致企业经营管理效率的降低、决策速度的下降和成本的增加。因此,僵硬的组织层次和边界越多,企业的运作效率就越低。为了提高经营效率和经济效益,企业希望在保持其业务功能多样性、丰富性和有效性的前提下,尽可能减少不同管理层次和组织单元之间的边界,并使不同组织单元之间进行协同运作所花费的成本最低。同样,企业与供应商、企业与客户、企业与其他相关机构之间的边界也要尽量减少,并使跨越这些边界进行企业间协作的成本最低。

在此形势下,提出了无边界组织的概念。由于彻底消除企业边界是不可能的,所以无边界组织并不意味着企业原有各界限的完全消失,而是将传统企业中的五种边界模糊化,形成像"隔膜"(借用生物学中概念)一样的新边界,借助信息技术支持跨越组织边界的高效沟通和协调,提高整个组织的信息传递、扩散和渗透能力,实现信息、知识与技能的传播和共享,达到激励创新和提高工作效率的目的。也就是说,在尽可能缩减管理层次的情况下,对现有企业的功能划分进行调整,对小粒度的细分功能进行聚合,形成大粒度的多功能性组织单元,同时建立良好的信息技术支撑环境和企业文化,提高组织单元的对外开放性,减少组织边界对组织协作的阻碍。使组织的运作像生物有机体一样地高效,使企业的组织单元像人体各器官一样各司其职,组织的边界就像生物隔膜一样,既有足够的结构强度完成不同器官间的隔离,又不妨碍血液、氧气、能量和信息畅通无阻地穿过,在大脑和中枢神经指挥下,高效协同运作。在企业中,信息系统扮演着中枢神经的作用,而要实现企业边界的"隔膜"化也必须依靠信息系统。

打破组织边界,建立高效协同的无边界组织是一个系统性的组织改造和创新过程,涉及企业文化的创新、组织结构和工作重组、新型管理方式的应用和高效信息系统建设等多个方面。文献[27,28]从企业文化建设和组织结构重组的角度讨论了建立无边界组织的方法。表 3-1～表 3-5 从企业文化创新、组织结构和工作重组、新型管理方式和高效信息系统四个方面分别给出了打破五种组织边界可以借鉴的方法。

表 3-1 打破垂直边界的方法

方　法	说　明
企业文化创新	① 消除官本位思想和做法,建立开放式的企业文化 ② 打破等级壁垒,鼓励不同层次人员之间的平等交流 ③ 培养知识型、具有战略眼光的员工,鼓励其为企业战略决策出谋划策 ④ 培养具有领导能力的员工,使员工本人成为基层管理者
组织结构和工作重组	① 大幅度减少管理层次,实现组织结构的扁平化 ② 权力分散化,给下属充分的授权,提高现场决策速度 ③ 支持跨组织层次和部门的个体到个体的信息沟通
新型管理方式	① 对高层管理者,要提高其管理幅度(更宽的范围) ② 对中层管理者,提高其对一线员工(兼基层管理者)的直接指挥和现场决策能力 ③ 建立基于绩效的薪酬制度,使员工专注于个人工作业绩的提高
信息系统建设	① 建立基于访问授权的信息共享平台,使不同人员可以及时获得工作所需要的信息(企业数据中心、信息共享系统、决策支持系统等) ② 建立高效的通信系统,支持不同人员之间的信息交流(E-mail 系统、MSN、短信、微信、无线通信系统等) ③ 建立生产现场指挥调度系统,快速高效地解决生产现场出现的问题(制造执行系统、现场指挥系统等) ④ 设立企业电子论坛,鼓励员工发表观点和提出创新性建议

表 3-2 打破水平边界的方法

方　　法	说　　明
企业文化创新	① 建立客户至上(包括内部和外部客户,在企业内部,下一道工序就是上一道工序的客户)的企业价值观 ② 建立企业运作管理的系统观,部门之间有分工,但是更要强调部门之间的协同,以系统整体效益而不是部门利益最大化为目标
组织结构和工作重组	① 按照系统整体效益最大化的方式进行组织部门设置 ② 进行业务流程再造,建立面向客户(包括内部和外部客户)的业务流程体系 ③ 建立跨部门多功能团队,实现群组协同工作 ④ 实现员工工作多样化和丰富化,培养多技能的员工
新型管理方式	① 按照企业整体系统的性能和目标进行管理 ② 按照流程来管理业务的运作 ③ 按照顾客满意度和团队绩效进行考核 ④ 采用矩阵式管理方法 ⑤ 建立员工工作轮换制度
信息系统建设	① 建立支持团队协同工作的平台(群件系统、产品数据管理系统、协同产品商务系统等) ② 建立业务流程管理和绩效考核系统(工作流管理系统、业务性能监控系统、基于活动的成本分析系统、绩效考核系统等) ③ 建立知识共享平台(文档和知识管理系统、视频和网络会议系统等)

表 3-3 打破外部边界的方法

方　　法	说　　明
企业文化创新	① 建立面向服务的企业经营策略和面向产品全生命周期的价值链,开展企业的运作和服务延伸 ② 摒弃大而全、小而全的企业模式,集中力量发展核心竞争能力 ③ 建立开放合作的企业文化,实现与客户、供应商、合作伙伴的密切合作 ④ 开展电子化和网络化经营模式,实现社会资源的整合和优化运作
组织结构和工作重组	① 对价值链进行分析,确定企业战略和目标市场定位,进行企业功能重组,建立企业的核心竞争优势 ② 实施虚拟化经营和动态联盟的组织模式,建立企业网络 ③ 建立跨企业多功能团队,实现网络化异地协同产品设计与制造 ④ 按照提供服务的功能为单元,进行部门、资源、人员、技术的整合,形成服务包
新型管理方式	① 建立面向服务的过程和性能管理方式 ② 实现虚拟化经营、动态联盟和合作伙伴管理 ③ 实行面向产品全生命周期的项目管理 ④ 建立跨企业多功能团队管理方式 ⑤ 实现异地协同设计制造过程管理
信息系统建设	① 建立动态联盟和合作伙伴管理系统 ② 建立电子商务平台(EB),实现网络化营销和服务 ③ 建立供应链管理(SCM)和客户关系管理(CRM)系统 ④ 建立网络化协同设计与制造系统 ⑤ 建立产品全生命周期管理系统(PLM) ⑥ 建立面向虚拟产品开发的项目管理系统 ⑦ 建立异地网络化产品维护和技术支持系统 ⑧ 建立跨企业的虚拟库存和物流管理系统 ⑨ 建立支持协同产品开发的产品数据中心和知识共享系统

表 3-4　打破地理边界的方法

方　　法	说　　明
企业文化创新	① 制定全球化战略 ② 制定本土化策略 ③ 尊重不同国家和地区的文化,建立多文化融合的企业文化
组织结构和工作重组	① 建立全球化组织 ② 雇用具有全球背景的高级管理人员
新型管理方式	① 实现不同区域的差异化管理,解决由不同文化背景的差异性带来的管理问题
信息系统建设	① 建立支持全球化运作和管理的信息技术环境(电子邮件系统、群组工作系统、产品全生命周期管理系统、财政和人力资源管理系统等) ② 建立支持全球员工的知识共享平台(包括文档和知识管理系统、视频和网络会议系统等)

表 3-5　打破心理边界的方法

方　　法	说　　明
企业文化创新	① 帮助员工建立系统思考方式,以企业整体利益最大化为目标 ② 建立开放和宽容的企业文化,尊重员工,认可不同人之间存在的心理差异性 ③ 鼓励员工发挥潜能,实现自我超越
组织结构和工作重组	① 雇用具有全球背景的高级管理人员 ② 在部门和团队建设时,保持组成队伍员工的多样性 ③ 将员工安排在最能够发挥其作用的岗位 ④ 建立民主、透明的决策机制
新型管理方式	① 企业管理者必须将自己掌握的大量信息优势用于激励、指导员工和向员工提出建议上,而不要试图更加严密地控制或监视员工 ② 将管理从以"事"为中心变成以"人"为中心,把员工视为最需要保护和开发的宝贵资源 ③ 管理者必须保证分配公正性(个人所得结果的公正性)和程序公正性(结果分配程序的公正性) ④ 开展团队学习交流,培养员工的共同语言
信息系统建设	① 建立支持团队工作和交流的协同工作平台 ② 建立支持员工学习和交流的环境(电子化学习和交流系统) ③ 建立员工职业发展规划系统,支持员工的职业发展 ④ 建立电子化论坛,鼓励员工发表各种意见和建议

3.2　GE 公司的应用实践

GE 公司是美国通用电气公司的简称,由爱迪生创建于 1878 年。GE 公司 2013 年的营业额 1468 亿美元,净利润超过 136 亿美元,资产达 6853 亿美元,员工人数有 30 万左右,在世界财富 500 强中排名第 24 位[29]。GE 公司的业务和办公地点遍及世界各地 100 多个国家,业务范围包含塑胶、医用系统、发动机、交通、电力、照明、信息服务和金融服务等许多领域。它是世界上最大的制造公司之一,营业额和市值在制造业均为世界第一,公司资产与 1981 年相比增加了 27.4 倍。无边界组织的实践和信息技术的广泛应用支撑了 GE 公司连续 30 多年的增长。

3.2.1　GE 公司的无边界组织应用实践

1981 年,GE 第 8 任总裁兼董事长杰克·韦尔奇走马上任时,公司的总资产 250 亿美元,年利润 15 亿美元,GE 似乎是一家令人羡慕、财务健康、运转正常的公司。然而在杰克·韦尔奇看来却存在着诸多的问题,其中最为严重的是人员机构臃肿、管理层级复杂、层次过多、灵活性低,僵化的官僚气息更令他头痛。官僚作风吞噬了组织对变化的嗅觉,它让"GE 穿上水泥鞋与对手竞争赛跑"。

所以杰克·韦尔奇从上任起,就一直致力于打破这种官僚机制,将 GE 改造成一个真正的无边界组织。具体措施是将各个职能部门之间的障碍全部消除,工程、生产、营销以及其他部门之间能够自由流通,完全透明;融合国内业务和国外业务;把外部围墙推倒,让供应商和用户成为一个单一过程的组成部分;推倒那些不易看见的种族和性别樊篱;把团队的位置放到个人前面,实行"工作外露"(work-out)计划,倡导群策群力、团队精神等。最终,将 GE 与其他世界性的大公司区别开来[30]。

1. 打破 GE 的垂直有形边界——倾力解决例会

打破 GE 的垂直有形边界的最普遍例子是倾力解决例会。倾力解决例会是一种给基层员工提供发表意见和建议以改善 GE 日常经营活动的会议。例会开始之前,组织者发出邀请信,说明会议主题和目标,然后向对该会议表示兴趣的人员发出第二封信,说明会议地点和时间。倾力解决例会的参与者代表了不同的群体,从高级管理者到初级管理者,从正式工到钟点工。在倾力解决会议的最后,经理只能采取以下三种方式答复:①当场同意实施建议;②拒绝建议并说明理由;③要求更多的信息,实际上是推迟做决定。在这种情况下,经理必须给出一个截止日期,确保如期答复。倾力解决例会在实施中最重要的两个技巧是:第一,雇员能够面对面地向经理提出建议;第二,经理应该尽可能使雇员当场得到答复。倾力解决例会的实质就是打破经理与雇员之间的隔阂,实现上下级之间的无边界。

2. 打破 GE 的水平有形边界

GE 除了致力于实现上下层级间的无边界,在推进各事业部之间合作方面的努力也大大克服了一般事业部的缺陷。GE 事业部之间的无边界不仅在于资金、人员的流动,还包含了其他很多东西,如技术、设计、人员补给、评价系统、生产、顾客和地区信息等。这种打破水平有形边界的努力给 GE 带来了显著的成效,大大节约了成本。

GE 打破水平有形边界的一些例子如下:

(1) 汽轮机事业部分享了飞机发动机事业部的制造技术。

(2) 照明事业部和医用事业部合作改进 X 射线管。

(3) 医用系统事业部起用最新型的技术以便知道如何监测 GE 的一个 CT 扫描仪,并在顾客尚未察觉前就能发现和修改操作运行过程中出现的故障。医疗系统事业部没有将这个技术作为其独享的秘密,而是让 GE 飞机发动机、汽车、工业系统等事业部也学会了如何监控其产品的运行过程。这种技术互通能力为通用公司带来了数十亿美元的服务收入。

3. 打破 GE 的外部有形边界

打破 GE 的外部有形边界,改善了公司与客户、供应商和其他组织的合作关系,增强了组织对外界变化的适应能力和决策效率。下面就是 GE 打破外部有形边界的一些例子：

(1) GE 认识到，在竞争日益激烈的市场中，满足顾客需要是企业生存之本。为此，GE 让客户进入 GE，共同设计新的喷气式发动机、新型汽轮机等，或让医生帮助发展新的超声系统。

(2) 在经营交通事业部时，当时的事业部总裁卡尔霍恩提到，他需要购买 70% 的机车部件，因此他极其依赖供应商。但 GE 不是单纯需要零部件，还需要参与供应商的设计和生产，同时允许供应商参与 GE 的机车设计和生产。

(3) 传统上，一个企业与其竞争对手是相互隔离的，两者交流被视为"叛徒"行为。但是现在 GE 却鼓励这种行为，他们向其他公司甚至竞争对手学习一切对 GE 有用的东西。GE 采纳了克莱斯勒和佳能公司的新产品介绍技术；从摩托罗拉公司学习了 6Sigma 质量运动；GE 通过采纳 IBM、施乐等公司的建议，迅速进入了中国市场。

4. 打破 GE 的地理边界

GE 是一家全球性的公司。1986 年，GE 启用了保罗·弗雷斯科为国际业务高级副总裁，标志着 GE 国际业务的进一步飞跃，公司全球销售额从 1987 年的 90 亿美元上升到 2002 年的 530 亿美元。杰克·韦尔奇一直认为"国内"和"国外"的业务没有区别，GE 在布达佩斯或者汉城开展业务就像在路易斯维尔和斯克内克塔迪一样的方便。在打破地理边界方面，初期，公司仅从市场的角度考虑全球化问题，后来转为寻求产品和部件，最后发展到挖掘各国知识资本的阶段。例如，印度在软件开发、设计和基础研究方面的科技人才非常丰富，GE 就在印度聘请各种从事客户服务和数据采集工作的人才，并逐渐聘用更多的当地人担任领导工作。

5. 打破 GE 的心理边界

打破 GE 的心理边界的努力渗透在公司的各个方面，比较典型的事例是"再造克罗顿维尔，再造 GE"活动。克罗顿维尔在 20 世纪 80 年代初期，更多是作为技术培训和危机时发布信息的讲坛存在，且设施已经相当陈旧。杰克·韦尔奇将它改造为一个在交互式的开放环境中传播思想的地方，使它成为一个可以触摸到公司最优秀人员的头脑和心灵的地方，成为在改革过程中聚合公司力量的精神纽带。在这里，卓越、质量、企业家精神、所有权、直面现实，以及"数一数二"等核心理念全部介绍给了员工。

通过无边界行动，GE 将其管理层次从过去的 26 层减少到 6 层，60 多个部门组合为 12 个业务部，管理人员从 2000 多人减少到不足 1000 人。如 GE 航空发动机厂原来有 3 万人，现在只有 8000 人。在这个 8000 人的工厂，GE 实现"零管理层"，即只有一个厂长和职工两个阶层，中间没有管理层。在一般工厂的车间、工段、班组、人事、会计、计划、技术、供销、材料等部门全部取消，生产过程中所必需的管理任务由工人轮流担任。

对于一般企业而言，实现"零管理层"几乎是不可能的事情，但是 GE 公司在实践中做到了，其根本原因是 GE 公司首先做到了流程标准化、基于信息化平台的业务信息和知识有效供应，保证了任何人在做一个新的工作时有规范的流程可以遵循，在完成流程规定的业务操作时有及时的信息支撑，因此，GE 公司无边界组织实践的成功依赖于公司信息化建设的成功。

3.2.2　GE 公司的信息化应用实践

美国 GE 公司总裁韦尔奇说过一句话：对于 GE 公司来说,最重要的有三件事：第一是互联网,第二是互联网,第三还是互联网。在信息时代到来的时候,GE 公司的决策者们看到了数字化给企业发展带来的空前机遇,果断地将数字化作为其发展的战略重点,努力实现所有过程的数字化,他们期望通过数字化改变传统的经营模式。GE 公司从 CEO 到普通员工都积极推行和接受数字化。他们以业务集团为基础,把电子商务作为发展的重点,并将信息技术运用到公司的经营管理之中,很快收到了效果。

1998 年底,韦尔奇宣布所有 GE 公司旗下的企业,都要转变为信息化企业。韦尔奇身先士卒,率领高层领导向公司内年青一代学习如何运用互联网。第一个行动就是从 34 万名员工中挑选 1000 位 Internet 年轻高手,对 1000 位高级管理人员进行一对一的网络应用家教式辅导。韦尔奇又力邀 SUN 公司的 CEO 麦尼里(McNearly)出任 GE 的董事。随后,GE 以迅雷不及掩耳之势将数十亿美元的业务搬上了互联网,在两个月内迅速组建了一支 3000 人的队伍,在遍布全球 100 多个国家近 40 种业务中发起一场"摧毁你的业务"(Destroy Your Business)的运动。

2000 年,GE 公司通过网络销售了 70 亿美元的产品和服务,并被评为电子商务 100 强之首。2001 年,数字化给 GE 公司带来的收入已占其总收入的 19%,2002 年提高到 24%。目前,GE 的一些业务集团和许多企业都已经实现了无纸交易。由于实施数字化战略,大大提高了工作效率,降低了经营成本,增强了公司的活力。

1. GE 照明部的网络采购应用

GE 照明部在实现网络采购之前,每天要为价值很低的机器零件向供应商发出数百个报价请求。每发一次报价请求,仓库都要送来计划书,在复印、装订并附在有报价单的请求表之后寄出。这个复杂的过程至少要用 7 天时间,所以供应部一次只能向两三个供应商发出报价单。1996 年,GE 照明部开始使用网络进货系统,通过电子传输,供应部收到内部客户的请求,再通过 Internet 发送给全世界的供应商。在向供应商发出报价请求后,2 个小时内供应商就可以收到请求,并在当天回复报价请求。根据 GE 公司的报告,网络采购系统使采购人员在进货过程中所耗费的成本减少 30%,采购人员减少 50%,供应部每月至少可腾出 6~8 天的时间用于关注策略性问题。另外由于公司在网上可接触更多的供应商,供应商之间的竞争会加剧,从而得到更低的进货价格,公司的采购成本因此减少了 20%。

2. GE 的网上报销应用

2001 年 10 月,GE 医疗系统集团中国区的员工被告知,除了部分边远省份,从某个截止日期后,所有员工出差申请、费用报销均在网上进行,这也是员工报销的唯一途径。很快,员工就体会到了网上报销的好处。以前员工报销业务处理快则需要一个月,慢则需要四个月,应用网上报销系统后,报销速度大大加快,一般的单据在 15 个工作日内即可处理完毕。2002 年该系统在美国 GE 公司信息化评比中获得金奖。

报销是每个企事业单位必须进行的一项工作,报销业务包括各种差旅费、通信费、招待费、市内交通费、采购费等,项目种类繁多,因此公司员工、财务以及管理人员经常被报销工作所困扰。员工的报销单经常被退回,财务人员为处理报销单据加班加点,也为各种费用不能够得到控制而苦恼。领导因为出差等原因不能及时审批报销单据,更不能及时全面了解公司的费用支出情况。这一系列问题已经严重影响了企业会计信息化进程,费用报销业务逐渐成为企事业会计业务处理中的瓶颈问题,影响了其他经济事项的及时进行。

应用网上报销系统,给 GE 的报销人员及审批人员提供了极大的便利。员工可以不受时间、地点的限制进行费用申请和报销,领导可以随时随地完成单据的审批,财务人员也能够很轻松地进行审核、付款、统计分析。一切工作都在网上完成,彻底解决了报销排长队、付款周期长、制度不规范、报销不透明等一系列报销中的问题。

应用网上报销,还有利于规范请款、报销流程,加强企业资金的管理。GE 的网上报销系统,实行出差前先申请、采购前先申请、发生招待费前先申请、批准后才能够请款和报销的制度。严格控制了各种不合理费用支出,规范了业务报销中的业务流程控制。报销过程由人为控制改由计算机控制,使各个环节各负其责,所有人员都必须按照设定好的财务制度进行报销工作,体现了公开、公正和公平的原则。

3. GE 家电集团公司电子商务应用案例

GE 家电集团认识到传统厂商具有的定制功能是纯粹的互联网公司所没有的,同时他们又研究可以利用公司现有的强大零售商网络将家电直接送到客户手中。于是,GE 家电集团网上销售系统的核心装在大型家电超市的 POS 销售终端。当客户想买一台 GE 冰箱时,只需在超市中的 POS 系统中输入订单,该系统与 GE 的存货和配售系统相连。客户因此可以直接从 GE 购买产品,并通过网络选择最方便的送货和安装时间。在这样的系统中,家电超市成为其中的一部分,并由于销售方式的改变,释放了大量的库存空间。过去 GE 是工业产品或大型设备提供商,通过自己构建销售体系进行产品销售,今天,它则更关注于为用户提供专业化的增值服务。例如,塑料产品的用户可以利用塑料集团提供的网上客户支持工具,自己进行电脑色彩调配,然后在网上订购其所需色彩的塑料片,48 小时之内便可收到货。这一过程在过去需要数周时间才能完成,现在塑料集团每周的网上销售额已超过 500 万美元,在中国的销售也有 30% 在网上完成。

4. GE 在中国的电子商务应用

在中国,为了帮助供应商参加 GE 的电子商务,通用电气(中国)有限公司组织了供应商电子商务培训,并开辟专门场地和设施让供应商参加网上竞标。同时,考虑到中国物流等方面的障碍,GE 还专门成立了通用电气(中国)采购和出口公司,进行供应商质量评估,并与供应商就交货方式、贸易方式等进行磋商和合作。通用电气(中国)有限公司行政总裁王建民说,"通过这样的运作,一方面可帮助以前没有经验的供应商提高能力,另一方面也能把网上竞标的巨大节约成果变为现实"。除了将订单、生产、发货等业务流程用互联网整合外,办公室内的日常运作也转移到互联网上。现在,GE 中国区的招聘系统已完全实现网络化,从最初用人部门在线提出申请,到人事部对外公布职位空缺,从在线应聘到面试日程安排,直至最后的录用通知,全部在网上完成。目前,该系统每天要处理数百份申请。数字化运作涉及所有部门和员工,甚至连中国区 CEO 王建民的行程安排也放在内部网上。各部门可在网上预定他的时间。

美林证券财经分析师特里娜在 InternetWeek 周刊指出:GE 得到的"一个重要启示就

是,互联网首先是一种生产力工具,其次才是销售和采购工具"。如 GE 在网上销售方面的先驱——GE 塑料集团在考虑将哪些销售环节搬上网的时候,首先要考虑是否有价值,效率是否更高。总之,GE 通过打破各种边界和广泛应用信息技术,实现了业务的不断创新,始终保持了充沛的活力,创造了 GE 持续增长的奇迹。

3.3 业务流程再造的基本概念

3.3.1 业务流程再造的产生背景

1990 年,曾任美国麻省理工学院教授的米歇尔·哈默在《哈佛商业评论》1990 年 7~8 期中发表了名为《重组:并非自动化,而是重构》的文章[31]。几乎与此同时,《斯隆管理评论》在 1990 年的夏季刊上刊登了托马斯·达文波特等人撰写的《新工业工程:信息技术与业务流程再设计》[32],由此掀起了全球企业业务流程再造(business process reengineering, BPR)的研究与应用热潮。据资料显示,截至 1994 年底,有 75%~80% 的美国大型企业对其业务流程进行了改造。仅 1994 年,美国各大型公司花费在业务流程再造上的人工费和咨询费用就超过 70 亿美元,若包括所投入的技术费用,则耗资高达 300 多亿美元。

业务流程再造得到众多研究者和企业家青睐的原因主要有四个方面:①满足了提高客户满意度的需要;②满足了企业自身发展的需要;③满足了管理理论发展的需要;④满足了信息技术环境下实现组织和流程创新的必要。

1. 满足了提高客户满意度的需要

在环境、技术与市场的变化不断加速,顾客需求瞬息万变的竞争形势下,企业经营管理理念和方法已经从过去的以产品为中心转变为以客户为中心,客户满意度最大化成为企业奋斗目标,也是赢得市场竞争的重要因素。但是,过去的组织结构和流程限制了企业实现以客户为中心的运作。图 3-1 给出了传统组织结构下业务流程的流转情况,客户提交的产品订单将在不同的功能部门之间流转,经过若干个环节最终将产品提交给客户。在产品最终交到客户那里之前,订单在企业内部的处理过程对客户是不透明的。在这种情况下,如果客户给销售科打电话询问订单处理情况时,得到的回答通常是:"请等等,我问一下,然后给您打电话。"随后,销售科会向一个个部门询问订单的处理情况。这种做法一方面导致了客户满意度的下降,另外一方面也大大增加了处理成本。特别是在客户提出产品更改需求时,销售部门无法直接告诉客户订单修改是否可行,是什么原因造成订单修改不可行(如产品已经制造完成,准备发运了),如果客户坚持要修改需要增加哪些费用等。

为了提高客户满意度和降低服务成本,企业必须改变传统的组织结构和业务流程。改变的最终结果是将传统的功能组织结构改变成面向市场的过程组织结构(图 3-2)。相对于传统的功能组织结构,过程组织结构有两个明显的特点。一是以外部或者内部的客户作为其过程的输出接收者,这样每个过程的执行结果都可以得到及时的检验,无论是内部还是外部客户都可以对过程输出结果进行满意度评价;二是跨越了传统功能部门的边界,从而将原来割裂的业务过程集成起来,减少了不必要的部门间协调过程和可能出现的扯皮现象。这种面向过程的组织结构给企业提供了一种从根本上大幅度缩短市场响应时间、提高服务质量和提高客户满意度的可行方案。

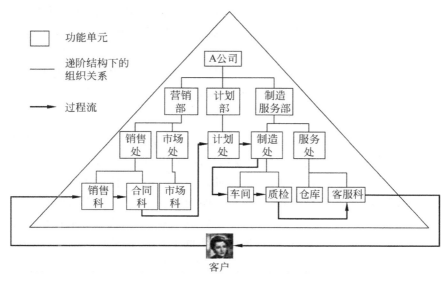

图 3-1　传统组织结构下的业务流程流转情况

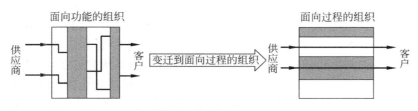

图 3-2　面向功能的组织到面向过程的组织的变迁

2. 满足了企业发展的需要

实施业务流程再造最大的动力来自于企业发展的需要。过去人们把提高企业效率的重点放在提高部门和个人工作效率上,今天人们认识到业务流程是影响企业性能的核心要素。企业的使命是为顾客创造价值,而为顾客创造价值的是企业的流程,企业的成功来自于优异的流程运营,优异的流程运营则需要优异的流程管理,因此,企业业务的成功依赖于持续无误地执行关键业务过程的能力。要实现优异的流程管理和执行,首先需要对企业过去不合理的业务流程进行再造,实现业务流程的精简和优化。

一方面,为了降低企业完成业务的成本,提高企业业务绩效,需要针对关键业务流程实施再造。以北美福特公司为采购零部件进行付款的应付账款部门为例,其完成同样规模零部件的采购量所雇用的员工数量是马自达公司的 7 倍多,因此,实现减员增效就成为北美福特应付账款部门流程再造和信息技术应用的主要目的。

另一方面,对于大企业,特别是迅速发展的大企业,解决企业规模扩大后引起的"大企业病"也需要实施流程再造。如海尔集团实施了业务流程再造以解决以下三方面问题:①解决随着企业规模扩大引起的信息和问题上传下达慢、"神经末梢"感应不灵、管理决策的准确性和有效程度降低的问题;②解决职能机构增多、企业的专业化和部门化程度加深、官僚主义和部门小团体主义横行的问题;③解决为了实现对日益膨胀的企业进行有效控制而制定了越来越多的规章制度和条条框框,严重影响员工创造性和工作热情的问题。

实施先进制造战略(敏捷制造、并行工程、大批量定制、绿色制造、网络化制造)也需要对企业原有的业务流程进行再造。例如,将传统的串行开发流程改造成并行开发流程,通过流程再造达到缩短产品开发周期、降低开发成本和提高产品质量的目的。第4章中介绍的并行工程战略的四个核心要素之一就是对产品开发过程进行流程再造。实施大批量定制生产模式也需要对产品全生命周期中涉及的用户需求获取、设计、采购、制造等流程进行再造。

3. 满足了管理理论发展的需要

实施业务流程再造也是管理理论自身发展所提出的要求。传统管理模式的理论基础是斯密提出的劳动分工原理和泰勒提出的制度化管理理论。这种管理理论导致的弊端有:企业劳动分工过细,业务流程冗长,也容易产生"铁路警察"各管一段的工作作风;一项产品或服务要经过若干部门和多个环节处理,过程运作时间长、成本高;组织机构臃肿、官僚作风、员工技能单一、适应性差。而业务流程再造正是针对"一项产品或服务的提供流程被不合理地在企业内部各部门间分割与支解"所造成的效率低下和权责不明问题,试图用"流程主导的企业组织"来取代"职能主导的企业组织",进而改变经营不良和管理效率低下的状态。

4. 满足了信息技术应用的必要

在企业信息化应用早期,存在一个认识上的误区,即将企业信息化看成是企业现有业务工作和流程的计算机化,信息化应用主要是建立面向功能的事务处理系统,开发实施的主要目的是提高企业事务处理的效率、降低事务处理成本。以这种指导思想开展企业信息化工作经常会导致信息化实施后效益不好,有时甚至会造成信息系统建好了,企业效益反而下降了的局面。主要原因是这种实施方法没有从整个企业业务流程优化的角度来配置和实施信息系统,虽然在个别环节上用计算机代替人工提高了事务工作的效率,实现了局部功能的优化,但是不合理的流程和缺乏系统性的集成造成了整体业务流程的效率并没有提高。上述问题符合"系统工程中局部优化并不代表整体优化"的基本原理,在流程没有进行合理化的情况下,提高某些环节的计算机应用水平和事务处理效率可能会"将糟糕的事情做得更快"。在这种情况下,就会出现企业在信息化上的投资增加了(成本增加了),而人员和部门却没有得到精简和调整(成本没有下降),业务效率也没有显著提高(效益没有提高),出现企业实施了信息化,效益反而下降的现象。在我国企业信息化的初期,由于经验不足以及缺乏有效的指导思想和方法,许多企业在这个问题上走了弯路。

因此,企业应用信息技术时必须对企业的业务流程进行改造和优化,消除不合理环节,打破不合理的部门界限,将业务功能按照流程组织起来,提高业务运作效率。通过对业务流程的精炼和简化,使管理信息系统对企业管理效率和水平的提高产生倍增作用。同样,流程再造也可以有效推动企业信息化进程,一方面流程再造的思想和方法对实施面向流程管理的业务处理系统有重要指导意义,另一方面流程再造的分析和设计结果是实施面向流程管理的信息系统的前提和基础,为管理信息系统的设计和实施提供依据。流程再造中对组织职能的设定和资源的分配有力地支持了企业管理信息系统的实施。

信息技术的应用也可以达到巩固流程再造成果的作用,通过信息化手段可以使再造后的流程方案以一种可操作的方式得以实施。因此,流程再造与信息化是企业实现组织和流程创新的有效方法和工具,它们相互促进,相互支持,是提高企业管理水平不可或缺的两个方面。

3.3.2 业务流程再造的基本概念与内涵

关于业务流程再造的定义很多,达文波特在文献[32]中将业务流程再造定义为"在组织内部或组织之间分析、设计工作流程或过程"。哈默在文献[31]中给出的定义是:"业务流程再造就是对企业的业务流程(process)进行根本性(fundamental)再思考和彻底性(radical)再设计,从而获得在成本、质量、服务和速度等方面业绩的显著(dramatic)改善。"同样,哈默还认为:"不要对现有流程进行单纯的自动化,而要忘掉它,重新开始设计,因为现有流程是充满错误的","信息技术是流程再造的使能器。"

对哈默的定义进行分析,可以对业务流程再造的内涵有以下初步认识:

(1) 流程:业务流程再造关心的核心对象是流程,而不是部门和功能;

(2) 根本性:业务流程再造关注影响企业生存发展的核心问题,要对企业的现有运作模式和流程进行批判性的重新思考,发现影响企业生存发展的根本性问题;

(3) 彻底性:打破过去的条条框框、部门功能、现有流程和管理制度的约束,采用"头脑风暴"的方式进行企业流程的创新,发明全新的流程和工作方法,而非仅仅对现有流程进行改良;

(4) 显著:业务流程再造追求效益的显著提高,取得具有突破性的效果。

分析业务流程再造的产生背景和实际应用情况,可以从以下三方面理解业务流程再造的意义。

1. 业务流程再造是企业战略性的系统化工程

业务流程再造是一种主动性的变革,它以信息化和知识化为基础,以顾客需求为导向,对企业关键性的工作活动及相关流程进行重新设计和根本性变革,最终建立符合企业长期持续发展需要的新型工作模式。企业实施流程再造的根本动力是企业长期可持续发展的战略需要,实施时要以企业业务战略为驱动,目标是将企业战略融入日常业务运作过程中。因此,流程再造关注企业战略目标的实现,涉及企业的方方面面,是典型的系统化工程。

业务流程再造主张企业业务以流程为中心,而不是以专业职能部门为中心;强调"组织为流程而定,而不是流程为组织而定";强调打破严密劳动分工体系下作业流程被分割成各种简单任务的做法,主张根据流程需要的任务组成各个职能部门。

在这种系统性思维模式下,要求企业全面关注业务流程的系统优化,要以流程目标为核心,使用面向流程目标的绩效度量和整体最优方法,追求企业整体价值增值的最大化,而不是单个环节和作业任务的最优。

2. 建立面向客户的新流程体系

市场和顾客需求是企业一切活动的目标和中心,企业组织的使命就是要了解市场和顾客需要,有针对性地提供产品或服务。因此,全面满足顾客需求是企业实施业务流程再造的最根本驱动力。实施 BPR 如同"白纸上作画",但是这张纸不是为企业准备的,而是为顾客准备的,首先应当由顾客根据自己的需求填写,其中包括产品的品种、质量、款式、交货期、价格、办事程序、售后服务等,然后企业围绕顾客的意愿,开展重建工作。围绕顾客需求开展流程重建是保证流程再造取得成功的关键。例如,有的企业为了能充分了解顾客和市场,在其 BPR 小组中吸纳顾客参与,作为一个整体开展工作。通过顾客反馈的信息,企业可以及时调整重建方向,以避免 BPR 的结果与意愿相违背。

在企业的实际运行中,由于受制于严格的规章制度和部门分割,导致提供产品与服务的部门工作的员工无法切实做到一切面向顾客。如图 3-1 所示的情况下,销售部门由于无法知道顾客所需产品的执行情况而不能及时准确回答顾客提出的问题。

业务流程再造倡导以顾客为导向进行组织变革,给员工必要的授权,鼓励他们正确运用信息技术,以达到快速满足顾客需求,适应环境快速变化的目的。因此 BPR 的核心工作之一是为企业构建把顾客需要放在中心地位的新流程体系。类比价值链模型,图 3-3 给出了以顾客为中心的新流程体系。

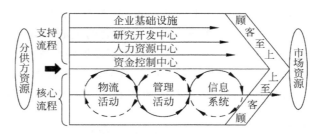

图 3-3 以顾客为中心的流程体系

在新的流程体系中,顾客至上的企业目标代替了价值链模型中价值最大化的企业目标。围绕这个企业目标,通过建立核心流程和支持流程来整合分供方和市场的资源,更好地为顾客提供满意的服务。其中物流活动包括识别顾客需求、接受订单、评估信用、设计产品、物料采购、加工、包装、发运、结账和产品保修等业务流程。管理活动包括计划、组织、用人、协调、预算和监控等流程,以确保物流活动流程以最小成本及时准确地运行。信息系统则通过提供必要的信息技术以确保物流活动和管理活动的高效完成。支持流程包括企业基础设施、研究开发、人力资源、资金控制等流程,它们为保证核心流程的运作提供必要的环境、技术、人力和管理上的支持。

3. IT 技术与组织管理的融合

比尔·盖茨说过:"成功的企业领导将会利用管理企业新方法带来的优势,即,不断增加的信息速度带来的优势。新方法不是将新技术用于技术本身,而是用来重新形成企业的行动方式。信息技术和现代企业正在变得相互交织、难分难解,人们无法在谈论一个时忽略掉另一个。"比尔·盖茨所说的"难分难解"正是 IT 技术与组织管理的融合,而流程再造促进了这种融合过程的加速发展。

业务流程再造实质上是利用信息技术促进组织管理模式和运作流程的创新,流程再造的过程也是 IT 技术与组织管理融合的过程。通过 IT 技术与组织管理的融合,促进企业的信息化变革。信息化变革过程中将会涉及企业的价值、业务集成、变革管理和项目管理四个层面。在价值层面要分析和确认需要变革的企业价值体系和架构,说明通过信息化在哪些方面进行变革可以提升企业价值;在业务集成层面需要确定变革的业务集成范围,说明通过信息化要对哪些业务进行集成和优化,并建立基于流程的业务集成架构;在变革管理层面需要确定信息化过程中进行变革管理的架构,包括如何进行信息变革以及什么时候开始变革；在项目管理层面需要基于项目实施方法论，建立一套能确保变革准时实施并达到预期效果及价值的项目管理架构。

进一步讲，在价值层面，要着眼于所有业务领域，实现在信息技术支持下的新型价值链构建，通过信息技术应用有效提升企业集成与流程管理能力、信息处理能力及对客户的响应速度，降低生产成本、提高生产效率，并促进新的价值链架构的形成，使企业既可以获得近期的经济收益，又可以获得长期性的战略收益。

在业务集成层面，围绕着企业的核心业务集成，全面考虑影响企业战略和业务运作的策略、组织、技术和流程这4个组成要素，以流程再造为手段，通过IT技术与组织管理的融合，实现策略、IT技术、组织管理到业务流程的映射。图3-4反映了影响企业战略和业务运作4个要素之间的关系。

在图3-4中，策略部分关注的是企业信息化管理变革的目标，如信息化管理变革如何为实现企业的中期和远期战略目标服务，IT部门为配合企业的中远期目标，需要制定什么样的发展策略，具体信息化项目的目标是什么等策略性问题。组织部分关注现有的组织结构和正在实施中的组织结构是否可以满足企业实现其中远期的目标，如信息化管理变革的实施对目前业务有多大影响，企业各阶层对信息化管理变革是否有认同感等。技术部分关注适合企业中长期发展目标的信息技术架构应该是怎样的，如何利用先进的信息技术更好地响应市场快速变化所带来的机遇与冲击。在核心业务流程集成的指导思想下，对策

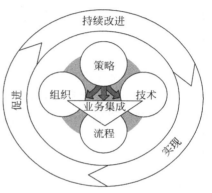

图3-4　影响企业战略和业务运作的4要素及其相互关系

略、组织和技术的分析和定位将通过业务流程再造工作落实到具体的流程上。首先分析企业价值主要在供应链的哪个环节产生，信息化项目如何增强企业的核心能力，通过对当前企业业务流程与行业最佳实践的差距分析，研究如何采用信息技术进行流程改进，并细致分析IT项目的实施对改进业务流程的作用，例如，分析实施信息技术支持下的新流程会降低多少企业库存，缩短多少订单到交货的时间。

图3-4中最外圈反映了影响企业战略和业务运作的4要素之间的循环关系。企业的策略、组织、技术最终通过业务流程实现，而业务流程的实现又促进了企业的策略、组织和技术的变革和提升，这种流程实现到促进变革，促进变革又落实到流程实现的过程是企业持续改进其战略和业务运作的过程，本身也是IT技术与组织管理不断融合的过程。

3.4　业务流程再造的原则与方法

3.4.1　业务流程再造的原则

企业实施BPR是一项非常复杂的工程，它往往会引起企业文化、管理理念、组织结构和业务过程等多方面多层次的变化，因此，必须按照一定的原则，有步骤、有目的和有计划地组织实施，才能够保证业务流程再造的成功。

业务流程再造的第一个原则是自顶向下的设计和自底向上的实施原则。业务流程再造是企业的一项战略性的管理变革,其发起取决于企业高层的决心,而 BPR 的目标和方向来源于高层管理者的决策和导向,组织和流程的变革需要高层管理者的推动和支持。因此,在进行业务流程再造时必须采用自顶向下的设计方法,而在流程再造后具体系统实施时,则需要采用自底向上、逐步实施的方法。

哈默在最初提出业务流程再造概念时,给出了以下 7 条基本原则:

(1) 组织结构的设计应该围绕企业的产出而不是任务进行

一方面,企业的产出(产品或特定的服务)是客户真正所需要的,而创造产品或服务所执行的任务是企业内部生产组织方式,围绕产出而不是任务的组织方式也就体现了企业以客户为中心的思想;另一方面,产出是企业业务流程的目标,围绕目标进行组织结构设计可以将完成该流程目标所需要执行的任务进行充分集中,使流程得到最大程度上的精简,避免任务分割过细以及任务在不同部门之间进行不合理的频繁交换,减少流程执行时间和交接差错。

(2) 让使用流程输出结果的人来执行流程

让使用结果的人执行流程是保证流程执行高效率和高质量的有效措施,尽可能将过去由专门职能部门完成的工作(成本统计、审核、生产准备、设备保养、质量检查等)转移到一线操作者身上,由他们自己完成,并直接得到流程执行的结果。

(3) 将信息处理工作结合到产生信息的实际工作中

由于信息技术的普及和员工素质的提高,对信息的处理已经不必专门安排专业人员去完成,直接由一线人员对产生的信息进行加工可以提高信息处理速度和处理效率,也可以实现信息的融合,提高信息的质量。

(4) 将地理上分散的资源视为集中的资源来处理

将分散的资源集中使用可以提高企业的整体调控能力,充分发挥资源的效率。如当前比较流行的财务集中管理、数据中心建设、集中采购、集中式呼叫和服务中心建设都是分散资源的集中化处理方法。

(5) 对并行活动进行连接,而不是仅仅集成其结果

企业中存在大量的并行工作流程和活动,采用并行工作模式可以提高产品开发速度,如果缺乏沟通,各个并行活动在最终集成阶段会出现许多不匹配的情况,导致许多已完成任务的返工。因此,在各个并行活动开展的过程中,采用信息技术,实现它们之间的信息交流和协调,可以最大程度减少集成阶段出现的不匹配问题。如采用虚拟装配技术对各个部门设计的零部件在计算机环境下进行预装配,发现问题,及时进行设计修改,可以避免在物理装配阶段出现不匹配问题。

(6) 将决策点下放到基层活动中,并对执行过程进行控制

实现企业组织扁平化管理和知识化管理的有效做法之一,就是在提高基层员工知识水平和管理水平的基础上,实现员工任务的自我管理,并给予充分的授权,使其能够根据现场情况进行快速决策。同时,由一线员工按照流程目标对基层的执行过程进行监控,以便及时调整执行方法。

(7) 尽量在信息产生的源头,一次性获取信息,并保持信息的一致性

在信息产生的源头一次性获取信息,并实现信息的共享,减少相同信息的重复采集,既

可以减少信息采集的工作量,还可以减少信息重复录入可能产生的不一致等错误。

麦肯锡(McKinsey)针对业务流程再造项目的具体实施问题,提出以下实施原则:

(1) 要保证业务流程再造项目在启动时就建立起有效的领导机制;
(2) 企业人员应参与到再造的具体工作中;
(3) 争取全体企业员工对业务流程再造项目的理解和参与;
(4) 调研范围要广泛全面,但研究和实施中则要突出具体领域,抓住主要矛盾;
(5) 进行成本和效益分析;
(6) 对无法衡量的部分,业务流程再造实施中尽量不触及;
(7) 加强工作中的交流;
(8) 不要放过各种可能的再造流程,尽管其中有一些流程的输出看上去不重要。

3.4.2 业务流程再造的实施框架

业务流程再造涉及观念、组织、流程、企业文化、人员等多方面因素,在实施业务流程再造时,需要建立起如图3-5所示的多层次模型观念。在充分考虑快速动态变化的市场和信息化环境对企业经营发展带来的机遇和挑战情况下,首先对企业的经营管理理念进行再造,形成信息技术支持下的企业创新战略和创新文化;在此基础上,进行业务流程和企业组织架构的再造,将企业从过去面向职能的组织方式转变为面向流程的组织方式;最后,在信息技术的支持下,形成新的业务运作系统。

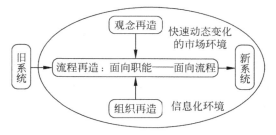

图 3-5 业务流程再造的多层次模型

Grover 等提出了实施业务流程再造的"流程再造生命周期"(process reengineering life cycle,PRLC)体系框架[33]。PRLC 方法论由重构项目中的一系列阶段和活动组成,它将业务流程再造的改革目标与其他组织管理活动联系起来,如持续过程改进和全面质量管理。

PRLC 方法建立在对目前主要 BPR 方法的阶段、任务和技术的分析与综合的基础上,基本可以分三个层次:项目的概念设计、产生新流程以及将流程应用于企业。若用生命周期来表示再造,这三个层次又可以进一步划分为 PRLC 的六个阶段,如图 3-6 所示,图中包括了进行再造的阶段和活动。PRLC 力图获取一个流程的程序、人员、通信、技术和社会方面的内容。

另外,PRLC 按照一致性原则,根据企业的具体情况对通用的再造周期加以改造。依照各个阶段和活动的侧重点不同,一个业务流程再造项目所强调的重点也不同,可以是业务流程改进,也可以是根本性的流程重新设计。通过提供这种开放和灵活的方法,PRLC 希望为 BPR 的实施提供有参考意义的再造框架。下面对 PRLC 的六个阶段做一个简单的介绍。

(1) 规划前景

由于 BPR 的战略性本质和存在的风险,BPR 的实施必须得到来自企业高层管理者的

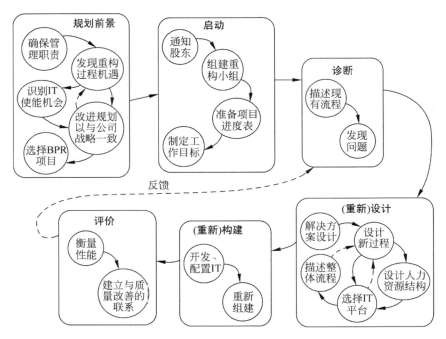

图 3-6 流程再造生命周期体系框架

支持。在规划 BPR 改革发展前景阶段要特别强调管理层的职责,通过企业战略与 IT 新技术的结合,发现流程再造的机会。同时,该阶段还需要完成再造业务流程的选择与项目范围的确定。

(2)启动

在启动阶段要完成的任务包括 BPR 工作小组配置、工作目标制定、项目计划制定等,还要与股东/企业员工就 BPR 的目标、任务、工作步骤等进行交流。

(3)诊断

诊断阶段要对当前企业业务流程的执行时间、成本和其他战略性目标进行细致分析,对流程存在的问题进行描述,并对造成问题的根本原因进行分析研究。BPR 项目只有通过分析现有流程,认清产生问题的根本原因,才能在再造中建立起合理高效的新流程。

(4)(重新)设计

"设计/重新设计"阶段包括迭代式设计,即开发各种流程解决方案,既要满足企业战略目标,又要集成新的人力资源和 IT 体系结构。这一阶段要负责流程解决方案的制订,并选定新业务信息系统开发所需要的 IT 平台。要实现流程的改进,BPR 小组不应受当前企业流程设计概念的限制。对于诊断阶段发现的问题,在设计阶段就要消除所发现的问题。这种设计不仅是一种技术系统设计,而是要力求协调好新创建的社会一技术系统中人员、工作流程、信息管理和技术之间的关系。

(5)(重新)构建

人力资源结构和 IT 平台确定之后,(重新)构建阶段就要通过相应的信息系统开发和变革管理技术来建立新的业务流程。在实施中遇到问题时,BPR 小组成员应回溯到流程重新设计阶段,反思当初的主要设计思想,重新设计能够解决问题的新流程。

(6) 评价

评价阶段要对设计后的新过程的性能进行评价,同时建立新过程与企业其他过程管理活动(如过程质量控制)的联系。

3.4.3 业务流程再造的实施步骤

Prosci 是美国专门从事管理变革研究的机构,通过对 248 家企业实施 BPR 项目情况的分析和总结,提出了 BPR 实施一般应包含以下六个阶段:计划和启动、调查研究及问题发现、设计、审批、实施、后续工作等。六个阶段的工作要点如下:

第一阶段:计划和启动阶段
(1) 识别准备变革的关键业务并评估如果不进行变革将产生的结果;
(2) 识别重组的关键流程;
(3) 任命高级主管并成立专门委员会;
(4) 取得高层经理人员对业务重组项目的支持;
(5) 编制项目计划书,并确定项目范围、目标等;
(6) 与高层经理人员在项目目标和范围上取得一致。

第二阶段:调查研究及问题发现阶段
(1) 对行业内其他公司业务流程现状进行调查研究;
(2) 通过与客户面谈,流程再造小组识别企业当前需求及未来需求;
(3) 进行广泛的内部员工与管理人员的沟通与交流,以了解业务实际,并通过头脑风暴法获取业务变更的灵感;
(4) 研究相关著作及报纸杂志以了解行业趋势并寻找最佳实践方法;
(5) 在一个较高的层次记录当前流程及相关数据,寻找当前流程在满足企业业务战略目标上存在的差距;
(6) 形成现有问题的初步列表;
(7) 与委员会主管及关键高级经理交流;
(8) 深入现场了解流程现实情况或参加学术交流获取流程再造的新概念;
(9) 从外部专家和咨询顾问获取有用的信息;
(10) 确定待解决的主要问题和流程再造的战略方向。

第三阶段:设计阶段
(1) 鼓励流程再造工作组和企业员工进行创新设想和创造性思维;
(2) 对企业业务运作进行"如果……那么……"设想,并借鉴其他公司的成功经验;
(3) 由领域专家将意见汇总形成 3~5 个模型;
(4) 比对形成的模型,吸收不同模型的长处形成一个综合模型;
(5) 建立理想的业务流程运作场景;
(6) 定义新的流程模型,并用流程图描述这些流程;
(7) 设计与新流程相适应的组织结构模型;
(8) 定义新的业务流程和组织结构对信息技术的需求;
(9) 选择能够支持新流程运作的信息平台;

(10) 在进行流程设计中,尽可能将短期成果与长期效益分开分析。

第四阶段:审批阶段

(1) 撰写流程再造的成本与收益分析报告;
(2) 形成明确的投资回报分析报告;
(3) 评估流程和组织再造对客户及雇员的影响;
(4) 评估流程和组织再造对企业在市场上竞争地位的影响;
(5) 选择企业有代表性的实际流程,为高级经理人员准备流程再造的案例;
(6) 在评估会上向委员会及高级经理人员展示流程再造方案、实际案例,并获得批准。

第五阶段:实施阶段

(1) 进行业务流程及组织模型的详细设计,详细定义新的任务角色;
(2) 开发支撑业务流程运作的信息化系统;
(3) 实施导航方案及小范围实验;
(4) 与员工就新的流程方案进行沟通,制定并实施变更管理计划;
(5) 制定阶段性实施计划并投入实施;
(6) 制定新业务流程和系统的培训计划并对员工进行培训。

第六阶段:后续工作阶段

(1) 定义关键业务性能评价指标,并进行周期性评估;
(2) 评估新流程的实施效果;
(3) 对新流程进行持续改进;
(4) 向委员会和高层经理人员提交最终报告,以获得认可。

本书将企业实施业务流程再造分为项目规划、流程建模、流程优化、系统实施和项目评价五个阶段,如图 3-7 所示[34]。

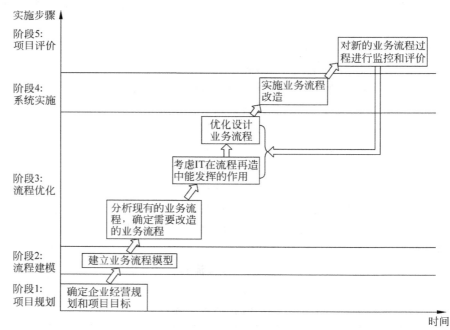

图 3-7 实施业务流程再造的五个阶段

(1) 项目规划阶段

项目规划阶段的主要任务是制定企业经营规划(包括制定企业近期和远期发展战略)和企业业务流程再造的目标。以往的成功案例表明,高层领导人通过制定企业发展战略从较高层次上指导项目实施是非常必要的。此外,企业领导人还应该对实施BPR的必要性和重要性形成一致的认识,确定过程重组的具体目标。一般来说,企业希望通过改造业务流程来降低生产成本、缩短生产时间、提高产品质量和服务水平、提高客户的满意程度。

(2) 流程建模阶段

流程建模阶段的主要任务是准确描述企业当前业务流程,建立业务流程模型。流程建模是业务流程分析和优化设计的基础,目前已有多种流程建模方法和工具可以用来帮助企业描述和分析业务流程[35]。

(3) 流程优化阶段

流程优化是企业业务流程再造过程中一个非常重要的阶段,其主要任务是在已建立的业务流程模型的基础上,分析和优化企业的业务流程。在优化业务流程时,首先要考虑信息技术所能发挥的重要作用。如通过计算机网络远程交换计算机辅助设计图纸时,产品开发过程就会发生巨大变化,开发人员不再受到地域的限制,开发小组可以在计算机协同工作环境的支持下,在异地协同设计一个产品,产品开发的并行程度大大提高,最终达到提高产品设计效率和质量的目的。因此,在实施流程改造之前,要充分考虑信息技术所能发挥的作用,选择合适的技术并运用到新的业务流程中去。

(4) 系统实施阶段

系统实施阶段的主要任务就是根据优化的过程模型,在企业中建立相应的信息系统,改造原有的业务流程,重新建立与新业务过程相匹配的企业组织结构,进行人员培训,从而完成经营过程的改造。

(5) 项目评价阶段

当系统实施完成后,还要对新的业务流程进行监控和评价,以发现其中存在的问题,在必要的情况下,还要对流程进行再次完善。

业务流程建模和优化是实施流程再造的必要工作,也是保证业务流程再造取得良好成果的基础技术手段,10.4节将对业务流程建模与优化方法进行介绍。

3.5 业务流程再造的应用实践

案例1:美国互利人寿保险公司(MBL)保险申请流程

美国互利人寿保险公司是美国第十八大人寿保险公司。公司传统的保险申请作业流程包含多个环节:信用检查、报价、确定赔付率、文件签署等。申请流程需要经历30个步骤,跨越5个部门,涉及19个人。保险申请流程最快24小时完成,一般是5~25天,其中大量的时间是在等待。从另外一家保险公司统计的结果,一个需要22天的保险申请过程,其中只有17分钟是在做实际工作。

经过调研分析,研究人员对该流程提出了2种改进方案:一是运用网络技术将有关信贷申请的 5 个部门联网,原程序不变,这种方案预计可以减少 10% 的文件传递时间;另一种方案是取消专职办事员,由通职办事员对整个过程负责,这样根本就不需要大量的信息传递。公司最后采用了第二种方案,抛开现有的工作定义,建立了一个新的岗位——兑现管理者。兑现管理者负责从接受申请到签署文件的全过程,没有人监控,兑现管理者自治工作。为了使兑现管理者能够获取公司有关业务的知识和信息,公司建立了强有力的计算机网络和专家系统,如果专家系统提供的知识不能解决实际遇到的问题,兑现管理者可以电话获得专家的支持。现在的保险申请流程的工作周期最快 4 小时,一般 2~5 天就可以完成。公司减少了 100 个人,但是接待客户数量的能力提高了一倍。

案例 2:北美福特的采购和应付账款流程

北美福特生产汽车所需三分之二的零部件需要从外部供应商处采购,由采购部负责采购零部件,仓库负责验收供应商发来的货物,而应付账款部门的业务工作是完成采购零部件的付款。应付账款部门员工总数 500 多人,工作效率低下,因为马自达公司完成同样采购规模的工作人数是 70 人,两者相比差 7 倍多。为此,北美福特启动了业务流程再造项目,计划裁员 20%,使部门员工数量不超过 400 人。图 3-8 是其再造前的业务流程。

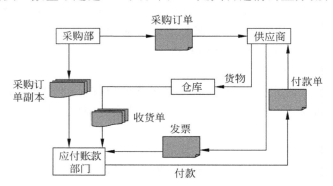

图 3-8　再造前的采购和付款流程

再造前的业务流程如下:采购部根据生产的需要向供应商发出零部件采购订单,同时抄送采购订单副本给应付账款部门;供应商发货到仓库,仓库进行验货,然后将收货单发送给应付账款部门;应付账款部门根据采购订单和收货单给供应商付款;供应商收到款后给应付账款部门开发票。

需要指出的是,采购部、仓库、应付账款部门都实施了信息系统,并且这三个部门之间的信息系统还实现了集成,但是效率不高,应付账款部门依然需要 500 多个员工。因为三个部门的信息独立存储,彼此之间通过抄送信息副本实现信息集成,因此,应付款部门需在订单、验收报告和发票中核查比对 14 项内容,这 14 项内容的比对工作十分烦琐,工作量巨大。由此也可以看出,部门信息化加上信息集成不等于企业的优化运作和高效率。这点特别值得当前在实施企业应用集成项目的企业重视。

图 3-9 给出了再造后的采购和付款流程。与再造前的流程相比,再造后的流程采用了集中的信息系统支持采购、仓库和应付账款部门的运作,并且将采购订单、收货单、发票等信

息存放在中央数据库中,实现统一信息源,取消了过去抄送信息副本的做法,因此,大部分信息对比工作由计算机自动完成,大大减少了人工信息比对项目,从过去的 14 项减少到如今只需比对零件名称、数量和供货商代码 3 项内容,应付账款部门员工减少到 125 人,实际裁员 75%。

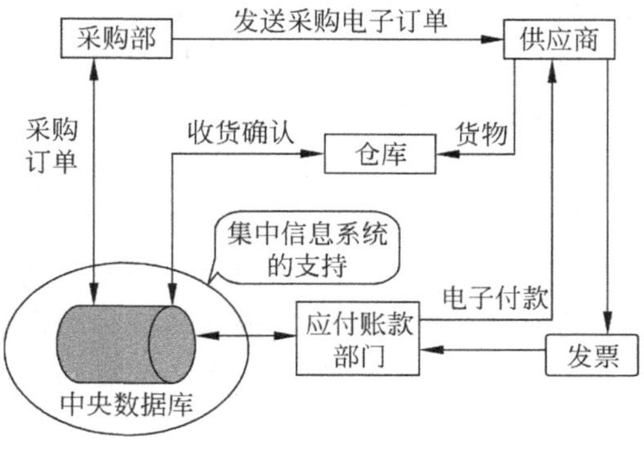

北美福特的采购和应付账款流程再造案例给我们三个有益的启示。第一个启示用公式(3-1)表示。

$$部门业务信息化＋信息集成 \neq 企业优化运作 \quad (3-1)$$

第二个启示是在进行业务流程再造的时候一定要面向业务流程而不是单一部门。第三个启示是巨大的革命性成果来自业务流程合理化与信息技术的有效集成,即管理、业务流程与信息技术的融合。

图 3-9　再造后的采购和付款流程

案例 3：海尔集团以市场链为龙头的业务流程再造

海尔集团公司是我国知名的家电企业,到 1998 年,海尔集团已经发展成了年销售额近 200 亿元的大型企业集团。当时海尔集团采用的是事业部管理模式,图 3-10 给出了海尔业务流程再造前的组织结构。集团下设多个独立的事业本部,事业本部下设事业部,每个事业本部是独立的法人单位,有财务、采购、库存、生产、设计、销售等功能齐全的部门。这种传统企业集团组织结构的不足之处表现为：企业机构设置重复,资源严重浪费；事业部制的多层次组织结构导致信息传递不通畅；不易形成企业间的战略联盟,不符合全球竞争的要求。这对海尔提高市场竞争力和实现国际化战略十分不利。

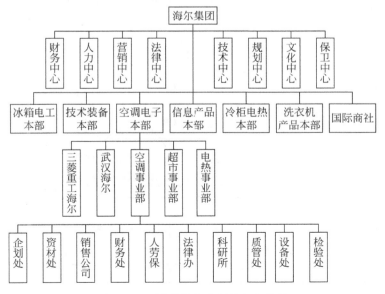

图 3-10　再造前海尔集团的组织结构

1998年9月,海尔集团的CEO张瑞敏在集团中层干部会上正式提出了海尔实施业务流程再造的计划,由此开始了再造新海尔的行动。在海尔的流程再造中,包含了观念再造、组织再造、流程再造和信息化应用四个方面的内容。

1. 海尔集团的观念再造

海尔的观念再造首先是在海尔全体部门和员工中建立顾客至上的观念,海尔提出了基于市场链的流程再造方法,据此建立了全面提高外部和内部顾客满意度的新流程体系,外部顾客是企业传统意义上的客户,内部顾客则是指企业内部的客户。在海尔提出的市场链模型中,将直线职能式的管理模式转变为对市场负责的流程机制,把外部市场的竞争效应内部化,在企业内部,每个部门、每个人都有一个市场,"你的下道工序就是你的客户"。这种市场链的流程重组模型充分体现了以客户为中心的服务理念,使企业内部所有未直接面对消费者的个人和部门都直接面对客户,所有工序都是市场链的环节,所有部门和个人都要对市场负责、对客户负责。

传统的职能型结构是依据专业化分工设计所形成的,在这种组织结构中,每个人都习惯"对内"向各自所承担的专业化工作负责,"对上"遵照上级的指示执行,没有人也没有资格对整个工作过程的执行结果负责。没有人"对外"向顾客负责,结果往往使流程处于"无人管理"的状态,并导致整个工作过程中协调的机构和人员大量增加,加重了企业运作的成本负担,降低了应变市场的能力,不能适应新经济下企业发展的要求。而流程型结构强调以首尾相接、完整连贯的整合性业务流程来取代过去被各种职能部门分割的、不易看见也难以管理的破碎性流程。每一个流程都有直接的"顾客"(内部顾客或外部顾客),为顾客提供最直接的服务。改造后的流程活动是"直接做",而不是等待向上级请示后再做。业务流程再造主要解决提高企业经营效率和响应市场速度的问题,使企业获得快速发展。依据业务流程再造理论的思想确立新流程观念,即它是直接面对顾客的、具有高度经营决策权的完整业务流程。这种观念的确立经历了三个阶段,从传统的职能管理下的业务流程发展到矩阵结构的项目流程,然后从解决基于矩阵结构所构建的业务流程运作过程中所存在的问题而发展到面向市场链的新流程体系[36]。图3-11给出了海尔基于市场链的流程再造结构。

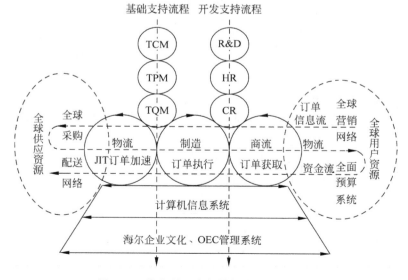

图3-11 海尔基于市场链的流程再造结构

海尔基于市场链的流程再造以海尔企业文化、OEC 管理系统、计算机信息系统为支撑。OEC 是海尔文化中重要的管理思想，OEC 中的 O 指"overall（全方位）"；E 指"everyone 和 everything（每个人和每件事情）"；C 指"control 和 clear（控制和清理）"，其含义是指日事日毕（每天的事情每天做完），日清日高（每天进行清理，每天都有所提高）。OEC 管理方法首先建立目标体系和激励机制，然后进行每天工作的日清，最后将日清的结果与正负激励进行挂钩。

海尔新体系实现了以订单信息流驱动物流、资金流，指挥商流部门、制造部门和物流部门的运转方式。通过全球采购系统和配送网络实现全球供应资源整合，通过全球营销网络和全面预算系统实现全球用户资源的整合。通过全面预算管理（TCM）、全面设备管理（TPM）和全面质量管理（TQM）为企业的运作提供基础支持流程，通过研发（R&D）、人力资源（HR）和客户关系管理（CR）为企业的运作提供开发支持流程。

为了支持基于市场链为龙头的业务流程再造，海尔提出了"你的下一道工序就是你的市场"的内部客户观念，并建立了 SST 机制来保证市场链的有效运作。SST 机制第一个 S 是指索酬，就是通过建立市场链为服务对象做好服务，从市场中取得报酬；SST 机制第二个 S 是索赔，市场链管理流程中部门与部门、上一道工序与下一道工序是环环相扣的关系，如不能履约就要被索赔；SST 机制中的 T 是指跳闸，就是发挥闸口的作用，如果既不给报酬也不理赔，第三方就会出面，摊开问题。

从市场链模型的组织结构看，市场链的管理流程改变了过去直线职能式的组织结构，形成了唯有市场才是各部门乃至每个员工的上级。所有人必须对各自的市场负责。形成整体协同、流程连续、扁平化的组织结构，以高效率和不断创新去获取市场资源。

2. 海尔集团的组织再造

在基于市场链的新流程体系下，海尔集团对组织结构进行了再造，第一步将过去分属于每个本部中的财务、采购和销售业务全部分离出来，整合成独立的以流程为核心的资金流推进本部、商流推进本部和物流推进本部，实行全集团范围内的统一结算、统一采购和统一营销。第二步将集团原来的职能管理资源进行整合，将人力资源管理、技术质量管理、信息管理、设备管理等职能管理部门从各个本部中分离出来，形成独立经营的服务公司，为集团提供支持流程体系。图 3-12 给出了再造后的海尔集团组织结构，不同部门之间按照商流实现集成，海尔内部市场链的各个环节构成互为供应、互为市场的关系。图 3-13 反映了海尔工装发展部和中试彩板部与其他事业部之间的内部市场关系。

从海尔集团内部来看，海尔工装发展部和中试彩板部为其他事业部（如空调事业部、洗衣机事业部等）提供塑料配件和彩色钢板，成为海尔的内部供应商。在海尔集团的组织变革过程中，海尔工装发展部和中试彩板部也相继进行了组织调整，分离原有的采购和销售职能，由集团物流采购中心负责其原材料的采购供应，并由集团商流分销中心负责将其产品销售给采购中心，采购中心再将产品供应给其他产品事业部。由上述分析可以看出，海尔工装发展部和中试彩板部与集团物流采购中心形成了互为供应、互为市场的关系，形成了比较典型的海尔内部市场。

3. 海尔集团的流程再造

在新的流程体系下，海尔对其人力资源、设备管理、产品研发、制造、物流、商流进行了全面的流程再造，限于篇幅，本节仅对海尔集团产品研发、物流和商流的再造情况进行简单的

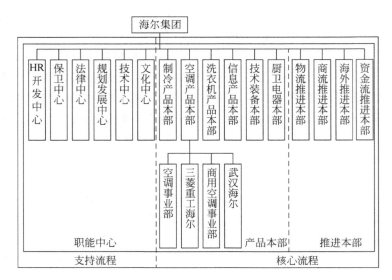

图 3-12 再造后的海尔集团组织结构

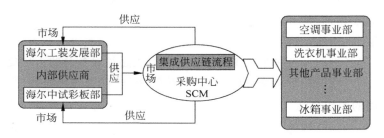

图 3-13 海尔内部市场供应链

介绍,文献[37,38]详细给出了海尔集团流程再造的内容和方法。

(1) 产品开发流程再造

产品开发部门在流程再造前属于集团的职能部门,其职能一方面是对各产品事业部进行技术指导、监控和考核,另一方面是组成新产品开发组,根据产品事业部提出的要求设计开发新产品。所开发出的新产品只要符合产品事业部的要求,新产品开发组便可以得到酬劳。酬劳一般分两个阶段支付,新产品达到一定的产量后支付一半的酬劳,再达到一定的产量后支付另一半酬劳。新产品开发人员只关心产品的产量,而对产品的市场效果、成本、质量状况及产品的长远性并不关心。图 3-14 给出了再造前不同部门之间的关系图。

图 3-14 再造前产品开发与事业部门之间的关系

再造后,产品开发部门的职能变成对市场负责,根据市场上的用户需求,为产品事业部提供满足市场需求的新产品。所设计的新产品必须具有一定的市场竞争力,必须在市场上有一定销量才能够得到酬劳。酬劳分不同阶段支付,酬劳兑现额度主要考核新产品开发的难易程度、产品的实际销量、毛利率、质量损失、产品返修率等因素。因此,新产品开发人员从过去只关心产品的技术问题变成关心产品的市场效果与质量,提高了产品开发人员的市场意识。图 3-15 给出了再造后部门之间的关系。

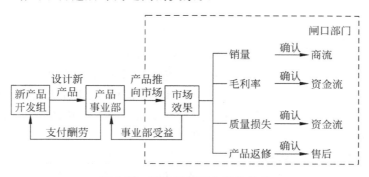

图 3-15　再造后部门之间的关系

产品开发流程再造后,新产品的开发速度大大提高,以开发"美高美"彩电为例,在传统的职能管理模式下需要经过 20 个流程,时间 8～10 个月,整合后只需要 2～3 个月。

(2) 物流再造

海尔物流再造首先整合集团的采购,将过去各个事业部分散的物资采购进行集中,利用规模采购优势,在全球范围内采购质优价廉的零部件,从而降低成本,提高产品的市场竞争力。物流再造的进一步工作是整合物资供应,通过与分供方的密切协作和信息共享,实现零部件的准时制(JIT)采购,即在需要的时间采购需要的物资,减少不必要的库存。以集团内部 ERP 系统为后台支撑,建立了 B2B 网上采购、网上招标和网上支付,实现了集团内部生产、库存、销售、财务、人力资源与外部供应商和分销商信息的共享与共同计划,最大限度地缩短了采购周期。在生产物资配送方面,实施 JIT 送料,加快了库存资金的周转速度,减少了呆滞物资。整合前,各配送处以生产不停线为目标进行物质配送,生产线的物质往往需要停留 2 天以上,遇到计划变动,有些物料又没有及时办理退库,时间一长就会变成呆滞物资,造成浪费。整合后,物流供应的目标是零库存资金占用,在这一思想指导下推行 4HJIT 送料,即控制物资在生产线的时间不得超过 4 个小时,超过 4 个小时立即退库查明原因,按照 SST 约定进行处理,1 小时之内需要的物资立即补料,保持生产现场的整洁明亮。

1999 年,海尔的物流中心投入运行,中心有 9160 个库位,采用了 SAP 公司的 SAP R/3 实现资源管理。海尔物流整合后,减少了 73.8% 的呆滞物资,仓库面积减少 50%,库存资金减少 67%。海尔物流中心面积 7200 平方米,但是它的吞吐量却相当于 30 万平方米普通仓库的吞吐量[39]。图 3-16 给出了物流再造前后的对比情况。

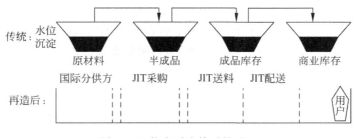

图 3-16　物流再造前后的对比

(3) 商流再造

海尔商流在内部业务流程整合的基础上，形成了能够满足用户个性化需求的开发设计系统、柔性制造系统以及电子商务平台，提出了基于电子商务平台的"商家设计，海尔制造"的与市场零距离的营销模式，最大限度地整合了企业外部市场资源。

以海尔海外商流的整合为例，其整合共为三步。第一步是业务流程的整合。整合前，各进出口公司与产品事业部是一家，订单执行没有规范的标准，而且各部皆有各自的"土办法"。整合初期，新成立的海外推进本部对业务流程进行了再造，从客户洽谈、技术确认、订单执行到安全收汇共分成 26 步，清楚地规定了每一步的标准、责任人及操作规范。因此，整合后，销售业务没有因为与产品事业部的关系改变而影响了订单的执行，反而由于流程清楚、责任到位和标准明确，大大提高了订单的执行效率。

海外商流整合的第二步是搭建商务操作平台。整合前，各进出口公司独立对外，由于各公司同国际接轨的程度不一致，而且整合后的人员大多刚刚接触外贸业务不久，缺少经验。有了规范统一的操作标准，可以提高业务人员执行的准确率，提高洽谈的成功率。同时，统一商务平台的应用不但提高了业务执行效率，而且提升了海尔集团的国际形象。

海外商流整合的第三步是推出市场链的整合机制。在海尔海外推进本部的内外全面采用市场链的激励方法，对外与各产品事业部签订采购合同，以明确责任。同时用 SST 的机制，明确索酬、索赔和跳闸标准，每天根据计划和实际情况的差距，通知产品事业部 SST 的结果。这样不但能够及时发现问题，而且大大提高了产品事业部生产的积极性。对内与各市场经理、商务人员签订承包合同，明确各人的指标和激励标准。通过市场链的内外整合使每个人都成为"老板"，经营好坏、兑现结果在各人账号中一清二楚地显示出来，激活了每个人自我发展的动力，形成了良好的竞争氛围。

4. 海尔集团的信息化应用

在业务流程再造的基础上，全面推进信息技术在企业的应用，建立了海尔内部 ERP 系统以及外部商务平台。以先进信息技术和管理技术为主要手段，建立了一个覆盖物料采购、物料仓储、配送、销售等各个业务流程环节的高效率信息网络，为所涉物流各环节的精确信息管理提供服务，海尔集团实现了物料管理现代化、信息资源化、传输网络化和决策科学化，整个供应链以最小的物流成本向客户提供最大附加价值的服务。图 3-17 给出了海尔集团信息化系统的功能关系。

通过信息化应用，海尔形成了"前台一张网，后台一条链"（海尔客户关系管理网站（haiercrm.com）及海尔的市场链）的闭环系统。构筑了企业内部供应链系统、ERP 系统、物流配送系统、资金流管理结算系统、分销管理系统和客户服务响应（call center）系统，并实现了以订单信息流为核心的各子系统之间的集成。海尔实施 ERP 系统和 CRM 系统的目的都是快速响应市场和客户的需求。前台的 CRM 网站作为与客户快速沟通的桥梁，将客户的需求快速收集、反馈，实现与客户的零距离；后台的 ERP 系统可以将客户需求快速发送到供应链系统、物流配送系统、财务结算系统、客户服务系统等流程系统，实现对客户需求的协同服务，大大提高了响应速度。

海尔集团为了满足用户个性化需求，实施了包含开发设计系统、柔性制造系统、信息综合应用的电子商务平台，提出了基于电子商务平台的"商家设计、海尔制造"模式，以期实现海尔集团与消费者市场的零距离。图 3-18 给出了传统销售模式和基于电子商务销售模式的对比图。通过电子商务平台,减少了传统销售模式中的大量中间环节,缩短了营销时间,减少了销售成本。

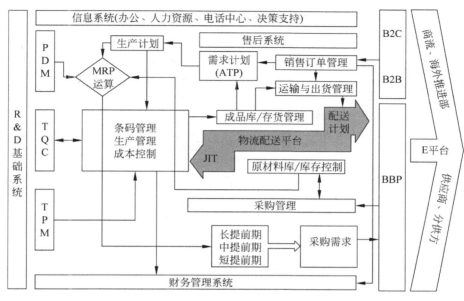

图 3-17 海尔集团的信息化系统

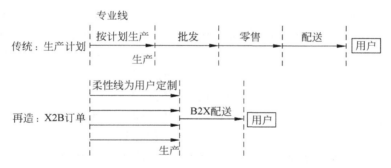

图 3-18 传统销售模式和基于电子商务销售模式的对比

海尔集团还实施了面向柔性制造的 CIMS(计算机集成制造系统),实现了不同型号产品在同一条生产线上的混流生产。如在海尔集团,其计算机产品从接到订单到出厂,中间的每一道工序都是在信息系统的集成管理和严格监控之下完成的。为了使生产线的生产方式更加灵活,海尔集团有针对性地开发了 EOS(商务系统)、ERP 系统、DM(磁盘管理)系统、PTM(产品跟踪管理)系统、TM(自动测试)系统、JIT(准时制)系统、订单配送等信息化支持系统。海尔集团的计算机柔性生产线可以同时生产千余种不同配置的计算机,而且实现了客户定制计算机的 36 小时快速交货。

在信息化平台的支持下,通过有效的信息发布,实现了海尔全集团不同部门的并行工作模式,从而大大提高了海尔产品订单的完成速度。如美国海尔销售公司在网上下达了 1 千台空调的订单,订单在网上发布的同时,所有的部门都可以看到,并同时准备到位。采购部门一看到订单就会做出采购计划,设计部门也会按照订单要求把图纸设计好。

海尔的业务流程再造和信息化应用取得了非常显著的效果,表3-6给出了不同部门的应用效果[39]。

表3-6 海尔流程再造与信息化应用后的效果

部门		时间	
		1998年	2003年
物流推进部	分供方数量	2236家	721家
	仓库面积	24万平方米	2万平方米
	库存资金周转速度	30天	7天
商流推进部	营运资金占有	12.4亿元	非常少
	营销网点	2万余个	3.4万余个
资金流推进部	流动资金周转次数	2.7次	3.1次
研发部门	新产品开发速度	1个/每工作日	1.7个/每工作日
	专利数量	1.8项/每工作日	2.6项/每工作日
海外推进部	出口创汇	0.76亿美元	4.2亿美元(2002年)
	海外建厂	2个	13个
	出口国家	87个	160个
	产品进入美国10大连锁店	0	10家
	产品进入欧洲15大连锁店	0	12家
订单推进部	订单响应速度	30天	3~7天

虽然业务流程再造在有些企业取得了显著的效果,但是,并不是每一个进行业务流程再造的企业都能够收到令人满意的效果或实现预期的目标,有报告表明,约有70%的业务流程再造项目归于失败,投资于业务流程再造的320亿美元中约有200亿没有发挥应有的作用[40]。只有那些在一定条件下实施业务流程再造的企业才获得了成功。在BPR实施成功率不高的情况下,不少专家不再主张对企业的业务流程进行革命性的、激进的改造。虽然革命性的流程再造有可能大幅度缩短业务过程的周期时间或降低成本,但其代价往往是非常高昂的,而且有时还会引发其他社会问题,导致组织的不稳定。因此,专家们强调要以更冷静的头脑对待BPR。有些情况下对过程实施更稳妥的持续过程改进(CPI),也同样会取得良好的经济效益。

导致业务流程再造失败的原因非常多,如项目发起人不恰当;把BPR重点仅放在削减成本上;企业负责人想做BPR但不想全心参与和投入;企业不愿用优秀人才进行BPR项目,依赖外部小组运作;将BPR过分集中于狭窄的技术范畴;企业的财务状况不健康;部门之间相互影响的管理机制;选择BPR的时机和条件不成熟;流程再造的环节选择不正确;没有采用自上而下的领导和自下而上的变革方法;低估信息技术在BPR中的角色和作用;没有重视和执行BPR、信息技术和企业管理模式的有效融合;缺乏有效的BPR方法和工具;BPR最大的特点"根本性"和"彻底性"构成了自身无法克服的缺陷。

在所有BPR失败的原因中,流程和技术脱节是最主要的原因,正如互联网业务系统公司的CEO马克·汗普利斯(Mark W. Humphries)所说:"许多业务流程再造项目招致失败是因为倡导者在正确的流程中强行采用错误技术的结果或刚好相反。"

第4章

信息技术支持下的产品创新

4.1 产品创新的意义和内涵

产品创新是企业赢得市场竞争的重要手段之一,也是企业获得高额利润的有效方法。图 4-1 给出了产品生命周期中不同阶段的利润曲线。一个产品在其生命周期中的利润可以分成创新利润、先期制造利润和后期制造利润三类。以 VCD 机为例,VCD 刚开始在市场进行销售的时候,可以卖到 1 万元,这个时候企业获得的是高额创新利润;随着 VCD 生产厂家和产量的逐步增加,其价格逐步下降,但是它的价格依然很高,这时候企业获得的依然是比较高的先期制造利润;随着生产厂家越来越多,VCD 的产量迅速增加,市场开始饱和,产品价格迅速降低,这时期产品利润就很小了,属于后期制造利润。有些企业在产品获利低于某个最低利润率(如 5%)时,就会停止该产品的生产。如果公司有良好的产品创新能力,就可以不断推出新产品,从而将企业的盈利点集中在获得产品的创新利润和先期制造利润上,从而获得较高的利润率。

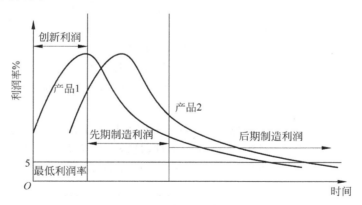

图 4-1 产品生命周期中不同阶段的利润曲线

在当今市场产品日益丰富、客户需求不断提高的情况下,企业不能简单地搞大批量重复生产,而要以创新的产品来获得高额的利润回报。那么什么是创新的产品呢?世界经济合作与发展组织对创新产品的定义是:为了给产品用户提供新的或更好的服务而发生的产品技术变化。张世琪教授认为:所谓新产品指的是采用新技术原理、新技术构想研究生产的全新型产品,或者是在结构、材质、工艺等任一方面比老产品有重大改进、显著提高了产品性能或扩大了使用功能的改进型产品[41]。

从更宽泛的意义上讲,创新的产品除了全新的产品和在功能性能上的提高之外,其外观改进也属于创新的范畴。产品的创新可以分为以下几种:

(1) 发明全新产品:发明过去市场上没有的新产品,开拓新的市场空间。如最先在市场上推出手机产品。

(2) 增加功能:增加已有产品的功能。如在手机中增加 MP3、照相等功能。

(3) 改变结构和使用方式:对原有产品的结构和使用方式进行革新,达到用户更方便使用、产品性能更好、成本更低、质量更好的目标。如将平板式手机改变成翻盖式手机。

(4) 使用新的材料和制造工艺:应用新的材料代替过去使用的材料,或者在制造过程中采用新的工艺和制造方法,达到降低产品成本、提高质量和性能等目标。如应用新的高强度材料制造手机外壳,提高手机外壳的强度和防磨损性能。

(5) 改变产品外观:设计更符合大众审美观或者个性化需求的外观和颜色,提高产品对用户的吸引力。如设计圆盘式或者卡通式手机。

产品的创新可以概括为以上五种,而产品创新过程则涉及企业的战略、组织、人才、技术、流程、知识、成本、材料、工艺、设备等方方面面的因素,因此,不同企业会根据自身情况采用不同的产品创新策略和方法。虽然影响产品创新的因素非常多,不同因素之间的相互依赖和约束关系也非常复杂。应用关键因素分析方法,作者认为以下六个方面的因素对企业产品的创新有重要影响。

(1) 策略:反映了企业对产品创新重要性和必要性的认识,决定了企业选择什么样的路线和思路开展产品创新,具体说明了企业进行产品创新采用的战略和策略。如自主产品创新、与合作伙伴进行联合创新、引进技术进行消化后再创新、外观创新等。

(2) 产品开发模式:反映了企业进行产品创新采用的开发方式。如串行产品开发模式、并行工程模式、集成化产品开发模式、网络化协同产品开发模式等。

(3) 组织和管理模式:反映企业在进行产品创新时采用的组织形式和管理模式。如采用传统的部门负责制、项目负责制、团队工作模式、矩阵制组织模式等。

(4) 知识:反映了企业进行产品开发时具有的知识水平和人才队伍情况。如知识结构、经验、已有的知识库、开发团队的技术水平、核心人才、对现有产品知识和新产品知识的掌握情况。

(5) 手段和环境:反映了企业进行产品创新采用的技术手段和支撑环境。如是否拥有先进的计算机辅助设计、工艺、制造、工程分析工具,是否建立了支持团队协同工作的产品协同设计平台,是否采用虚拟设计制造技术,是否具有良好的测试环境,是否采用快速原型系统进行产品概念验证。

(6) 流程:反映了企业进行产品开发采用的流程,在同等手段和环境下,企业产品开发流程是否合理和优化对产品开发的速度、成本、质量有重大影响。典型的流程有串行流程、并行流程、协同流程等。

关于企业产品开发的策略、知识要素、虚拟设计和制造技术等问题本书不进行论述,有关产品开发的手段和环境将在 8.2 节中进行介绍,4.2 节介绍对复杂产品开发有重要指导意义的并行工程方法。

4.2 并行工程产生的背景和特点

4.2.1 并行工程产生的背景

随着市场竞争的加剧,竞争的焦点变为是否能以最短的时间开发出高质量、低成本的产品投放市场。而随着产品性能的提高和复杂性的增加,产品开发周期越来越长,采用传统的串行开发模式,会导致在设计早期阶段不能很好地考虑产品开发后期阶段的各种要求,不可避免地在后期造成较多的设计返工,导致产品开发时间和成本的增加。对产品开发成本-周期的统计分析表明,产品开发设计阶段决定了约70%的产品成本,而这一阶段本身所占的费用仅为产品总成本的5%左右,如图4-2所示。因此,在产品开发的早期阶段就考虑产品生命周期中的各种因素,在设计的早期阶段发现问题,尽可能减少后期错误修改的次数,对企业获得最佳效益至关重要。

产品开发过程是指从产品需求分析到产品最终定型的整个过程,包括产品的设计、制造、装配和测试等。传统采用的产品开发方式是一个串行流程,这是一种"抛过墙"式的开发方式,开发人员按要求完成各自任务后将结果抛向下游,出现问题后则返回上游。由于各部门间缺乏经常交流,且参与产品开发的人员往往对自己在整个过程中的角色缺乏清晰的认识,上、下游活动间可能存在不可调和的冲突,当最终出现产品的可制造性、可装配性或可维护性较差、不能很好地满足用

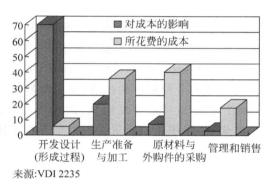

图4-2 产品形成过程对产品成本的影响

户需求时,就需重新回到产品设计阶段,进行设计改进,使得产品开发过程变成了设计、加工、试验、修改设计的大循环,而且可能多次重复这一过程,从而导致设计改动量大、产品开发周期长和产品成本高的结果。

图4-3给出了产品形成过程中错误的发生和修改频度的分布情况,统计结果表明,在传统串行流程模式下,75%的错误是在产品形成过程引起的(早期形成),80%的修改工作是在产品制造或后续过程完成的(晚期发现和修改),而越晚改正错误花费的成本就越高、时间也越长。因此,采用传统的串行流程模式是导致产品开发成本高、开发周期长和产品质量低的主要原因。

除了上述问题外,传统的部门制及串行流程的产品开发模式还存在许多其他不足:

(1) 设计时间在整个产品开发过程中所占比重相对较小,考虑的设计方案非常有限,最后只能选定一种特定方案执行。

(2) 设计过程遵循部门制管理模式,不够灵活,部门之间的信息交流存在严重的障碍。

(3) 生产规划、可制造性及可靠性等问题在开发过程中是分别考虑的,造成生产准备周期延长,更改反馈频繁。

(4) 缺乏数字化产品定义,计算机辅助设计、制造、工艺、工程分析工具和面向制造的设

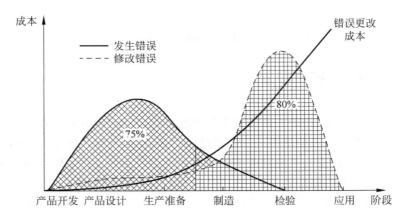

图 4-3　产品研制过程中错误发生和修改的频度分布及更改成本

计工具、面向装配的设计工具之间缺乏良好的信息集成。

（5）设计数据零散分布于开发过程，缺乏统一有效的管理，数据无法保持一致。缺乏跨平台的产品数据管理工具，大量工程图档、产品数据的管理与维护工作耗费了产品开发人员的大量精力，而且经常由于前后版本不一致而造成无法估量的损失。

并行工程（concurrent engineering，CE）正是在这一背景下被提出来的，它是对传统产品开发方式的一种根本性改进，是一种新的设计哲理。并行工程通过组织以产品为核心的跨部门的集成产品开发团队，改进产品开发流程，实现产品全生命周期的数字化定义和信息集成，采用新的质量哲理满足不断变化的用户需求，并采用新的计算机辅助工具，如 DFA（面向装配的设计）、DFM（面向制造的设计）等，保证在产品开发过程的早期能做出正确决策，能够有效减少设计修改、缩短产品开发周期、降低产品的总成本。并行工程与传统串行产品设计方式的根本区别在于并行工程把产品开发的各个活动看成是一个整体、集成的过程，并从全局优化的角度出发，对集成过程进行管理与控制，使产品设计一次性成功。图 4-4 给出了串行产品开发过程与并行产品开发过程的对比情况，并行开发流程的重要特点是引入了信息预发布和反馈机制，从而使后期产品试制阶段的反馈数量大大减少。

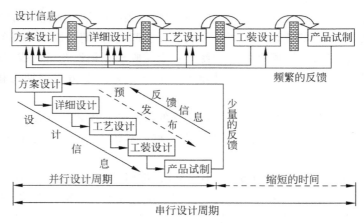

图 4-4　串行产品开发过程与并行产品开发过程的对比

并行工程具有传统设计模式所没有的优点,其技术研究和应用得到广泛重视。如美国的 DICE 计划投入巨资建立高校和研究机构联合的并行工程研究基地,日本的 IMS 计划、欧洲的 ESPRIT Ⅱ&Ⅲ 计划都进行了并行工程研究。国外一些著名企业通过实施并行工程取得了显著的效益,如波音公司在 767 开发过程中,采用数字化技术和并行工程方法,实现了五年内从设计到试飞的一次成功;洛克希德在 1992 年开始的新型号导弹开发中,采用并行工程的方法,将导弹开发周期从 5 年缩短到 2 年;法国的航空发动机公司 SNECMA 于 1990 年以来,把并行工程作为产品开发的基本方法,将航空发动机开发时间从原有的 54 个月,缩短到 1992 年的 42 个月和 1998 年的 36 个月,到 2000 年进一步缩短为 24 个月[42]。

4.2.2 并行工程的定义与特点

并行工程有代表性且被广泛采用的定义由美国国防分析研究所 DARPA 于 1986 年在 R-338 报告中给出:并行工程是对产品设计及其相关过程(包括制造过程和支持过程)进行并行、一体化设计的一种系统化工作模式。这种工作模式力图使开发者从一开始就考虑到产品全生命周期中的所有因素,包括质量、成本、进度和用户需求。

与传统设计模式相比,并行工程具有以下特点:

(1) 并行性:在产品设计期间,尽可能并行地开展产品生命周期中的各种活动,应用团队合作、信任及信息共享机制消除由于串行过程而引起的部门分割、人员分散及信息交换障碍。

(2) 质量管理:在设计初期就考虑到影响产品质量的各种因素,特别重视对用户需求的分析,销售商与用户直接参与产品设计的前期工作,可以在早期就确定部分与生产有关的设计要求。在产品开发过程的早期发现不同工程学科设计人员之间在产品功能、零部件可制造性、可装配性及可维修性等因素之间的冲突关系,最大程度地避免设计错误,减少设计的更改次数,提高质量,降低成本,使开发过程接近一次成功的目标。

(3) 过程管理:良好的开发过程是提高产品设计质量的有效保证,在并行工程模式中,不仅仅重视产品本身,还更加重视产品的开发过程优化和开发过程管理。

(4) 信息管理:采用高效的信息管理平台,实现在正确的时间、以正确的方式、把正确的信息传递给正确的人,从而帮助设计者做出正确的设计决策。

(5) 协同性:建立多学科集成产品开发团队,在产品数据管理系统和协同产品开发支撑平台环境下,基于共同的设计目标实现协同产品开发。

(6) 集成性:基于信息共享、工作流技术、计算机支持的群组工作环境技术,实现产品开发过程中的信息集成、过程集成和组织集成。

4.3 并行工程的核心要素

图 4-5 给出了并行工程的四个核心要素及其相互之间的关系。以下分别对这四个核心要素进行介绍。

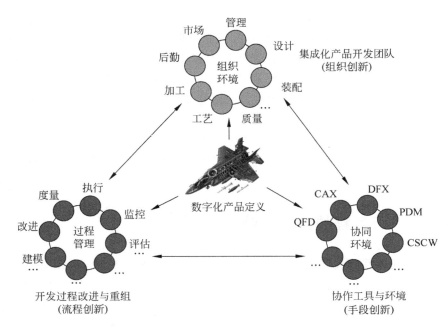

图 4-5 并行工程的四个核心要素

4.3.1 数字化产品定义

并行工程研究的对象是产品,所以首先需要建立数字化的产品模型,而且所建立的数字化产品模型应该支持并行工程目标的实现,即能够支持产品研制过程中不同阶段所使用的软件工具之间(如 CAD、CAPP、CAM、CAE、DFA、DFM、PDM 软件)的产品信息集成。除了产品功能信息模型和几何模型外,还需要建立产品的特征模型、装配模型以及相应的标准交换文件模型(如建立符合 STEP 协议的产品模型),从而使所建立的数字化产品模型成为不同软件工具之间交换产品信息的基础,实现不同设计阶段之间的信息集成。

数字化产品定义(digital product definition,DPD)技术是在产品信息建模技术基础上发展起来的、面向产品数据管理层的应用技术,其主要目标是:以面向产品管理层的信息建模为目的,以设计、制造等过程中的应用层建模为基础,以数字化过程中的多种规范为约束条件,以产品结构树为纽带,最终实现产品的数字化定义及其产品数据的管理过程[43]。

数字化产品定义面向设计、分析、制造、装配、维护、销售、服务等产品全生命周期的各个环节,用于描述和定义产品全生命周期的数字化过程中所应包含的信息以及这些信息之间的相互关联关系,并使其成为计算机中可实现、可管理和可使用的信息。数字化产品定义应该满足产品全生命周期的数字化信息需求,它不仅需要对产品全生命期周期中的信息进行合理有效的描述,还要描述和定义这些数字化信息之间的相互关系。因为产品信息之间的关系描述直接影响产品信息的存储、检索查询和使用效率。

数字化产品定义的数据空间模型是一个由生命周期维、产品结构层次维、数据类型维、版本维、控制位置维组成的五维空间模型,如图 4-6 所示。空间模型的每一个侧面描述产品数字化定义的不同阶段、不同层次、不同数据类型、不同版本和不同位置的产品信息以及信息之间的关联关系。

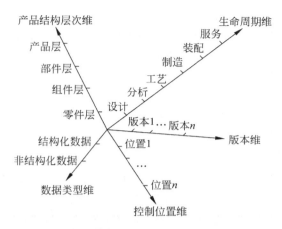

图 4-6　产品数字化定义的数据空间模型结构

(1) 生命周期维

生命周期维主要描述和定义产品从设计、分析、工艺设计到制造、装配、维护等产品全生命周期中不同阶段的产品数字化定义所应包含的信息以及信息之间的关联关系。

(2) 产品结构层次维

产品结构层次维是以产品结构树为基础，用层次化建模方法描述 DPD 的框架结构。在零件层，主要是建立每个零件的总体信息、管理特征、材料特性、表面要求、特征信息、特征之间的尺寸和位置公差信息等零件层模型。根据产品结构特征，逐步形成组件层、部件层和产品层数据，从而建立完整的产品数据。

(3) 数据类型维

数据类型维描述 DPD 的数据类型。结构化数据是指可以以一定的数据结构对 DPD 数据进行表达和存储的数据类型，这类数据以数据记录的形式进行表达，并存储在数据库中。例如，产品及其零部件的名称、代号、设计日期、类型等信息；非结构化数据是指所描述的数据具有整体性和关联性，必须以特定的文件格式存储在计算机中，如产品的二维/三维 CAD 模型、CAE 分析报告、工艺文件、NC 程序等。在非结构化数据中，按数据内容又分为描述几何信息和非几何信息的数据。

(4) 版本维

DPD 中版本维主要描述和定义产品生命周期中各种类型的产品数据及其过程数据的版本以及版本的演变历程。版本反映了产品的整个开发过程、开发历程的追溯、开发过程中各开发阶段的多方案比较以及多方案选择等数据信息。

(5) 控制位置维

在多厂所联合型号研制中，产品数据分布在地理位置不同的多个地点，并分别由这些位置所控制。因此，DPD 的控制位置维主要描述产品数据的控制位置。

数字化产品定义一般由计算机辅助设计系统产生。数字化产品定义可以由计算机辅助设计系统自行管理，或者采用产品数据管理系统进行管理。数字化产品定义的存储格式有许多种。早期，数字化产品的定义和存储格式通常由计算机辅助设计工具的开发方自己定义成一种特定的格式。这种由软件开发方自己定义的特定存储格式给不同软件之间的信息共享造成了很大的困难。为了解决不同软件之间的数字化产品定义信息的集成,国际标准化组织(ISO)第 184 技术委员会(TC 184)提出了 STEP(Standard for the Exchange of Product Model Data)标准。STEP 标准是一个描述如何表达和交换数字化产品信息的国际标准(ISO 10303),其目的是提供一种不依赖于具体系统的中性模型和机制,并将其用来描述整个生命周期内的产品数据。

4.3.2 集成化产品开发团队

1. 集成化产品开发团队的优势

在传统的功能制串行产品开发模式下,产品开发人员的组织与管理方式存在以下问题:

(1) 缺乏团队动力:在传统的管理体制中,奖惩的措施大部分建立在个人的贡献上。根据工程人员解决问题的能力来衡量其价值,而对于雇员参与团队协作或凭他们的能力预防设计错误的发生等工作没有奖励的措施。

(2) 决策的方式不合理:决策的方式大多数是自上而下进行的。在工程师接手一个新项目时,许多决策早已完成,如计划部门已经选择好了关键产品特性(主要规格、毛重、长度、宽度等),财务部门决定了产品的消耗,企业可以承担的投资,市场部门决定了产品的销售数量,工期管理部门决定了什么时候开始推销。在这种情况下,来自技术专家和产品设计小组的结果与反馈不能在前期决策中加以考虑,因此,通常很难满足用户需求及产品质量、工期要求。

(3) 缺乏信任和授权:管理信任是授权参与者去做那些正确的决策,但在传统的管理方式下,雇员没有足够的权力进行必要的决策,在遇到需要决策的问题时往往需要上报和等待,既耽误了时间,也影响了雇员工作积极性。

(4) 实施程序僵化:要求参与者遵循非常严格和复杂的程序。

(5) 通信效率低:低效率的通信环境使组织中向上、向下和跨部门的信息交换很困难。在下游活动中发现的问题不能及时通知上游活动,这就抑制和束缚了组织不断改进工作的机会。

为了快速、高质量、低成本地完成产品开发,需要对传统的产品开发组织模式进行创新。集成化产品开发团队(integrated product team,IPT)是并行工程模式下实现组织创新的主要方法。团队就是由少数有互补技能,愿意为了共同的目的、业绩目标而采用相同的工作方法并相互承担责任的人们所组成的群体。与传统的组织模式相比,团队更灵活、反应更快,可以快速地组合、重组和解散。团队在目标设置、协调配合、责任和技能方面更有明显优势。采用团队工作模式还有利于提高成员工作的满意度。团队协作具有强大的威力,能使各个本来分散的个人和具有不同能力、不同个性的人结合起来,携手作战,组织成一个具有共同目标、相互协调的整体。团队工作模式还可以更好地实现人的价值,即除了具有独立完成工作的能力外,人的价值更重要的是体现在与他人共同完成工作方面。

集成化产品开发团队是企业为了完成特定的产品开发任务而组成的跨学科多功能型的团队,它包括来自市场、设计、工艺、生产技术准备、制造、采购、销售、维修、服务等全生命周期各部门的人员,有时还包括顾客、供应商或协作厂的代表。集成化产品开发团队能够大大提高产品生命周期各阶段人员之间的相互信息交流,促进其协同工作。

采用团队工作模式可以取得良好的业绩,表 4-1 给出了通用电气公司属下生产电流断路盒的索尔兹伯里工厂在应用团队工作模式后的效果。

表 4-1 通用电气传统工作模式与团队工作模式的对比

工作模式	组织结构	管理/责任	结果
传统	传统的层级制共设五个管理层次	通过订单、规则和程序进行管理,采用命令/控制原则,注重个人责任	交货期为三周
团队	层级减少为三层,形成自我管理团队组织	根据重新设计的流程取得的业绩来发放薪金和奖金	交货期缩短为三天,降低成本 30%,顾客抱怨减少 10%

2. 集成化产品开发团队的组成

根据团队成员聚集和沟通的方式不同,集成化产品开发团队(IPT)可分为以下两种基本类型:

(1) 实体团队

在这种团队工作方式中,团队各成员是真正聚集在一起,面对面进行设计、开会、交流方案、讨论各种设计问题等。成员们完全是处于同一个物理空间,这是最常见的一种形式。

(2) 虚拟团队

这种团队并不是面对面地聚集在一起工作,而是通过计算机网络相互联系。在计算机中有一个公共的、统一的产品概念和数据库,成员可以通过网络相互沟通,交换设计数据,甚至举行远程多媒体会议。这种方式完全打破了地域上的限制,使分布在不同办公室、公司、城市、国家的成员可以通过先进的网络系统进行协同工作。

团队组成角色包括:

(1) 团队发起人:团队的指导者,负责团队任务分工;
(2) 团队领导人:制定团队任务与目标,保证团队的协同工作;
(3) 团队成员:执行团队所做出的决策,与其他成员合作完成团队目标;
(4) 团队促进者:协助团队工作,确保团队成员平等参与决策;
(5) 团队记录员:记录团队的决策及决策过程。

集成化产品开发团队作为一种新的产品开发组织模式,与企业的文化背景和社会环境密切相关。在对国外的集成化产品开发团队组织结构和管理模式进行了总结的基础上,提出以下支持并行工程模式的集成化产品开发团队的组建原则。

(1) IPT 是按产品结构的纵向线划分的,根据产品的零部件组成方式,IPT 呈递阶层次关系。

(2) IPT 的成员来自各功能部门,他们代表产品生命周期的各个环节,在开发过程中为决策提供意见,集体对 IPT 所开发的产品负全部责任。与过去的工作方式相比,最大的区别在于 IPT 成员从 IPT 组长获得日常工作指令,并且鼓励跨学科的信息共享和实时交换,取消常用的递阶式审签制度。

(3) IPT 组长从总任务出发,定义产品开发计划、活动、角色、资源等,相对独立的任务仍由功能部门单独执行。

(4) 功能部门负责根据 IPT 负责人定义的任务角色指派相应的人员承担,并且为承担任务的人员配置必要的工作环境。一个角色可以由多个人作为一个小组承担，一个人也可以承担多个角色。

（5）IPT组长和功能部门的负责人分别从任务执行情况和日常工作表现确定IPT成员的业绩。由于功能部门提供了人员和工作条件，他们必须得到IPT管理部门的经费支持。

（6）IPT本身和IPT中的角色有时限要求，在IPT组未完成预定任务前，IPT组和其成员在IPT组长领导下工作。在IPT组预定的任务完成后，IPT组解散，其成员仍回到原有的功能部门中去。

（7）实现IPT的工作模式需要良好的计算机和网络支持环境。

3. 团队协作的7个要素

要实现良好的团队协作，需要关注以下7个要素（简称7C）：

（1）协作(collaboration)：指在传统的交流和团队工作中所缺乏的那种成员之间的创造过程。协作不侧重于交流方法，而是对工作中遇到的未事先计划问题和不确定因素进行讨论和合作。

（2）信任(commitment)：授权团队内部要充分的信任，在此基础上确定任务的目标、时间、效用、复杂性、期望结果和关键成功要素。

（3）交流(communications)：有效的交流是有意义协作的先决条件。交流是信息的交换，以及建立一种相互理解的信任。

（4）折中(compromise)：在多个学科之间出现设计冲突时，必须在深入讨论的基础上进行折中，以便进行协同的产品、过程和工具开发。

（5）一致(consensus)：项目组和管理者之间可能存在不同意见，但是对于需求和项目的最终结果必须达成一致，在项目的生命周期内必须始终强调共同的目标。

（6）持续改进(continuous improvement)：产品或过程设计小组致力于通过提高产品质量和缩短产品开发周期来提高产品开发效率。

（7）协调(coordination)：协调包含为达到目标而履行的相互关联的活动，包括目标分解、资源分配、小组决定、成员交流等活动。在项目的各个领域确立伙伴关系，建立高效的通信手段，使供应商在项目早期阶段就能参与到项目中。

4. IPT的管理和决策模式

图4-7给出了并行工程中IPT管理的三种主要模式，即指令型管理模式、支持型管理模式和面向目标的一致性管理模式。

（1）指令型管理模式

指令型管理模式以传统的层次化管理模式为基础，设立了逐级汇报的金字塔管理方式，由管理层建立管理措施，并控制整个运作过程。

（2）支持型管理模式

支持管理基于所有雇员合作和参加的原则。这种模式呈倒三角形结构，客户和供应商在顶部而管理层在底部，突出了强大的多学科群和清晰的客户目标。协同解决问题与有效的项目管理代替了一味的设置数字管理目标，管理层与小组共同工作并确定改进过程的方法。

支持型管理模式基于实际情况实施开发过程管理。这意味着需要将信息提供给支持群供其进行决策，因此，充分的信息提供是实施支持型管理模式的第一原则。第二条原则是要

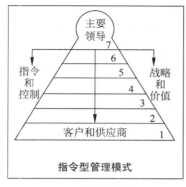
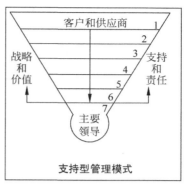
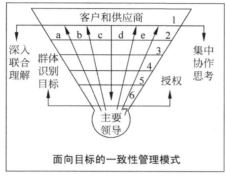

图 4-7 IPT 的三种管理模式

求工作组充分了解生产环节、产品的现有水平以及客户服务方面的情况。

NEC 公司按照支持型管理模式进行一种新式膝上型电脑开发。公司首先根据市场需求设立了一个 90 天的产品开发期限,然后由有经验的管理人员和从各个电脑开发项目组抽调来的人员组成攻关小组,赋予攻关小组在产品开发各个方面的权力。最后用倒计时方法来保证产品在 90 天内完成开发。

(3) 面向目标的一致性管理模式

面向目标的一致性管理模式是支持型管理模式的一种变异。它依然以客户和供应商作为管理引导的方向,但是在众多单元的工作协调中强调了整个组织目标的实现。所有人员都可以向共同管理者汇报其工作,并且向着一个共同一致的目标努力工作。这要求从考虑单个部门或工作组的目标转变到考虑事务单元或企业的目标,IPT 必须支持企业目标的实现,并保证不同 IPT 组目标的一致性。每个人都为一个共同一致目标的实现尽最大努力。管理的作用是不断改进工作,保证与预期目标的一致。在面向目标的一致性管理模式中,IPT 组的培训是直接依据某一任务进行的,包括目标、完成任务的过程、交流方法等。

4.3.3 开发过程改进与重组

传统的产品开发模式有一套严格的开发程序,它将开发阶段分为可行性分析、需求定义、系统分析、概要设计、详细设计、工艺编制和制造等几个阶段,各开发阶段界限十分明确,都有完整的文档记录,为保证质量,定期进行评审。这种开发模式阶段性过强,信息大体又是单一流向,即使是有经验的设计者,也经常会在产品设计中产生导致后期可制造性或可装配性方面的错误,由于这些错误不能及时发现和解决,在后期制造阶段发生大的返工现象屡见不鲜,导致产品开发长周期长、成本高。另外,复杂产品开发的需求本身复杂多变,甚至存在模糊性,而信息流的单一流向又会导致某些严重问题直到产品发放到客户手中时才暴露出来,从而进一步加大产品研发的风险。

图 4-8 给出了串行开发方法的主要步骤。从图中可以看出,在后期的加工制造与测试阶段有比较多的错误信息反馈到确定工艺方案阶段,有频繁的错误信息反馈到早期的详细设计阶段。这些频繁的错误反馈是导致传统串行开发方法出现产品开发周期长和开发成本高的最主要原因。

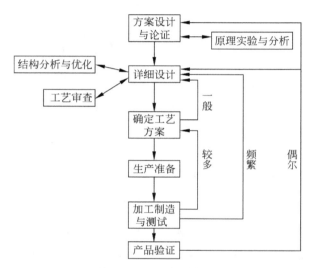

图 4-8　串行开发方法主要步骤和设计错误反馈频度

并行工程就是要以流程为核心,打破原有职能界限和任务划分,尽可能将由不同职能部门的不同专业人员完成的工作集合起来,合成单一任务。通过对传统串行开发流程进行建模和优化,对产品开发过程中的活动进行删除、合并、重叠、增加和循环等改造,建立新的产品协同开发流程。

与一般的业务流程相比,并行工程中的流程优化还具有以下特点:

(1) 重叠性:将产品开发过程中的概念设计、方案设计、详细设计、工艺规划、原型试制等阶段重叠进行。

(2) 协同性:流程和活动的执行需要多学科、跨部门、全生命周期的协作。

(3) 迭代性:在阶段性设计结果不满足产品需求和设计目标的情况下,需要重复执行某些活动序列,直至获得满意的结果。

(4) 冲突性:在并行产品开发过程中,对同一个设计对象会有多学科人员参与决策,不同学科的人员有不同的指标和需求,对问题的解决方法也有不同的认识,因此,在决策过程中会存在大量的冲突,在这种情况下,要提高设计决策效率,必须制定和实施良好的冲突协调策略和冲突消解方法。

(5) 时序性:并行工程中活动的排序对设计过程的性能会产生重要影响,因此,需要事先做好活动优化排序工作。

设计信息预发布机制(在设计工作的进展过程中,不断发布阶段设计结果)和多学科协同团队工作模式是早期发现和改正设计错误的核心方法。为此,需要在设计过程中建立许多小循环,对不同阶段的设计信息进行预发布,在面向制造的设计(DFM)、面向装配的设计(DFA)、快速原型制造(RPM)、计算机辅助工程(CAE)、计算机辅助工艺规划(CAPP)、计算机辅助工装系统设计(CAFD)、加工过程仿真(MPS)等多种软件工具的支持下,采用协同工作方式,对设计方案、详细设计、工艺方案等进行全面的评审,以保证设计方案的正确性,减少后期的修改。图 4-9 给出了并行工程模式下产品的开发流程。

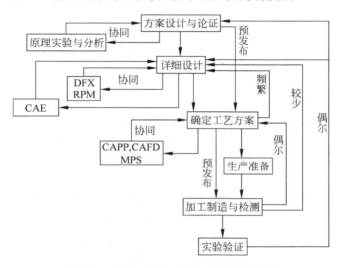

图 4-9 并行工程模式下的产品开发流程

与传统开发方法类似,并行工程方法也需要对产品的开发过程进行必要的分解,以降低大型产品开发过程的复杂性。开发过程分解包括两方面内容,一是指系统/子系统/子子系统的分解,通过子系统的分解使系统的开发可以分成部件和模块进行,简化系统的开发管理。子系统的分解必须客观和稳定,为了将系统分解为相对独立的几个子系统,在分解时,必须从系统的、对象的角度出发,将子系统看作是完成一定功能的且具有特定属性和行为的实体系统,各子系统通过功能驱动来组成整个系统结构;开发过程分解第二个方面内容是对某个子系统(或子项目)的开发活动的分解(活动分解)。活动分解思想是将子系统开发与其生命周期各阶段相对应,期望通过对活动的进一步分解,确定活动间的关系和约束,通过约束消解或者增加资源的方法尽可能使活动并行化,达到缩短开发时间的目的。

4.3.4 协作工具与环境

并行工程设计模式的运作需要基于信息技术的高效协作工具和环境的支持。图 4-10 给出了基于 PDM 的并行工程设计支持环境,它包括了过程控制、系统应用、应用支持和基础环境四个层次。

顶层是过程控制层。并行工程中围绕过程进行数据管理,过程决定了参与人员的组织方式、职责和权限、设备资源的分配、应用工具的使用以及何人应于什么时候向什么地方提

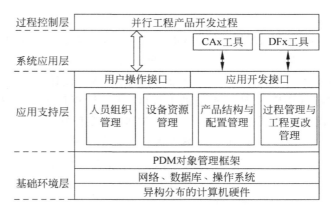

图 4-10 基于 PDM 的并行工程设计支持环境

交什么数据。因此最上层的过程控制是通过 PDM 系统的用户操作接口来调用可执行的设计过程和工具来实现的。

第二层是系统应用层。系统应用层面向不同的应用领域，完成不同的任务（如设计、装配、分析、工艺等）。该层是数据的产生器和接收器，通过 PDM 的应用开发接口，将不同的工具封装在对象管理框架中，从而实现应用工具与 PDM 系统的集成。

第三层为应用支持层。这一层是数据管理的核心，它一方面提供用户操作接口实现人员组织、产品结构和过程管理等定义和操作，另一方面还提供应用开发接口，使用户可以对 PDM 内部的产品数据对象模型进行修改和补充，实现产品结构管理和应用工具封装。PDM 系统利用面向对象技术，把所有工业标准模型和用户化的模型（包括过程模型、数据模型、产品结构与配置管理模型、人员、应用工具等）放置于图形化的对象浏览器中进行统一管理，而且该层把网络、操作系统及数据库屏蔽起来，用户可以直观方便地对整个环境中的数据对象进行创建、删除、查询和修改，并建立各种对象之间的关系。

第四层为基础环境层。这一层包括操作系统、数据库以及网络，数据库主要对元数据（metadata）进行管理。

为了在 PDM 环境中对应用工具及其产生的数据进行直接跟踪与管理，要求将相关的应用工具集成到 PDM 框架中，包括对 DFA、DFM、CAPP、CAFD、MPS 等应用工具的集成。应用工具的功能集成分成三个层次，即工具封装、信息集成与应用集成。工具封装是指将 CAx/DFx 工具作为操作对象，利用 API 接口实现其在 PDM 系统内的管理，通过文件数据可以激活工具，工具产生的文件数据可以作为一个整体由 PDM 系统管理，但不直接管理文件内部的数据；而信息集成不仅实现应用系统或工具对文件的操作，还可以通过接口方式直接读取存放在 PDM 系统中的数据库记录，如 BOM、零件属性等。应用集成则通过接口连接，形成更紧密的关系，实现 PDM 与应用系统之间的双向操作。这就要求应用系统与 PDM 系统都有很好的开放性。

4.4 并行工程的实施方法

并行工程的实施可以分为问题分析、组成集成化产品开发团队（IPT）、产品信息与共享模型定义、产品开发过程定义、产品数据管理与过程集成五个阶段。

1. 问题分析

对企业现有产品开发模式的分析是开展并行工程实施的先决条件。这一步重点分析企业现有产品开发流程中影响产品开发时间、质量、成本的各种因素,如:

(1) 设计过程中的信息集成;

(2) 产品开发主要人员是否隶属于独立的功能部门,使信息交换存在障碍;

(3) 产品开发过程中是否存在不增值的活动,导致产品开发周期长;

(4) 设计过程早期的评价是否缺少一些必要的计算机辅助工具的支持,致使在产品开发早期的设计错误不能够及时被发现,由于这些错误的存在,导致在开发阶段后期的工艺、制造、装配等工作无法完成,因此,在后期频繁产生大量对早期设计更改的请求;

(5) 组织管理是否得力,是否缺少严密的开发计划。

在深入分析了产品开发所存在的问题之后,企业决策者必须下决心对传统的产品开发模式进行改革,组建并行工程所需要的集成化产品开发团队,赋予他们相应的权力,采用改进的产品开发流程完成新产品开发。功能部门和 IPT 的主管部门必须为 IPT 配置必要的计算机设备和支持环境。企业决策者还必须接受一些新技术的培训,了解 IPT 在实施过程中的真正需求。

2. 组成集成化产品开发团队

采用 IPT 组织模式是并行工程与传统产品开发模式的本质区别之一。组成 IPT 可以通过以下三个步骤完成。

(1) IPT 组织结构定义:任命 IPT 的组长,在更高一级的行政关系上组成支持 IPT 工作的领导小组。IPT 负责人定义产品开发计划、分解任务、定义任务承担角色、定义实现任务的必备资源。领导小组协助 IPT 组长得到 IPT 工作所需要的各种资源,包括人、财、物等。

(2) IPT 工作计划和任务分配:IPT 组长将这些计划提交领导小组,功能部门协商确定 IPT 成员、签订任务书。IPT 成员必须被功能部门授予权力能代表该功能部门做出决策,他们将按照定义好的计划执行任务。

(3) IPT 的管理与运行:IPT 不再实行递阶结构的审签制度,而是从上下游之间的需求出发实行集体负责的决策模式。设计结果可以通过质量控制因素、相关过程的 IPT 成员及 IPT 组长共同确认。功能部门的有关技术负责人和专家的意见可作为 IPT 决策的参考依据。

IPT 作为一种新的产品开发组织模式,与企业的文化背景和社会环境密切相关。IPT 包括各个专业的技术人员,他们在产品设计中起协调作用,负责制造过程的 IPT 成员应尽早参与早期的设计评审工作,在早期阶段解决设计问题,最大程度地减少更改、错误和返工。

3. 产品信息与共享模型定义

并行工程模式下产品开发过程中的信息模型涉及的范围很广,所建立的产品可以从以下几个方面描述。

(1) 全局信息模型:按照产品开发过程的功能模型,采用 DFD、IDEF1X、EXPRESS 等方法与工具构造产品开发过程涉及的数据流图和全局信息模型。

(2) 产品数据管理模型：在全局信息模型的基础上进一步构造生命周期中的产品结构配置模型，包括产品结构树、数据安全控制模式、产品数据版本和更改权限定义等。

(3) 工具链定义：计算机工具是产生产品数据的主要来源。在本阶段必须考虑异构计算机辅助系统的信息集成问题，即关键工具的开发和工具之间的信息集成。由于这些工具在 PDM 平台上必须做到与相应数据的集成，因此必须对工具本身的接口和操作形式进行定义。

4. 产品开发过程定义

通过对现有产品开发流程的分析，提出新的产品开发过程模型。广义的产品开发过程涉及产品开发活动、组织、信息、资源等各个方面。

(1) 改进流程分析与定义：根据产品结构分解和产品开发活动功能分解，定义产品数据从产生到终结的生命周期，确定相关活动的逻辑关系及约束条件。

(2) 过程仿真与优化：以缩短产品开发周期为目标，优化产品开发活动的关系和组织及资源的配置。

(3) 协调管理模型：定义产品生命周期中各种活动的状态变量，建立活动之间的约束关系。在产品数据管理系统的基础上，通过约束网络和冲突仲裁方法对产品开发活动进行实时的管理和控制。

5. 产品数据管理与过程集成

并行工程实施的基础是跨平台的产品数据管理系统。上述建立的产品开发过程模型、产品生命周期信息模型、集成产品开发团队组织模型必须集成在 PDM 平台之上，实现人、任务、信息和资源的一一对应。这种基于 PDM 的开发环境并不是片面地追求信息处理的自动化，而是为 IPT 提供可操作的工作平台。实际产品开发过程中还可能不断出现各种新的问题，一般的问题可以通过产品开发过程管理决策支持系统进行协调，更加特殊的问题则通过 IPT 自身的协作得到解决。

4.5 并行工程应用实施案例

4.5.1 波音公司的并行工程应用案例

资料分析表明，产品设计制造过程中存在着巨大的发展潜力，节约开支的有效途径是减少更改、错误和返工所带来的消耗。一个零件设计完成后，要经过工艺规划、工装设计、制造和装配等过程，在整个过程中，设计约占 15% 的费用，制造占 85% 的费用。过去飞机开发大都沿用传统的设计方法，按专业部门划分设计小组，采用串行的开发流程。大型客机从设计到原型制造多则十几年，少则七到八年。

波音公司在新型 767-X 飞机的开发中，全面应用 CAD/CAM 系统作为基本设计工具，使设计人员能够在计算机上设计出所有的零件三维图形，并进行数字化预装配，获得早期的设计反馈，便于及时了解设计的完整性、可靠性、可维修性、可生产性和可操作性。同时，数字化设计文件可以被后续设计部门共享，从而在制造前获得反馈，减少设计更改。表 4-2 列出了波音公司 767-X 开发所采用的技术与传统方式的比较情况。

表 4-2 波音公司 767-X 开发方式与传统方式的比较

工作成员	767-X 方式	传 统 方 式
工程设计员	• 在 CATIA 上设计和发图 • 利用数字化预装配设计管路、线路和机舱 • 利用数字化整机预装配确保满足要求 • 利用数字化整机预装配检查和解决干涉 • 利用 CATIA 进行产品插图	• 在硫酸纸上设计画图 • 在硫酸纸上设计 • 利用样机试验 • 在生产制造过程处理干涉问题 • 利用样件手工绘制
工程分析员	• 用 CATIA 进行分析 • 发图前完成设计载荷分析	• 用图纸分析 • 鉴定期完成
制造计划员	• 与设计员并行工作 • 在 CATIA 上设计工程零件树 • 用 CATIA 建立插图计划 • 检查重要特征,辅助软件改型管理	• 常规顺序 • 分别设计零件 • 建立工程图 • 无
工装设计员	• 与设计员并行工作 • 用 CATIA 设计工装并发图 • 用 CATIA 预安装检查和解决干涉问题 • 零件-工装预装配,确保满足要求	• 常规顺序 • 用硫酸纸设计 • 在生产工装时处理 • 在生产工装时处理
NC 程序员	• 与设计员并行工作 • 用 CATIA 生成和检查 NC 过程	• 常规顺序 • 用其他系统
用户服务组	• 与设计员并行工作 • 用 CATIA 设计所有地面保障设备并发图 • 利用工程数据出版资料 • 零件与地面保障设备预装配,确保满足要求	• 常规顺序 • 用硫酸纸设计 • 手工插图 • 生成零件/工装
协调人员	• 设计制造团队	• 各种机构

实现"设计—计划—制造—保障"过程的集成化产品开发对于波音每个机构或员工都是一个挑战。计算机技术的推广应用和其他新技术的逐渐发展应用,对波音公司原有的工作模式提出了迫切的改进需求。采用 100% 数字化产品设计预示着波音经营管理的巨大改革,但更多的是组织机构的改革,以适应计算机工具的应用要求和新的操作规程。概括地说,波音公司在新型 767-X 飞机的并行设计中采取了以下措施:

(1) 按飞机的部件组成了两百多个集中办公的多功能产品开发队伍。设计制造团队是一个由设计、管理、协调、材料、财务等人员组成的独立团体,目的在于提高产品设计的可制造性,减少更改、错误及返工,实现设计的一次性成功。

(2) 改进产品开发流程。在产品开发过程中,制定了集成化计划,该计划中包含了对设计、计划、制造、测试、飞机交付等过程的管理。在设计开发过程中进行自动超差控制,提供在线式电子化拒收单,管理整个拒收过程,提供统计控制数据并及时向上级报告。

(3) 采用 DFA/DFM 等工具在设计早期尽快发现下游的各种问题。

(4) 利用巨型机支持的产品数据管理系统辅助并行设计,保证并行、协同的产品设计,共享产品模型和设计数据库。

(5) 大量应用 CAD/CAM 技术,做到无图纸生产。

(6) 应用仿真与虚拟现实技术。

1. 集成产品开发团队

767-X 的产品开发队伍（IPT）是按功能划分的（图 4-11），如电子 IPT、机械 IPT、结构 IPT 等。

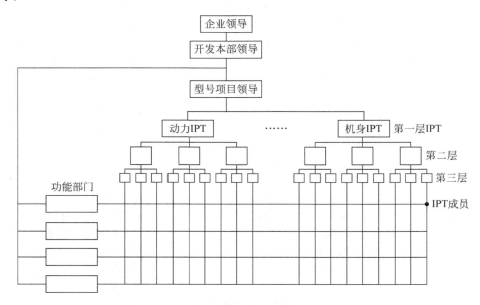

图 4-11 波音 767-X 集成产品开发团队的组织结构

波音公司建立 IPT 工作的目标是：

（1）提高质量：团队的每个成员均对用户需求和质量需求负责；

（2）降低成本：团队制工作方式显著减少了更改、错误和返工；

（3）缩短开发周期：通过增加预发布和并行协同工作，保证对用户需求和设计更改作出快速反应。

设计制造团队由各个专业的技术人员组成，在产品设计中起协调作用，最大限度地减少更改、错误和返工。设计制造团队的任务是进行飞机结构和主要系统设计。他们参与制造计划、工装设计、NC 加工、用户服务等工作。设计制造团队从制造部门和其他小组获得可制造性和可维修性反馈信息，工装设计员利用数字化预装配工具检查零件-工装、工装-工装之间的配合和干涉情况，用户服务组利用 3D/2D 设计数据研制地面保障设备，出版相应的技术资料。在获得下游组织的反馈信息、完成零件设计和最终干涉配合检查后，进行零件模型的发图生产。

2. 改进产品开发过程

为什么波音公司在过去的十多年中也采用了 CAD/CAM 系统却没有明显地加快进度、降低费用和提高质量呢？究其原因，是其开发过程及管理还停留在原有的水平上。波音 767-X 采用全数字化的产品设计，在设计发图前，设计出 767-X 所有零件的三维模型，并在发图前完成所有零件、工装和部件的数字化整机预装配。同时，采用其他计算机辅助系统，如用于管理零件数据集与发图的 IDM 系统，用于线路图设计的 WIRS 系统，集成化工艺设计系统，以及所有下游的发图和材料清单数据管理系统。由于采用了先进的计算机辅助手段,波音公司在 767-X 开发时改进了相应的产品开发过程,如在发图前进行系统设计分析,在 CATIA 上建立三维零件模型,进行数字化预装配,检查干涉配合情况,增加设计过程的反馈次数,减少设计制造之间的大返工。CAD/CAM 系统的应用有效地减少了更改和设计返工的次数,设计进程也大大加快,由此而带来的效益远大于减少更改和返工所带来的直接效益。

767-X 数字化产品设计活动起始于用户需求。当项目开发的任务单下发后,设计制造团队就开始安排第一阶段的工作任务,制造部门根据项目进度确定初步的生产周期,生产部门则制定各种生产计划。波音 767-X 研制中,对工程设计研制过程、数字化整机预装配过程、数字化样件设计过程、区域设计、设计制造过程、综合设计检查过程、集成化计划管理过程等飞机开发的主要过程进行了改进。限于篇幅,下面仅对工程设计研制过程进行详细的描述。

工程设计研制过程起始于 3D 模型的建立,它是一个反复循环的过程。设计人员用数字化预装配工具检查 3D 模型,完善设计,直到所有的零件配合满足要求为止。最后,建立零件图、部装图、总装图模型,完成 2D 图形并向制造部门和工艺部门发图。设计研制过程需要设计制造团队来协调,其主要步骤如下。

(1) 建模:对飞机零件进行 3D 数字化设计,在飞机坐标系中建立初步模型,当设计定型后,设计出详细的零件图、部装图、总装图。

(2) 共享:把 3D 零件图、部装图、总装图作为数字化预装配共享文件的输出,每个设计员必须及时将设计结果传送到共享数据库中与有关成员共享。

(3) 检查:由于零件处在设计过程中,其定位尺寸可能会不断发生变化,因此应经常通过数字化预装配查阅有关零件位置的变动情况,保证各个部分设计的协调。

(4) 分析:分析 3D 数字化模型,将分析结果连同存在问题的设计模型储存在反馈文件中,反馈给设计人员。

(5) 检查数字化预装配数据、制造数据,获得早期的可制造性反馈信息,计划员、工程设计员、制造工程师共同解决干涉及可制造性问题,并把干涉模型或有关可制造性问题存放于制造反馈文件中。

(6) 解决所有干涉配合问题,并根据工程分析的要求进行设计修改。设计更改的结果再次存入数字化共享文件,确保该文件中设计数据是最新结果。

(7) 不断重复上述过程,直到设计满足要求为止。这一循环过程一直持续到零件数字化装配完成,且不产生干涉问题。在 3D 设计定型时,设计员完成 2D 设计,标注尺寸、附注及重要特性等。

(8) 冻结:冻结有关数据集。

(9) 修改:进一步修改数据集,如有必要,根据上述过程输入制造信息。

(10) 发图:即释放相关数据集。

3. 采用数字化技术,在设计早期尽快发现下游的各种问题

数字化整机预装配是在计算机上进行建模和模拟装配的过程,它根据设计员、分析员、计划员、工装设计员的要求,利用各个层次中的零件模型进行预装配,用于检查干涉和配合问题,这个过程以设计文件共享为基础。数字化整机预装配将协调零件设计和系统设计(包括管线、线路布置),检查零件的安装和拆卸情况,零件以 3D 实体形式进行干涉、配合及设计协调情况检查,利用整机预装配过程,全机所有的干涉能被查出,并得到合理解决。如波音 757 的 1600~1720 站位之间的 46 段,约 1000 个零件利用 12 个 CATIA 模型进行了数字化预装配。

利用数字化预装配过程,工程设计对所有设计干涉和配合情况进行检查,这使得后期设计更改次数大为减少。在波音飞机设计中规定数据集在没有进行最后的审批前不能发图,这一规定有利于降低项目风险,保证发图后无零件干涉情况的出现。

数字化整机预装配的应用将有效地减少因设计错误或返工而引起的工程更改,可以在发图前辅助设计员消除干涉现象。设计员能搜索并进入其他相关设计系统中检查设计协调情况。其他设计小组如工程分析、材料、计划、工装、用户保障等也陆续介入设计过程,并在发图前向设计员提供反馈信息。

4. 大量应用 CAD/CAM/CAE 技术,实现无纸设计生产

(1) 100%采用数字化技术设计飞机零部件

采用 CATIA 系统设计零件的 3D 数字化实体模型,支持在计算机上进行装配,检查干涉与配合情况,也可利用计算机精确计算重量、平衡、应力等零件特性。此外,还有多种优点:易于从实体中得到剖面图;利用数字化设计数据驱动数控机床加工零件;产品外形设计直观;产品插图也能更加容易、精确地建立;用户服务组可利用 CAD 数据编排技术出版物和用户资料。767-X 中的所有零部件都采用数字化技术进行设计,所有零件设计都只形成唯一的数据集,每个零件数据集包括一个 3D 模型和 2D 图,提供给下游用户。针对用户的特殊要求,只对数据集修改,不对图纸进行修改。

(2) 建立了飞机设计的零件库与标准件库

减少新零件的设计能极大地节约费用。基于这一认识,767-X 开发中建立了大量的零件库,包括接线柱、角材、支架等。零件库存储于 CATIA 系统中,并与标准件库相协调,设计人员可以方便地查询零件库。充分利用现有的零件库资源能有效减少零件设计、工艺计划、工装设计、NC 加工程序等环节的成本。标准件库包括紧固件、垫圈、连接件、垫片、轴承、管道接头、压板等,这些标准件存储于 CATIA 标准图库中。设计人员可直接从标准件库中选择所需的零件。

(3) 采用 CAE 工具进行工程特性分析

包括应力分析、重量分析、可维修性分析、噪声控制分析等。

(4) 计算机辅助制造与 NC 编程过程

计算机辅助制造过程通过提供可生产性输入和增加附加信息到数据库以改进工程设计,从而满足部装和总装要求。在工程发图前,NC 程序员利用 CATIA 工具进行零件线架和表面的数控编程,必要时在计算机上模拟数控加工的过程,从而减少了设计更改、报废和返工,并缩短了开发周期。

(5) 计算机辅助工装设计

工装设计人员利用 3D 零件数字化模型设计工装的 3D 实体模型或 2D 标准工装,保证零件基准,计算机系统存储有关工装定位数据。同时建立工装的数字化预装配系统,利用 3D 数字化数据集检查零件-工装、工装-工装之间的干涉与配合情况。工装数据集提供给下游的用户,如工装计划用于工装分类和制造计划,NC 工装程序提供给 NC 数据集,用于 NC 验证或给车间进行生产。

5. 利用巨型机支持的产品数据管理系统辅助并行设计

767-X 采用巨型计算机建立了一个大型的综合数据库管理系统,用于存储和提供配置控制,管理多种类型的有关工程、制造和工装数据,以及图形数据、绘图信息、资料属性、产品关系、电子签字等,同时对所接收的数据进行综合控制。

管理控制包括产品研制、设计、计划、零件制造、部装、总装、测试和发送等过程,它保证将正确的产品图形数据和说明内容发送给使用者,通过产品数据管理系统进行数字化资料共享,实现数据的专用、共享、发图和控制。

在 PDM 系统管理下,数据集成为设计过程唯一的设计依据,数据集释放后进入数据库系统。对工程数据的修改需要有关人员的签字。数据集的发放过程是:首先,工程师将已验证的数据集准备好,并在发放期把它提供给释放单元。待释放的数据集包括一个数字化模型(3D 实体图形、2D 图形和下游需要的有关数据)、材料清单和一个在线的释放单元清单。仅有的纸上条文是列有由谁查阅在线数据集及进行电子签字的报告。为准备发图,数字化模型以只读格式共享,进行电子签字以及在线跟踪。当所有签字完成时,该模型将处于共享状态。其次,验证待释放数据集的完整性。最后,发图员在数据库中将该模型状态改为发图状态,释放相应的数据集进行发图。采用数字化产品设计的每个模型都有一个完整的零件号,以便图形在发放时进行跟踪检查。

6. 并行工程技术在波音飞机开发中的应用效果

波音公司在 767-X 的开发过程中采用了"并行产品定义"的全新概念,通过优化设计过程,采用新的项目管理办法,改善设计,提高飞机生产质量,降低成本,改进计划,实现了三年内从设计到一次试飞成功的目标。并行设计技术的有效运用带来了以下几方面的效益:提高设计质量,极大地减少了早期生产中的设计更改;缩短产品研制周期,和常规的产品设计相比,并行设计明显地加快了设计进程;降低了制造成本;优化了设计过程,减少了报废和返工率。

波音公司于 1991 年开始开发新型的 777 双发动机大型客机。按照传统开发方法,波音 777 飞机的研发需要九年时间,预计研发费用 120 亿美元。波音公司在 777 的开发过程中沿用并扩展了并行工程的思想,应用了"并行产品定义"的概念,建立了世界第一个全数字化样机,全面采用数字化技术,实现了三维数字化定义、三维数字化预装配和并行工程,建立了全机数字样机,取消了全尺寸实物样机,使工程设计水平和飞机研制效率得到了极大的提高;大幅度降低了干涉、配合、安装等问题带来的设计更改,使研发成本降低了 25%,制造成本降低 30%~40%,产品开发周期缩短了 40%~60%,出错返工减少 75%,整个飞机从立项到首架交付只花了四年半时间,用户交货期也从 18 个月缩短到 12 个月。

4.5.2 并行工程在我国企业的应用效果

在国家"863"计划支持下,我国多家企业实施了并行工程,取得了良好的成果。在航天机电集团某型号产品的两个复杂部件中进行了成功的应用与验证,与这两个部件过去的开发模式相比,取得了三个方面的直接效益:

(1) 总体设计周期压缩了 60%,工程绘图周期从 1~2 个月减少为 2~3 周,工艺检查周期减少50%,更改反馈次数降低50%,工艺规划时间减少30%,工装准备周期减少30%,数控加工编码与调试周期减少50%。这些工作保证了两个复杂部件的总体开发周期均缩短30%。

(2) 毛坯成品率由原来的30%～50%提高到70%～80%。

(3) 降低产品成本20%。

齐齐哈尔铁路车辆(集团)有限公司应用并行工程改进了产品开发过程,降低了铁路货车产品设计、工装设计、工艺方案的返工次数,减少静强度、动力学试验次数一到二次,产品报价时间缩短50%,冲压件试制次数减少3～4次。避免了铸钢件制造较大的工艺调整,降低局部工艺调整50%,缩短铸钢件试制周期50天,总的产品开发周期缩短30%～40%。

海南新大洲摩托车公司,通过实施并行工程,快速研发出"四轮摩托车"新产品,使研发周期缩短40%～50%,使新产品提前五个月上市。新产品销往美国25000辆,当年为公司增加销售额2亿1千万元,增加销售收入1亿2千万元。在四轮沙滩车研制过程中,减少出错返工70%,实现了装配一次成功,减少直接损失每年700万元。四轮沙滩车的设计开发和小批试制周期从15个月减少到9个月。通过实施产品模型的数字化定义和合理化工程,将系列化产品的开发过程缩短50%,由过去的8个月缩短到3个月以内。通过建立各种设计指南、规范、标准件和通用件的优选原则和优选库的电子档案,提供方便、灵活的检索和查询,将摩托车零部件的通用化率提高了50%,即从原有的11%提高到16%,为企业节约开支200万余元。通过部品压缩,可节约存储、管理费每年100万元。

4.6 虚拟制造技术

4.6.1 虚拟制造的定义和特点

虚拟制造技术(virtual manufacturing,VM)是20世纪90年代发展起来的一种先进制造技术,也是支持产品创新的重要技术。

1994年6月,美国空军Wright实验室会同一些技术领域的专家以及软件商,开展了有关虚拟制造的讨论,提出了虚拟制造的初步定义,认为虚拟制造是一个集成的、综合的建模与仿真环境,以增强各层次的决策与控制水平。这里"综合"是指实际的对象、活动和过程与虚拟的对象、活动和过程共存;"环境"是指能够支持分布式制造的仿真环境,以协同的方式提供用户各种模型(产品、过程、活动和资源模型)以及由分析工具、仿真工具、实现工具、控制工具等组成的工具集,用户可以选取适当的工具和模型搭建所需的仿真环境;"各层次"指从产品概念设计到产品退出使用、从车间级到企业级、从物流到信息流所涉及的各个阶段。

马里兰大学Edward Lin的定义是:虚拟制造是一个利用计算机模型和仿真技术来增强产品与过程设计、工艺规划、生产规划和车间控制等各级决策与控制水平的一体化的、综合性的制造环境。大阪大学的Onosato教授认为:虚拟制造是采用模型来代替实际制造中的对象、过程和活动,与实际制造系统具有信息上的兼容性和结构上的相似性。

综上所述,虚拟制造的主要含义是实际制造过程在计算机上的本质实现,即采用计算机仿真与虚拟现实技术,在计算机上通过群组协同工作,模拟产品设计制造的本质过程,包括产品设计、工艺规划、加工制造、性能分析、质量检验、企业各级过程的管理与控制,其目的是增强产品设计制造过程中各级的决策与控制能力。

虚拟制造有以下的突出特点[42]：

(1) 全数字化的产品

利用数字化产品模型反映产品从无到有再到消亡的整个演变过程，建立数字化的最终产品相关的全部信息，例如配置结构、零件信息、CAD/CAPP/CAM/CAE 文件、材料清单、维护文件等均用电子化文档表示；采用数字样机代替传统的物理样机，具有真实产品所具有的特征，技术人员和用户能够对数字样机进行分析，使得用户在制造实物之前即可评价产品的美观度、可制造性、可装配性、可维护性、可回收性及各项技术性能等，保证产品开发的成功。

(2) 基于模型的集成

通过模型集成实现制造系统的五大要素(人、组织管理、物流、信息流和能量流)的高度集成；通过产品模型、过程模型、活动模型和资源模型的组合与匹配来仿真特定制造系统中的设备布置、生产活动、经营活动等行为，从而确保产品开发的可能性、合理性、经济性和高适应性。

(3) 柔性的组织模式

虚拟制造系统提供的环境，并不是针对某个特定的制造系统而建立，但能够对特定制造系统的产品开发、流程管理与控制模式、生产组织的原则等提供决策依据，因此虚拟制造系统必然具有柔性的组织模式。

(4) 分布式的协同工作环境

分布在不同地点、不同部门、不同专业背景的人员可以在同一个产品模型上协同工作，交流和共享信息；与产品有关的各种设计信息、过程信息、资源信息以及各种知识均可以分布式存放和异地获取；工程人员可以使用位于不同地点的各种工具软件。

(5) 仿真结果的高可信度

虚拟制造的目标是通过仿真技术来检验所设计的产品和所制定的生产规划等，使得产品开发或生产组织一次成功，这就要求模型能够真实地反映实际对象，这需要依赖模型的验证、校验和鉴定合格技术，即 VVA 技术(verification, validation and accreditation)来保证。

(6) 人与虚拟制造环境交互的自然化

以往作为研究主体的人仅仅从模型外部去观察、感受被仿真对象的种种行为，这种单一模式的映射严重妨碍了作为研究主体的人与被仿真对象的深层交流，没有充分利用人的各种感官作用传递全方位信息。虚拟制造面向的是各个领域的工程技术人员和管理人员，而且涉及的信息繁多，如果不能够采用自然化的交互方式，必然妨碍这些人员对虚拟制造技术的利用。因此虚拟制造环境应以人为中心，使研究者能够沉浸到由模型创建的虚拟环境中去，通过多种感知渠道直接感受不同媒体映射的模型运行信息，并利用人本身的智能进行信息融合，产生综合映射，从而深刻把握事物的内在实质，目前普遍采用虚拟现实技术和可视化技术来改善人机交互的手段。

虚拟制造系统(virtual manufacturing system, VMS)是基于虚拟制造技术实现的制造系统，是现实制造系统(real manufacturing system, RMS)在虚拟环境下的映射。VMS 生产的产品是可视的虚拟产品，是一个数字化产品，它具有真实产品所必须具有的特征，并具有动态结构及决策、控制、调度、管理等四种机制来保证它与实际产品在本质上的一致性。虚拟制造技术和虚拟制造系统涉及整个产品开发和制造过程的方方面面。对于产品来说,涉及整个产品生命周期的各个方面,对于制造过程来说,涉及整个工厂的各个部分。

对 VMS 的基本要求体现在从 RMS 到 VMS 的映射中,也就是说 VMS 应反映出 RMS 的要求,因此所实施的 VMS 需要满足下列要求:

(1) VMS 与 RMS 具有功能上的一致性;
(2) VMS 与 RMS 具有结构相似性;
(3) VMS 的组织与实现具有高度的柔性;
(4) VMS 应实现"全面集成",即信息集成、串并行工作机制集成、人机集成、过程集成、资源集成及技术集成等;
(5) 提供虚拟环境下分布式并行处理智能协同求解和虚拟环境下系统全局的最优决策支持;
(6) VMS 在虚拟环境下实现,其工作过程及各阶段的运行状态和结果都应该具有可视性,能对整个设计制造过程进行仿真和分析。

虚拟产品开发(virtual product development,VPD)是虚拟制造研究领域中的一个重要内容,以计算机建模、仿真为基础,集计算机图形学、智能技术、并行工程、虚拟现实技术和多媒体技术为一体,是由多学科知识组成的综合系统技术。它是现实产品开发过程在计算机虚拟环境下的映射,将现实产品开发环境和全过程的一切活动及产品演变成基于数字化的模型,对产品开发的行为进行预测和评价。应用虚拟现实技术,可以达到虚拟产品开发环境的高度真实化,并使之和人有着全面的感官接触和交融。

虚拟产品开发将从根本上改变设计、试制、修改设计和规模生产、维护的传统模式。在产品真正制造和销售之前,首先在虚拟开发环境中生成数字化产品原型或软产品原型(soft prototype),以此代替传统的硬样件(hard prototype)进行测试,对产品的性能、可销售性、可维护性、成本和外观等进行预测和评价,从而缩短产品开发周期,降低开发成本,提高企业快速响应市场变化的能力。

4.6.2 典型的虚拟制造技术

1. 虚拟装配

装配是产品设计开发过程中的重要环节,虚拟装配则是装配过程在计算机上的本质实现,因而是虚拟制造的重要组成部分。它能够基于产品的数字化实体模型,在计算机上分析与验证产品的装配性能及工艺过程,从而提高产品的可装配性。

虚拟装配模型是分析装配问题的基础,因此,面向装配过程的、支持虚拟装配中各种需要的产品装配模型在虚拟装配中十分重要,模型的特点和优劣在很大程度上决定了系统所能实现的功能。虚拟装配模型基本上分为两种,一种是关系型装配模型,另一种是层次型装配模型。在关系型装配模型中,认为装配体是由各个零件以及它们之间的关系组成的,装配体可以用图 D 来表示,其中 $D=\{P,R\}$,$P=\{P_1,P_2,\cdots,P_n\}$ 是零件的集合,$R=\{R_1,R_2,\cdots,R_m\}$ 是零件之间关系的集合。层次型装配模型中,认为产品由多个子装配和零件组成,而每个子装配也是由属于它的子装配和零件构成,整个装配模型呈层状分布。

但是,在虚拟装配中,仅仅有这些层次信息、零件几何信息、元件间的约束关系等是不够的,因为这些信息只描述了装配体的静态情况,而虚拟装配是一个动态过程,在虚拟装配支持系统中,必须建立支持动态装配过程的装配模型。

在所建立的虚拟装配模型的基础上,可以对装配过程进行检查,发现在装配过程中可能出现的干涉问题,在此基础上修改产品的设计,达到方便装配的目的。另外,通过计算机对产品装配过程进行可视化演示,可以指导和培训实际装配操作人员,提高装配效率和质量。图 4-12 是一个电机的三维装配模型。

2. 多学科协同仿真

经过多年的研究,目前,单学科领域的仿真技术已经比较成熟,涌现了很多商用仿真软件,如支持动力学和运动学仿真的 Ansys 和 Adams 软件,支持电子领域仿真的 Maxwell 软件,支持控制领域仿真的 Matlab 软件,支持液压系统仿真的 EASY5 软件。

图 4-12 电机三维装配模型

由于复杂产品常包含涉及不同学科的多个子系统,无法利用某一种仿真工具完成对多个学科的仿真。如图 4-13 所示的飞机系统包含结构、动力、电气、内装饰等多个系统,涉及机械、液压、动力学、热力学、控制、电子等多个学科。

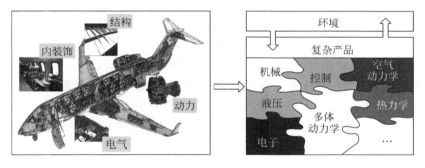

图 4-13 飞机系统涉及的多学科领域

多学科协同仿真就是要在系统工程理论的指导下,基于复杂产品中各个学科之间的内在交互关系,将位于不同地点、基于不同计算机平台、采用不同建模方法建立的混合异构仿真模型,在分布式环境中联合起来进行多学科协同仿真。根本目的就是利用多个学科模型来代替实际的多个物理子系统,通过学科模型间的并行运行、实时交互来体现物理子系统间的逻辑交互关系,从而实现对整个复杂系统的仿真分析。

以美国 GE 公司实施多学科协同优化技术为例,GE 公司用 iSIGHT 软件在两个月内完成对波音 777 引擎 GE90 涡扇发动机的改进,最终在保证性能的情况下减轻 250 磅重量,使每台 GE90 发动机的成本降低 25 万美元。空中客车公司用 iSIGHT 软件将结构力学软件和空气动力软件集成后对 A320 机翼进行多学科优化设计,在满足结构强度和空气动力学相关性能约束的条件下,减轻了 3% 的机翼重量。

有多种方法可以实现多学科协同仿真,基于接口的协同仿真、基于统一建模语言的多学科协同仿真和基于仿真高层体系结构(HLA)是三种典型的方法。

(1) 基于接口的协同仿真

基于接口的协同仿真通过统一的接口标准来实现不同仿真应用软件之间的信息交互。其优点是无需改动每个仿真软件内部的算法和实现机制。以仿真运行过程中实时的信息交互为出发点,体现了对现有仿真资源的继承和重用。这种方法的困难一方面在于接口的设计开发工作量巨大,而且随着学科的增加,接口的数量会迅速增加,不具有标准性、开发性,系统扩充困难。另一方面的困难是通过接口交换的主要是不同系统的输入和输出信息,需要人为地割裂不同领域子系统之间的耦合关系,需要各专用仿真软件提供相互交互的接口,难以真正实现多个系统的协同。

(2) 基于统一建模语言的多学科协同仿真

统一建模语言代表性的典型语言有χ语言和 Modelica 语言。其中 Modelica 语言在近些年来日益受到重视,其主要创始人是 Elmqvist 博士。

Elmqvist 于 1978 年首先提出基于方程的面向对象建模思想,并设计了 Dymola 语言。随着计算机硬件、软件和数值技术的快速发展,先后涌现出一批基于方程的面向对象建模语言,如 Omola、ALLEN、Smile、ASCEND、gPROMS、ObjectMath、NMF 等。1996 年 8 月欧洲仿真界的一批专家学者开始致力于物理系统建模语言的标准化工作,在归纳和统一多种建模语言的基础上,于 1997 年 9 月提出了 Modelica 语言,并成立了 Modelica 协会。

目前,Modelica 已经推出了其 3.0 版本的标准语言,多个国际著名的软件厂商采用了 Modelica 作为其系统的开放性标准,如 Dassault Systemes 公司于 2006 年 7 月发布其三维设计软件 CATIA 系统战略时,宣布将嵌入式系统建模作为 CATIA 的中心,并选择开放标准 Modelica 作为 Dassault Systemes 开放策略的核心。

(3) 基于仿真高层体系结构(HLA)的多学科协同仿真

HLA 是一个开放的、支持面向对象的体系结构,通过定义对象模型和仿真应用程序(联邦成员)之间的编程接口(RTI-API)来实现构件的装配,目的是将各类异构的仿真系统集成为一个分布交互的综合仿真系统。HLA 定义的软件体系结构由三个部分组成:HLA 规则,HLA 对象模型模板,联邦接口规范。

HLA 的对象模型包括:

- 基础对象模型(BOM):描述了仿真互操作某个方面的特性,是可以重用的仿真组件。
- 联邦对象模型(FOM):用于描述某具体联邦中相互存在信息交换的那些联邦成员之间需交换哪些"有关对象的信息"及其具体特性,并将这些交换采用标准的格式对 FOM 进行描述。
- 仿真对象模型(SOM):用于说明每一个联邦成员在参与联邦运行过程中能给联邦提供及需要哪些"有关对象的信息"及其具体特性,它反映联邦成员的本质能力。
- 管理对象模型(MOM):由运行支撑系统(RTI)负责维护其信息,用于联邦管理、监控等功能。

国外已相继开发 HLA 的开发平台、仿真建模工具和系统运行平台。如澳大利亚 Calytrix 公司的面向工程的可视化开发平台 SIMplicity;美国 Aegis 公司开发的仿真建模工具集 Labworks,瑞典 Pitch AB 公司开发的运行平台 pRTI1.3 和 pRTI1516(IEEE 标准

1516.3)。SIMplicity 提供了一个集成化开发环境(IDE),支持 HLA 应用系统从设计、代码生成到模型发布的全过程的可视化操作,并可于多种运行支撑系统(RTI)实现集成,快速建立分布式协同仿真应用系统。

Labworks 是用于支持 HLA 全生命周期的软件工具集,主要包括 HLA 对象建模专业工具 OMDT Pro、HLA 测试工具 FedProxy、HLA 联邦管理工具 FedDirector、FOM 独立接口工具 Omni、HLA 联邦仿真数据记录和回放工具 Analysis Statio,以及分布仿真场景生成工具 SGT 等;pRTI 是第一个通过美国国防部建模仿真办公室测试和认证的符合 HLA 标准的商业 RTI,它实现了 HLA 接口规范中规定的所有服务,与 Labworks 相兼容。

图 4-14 给出了一种基于 HLA 的多学科协同仿真框架,包括方法层、应用层和平台层三个层次[44]。

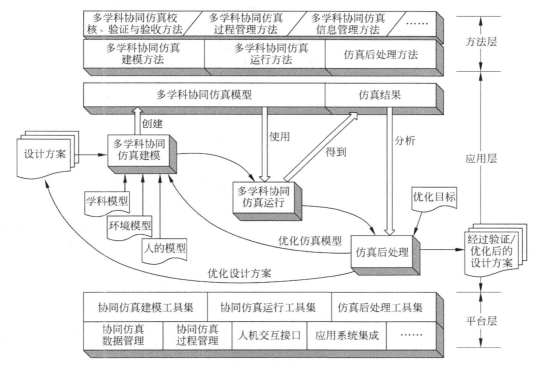

图 4-14 基于 HLA 的多学科协同仿真框架

3. 虚拟加工

在实际制造系统中,经过 CAD/CAM 系统设计的零件,在正式加工之前,一般要进行试切这一步骤,试切的过程也就是对 CAD/CAM 系统生成的 NC 程序的检验过程。随着 NC 编程的复杂化,NC 代码的错误率也越来越高,如果 NC 程序生成不正确,就会造成过切、少切,或加工出废品,也可能发生零件与刀具、刀具与夹具、刀具与工作台的干涉和碰撞,这显然是十分危险的。传统的试切是采用塑模、蜡模或木模在专用设备上进行的,不但浪费人力物力,而且延长了生产周期,增加了产品开发成本,降低了生产效率,极大地影响系统性能。

由于计算机性能的不断改善以及计算机图形学技术的飞速发展,计算机仿真技术在制造系统中得到了广泛的应用。如果采用仿真加工来替代或减少实际的试切工作,就可以大大降低产品的研制成本,增加整个产品的竞争能力。

虚拟加工仿真系统完成的功能包括加工刀具轨迹检查、刀具与工件碰撞检测、加工路径优化、切削过程仿真以及对加工精度、时间、成本的估算。图 4-15 给出了一个加工过程仿真器的结构。

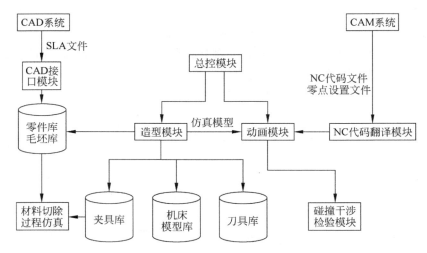

图 4-15　加工过程仿真器的结构

加工过程仿真器包括的主要模块如下。

(1) 总控模块：对整个加工过程仿真器的运行过程进行管理和控制。

(2) CAD 接口模块和 NC 代码翻译模块：这是两个从 CAD 和 CAM 系统接受数据的功能模块。CAD 接口模块负责翻译接受来自 CAD 系统的产品定义；NC 代码翻译模块可支持多种控制器的 NC 代码解释,不仅提取出驱动加工中心设备模型运动的数据,而且提取各种加工状态信息和工步信息,以支持工件材料切除的计算。

(3) 造型模块：可进行加工中心设备的几何建模,包括简单体素定义和装配以形成构成加工中心设备的主轴(箱)、工作台、换刀机械手、导轨及其他部分几何模型定义。

(4) 机床模型库：对机床几何模型进行加工轴、刀库、主轴、工作台等逻辑定义。

(5) 刀具库：对镗、铣、钻、车、削等使用的各类刀具参数进行定义和管理。

(6) 夹具库、零件库、毛坯库：对简单零件和毛坯进行几何建模或从其他 CAD/CAPP/CAM 系统获得零件的几何模型,管理工件毛坯及夹具在托盘上的装夹定义。

(7) 动画模块：用动画展现加工过程中材料切除的过程和设备的工作状态,检查材料过切、少切现象,检查无效的 NC 代码动作,检查进给和切削用量的合理性。

(8) 碰撞干涉检验模块：检查加工过程中产生的干涉现象,检查刀具与夹具和工作台的碰撞,支持加工路径修改和 NC 代码的优化。

4. 虚拟车间

虚拟车间是进行产品生产可行性分析的技术,产品生产可行性分析是指所设计产品的"可生产性",即在企业已有资源(广义资源,如设备、人力、原材料等)的约束下,如何优化生产计划和调度,以满足市场或顾客的需求。生产可行性分析包括进行生产环境的布局及设备集成、企业生产计划及调度的优化、基于虚拟样机的工艺规划及生产过程仿真等。相关技术包括虚拟生产环境设计、生产过程分析、拟实仿真技术、虚拟计划与调度技术等。生产可行性分析技术是实现生产制造过程高效率、高柔性和高可靠性的保证。

虚拟车间技术允许车间设计工程师在生产车间设计生产的全过程(从全局的虚拟生产车间可以逐层细化到虚拟生产线,到虚拟加工单元,到具体操作),从中对工厂布局和物流进行设计、生产过程运行仿真、生产性能分析及对生产过程进行可视化展示,在企业多种产品的生产过程中重用生产设施,如生产线、设备和加工方法,设计、编程和修改制造工具和过程,达到减少产品制造时间和节省成本的目的。

虚拟车间的布局设计和虚拟车间的作业调度是虚拟车间的两个主要应用技术。

(1) 虚拟车间的布局设计与优化

虚拟车间的布局设计与优化主要研究工作空间和生产线的三维布局设计问题。仿真软件可以提供工作空间和标准元件库,包括物流元素、桌子、椅子及运料箱等,还提供建立特殊设备模型的工具并可把用户生成的模型存储在库中。每个元素都要求有尺寸、空间需求、成本和序列号,带有可到达空间的人头模型被用于规划人的操作,先进的运动学分析、运动特征和逆算法技术用于保证人体运动的拟实仿真,包括走、手的运动和抓握,允许可视化人的各种操作,包括最终装配、服务和维修、材料处理、点焊、上载和下载工件等。图 4-16 给出了两个虚拟车间布局设计的示例图。

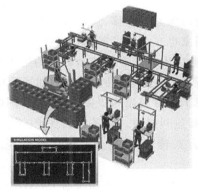

图 4-16 虚拟车间布局设计示例图

(2) 虚拟车间作业调度与优化

虚拟车间作业调度与控制是在研究尽可能满足约束条件(如交货期、工艺路线、资源情况)的前提下,通过对生产过程及物流的分析,按调度与控制的原则有效安排生产,协调多目标的实现,通过仿真加工作业的过程,在实际车间建设实施之前验证并修改方案,以获得产品制造时间或成本的最优化。

第5章

信息技术支持下的服务创新

5.1 服务的价值与特性

5.1.1 服务的价值

在世界经济快速发展变化的今天,存在三个明显动向:一是世界各国正在进行经济结构调整;二是科技的迅猛发展及其作用越来越突出;三是跨国公司的力量和影响日益增强。在经济结构调整战略方面,发达国家正从制造业向服务业转移,通过服务业的发展增强制造业竞争力,努力实现向服务经济转变。发展中国家也在大力发展现代服务业,通过现代服务业竞争力增强来提升国家竞争力。国内外制造业中出现了一种较为普遍的运用服务增强自身竞争力及向服务转型以获取新价值来源的现象,国外著名制造企业,如通用电气公司、通用汽车公司、福特汽车公司、波音公司等都出现了非常明显的服务增强趋势,国内企业也逐步开始运用服务增强的方式来提高企业竞争力和盈利能力。服务增强现象的出现表明制造企业已经从过去的产品竞争开始向服务竞争的方式转变,制造企业正在通过"服务"来增强其竞争力并将其作为价值的新来源。

发达国家服务业在国民经济中比重的平均水平达到70%,美国服务业占GDP比重是80%,韩国是70%,中国香港地区达到了95%[45]。我国第三产业在经济中的比重还明显低于发达国家,在发展现代服务业方面还有很大空间。国家统计局公布的《2013年统计公报》显示,2013年我国第一产业增加值比重为10%,第二产业增加值比重为43.9%,第三产业比重则明显提高,达到46.1%,比上年提高1.5个百分点,比第二产业比重高2.2个百分点,这是我国第三产业比重首次超过第二产业[46]。

在这种形势下,越来越多的企业已经把注意力从实物制造转移到制造与服务相结合上来,经济活动逐渐从以制造为中心转向以服务为中心,越来越多的制造企业正在向着制造服务型企业转变。在制造服务化的大趋势下,产生了一批以服务生产制造过程为目的制造服务企业,这些企业形成了一个新的产业——制造服务业。

对于制造服务业,学术界一般称为"制造业服务化",最早是由Vandermerwe于1988年提出的概念,是指制造企业由物品提供者转变为"物品+服务包"提供者。完整的"包"包括物品、服务、支持、自我服务和知识,并且服务在整个"包"中居于主导地位,是价值增值的主要来源。Szalavetz认为:"制造业服务化包括两层含义:一是内部服务的效率对制造业企业竞争力来说日益重要,竞争力不仅来源于传统制造活动的效率,也来源于内部服务的有效组织和提供,并且其重要性和复杂性逐渐提高;二是与物品相关的外部服务对顾客来说复杂性和重要性日益提高。物品+服务包不仅包括维护和修理服务,还包括购买、融资、运输、安装、系统集成和技术支持服务[47]。"

在作为传统的产品提供者时,企业针对的是其想象中的使用者,其生产的产品通常是为了满足特定用途,但是实际上未必解决目标用户的最终问题,并且制造者与使用者的连接通过产品来实现。这种连接关系是不明确的,生产者和用户之间存在脱节。在企业作为服务提供者的时候,企业针对的是明确的使用者,企业和用户之间的连接是明确的,企业关注的不仅仅是提供一定功能的产品,而是解决用户关心的最终问题,当然用户的满意度就会大大提高。图 5-1 给出了服务提供与传统的产品提供两种模式的对比。图 5-2 给出了产品和服务提供两种不同方式下客户感受的形象化对比。

图 5-1 产品提供与服务提供的对比

图 5-2 产品与服务的对比

发展制造服务可以明显提升企业的经济效益。据德勤会计事务所 2006 年发布的一项数据显示:"对全球顶级制造企业的研究中发现,制成品在顶级制造企业销售收入所占的比重仅有 30% 左右,而服务以及零配件业务的比重超过 70%。"对德国 200 家装备制造企业的利润分布情况进行调查结果(图 5-3)表明,200 家机床生产企业的总销售额大约 434 亿欧元,其中通过新产品设计、制造和销售环节的销售额大约占 55%,但是利润率却只有 2.3%,其余利润几乎都来自服务环节,仅备品备件一项所获得的利润就与整个产品设计、制造和销售环节获得的利润相当,因此围绕服务产生的利润已经远远超过了制造产品产生的利润。类似的情况在约克公司(YORK)、通用汽车公司和奥的斯电梯公司等企业也得到体现,因此,企业要获得新的可持续利润,就必须从销售物理产品转向服务[48]。

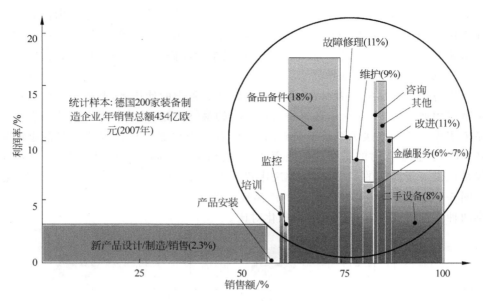

图 5-3　德国装备制造企业的利润分布情况

5.1.2　服务的定义及特性

服务业涵盖的领域非常广泛,既包括新兴的服务活动,如电信服务和技术中介服务,又包括传统服务活动,如餐饮服务;既包括劳动密集型产业,如保洁服务,又包括资本密集型产业,如交通运输业,还包括知识和技术密集型产业,如金融保险业;既包括可以标准化和大规模生产的服务,如快餐业,又包括只能以个性化方式完成的服务,如咨询服务。由于服务业的复杂性,使人们至今没有形成公认的关于服务和服务业的定义。学术界从不同角度揭示服务的某些共性,以下列出其中具有代表性的一些观点。

(1) 1960 年美国市场营销学会将服务定义为:"用于出售或者是同产品连在一起进行出售的活动、利益或满足感。"

(2) 北欧著名服务营销专家格朗鲁斯将服务定义为:"服务是指或多或少具有无形特征的一种或一系列活动,通常(但并非一定)发生在顾客同服务的提供者及其有形的资源、商品或系统相互作用的过程中,以便解决消费者的有关问题。"

(3) Zeithaml 和 Bitner 认为服务是行为、过程和绩效。

(4) Fitzsimmons 认为服务是一种顾客作为共同生产者的、随时间消逝的、无形的经历。

(5) 佩恩在分析了各国营销组织和学者对服务的定义后,对服务概念做出的界定是:"服务是一种涉及某些无形性因素的活动,它包括与顾客或他们拥有财产的相互活动,它不会造成所有权的更换。服务产出可能与物质产品密切相连,也可以与物质产品不相连。"

从上述几个定义中可以看出,服务是一种完全不同于传统产品制造的概念。为了更好地理解服务的定义和内涵,学术界对服务的共同特性进行了深入研究,形成了对服务一般特性的共识。与传统产品制造相比,服务具有以下六个显著特性[49,50]:

(1) 顾客参与性

顾客作为参与者出现在服务过程中。顾客的参与要求企业必须注意服务设施的物质环境,而这一点对制造企业来说并不必要。对于顾客而言,服务是一种发生在服务设施环境中的体验,如果服务设施的设计符合消费者的需要,就可以提高服务质量。与此同时,在提供服务时,顾客在服务过程中可以发挥积极作用。快餐店的经验很好地说明了这一特性。有些快餐店要求顾客不仅要根据有限的菜单自己点菜,而且还要在饭后自己清理餐桌。顾客需要的是快捷的服务和便宜的食物,为此他们愿意付出一定的劳动。而快餐店通过这种顾客的参与,有效地减少了服务人员和勤杂人员的数量。同时由于不完全受限于员工人数,使得服务提供能力可以随需求波动而变化。

(2) 无形性

传统产品制造产生的是有形实物,顾客对是否购买产品可以依据一些相对客观的标准进行决策(如质量、外形、性能指标等),而服务在很大程度上是一种概念和体验,顾客只能通过搜集相关信息、参考多方意见并结合自身的体验和经历来做出是否接受服务的决策,并在服务完成后对服务质量进行评价。这使顾客在做出是否接受一项服务的决策时,面临的风险更大。很多情况下,顾客需要依赖服务企业的声誉来做出判断。通过登记注册、签发执照和定期管制,政府可以介入很多服务领域以确保服务企业的声誉,也可以强制某些服务企业的员工培训和服务测试水准达到特定的标准(如餐饮业的卫生标准),从而向消费者保证服务质量。

(3) 不可分离性

不可分离性是指服务的生产和消费同时进行。服务在本质上是一个过程或一系列活动,消费者在此过程中与服务提供者直接发生联系,服务人员将服务提供给顾客的过程,也就是顾客消费、享用服务的过程。而在制造业中,产品的生产过程和使用过程是分离的,顾客看不到产品的生产和流通过程,生产和消费过程具有一定的时间间隔。服务的不可分离性表明,服务消费者必须以积极的、合作的态度参与服务生产过程。同时,该特性使服务提供者在很大程度上失去了干预和控制质量的机会,给服务质量控制带来了一定困难。

(4) 易逝性

服务的易逝性是指服务不具备储存能力,既不能在时间上储存下来以备将来使用,也不能在空间上将服务转移并安装。如果不能及时消费,服务产品就会消失。例如:飞机上的空座位、医院或旅馆的空房间、心理医生在工作日中某一个小时没有病人,这些剩余的服务能力都不能存储和转移。由于无法利用库存来平衡顾客需求的波动,服务的易逝性使服务能力的充分利用成为一种管理上的挑战。服务能力的设定和对服务需求的管理对服务企业成本和盈利能力影响很大,是服务营销管理的一个研究热点。

(5) 异质性

服务的无形性和顾客参与服务过程的特性,使提供给每个顾客的服务各不相同,表现出异质性。由于服务无法像有形产品那样实现标准化,因此同一服务存在质量差别,每次服务带给顾客的体验和效果、顾客感知的服务质量都可能不同。标准的制定和以适当的方式进行员工培训,是消除或降低服务异质性的有效手段。但是,在有些情况下,由于顾客希望得到与别人不同的体验,服务异质性及个性化也能为服务创新提供机会。

（6）所有权的不可转让性

服务所有权的不可转让性是指，服务的生产和消费过程中不涉及任何有形产品所有权的转移，或者说，服务与所有权无关。顾客在消费完成后，不会获得类似有形产品交易后所有权的转移，服务消费者对服务只拥有使用权或消费权。例如，乘坐飞机抵达目的地后，除了机票和登机牌以外，顾客不再享受旅行服务，旅行服务的所有权不发生变化。

5.2 服务创新的内涵

人们已经意识到未来经济竞争力在很大程度上将取决于服务业竞争力的强弱，市场竞争的重点已由传统的成本竞争（价格竞争）转移到服务竞争（非价格竞争）。由于服务竞争的关键是提高服务创新能力，以较低的成本尽可能满足顾客需求，提高服务质量，因此服务创新作为一种非常重要的非技术创新形式，在经济增长和社会发展中将发挥越来越重要的作用，受到了学术界和产业界的广泛重视。国外对服务创新的研究始于20世纪70年代末到80年代初，并取得了一些有意义的成果，而国内在这一领域的研究工作还处于刚起步阶段。需要指出的是，即使在国外，研究工作也处于初期阶段，大大落后于有形产品"技术创新"的研究[51]。因此，服务创新的内涵和要素、服务创新过程、服务创新体系的建立以及信息技术在服务创新中的支撑作用等一系列问题都是当前值得深入探讨的研究热点。

服务业大致可分为三类：传统服务业（包括金融服务业、电信服务业等）、制造业服务业（包括软件服务业、汽车服务业等）、非盈利性公共服务业（包括教育业、公众信息服务业等），这三类服务业，都需要进行服务创新。目前学术界和产业界还没有形成关于服务创新的一致公认的定义，文献[49]认为：服务创新是企业为了提高服务质量和创造新的市场价值而发生的服务要素变化，对服务系统进行有目的、有组织的改变的动态过程，或者是把特定顾客、特定问题的解决方案运用到解决其他顾客或其他问题方面。文献[50]认为，服务创新主要是指在服务过程中应用新思想和新技术来改善和变革现有的服务流程和服务产品，提高现有的服务质量和服务效率，扩大服务范围，更新服务内容，增加新的服务项目，为顾客创造新的价值，最终形成企业的竞争优势。与制造业以降低产品成本取得竞争优势不同，服务创新主要是通过提高服务质量，提供可信赖的、迅速有效的服务，给顾客带来新的价值，以此取得竞争优势。由于服务的根本目的是满足顾客需求，因此作者认为：服务创新是企业围绕服务传递系统而进行的一系列的创新活动，其根本目的是更好地满足顾客需求，提高服务质量，进而最终提高服务企业的核心竞争力。

服务创新可以从狭义和广义两方面理解[52]。从狭义上讲，服务创新是指服务型组织为获得更大的商业和社会利益，通过组织结构创新、服务传递方式创新、服务流程创新、服务作业系统创新等主要形式，向目标顾客提供更高效、周到、准确、满意的服务包的过程。这里服务包定义为在一定环境下提供的货物和服务的组合，包含五个方面的内容：①支持设施：服务提供前已经准备好的物理设施，如医院、飞机；②使能服务的货物：购买者采购或消耗的物品，或是客户提供的物品，如汽车部件的替代品、滑雪橇、法律文书；③信息：客户提供的运作数据或信息，帮助完成有效的客户化服务；④外在服务（明确的服务）：观察者能够感受到的效果，包含了服务的本质特性，如维修后汽车运行良好，治疗后牙不疼了；⑤隐含服务：客户能够模糊感受的心理效果，反映了非本质的服务特性，如汽车维修时客户心里是否很紧张,贷款办公室的隐私保护水平。

　　服务型组织包括盈利型和非盈利型组织,它涉及以下领域:商业服务,如咨询、金融、银行;贸易服务,如零售、维修、保养;基础性服务,如通信、运输;社会(或个人)服务,如餐饮、保健;公共服务,如教育、医疗、政府管理等。从广义上讲,服务创新是指各类组织(部门)不断为用户提供无形的服务、有形的产品或二者的结合物,以便创造更大的价值和效用,提高服务质量,增强顾客满意度和忠诚度。对制造业而言,服务创新是指直接面向用户的一切活动的改进,不仅包括狭义服务创新的内容,还包括提供以产品为载体的特色服务,其目的在于挖掘现有产品和新产品的潜在收益,并通过相应的信息提供、技术支持及咨询服务等,与顾客在产品质量和服务方面结成动态交互的伙伴关系。

　　"创新理论"最初由美国经济学家约瑟夫·熊彼特在其专著《经济发展理论》中提出。熊彼特所提出的创新理论包括寻找新项目、新生产方法、新市场、新原料和新产业组织等。由于服务在本质上是一个行为过程,具有"顾客参与"、"无形性"、"生产和消费同时性"、"易逝性"以及"所有权不可转让性"等特点,因此与制造业的技术创新不同,服务创新表现出了很多独特性质,主要有[49,51]:

　　(1) 服务创新具有无形性:主要表现为是一种概念性和过程性的活动,其结果是一种无形的概念、过程和标准,如一款新的保险规程、一种新的传递方式等,所以在服务创新中产品创新与过程创新难以区分。

　　(2) 服务创新形式多样化:在服务业中,创新有多种诱发因素,而技术创新只是其中的一个方面,而非技术形式的创新在服务业中显得更为重要。服务创新的形式不仅包括产品创新、过程创新、市场创新和组织创新,还包括传递创新、社会创新等独特形式。

　　(3) 服务创新的新颖度范围较宽:技术创新的新颖度范围较为狭窄,其变化是一种显著、可见的有形变化,而且必须是可复制的,不可复制的变化未被列入创新范畴。而服务创新既包含明显的变化,也包含程度较小的、渐进性的变化。

　　(4) 服务创新容易被模仿,缺乏法律和专利保护:目前专利主要是保护有形的产品和技术创新,而对服务创新的保护力度不够,容易被竞争对手模仿。因此,由服务创新所带来的利润通常具有短期性,对企业远期盈利成长的贡献作用有限。因此,一个公司有了新的服务概念后需要迅速占领市场,并且取得领先于竞争对手的优势,授权是占领市场区域和建立品牌优势的有效手段。

　　(5) 服务创新通常以顾客需求为导向:更多地表现为需求方活动,顾客亲自参与创新过程,并作为"合作生产者"对创新结果产生重要影响。

　　(6) 服务创新主要体现在企业层次上:这种创新可通过在整个服务业内扩散得到传播应用。

　　(7) 服务创新过程的交互程度高:企业内外部的交互活动十分丰富,以便获取创新思想来源,并使创新产品易于被市场接受。

　　(8) 服务创新具有高度复杂性:创新过程涉及企业内外部多个主体,可根据需要跳过某些阶段和步骤,实施过程灵活,加之顾客的参与,服务创新的过程显得较复杂。

　　(9) 服务创新的组织实施较灵活:服务创新的实施主要运用社会科学方法诱发、搜集和整理创新概念,其开发周期短,一般没有专门的研究开发部门,在创新过程中的组织形式和实施方法非常灵活。

5.3 服务创新理论及创新要素

目前主要有三种研究服务创新方法,分别是"技术学派"、"服务导向学派"以及"整合研究学派"[50,53]。

"技术学派"关注技术和系统在服务业中的应用,主要从技术(特别是信息和通信技术)对服务的影响出发进行研究,是服务创新研究中最早采用的一种分析方法。该学派的研究内容主要包括:研究技术在服务业中传播与扩散的速度和程度,分析各种技术的采用对服务业经济变量(如生产率、就业等)的影响,研究技术在服务业中所引发创新的性质、结构、过程和演变规律等。技术学派中最有影响的是 Barras 提出的"逆向产品周期(reverse product cycle,RPC)"理论。该理论认为,服务业对计算机系统的采用首先导致了渐进过程创新的出现,改善了服务传递效率;随后又出现了根本性的过程创新,并因此提高了服务质量;在产品周期的最后阶段出现的是产品创新。从本质上看,"逆向产品周期"理论是制造业技术创新活动在服务业中的扩展应用。但是,纯粹的技术观点并不能完全理解服务创新形式的多样性及特有的结构和机制,因而不能揭示服务创新的全部实质,需要运用其他方法更加全面和深入地理解服务创新的内涵和本质。

"服务导向学派"认为服务本身的特性引发了很多"技术方法"难以发现的创新形式,这些创新比由技术引发的创新更为频繁,并成为服务创新的主体,因此,该学派强调以服务和服务创新的特有性质作为创新方法分析的基础。例如:该学派的一个重要概念是"服务生产",它指出创新过程中服务提供者和顾客之间具有"合作生产"这一突出特点,这是一个与传统制造产品生产完全不同的根本属性。从服务的顾客参与特性出发,可以更好地揭示服务创新的过程。该学派并不排斥服务创新的技术维度,但是更加重视非技术形式的创新,包括组织创新、传递创新、结构创新、专门化创新等。目前,该方法已成为服务创新研究的主要方法。

"整合研究学派"则以近年来制造业和服务业边界的日益融合、模糊以及相互渗透的趋势为基础,认为一般产品与服务在功能特性上没有差别,可以视为具有共同功能的对象进行统一的创新"整合"分析,形成适用于创新研究的一般理论和方法。整合研究学派中较有代表性的是 Gallouj 和 Weinstein 所做的工作,他们以整合方法为基础,对包含产品和服务的创新进行了统一分类,识别出六种创新模式:根本创新、改进型创新、渐进创新、专门化创新、重组创新、形式化创新,揭示了服务业和制造业创新活动内在和本质的联系。

以上三种方法形成了"技术—服务—整合"方法体系,其中每种方法各有特色。创新是基于外部环境和竞争态势对感知的顾客需求变化进行的响应,可以是产品/服务本身的创新,也可以是其组合及所提供过程与方法的创新,包括理论创新、技术创新、组织创新、市场创新等。对于服务型企业而言,Kandampullly 认为,创新是服务企业的核心竞争力,服务创新依赖于三个相关要素,即技术、知识和关系网络。Chapman 等总结了服务创新的主要驱动因素,包括网络与研发、信息和交流技术、人力资本、组织变革、知识产权、竞争和规则的变革[54]。

在当前服务创新理论中,"四维度整合模型"受到广泛重视。Bilderbeek 等人在 1998 年提出了关于服务创新的整合概念模型,包含了四个关键维度,因此,被称为"四维度整合模型"。该模型是对前人研究成果的整合,从更为一般的角度对服务创新包含的维度进行分析和讨论。"四维度模型"虽然只是一个概念模型,但能较为全面地描绘服务创新并指导实际创新活动,建立对服务创新进行整体研究的分析框架[50,55,56]。实践证明,该模型对创新政策制定者和服务创新企业家均有一定参考价值。服务企业可以对照该模型进行创新战略规划,并根据实际情况选择适合自身发展需要的创新模式。

图 5-4 是四维度整合模型的原理图,影响服务创新的四个维度分别是"新服务概念"、"新顾客界面"、"新服务传递系统"以及"技术",不同维度分别对应不同的职能活动,它们之间存在关联和相互作用。服务创新较少被局限在由技术引发的创新范畴内,更多的时候它与服务产品本身特性的变化、新的销售方式、新的"顾客—生产者"交互作用方式以及新的服务生产方法等因素密切相关。大多数创新都不是由某一要素单独导致的,而是各种要

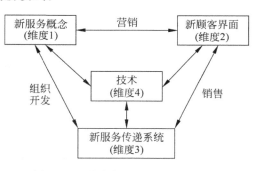

图 5-4 服务创新"四维度整合"模型

素综合作用并包含不同程度变化的混合体,这些共同形成了最终的服务创新。"四维度整合模型"是一个运用结构化方式对多个因素发挥作用的创新活动进行描述、分析和讨论的整合模型。下面分别介绍服务创新的四个维度的含义,并介绍信息技术对服务创新的支持作用。

1. 新服务概念维度

新服务概念维度指在服务组织中形成的新理念和新观点。在服务业中,电子商务、银行信用卡等都是"新服务概念"创新的典范。

在制造业创新中,产品和过程是有形可见的。但在服务业中,很多创新具有无形性。创新结果并不是一个有形实物产品,而是解决某一问题的新概念或方法,因此服务创新在很大程度上是一种"概念化创新",在服务业中占有相当大的比重。这种服务概念的创新主要源于市场推动,其创新过程是创新者观察市场行为,或从其他市场行为中获得启示,从而提出新的服务理念和观点。因此,服务概念创新是市场驱动型的,企业通过对市场需求的搜集和分析发现创新来源。这就要求企业对自己提供的已有服务和新服务以及竞争者提供的已有服务和新服务都有准确的认识。通过对"新服务概念"的理解,服务企业可以不断根据市场变化、顾客要求以及竞争者的行为开发新的服务并改进原有服务,形成企业的"商业智力"。新服务概念创新是所有服务创新活动的先导,是服务企业非常重要的创新前提。但是,服务概念的创新并不具有专利性,难以得到法律的保护,它可以被竞争对手模仿。因此,由服务概念创新所带来的利润只具有短期性,对企业远期的盈利成长的贡献作用有限,因此,一个公司有了新的服务概念后需要迅速占领市场,并且取得领先于竞争对手的优势。

信息技术可有效支持新服务概念创新。例如,近年来随着中国股改的成功以及股市的快速发展,人们越来越关注个人资产的投资和管理。而面对品种繁多的个人理财产品,人们往往需要根据自身风险承受能力和预期收益高低,在专业服务人员的帮助下完成对个人资产的管理和经营,以期在一定的风险范围内获得较高投资回报。针对这一市场需求,不少商业银行开发出一种能够帮助顾客管理个人资产的专业网站。在这类个人资产管理网站上,用户可以方便地设置和查询自己的各种投资产品,如活/定期存款、开放式基金、股票、纸黄

金等。同时个人理财网站还与相应的财经咨询网站互联,及时快速地向用户反馈其事先订阅的各种财经资讯。另外,可以设计不同的知识库,供用户在线查询所需的投资理财知识,也可以通过网络在线同个人理财专家进行实时交流,及时获取投资建议和策略。此外,很多理财网站还支持各种经济预测模型,对股票或基金未来走势提供预测。所有这些服务都是在信息技术以及数据处理和挖掘技术支持下实现的。

2. 新顾客界面维度

新顾客界面维度指服务企业与顾客之间的服务传递和人际交往方式。顾客交互界面对于服务型企业非常重要。大多数服务企业的基本特征就在于服务提供者和顾客之间存在服务接触,这种可以感知的服务接触过程和方式就是服务交互界面。服务接触时刻是顾客产生对服务质量评价的关键时刻,因此服务交互界面就成为了顾客据以评价服务质量的关键载体。在服务接触过程中,顾客、服务组织及接触顾客的员工三者之间相互作用,每一方参与者都力图对"服务接触"施加一定控制。根据主导"服务接触"的参与方的不同,可以将顾客交互界面分为由服务组织主导、由一线员工主导和由顾客主导三种不同的类型。表 5-1 给出了这三种不同顾客交互界面对服务企业经营的影响。

表 5-1 不同顾客交互界面类型对服务企业经营的影响[33]

界面类型	设计出发点	优点	不足
服务组织主导	出于提高效率或实施成本领先战略的考虑	实行服务系统的标准化,能够高度控制服务接触过程,从而提高服务效率,降低成本	限制了员工与顾客接触时的自主权,难以满足顾客的个性化需求。员工迫于企业的硬性规定,工作满意度不高
一线员工主导	提高与顾客直接接触员工的自主权,灵活解决服务现场问题	赋予与顾客接触人员足够的自主权和控制权,基于服务提供者的专业知识,顾客高度信赖他们	为减少在满足顾客需求时所面临的压力,服务人员大都希望降低服务接触的范围,以取得对顾客的充分控制
顾客主导	通过极端的标准化服务和定制服务来尽可能满足顾客个性化需求	通过标准化自助服务可使顾客自主控制有限的服务选择;通过定制化服务,顾客的个性化需求得到充分满足	要满足顾客的个性化需求,不仅需要调动组织的所有资源,而且花费很高,这样可能会影响到服务企业对经济有效性和经营效率的追求

从表 5-1 中可见,并不存在一种完美的服务交互界面,而必须与顾客建立互动交流关系才有可能不断改进服务界面的接触效果。这里,企业与顾客的互动交流手段包括电子邮件、在线服务、电话和互联网等。借助互动交流,企业可以迅速了解现有顾客和潜在顾客的需求。

顾客交互界面设计是许多服务创新的焦点,尤其是在服务生产和传递过程中。服务生产可以理解为围绕服务过程、服务产品和服务消费所形成的"企业—顾客"关系的映射。新顾客交互界面的创新主要是指发生在服务生产和传递过程中的创新活动。

先进的信息技术往往对顾客交互界面设计的创新有巨大促进作用,通过设计并改善原有的顾客交互界面,一方面可以提高服务提供者与顾客之间的交互效率,另一方面通过信息技术保证服务质量的一致性和标准化,提高了服务质量水平。自动柜员机(ATM)虽然表现为一种技术创新,但它同时又是银行与顾客在服务交付中接触方式的创新。另外呼叫中心、电子数据交换(EDI)、大规模分布式财务结算系统等都是交互界面创新的典型。顾客交互界面创新将导致整个创新过程的再造,而这种创新的实现通常需要借助技术创新的支持。

另一个应用信息技术改善顾客交互界面,进而降低顾客参与成本的例子是全国铁路联网订票系统。长期以来铁路购票难是一个老大难问题,不仅影响了铁路业的服务质量,也抑制了人们的铁路消费愿望而转向航空和公路运输。目前我国已经成功研制并投入使用了全国铁路联网订票系统,旅客可以在短时间内购得去程和返程票,大大降低了人们购票的时间和人力成本,提高了铁路部门的工作效率和服务质量。由此可见,信息技术能够有效地改善顾客交互界面,降低顾客参与服务交互的时间和人力成本,提高服务质量。

3. 新服务传递系统维度

新服务传递系统维度指生产和交付新服务产品的过程和组织。该维度侧重于服务企业的内部组织安排,力求通过合适的组织安排和管理,促使企业员工开发和提供新服务产品。服务传递系统维度的中心内容是强调现有的组织结构和员工能力必须适应新服务开发的需求。如不适应,就要通过新组织结构的设计和员工能力的培训以适应新需求。服务流程创新的最直接结果就是建立起新的管理方式和服务方式。

"新服务传递系统"维度和"新顾客界面"维度之间有着密切的关联,内部组织和传递方式("服务传递系统"维度)与员工和顾客间相互作用的方式("顾客界面"维度)不能分离,两者相互交织并相互支持。最明显的一个例子是,在商业过程中引入电子商务要求有较大的商业过程重组。它不仅改变了实际商业交易发生的方式,而且改变了交易前后的过程,同时企业的内部组织和员工的能力、技能也都要发生改变。

信息技术对服务提供者的内部流程和传递系统的改变也通常起着非常重要的作用。在利用信息技术改善与顾客交互界面的同时,往往要求服务企业内部流程和传递系统做相应的调整。在信息技术的帮助下,提高服务传递系统的传递效率。例如自动柜员机虽然是作为一种顾客交互界面的形式出现的,但是采用自动柜员机的银行往往需要构建庞大的电子交易信息系统,通过交易系统实时与分布在不同地域网点的自动柜员机保持数据交换和通信。相应地,银行的个人存取业务流程也必将做相应的调整,以便适应新的交易模式。电子交易系统的使用必将引发银行进行较大程度的业务流程重组,它不仅改变了实际商业交易发生的方式,而且改变了交易前后的过程,进而要求银行内部组织和员工的能力都要有相应的改变。

4. 技术维度

技术在服务创新中扮演着重要角色。"技术"和"服务创新"存在广泛的关系,大多数服务都可以通过使用某些技术而变得更为高效,如超市中无线射频识别(RFID)技术的引入、仓储管理系统的使用等。在服务创新中有很多针对特定部门的技术,如健康服务中的医疗技术、环境服务中的清洁和监测系统技术、公共饮食服务和旅游服务中的食品和烹饪技术、零售服务和物品运输中的冷藏和温度控制技术等,这些技术对特定服务部门产生重要影响。另一方面,某些技术可以在众多服务部门中被广泛使用,其中信息技术就是一个明显的例子。学者们经常认为信息技术是服务创新的巨大推动力,即典型的"供应商主导型"创新观点,其中最有影响的是 Barras(1986)提出的"逆向产品周期"理论。该理论认为服务业中的创新是由于对信息技术的吸收和使用而形成的。然而事实上,服务并不总是供应商主导的,很多服务企业在技术引入的过程中和过程后都在进行其他创新活动。在某些情况下,由顾客和市场引发的创新在服务企业中更为频繁和重要。

服务业中的许多创新是由下游服务部门所推动的,而且大多数服务创新是由顾客主导的。服务业本身并没有太多的原创性技术,但服务企业通过从外部选择、借鉴和引入新的技术手段,就可以推出新的服务产品。信息技术被认为是服务创新中的革命性技术,它直接提升了服务企业的协同能力和反应速度。另外,新技术在服务业中的应用还可以对原有组织管理方式产生革命性的改变。服务业通过成功地选择和引入新技术,可以快速形成新的利润中心,提高服务生产效率,提升顾客满意度,并与顾客之间形成牢固的结构化关系,大大提升顾客的忠诚度,使企业的远期盈利能力加强[57]。金融企业通常拥有庞大的IT部门,进行大规模的后台服务自动化,支持ATM以及类似的顾客界面。在交通服务业中,将全球定位系统(GPS)用于车辆移动定位和调度等,这些都是IT技术运用于服务创新的成功案例。

需要着重指出的是,上述四个维度并不是孤立的,而是密切关联并相互影响。在某种意义上,任何一项服务创新都是上述四个维度的特定组合。一项新服务的出现通常意味着形成新的服务概念,开发新的服务传递系统,改变员工工作方式及其与顾客接触的方式,并使用必要的信息技术来支持。

5.4 服务创新应用案例

5.4.1 陕鼓制造服务创新应用

西安陕鼓动力股份有限公司(简称陕鼓)源于1968年成立陕西鼓风机厂,为冶金、石化、空分、环保和国防等多个产业提供透平机械系统问题解决方案和系统服务。公司的产品有轴流压缩机、能量回收透平装置、离心压缩机、离心鼓风机、通风机五大类,主导产品轴流压缩机和能量回收透平装置属高效节能环保产品。

2001—2011年,公司营业收入从3.12亿元增长到51.2亿元,10年增长了15倍,复合增长率为32%;净利润从0.22亿元增长到6.22亿元,复合增长率为41%。陕鼓的管理层将公司规模的增长归因于公司多年来进行的战略转型和变革。外包型制造模式和服务型制造模式是传统制造业转型的主要方向。陕鼓将两种先进制造模式相结合,实施轻资产的运营模式和"制造+服务"的商业模式。

第一次转型:从设备销售转变为系统集成商和服务商。2002年,公司提出轻资产的运营模式,从机组销售转型成成套设备销售服务商。2006年,公司提出了"两个转变"作为公司的战略发展方向,一是"从单一产品供应商向动力成套装备系统解决方案商和系统服务商转变",二是"从产品经营向品牌经营转变",使公司逐渐从以风机产品销售为主营的企业逐步转变为透平机械的系统集成商和服务商。

第二次转型:由空分用压缩机销售转变为提供工业气体的服务商。2008年,公司开始进入工业气体服务领域,由提供空分用压缩机的企业转变为提供工业气体的服务商。公司逐渐实现了从单纯设备制造企业向先进服务型制造企业的转变。

第三次转型:服务型制造企业现雏形。2011年,公司确定了能量转换设备、能量转换系统服务、能源基础设施运营三大板块。从各板块的收入结构来看，能量转换设备收入占比超过85%，服务和运营板块收入占比合计15%。公司规划到2015年，服务和运营的收入占比要实现大幅提升，三大业务将基本实现"三足鼎立"的局面。

在服务型制造战略的指导下，陕鼓开始从需求管理、能力管理、企业网络、风险管理等方面展开企业的服务化历程。

陕鼓通过推行以下服务来满足多样化的客户需求，提高客户满意度。①提供专业化维修服务：陕鼓依靠其人力资源优势，组建专业的设备维修队伍，为客户提供专业化维修，同时对客户的旧设备进行改造升级。这一服务的推行使客户企业不需要长期雇用专业维修人员，降低了人员雇用成本，同时陕鼓的维修队伍素质高，维修速度快、质量高，也降低了故障带来的成本。②提供专业化的备品备件管理服务：传统上，每个设备使用企业需要自己储存设备备件，而单个企业自己储存设备备件的成本很高，如果将多个企业的备品备件集中储存则可以以较少的备件数量保障所有企业的正常运行，大大降低备件成本。于是，陕鼓为所有的客户企业提供备品备件管理服务，从而使得客户企业不再需要自己存储备件。当设备出现故障时，客户企业可以从陕鼓租用备件，直至故障件修缮完成，陕鼓备件的及时供应保证了客户企业生产的连续性，并大幅降低了用户企业备件维护费用。③设备远程诊断服务：陕鼓与西安交通大学和深圳创为实技术发展有限公司合作研发了基于互联网的远程设备监测及故障诊断系统，可以对客户设备进行实时的远程监测，及时掌握设备运行状况及发展趋势，在客户的设备出现问题之前及时安排维修，大大降低了临时停机事件带来的损失。④提供金融服务：经过几年的高速发展，陕鼓的资金充裕，资信状况良好，拥有很高的资信评价（现中国银行、中国工商银行等13家银行给陕鼓综合授信达200多亿元）。利用这一优势资源，陕鼓开始向资金不足的客户提供担保，帮助客户获得发展所需资金。考虑到客户的个性化需求，陕鼓针对不同客户提供不同形式的金融服务，包括"卖方信贷买方付息"融资模式、"陕鼓＋配套企业＋金融企业"委托贷款融资、"预付款＋分期付款＋应收账款保理"融资、网上信用证融资、法人按揭贷款融资、金融企业部分融资等11种融资模式。

此外，陕鼓还借助自己对透平设备的知识，为客户提供工程成套服务。在提供自产主机的基础上，还负责进行设备成套设计（包括系统设计、系统设备提供、系统安装调试）和工程承包（包括基础、厂房、外围设施建设）。在这一过程中，客户控制了投资资金以及项目周期，减少了管理费用；而陕鼓则扩大了市场领域，利润空间增大，同时陕鼓满足市场需求的能力也获得了提升，实现了真正的双赢局面。

综合以上的各种产品服务系统，陕鼓为客户提供的是一种全生命周期的系统服务（如图5-5所示），涵盖了从系统设计方案，到设备制造及系统集成、安装调试、系统维护，到最后的系统升级各个环节。

5.4.2 富士施乐的文件管理服务

传统生产模式下复印机行业的模式是复印件制造商提供产品、技术和短期性的服务技术，从销售复印件产品和技术服务过程当中获取利润。虽然客户只是想要复印机的功能，但是他们必须首先购买产品，购买复印机所需要的消耗品，监测机器的性能，安排服务，并且客户还得承担产品选取和产品回收等与所有权相关的责任。在制造服务下的复印机行业模

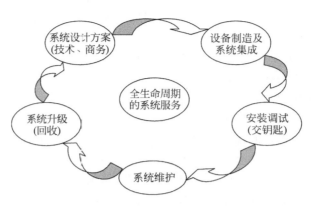

图 5-5　陕鼓的全生命周期系统服务

式,客户不再拥有产品的所有权,制造商提供的是"文件管理解决方案"。在使用过程中,制造商而不是客户负责选择提供合适的设备以及复印机的消耗物,此外制造商还要监控机器的性能,负责维修和对产品的回收。客户只为复印和打印功能而向制造商支付使用费用。

富士施乐(Xerox)公司用网络整合所有文件活动,为用户提供及时的文件服务,创新地实现了从产品延伸到服务的商业模式。作为全球文件管理的专家,富士施乐积极地倡导文件管理的重要性,并推出了卓有成效的 XOS(Xerox office service)办公文件管理服务,提高了企业办公效率,并且大大地降低了企业管理成本。

Xerox 的文件外包及沟通服务是综合管理从文件的创作、起草、到印刷制作成书或者文件,然后再到配送、库存的全过程。众所周知,由于时间、内容等原因,制作完的产品手册会有因过时而造成的浪费,通过 Xerox 文件管理服务可以实时帮助客户根据其需求按需制作,用多少制作多少。Xerox 全球文件管理服务采取的是按印量收费的模式。Xerox 还能帮助客户管理各种各样不同品牌、型号的打印机、复印机等办公设备,客户也可以继续使用原有的设备。Xerox 通过一个自己研发的软件实现网络管理、实时监测所有设备,当设备出现问题时,Xerox 能够第一时间知道,并立刻解决问题,这样客户就可以完全专注于自己的核心业务;Xerox 会对所有机器进行优化管理,根据客户工作流的现状,选择最好的设备提供给用户,甚至是设备放置在哪一个合适的位置都由 Xerox 负责设计。

N 公司是一家全球性的通信公司,其品牌手机在全球手机市场一直稳居前列。该公司遍布世界几十个国家的分支机构,都对文件处理有着海量的需求。富士施乐为全球诸多国家、地区的 N 公司提供统一标准化的服务。其中,富士施乐(中国)有限公司的全球服务部同样为 N 中国公司提供"XOS 办公文件管理服务",帮助他们通过科学、合理的方法,对办公输出设备进行评估、优化和管理。XOS 办公文件管理服务的目标是"重塑办公室,为办公室瘦身"。富士施乐首先对 N 公司的办公环境和文件使用状况进行考察,这包括工作效率的考察、空间密度的调研、工作量的调查、设备利用率和输出设备管理流程的考察,以及文件使用需求量的调查,包括文件使用的紧急程度、每个员工的成本、信息安全以及使用特殊需求、彩色需求,还有整个的企业文化的考察,在考虑所有因素并进行分析研究之后,富士施乐为 N 公司定制了 XOS 服务解决方案。方案内容包括:把客户原有的一些单一功能的设备更换成为多功能设备和网络设备;保存一些单一功能的小型桌面设备;根据各部门的输出需求,对该公司的所有设备重新洗牌,全面资产重组;优化其中的管理流程。这样下来,N 公司的办公输出设备数量大大减少,而整个的时间、流程节约则高达40%。

同时,富士施乐为N公司建立了一套办公室文件输出设备固定资产管理评估体系,定期的为他们评估当前的文件输出设备管理状况,并提出更新、优化以及资产再配置的方案。此外,需要说明的是,富士施乐为N公司提供的管理服务包括了对第三方设备(非富士施乐产品)服务供应商以及耗材供应的管理。

简而言之,富士施乐和N公司签署的是一个长期的、一站式的总体服务合同,帮助他们管理、维护各种品牌、不同类型的输出设备,同时,不断优化他们的输出设备管理流程,以此达到控制成本、提高工作效率和管理水平,并提升企业核心竞争力的目的。XOS服务为N公司带来的收益是明显的,通过这一优质的一站式服务解决方案,N公司全球的文件输出设备管理成本减少了20%～30%,整体办公效率则提升了15%～30%。

总体来说,通过办公文件管理服务,富士施乐可以进行以用户需求为导向的输出设备配置,为客户提供个性化的需求服务,并以网络形式进行高效的设备管理和预警,然后交付完善的统计报告,将每个月的数据汇总后,与客户进行充分的沟通和探讨,不断地进行设备优化配置和流程优化管理[58]。

5.5 面向服务的企业

服务概念的引入不仅增加了企业的利润创造空间,提升了企业的经济效益,更为重要的是面向服务概念的导入和应用还促进了先进的企业运作和管理模式的创新,出现了面向服务的企业和以服务互联创造价值的务联网(Internet of Service),本节介绍面向服务的企业产生背景和应用案例,5.6节介绍务联网的产生背景和其所涉及的关键技术问题。

5.5.1 面向服务企业的概念与定义

当今企业已经不再满足于规模的扩大,而越来越将其主要精力放在关注企业核心能力建设和核心竞争力的获得上。在这个指导思想下,企业正在经历新一轮的大规模重组和优化,与过去企业内部组织优化方式最大的区别是,新一轮重组和优化是在整个产业链上展开的,这种围绕核心能力对公司在产业链上进行分解和重组的过程,必然导致新型的协同生态系统(collaborating ecosystem)的出现,要求企业必须以新的模式和协同的方式开展其业务。

在这种环境下,首先出现的是随需应变的业务(on demand business)的概念。随需应变的业务的含义是:企业能够识别市场环境的变化,先于其他竞争对手做出合适的反应,并且保持与客户、价值网伙伴和员工需求的同步。随需应变的业务能够带来业务整体柔性化,而实现随需应变业务的核心技术是业务组件化和面向服务。

业务组件化,也就是将企业的业务分解为价值网上的业务单元,经过一定的分析与优化,把业务单元重构成业务组件,在实时信息流和集成IT系统的支持下,合作伙伴、客户、供应商的各种业务组件基于网络进行协同运作,通过业务组件提供的功能和供应商、客户、合作伙伴之间的服务来创造业务价值。

分解和重组的过程通过业务组件实现,每个业务组件对应于特定的业务功能,业务组件是企业的一个组成部分,它具有独立运作的能力。通过业务战略分析,识别企业核心业务和非核心业务,核心业务作为企业内部业务组件,非核心业务可进行外包。

传统的业务通过提供产品或服务得到金钱、产品或服务,业务组件也同样通过提供服务获得回报。业务服务是指业务组件给其他业务组件(内部或外部)提供的产品或服务。业务服务是业务组件的一个主要的特性。

业务组件包含以下内容:

(1) 业务目标:业务组件存在的理由,定义业务组件提供的基本价值。

(2) 业务活动:业务组件内部执行活动的集合。

(3) 业务资源:业务组件运作所需要的人、知识,任何有形或无形的资产。

(4) 管理机制:业务组件自治运作所需要的管理机制,包括对动机、性能和责任的评价指标和评价方法。

(5) 业务服务:业务组件提供和消费的所有服务。

基于组件化的企业业务具有很好的柔性,可以方便地引入新的组件、调整组件关系结构和组件间连接的流程。由于业务组件中包含人、资源、技术、知识,因此增加和减少组件必须考虑所有这些因素对业务和组织的影响,因此,组件的变更不仅仅是一个功能的替换。

要实现随需应变的业务仅将业务组件化是不够的,企业的分解(或者称为业务的组件化)是将企业分解为一组更小的和自治的业务组件,这些业务组件在业务生态系统环境中与其他企业的类似组件进行交互,需要在整个价值网上实现业务组件间的无缝交互和紧密集成。同样,在整个价值网上实现业务柔性化要求组件网络必须具有柔性,即企业可以"内化(in-sourcing)"外包得到的组件,或者"外包(out-sourcing)"其内部的组件。

面向服务是实现业务组件间无缝集成的核心,业务组件之间的交互体现了面向服务的思想,即每一个业务组件向其他业务组件提供一项或多项业务服务。使用业务组件服务的组件无须知道提供服务的业务组件是如何产生这个服务的。业务组件间的服务交互通过SLA(服务级别协议)来定义和约束,在 SLA 中定义了对交付服务的评价标准,用户根据SLA 中定义了的业务层协议对服务进行管理。

在业务组件化和业务服务化的基础上,出现了所谓"面向服务的企业"(service oriented enterprise,SOE)的概念。文献[59]认为 SOE 是一个组织设计问题,SOA(面向服务的体系结构)主要考虑技术类问题,而 SOE 影响整个组织,因此 SOE 的实施是组织的战略问题,即将组织设计成由服务请求者和服务提供者组成的新型组织模式,管理的重点聚焦在管理服务的接口和服务间的相互关系上。文献中还以荷兰一个银行的应用为例,分析了 SOE 的应用需求,给出了 SOE 的应用体系结构,并从战略、组织、技术、政治和经济几个方面讨论了SOE 给企业带来的优势。

文献[60]认为面向服务的方式使能了新的组织形式,企业开始建立面向服务的中心进而成为面向服务的企业。文中指出从传统企业到 SOE 的发展会经历传统企业、面向服务中心、面向服务的企业、部分服务外包的面向服务的企业四个阶段。

文献[61]中给出的 SOE 定义是:面向服务的企业是一个通过 SOA 实施和对外发布其业务流程的企业,它提供了一个建立在 SOA 环境下的业务流程管理框架。文献[62]指出业务的组件化趋势是产生面向服务的企业的主要原因,认为 SOE 可以看成是提供了一组能力,这组能力可以用来进行配置以满足变化的业务目标,指出 SOE 方法将组织的工作重点从应用开发导向转变成为部件的组装和部件的协调,同时指出解决 SOE 涉及的业务挑战比解决 SOA 实施涉及的技术挑战的难度更大,文献[62]还对传统企业和面向服务的企业环境中 IT 在业务中的作用、业务价值创造、业务需求/完成解耦情况、过程流和组合服务、过程设计、组织结构、中介机构的作用、服务定义的共同理解等多个方面的差别进行了比较。

作者给出 SOE 如下的定义[63]:面向服务的企业是一种以提供服务的方式进行运作的新型企业模式,通过将企业的业务单元组织成为提供各种服务的业务组件,在整个价值网络中,以服务提供和服务消费的方式实现企业内部不同业务单元(服务单元)和不同企业之间业务单元(服务单元)的业务协作,并按照事先约定的服务层协议对服务质量进行管理,快速柔性地响应市场需求的变化,实现企业和整个价值网络的利益最大化。

5.5.2 面向服务企业的内涵

在面向服务的企业中,企业的服务可以分为业务服务和 IT 服务两种。业务服务是指在一定业务环境下,具有一定业务价值的、可被感知和度量的企业服务。业务服务能够实现部分或全部业务过程,并且能够与其他企业服务协同实现一定的业务需求/目标。IT 服务是指那些只能提供 IT 操作的企业服务。IT 服务可与其他 IT 服务共同协作来实现业务服务的某些业务功能。IT 服务一般是封装在业务服务内部,对企业业务人员 IT 通常是透明的。

根据为业务提供服务方式的不同,企业的 IT 服务可以分为三类。

(1) 信息提供:即提供用户完成业务功能所需要的信息。这类 IT 服务可以帮助用户以更短的时间完成任务,从而提高工作效率。

(2) 任务的自动化执行:自动执行业务过程中的活动,降低人力成本,减少人为差错,缩短过程执行时间。

(3) 可视化:提供业务操作的可视化功能,实现对业务流程的监控和性能管理。

当然面向服务的企业的内涵还不仅仅表现在上述客户价值的体现方面,它实际上是企业经营管理理念和运作模式的一种变革,企业将不再以一个整体去参与市场的竞争与合作,而是以业务单元(业务组件)的方式参与到整个价值网络的运作中,企业的业务组件(而不是整个企业)成为市场中的服务提供者。在价值网中,面向服务的企业通过使用其他企业提供的服务来组合完成其服务,服务根据一定的业务逻辑组合而成,按照特定的业务功能和服务质量进行提交。每个服务都定义了相应的服务质量、可用性和其他为满足整体业务过程目标所需要的属性。

在面向服务的环境下,除了将业务组件化形成服务单元外,服务选择、服务匹配、服务合成、服务划分、服务使用、服务质量保证和评价成为新的研究问题。在新服务模式下,服务之间的逻辑关系是动态的,根据前面执行状态或事件决定,而不是根据预先定义好的逻辑执行。这就需要全新的建模概念、方法、构件和工具来支持柔性的业务执行过程,即,执行过程是基于执行结果,而不是事先规定好的执行顺序。

在面向服务的环境中,服务协商和服务供应商替换可能以非常快的速度进行,因此对服务中介提出了需求。在服务消费者有多种选择的情况下,服务提供商有积累信誉的动机,服务中介可以通过对供应商过去经验和评价准则的情况下对供应商的信誉进行预先评价。

在面向服务的环境下,服务中介的作用主要包括:
(1) 登记员:提供服务注册、查询、可商用服务的报告;
(2) 经纪人:基于消费者-供应商评价准则寻找最好的服务;
(3) 转卖:为服务提供商提供代理服务;
(4) 财务服务:为消费者、供应商、其他中介之间的交易提供报价和收费服务;
(5) 认证:确定服务消费者的身份;
(6) 服务集合者:集合可商用的特殊服务;
(7) 主机:为可商用的服务提供物理主机。

在随需应变的经济环境下,IT 的重要性已经远远超出了支撑作用,企业业务战略转型和业务过程优化与 IT 解决方案紧密相关。因此,在许多情况下,IT 能力驱动了公司业务战略的制定,甚至直接成为业务运作的基础,如 Amazon.com 公司、eBay 公司、Google 公司、Yahoo! 公司,即使那些业务不完全依赖于 IT 的企业,IT 也可以在其业务转型中发挥战略作用,如创造新的业务增长点。

为了便于读者理解,表 5-2 从业务环境、业务过程和组织机构三个方面,对面向服务的企业与传统企业进行比较。

表 5-2 传统企业与面向服务企业的对比

企业类型	业务环境		业务过程		组织机构		
	信息技术的作用	业务价值的产生	业务需求和实现	过程流和复合服务	业务过程设计	组织结构	中介媒介	服务定义
传统企业	信息技术是业务活动的支撑技术	价值产生于价值链的各个环节(从原材料到制成品),在企业内部创造出来	业务需求和实现在同一个业务单元发生	过程流通常是顺序的,价值产生于过程流的各个环节,服务的复合能力有限	带有决策点的静态、顺序结构。过程建模着重关注过程的分解	树状的层次结构	几乎没有	几乎没有
面向服务的企业	信息技术不仅是支撑技术,更是业务转型中的创新技术	由于与外部合作伙伴实时动态的重组业务,价值产生于整个业务价值网络	通过服务提供和使用,逻辑上将业务需求和实现分开,同一个业务需求可以由多个提供者满足	通过服务提供和使用,过程流具有网状结构。同一个业务服务可以源于多个提供者,同一个提供者为多个客户提供服务	基于业务实时运行结果的动态过程合成和重组	基于服务提供和使用关系的水平网状结构	中介媒介加速了提供者和使用者的协商过程,同时为使用者选择服务提供方便	业务服务的定义在面向服务的企业中尤为重要

5.5.3 业务组件建模方法

在面向服务企业环境下,企业会根据外部市场和业务协作的需要,快速地进行业务转型,一方面将非核心的业务外包(在企业内部删除该项业务),另一方面以增加新业务组件或通过集成外部组件实现外部业务的"内化"。图 5-6 给出了基于组件业务的快速转型示意图。

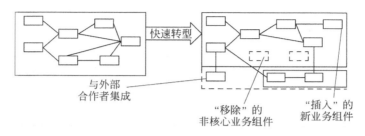

图 5-6　基于组件业务的快速转型

实施面向服务企业,支持企业业务快速转型,信息技术及信息系统的架构是关键。在面向服务的企业里,信息技术不仅是业务的支撑技术,更是业务转型中的创新技术。因此,需要一种构建企业信息系统的新技术框架,来促进企业业务转型。面向服务的体系结构(SOA)就是这样一种技术框架。在具体实施 SOA 架构之前,首先需要从企业业务的角度建立一个高度结构化的业务架构视图。

业务组件建模(CBM)是用来建立结构化业务组件模型的方法,它将企业的业务组件组织起来,在较高抽象层次上描述企业的业务逻辑,为解决业务低效问题和满足新的战略目标而实施的业务转型提供了基础。业务组件模型可以为企业提供业务战略和业务运作所需要的清晰的重点领域和核心能力,可用来识别业务改进和创新的机会。通过重组企业当前的业务活动,形成一组可管理的、模块化的、可重用的组件,最终提高企业运作的柔性。

图 5-7 给出了业务组件模型的示例图。

	业务管理	新业务开发	关系管理	服务和销售	产品生产	财务控制
指导层	业务规划	部件规划	账户规划	销售规划	生产计划	利润规划
控制层	业务单元监控	部件管理	关系管理	销售管理	生产监控	协调
	员工评价	产品管理	信誉评估			顺从
执行层	员工管理	产品目录	信誉管理	销售	产品制造	客户账户
		市场活动		客户交互		
	产品管理			合同管理	文档管理	分类账户

图 5-7　业务组件模型

图中每列定义为企业一个业务领域,包含技能、能力等特性。横向的层次代表了企业的职责,包括指导、控制和执行三个层次,描述了活动和决策的范围与内容。

(1) 指导层——计划:定义策略、计划、目标、组织、预算,整体性能评价方法;
(2) 控制层——管理:分配任务和资源,授权和决策,监控和问题解决;
(3) 执行层——执行:监控、管理、维护和执行活动。

图 5-7 中每个模块代表一个业务组件,它是企业的一个组成部分,可以独立运作,在极端情况下它甚至可以是一个独立的公司,或是其他公司的一个部分。图 5-7 中深色的业务

组件代表的是企业需要重点加强的核心竞争力或需要进行业务转型(外包)的模块。

图 5-8 给出了业务组件模型的建立过程。首先将一组具有共同目的业务活动组织起来形成一个业务组件的逻辑表示,其次识别业务组件的拥有者、评价指标、资源,并且将它们包含在组件中,最后将业务组件插入到反映整个企业业务的业务组件模型中。

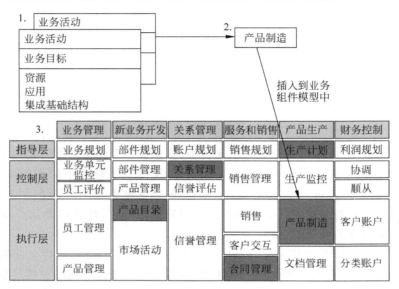

图 5-8　业务组件模型的建立过程

业务组件包含了一个逻辑业务单元的高层信息,具有以下特性:
(1) 有明确的边界,由它提供和使用的业务服务来进行定义;
(2) 包含资源、人员、技术和创造价值所需要的知识;
(3) 是一个黑盒,用户无须知道其内部的业务活动细节;
(4) 可以"干净地"进行剥离,提供逻辑上的分离点;
(5) 具有成本、回报、对业务的重要性等属性;
(6) 具有标准化的使用方式,使用它与使用系统组件和软件组件一样。

图 5-9 给出了业务组件的示例图,包含了基本的组件名称和描述信息,左侧的连线代表该组件使用的服务,右边的连线代表该组件提供的服务。

组件设计成为具有业务服务输入和输出的方式,可以采用输出到输入的方式进行连接,形成高层的业务流程,所形成的业务流程是后续面向服务的建模体系结构(SOMA)和流程细化工作阶段的输入,如图 5-10 所示。

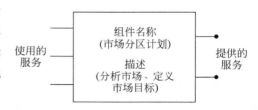

图 5-9　业务组件的表示方式

在面向服务的企业体系架构构建过程中,以组件为基础的服务建模是重要的工作,以下给出构建过程。

第一步:定义业务组件模型

(1) 业务分解:对企业进行业务环境分析、价值链分析、业务职能域分析,将企业按照

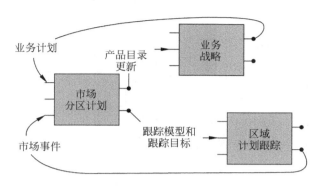

图 5-10　通过服务输入输出连接组件形成流程

业务领域分解成若干个职能域（如设计、制造、销售、采购、财务、服务等职能域），再将每个职能域分解为若干子系统（如将设计职能域分解为概念设计、详细设计、工艺规划、工装设计等子系统），进一步将子系统分解为业务组件和软件组件，并将相应的业务组件连接成为业务过程。

（2）组件重要性分析：对业务组件进行重要性分析。首先分析每个组件对企业创造价值的重要性（核心业务、一般业务、待淘汰的业务），然后分析企业现有组件是否具有竞争优势（很强、较强、一般、较差、很差）。

（3）制定业务组件转型计划：按照业务组件的重要性和是否具有竞争优势两方面的分析结果，制定业务组件的转型计划。对竞争优势强和较强的重要业务组件要进一步加强，使其保持竞争优势；对竞争优势不强的重要业务组件，分析是否能够通过 IT 的支持增强其竞争优势，如果无法形成竞争优势，则需要将其从企业核心业务中剥离；对于一般业务和待淘汰业务，则制定业务外包计划。

（4）在上述分析的基础上，定义企业的业务组件模型，对模型中的每个业务组件用不同颜色标出其下一步转型方向是加强还是外包。

第二步：定义业务组件的服务特性

（1）组件定义：确定业务目标和子目标，不同的服务组件实现一定的业务目标，定义业务组件的目的、服务特性、资源和组织。

（2）性能指标定义：将业务服务和业务过程对应到相应的组件，并抽取业务规则，分析并确定这些业务组件的关键性能指标。

（3）规范化：所定义的业务组件和业务服务进行详细说明和内务部过程说明，对业务组件和过程进行规范处理，形成业务组件规范和服务规范。

第三步：定义面向服务的企业体系架构

（1）定义企业的面向服务架构。

（2）构建企业业务组件和模块，设计业务组件和模块的各个要素。

（3）外购、开发、构建各个软件模块，在这个过程中要充分注意遗留系统的利用。

（4）建立支持业务组件运行的 IT 架构，基于 IT 架构运行业务组件。

业务组件建模是面向服务体系架构设计和业务流程管理的基础。图 5-11 给出了业务组件建模、业务流程管理、企业体系结构、面向服务的建模体系结构、面向服务的体系结构（SOA）运作、业务流程性能管理（BPPM）之间的关系。

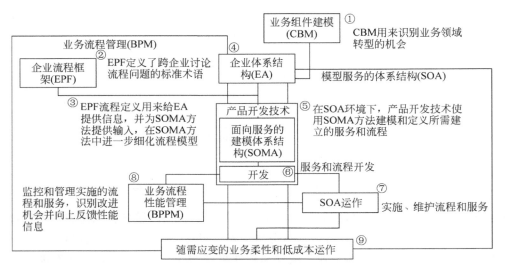

图 5-11 业务组件建模与 EA、SOA、BPM、SOMA、BPPM 的关系

5.5.4 荷兰银行面向服务的企业案例

在荷兰保险业和银行业,三分之一的公司已经开始使用面向服务的体系结构,60%的企业管理者已经认识到采用面向服务的体系结构将给企业业务带来的新机会,仅有11%的企业管理者认为 SOA 没有给他们带来新的机会[59]。

荷兰 AEGON 集团是目前荷兰最大的保险公司,按市场资本化衡量,AEGON 公司是世界三大保险公司之一,其业务覆盖欧洲和其他国家。公司的核心经营理念是:诚实、尊重顾客、专注、专业、注重实效。它有 22 个品牌,许多是通过并购后获得的,这些品牌每个都独立运作,有独立的信息系统支持,不同品牌的很多业务功能重复,信息系统重复,公司的整体运作效率不高。

为了提高企业绩效,AEGON 集团按照面向服务企业的思想对业务运作模式进行了重组。打破每个品牌独立经营的情况,建立为所有品牌服务的服务中心,在创建新业务的时候,充分利用已有的服务能力,高效快速形成新的业务。

图 5-12 给出了 AEGON 集团的新业务架构,从图中可以看出,客户渠道以下的业务领域、业务过程、服务、应用软件和基础架构不再按照品牌区分,统一为所有品牌提高服务。在客户渠道层开始区分各个特定的业务领域或品牌,为客户提高专业化的服务。

图 5-13 给出了业务流程、服务、应用软件间的关系,图中可以看出,当一个客户向公司提出了索赔登记服务后,公司的理赔服务中心启动相应的业务服务流程,在理赔中心的业务服务过程中会调用 IT 服务中心提供客户数据或财务的服务,并最终完成对客户的赔偿。整个流程的组织分

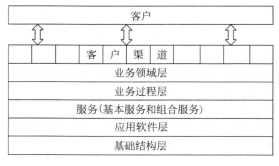

图 5-12 AEGON 集团的新业务架构

解和集成通过服务中心的方式完成,理赔服务中心专注于业务流程的管理和任务的协调,它既是服务提供者,也是服务请求者。不同服务中心之间按照事先确定的服务级别协议中时间、成本、质量和可用性约定提供服务。不同服务中心之间同时也确定长期服务协议,一般1~2年重新协商一次。在业务服务执行过程中,管理层对服务级别协议的执行情况进行监控。

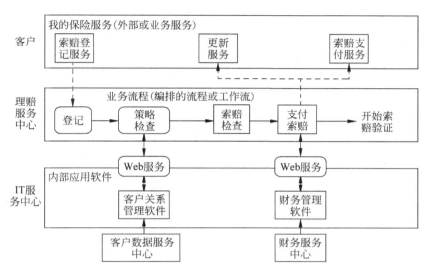

图 5-13　业务流程、服务、应用软件间的关系

面向服务的企业在运作上可以获得以下优势:

(1) 战略与组织优势

每个服务中心专注于其核心业务,自治完成,有利于形成清晰的管制结构;采用服务级别协议有助于明晰不同服务中心之间的关系(模拟市场化运作方式);服务中心内的专家专注于特定服务,可以获得高质量的 IT 服务和技能(过去这些专家分散在不同的业务部门中)对每类服务,有一个明确的服务提供者,完成服务的使用、客户化、适配等所有功能;对每个产品,服务中心中的业务功能和流程是标准化的,不同产品的流程有差异,但是变动很小,有助于员工服务多个产品;高度标准化的服务流程有利于降低运作成本;每个服务中心清晰定义了功能和流程、服务水平,服务中心完成服务运作的方式有助于降低复杂性,所需要管理的是服务级别协议(时间、成本、服务质量);通过重组和重用现有的服务,加快产品的上市时间。

(2) 管理优势

解决内部冲突:将类似功能集中到一个服务中心;有利于控制运作成本:服务中心的收入来源于其提供的服务,各服务中心的收益与控制成本的效果密切相关,提高了其控制成本的主动性和积极性。

(3) 经济优势

由于需要控制和维护的信息系统减少,所以系统的控制和维护成本得到降低;明确的服务级别协议导致预算分配和责任分配更加容易,每个服务中心的责任感加强;每个服务中心专注于特定的任务和功能,由此带来规模经济效益。

5.6 务联网的产生背景与关键技术问题

欧盟第七框架计划中提出的"未来互联网(Future Internet)"框架中,指出未来的互联网结构由四个网络构成,如图 5-14 所示。其中人际网用于支持人-人之间的交流,如 Facebook 网站、博客、微信;物联网用于支持对物理世界运行状态的信息感知;知识和内容网支持知识的共享;务联网(Internet of Service)支持服务提供、服务组合和服务应用。欧盟研究人员认为务联网是关于未来互联网的一种观点,指的是所有需要使用软件应用的事务或事物都可以互联网上的服务形式存在,如软件、软件开发工具、软件运行平台等。

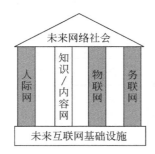

图 5-14 欧盟第 7 框架未来互联网的框架图

除了提供互联网上软件类的服务,务联网更大的作用是用于支持业务服务,特别是实现不同业务服务之间的协作和组合,快速、低成本地满足个性化的用户需求。在国际著名咨询机构 Gartner 发布的 2013 年信息技术未来十大趋势中,明确指出未来"一切即服务(Everything as a Service,EaaS)",即在无所不在的信息和网络技术支持下,业务、商务、管理、制造、信息应用、软件、数据皆可以用服务的方式对外提供,服务提供者从服务消费者那里获得经济回报。未来所有的企业都是面向服务的企业,所有企业都将是服务业。

因此,务联网可看作是一个网络化、综合性的服务生态系统。各种服务被配置于网络中,它们可在网络环境下被公开发布、标注,被使用者所发现、聚合,在专门的服务使能者(包括支付服务、认证服务、中介服务等)支持下通过多种业务和技术渠道进行交付。务联网支持各类服务参与者(顾客、提供者、使能者)之间、集成化服务之间进行基于网络的服务协作与交易,实现价值的创造与传递。

从上面的介绍可总结出务联网的一个定义如下:务联网是依托互联网实现的现实世界与数字世界相互融合的网络化应用服务形态,它以服务的形式支持各类网络环境下的各种现实服务,如生产性商务服务、生活消费服务、社会服务、信息服务、软件服务等,实现软件化服务系统的互联和社会化服务系统的互联。务联网在云计算环境下,除了体现服务资源及服务系统的网络泛在化与虚拟化,还更多地强调以服务的形式支持软件服务与商务服务,体现服务价值、服务质量、服务信用、服务整合、服务个性化、服务集成化、服务泛在化(EaaS)等新特征。(引自:徐晓飞,范玉顺,李伟平,韩燕波,陈德人."务联网"的服务基础理论及方法. 国家"973"计划 2012 年申请指南建议. 2011 年 8 月)

图 5-15 给出了一个务联网的概念示意。务联网以互联网和物联网作为手段,在现实的服务应用空间和数字化的虚拟空间之间建立联系,形成服务生态环境。与之相比,Internet 向用户单向发布信息,物联网从现实世界收集信息,云计算聚集资源并向顾客单向发布(计算的基础设施,通过特定的资源整合方式向客户提供各类网络计算资源);它们可以被视为开环网络。与之相比,务联网则通过"大规模定制"的方式为客户构建闭环网络:感知顾客的大批量个性化服务需求,进而建立每个需求与可用服务之间的映射,面向服务功能/性能/价值等目标进行自适应的服务设计、选取与组合(计算资源、服务资源、社会资源),自适应地形成务联网的子网络的集成,向每一个客户提供集成化服务,并根据应用情境的变化进行服

务的演化;服务子网络中的各个服务节点在物联网和互联网的支持下进行协同,共同完成服务需求。

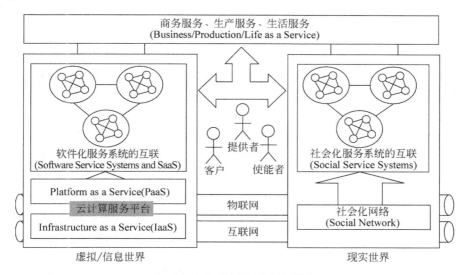

图 5-15 务联网的概念示意图

与今天的网络服务相比,务联网体现出如下新特征:

(1) 集成化应用服务:务联网是面向现实世界社会/商务应用服务环境的虚拟空间/现实空间的复杂服务网络系统;务联网除了包含软件服务,还关注现实社会应用服务;更加关注集成服务环境。

(2) 服务个性化:务联网构建和执行的是面向大规模、个性化顾客需求的大量服务。

(3) 服务价值:务联网的服务系统不仅追求功能和性能的优化,更追求实现服务各方的价值最大化和对价值知觉(value-aware)的过程。

(4) 服务质量:务联网强调以顾客满意度为目的的服务质量及优化。

(5) 服务整合与协同:务联网实现复杂网络环境下服务及资源的整合与协调。

(6) 服务泛在化:务联网要随时随地建立面向客户端环境的服务情境。

(7) 服务可信:务联网要求服务系统具有更高的信用、安全与可靠。

务联网的研究应用有着明确的社会需求和经济价值,我国目前在大力发展以信息技术为支撑的现代服务业,但是目前的各个现代服务行业中,由于各相关服务彼此独立,缺乏务联网的优化构建、运行及保障,带来服务质量低劣,引发服务的负效益。

以民航服务业为例,由于异常天气、流量控制、航空管制等原因所引发的航班延误和航班取消,经常导致旅客滞留机场,造成旅客的高度不满。分析原因,主要在于围绕民航的多个服务系统(空管局、空军、航空公司、机场、票务、天气预报、行李、酒店等)彼此之间缺乏连贯畅通的连接与交互,使得信息交互不畅,多项服务之间缺乏联动,难以高效率处理航班突发事件。从以下数字可以看出问题的严重程度:我国航班正常率为 80% 左右,在造成航班延误和取消的原因中,航空公司运行管理占 42.3%,流量控制占 26.1%,恶劣天气影响占 20.9%,军事活动影响占 7%,机场保障及其他因素占 3.7%(参见民航局《2010 年民航行业发展统计报告》)。2010 年,全国航班总数约 210 万班次,客流量 2.68 亿人次,约 4 千万旅客遇过航班延误；航班平均延误约1小时，部分航班甚至延误4小时以上；旅客对航班延误的投诉占投诉总量的40%以上。若能形成民航服务的集成联动务联网，实现有价值和高效率的构建与运行，减少航班延误率，并为航班延误旅客提供服务，则会大大提高旅客满意度。

目前的电子商务服务不再是单纯的网上购物，而是涉及产品设计、搜索服务、订单管理、团购、库存管理、在线支付、快递物流、信用控制等一系列服务所形成的务联网。虽然各项服务是由不同提供者所提供，但对顾客来说，需要享受的是整体服务，各服务之间若配合不好，则导致顾客满意度降低。以阿里巴巴为例，该公司近几年逐步推进其务联网布局，所提供的服务包括淘宝商城(B2C)、淘宝(C2C)、聚划算(团购)、一淘网(搜索)、物流宝(仓储/物流/快递)、支付宝(在线支付/信用控制)、数据服务(阿里云计算)等，以及它们之间的有效集成。但是，目前电商行业在服务集成与联动方面做得仍然不够，如淘宝网的买家和卖家有数亿人，但是流动非常频繁，导致退换货率在0.5%～2%之间；支付宝一次支付成功率不到50%(通常以进入购物车开始)。据不完全统计，其他第三方支付企业成功率更低。某些团购网的投诉率高达40%；在相关投诉中，欺诈/信用问题占40%，售后服务欠缺/退款不及时/送货迟缓占42%，商品质量缺陷占10%(参见《2010年度电子商务投诉统计报告》)。如果把电子商务服务进一步发展到务联网阶段，实现更具价值和高质量的集成服务网络，支持系列业务集成的服务链，则会有效提高顾客满意度，促进电子商务服务业的纵深发展。

归纳起来，目前独立存在的服务粒度过小，单一的服务系统难以支撑顾客的复杂需求，顾客满意度过低，顾客价值与服务提供者的期望价值难以得到有效保障。顾客群体是分散的，各服务也是分散的，二者之间缺乏有效的联系。如果将服务形成cluster，多cluster之间形成网络关系，形成服务网络社会，就能够为各参与者提供更多的增值服务。服务系统的网络化与集成化是大势所趋，务联网具有强烈的应用背景和需求，对务联网及其服务开展深入研究非常必要。

务联网是一个新生事物，它的形成与发展面临着诸多方面的挑战。从人们对技术发展关注点来看，互联网、物联网、云计算是当前IT领域的热点方向，它们拥有大量的理论方法、技术和应用支持而得以迅速发展。但构建于它们之上的务联网却未能引起人们的关注和重视。目前，务联网面临的主要挑战如下：

（1）由分散的网络服务发展到集成有序的复杂服务网络的机理问题。目前，现实空间和互联网虚拟数字空间上存在的小粒度业务/软件服务非常丰富，但它们比较分散，彼此之间的整合难度高。当务联网发展起来时，必须对复杂服务网络的集成协同机理有科学的认识。如务联网模型与系统结构、服务网生态系统行为特性、良性成长机制与调节控制机制、多服务间的集成与协同机制、务联网如何面向大规模个性化顾客需求支持快速定制服务等。

（2）由面向功能与性能的软件服务系统构建转向面向价值的服务系统优化构建的问题。传统的软件工程方法是面向功能和性能的，至今仍然如此。而服务的本质是为供需双方提供价值，务联网的价值特征给务联网服务系统的构建方式带来变革。在服务系统设计中以及对多个服务系统进行整合过程中需重点考虑服务价值目标及其对服务系统全过程中的影响。为此，需要解决服务价值模型、服务价值知觉过程与机制、面向价值的服务系统优化设计与方法论、价值约束下服务资源的组合与构建等问题。

（3）随大规模个性化的顾客应用环境需求变化而动态适应调整的服务系统演化与重构问题。服务比软件所面临的外部环境更宽泛，既有技术环境，还有更复杂的业务环境，面临着各种不确定性和频繁变化。在务联网环境下服务系统的运行过程中,要求服务系统要随服务应用环境、大规模个性化顾客需求以及多维情境的变化而动态演化与重构。这是一个非常复杂的难题,因为必须解决服务应用环境以及多维情境的变化表示、服务系统动态演化机制、对务联网新特征(如大规模个性化需求、服务价值、服务信用、服务质量等)性能指标的保持和优化机制等问题。

(4) 如何帮助大规模普通顾客简单、方便、高效、不受限地使用复杂务联网资源与云服务完成其业务或应用也是务联网面临的又一个挑战问题。

务联网研究应用中的科学和技术问题主要有:

(1) 务联网系统模型与服务协同理论:研究务联网中大量服务组成的服务网模型与生态系统行为特性、复杂服务系统间集成与协同理论,揭示务联网的基础特征与发展规律。

(2) 服务价值知觉理论及其方法论:研究务联网的服务价值模型、价值依赖理论、价值知觉理论,形成价值知觉和模型驱动的服务方法论,对于务联网及服务系统面向价值的优化设计与构建提供理论指导。

(3) 服务系统运行与动态演化理论:研究务联网的运行机理及相关理论问题,包括务联网的多维服务情境模型、服务情境感知理论、服务系统随需应变动态演化理论、务联网信用机制及体系、务联网服务质量保障方法等,解决务联网运行中遇到的关键问题。

(4) 大规模个性化顾客的服务应用即时构造理论:研究大规模个性化顾客的服务应用的即时构造理论、基于服务语义概念相似度的服务快速查找方法和服务前端交付方法,帮助大规模顾客能够简单、方便、高效地使用务联网资源。

下面介绍两个务联网的应用场景。

(1) 旅游综合服务

假设某人要带其小孩到三亚去旅游,他的需求是时间 2015 年 1 月 30 日—2015 年 2 月 6 日,费用上限 15000 元,住宿要求是三星级以上的宾馆,长途旅行要求乘坐飞机。他将该需求提交给一个提供务联网综合服务的网站,该网站搜索航空公司注册的机票服务,搜索三亚地区在网上注册的住宿、餐饮、车辆、景点服务,按照各个服务的费用和过去客户对这些服务质量的评价信息,对这些服务进行组合,找到一个时间和成本满足客户需求,并且总体服务质量最高的服务组合推荐给用户。

虽然,上述服务的方式本身并不新鲜,因为目前的旅游公司就是在做类似的服务。但是,采用务联网的方式比传统的用人工来组合各种服务的方式有更好的优势:

- 采用务联网自动组合相关的服务所花费的时间更短,基本上可以做到实时提供解决方案,而客户也可以根据系统的推荐实时调整需求,在时间、成本、服务质量之间做出折中。
- 采用务联网的方式可以记录过去海量服务的执行信息,包括时间、成本、质量、客户评价等,务联网服务商利用大数据分析技术,可以发现哪些服务的客户满意度最高,哪些服务的组合方案受客户的欢迎度最高,甚至可以分析出哪个地区的客户对哪类服务的投诉意见最多。在此基础上,按照客户的服务质量约束进行最佳服务组合推荐,实现对客户大批量个性化需求的快速满足。
- 采用务联网自动组合相关的服务避免了现有旅游公司服务质量取决于旅游代理人知识、技能和情绪等问题,可以保证服务质量的稳定性和可靠性。

与上面应用类似的是假如您要去参加一个会议,只需要点开会议宣传链接,会议的日程将自动传递到您的电子日程表上,而会议的位置会发送到您的 GPS 设备上,参会名单等资料也会发到您的邮箱中。

(2) 应用软件快速开发

假设需要开发一个支持人们之间聚餐信息共享的应用软件,其功能是把餐厅的位置信息、行车路线、餐厅的客户评价结合在一个界面中发布给聚餐者。传统的软件开发方法需要做大量的软件开发工作,包括地图、GPS 定位、餐厅客户评价意见收集、社交网络功能。而采用务联网的方法则可以非常简单地完成这个工作。

在互联网上现有大量的开放 API 服务系统,如图 5-16 所示,首先从开放 API 服务系统中选择谷歌地图服务(Google maps),再从大众点评网(yelp)中选择用户点评服务,最后选择社交网站(Twitter)上好友信息共享服务,把这三种服务进行组合就快速生成了所要的软件功能。在这个过程中,利用务联网提供的服务组合功能,软件开发者几乎不用写软件代码就可以编制应用软件,这对按照用户需求快速进行软件开发无疑具有重大的意义。

图 5-16　开放 API 服务系统

图 5-17 给出了快速服务组合效果图,图 5-17(a)给出的是三种服务组合的逻辑关系图,图 5-17(b)给出的是在社交网站发布给好友的组合软件界面。

(a) 组合逻辑关系　　(b) 组合生成的软件界面

图 5-17　快速服务组合效果图

第6章

信息化战略管理框架与整体解决方案

6.1 企业信息化工作面临的主要困难

实施企业信息化,采用信息技术改造和提升传统产业已经成为所有制造企业为了生存和发展而自觉选择的技术途径,信息技术与系统为企业实施先进制造与管理战略提供了良好的支撑技术,一个良好的可持续发展的信息系统对于企业实现其发展战略和经营目标具有十分重要的作用。当前已经不需要讨论企业是否需要信息化,而是需要研究如何实施信息化,并重点研究如何解决企业信息化过程中遇到的困难和矛盾。企业在实施信息化的过程中会遇到各种各样的困难和矛盾,不同企业面临的困难和矛盾不同,所提出的解决方案也各有特点,但仍存在许多共性问题。归纳起来,企业信息化过程中存在管理、技术和操作三个层面的问题。

6.1.1 管理层面的困难

管理层面主要指企业最高领导决策层,在企业信息化过程中起着至关重要的作用,最高层的决策对企业信息化建设有决定性影响。企业领导关心的信息化问题主要有以下几方面:

1. 长远目标和当前急需解决的问题的矛盾

"不搞信息化是等死,搞信息化是找死",这句话虽然不正确,但是多少反映了一些人对实施信息化工程的困惑和无奈。虽然未来的企业将是数字化的企业,但是实施数字化企业是一个逐步发展的长期过程,宏伟的信息化蓝图并不能够在一夜之间解决企业日常运行中面临的市场、资金、物料供应、人才等问题。搞信息化需要不断地投资和优秀的人才,解决当前生产经营和市场开拓问题也需要资金和人才,在企业信息化的过程中,经常会发生信息化工作与生产经营"争"资源的问题,甚至有些部门的正常工作还会受到信息化工作的冲击,因此正确处理信息化建设与日常生产经营之间的矛盾,协调好长远目标和当前短期目标的关系是每个企业领导者都必须解决的问题。

2. 信息技术的投资效益评估和风险问题

国外成功的企业几乎都是信息技术应用良好的企业,而目前国内效益好的企业未必是信息技术应用得好的企业,加之目前国内有些企业在信息化实践中走了一些弯路,造成了一些损失,所以给人们造成了企业信息化工程投资大、实施周期长、实施效率不高的印象。部分企业陷入了"IT黑洞",也就是企业要不断地投入人力、物力来维护运营IT系统,但并不能取得相应成效,也不能达到预期的目标,从而陷入一种不断投入却无法得到合理产出的投资旋涡,这种现象,经济学家们称之为"生产率悖论"。

以上应用效果给许多企业决策者带来了困惑,到底信息技术对企业有多大的作用?在信息技术上的投资(至少在目前)有必要吗?信息技术上的投资风险到底有多大,如何降低风险?信息化的投资效益在那里,如何进行评估?不能清晰地回答这些问题,就无法消除企业决策者对信息化工作的担忧。

3. 信息化对企业现行管理模式和方法的冲击问题

认识上的一个误区是将企业信息化看成是企业现有业务工作和流程的计算机化,企业信息化应用主要是建立面向功能的事务处理系统,其开发实施的目的主要是提高企业事务处理的效率、降低事务处理成本。以这种指导思想开展企业信息化工作,经常会导致信息化实施后效益并不好,有时甚至会造成信息系统建好了、企业效益反而下降了的局面。其主要原因是这种实施方法没有从整个企业业务流程优化的角度来配置和实施信息系统,虽然在个别环节上用计算机代替人工操作提高了事务工作的效率,实现了局部功能的优化,但是不合理的流程和缺乏系统集成使得整体业务流程的效率并没有得到提高。在信息系统的实施中,这些问题符合局部的优化并不代表整体的优化的基本原理,在流程没有进行合理化的情况下,提高某些环节的计算机应用水平和事务处理效率,可能会"将糟糕的事情做得更快"。在这种情况下,就会出现企业在信息化上的投资增加了(成本增加了),而人员和部门没有得到精简和调整(成本没有下降)、业务效率又没有显著提高(效益没有提高),因此就出现搞了信息化企业效益反而下降了的状况。在我国企业信息化的初期,由于经验不足和缺乏有效的指导思想和方法,上述状况在许多企业常常出现。

由此可见,实施企业信息化需要对企业现行的管理模式和管理方法进行改革,有时,对企业组织机构、管理制度、管理方法及运作模式上的冲击甚至会很大,由此产生的矛盾也会很尖锐,企业决策者必须充分重视这个问题。这也是为什么说企业信息化是"一把手"工程的主要原因之一。

4. "一把手"工程问题

在企业信息化是"一把手"工程这一问题上,也存在认识上的误区。许多企业的"一把手"对企业信息化的支持停留在"要钱给钱、要人给人"上,认为这就体现了对信息化的重视。这样的重视水平是远远不够的,因为信息化项目不同于普通的技术改造项目,它不是一个单纯的技术问题,其中许多问题,特别是涉及企业发展战略和组织机制的问题,仅仅有钱是不够的。上述类型的企业领导者对信息化的战略意义认识不深入,不愿意投入更多的时间和精力,不仅失去了对信息化工作的引领作用,也使得在信息化实施过程中遇到问题时容易简单化处理,不利于企业信息化工作的持续稳定发展。

5. 企业信息化与流程再造的关系

首先指出这里所说的流程再造是指企业的持续过程改进(CPI),而不是哈默和达文波特所说的BPR(业务过程重组)。企业信息化不可避免要进行流程的变革,但是,一定需要对企业进行彻底的业务流程再造(BPR)吗?BPR的实践表明,并不是每一个进行业务流程再造的企业都能够收到令人满意的效果或实现预期的目标,只有那些在一定的条件下实施经营过程重组的企业才获得了成功。因此,专家强调要以更冷静的头脑对待 BPR,更多情况下,对过程实施更稳妥的持续改进(CPI),反而会取得良好的经济效益。

在实施企业信息化的过程中,首先要对企业的关键业务流程进行彻底的分析,在此基础上,结合企业信息化实施的需要,进行持续的过程改进,而不是完全照搬 BPR 的做法,一般会取得相对平稳的进展。信息化的实施需要对现有流程的改造和优化,而流程再造的方案只有在信息系统的支持下才能够得到良好的实现。企业信息化与流程再造存在双向互动的关系,两者相互促进,不可分割,是实现企业战略目标的两个不同的切入方式。

企业信息系统的建设也不仅仅是当前业务工作的计算机化,而成为在信息技术的支持下的一种新型业务,这种基于计算机、网络和数据库的新型管理模式的导入,必然会导致传统业务流程的精炼和简化。也就是说,企业信息系统的建设必然会导致企业业务流程的再造,这是管理信息系统和技术引入企业管理后的自然结果。通过信息系统的支持,精炼和简化企业的业务流程,规范化和合理化原有随意性大的业务流程,大幅度提高企业管理效率和水平。信息系统还可以用来固化企业的业务管理经验,使其成为企业知识积累的平台和环境。

因此,实施企业管理信息系统必然需要对业务流程进行再造。同时,企业管理信息系统的实施也为企业实施流程再造提供了手段和依据,通过细致的流程分析和实现手段的设计,可以使流程再造建立在一种科学和理性的基础上,并且可以使流程再造的方案以一种可操作的方式得以实施。

同样,流程再造对企业信息系统的实施工作有着重要的支撑与推进作用。首先,流程再造的思想和方法对实施面向过程管理的业务处理系统有重要的指导意义,因为流程再造的核心思想之一就是强调面向流程来重组企业的业务,这与实施面向业务过程的信息系统的思想是完全一致的。其次,流程再造的分析和设计结果是实施面向过程管理的企业管理信息系统的前提和基础,为信息系统提供了设计和实施的依据。第三,企业信息系统的实施需要得到组织和资源上的支持和保障,流程再造中对组织职能的设定和对资源的分配是对企业信息系统实施的有力支持,没有组织上的保障和资源上的支持,信息系统的实施是非常困难的,其效果也很难得到充分的发挥。第四,流程再造工作的深入将大大推进企业信息系统的实施进程,这是由于流程再造观点思想和方法需要在信息技术和信息系统的支持下才能够得到真正的实施,也只有在信息系统的支持下,流程再造的效益才能够得到充分体现。

6. 企业信息化缺乏统一的指导思想、标准和规范

目前,我国企业信息化工作尚缺乏统一的指导思想,不同的政府部门对企业信息化的内涵有不同的解释,其组织实施方法和技术路线各有特色,不同的软件实施厂商各自推出自己对企业信息化的解决方案,这在某种程度上导致企业决策者的困惑。我国企业信息化工作还缺乏相应的标准和规范,如企业应用软件的评价标准、应用软件集成与测试规范、企业信息化应用效益评价体系和方法、电子商务标准和相应的政策法规、对计算机和网络犯罪缺乏有效的法律和技术防范手段等。

6.1.2 技术层面的困难

技术层面主要指企业信息化相关部门和人员,他们完成企业信息系统的设计和实施工作。他们在企业决策者、企业生产经营部门、信息化实施技术队伍、软硬件供应厂商之间起着枢纽的作用,其工作业绩对企业信息化实施进程和效果有重要影响。在企业信息化过程中,他们遇到的问题最多、问题的戋术性最强。主要问题如下。

1. 缺乏有效的信息系统设计实施方法

企业是一个非常复杂的社会、经济、物理系统,在企业实施信息化更是一个复杂的系统工程,除了需要实施者有良好的理论、技术和丰富的实施经验,还需要有先进实用的信息系统实施方法论的指导和工具系统的支持。在过去的信息化应用实施中,随着理论和实践的发展,针对信息化的实施,国外提出了多种各有特色的系统建模、设计和分析方法论,如CIMOSA、GRAI-GIM、PERA、ARIS 和 DEM 等[64~68]。我国推广企业信息化应用实施的工作也已经有了一定的规模,取得了显著的效益,并且在实施信息化的过程中积累了相当丰富的经验,为方法论的研究提供了条件。

在企业信息化实施方案的制定上也存在比较多的问题。虽然国内外许多软件厂商提出了企业信息化整体解决方案的概念,试图为企业的信息化提出一个一劳永逸的方案。但是迄今为止,现有软件公司提出的整体解决方案大部分是将软件公司的各类产品按功能进行组合,并没有解决其中的关键技术问题,即,什么是企业信息化整体解决方案?整体解决方案包含什么内容?整体解决方案和具体应用软件之间是什么关系?因此,为了在更大范围和更深层次上开展企业信息化工作,迫切需要将已有的企业信息化经验加以总结,形成具有指导意义的企业信息化整体解决方案,为企业信息化工作提供有效的和可操作的实施方法,并提供相应的符合中国企业特点的软件工具,为企业信息化的应用提供有力的支持。

2. 企业需求与开发实施脱节问题

在企业信息化实施过程中,经常遇到的一个问题是企业应用需求和信息系统的开发实施脱节,结果造成信息系统开发实施单位(技术支持队伍)认为系统已经建好了,而用户则认为信息系统还没有建成,也就是说用户认为开发实施单位提供的信息系统不能够满足他们的需求,不是他们想要的业务信息系统。

造成上述问题的主观因素是:思想上不够重视,对业务需求分析不彻底,导致需求分析的结果不能正确反映实际系统的需求。软件需求分析和开发是软件生命周期中两个重要阶段,其中,需求分析工作是最重要的、也是容易不被软件开发人员重视的阶段,许多软件开发人员在应用软件的开发中,往往急于进行代码的编写,认为需求分析过程可有可无,甚至有人认为需求分析只是为了应付检查。在某些时候,不进行深入的需求分析就开始进行编程,虽然从表面上看加快了开发速度,但是一旦应用程序投入使用后,用户不满意或者发现错误而不得不修改程序时,所花费的精力和时间就会几倍甚至几十倍于需求分析的时间。因此,进行深入细致的软件需求分析是非常必要也是非常重要的工作。通过需求分析,可以了解用户的要求,建立目标系统的逻辑模型并写出软件规格说明书,明确了用户的需求,才能得到设计软件的可靠依据。

造成企业应用需求和信息系统开发实施脱节的客观因素是:缺乏一体化企业信息系统设计实施方法和工具。虽然经过几十年的研究,软件工程的思想和方法已经有了长足的发展,企业信息系统的设计实施也已经取得了丰富的成果,但是迄今为止,在业务需求分析、软件系统需求分析、软件系统设计、软件系统开发实施之间还依然存在着严重的脱节,还没有一套行之有效的方法能够实现从业务需求模型、软件系统需求模型、软件系统设计模型到软件系统开发实施之间的无缝连接。不同阶段模型之间的映射和转换目前还几乎是依靠设计人员采用手工的方法来完成,因此相应的映射和转换都还是不完全的,每一次映射都会造成一定的误差,这些误差的积累最终就造成了企业应用需求和开发完成的信息系统之间的差别。研究和开发支持模型转换和映射的理论、方法和支持工具是当前软件开发的重点问题之一。

3. 企业需求与商用软件不一致问题

在企业信息化工作中,由于受到时间、成本、软件成熟性等各种条件的约束,企业需要的软件系统不可能全部采用定制开发的方式,在许多情况下,企业会选择相对成熟的商用软件,这时往往会遇到企业的业务流程和管理模式与商业软件的流程和模式不一致的问题,除了少量与生产经营管理流程及模式关系不密切的应用软件(如 CAD、CAE 软件)外,大多数企业应用软件都会遇到这个问题。关于解决的方法,一种观点认为企业应该按照软件的流程改变其管理流程,另外一种观点认为软件公司应该修改软件,使其适应企业的流程。这两种观点都有正确的一面,也有不足的一面,在企业实际应用中,要根据自身的实际情况进行不同的处理。在进行软件选型前,首先需要做深入的调研,既要分析清楚企业自身的实际业务需求,也要对现有业务流程进行分析,确定是否需要调整业务流程,更要深入了解待购买的软件系统的情况,包括其流程修改的灵活性、在类似企业的应用情况、技术支持队伍的资质等,特别要比较企业的业务流程与软件系统的业务流程的差别。只有在对以上情况进行深入分析之后,才能确定具体的技术和管理方法,避免决策的片面性。

4. "信息孤岛"与系统集成问题

我国"863"计划/CIMS 主题专家组在企业 CIMS 实践的基础上,提出了"效益驱动、总体规划、重点突破、分步实施、推广应用"的 20 字方针[69],为企业有效开展 CIMS 工程提供了思想上的指导。与此类似,企业信息系统建设也应该在整体规划的基础上,按照轻重缓急、效益驱动的原则分阶段逐步完成。将企业的信息化工作划分为若干阶段,每个阶段 1~2 年,分步进行,更有利于整个工程的顺利实施,也容易进行工程管理和调整。整个企业信息化工作按照分步实施的方法来进行,可以避免全面铺开、重点不突出、资金投入大和实施人员多等因素给项目组织协调上造成的困难,在资金、人力、组织上可以得到有效的保证,减少影响企业信息化工程实施的不利因素,如资金不到位、科研人力不足等,避免不利于企业信息化实施的各种意外事情。此外,企业职工对企业信息化工作也有一个逐步认识的过程,通过分步实施、分步见效、采用增量式的方法对员工进行企业信息化技术培训,以此增强企业员工对于企业信息化工作的认识,提高企业员工的素质,使广大职工积极地参与到企业信息化的实施中。"分步实施"既是企业实施企业信息化工程的指导思想,也是减少风险、保证企业信息化工作实施成功的有效方法。

但是"分步实施"必须在良好的整体规划的基础上开展,否则就会产生"信息孤岛",导致系统集成的难度大大增加。在许多企业,特别是大中型企业,ERP 和 PDM 系统通常都是分阶段实施的,由于在前一个系统实施中并没有考虑与后一个系统的集成问题,没有预留相应的集成接口,因此,导致 ERP 和 PDM 的集成非常困难。当然,这并不是我国企业特有的问题,在信息化工作实施比较好的国外企业(如美国的波音飞机公司、欧洲的空中客车公司等)也同样遇到类似的问题。对于集成问题,不同企业会采取不同的解决方案,如波音飞机公司采用了由第三方软件公司开发的专用集成接口实现异构系统的集成,空中客车公司则采用了基于STEP标准接口的方式实现异构系统的集成。但是,无论是采用专用的集成接口还是采用STEP标准接口,实现"信息孤岛"之间集成的代价都是十分昂贵的。因此,最好的办法是做好整体规划,在系统实施之前就定义好所需要的集成接口,避免"信息孤岛"的产生。

5. 信息系统升级与已有资源利用问题

随着信息化实施工作的不断深入,经常会产生信息系统升级与已有资源利用(重用)的矛盾。这个矛盾对于一些早期信息化工作做得比较好的企业有时更加突出,这些企业,由于早期信息化工作成绩显著,其实施的信息系统在企业业务运作中发挥了较好的作用,如果脱离了该信息系统,业务人员会感到极为不便,另外,由于这些系统经过多年运行,积累了大量的实际数据,丢弃这些数据比丢弃存储这些数据的硬件和软件系统损失更大。但是,由于信息技术的飞速发展,新的硬件平台和信息系统无论在结构上还是在性能上都远远优于老系统,加上系统集成的需求,从长远的观点来看,采用新系统代替老系统势在必行。必须考虑的问题是,如何能够在信息系统的升级过程中,尽可能地充分利用已有的资源,尤其是在系统的硬件和软件性能还能够满足企业当前生产经营需求的情况下,如何将已有的信息系统集成到新的信息系统框架中。

不同的企业,针对不同的已有系统,应采用不同的技术途径。无论采用什么技术,都要求已有系统具有良好的开放性,开放性越好的已有系统,实现重用的可能性就越大,相应的集成成本就越低。不具有开放性的系统,实施集成通常是非常困难的,此时,往往需要采用数据转换的方法实现老系统数据的导出。如美国波音飞机公司对其老PDM系统中存储的数据就是采用数据导出的方法实现了数据资源的重用。

6. 其他问题

在企业信息化工作中,还需要解决系统选型问题、系统的先进性与实用性的关系问题、系统的安全性与开放性的关系问题等。这些问题通常不存在通用的解决方法,需要根据具体情况来处理。以先进性与实用性关系问题为例,通常企业选择系统首先考虑实用性,但是,必须强调要看到信息技术的发展方向,尤其是要考虑未来系统升级和重用的需要,此时必须要考虑到系统架构上的先进性。需要指出的是,许多先进的技术和方法本身也是非常实用的,如Web技术既代表了未来软件系统的发展方向,本身也为系统的使用带来了诸多方便。同样,开放性好的系统未必在安全性上就比开放性不好的系统差,因为,开放性反映的是系统与其他系统集成的能力,而安全性反映的是系统防止非法入侵的能力,只要系统设计合理,完全可以构建一个开放性好、安全性高的系统。

6.1.3 操作层面的困难

操作层面主要指企业业务部门、业务人员和信息系统管理人员,在信息系统的支持下完成企业的业务运作。他们是企业信息系统的直接使用者,对信息系统在使用上是否方便有最直接的感受,同时,他们的配合也是信息系统能够长期稳定运行的重要因素。在操作层面经常遇到以下一些问题。

1. 信息系统建设与系统运行的关系

大量的企业信息化实践表明,企业信息系统的建立仅是信息化工作的一小部分,更长期和艰巨的任务是信息系统的日常应用和维护升级工作。因为信息化的目的是提升企业的综合竞争力,必须通过提高企业业务运作的效率来实现,因此,提高企业信息系统的应用水平,切实在企业的业务工作中发挥作用是企业信息化的重点和取得效益的落脚点,也就是说,企业信息系统建设的完成标志着企业信息化应用的真正开始。

2. 打基础与提升水平的关系

在企业信息化初期,尤其是信息系统刚刚投入运行的阶段,企业业务人员通常需要做大量看上去与业务运作无关的工作,如信息编码、基础数据搜集整理、流程整合等,业务人员有时候会对这些工作不理解,有时甚至有抵触情绪。但是,无论是信息编码,基础数据搜集整理,还是流程整合,都是信息系统应用的基础性工作,没有这些良好的数据和流程基础,信息系统就不能够有效地发挥作用,更谈不上提升水平了。

3. 管理制度问题

在企业信息系统投入运行后,制定合理的管理规章和制度是信息系统稳定可靠运行,并有效发挥作用的保证。及时正确录入系统需要的数据,按照规定的流程完成对信息的处理和业务操作是保证信息系统发挥作用的基础。由于计算机无法识别录入数据的正确性(对少数数据的格式检查除外),所以,如果录入的是垃圾数据,那么系统输出的也一定是垃圾数据。因此,企业一定要制定严格的管理制度,用制度来保证信息系统的正常运转。

4. 信息化人才队伍问题

企业信息化人才的缺乏几乎是所有实施信息化企业都面临的问题。除了大力引进和培养企业的信息化人才外,以下一些方法也有参考价值。一种方法是采用信息系统外包的方法,将整个信息系统的建设、维护委托给信息技术专业化服务公司,如英国航空公司将其所有业务信息系统都委托给美国的 EDS 公司管理,英国航空公司自己不再建立信息系统,其信息系统完全建立在 EDS 公司的服务器上,这种方式的优点是企业无须操心信息系统的运行、升级、维护等一系列问题,也无须维持信息化的人才队伍,但是,由于法律、信誉和信息安全等多方面的问题,这种方式目前很少被国内企业采用。第二种方式是企业建立自己的信息系统,但是信息系统的日常维护完全委托给专业化软件公司。第三种方式是企业将自己的信息化部门独立,成立一个既服务本企业,又面向社会的软件服务公司,这种方式有利于提高信息技术人员的待遇,形成一支技术水平相对较高,又了解企业业务的、稳定的信息技术人才队伍,目前,国内许多企业采用了这种方法。第四种方法是企业设立仅为本企业服务的信息化部门,维持一支自己的信息化技术队伍。

除了上面介绍的专门的信息化技术人才外,提高企业业务操作人员的信息化水平也至关重要,培训和考核是主要技术手段。

6.1.4 企业信息化实施失败的管理原因分析

造成企业信息化实施失败既有技术上的原因,也有管理上的原因,在管理层次上存在的对信息技术战略意义认识不足、缺乏有效的信息化管理方法、缺乏对企业信息化带来管理变革的导向和组织是主要的管理原因。

1. 对信息技术的战略意义认识不足

将企业信息化工作看成是单纯的技术性问题,将信息系统仅看成是业务的辅助工具,在许多情况下将信息化实施工作看成是信息化部门的事情,没有认识到信息技术对企业业务发展战略和高效业务运作的重要作用,企业业务发展战略和信息化发展战略分别独自制定,缺乏战略融合。企业高层管理者对信息化工作投入的时间和精力不足,业务部门没有积极参加到企业信息化的实施工作中,导致企业业务运作与信息技术应用脱节。

2. 缺乏有效的信息化管理方法

企业信息化是技术、业务与管理融合的过程,在这个融合的过程中涉及企业组织、业务、人员、资源、技术、产品等诸多因素,影响着企业信息、物料、资金的流动,企业信息化的实施与运作是一个复杂的系统工程,迫切需要企业实施有效的信息化管理方法,采用系统化方法(即企业信息化整体解决方案,信息技术战略管理)来组织管理信息化工作。目前,许多企业对信息化管理的认识还仅停留在对信息化项目实施过程的管理上,缺乏一个从系统角度全面考虑信息化应用实施中涉及的业务流程、组织、人、技术和文化的企业信息化整体解决方法,对信息化战略规划、信息资源利用、信息化组织和岗位设置、信息化应用的服务管理体系建设等工作还重视不够。

3. 缺乏对企业信息化带来管理变革的导向和组织

信息技术的引入导致企业无论是外部环境还是内部各种生产要素上(组织、技术、资源、产品)都发生了深刻的变化,也必将导致企业管理模式和方法、企业组织和流程、业务技能和岗位职责的显著变化。这些变化就是信息化带来的管理变革,在这个变革过程中会使部分部门领导者失去权力,甚至会使部分职工失去工作,导致部分个人或者部门利益受到损失,他们就会对企业信息化工作产生不满甚至抵触情绪。过去,企业信息化实施工作中忽略了对这方面问题的重视和引导,导致了企业信息化工作举步维艰。因此,在着手进行企业信息化的管理变革之前,企业高层管理者需要采用有效的方法来对信息化管理变革进行导向,采取必要的组织措施来保证信息化工作的顺利进行,对由于信息化管理变革带来的个人利益的损失也要进行必要的分析,要考虑给予必要的补偿,同样,对于信息化管理变革带来的效益,也要分配一部分给相关部门和员工。

6.2 信息化管理的定义与内涵

早期企业是把信息技术是作为一个独立的技术要素加以考虑,并分析该要素的引入对企业经营管理带来的影响和作用。今天,信息技术已经全面融入到企业的业务环境、人员、任务、业务技术中,显著影响着企业生产经营和管理的各个要素,信息资源已经成为企业新的重要战略资源,连接和影响着企业所有其他生产要素。

在工业化环境下,企业按照工业化环境下的企业经营理念和模式来管理人、财、物和组织行为,并根据管理理论和方法制定企业的战略、组织架构、业务流程和管理制度。在信息化环境下,虽然管理的对象还是人、财、物和组织行为,但是管理的模式和方法发生了变化,所以企业的战略、组织架构、业务流程和管理制度都要进行调整,以符合信息化环境下企业运作的特点和要求。图6-1给出了企业管理模式和方法从工业化环境向信息化环境变化的示意图。

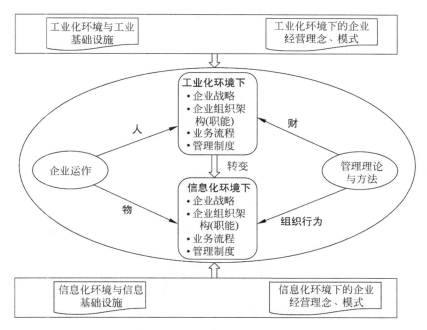

图 6-1 企业管理模式的变化

信息技术不仅影响了企业内部的各种生产要素及其相互关系，也改变了企业之间的协作方式和运作模式，形成了敏捷制造、动态联盟、异地协同设计制造等新模式。在这种情况下，企业信息化管理就不仅仅是一个单纯的技术问题，而是涉及企业战略、组织架构、生产要素、管理方法、内外部环境、信息资源的获取和应用、业务与信息技术融合、信息系统实施和应用维护等多个方面的系统化问题。信息化管理首先要完成的是在信息技术环境下对企业战略和业务运作的全面支持，通过构建支持企业业务运作的战略信息系统，帮助企业提升管理水平，建立竞争优势。

实施企业信息化是一个复杂的系统工程，需要有一套行之有效的方法对信息化实施过程进行管理，解决实施过程中面临的困难，避免企业业务与信息技术脱节，保持企业信息化战略与企业业务战略的一致性，降低企业信息化的风险。除此以外，还需要对通过企业信息化实施获得的信息资源进行充分的利用，使企业在信息技术上的投资获得最大效益。

基于以上分析，给出企业信息化管理的定义如下：企业信息化管理是对信息化环境下企业变革过程的管理，旨在系统工程思想的指导下，采用先进的管理理论与方法，实现信息技术支持下的企业运作管理，提升企业管理水平，建立企业的竞争优势，并对企业采用的信息技术、建立的信息系统、获取的信息资源和企业信息化实施运作过程进行计划、组织、控制、协调和指挥，以降低企业信息化实施的风险，使企业在信息技术和信息资源上的投资能够取得最大收益。

企业信息化管理包含三方面内涵，如图 6-2 所示，以下分别详细介绍。

1. 企业信息化管理是企业变革过程的管理

企业信息化实施是一个复杂的组织与管理变革过程。在这个过程中，需要企业高层管理者对信息化变革过程进行引导，通过解决企业认识上和实施方法上的问题，在引入先进管

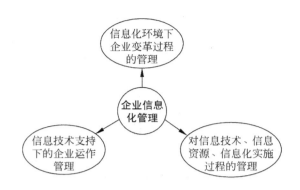

图 6-2　企业信息化管理的内涵

理理念和实施方法的过程中,尽量缩短企业人员对信息化变革的畏惧和排斥过程,使企业人员能够积极参与信息化建设。

在信息化管理变革中,通过变革导向确保变革有一个良好的支持环境;为整个变革过程制定明确的计划,支持建立有实效的项目小组,并有效管理项目进程;采用新的领导方式,对变革的核心价值进行宣传,激励士气,提高管理层领导工作的有效性;通过激励支持方法,培养员工在新工作环境下的技能,建立新的机制和工具,提高业务人员的工作绩效;通过全员参与的方式,使员工不断加深理解变革的意义,鼓励员工提出创新性的想法,推动变革的进程。

通过变革导向、领导方式、激励支持和全员参与四个方面的变革管理,使员工逐步深入参与到信息化管理变革中,并尽快实现个人工作绩效的提高。图 6-3 给出了信息化管理变革涉及的 4 个管理内容与预期达到的效果。

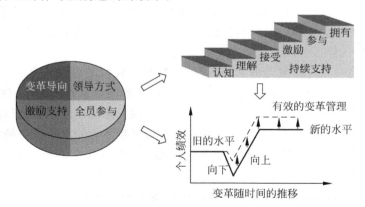

图 6-3　信息化管理变革管理内容与预期效果

2. 信息技术支持下的企业运作管理

信息技术支持下的企业运作管理是指用信息技术支持企业实现现代化的管理,提高企业运作效率和效益,提高企业市场竞争力。在采用信息技术支持企业业务运作时,可以依据不同的管理视角建立相应的信息系统,并以此为基础支持业务的高效运作。举例如下:

(1) 围绕企业的基本生产要素:对企业中的人、财、物(原料、产品、设备、动力、场地)、技术采用信息系统进行管理，提高企业的生产率，降低生产成本。

（2）围绕产品全生命周期：对产品整个生命周期的销售、订单获取、计划制定、采购、研发、生产、发运安装和维护等所有环节采用信息系统进行管理，提高产品的质量和客户满意度。

（3）围绕企业目标和组织：采用信息系统对企业战略、决策过程、组织岗位、制度、技能、绩效考核、数据与知识实施管理，提高企业的管理水平和组织绩效。

（4）围绕企业间协作：建立电子商务、企业入口、Web服务、协同设计制造、供应链管理等信息系统，支持企业间的高效协作，帮助企业开拓市场。

实施信息技术支持下的企业运作管理的目的是构建企业的战略信息系统。按照惠特曼的定义，企业战略信息系统是指运用信息技术来支持或体现企业竞争战略和企业计划，使企业获得或维持竞争优势，或削弱对手的竞争优势。

因此，企业的信息系统是否成为战略信息系统，主要看它是否能够满足以下四个方面中某一个或者几个方面：

（1）能够在商业环境中被用作获取竞争优势的工具；
（2）能够与一个组织整合起来以提高企业的业务业绩；
（3）可以被用来发展新的产品或者服务；
（4）可以用来改进业务组织与客户和供应商的关系。

以下列出若干典型的战略信息系统，供读者参考。

（1）客户关系管理系统（CRM）：通过及时周到的客户服务，提高顾客满意度，发掘黄金客户，给合适的客户发送合适的广告，及时解决客户投诉，特别是在当前的大数据战略下，企业可以通过对客户行为的大数据分析，实现精准营销和个性化产品推荐，提高企业经营效益。

（2）企业资源计划系统（ERP）：通过对企业内部人、财、物和产、供、销等各方面信息和资源的整合，准确制定生产计划，实现及时生产、及时采购、及时交货，降低在制品数量，减少库存，缩短生产周期。

（3）供应链管理系统（SCM）：通过整合供应链各个环节的信息和资源，快速响应市场需求，缩短生产周期，降低库存，降低物流成本。

（4）产品数据管理系统（PDM）和产品全生命周期管理系统（PLM）：通过有效地集成产品研发、生产和服务过程中的信息和流程，提高产品研制质量和水平，降低研发成本，缩短研制周期，更好地支持产品的维护服务。

（5）制造执行系统（MES）：在物联网技术的支持下，通过对生产过程现场信息的及时获取和处理，提高制造过程管理水平，提高产品质量，降低能耗和成本，降低在制品库存。

（6）办公自动化系统（OA）：通过及时的信息沟通，提高组织的信息共享水平，实现企业知识共享，建立协同工作环境，提高办公、办事、办文、办会效率，提高审批效率，提高企业管理水平。

（7）知识管理系统（KS）：通过企业的知识积累、知识学习、知识培训、知识交流、知识共享和知识重用，提高企业的创新能力。

（8）决策支持与商业智能系统（DSS&BI）：通过建立数据仓库，挖掘隐藏在数据中的事实性知识，通过建立预测模型并进行预测，为决策提供支持。

（9）电子商务系统（EB）：基于互联网和移动互联网，实现企业与外界的快速高效业务交流和协作，缩短交易时间，减少交易环节，降低交易成本，创造新的增值服务。

（10）业务流程管理系统（BPMS）：通过对业务流程的可视化建模和管理，及时发现业务瓶颈问题，提高业务运作效率和业务灵活性，通过基于活动的成本分析等方法，实现基于流程的业务绩效评估。

（11）创新服务设计系统：建立服务创新设计环境，支持新服务的设计和评估，为企业增加新的盈利机会。

（12）现代集成制造系统（CIMS）：集成化的企业现代管理与制造系统，覆盖企业产品全生命周期的各个阶段，通过信息集成、过程优化及资源优化，实现物流、信息流、价值流的集成和优化运行，达到人（组织、管理）、经营和技术三要素的集成，从而提高企业的市场应变能力和竞争能力。CIMS是先进管理模式、自动化技术、信息技术、先进制造技术在企业的综合集成应用，是企业信息化应用的高级阶段。

3. 对信息技术、信息资源、信息化实施过程的管理

企业信息化管理的第三个方面的内涵是指对企业采用的信息技术、建立的信息系统、获取到的信息资源、企业信息化实施运作过程进行综合管理，以使企业在信息技术和信息资源上的投资能够取得最大收益。其中包含三个方面的内容：信息技术的管理，信息资源的管理，信息化实施运作过程的管理。

信息技术的管理包括信息技术的规划（网络、硬件平台、软件平台、应用软件、IT系统架构），信息技术的选择（选型、招投标、合同和服务协议签订），网络、硬件平台、软件平台、应用信息系统的设计、开发、测试和实施过程的管理，信息系统的事故处理、升级、维护、淘汰、灾难、运行性能、系统配置、版本管理（IT服务管理）等。

信息资源的管理包括信息资源规划（IRP），信息资源的获取和整合，信息资源的存储、备份（灾备系统），信息资源的发布与用户权限管理，信息资源的应用。

信息资源规划包括信息基础标准制定、信息视图整理、单一信息源定义、信息模型设计、主题数据库设计、数据中心方案设计等内容。信息资源的应用包括基于数据中心的信息集中管理，基于数据中心的应用软件开发，基于数据中心的信息集成，数据仓库建设，数据挖掘，决策支持，具有信息资源的知识管理和信息资源的产业化。

企业信息化过程的管理包括对信息化过程的计划、组织、控制、协调和指挥等，具体如下：

（1）企业信息化过程的计划

开展企业信息化规划，包括制定企业信息化的蓝图；找出信息化存在的差距，确定企业信息化过程中需要解决的问题，确定主要实施内容和实施步骤，确定资金投入计划，确定阶段目标和考核指标等。

（2）企业信息化过程的组织

为企业信息化的实施确定组织架构和职能，包括确定CIO的职责和权力，确定信息化组织与岗位，制定信息化管理制度，管理信息化人员技能，实施绩效考核，建立信息化项目团队。

（3）企业信息化过程的控制

对企业信息化的过程进行有效的控制，包括信息系统实施项目选择，信息化项目管理，制定企业信息化评价体系与评价方法，信息技术的风险管理等。

（4）企业信息化过程的协调

协调企业信息化过程中产生的各种矛盾，包括CEO-CIO关系的协调、业务与IT部门关系的协调，解决业务战略和信息化战略的一致性问题，不同IT项目之间资源的分配与协调,不同信息化岗位职责之间矛盾的协调。

(5) 企业信息化过程的指挥

通过沟通、下达命令、指示等形式,对组织内部的个人施加影响,将信息化规划的目标或者领导者的决心变成全员的统一活动。通过信息化变革导向和激励支持,尽量缩短企业人员对信息化变革的畏惧和排斥过程,使企业人员能够积极参与信息化建设。

以上介绍的企业信息化管理的三个内涵是实现企业战略目标不可分割的三个方面,它们互相支持、相互补充、相互融合,在某些情况下还存在一定的相互制约。

6.3 信息化战略管理框架

企业信息化管理内容非常丰富,既包含了企业信息化管理的战略性问题,又包含了企业信息化管理中涉及的方法和技术性问题,还包含了企业信息化管理中的组织与控制问题。图6-4给出了信息化管理的内容框架,以下分别对框架中涉及的内容进行介绍。

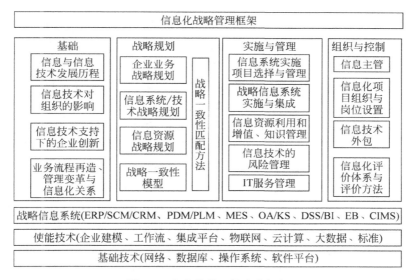

图 6-4 信息化管理的内容框架

1. 信息化战略管理框架

信息化战略管理框架重点研究企业信息化过程中的战略性问题,为企业信息化工作提供新的管理模式、管理框架和整体解决方案。信息化战略管理框架重点解决企业信息化过程中需要管理什么,不同的管理内容之间存在什么关系。

图6-5给出了信息化战略管理框架,其中战略性管理是指企业建立信息化管理的战略视图,从信息化变革和战略一致性的角度和高度来管理和指导企业信息化的进程。

需求管理从业务运作的需要出发,总结整理企业信息化的业务需求,并采用有效的管理机制来获取、规范和记录业务需求,同时研究IT技术的现状和发展趋势,分析企业现有信息系统和技术的应用情况,找出企业信息化应用存在的差距和制约业务效能提高的瓶颈环节。

规划过程管理完成对业务战略规划、IS/IT战略规划、IT资源规划过程的管理,一方面要确保规划结果的正确性、有效性和实用性,另一方面要达到提高规划过程效率的目的。

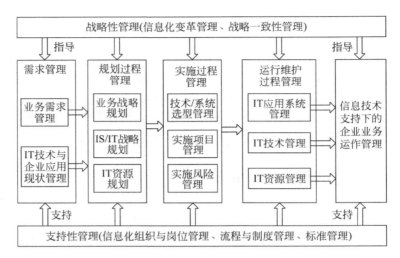

图 6-5　信息化战略管理框架

实施过程管理包含三个方面的内容：第一是对信息技术和信息系统的选型过程进行管理，提高所选型技术/系统的适用性和先进性，保证所选择的技术/系统能够满足企业的业务需求；其次是对信息系统的实施过程进行项目管理，保证项目的实施符合进度、质量和成本的要求；最后是对信息系统的实施进行风险管理，通过采用有效的评估机制和控制方法，制定必要的风险防范措施，使项目失败的风险降低到最小。

运行维护过程管理是信息化管理中的一个重要组成部分，目的是保证信息系统稳定可靠运行，保持企业信息技术优势，使企业 IT 资源发挥最大作用，从信息化建设的成果中获益。有效的 IT 服务管理方法和工具是实现高水平运行维护过程管理的有效手段。

信息技术支持下的企业业务运作管理属于企业日常管理工作，强调充分利用所建设的信息系统和获得的信息技术、信息资源来支持企业实现管理模式、组织、流程、产品和服务的创新，提高企业业务运作的效率，提高客户的满意度，从而使企业获得竞争优势和良好的经济效益。

支持性管理是指为了实现信息化环境下的企业运作管理而在组织、岗位、流程、制度和标准方面实施的管理措施，包括设定企业首席信息执行官（CIO），建立信息化组织和部门，制定信息化管理制度和管理流程，设定信息化岗位职责和考核体系，制定和发布信息化相关标准。

需要指出的是，需求管理、规划过程管理、实施过程管理、运行维护过程管理、信息技术支持下的业务运作管理都是在战略性管理的指导下和支持性管理的支持下进行的。战略性管理提供高层的方向和策略指导，保证企业信息化管理沿着正确的战略方向开展，支持性管理则提供组织和人员上的支持以及制度上的保证。

2. 基础

基础部分是指实施信息化管理需要了解和掌握的基础知识，包括：信息与信息技术发展历程，信息技术对组织的影响，信息技术如何支持企业实现模式、组织、流程、产品和服务创新，业务流程再造的思想与方法，业务流程和管理变革与信息化的关系等。掌握这些基础知识和方法有助于企业管理者明确企业信息化的定位，分析清楚实施信息化可以给企业带来的作用和效益，并能够从高层次上理解信息化与企业管理水平提高、组织设计、流程优化、企业创新之间的关系,有利于高层管理者领导、指挥和协调企业信息化工作。本书的第1~5章重点介绍了基础部分涉及的知识和方法。

3. 战略规划

战略规划是企业信息化管理中的重要工作,包括企业业务战略规划、信息系统/技术战略规划、信息资源战略规划、战略一致性模型和战略一致性匹配方法。通过有计划、有步骤地开展业务战略规划和信息系统、信息技术、信息资源战略规划,实现从业务战略和业务运作需求到企业信息化需求的映射,并建立企业信息化建设蓝图,这个蓝图是后续信息化建设和管理工作的指导原则和控制框架。由于企业的业务环境会不断发生变化,相应地企业信息化蓝图也需要不断地进行修改和完善,战略一致性模型反映了企业业务战略、IT战略、业务流程、IT流程之间的一致性要求,通过战略一致性匹配方法,不断调整IT战略和流程,实现业务战略、IT战略、业务流程、IT流程的一致性。

4. 实施与管理

实施与管理部分主要涉及信息化管理中与系统建设和运行维护相关的内容,包括:信息系统实施项目如何选择,如何实施信息化项目管理,战略信息系统的实施和信息系统集成方法与技术,信息资源的利用、增值和知识管理方法,信息技术的风险管理方法与管理程序,支持信息系统运行维护的IT服务管理等。

5. 组织与控制

组织与控制是信息化管理中涉及组织、人员和信息化成果评价的部分,包括:信息主管的设置和职责,信息化项目组织与岗位设置,信息化人员绩效考核与管理方法,信息技术外包的评估,外包服务方的选择方法,外包合同的管理,对企业信息化水平和工作进展的评价体系与评价方法等。

6. 战略信息系统

战略信息系统是指对企业运作具有战略意义的信息系统,包括:企业资源计划系统(ERP),供应链管理系统(SCM),客户关系管理系统(CRM),产品数据管理系统(PDM),产品全生命周期管理系统(PLM),制造执行系统(MES),办公自动化系统(OA),知识管理系统(KS),决策支持系统(DSS),商业智能系统(BI),电子商务系统(EB),现代集成制造系统(CIMS)等。这些系统构成了支持企业业务高效运作和高水平管理的手段、管理工具和运作环境,将对企业赢得战略竞争优势发挥直接的作用。

7. 使能技术

使能技术(enabling technology)是实施企业信息化管理所需的共性关键技术,为信息化战略规划、信息系统构建、信息系统运行和管理提供关键性的支持技术。企业信息化管理涉及的使能技术非常多,例如,企业建模技术、工作流管理技术、物联网技术、云计算技术、大数据技术和标准化技术等,第12~15章对使能技术进行详细介绍。

8. 基础技术

基础技术包括网络技术、数据库技术、操作系统技术和软件平台技术,是企业实施信息系统的基础。

6.4 战略一致性模型与管理框架

6.4.1 战略一致性模型

战略一致性模型是麻省理工学院(MIT)Henderson 和 Venkatraman 于 20 世纪 90 年代提出的一个非常有影响的模型。模型从内部环境到外部环境、从企业业务到 IT 系统,在两个维度上分析了保持企业业务与 IT 系统战略一致性的重要意义。图 6-6 给出了他们所提出的战略一致性模型,包含企业战略、IT 战略、组织基础设施和流程、IT 基础设施和流程四个组成部分。

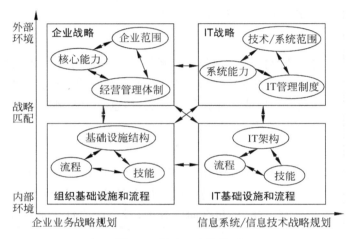

图 6-6 战略一致性模型

(1) 企业战略

企业战略是指企业的市场和产品竞争战略,包括企业范围、核心能力、经营管理体制三部分:①企业范围指企业的业务经营范围、产品类型、所服务的客户群、企业经营的区域分布;②核心能力指企业如何就其产品和服务与竞争对手展开竞争,采用什么战略使自己的产品和服务区别于其他竞争对手;③经营管理体制关注的是企业所有权的问题,即企业进入特定市场的时候,以单个实体、联盟、伙伴关系、资源外化中的哪种方式进入。

(2) IT 战略

IT 战略是指企业 IT 的定位与选择方法,包括技术/系统范围、系统能力、IT 管理制度三部分:①技术/系统范围是指支持或者创新企业战略的特定 IT 能力(如电子商务),需要与企业战略中的企业范围匹配;②系统能力是指能够推动或者更好支持现有企业战略的独特的 IT 战略属性,如系统的可靠性、成本/效益水平、系统的灵活性等,它与企业的核心能力概念相关,支持业务所需要的定价、质量、增值服务、优良的分销渠道等战略属性的实现,目的是获得超过竞争对手的比较优势;③IT 管理制度关注的是为获得 IT 能力所制定和选择的相关管理制度(如 IT 资源外包、开发新的 IT 能力),决定自主开发还是购买商业软件的决策方法,以及企业与 IT 公司之间的关系(采购、联盟、市场交换、合资)等。

(3) 组织基础设施和流程

组织基础设施和流程是企业的内部资源,为企业市场竞争战略的实施提供有效的支持,体现资源的战略整合。包括基础设施结构、流程、技能三部分:①基础设施结构反映了企业的经营结构、各部门的角色、责任和权力结构,如企业采用的部门功能组织结构、管理层次、决策的分散化程度、管理工作流程等;②流程反映了企业的业务流程,包括管理流程和生产流程,体现了企业在价值链上的活动;③技能是指执行企业战略的人员所需要的技能,即为了实现企业战略,需要什么样的经验、能力、职责和相应的准则,还需要什么新的技能,与传统的价值准则是否矛盾,企业所需要的具有相应技能人员的选聘工作主要由人力资源部门进行。

(4) IT 基础设施和流程

IT 基础设施和流程是指企业 IT 的相关基础结构、IT 处理流程和 IT 能力,包括 IT 架构、流程、技能三部分:① IT 架构是指根据企业业务运营需求和 IT 战略确定的当前和未来的应用系统架构,包含系统组成、应用组合关系、软硬件、通信系统和基础数据结构;②流程是指 IT 处理流程,以 IT 基础设施建设和运行为中心的工作过程,如系统开发流程、系统维护、监控系统的运行过程;③ IT 技能是指管理和操作 IT 基础设施所需要的技能,如系统开发、维护、数据管理等能力。

6.4.2 战略一致性匹配

企业的战略一致性就是围绕企业战略和信息系统(IS)蓝图实现企业战略、IS 战略、业务组织与流程、IS 基础架构与流程这四部分的一致性匹配,如图 6-7 所示,其中 IS 蓝图指信息系统规划和信息技术规划。

实现企业战略一致性匹配的方式有四种,如图 6-8 所示。

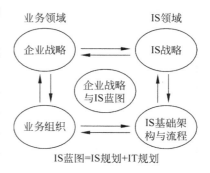

图 6-7 企业战略一致性匹配

第一种方式是从战略执行角度实施一致性匹配,其驱动力是企业战略,由高层管理者负责制定企业战略,再将企业战略目标分解到业务部门。信息系统管理者负责实施相应的 IT 支持系统,同时充分考虑 IT 系统的实施成本和服务性能。实施这种匹配方式可能出现的问题是由于现有组织结构(流程)和 IS 架构(流程)的约束,可能导致企业的战略根本不可能实现。

第二种方式是从技术潜能角度实施一致性匹配,其驱动力依然是企业战略,高层管理者不仅制定企业战略,还要提出对 IT 技术的愿景。信息系统的管理者则负责制定 IT 技术架构,同时要保证技术领先,然后进行需要的信息系统实施。这个方式与第一种方式的差别是在实施 IT 架构和系统时没有组织结构的约束,并且要求组织结构具有一定的柔性。

第三种方式是从竞争潜能角度实施一致性匹配,其驱动力是 IS 战略,由高层管理者根据 IS 战略明确采用信息技术可以获得的竞争优势,据此提出业务发展战略和愿景,充分考虑采用信息技术促进产品创新和改进业务流程。信息系统管理者的作用是不断促进企业采

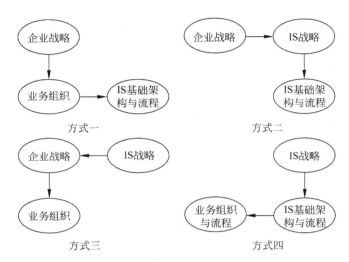

图 6-8　战略一致性匹配的四种方式

用先进的信息技术,使企业保持业务领先。

第四种方式是从提高服务水平角度实施一致性匹配,其驱动力也是 IS 战略,由高层管理者根据 IS 战略确定如何采用 IS 战略与 IS 基础结构来改进组织的服务,并确定执行业务改进的优先顺序,用客户满意度作为评价准则。信息系统管理者的作用是指导信息系统的实施,通过信息技术支持业务服务性能的改进。

战略一致性的执行是一个不断迭代的循环过程,以信息需求分析作为沟通业务领域和信息系统领域的桥梁,如图 6-9 所示。

6.4.3　信息系统战略一致性管理框架

在讨论信息系统战略一致性框架之前,先介绍图 6-10 所示的信息系统战略栅格的含义。

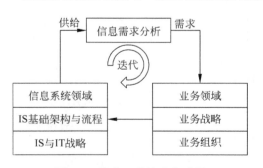

图 6-9　战略一致性迭代过程

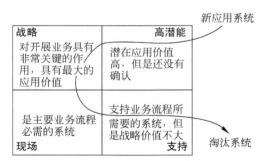

图 6-10　信息系统战略栅格

信息系统战略栅格用于定位企业应用信息系统的作用和重要性,是了解企业中信息系统作用的诊断工具,依据现行的应用系统项目和预计要开发的应用系统项目的战略影响,确定出四种不同的信息系统地位。处于高潜能栅格的信息系统具有潜在的应用价值,但是其应用价值当前还没有发挥出来;处于战略栅格的信息系统对开展业务具有非常关键的作用,具有最大的应用价值;处于现场栅格的信息系统是当前企业主要业务运作不可缺少的系统,但是其对企业发展的战略意义已经有所降低;处于支持栅格的信息系统是支持业务流程所需要的系统,但是其战略价值不大,在必要的时候可以被淘汰。

图中从新应用系统到淘汰系统的曲线反映了信息系统在企业应用的生命周期。如果一个信息系统从建设开始,历经了高潜能、战略、现场、支持四个栅格,说明这个系统生命周期是比较令人满意的。而如果一个新系统从高潜能直接进入支持,说明这个系统的实施存在一定问题,因为它没有为企业的业务运作发挥过重要作用。

同样信息技术的选择和应用也有一个迁移生命周期。图 6-11 给出了从新技术到淘汰技术的迁移路线图。图中所给出的迁移路线说明企业所选择的新技术是正确的,它在企业得到了充分的应用。而如果所选择技术直接从新技术迁移到淘汰技术,就说明所选择的技术存在问题。

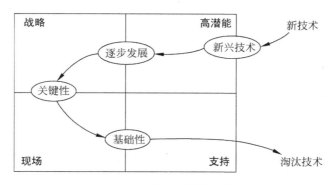

图 6-11　信息技术迁移路线图

图 6-12 给出了信息系统战略一致性管理框架[70],描述了从战略的角度来管理信息系统从系统设计、实施到运行的过程,包含以下 8 个阶段,在图中用①~⑧标识。

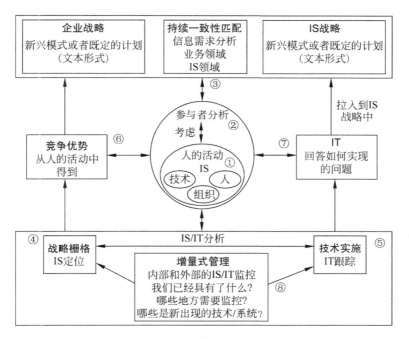

图 6-12　信息系统战略一致性管理框架

① 信息系统初步设计：在进行信息系统初步设计时，不要仅考虑技术因素，而要形成以人为中心的整体信息战略视图，充分考虑技术、组织、人的需求和相互影响、相互制约的关系。

② 信息系统设计改进：充分考虑参与者的应用需求，修改 IS 战略视图，在最大程度上使使用者满意。

③ 战略一致性匹配：结合企业战略和信息系统战略，按照一致性匹配方法进行战略一致性匹配，保证信息系统战略能够有效地为企业战略服务，同时挖掘信息系统战略对企业创新和业务服务性能提高可能带来的机会。

④ 信息系统定位：采用图 6-10 所给出的战略栅格法进行 IS 应用的战略分析，根据战略分析结果确定对不同应用系统的投资策略和实施策略。

⑤ 信息技术分析：根据图 6-11 所给出的 IT 技术迁移图对拟采用的信息技术进行分析，选择合适信息技术作为系统实施的关键技术。

⑥ 竞争优势分析：采用 Porter 的五力模型或者其他合适的方法分析信息系统实施可以给企业带来的竞争优势。

⑦ 信息系统实施：对所设计的信息系统采用有效的方法进行实施。

⑧ 信息系统管理：对所实施的信息系统采用增量式的方法进行管理，对企业内部和外部合作伙伴的信息系统和信息技术进行监控和分析，确定企业已经有了哪些系统，有哪些系统和技术需要进行监控，以及新出现了哪些技术和系统，在此基础上确定系统的持续改进方案。

6.5 信息化管理的成熟度模型

企业信息化管理与企业信息化建设的发展历程是同步的，随着信息化应用的深入，信息技术越来越深入到企业的管理中，它对企业战略的影响也越来越显著，因此，提高企业信息化管理的水平，对于企业利用信息技术快速获得竞争优势，同时使企业在信息技术和信息资源上的投资发挥最大效益均具有非常重要的意义。

图 6-13 给出了一个信息化管理的成熟度模型，按照信息化管理水平由低到高分成五个级别。信息化管理的成熟度模型可以供企业对比其当前的信息化管理水平，找出在信息化管理上存在的差距，在发展方向上为提升企业信息化管理水平提供指导。

级别 1：无管理

处于这个级别的企业还没有实施企业信息化应用。

级别 2：单机级管理

处于这个级别的企业处于企业信息化建设的初级阶段，实施了面向事务功能处理的部门级信息化应用系统，如库存管理系统、产品设计系统、采购管理系统、财务管理系统等。实施这些系统的目的是提高部门或者个人的工作效率，这些系统基本上是独立开发实施的，没有实现系统间的集成。企业没有开展信息化规划，对于信息技术的管理基本上停留在计算机硬件、网络、软件系统的单机维护上，有专人负责系统管理，一般没有独立的信息化技术部门，如果有信息化技术部门，其职责也主要是硬件和网络系统的维护。

级别 3：技术系统级管理

处于这个级别的企业处于企业信息化建设的中级阶段，其信息系统的实施不仅支持个

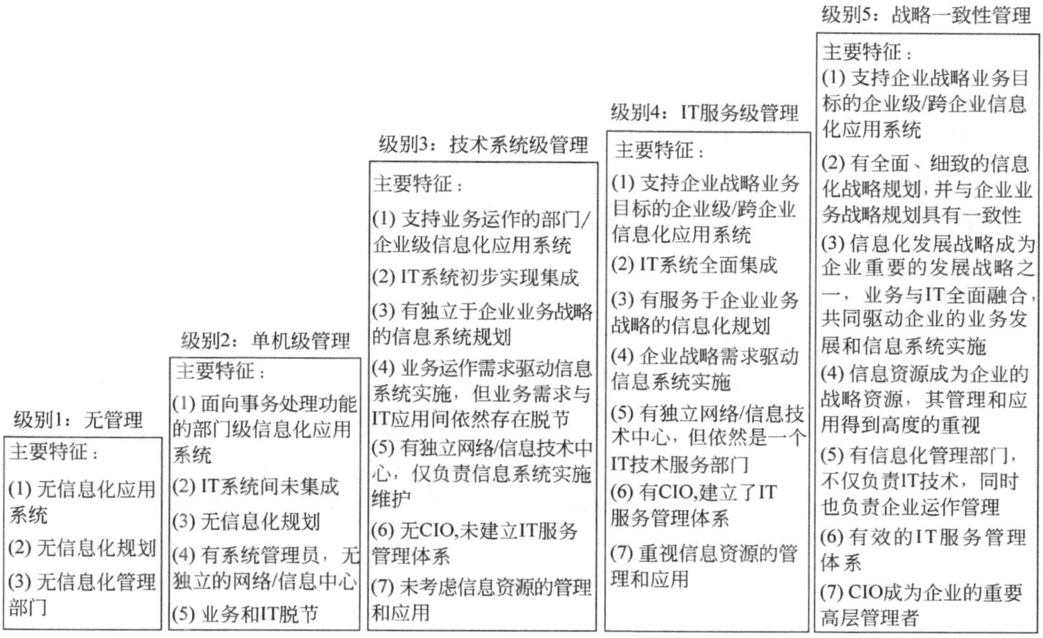

图 6-13 信息化管理的成熟度模型

级别1：无管理
主要特征：
(1) 无信息化应用系统
(2) 无信息化规划
(3) 无信息化管理部门

级别2：单机级管理
主要特征：
(1) 面向事务处理功能的部门级信息化应用系统
(2) IT系统间未集成
(3) 无信息化规划
(4) 有系统管理员，无独立的网络/信息中心
(5) 业务和IT脱节

级别3：技术系统级管理
主要特征：
(1) 支持业务运作的部门/企业级信息化应用系统
(2) IT系统初步实现集成
(3) 有独立于企业业务战略的信息系统规划
(4) 业务运作需求驱动信息系统实施，但业务需求与IT应用间依然存在脱节
(5) 有独立网络/信息技术中心，仅负责信息系统实施维护
(6) 无CIO，未建立IT服务管理体系
(7) 未考虑信息资源的管理和应用

级别4：IT服务级管理
主要特征：
(1) 支持企业战略业务目标的企业级/跨企业信息化应用系统
(2) IT系统全面集成
(3) 有服务于企业业务战略的信息化规划
(4) 企业战略需求驱动信息系统实施
(5) 有独立网络/信息技术中心，但依然是一个IT技术服务部门
(6) 有CIO，建立了IT服务管理体系
(7) 重视信息资源的管理和应用

级别5：战略一致性管理
主要特征：
(1) 支持企业战略业务目标的企业级/跨企业信息化应用系统
(2) 有全面、细致的信息化战略规划，并与企业业务战略规划具有一致性
(3) 信息化发展战略成为企业重要的发展战略之一，业务与IT全面融合，共同驱动企业的业务发展和信息系统实施
(4) 信息资源成为企业的战略资源，其管理和应用得到高度的重视
(5) 有信息化管理部门，不仅负责IT技术，同时也负责企业运作管理
(6) 有效的IT服务管理体系
(7) CIO成为企业的重要高层管理者

人工作业务效率的提高，也包含了支持企业核心业务运作的功能。企业的信息系统初步实现了集成化运行，但是集成方式仍停留在接口型的初级集成。这个级别的企业大部分都制定了企业信息化规划，但是，其信息化规划更侧重于信息系统建设的规划，规划过程也独立于企业的业务战略规划，虽然强调了由业务运作需求驱动信息系统实施，但业务需求与IT应用间依然存在脱节。企业设立了专门的信息化技术部门，但是所设置的部门仅负责信息系统的实施维护。企业未设立首席信息执行官（CIO）的职位，也没有建立信息技术服务管理体系。同样，在信息化管理的这个级别上，企业比较重视信息化应用的建设和信息系统的使用，而对于信息资源的管理和应用还没有考虑。

级别4：IT服务级管理

处于这个级别的企业开始进入企业信息化建设的高级阶段。在这个阶段，企业信息系统的实施开始更多地面向支持企业战略目标的实现，其信息系统的集成水平和集成范围得到提高。信息化规划的制定与企业业务战略目标实现了紧密的匹配，企业战略需求成为信息系统实施的主要驱动力。企业开始设立CIO职位，并建立了一套信息技术服务管理的体系。企业建立了比较强大的信息技术部门，但是该部门依然是一个技术服务部门。在这个阶段，企业开始重视信息资源的管理和应用。

级别5：战略一致性管理

战略一致性管理是企业信息化管理的最高级阶段。在这个阶段，企业建立了支持企业战略业务目标的企业级/跨企业信息化应用系统，制定了全面细致的信息化战略规划，并与企业业务战略规划具有一致性。信息技术不仅作为企业的支持技术得到应用，信息化发展战略也成为企业重要的发展战略之一，企业业务与IT技术全面融合，共同驱动企业的业务发展和信息系统实施。信息资源成为企业的战略资源，其管理和应用得到高度重视。企业成立了集企业管理和信息技术为一体的信息化管理部门,建立了有效的IT服务管理体系,CIO成为企业的重要高层管理者。

6.6 企业信息化整体解决方案

6.6.1 企业信息化整体解决方案的定义和内涵

企业信息化整体解决方案是规划、组织、控制和管理企业信息化实施工作的系统化方法,通过综合考虑信息系统规划实施中的各种因素(包括当前企业生产经营需要满足的需求、制约企业发展的瓶颈问题、企业未来的发展方向、企业现有的信息技术基础、企业的人员素质、信息技术的发展趋势等),对整个企业的信息化工作制订一个全面的规划,建立一个可逐步发展和进化的信息系统框架,并给出正确的实施途径,从而保证企业信息化工作顺利、高效、低成本地进行,保证所建立的信息技术体系能够正确调整和连接到业务结构和经营战略上,为企业的生产经营提供有效的支持。

企业信息化整体解决方案具有通用性、特殊性、前瞻性、时效性、动态性、互补性、层次性、继承性、理论与实践相结合和多样性等特性。

通用性指企业信息化整体解决方案的基本思想、基本方法和基本原理不是针对某个特定企业的,而是适用于所有企业。同时,由于每个企业有其特定的情况,具体采用的信息化整体解决方案必然各有特色,所以企业信息化整体解决方案还具有特殊性。

前瞻性指企业信息化整体解决方案是在先进的理论指导下,采用先进的方法和技术制定的企业信息化工作规划和实施途径。它不仅要解决企业当前信息化工作中存在的问题,更要从企业长远发展的角度来规划其实施步骤,因此具有战略上的前瞻性和技术上的先进性。

时效性是指企业信息化整体解决方案是在一定时间阶段内有效的,随着时间的推移,如果不对其进行修正补充,其有效性将逐步下降。虽然企业信息化整体解决方案是在综合考虑了企业的长远发展目标和先进的信息技术基础之上制定的,但是由于受到方案制定者的认识水平、企业的现状、当时信息技术水平和制定方案所采用的技术手段等多方面局限性的约束,所制定的整体解决方案经过一定的时间后,都会明显表现出种种不足,因此,企业信息化整体解决方案不是一个永不变化的蓝图,而是一个需要不断进行修改充实的方案,因此,企业信息化整体解决方案具有动态性。

企业信息化整体解决方案由指导思想、理论方法、集成框架、集成平台、实施途径、评价体系、关键技术等部分组成,每个组成部分都有其独特的作用与功能。互补性是指这些组成部分不是孤立存在的,它们之间是相互补充的,同时也是相互制约的。通过组成部分之间的相互补充和关联形成一个整体的综合解决方案。

层次性指企业信息化整体解决方案具有不同的层次,层次不同,其整体解决方案的重点也有所区别。比如,企业整体解决方案可以按照由高到低的方法分为通用层、行业层、集团公司层、企业层。继承性指低层次的企业信息化整体解决方案继承高层次的企业信息化整体解决方案的内容。

企业信息化整体解决方案还具有理论与实践相结合、多样性等特性。理论与实践相结合是说明企业的信息化工作不仅是一个实践性的工作,而且需要理论与方法的指导。多样性是指一个企业的整体解决方案有多种不同的表示方法,没有一个固定的最佳模式。

图 6-14 给出了一个按照通用性划分的企业信息化整体解决方案的层次图。

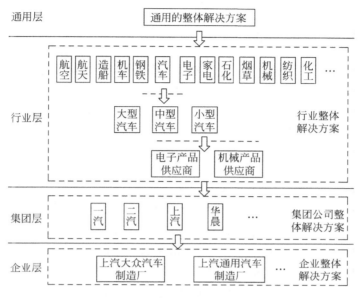

图 6-14　整体解决方案的层次图

最上层是通用的企业信息化整体解决方案,由于该方案对所有的企业都适用,是企业信息化整体解决方案框架的基础,描述了企业信息化整体解决方案的基本构成成分。通用的企业信息化整体解决方案主要由指导思想、基础理论与方法、信息系统实施的通用原理和规则、术语、信息系统基本架构、信息化工程的通用标准、信息化工作评价原则等组成。

行业层给出的是面向某个行业的信息化整体解决方案,在这一层又可以按照行业的细化方法将行业整体解决方案分成多个层次,如最高层是面向航空、航天、汽车、机械、电子、轻工、纺织等行业,而汽车行业又可以分为大型、中型、小型汽车行业,小型汽车行业又可以分为电子产品供应商、机械产品供应商等。在行业层制定的整体解决方案具有行业通用性,即所制定的方案适用于本行业内的所有企业。行业整体解决方案在继承通用的企业信息化整体解决方案主要内容的基础上,还需要细化相关内容,并且增加适用于整个行业内所有企业的相关内容,如通用的信息系统体系结构、集成框架的基本组成部分、网络通信协议、部分关键技术、行业信息化实施规范和相关标准、行业信息化工作评价体系与指标等。在行业层,信息化整体解决方案除了面向企业内的信息化工作内容外,还要制定行业内企业间集成的相关标准和规范,如信息交换标准、产品数据结构标准、电子数据文件交换协议、数据编码规范等,对于某些行业,还可以规划建立整个行业的数据中心、行业的协同产品商务平台、行业的信息集成平台、行业的资源共享平台、办公自动化平台和项目管理平台等。

在行业层之下是集团公司层。集团公司的整体解决方案在继承行业信息化整体解决方案主要内容的基础上,同样需要细化相关内容,并且增加适用于整个集团公司内所有企业的相关内容。如上汽公司在继承了小型汽车机械产品供应商行业的信息化整体解决方案的基础上,需要增加上汽公司特有的内容,如规定全公司统一的数据库系统、公司的财务信息系统、产品编码方法、产品数据交换协议等。

最下层是企业信息化整体解决方案,它继承了上面层次的整体解决方案,并且结合企业的具体情况进行细化,形成特定的企业信息化整体解决方案。

6.6.2 信息化整体解决方案的具体内容

规划和实施企业信息化是一个复杂的系统工程问题,需要采用系统化的方法,通过不同层面的工作来进行。对企业信息化的规划、组织、控制和管理工作是企业信息化整体解决方案的主要内容。

企业信息化整体解决方案可以用"一个思想、一组理论与方法、一个框架、一组工具与平台、一个实施途径、一组标准与规范、一个评价体系、一批关键技术"这"八个一"来描述。其中"一个思想"指企业信息化整体解决方案的指导思想,对企业整体解决方案集成框架的设计、实施途径的规划、系统集成策略的制定起指导作用。"一组理论与方法"指研究和实施企业信息化工程这个复杂问题的系统化的理论与方法,为企业信息化工作提供理论上和方法上的支持。"一个框架"指企业信息化集成框架,定义了企业信息系统支持范围、主要功能、主要功能之间的关系、不同功能系统之间的集成策略和手段、主要采用的信息技术环境与支撑平台、企业信息与知识的管理策略、相关数据标准与安全策略等。构建先进有效的企业信息化集成框架是保证系统开放性、可集成性、可重构性和安全性的重要基础。"一组工具与平台"指支持企业实施信息化的应用工具、集成平台和使能工具。"一个实施途径"指在企业信息化实践经验基础上形成的有效组织、管理、评价企业信息化工作的实施指南和参考模板。"一组标准与规范"指信息技术标准规范、行业与企业管理标准与规范、企业建模规范、企业信息化实施指南与规范等。"一个评价体系"指企业信息化实施效果的评价体系、评价指标与评价方法。"一批关键技术"指在企业信息化实施、组织、经营过程重组、集成框架与集成平台构建、系统集成、系统维护、信息安全等方面需要研究和突破的关键技术问题。

图 6-15 给出了反映企业信息化整体解决方案主要内容的"八个一"及其相互关系的综合框架。

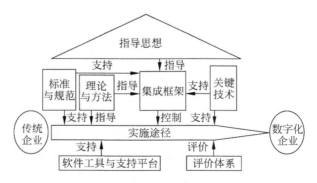

图 6-15 企业信息化整体解决方案框架结构

1. 指导思想与理论方法

企业信息化整体解决方案首先要解决企业信息化工作的指导思想,在明确了信息技术对企业发展具有核心支持作用的基础上,从企业发展战略的高度,从产品全生命周期和企业信息化全生命周期的角度,采用多视图和不断进化的观点来看待企业的信息化工作。通过对已有的先进制造模式和未来企业发展趋势的分析可以看出,现代集成制造系统(CIMS)为企业信息化整体解决方案提供了指导思想。CIMS多年研究积累的复杂问题求解框架和系统发展模式同样为企业信息化整体解决方案的制定提供了理论和方法上的支持。

2. 集成框架

企业信息化整体解决方案需要在CIMS思想的指导下,基于已有的复杂问题求解方法,利用先进的信息技术,规划和设计一个可持续支持企业信息化工作的集成框架,集成框架要完成企业的业务过程体系、信息系统体系、应用软件体系、技术支持体系和信息系统管理体系的定义,并以此作为企业信息化的基本蓝图和宏观控制框架,开展应用软件的实施与集成,保证所建立的信息技术体系能够正确调整和连接到业务体系和经营战略上,为企业的生产经营提供有效的支持,保证所实施的信息系统具有良好的开放性、可集成性和可重构性。图6-16给出了一个支持企业信息化整体解决方案的集成框架。该集成框架除了反映企业信息系统支持范围、主要功能外,重点是提出了以模型为核心的企业信息化实施方法,特别是以集成化产品、过程、资源(IPPR)模型为核心的集成思想和集成策略。

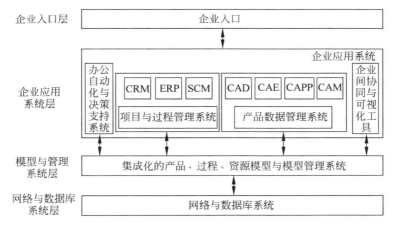

图6-16 企业信息化整体解决方案集成框架

框架从上到下分成企业入口、企业应用系统、模型与管理系统、网络与数据库系统四个层次。网络与数据库管理系统层是企业信息化的基础层。企业入口层提供了统一的、安全的用户界面,使不同地点、不同身份的用户能够以一致的界面访问企业信息系统提供的各种服务。企业应用系统层表示了面向不同的业务功能的软件系统。

第三层是模型与管理系统层,它是企业实现产品、过程、资源集成的核心,也是实现不同应用软件之间信息和过程集成的载体。集成化产品、过程、资源(IPPR)模型随着产品整个生命周期的不断进化,以适应企业在产品设计制造不同阶段对模型不同视图的细致程度和重点因素的需求。图6-17给出了集成化的产品、过程、资源模型,其中产品视图定义了企业的产品类、产品结构、产品功能、产品相关的文档和规范、产品的制造工艺等有关产品的设计制造信息;过程视图定义了企业的业务过程,包括产品的设计制造过程、生产计划管理过程、销售与采购过程等;资源视图定义了企业的制造资源、人员和组织、信息资源等。这三个视图的核心是过程视图,通过过程视图中活动的属性定义,实现过程与资源、产品信息的集成。模型管理系统以 IPPR 模型为数据对象,提供模型的定义维护工具和模型操作接口。模型定义维护工具用来实现 IPPR 模型的定义和修改,模型操作接口为应用软件提供操作模型数据的函数,应用软件通过该接口实现对 IPPR 模型中定义的产品、过程、资源数据的访问,从而实现不同应用软件之间的无缝集成。

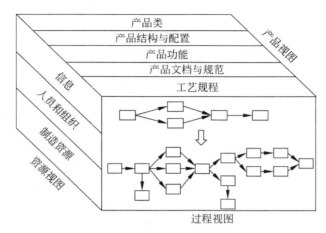

图 6-17　集成化的产品、过程、资源模型

3. 标准规范与评价体系

　　企业信息化实施需要充分借鉴已有与企业信息化相关的标准与规范,包括信息技术的标准与规范、行业/企业的管理标准与规范、企业参考模型标准与规范,在此基础上形成符合企业需要的信息系统实施、集成标准与规范。充分采用标准化与规范化的技术和方法,是保证系统具有良好开放性和可集成性的有效方式,也是保证信息系统实施沿着正确的技术路线进行的重要方法与手段。

　　建立良好的企业信息化评价体系、评价指标和评价方法,是准确把握企业信息工作效果的重要手段与方法。通过建立良好的信息化工作基准,可以对企业信息化工作的进展进行科学评价,通过基于时间、成本、绩效的评价指标体系,可以准确地对企业在信息技术上的投资进行效能评估。因此,研究企业信息化的评价体系和评价方法,并将其应用于企业信息化实施的过程控制中,对于企业的信息化工作具有重要的指导意义和实用价值。

6.6.3　信息化整体解决方案的实施途径

　　实施途径在企业信息化整体解决方案中起着桥梁的作用,通过实施途径将整体解决方案的各个部分连接起来。在指导思想和理论方法的指导下,在集成框架的控制下,将相关的标准规范技术、系统集成关键技术、集成平台、应用软件等经过有步骤的实施途径集成起来,完成传统企业向未来数字化企业的过渡。在实施过程中,应用整体解决方案中建立的评价体系不断检验信息系统的实施效益。

　　关于企业信息化的实施途径和实施方法,许多咨询公司、系统集成公司、软件供应商、信息技术研究单位在实践基础上都积累了大量的经验。企业建模、企业诊断、企业性能评价、企业参考模型等方面的研究成果也为企业制订有效的信息化实施途径提供了理论和方法上的参考。但是,需要指出的是,每个企业的信息化工作实施途径都与该企业特定的管理思想、企业产品、企业文化、市场环境与定位、组织结构、人员结构密切相关,虽然其他企业的信息化实施途径和经验可以作为参考,但是针对该企业信息化工作的实施途径一定不同于所有任何其他的企业,也就是说,每个企业的信息化实施途径都是需要在深入研究分析的基础上,经过反复论证制订的、专用于该企业的特定策略和方法。

企业现有的信息化管理水平不同,其实施途径是不一样的。随着企业信息化工作的不断深入,企业信息化管理水平会相应地不断提高,结合信息化管理成熟度模型,图 6-18 给出了企业信息化的实施途径。在企业信息化管理水平处于级别 1 时,企业信息化实施途径是步骤 1 和步骤 4;在企业信息化管理水平处于级别 2 时,企业信息化实施途径是步骤 2 和步骤 4;在企业信息化管理水平处于级别 3 时,企业信息化实施途径是步骤 3 和步骤 4;在企业信息化管理水平处于级别 4 时,企业信息化实施途径是步骤 4。

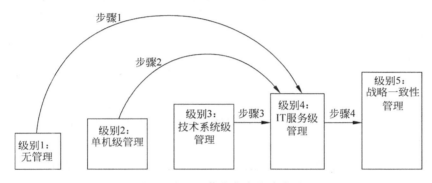

图 6-18　企业信息化实施路线图

1. 步骤 1

在企业信息化管理水平处于级别 1 的时候,企业尚未开展信息化应用,信息化基础较差,没有信息化历史遗留问题,这些是这类企业实施信息化有利的一面。对这类企业,开展信息化工作首先应建立良好的信息技术战略观,通过细致的信息化需求分析、信息化规划和管理体系的设计,建立可持续发展的信息化框架,逐步实施企业信息化应用,使企业信息化管理水平跨越级别 2 和级别 3,直接进入级别 4 这一比较理想的水平。

在步骤 1 中要重点做好以下几项工作:

(1) 充分了解信息技术的功能和信息技术对企业创新的作用,建立信息技术的战略观。充分分析企业发展战略和业务的需求,充分分析信息技术支持下的新型企业管理模式和业务流程,避免在不合理的组织和流程之下开展后续的信息化设计实施工作。

(2) 设定企业信息化发展愿景和目标,开展企业信息化战略规划,制定企业信息化发展的战略框架和实施蓝图。在这个阶段要注意按照业务流程,而不是按照现有的部门来规划企业的业务信息系统,避免产生"流程孤岛"和"信息孤岛"。

(3) 根据企业业务对信息的需求,分析企业业务产生、使用的信息,以及这些信息的分布情况,制定企业数据中心的规划,规范企业信息资源获取、存储和应用,实现一个信息在一处一次录入、全局共享的管理模式,避免信息的重复录入和大量信息副本的情况,避免产生

"信息孤岛"。

(4) 设立企业信息化主管(CIO)岗位。在企业规模比较小的情况下,CIO可以由相应的其他高级管理人员兼任,但是必须要有这个岗位,而且CIO一定要进入企业的决策层。建立以IT服务管理为主要职责的信息化部门,并且建立IT服务管理体系和相应的管理制度。

(5) 按照企业数据交换和信息化应用在规模和速度上的需求,建立合适的企业信息化基础设施环境。由于硬件和网络技术发展迅速,更新换代速度非常快,所以在企业信息化基础设施的建设过程中不要过分追求超前,要根据企业未来3～5年对信息化基础设施的实际需要来进行建设。

(6) 根据企业的信息化蓝图,逐步开始实施企业的信息化系统。在实施信息系统时,采用业务需求主导的发展模式,并且建立相应的信息化评价体系来考核信息化工作的进展情况。在企业信息化过程中,从开始阶段就要重视数据标准规范的制定和数据中心的建设,在每个单元信息系统的实施过程中都要充分重视系统对外数据接口的设计,避免"信息孤岛"的产生。

2. 步骤2

当企业信息化管理水平处于级别2的时候,企业已经有了一批单机的信息化应用系统,但是这些系统以信息孤岛的状态运行,信息化管理水平相对也比较低。对这类企业,其实施信息化同样需要完成步骤1中①～④所介绍的工作,另外由于有了一定的信息化基础,也存在信息孤岛问题,所以需要特别重视以下几方面问题。

(1) 实现信息化管理水平的跨越发展,避免将企业的信息化管理水平从级别2演变为级别3。

(2) 重视并解决业务战略与信息技术的脱节问题,改造过去主要用于提高个人事务处理效率的信息化应用,使其变成支持企业业务战略目标的信息化应用。

(3) 开展信息孤岛的集成与整合,在进行信息孤岛集成和整合的过程中,不鼓励采用点到点的接口方式完成不同应用系统之间的信息共享,要按照优化后的业务流程需要重新确定信息系统的功能配置,制定更合理的信息产生、使用、存储方法与管理模式,实现面向业务流程的信息系统功能配置,建立企业数据中心,对企业所有数据实现单一信息源管理。

(4) 在改造或者淘汰落后的信息系统时,要充分重视将这些系统过去积累下来的信息资源进行整合和重用,必要时可以编制特定的转换程序进行数据格式的转换,并将这些信息资源存入企业数据中心进行有效的管理。

3. 步骤3

当企业信息化管理水平处于级别3的时候,企业已经有了初步集成的信息化应用系统,也已经开展了信息化规划的工作,其信息化管理水平相对级别1和级别2有了比较大的提高。这类企业在实施信息化和提升其信息化管理水平的过程中需要重点完成以下工作。

(1) 加强信息化战略与业务战略的融合,修改/重新制定信息化战略规划,重新设计信息系统架构,使其服务于企业的业务战略目标。

(2) 加强信息系统的集成和整合,按照企业发展战略的需要,实现面向业务战略和流程的信息系统功能配置。

（3）充分重视信息资源的管理和应用，制定更合理的信息产生、使用、存储方法与管理模式，建立企业数据中心，对企业所有数据实现单一信息源管理。

（4）设立企业信息化主管（CIO）岗位，建立以 IT 服务管理为主要职责的信息化部门，并且建立 IT 服务管理体系和相应的管理制度。

4. 步骤 4

当企业信息化管理水平达到级别 4 的时候，企业已经达到了较高的信息化管理水平，此时要将已经积累下来的信息技术和信息资源优势转化为业务战略优势，全面实现业务和信息技术的融合，进一步提升信息化管理水平，向战略一致性管理这一信息化管理的最高境界迈进。

以上给出了不同企业在实施信息化时应采用的实施步骤和每个步骤的要点，关于细致的信息化规划方法、IT 服务管理方法、企业集成方法等内容将在本书的后续章节进行介绍。

6.7 通用汽车公司的信息化应用案例

6.7.1 通用汽车公司面临的困境

通用汽车公司（General Motors，GM）于 1908 年成立于美国底特律，是世界上最大的汽车制造商之一，2013 年汽车销售数量排名世界第一。通用汽车公司拥有 70 多个汽车生产线，分布在 40 多个国家，销售范围遍及全球 200 多个国家与地区，2013 年全球雇员达 219000 人，销售各类交通工具 971 万辆，占全球汽车销售总数的 11.4%，销售收入 1550 亿美元，利润 38 亿美元。（数据来源：通用汽车公司 2013 年年报）

GM 作为一个多品牌、多业务的多元化公司，旗下著名品牌包括：别克（Buick）、凯迪拉克（Cadillac）、雪佛兰（Chevrolet）、吉欧（Geo）、GMC、澳斯摩比（Oldsmobile）、庞帝克（Pontiac）、土星（Saturn）等，其各种产品具有不同的特色，例如科技取向的 Oldsmobile、豪华取向的 Buick、跑车倾向的 Pontiac、大众化的 Chevrolet 等。通用集团旗下的车厂年产 860 万辆，平均一年要消耗美国生产的 25% 的钢铁、22% 的合成橡胶以及约 10% 的铝，其对美国工业的重要性不言而喻。GM 如果是一个独立国家，其财力可以在全球现有 159 个国家中排前二十名。

20 世纪 90 年代末，全球汽车制造业普遍面临产能过剩、消费者缺乏品牌忠诚度、供应网络难以灵活调控、信息无法有效共享、普遍存在"信息孤岛"等问题。GM 作为一个老牌企业也未能幸免，沉重的官僚作风使得公司管理层很难主动积极地自我更新与改进，长期没有改进的信息系统产生了大量无效率的生产环节，使得 GE 生产同样产品的成本高于对手，尤其是来自日本和美国本土的汽车制造商对 GM 的生产经营带来了巨大的压力。

当时面临的具体问题有：

（1）产能过剩：对顾客的不同需求不能快速响应和满足，某些车型产能过剩，而有些车型产能却严重不足。

（2）消费者缺乏品牌忠诚度：大约 56.6% 消费者在购车时，会选择另外一种品牌；仅 43.4% 的会选购同一品牌。其中，小汽车的品牌忠诚度为 15.1%，运动轿车为 12.8%，

SUV 为 18.5%，卡车为 32.8%。

（3）供应网络难以灵活调控：供应链中供应商、OEM 以及销售商的库存时间普遍过高，例如 2001 年，每个汽车产品的平均库存时间约为 100 天。

（4）信息无法有效共享：GM 公司有多达 150 个网站、63 个呼叫中心、23 个数据库，此外，几乎所有代理商都有自己的网站、系统和数据库，"信息孤岛"普遍存在，彼此之间的电子邮件重复率高达 34%，这种重复以及"信息孤岛"造成人力、资金、资源的浪费，效率低下，顾客满意度下降。

针对上述问题，GM 的管理层进行了许多尝试，但都收效甚微。例如：对生产和销售的布局进行调整；改进生产和服务方式，开发新的客户管理系统，把较大的供应商纳入公司生产开发环节等。当时 GM 的 CEO，Rick Wagoner 认为 GM 的情况非常糟糕，他用了三个词来形容当时通用汽车公司面临的困难："Tumultuous（喧嚣的）"、"Chaotic（混乱的，无秩序的）"、"Not in gear（无法掌控的）"。2000 年，GM 的股价已经低于 S&P 500 指数 48%。

6.7.2 有效的解决方案——DLN

1996 年，GM 聘请 R. Szygenda 为 CIO。Szygenda 初到 GM 的时候，他面对的是 7000 多个离散的信息系统，不能互联的工作站，各种各样的"乡间小路"而不是"信息高速公路"，一个 GM 品牌的销售数据不能为另一个部门的经理所共享，22 个设计工程系统各自为政，"GM 的信息技术体系结构是如此分散，要使它们实现统一几乎是不可能的"。就是在这样的情况下，Szygenda 带领他的团队，尽最大努力实现计算机系统的标准化，改进效率，降低成本，并取得了相当的成效，比如，到 2002 年，22 个设计工程系统已经整合为一个统一的全球性的计算机辅助产品设计系统。

但 Szygenda 并不满足于实现企业内部信息系统的整合，而又提出了新的目标——借助新的信息技术与顾客、供应商和合作伙伴实现实时互联，创造新的网络销售和沟通渠道，促成 GM 向数字企业的转型。

新的 GM 信息化目标就是"强化和整合 GM 的需求和供应链系统，建设一个数字化忠诚网络（digital loyalty network，DLN）。"

- Digital："数字化"意味着采用信息技术获得新的技术能力；
- Loyalty："忠诚"意味着聚焦顾客、赢得顾客的忠诚并使 GM 增值；
- Network："网络"意味着协调和利用供应和分销链上的所有合作伙伴，为顾客提供满意的服务。

顾客的品牌忠诚度包含许多因素，以前厂商主要关注产品性能、质量以及相关服务等方面，忽视购买、预订和顾客自身特点。GM 调查显示：发现一个新顾客的花费是保持一个老顾客的 6 倍。DLN 采集影响顾客品牌忠诚度的所有因素，进行全面分析，对顾客进行个性分析和推荐，使其满意度最大，从而提高其品牌忠诚度。当然构建 DLN 需要有一些先决条件，例如：能够精确地对顾客情况进行区分和评价；在顾客、供应商以及其他商业合作伙伴（特别是制造商和零售商）之间建立良好的合作关系，为顾客服务；建立开放的商业和技术框架等。

另一方面，GM 从经济角度对 DLN 的建设过程进行了理论分析，发现 DLN 网络在建设初期收益是负的,当终端节点增加到一定数目后,收益为正,并且增加的速度越来越快,如图 6-19 所示。

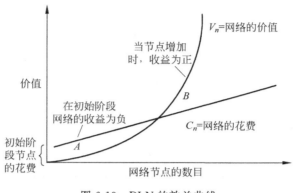

图 6-19　DLN 的效益曲线

DLN 的概念模型如图 6-20 所示,分为数据和信息采集、协调和优化、数据和信息分析三个功能模块。

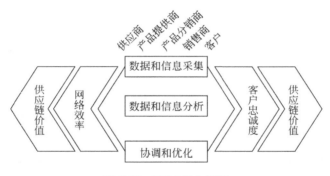

图 6-20　DLN 概念框架

其中,数据和信息采集功能模块利用网络和计算机等信息技术,采集顾客、供应商和制造商的需求。协调和优化功能模块使供应链中的各个成员或单位对顾客的需求进行快速响应。数据和信息分析功能模块对采集的数据和信息进行分析,对顾客进行个性化"量身定做",提高顾客品牌忠诚度;并利用协调和优化功能模块协调供应链中各个成员,使利益分配更加合理。

建设 DLN 不仅仅使厂商一方获得利润,而且实现了整个供应链体系中所有成员的利润增长,甚至客户也能够从 DLN 中获得益处。具体分析如下:通过建设 DLN,顾客得到了满意的产品,并提高了该品牌的忠诚度;通过相应的销售策略,销售商实现产品价值最大化,保留了老顾客,并减少了库存;通过 DLN 的协调机制,产品提供商(OEM)实现了快速供货,减少库存,并广泛接受顾客的反馈;供应商分析顾客的各种需求,并将需求传递给 OEM,减少订货发货时间,同时减少 DLN 中所有成员的成本。

正如 GM 的信息化目标所表述的那样,它不是简单地实现 GM 数字化,而是为了赢得顾客的忠诚和实现 GM 增值服务,这使 GM 信息化与 GM 战略目标实现了高度的统一,为GM 走出困境提供了有效的解决方案。

例如：Jack 和 Joe 两个人想买同样品牌的汽车，他们分别登录该厂商的销售网站，并提交自己的个人信息（见表 6-1）。根据顾客的经济实力、品牌忠诚度以及对价格承受度等信息，DLN 迅速做出反应，分别向两位顾客推荐如表 6-2 所示的不同车型及服务信息。

表 6-1　Jack 和 Joe 提交的个人信息

个人信息	顾客 Jack	顾客 Joe
生活状况	从科罗拉多州到波士顿开始新工作	从波士顿到科罗拉多州照顾父母
婚姻状况	已婚，有四个子女，其中一个在读大学	未婚，无子女
以前购买经历	有三辆该品牌的车，其中一辆给他的女儿	在 20 世纪 80 年代买过该品牌的车
是否租赁过	在这三辆车之前，他租过这个品牌的车	没有
贷款状况	给女儿的车是贷款买的	没有贷款
社会影响力	在社区和同事当中比较活跃	没有记录
对外出租经历	曾经两次对外出租过	没有记录
是否与厂商联系	在长达 15 年的时间里经常与该品牌售后服务联系	没有记录

表 6-2　DLN 推荐的车型及服务信息

车型及服务信息	顾客 Jack	顾客 Joe
车型	该品牌的 SUV 车型，V-8 引擎	该品牌的中型轿车，4 轮驱动，牵引控制
交货时间	5 天	30 天
个性化配置	为其小女儿免费提供儿童坐椅	容易调控的前排座位
个性化交互设备	可上网、收发 E-mail 的仪表盘，并且可连接 PDA、移动电话等设备	带紧急救援功能的驾驶系统
生活服务方面	杂货店、加油站、新上映的影片、订购机票等	没有
售前服务	一天后上门提供新车试驾服务	四天后到附近的供应商进行新车试驾
售后服务	第一年免费维修和保养	没有

6.7.3　DLN 的实施过程

由图 6-20 DLN 的概念模型可见，DLN 的具体功能结构分为"前台"（面向客户管理的功能）和"后台"（面向供应链管理的功能）两部分。其中面向客户管理的功能由客户订购模块、客户评价模块、订单交付执行模块实现；面向供应链管理的功能由供应需求协调模块、长期规划模块、供应商协调模块实现。具体如图 6-21 所示，以下对各功能模块进行逐一说明。

"前台"面向客户管理的功能如下：

（1）客户订购模块：为顾客在线提供产品说明和相关配置性能；对顾客的价值进行评估，根据不同情形提供相应的产品，并提供相应的贷款、售后和出行方面的服务；通过与供应链的其他成员交互，对产品的到货日期进行显示。

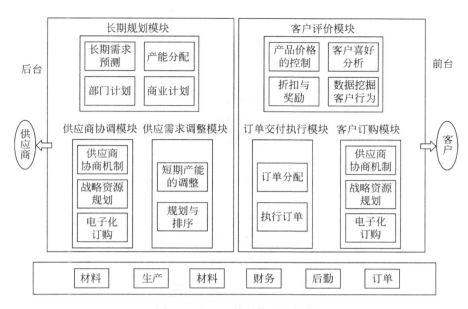

图 6-21 DLN 的具体功能结构

(2) 客户评价模块：分析顾客对产品的忠诚度和潜在的购买力；分析是否需要采取相应的折扣或奖励；记录顾客接受和拒绝产品的所有信息，并传输到后台客户数据库，进行数据挖掘分析研究。

(3) 订单交付执行模块：根据供应链目前的能力，快速为顾客提出可靠精确的交货日期；提供产品的配置说明和交货可能出现意外后的应对方案；当产品的交货时间、配置和价格都被顾客接受后，马上将订单发到供应链中执行。

"后台"面向供应链管理的功能如下：

(1) 供应需求协调模块：针对顾客需求，综合分析各种资源和原料等信息；当不能满足所有顾客需求时，首先满足优先等级较高的顾客。

(2) 长期规划模块：对长期的需求进行预测，支持企业业务规划、开发融资等项目，评估投资决策以及长期产能的计划。

(3) 供应商协调模块：对顾客的要求、供应商的产品承诺进行闭环反馈；根据供应链的能力，协调各个成员的生产经营；当发生生产短缺或过剩时，做出相应的反应。

因此，GM 的 DLN 实施过程包括："后台"面向供应链管理的实施和"前台"面向客户管理的实施共两个大的步骤。

"后台"面向供应链管理的实施过程：

(1) GM 的 CIO，Szygenda 第一件事情是设法使 GM 的高层领导认识信息技术的战略价值，其次是着手改造 GM 的信息组织结构。

(2) GM 建立了自己的广域网和局域网，大量的中间件应用使原来离散的信息系统实现了对话和互通，一系列 IT 标准（包括数据输入和输出标准、数据结构和格式标准、软件标准、硬件标准和界面标准等）的制定与推广确保了信息系统的一体化发展，基于互联网的 GM 网络把供应商、代理商、雇员、合作伙伴和顾客等所有利益相关者联系在一起。

(3) 通过新建的供应商网络门户（GM supply power），实现了后端与各类供应商的整合;该 B2B 网络系统使供应商能够存取生产排序、存货与零件品质方面的最新资讯。

(4) 通过 B2B 电子商务平台(Covisint),实现了电子商务运营。Covisint 是一个大型的网络集市,它的使用降低每辆车的生产成本达 1000 美元,并将传统上接受订单到交车的时间,由原来的 45 天缩短到当前的只需 10 天。

(5) 通过超级第三方物流(Super-3PL)项目整合所有第三方物流服务商,增强信息系统的可视化程度,使 GM 能够追踪所有运输过程中的货物和资产。

(6) GM 还成立了专门的订单交付督察部门(Order-to-delivery Department,OTD)来监督订单完成情况。OTD 部门的工作提升了通用汽车公司订单交付水平,使汽车交付时间缩短了 60%,并且交付可靠性从 68% 提高到 90%。

"前台"面向客户管理的实施过程:

(1) 借助数据仓库整合分散的企业顾客管理数据库,该系统能够捕获每一次顾客互动中的有价值的信息,并反馈给产品发展部门和营销部门,当顾客再次登录时,任何地方的 GM 代理商都能够根据顾客的信息为他们推荐合适的产品或服务,这种个性化的解决方案有利于把顾客留在 GM 的顾客社区中并增加顾客的忠诚度。

(2) 鉴于顾客对产品交付时间的期待各不相同,也就是说,并非所有顾客都要求"快速交货",所以,GM 开发了一个灵活的差异化供应链响应系统,响应时间介于 1~8 周之间,以此缓解顾客需求与生产供应之间的压力。

(3) 创建集成化的网络分销渠道,建立了 GM 销售网站(GM BuyPower),使网络分销渠道与个性化的代理商分销渠道实现有机整合,方便顾客选择代理商和自己喜好的产品,GM BuyPower 为 GM 的供应商提供有价值的信息,从而提高供应商的响应能力和产品质量;到 2003 年底,GM BuyPower 门户采用了多种语言,使全世界 60 亿人中的 35 亿人可以用自己的母语访问网站。

(4) 通过实施 GM 用户中心(GM Owner Center)系统,顾客可以在网上创建所有 GM 车辆的档案,包括这些车辆的信息、维护情况和服务历史等,从而使顾客拥有"家"的感觉;GM 用户中心的建立可以让公司随时了解到各款产品的性能和使用情况,也能够方便统一管理,让用户切实体验到公司的全方位服务。

(5) 通过实施上星(On Star)系统,提供通信卫星导航功能,道路紧急救援功能,存取资料、邮件以及股票等信息。顾客只要按一个按钮,就可以收听最新的新闻和交通信息,就能够实时地与 GM 进行直接沟通。GM 计划通过该项目使每一辆 GM 交通工具都成为无限的和无线的 GM 电子通信网络的一部分,使 GM 消费者能够随时与 GM 在一起,从而大大增强 GM 消费者的忠诚度。目前,已有上千万消费者通过上星系统与 GM 进行沟通和交流。

GM 通过上述"后台"面向供应链管理和"前台"面向客户管理的实施,分别构建了多个功能子系统(GM 供应商网络,超级第三方物流,电子商务平台,订单交付部门,差异化供应链响应系统,GM 销售网站、上星系统,GM 用户中心),这些子系统在功能上覆盖了图 6-21 中 DLN 的功能结构,具体如图 6-22 所示。

除了 DLN 的建设外,GM 还在其产品开发过程中引进大量 CAD/CAE 软件,公司全部配备 IBM 主机,并大量采用 3D 软件进行汽车碰撞模拟,同时进行品质与结构设计的快速检验,从而加速研发过程,并降低研发成本。以汽车碰撞试验为例,过去研制一个新汽

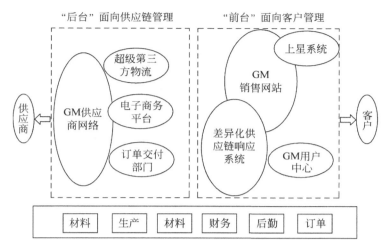

图 6-22　GM 的 DLN 中包含的各个子系统

车要进行 100 次碰撞试验，2002 年降低到 50 次，2005 年降低到 20 次。同时建立协同工作管理系统，支持超过 16000 名设计师及员工利用 EDS 公司开发产品生命周期管理系统（Teamcenter Engineer），分享 3D 设计信息，追踪零件与局部装配件。当完成一项变动时会自动更新设计资料，员工可协调在同一份设计上的工作，达到团队间同步化设计。

在 DLN 和新设计信息系统的实施过程中，为了保持信息化战略与业务战略的一致性，GM 公司采用了两个 6-sigma 系统方法来改善项目的实施，如图 6-23 所示。DMADV 过程（D-定义、M-测量、A-分析、D-设计和 V-验证）主要针对新产品和过程的开发，使新产品和过程的绩效达到 6-sigma 的水平。DMAIC 过程（D-定义、M-测量、A-分析、I-改善和 C-控制）主要针对不能满足要求的制造和服务过程，对其进行突破性改善。通过实施 6-sigma 建立并实施以测量为依据的战略，改善流程，减少变异。

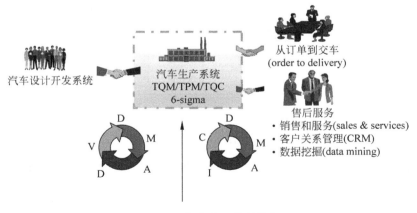

图 6-23　新信息系统的执行

DLN 的构建给 GM 带来了根本性的变化，使得 GM 获得了新生，具体产生的效益指标如下：

(1) 经过再造与重组产生深远变革,摈弃浪费与官僚气息,每年节省10亿美元成本支出。

(2) 通过采用电子化管理,订货-交货时间缩短50%,产品订货准确率提高50%。

(3) 依订单生产,在整个GM的供应链上,每年节省生产与库存成本200亿美元。

(4) CAD/CAM计算周期从原来的36小时减少到12小时。

(5) 采用产品生命周期管理系统,将汽车模型设计时间由12周缩短为2周,产品开发周期从48个月缩短为18个月。

6.7.4　DLN推广应用

GM成功实施DLN,导致其他汽车行业巨头(包括福特、本田、宝马等)也纷纷投入人力和物力,进行各自DLN系统的建设。

2003年,美国的德勤咨询公司,面向全球35个国家850个制造商进行调查,分析DLN系统的效果和收益。他们首先将所调研的公司根据厂商对客户的忠诚度,以及客户对厂商的忠诚度的不同,分为如下四类厂家:厂家让利模式的厂商(占总数的27%)、传统营销模式的厂商(占总数的41%)、客户让利模式的厂商(占总数的15%)以及基于DLN模式的厂商(占总数的17%)。

图6-24显示了厂商每年盈利情况,以传统营销模式的厂商盈利为零和基于DLN模式的厂商盈利是100%为基准,厂家让利模式的厂商盈利32%、客户让利模式的厂商盈利73%。

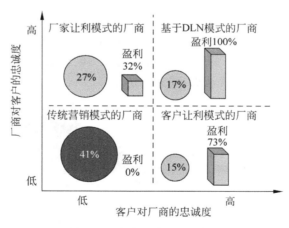

图6-24　各类厂商的盈利情况

这些厂商采用IT技术的情况(实时数据采集、数据仓库、客户数据集成分析、ERP技术、电子商务技术等),基于DLN模式的厂商明显高于其他三类厂商,具体参见图6-25。

对于销售额增长、市场份额、资产回报率、达到总体商业目标以及新产品收益比率等预期目标,基于DLN模式的厂商也遥遥领先,特别是对于销售额增长这一指标,基于DLN模式的厂商实现预期目标的比率几乎达到40%,比其他三类厂商实现预期目标的比率总和还要多(图6-26)。

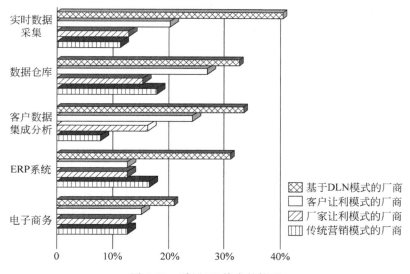

图 6-25 采用 IT 技术的情况

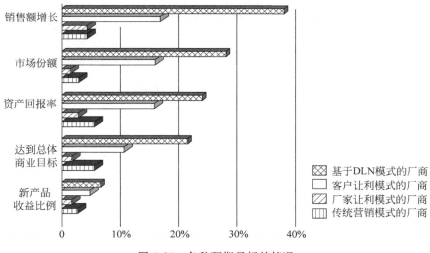

图 6-26 各种预期目标的情况

其次,从供应链性能方面(再次订货率、销售水平、设备利用率、采购周期等)来看,基于 DLN 模式的厂商的增长是最快的,几乎是其他三类厂商的数倍。同时,它在客户满意度方面也是最佳的,比单纯让利模式的厂商所应赢得的客户满意度还高 5%,达到了 80% 的目标。具体内容参见图 6-27 和图 6-28。

总之,GM 的 DLN 成功实施,为信息环境下全球制造业的发展提供了新的技术手段。GM 的宗旨是提高顾客忠诚度,这是 GM 信息化的核心,也是 GM 公司业务战略的核心。通过保持信息战略和企业业务战略的一致性,GM 采用信息技术追踪消费者的信息及其变化,能够通过分析消费者的信息来推断顾客未来的需求,这样就为 GM 赢得了时间,使 GM 有可能走在消费者需求的前面,使 GM 不再单纯地适应顾客需求的变化,而是引导顾客需求变化。

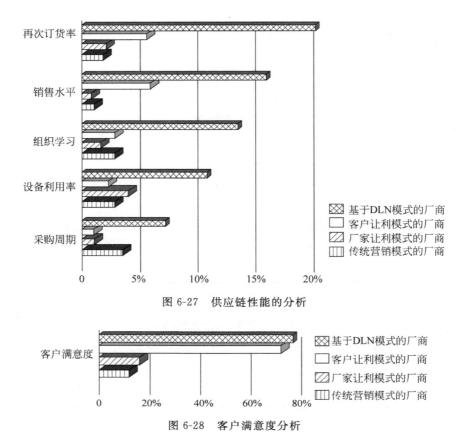

图 6-27 供应链性能的分析

图 6-28 客户满意度分析

第二篇

信息化管理的方法与系统

第7章

现代集成制造系统

7.1 CIMS 的产生背景与发展历程

7.1.1 计算机集成制造的概念与定义

早期 CIMS 是指计算机集成制造系统(computer integrated manufacturing systems,简称 CIMS),以后发展成为现代集成制造系统(contemporary integrated manufacturing systems,也简称为 CIMS)。本节对 CIMS 基本概念、发展历程和内涵进行介绍,在后续的几节中将对 CIMS 的组成、集成的分类、复杂问题求解框架、CIMS 应用案例等进行介绍。

CIM(computer integrated manufacturing)是信息时代的一种组织和管理企业生产的哲理,CIM 最早的概念由美国人约瑟夫·哈灵顿(J. Harrington)于 1973 年提出,美国自 1984 年开始重视并大规模实施 CIM,希望用其信息技术的优势夺回制造业的领导地位,认为"对 CIMS,不要再犹豫了!(CIMS,no longer a choice!)"[42]。

关于 CIMS 的定义有多种,以下是一些有代表性的 CIMS 定义,随着 CIMS 在制造业的实践,其内涵也在不断地丰富和发展。

美国制造工程师学会的计算机与自动化系统协会(SME/CASA)在 1985 年前曾发表过 CIMS 的最早轮图(图 7-1),其含义是十分明确的,即在计算机技术的支持下,实现企业经营、生产等主要环节的集成。

1985 年德国经济生产委员会(AWF)提出 CIM 的推荐定义[71]:"CIM 是指在所有与生产有关的企业部门中集成地采用电子数据处理。CIM 包括了在生产计划与控制(PPC)、计算机辅助设计(CAD)、计算机辅助工艺规划(CAPP)、计算机辅助制造(CAM)、计算机辅助质量管理(CAQ)之间信息技术上的协同工作,其中为生产产品所必需的各种技术功能和管理功能应实现集成。"

从以上介绍可以看出,在 1985 年前,美、德等国对 CIM 的定义均强调了信息和集成。

1988 年我国"863"计划 CIMS 主题专家组认为[72]:"CIMS 是未来工厂自动化的一种模式。它把以往企业内相互分离的技术(如 CAD、CAM、FMC、MRPⅡ……)和人员(各部门、各级别),通过计算机有机地综合起来,使企业内部各种活动高速度、有节奏、灵活和相互协调地进行,以提高企业对多变竞争环境的适应能力,使企业经济效益取得持续稳步的发展。"

我国的这一认识比前述定义的发展之处在于:一是考虑了人;二是将 CIMS 的目标(提

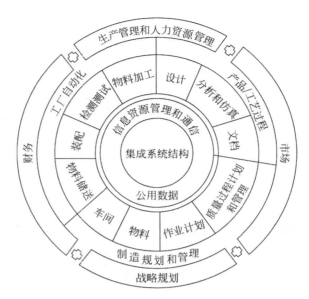

图 7-1　SME 的 CIMS 第一版轮图

高企业对多变竞争环境适应能力，使企业经济效益取得持续稳步的发展）明确地表达出来。日本等国在 CIM 的定义中也是这么考虑的。1991 年日本能率协会提出[71]："为实现企业适应今后企业环境的经营战略，有必要从销售市场开始，对开发、生产、物流、服务进行整体优化组合，CIMS 是以信息作为媒介，用计算机把企业活动中多种业务领域及其职能集成起来，追求整体效益的新型生产系统。"

欧共体 ESPRIT 计划支持的 CIM-OSA 项目研究者认为[71]："CIM 是信息技术和生产技术的综合应用，旨在提高制造型企业的生产率和响应能力，由此，企业的所有功能、信息和组织管理方面都是集成进来的整体的各个部分。"

1992 年国际标准化组织 ISO TC184/SC5/WG1 认为："CIM 是把人和经营知识及能力与信息技术、制造技术综合应用，以提高制造企业的生产率和灵活性，由此将企业所有的人员、功能、信息和组织诸方面集成为一个整体。"

随着 CIMS 概念和内涵的不断发展，美国 SME 对 CIMS 轮图的第一、二版进行了较大修改，于 1993 年提出了 CIMS 轮图的第三版稿图（图 7-2）。该轮图共有六层，最外层是制造基础结构，最里层是用户，从图中可以看出，新版 CIMS 轮图将用户作为制造业一切活动的核心，强调了人、组织、技术协同工作和知识共享的重要性，基于供应商、信息技术、企业资源和企业责任之下全面考虑企业生产组织和管理。

关于计算机集成制造的常用定义是："CIM 是一种组织、管理与运行企业生产的哲理。它借助计算机硬件、软件，综合运用现代管理技术、制造技术、信息技术、自动化技术和系统工程技术，将企业生产经营全过程中有关人、技术和经营管理三要素及其信息流、物料流和资金流有机地集成并优化运行，以实现产品高质量、生产制造低消耗和上市快，从而使企业赢得市场竞争。"相应地，CIMS 则定义为："通过计算机硬件、软件，并综合运用现代管理技术、制造技术、信息技术、自动化技术、系统工程技术，将企业生产全过程中有关人、技术和经营管理三要素及其信息流、物料流与资金流有机地集成并优化运行的一个复杂大系统。"

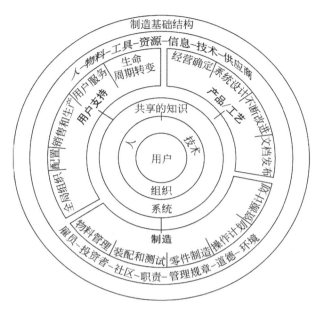

图 7-2　SME 于 1993 年提出的 CIMS 第三版轮图

由此可见，CIM 是信息时代的一种组织、管理企业生产的哲理，CIM 技术是实现 CIM 哲理的各种技术的总称，而 CIMS 则是以 CIM 为哲理的一种企业新型生产系统。CIMS 的理想运行方式是达到在正确的时间，以正确的方式，将正确的信息，传送给正确的人员，使其做出正确的决策。

按照计算机集成制造的理念，在企业的生产组织和管理中应该强调两个观点，即：

（1）系统观：企业是一个整体，企业的各种生产经营活动是不可分割的，需要统一考虑。

（2）信息观：整个生产制造过程实质上是信息的采集、传递和加工处理的过程。

7.1.2　现代集成制造系统的定义与内涵

国家"863"计划 CIMS 主题在计算机集成制造系统的基础上，通过多年的研究与应用实践，并结合中国国情，提出了现代集成制造系统的概念[73,74]。现代集成制造系统定义是"将信息技术、现代管理技术和制造技术相结合，按系统技术的理论与方法应用于企业产品全生命周期（从市场需求分析到最终报废处理）的各个阶段，通过信息集成、过程优化及资源优化，实现物流、信息流、价值流的集成和优化运行，达到人（组织、管理）、经营和技术三要素的集成。以加强企业新产品开发的 T（时间）、Q（质量）、C（成本）、S（服务）、E（环境），从而提高企业的市场应变能力和竞争能力"。

现代集成制造系统的组成包括：

（1）先进的生产组织和管理模式，如企业经营过程重组、敏捷制造、大批量定制生产等。尽管这些生产组织和管理模式本身并不是物理系统，但却是现代集成制造系统的重要特征。

（2）在已经实现了企业基础信息化及其信息集成的基础上，进一步实施并行工程、虚拟制造、网络化制造、敏捷制造、供需链管理、电子商务等先进制造技术和模式。由此可见,企业的优化运行是现代集成制造的重点内容。

现代集成制造系统的组成见图7-3,该组成既体现了集成和优化的特点,又有利于在集成和优化思想的指导下,按照企业的实际需要,选择合适的技术,以进一步提高企业的市场竞争能力。

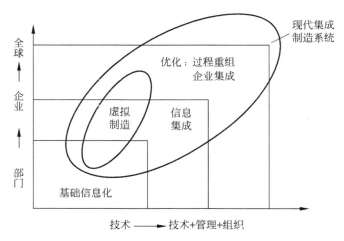

图7-3 现代集成制造系统的组成

现代集成制造系统是在计算机集成制造系统基础上发展起来的,图7-4给出了计算机集成制造系统向现代集成制造系统转变的过程。从图7-4中可以看出,计算机集成制造系统的核心是信息集成,主要是围绕企业内部环节实施集成,而现代集成制造系统则是建立在价值链基础上的企业间集成,它以信息集成为基础,以企业优化为目标。

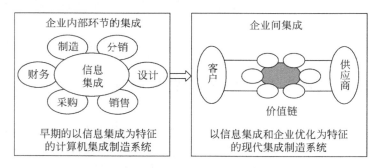

图7-4 从计算机集成制造到现代集成制造

现代集成制造系统在更高的层次上为企业指出了未来的发展方向,现代集成制造系统以系统论思想为核心,具有集成化、数字化、网络化、敏捷化、智能化和绿色化等特征。

(1) 集成化:CIMS已从当前的企业内部信息集成,发展到过程集成(以并行工程和业务流程管理系统为代表),并正在逐步实现企业间集成(以敏捷制造、网络化制造为代表)。

(2) 数字化:基于全数字化产品模型和仿真技术的虚拟制造技术将制造带入了数字化时代。

(3) 网络化:随着"网络全球化"、"市场全球化"、"竞争全球化"和"经营全球化"的出现,许多企业正积极采用"全球制造"和"网络制造"的策略。制造网络化的思想具体体现在信息高速公路及集成基础设施支持下的网络化制造系统。

(4) 敏捷化:制造敏捷化是指制造企业通过组建动态联盟、重组企业过程以及在更广泛范围内集成制造资源,以对不断变化的市场需求做出迅速响应。

(5) 智能化:智能化是制造系统在柔性化和集成化基础上的进一步发展与延伸,已从制造设备和单元加工过程智能化、工作站控制智能化发展到集成化智能制造系统和知识化制造。

(6) 绿色化:绿色制造、环境意识的设计与制造、生态工厂、清洁化生产等概念是全球可持续发展战略在制造业中的体现。绿色制造是一种综合考虑环境影响和资源效率的现代制造模式。

在集成化、数字化、网络化、敏捷化、智能化和绿色化等特征中,集成化是核心,数字化、网络化是集成化的基础,敏捷化是集成化的结果,智能化既是集成化的结果,也是提高集成系统性能的技术基础,绿色化则是集成化外延的进一步拓展。

7.2　CIMS 的组成

图 7-5、图 7-6 用两种类似方式给出企业 CIMS 的组成结构图。从图中可以看出,CIMS 通常由管理信息分系统、工程设计自动化分系统、制造自动化分系统、质量保证分系统、计算机网络分系统和数据库分系统 6 个部分有机地集成起来的。其中管理信息分系统、工程设计自动化分系统、制造自动化分系统、质量保证分系统构成 CIMS 的功能分系统,计算机网络分系统和数据库分系统构成 CIMS 的支撑分系统。但这并不意味着实际中任何一个企业的 CIMS 都仅包括这 6 个系统,而应根据具体需求合理地定义和划分企业包含的功能系统。下面对这 6 个分系统做一简要介绍。

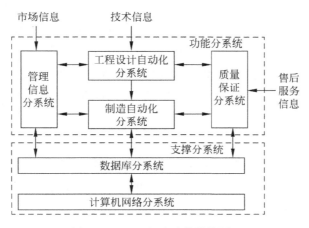

图 7-5　CIMS 组成功能结构图 1

1. 管理信息分系统

管理信息分系统以制造资源计划(manufacturing resource planning,MRP Ⅱ)或企业资源计划(enterprise resource planning,ERP)为核心,包括预测、经营决策、生产计划、生产技

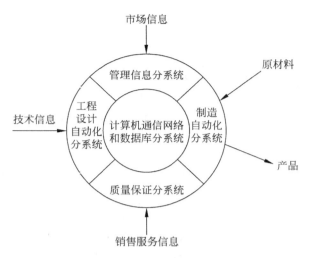

图 7-6 CIMS 组成功能结构图 2

术准备、销售、供应、财务、成本、设备、工具和人力资源等管理信息功能,通过信息集成,达到缩短产品生产周期、降低流动资金占用、提高企业应变能力的目的。

2. 工程设计自动化分系统

工程设计自动化分系统是用计算机辅助进行产品设计和分析,目的是使产品开发活动更高效、更优质、更自动地进行。工程设计自动化分系统通常包括计算机辅助设计(CAD)系统、计算机辅助工程(CAE)系统、计算机辅助工艺设计(CAPP)系统、计算机辅助制造(CAM)系统、产品数据管理(PDM)系统,在 PDM 系统的支持下,实现 CAD、CAE、CAPP 和 CAM 系统之间的数据集成和设计过程集成。

3. 制造自动化分系统

制造自动化分系统是 CIMS 中信息流和物流的结合点,是 CIMS 最终产生经济效益的聚集地。对于离散型制造业,可以由数控机床、加工中心、清洗机、测量机、运输小车、立体仓库、多级分布式控制(管理)计算机等设备及相应支持软件组成。对于连续型生产过程,可以由集散控制系统(DCS)控制生产设备,通过管理与控制,达到提高生产率、优化生产过程、降低成本和能耗的目的。

4. 质量保证分系统

质量保证分系统包括质量决策、质量检测、数据采集、质量评价、控制与跟踪等功能。质量保证分系统对产品从设计、制造、检测到后勤服务整个过程的质量进行监控,以实现产品的高质量、低成本,提高企业的竞争力。

5. 计算机网络分系统

计算机网络分系统是支持 CIMS 各个分系统的开放型网络通信系统。采用国际标准和工业规定的网络协议,可以实现异种机互联,异构局域网络及多种网络互联。以分布为手段,满足各应用分系统对网络支持的不同需求,支持资源共享、分布处理、分布数据库、分层递阶和实时控制。

6. 数据库分系统

数据库分系统是覆盖企业全部信息的数据库系统，它在逻辑上是统一的，在物理上可以是分布的全局数据管理系统，以实现企业数据共享和信息集成。

7.3 CIMS 中的集成

系统集成既是一个目标也是一种综合技术。在提及"集成"时，要明确"集成内容"和"集成技术"两个概念，也即"集成什么"和"怎么集成"两个问题。企业 CIMS 集成系统是在 CIMS 单元技术和系统得到广泛应用的基础上，通过集成而形成的支持企业生产经营全过程的集成化系统。与单元技术系统相比，集成系统具有覆盖范围广、功能多、系统结构复杂等特点。实施企业 CIMS 集成系统是为了解决企业内各部门之间信息不能够共享、"自动化孤岛"和"信息孤岛"给企业整体效益提高带来的障碍而采取的技术和组织方法。覆盖了企业所有业务部门的企业级信息集成系统就是现代集成制造系统。实施 CIMS 的核心是集成，因为企业实施 CIMS 的目的在于取得总体效益，而企业能否获得最大效益又取决于企业各种功能的协调和集成。

集成是由部分构成整体、由单元构成系统的主要途径，所谓集成就是通过接口实现不同功能系统之间的数据交换和功能互连。集成意味着将分散的异构的部件联合在一起，形成一个协同的整体，从而实现更强的功能，完成各个部分独自不能完成的任务。企业集成是指通过连接所有必需的系统和异构功能实体，实现跨越组织界限的信息流、控制流和物料流的传递，目的是改进企业内的通信、合作与协调能力，从而将企业组成一个协调的整体，提高生产率，提高柔性，提高管理能力。一个企业需要集成的异构功能实体包括信息系统、设备、应用和人员。

在不同的企业、不同的应用场景，集成系统具有不同的构成和功能，按照覆盖范围，可以分为企业局部集成、企业内整体集成和跨企业集成；按照系统之间的耦合紧密程度，集成的方式可以分为松散集成和紧密集成；按照企业集成的方向，可以分为横向集成、纵向集成、产品生命周期集成。企业系统集成也可以分为信息集成、过程集成和知识集成，还可以分为物理集成、应用集成和业务过程集成。

集成是企业实施先进制造战略和实现信息化带动工业化的核心。一般来说，企业集成的程度越高，企业的功能就越协调，竞争能力就越强。因为只有各种功能有机地集成在一起，才能共享信息，才能在较短的时间里做出正确的经营决策，才能提高产品质量，降低成本，缩短交货期。单纯使用计算机提高自动化程度而不考虑各种功能的集成，则不可能使企业整体优化，也不可能从根本上提高企业对市场的快速响应能力。只有集成才能做到"将正确的信息，在正确的时刻，以正确的方式，传到正确的地方"。因此，集成是构成整体、构成系统的主要途径，是企业获得整体成功的关键因素。

1. 按集成的范围划分

按集成的范围，企业集成可以分为部门级集成、企业内集成和企业间集成。

（1）部门级集成

20 世纪 70 年代中期至 80 年代中期，具有一定集成度的综合性软件系统开始在实际中应用,如 MRP Ⅱ 系统实现了财务、库存、采购、计划的集成,CAD 软件实现了产品造型与绘图的功能,这些集成性应用软件将企业的计算机应用水平推上了一个新高度。

(2) 企业内集成

20 世纪 80 年代中期出现了以计算机集成制造技术(CIM)、企业资源规划(ERP)、产品数据管理(PDM)为代表的企业范围内的集成应用。ERP 扩展了 MRP Ⅱ 的应用范围,不仅包含了 MRP Ⅱ 的基本功能,还包括如客户关系管理、售后服务、项目管理、集成化过程管理等功能。在产品设计领域中,在 PDM 系统的基础上,实现了对产品研制过程和研制过程中涉及的产品数据进行集成化管理,并实现了 CAD/CAPP/CAM 集成的计算机应用,这些工作促进了产品设计的自动化水平。而 CIM 则是先进制造技术的典型,它从整个企业信息集成与系统优化的角度出发,强调信息集成和企业计算机应用的整体规划,以期提高整个企业的 T、Q、C、S 水平。CIM 技术的成功应用,大大增强了企业采用先进的信息技术改造和提升传统制造业的信心,加快了企业计算机应用的步伐。无论是 ERP、PDM 还是 CIM,都已经从支持功能事务处理的计算机应用技术,发展到支持过程集成与过程管理的业务处理的计算机应用阶段。

(3) 企业间集成

企业间集成是指一个企业的业务过程与另外一个企业的业务过程集成,或者指不同企业共享一些业务过程。企业集成的目的是实现企业内不同实体之间的有效通信,提供信息技术支持应用间互操作,协调功能实体的执行,使业务过程可以协同地运行,从而为完成企业目标而作出各自贡献。企业间的集成是实现跨越不同企业系统之间的集成,例如,可以按照供应链的思想,实现与上游零部件供应厂商的集成和与下游企业(或客户)之间的集成;也可以按照产品生命周期管理的思想,实现上游产品设计所与下游制造厂之间的集成(如飞机的研制等)。

供应链管理(supply chain management)技术自 20 世纪 90 年代中以来受到了企业的广泛重视。供应链管理的基本观点是在整个供应链中,每个企业(无论是原材料供应商、部件供应商、整机装配厂,还是代理商和销售商)都是为最终客户提供服务的整个服务链中的一个环节,绝大多数厂家既是为后续厂商提供产品的供应商,又是前趋厂家提供产品的客户。因此,快速高效地实现供应链中相关环节之间的信息交换,降低信息交换的事务成本,有利于为最终客户提供低成本高质量的服务,并且可以对市场的变化进行快速响应。供应链管理软件通过与企业的 ERP 或者相应管理软件的集成,并通过电子数据交换、工作流管理软件、Web 等方式迅速交换信息来达到上述目标。通过供应链管理,企业可以与客户和供应商建立紧密的联系,并且规范供应链中上下游的关系。在供应链管理中,不仅要组织好企业的内部信息,更重要的是要实现整个供应链上下游之间的过程管理。

2. 按集成的深度划分

按集成的深度,企业集成可以分为信息集成、过程集成和知识集成。

(1) 信息集成

信息集成是指利用通信技术和数据库技术,在共享信息模型的支持下,实现不同应用系统之间的信息共享,实现"在正确的时候,将正确的信息,以正确的方式,传递给正确的人(或者机器),从而做出正确的决策"。在企业实施信息化的早期阶段,应用的集成首先是信息集成。CAD/CAPP/CAM 系统的信息集成,提高了企业的设计自动化程度和水平;车间控制器与底层制造设备的信息集成,则大大提高了企业的制造自动化水平。信息集成还解决了由于各部门之间信息不共享、信息反馈速度慢、信息不全等而造成的决策困难、计划不正确、库存量大、产品制造周期长、资金积压等问题,提高了企业的现代化管理水平和整体经济效益。我国许多实施 CIMS 的企业,通过信息集成已经取得了显著的成果和经济效益。

(2) 过程集成

所谓过程集成是指利用计算机集成支持软件工具,高效、实时地实现 CIMS 应用间的数据、资源的共享和应用间的协同工作,将一个个孤立的应用集成起来,形成一个协调的企业 CIMS 运行系统。实现过程集成后,可以方便地协调各种企业功能,把人和资源、资金及应用合理地组织在一起,获得最佳的运行效益。这样,企业就使客户处于主动地位,可以按照客户的需求制订过程,再按照过程来组织功能和工作组。此外,过程集成实现了应用逻辑与过程逻辑的分离,也实现了过程建模与具体数据、功能的分离,因此,可以在不修改具体软件功能的情况下,通过修改过程模型来完成系统功能的改变,从而大大提高了企业的灵活性和对市场的反应能力。

(3) 知识集成

知识集成是提高未来企业竞争力的重要手段。虽然目前还没有统一的关于知识集成的定义,但是,知识集成的重要性却得到了普遍认同。知识集成的主要目的是快速、高效地在企业内部共享的知识,并通过知识的积累、组织和重用来提高企业的生产、经营、设计和管理水平。例如,通过积累产品设计知识,并将这些知识组织成便于查询和使用的专家系统供设计人员使用,就可以帮助新设计人员快速设计出高质量的产品。

图 7-7 给出了信息集成、过程集成与知识集成的示意图,从图中可以看出,每种集成都需要在组织与人员集成的支持下开展工作。

3. 集成的其他划分方法

(1) CIMOSA 的集成分类方法

与信息集成、过程集成与知识集成分类方法类似的是 CIMOSA 的集成分类方法[64],如图 7-8 所示。其中物理系统集成完成物理系统连接、系统通信连接和数据交换,相当于实现信息集成。应用集成实现异构环境下应用的互操作,提供应用对共享数据的访问接口。在这一层,为了建立协作系统,必须提供分布处理环境和执行环境的公共服务、应用编程接口(API)和标准数据交换格式等,类似于过程集成的部分功能。业务过程集成考虑企业层次的集成问题,即业务过程的协调和决策支持,需要在企业知识库的支持下,在准确模拟业务过程规则的基础上完成。

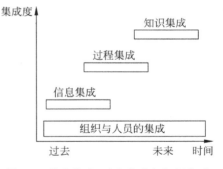

图 7-7 信息集成、过程集成与知识集成

(2) 松散集成与紧密集成

两个系统称为是松散集成的系统,是指它们之间仅仅交换信息而不管对方是否能够解释这个信息,或者说它们的集成仅仅是语法层的集成,而不是语义层的集成。两个系统称为是紧密集成的系统,当且仅当:①每个系统的规范(specification)仅仅由本系统知道,即本系统不知道其他系统的规范;②两个系统共同为完成一个任务作贡献;③两个系统对于它

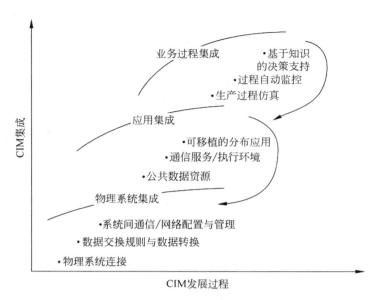

图 7-8 CIMOSA 的集成分类方法

们之间交换的(概念)信息有相同的定义。比如,使用不同技术和语言建立起来的两个系统,如果它们采用相同的标准协议交换信息,即称为紧密集成的系统。

(3) 纵向集成、横向集成和产品生命周期集成

图 7-9 给出的是纵向、横向和产品生命周期集成的三维模型。其中,横向集成是指从原材料采购直到产品发运和服务过程的集成,反映了沿着供应链中产品物流方向上从供应商、制造企业、客户的集成,横向集成跨越了组织壁垒(boundary),需要跨企业通信技术的支持,通常需要实现供应链管理(SCM)、企业资源计划(ERP)、客户关系管理(CRM)和电子商务等系统之间集成。

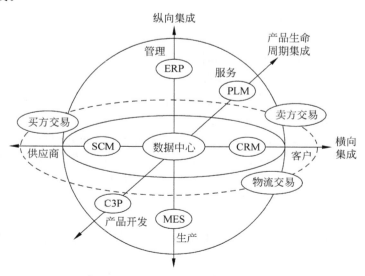

图 7-9 纵向、横向和产品生命周期集成

纵向集成主要用于企业不同管理层之间的集成，即决策集成。纵向集成主要涉及决策流的集成，上级管理层向下级管理层传递指令或目标，下级管理层向上级管理层传递反馈信息或状态报告；企业资源计划系统、制造执行系统（MES）与设备控制系统之间的集成是常用的纵向集成。

产品生命周期集成指从客户提出产品需求、产品设计/工艺/制造/数据管理（C3P）到产品服务整个生命周期的集成（PLM）。在复杂产品的设计制造过程中，沿着产品生命周期实施集成是当前的热点问题，例如，汽车、飞机、大型发动机设备的研制过程。

上述三个集成维度既有一定的独立性，又具有相关性，它们在完成各自维度的集成目标的同时，又会与其他维度实现集成，而数据中心则是连接不同集成维度的中枢。

企业集成系统必定经历一个逐步发展、逐步完善的过程，CIMS是企业集成系统的高级阶段。

7.4 复杂系统求解框架

CIMS是一个十分复杂的人机大系统，其中有大量尚待解决的新问题，包括许多理论问题。解决这类问题需要借助于复杂系统的求解框架[42]。

CIMS的复杂性体现在多个方面，包括功能的复杂性、对象的复杂性、随机性和目标/约束的多样性。

（1）功能的复杂性：系统包含了产品从规划设计到最终交付用户使用的一切活动，包括产品设计开发过程、加工制造过程、经营管理过程（包括销售及服务）等。不仅有物流，还有大量人的活动。

（2）对象的复杂性：相当一部分过程和活动难以用一般的动力学系统模型、离散事件系统模型及混杂系统模型描述。

（3）随机性：存在大量影响系统性能的随机因素，如经常发生的市场变化、原材料零部件供应的变化、合同调整、价格波动、设备的损坏和人员的流动等。

（4）目标/约束的多样性：企业市场竞争力的提高表现在多个方面，如 T（time，上市时间短）、Q（quality，质量高）、C（cost，成本低）、S（service，服务好）、K（knowledge，产品创新多）、E（environment，对环境影响小）等。影响这些目标实现的因素和约束非常多，目标与目标之间、目标与约束之间、约束与约束之间的关系十分复杂。对上述复杂系统问题的求解不能只限于某一个层面，采用综合集成与综合管控是一种可行的解决方案。图7-10给出了一种复杂制造系统的解决框架。

由图7-10可见，综合问题解决方法需要不同层次和不同方法的结合，解决方案中包括基本框架（管理层面）、方法论、实现技术和优化算法等。其中基本框架包含经营管理层面（包括生产组织模式）的理念与模式，属于宏观及定性层面；方法论层面从宏观技术角度分析问题，大多数仍为定性方法；实现技术层面从中观及微观的角度给出实现的技术和方法；优化算法则从数学等理论工具层面对企业涉及的问题进行"细观"及微观的理论分析和综合。以下分别对这4个层面的问题进行论述。

1. 管理理念（包括生产组织模式）

解决复杂制造系统问题首先需要在管理模式上的创新，需要采用先进的管理理念，如集

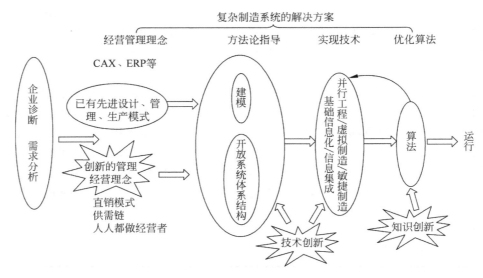

图 7-10 复杂制造系统问题的解决框架

成制造、"推式"计划的生产组织、精良生产与"拉式"生产组织、经营过程重组、协作生产的组织模式（非"小而全"或"大而全"的企业生产组织方式）等，这些理念与计划经济的生产模式和管理方法是对立的。管理层面上的模式创新，对提高企业竞争力具有十分重要的作用，对企业生产经营的影响也具有重大意义。

2. 方法论

在确定管理模式之后，需要制定合理的企业系统体系结构。采用开放系统的概念和标准化的方法对企业的长远发展有重要意义，采用企业建模的方法论建立企业的功能模型、信息模型、决策模型、组织模型、资源模型、产品模型等，对企业需求的准确把握和系统优化运行都具有重要的支撑作用。

方法论不在数学层次上解决问题，其重要作用在于将确定一个解决问题的正确方向，虽然方法论主要处于定性阶段，但对解决某些问题却十分有效。

3. 实现技术

实现技术重点解决如何建立一个现代集成制造系统的问题。"现代"包含了当今信息技术的各种最新成果：数字化、网络化、虚拟化、智能化、绿色化与集成化。"六化"是"现代"的主要技术特征，而由此构成的现代集成制造系统应该是柔性的、协同的和敏捷的。

采用信息集成技术解决异构环境下的信息集成问题，采用过程重组和优化（并行工程）解决企业业务过程建模及优化问题，采用资源优化的方法解决快速响应市场的问题。此外，还将涉及许多其他技术和工具，如网络化设计制造的支持工具、使能技术、网络安全、供需链管理技术等。

4. 数学等理论工具

数学等理论工具可以用来解决系统的优化问题，这也是管理/控制的目的，下面给出一些例子。

(1) 生产线的调度优化

解决机器不可靠和有限缓冲器情况下的串行、并行、混合等生产线的调度问题,如最小化完工时间、最小化拖期任务数、带特殊工艺约束以及提前/拖期等调度问题。这类问题单纯用数学方法常常难以获得解析解,因此,需要采用数学计算和智能算法相结合的方法。

(2) 推/拉结合的生产计划与调度

MRP Ⅱ 是美国制造业管理技术的精华,它把对最终产品的需求通过 BOM 展开为对零部件和原材料的需求,用物料投入的方式推动系统运行,故称推式控制策略。JIT(just in time,精益制造)是日本丰田的管理思想,用产品或成品的取出来拉动系统运行,因此称拉式控制策略。采用推/拉结合的控制策略能够较好地解决需求计划和生产控制中的诸多实际问题,可以用马尔可夫决策过程模型进行定量计算,找到最优的推/拉混合控制策略。另外,将提前/拖期生产调度问题扩展为带有能力平衡约束的生产计划问题,提出了准时化生产计划方法,为用 JIT 思想改进 MRP Ⅱ 开辟了一条新路。

(3) 并行产品开发过程的调度优化

产品的开发过程由一系列活动组成,传统的串行过程由于上游设计过程不考虑下游的制造工艺及装配,往往造成经常性的返工,使产品开发时间大大增加,成本提高。变串行的活动为尽可能多的并行活动,资源(设备、人员)需要优化配置,需要考虑信息的约束和活动中可能存在的反馈。在考虑各种约束的条件下,通过资源的优化配置,极小化产品设计开发时间。

(4) 供需链管理中的优化

供需链是描述商品需、产、供过程中各实体的活动及其相互关系的动态变化的网络。未来的制造企业必然会从传统的"小而全"、"大而全"的生产结构调整为专业化产品制造的协作生产结构,这便形成了供需链。由于多种原因,企业在物料获取、加工和产品(零部件)配送过程中存在提前期不确定性的问题,因此安全库存和安全提前期可以缓解提前期变动的影响。随着供需链应用越来越广泛,相关的优化问题也越来越突出。例如,考虑运输时间服从一定的概率分布的前提下,如何在满足一定顾客服务水平的同时,实现库存费用极小化等。

(5) 智能方法

智能化方法,如人工神经网络、遗传算法、多智能体技术等,在解决上述应用问题时是有效的。数学参数计算与智能方法相结合是解决复杂问题的一种行之有效的办法。

上述综合问题求解框架是当前我国 CIMS 研究和应用的有效方法。特别是在应用领域成效显著,现阶段企业在 CIMS 应用方面取得了诸多成果,其中主要原因在于:引入并吸收了先进的现代管理方法,采用了正确的方法论和建模工具,采用了先进的计算机实现技术,部分完成了企业信息化建设。

但是就理论研究的深度而言,仍处于初始阶段。在复杂制造系统这一领域,理论成果远远落后于企业的实际需求。控制科学已经从对设备和一般工业过程控制,发展到了对复杂的人机系统的控制,系统科学和控制科学面临着新的发展机遇和挑战。

在制造系统复杂问题的求解中,采用系统发展模式能够有效地指导实施工作的协调开展。所谓系统发展模式是指在 CIMS 的应用实施中采用整体化综合治理、分形化技术集成、集成化系统应用、协同化组织实施的方式。整体化综合治理方式是指采用多学科、多领域集成的系统解决方式,将设计制造技术、过程自动化技术、管理技术、电子商务技术、系统集成与优化技术等结合在一起,全方位整体考虑和综合解决制造业信息化的关键问题;分形化技术集成方式则强调基于分形的多层次系统集成,由系统技术带动各单元技术的集成,而各单元技术系统内也逐层集成,自成体系,即由小系统集成为大系统;集成化系统应用方式指在将现代集成制造系统技术和软件系统地应用于制造企业时,要注意企业设计、生产制造、管理、后勤的局部集成与企业内外部整体集成的结合,单元技术应用与系统集成应用的结合,单一企业应用与行业性或区域性应用的结合,制造业应用与流通领域应用的结合,用现代集成制造系统集成方法与整体解决技术方案来解决制造业信息化应用问题;协同化组织实施方式则强调在各类项目实施以及项目间的协调过程中,注意将现代集成制造系统关键技术攻关、软件产品及工具集开发与企业应用紧密结合,实现项目及实施单位的良好配套组织,实现技术研究、产品开发和应用实施的相互促进,协同发展。

7.5 CIMS 应用案例

国内外有许多成功实施了企业集成系统的案例,本节以成都飞机工业公司为例,介绍企业 CIMS 的应用实施情况与效益。

7.5.1 企业基本情况和需求

成都飞机工业公司是国家重点大型骨干企业,是中国航空工业第一集团公司最大的飞机出口基地。公司现有职工近 2 万人,其中 1/3 是技术人员,公司由工程发展中心和 11 个职能部门以及 16 个专业厂(子公司)组成。

在企业的生产经营、对外合作、制造系统管理上,成都飞机公司都对实施 CIMS 系统提出了明确的需求,具体要求有:在新机研制和国际合作研制外贸飞机中必须采用 CAD/CAM 技术;为了提高结构件的生产水平,必须建立柔性自动化生产系统;在转包生产中要与国外公司进行信息传递与管理,必须采用 MRP Ⅱ 系统;为满足飞机的高质量要求,需要采用质量信息系统。在推行 CIMS 技术之前,成都飞机工业公司在生产经营上存在以下主要问题:

(1) 新品种研制周期长;
(2) 不适应多品种、小批量生产要求;
(3) 信息管理不能够满足生产经营的需求;
(4) 在机加结构件方面存在加工瓶颈,加工质量有待提高。

无论是为了企业自身的发展,提高企业的技术水平和产品质量,还是为了加强国际合作和赢得市场竞争,成都飞机工业公司都有实施 CIMS 的迫切需求。在"863"计划 CIMS 主题的支持下,成都飞机工业公司分期分批地实施了 CIMS 工程,取得了良好的效果。

7.5.2 CIMS 工程目标和系统组成

成都飞机工业公司 CIMS 工程(以下简称"成飞 CIMS 工程")的总目标是:在 CIM 思想的指导下,开发完成主体上覆盖公司的集成管理信息系统(MIS),充实并完善贯通航空产品设计和制造过程的集成制造工程系统(CAE/CAD/CAPP/CAM,简称 CAD/CAM);在物流方面,先解决飞机制造的瓶颈,建立飞机机加结构件数控自动化车间或分厂(FA);将成都飞机工业公司计算机网络和分布式数据库有机地集成起来,形成成都飞机工业公司计算机辅助经营、设计、管理到制造的初步集成系统(CIMS),满足成都飞机工业公司到 2000 年航空产品研制和多品种小批量生产的需要,在技术上达到 20 世纪 90 年代初的国际先进水平。

"成飞 CIMS 工程"的总体方案具体内容包括:

(1) 根据总体技术方案,充分利用成都飞机工业公司现有的能力,经完善与提高,逐步实现成都飞机工业公司 CIMS;

(2) 以系统集成技术的需要和发展促进成都飞机工业公司管理信息系统(MIS)的发展;

(3) 以关键集成技术的试点经验来带动机加结构件自动化车间(FA)的发展;

(4) 在国家"863"计划 CIMS 主题专家组的统一领导下进行规划和实施;

(5) 对系统、信息和网络等关键技术问题进行统一规划,先预研,后分期实施;

(6) 提高技术方案的可行度,减少风险;

(7) 以自主开发为主,技术引进为辅;

(8) 培养一支 CIMS 技术队伍。

图 7-11 给出了成飞 CIMS 的总体结构,包括四个应用系统和两个支持系统。四个应用系统分别是管理信息系统(MIS)、工程信息系统(CAD/CAM)、车间自动化系统(FA)、质量信息系统(QIS);两个支持系统是网络系统(NET)和数据库系统(DB)。

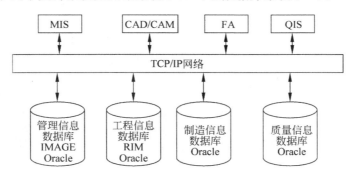

图 7-11 成飞 CIMS 总体结构

(1) 管理信息系统(MIS):包括经营管理、物料管理、生产管理、人员管理、财务管理和生产计划与控制等系统,其中物料管理和生产管理在引进 HP 公司的 MRP Ⅱ(MM/PM)模块的基础上经过二次开发形成。

(2) 工程信息系统(CAD/CAM):包括计算机辅助设计(CAD)、工程分析(CAE)、辅助制造(CAM)、飞机结构件 FA-CAD/CAPP/CAM 集成系统、飞机装配、钣金和机加零件工艺过程设计(CAPP)、导管 CAM、电缆 CAM 以及飞机工装、型架、夹具和冲裁、压延模具计算机辅助设计与制造(TD-CAD/CAM)等系统。

(3) 车间自动化系统(FA):包括两条柔性计算机直接数控生产线(FDNC1 和 FDNC2)和两个柔性制造系统(FMS1 和 FMS2),具有车间控制、单元控制、工作站控制和设备控制四层递阶控制结构。

（4）质量信息系统（QIS）：包括制造过程、使用过程、无损检测、人员印章、器材、器具、综合统计、标准化信息等质量信息管理功能。

7.5.3 实施效益

"成飞 CIMS 工程"是在总体规划的指导下，逐步实施完成的。由于项目结合实际、讲究实效、精心组织、重点突破，因而工程实施顺利，取得了显著的效益。

1. MRP Ⅱ 在麦道机头转包生产中的引进和实施

在麦道机头转包生产中引进和实施 MRP Ⅱ 是"成飞 CIMS 工程"在开始阶段的有限实施目标和效益突破口。成都飞机工业公司把 MRP Ⅱ 与工业工程的实施结合起来，完成了 MRP Ⅱ 物料功能和生产管理两个模块的引进与二次开发，并用于麦道机头近万项零件、标准件和工艺装备的管理。该系统能按月下达生产作业计划，进行材料、毛坯和外购件的库存动态管理。因此，优化了生产过程，缩短生产周期 10%，纸片信息单据减少 50%，仅对麦道进口材料库存优化管理，就节约资金 400 多万元。MRP Ⅱ 的引进和实施促进了公司的麦道机头转包生产进入稳定创汇阶段，综合效益显著。机头装配周期从 12 个月缩短到 6 个月，形成了月产 2 架的稳定生产能力，总计交付机头 52 个，创汇 2000 多万美元。图 7-12 是成飞实施 MRP Ⅱ 和工业工程的流程图。图 7-13 是麦道机头的装配生产线。

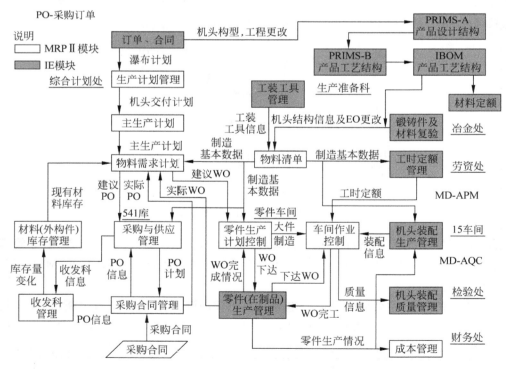

图 7-12 麦道机头转包生产管理的实施流程图

图 7-13 麦道机头的装配生产线

2. 3C 系统开发及其在新机研制中的应用

"成飞 CIMS 工程"3C 系统(CAD/CAPP/CAM)是集飞机结构零件设计、工艺编程和数控编程为一体的集成系统,是"成飞 CIMS 工程"的突破性项目之一。3C 系统是在充分利用公司现有 CAD/CAM 资源的基础上,针对加工飞机平面 3~5 坐标框、肋、梁类整体结构件而开发的。该系统建立了基于加工特征的零件信息模型和统一的几何信息数据库,实现了 CIMS 环境下飞机结构零件 CAD/CAPP/CAM 的信息、功能和界面的集成,并实现了与 CIMS 其他系统的集成。3C 系统采用了基于特征的工艺决策专家系统,能自动进行工艺设计,完成工艺路线和工序、工步设计,自动生产工序图、工艺规程卡并提交工艺规程库。3C 系统中的 CAM 模块实现了与 CAD、CAPP 模块的集成,能自动生成刀位轨迹,进行加工过程仿真和后置处理,具有较强的 3~5 坐标数控加工自动编程能力。用 3C 系统进行编程和加工的飞机大型整体结构件,经测量检验一次合格,实现了我国飞机大型整体结构件在 CIM 环境下数控加工的零的突破。过去该大型结构件由 76 个零件组装而成,需要花费 15600 工时进行工装,并且可能会产生废品,实现 3C 集成后仅需要 160 工时(80 小时 CAD/CAPP/CAM 设计,80 小时机床加工)就可以完成,而且一次加工成功。图 7-14 给出了采用 3C 系统加工的该大型结构件照片。

3C 系统取得了显著的经济效益,主要有:
(1) 提高飞机整体大件的数控编程效率 1~6 倍;
(2) 提高工艺规程编制效率上百倍;
(3) 加快后置处理速度 50 倍;
(4) 提高数控机床利用率 85% 以上;
(5) 提高了编程质量,确保数控加工一次成功。

3. 质量信息系统的应用

实施的质量信息系统初步实现了质量信息的动态存储、传递、查询和统计分析。其中计量管理系统对公司 14 万台计量器具设备进行计算机辅助管理。每年可节约费用 60 多万元。使用过程管理系统已完成上千架已交付飞机的原始数据管理,对提高飞机售后服务质量具有重要的作用。图 7-15 是质量管理系统结构。

图 7-14 整体加工的大型结构件

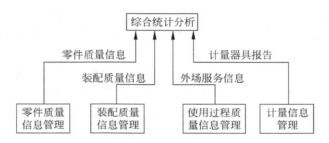

图 7-15 质量管理系统结构

第8章

企业信息化应用系统

按照不同应用领域划分,企业信息化应用系统可以分为工程设计自动化分系统、制造自动化分系统、管理信息分系统、质量保证分系统以及计算机网络和数据库分系统。经过多年的发展,企业信息化应用系统在理论、方法、技术、工具等方面都取得了丰硕的成果,为企业带来了巨大的效益,图 8-1 给出了一个企业信息化应用系统的体系结构图。本章主要对企业信息化应用系统中的企业入口系统、工程设计自动化系统、制造自动化系统进行介绍,第 9 章介绍管理信息系统,第 10 章介绍业务流程管理系统。

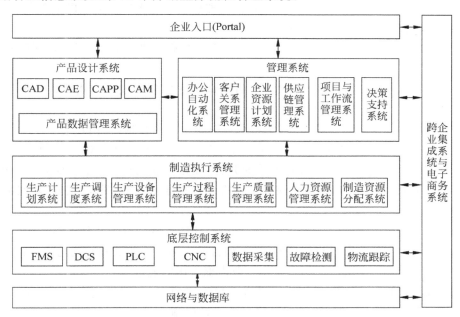

图 8-1 企业信息化应用系统体系结构图

8.1 企业入口系统

8.1.1 企业入口的概念

企业入口[75]是为在互联网环境下更深入地应用信息技术而提出的一个新概念,它在表现形式上借鉴了门户网站的方式。Yahoo!、Excite 等门户网站采用一个有序组织的网页，为用户提供获得所需信息的唯一入口。应用 Yahoo!、MyExcite，每个用户可以自己组织所需要的资源，定义所需信息的内容和格式，由门户网站负责启动相应的应用程序到互联网上搜索信息，并按用户的要求进行信息组织和显示，用户无须直接操作复杂的搜索工具，也不需要关心信息是从哪里得到的和如何得到的。类似地，也希望为企业信息系统的用户提供这种方便，将企业网站与支持企业经营活动的内部信息系统相连，集成企业内分散的各种资源(包括信息、数据、应用程序和经营规则)，在知识和过程的层次上进行组织，为每个或每类用户(包括员工、客户、供应商、战略合作者等)提供一个可定制的个性化的窗口，作为他们利用这些知识和过程的唯一入口。这个入口称之为企业入口(enterprise portal)。

企业入口的作用不仅仅是帮助企业人员获得信息，更重要的是，它提供了一种独特的集成方法，能够帮助用户维护企业信息和资源内在的深层次联系。它提供了对企业内部、外部过程更深刻的理解，可通过更准确地预测来适应企业内外部快速的变化，为企业生产经营提供更好的决策支持。企业入口以一种个性化的方式集成了企业的知识和过程，可以提高每个员工的工作效率，并提高企业对市场变化的快速反应能力。

建立企业入口的目的是将企业孤立的系统连接成一个完整的面向电子商务应用的集成化系统，简化对异构软件和信息的操作方法，提供一种对复杂、异构、多样化的信息和应用系统新的组织和管理方式。为实现上述目标，较为理想的企业入口应提供以下服务：

(1) 按需定制的唯一访问入口；

(2) 在供应链的范围内，支持企业用户根据业务规则定义跨应用软件、跨部门和跨企业的过程；

(3) 将过程以直观的方式显示给用户，自动调用底层软件或通知相关人员推进过程的执行；

(4) 在供应链的范围内搜索、传递结构化或非结构化的数据(文档)。

最早的企业入口产品是 Bloomberg Portal，当时还没有企业入口这个名词。Bloomberg Portal 被专业投资人员用来处理成百上千的并行、互相关联的过程，通过 Bloomberg Portal 得到一个个性化的单一入口，并通过该入口获得来自全球的股票、图表、文件、新闻和交易的信息。

目前市场上有多种企业入口产品，根据其核心功能可分为以下几种类型。

(1) 信息入口：连接用户与信息的门户，如目前大多数企业的互联网门户网站；

(2) 应用入口：提供用户使用和操作企业内部应用的通道；

(3) 知识入口：提供收集、分析、共享信息与知识的服务，提供信息目录、协作设施、技能管理工具以及作为企业记忆体的知识目录等各种设施；

(4) 协作入口：提供企业用户之间进行协同工作的环境和协同工具；

(5) 综合入口：是上面的四种入口的综合，可以根据用户的需要提供个性化的内容和服务。

8.1.2 企业入口的主要功能和特点

作为企业用户访问企业资源(数据、应用、人员、服务等)的唯一通道，企业入口应具备以下基本功能：

（1）统一信息访问

企业入口应为用户提供对企业内所有信息源和互联网信息源的一致性访问收到，使用户无须关心每个信息源具体的物理位置和存储格式。为了达到屏蔽信息源异构性的目的，企业入口需要解决多数据源信息管理以及多数据源信息查询、转换和浏览等关键技术问题。由于企业通常存在大量的数据源，包含的信息内容和存储格式多种多样，这些数据源可能存储在 Web Server、SQL 数据库、Lotus Notes 等不同的环境下，如何对它们进行统一存储、管理和查询是一个关键的问题。而多数据源的搜索引擎和信息过滤机制、结构化和非结构化的信息查询方法、统一的索引方法等也是实现统一信息访问需要解决的关键技术问题。

（2）个性化定制接口

企业入口必须为用户提供个性化的接口，保证用户可以方便、直接、快速地发现和使用所需要的内容，实现基于角色的内容和操作控制，并通过个性化编目，使用户可以柔性地选择想看到内容，并方便地展示所选择的内容。另外，当用户关心的新信息产生或信息更新时，入口能通过自动提醒功能以适当的方式通知用户，如邮件、及时消息等。

（3）过程管理

企业入口的核心功能之一是支持用户进行业务操作，从而完成各种过程，过程管理系统包含过程建模、过程仿真、过程执行、过程监控等功能。例如，为了支持产品全生命周期管理，可以在过程管理系统功能的支持下，建立一个完整的产品全生命周期过程管理框架，在这个框架下，以过程为核心，采用统一的控制机制，将相关人员、数据和应用等资源集成进来，彼此之间按照过程逻辑进行互操作，实现复杂产品全生命周期管理中不同活动、任务间的自主导航、信息传递以及可视化监控。

（4）内容管理

为用户提供企业内所有信息访问和操作功能，对涉及的多数据源信息和内容，建立多数据源管理机制，进行统一的组织和管理。同时，入口还需要建立多数据源的搜索引擎和信息过滤机制，建立结构化和非结构化的信息查询系统，通过统一的索引系统、组织和分类规则支持对信息的搜集和使用。

（5）应用管理

由于企业生产经营过程中，不同角色人员所完成的功能可能有多个，不同的功能可能对应于不同的后台应用。用户必须能够通过入口启动这些应用并完成应用操作。实现具有上述功能的企业入口需要采用基于组件的应用集成技术。每一具体功能都可以被封装成一个组件，相应地在用户界面上体现为一个功能区域，比如一个按钮、一个表单等，用户可以通过该链接透明地访问和使用后台的应用。

（6）协作与共享

提供企业用户之间进行协同工作的能力和环境，包括提供各种协作工具（任务列表、共享日程、项目管理），协作和共享功能使用户可以方便地存取信息或提供信息给特定的个人或群体。企业内部员工可以通过入口共享其操作权限允许的企业信息，而客户、供应商和合作伙伴也可以通过特定的入口实现与企业的信息共享。

除了以上主要功能外，当前许多企业入口系统还为企业提供了多种便利功能，如信息发布、电子邮件、电子会议、通信录、电子布告栏、讨论区、档案管理、客户信息收集等。

8.2　工程设计自动化系统

工程设计自动化是指利用计算机软硬件及网络环境来辅助进行产品设计和分析的一种技术。即在网络和计算机辅助下,基于产品数据模型,对产品的设计、制造、装配、分析等过程提供计算机支持工具和手段。工程设计自动化不仅贯穿产品设计制造的全过程,而且涉及企业的设备布置、物流过程、生产计划、成本分析等方面,其应用实施可以起到缩短产品研制周期、降低产品开发成本、实现产品优化设计的目的。工程设计自动化系统一般包括计算机辅助设计(CAD)、计算机辅助工程(CAE)、计算机辅助工艺设计(CAPP)、计算机辅助制造(CAM)、产品数据管理(PDM)等系统。

8.2.1　计算机辅助设计系统

计算机辅助设计(computer aided design,CAD)是指利用计算机系统辅助完成工程设计的产生、修改、分析、优化和检验的过程。CAD 技术从产生到现在,经历了形成、发展、提高和集成等阶段。在 CAD 技术发展的初期,CAD 仅限于二维计算机辅助绘图,随着计算机软、硬件技术的飞速发展,CAD 技术才从二维平面绘图发展到三维产品建模,随之也就产生了三维线框造型、曲面造型以及实体造型技术。而如今参数化及变量化设计思想和特征造型则代表了当今 CAD 技术的发展方向。

二维 CAD 系统将工程设计图纸看成是"点、线、圆、弧、文本"等几何元素的集合,所依赖的数学模型是纯几何模型,系统记录了这些图素的几何特征。二维 CAD 系统具有很强的交互式图形编辑功能,可以方便地对图形进行拷贝、删除和移动等操作,也包含了尺寸标注、注解、形位公差标注、图形存储和管理等功能。二维 CAD 使图纸的修改和重复利用十分方便,提高了设计工作效率,缩短了设计周期。利用电子图档管理系统,可以支持产品零件库等各种资源的开发利用,提高了设计水平和质量,并有利于产品设计的标准化、系列化和通用化。随着二维 CAD 系统的不断发展,出现了许多基于二维 CAD 平台的专业化设计系统,使 CAD 系统包含专业领域的设计知识和设计经验,成为真正的产品设计系统,在设计中发挥着巨大的作用。

虽然二维 CAD 系统可以帮助设计人员把图纸画得规范、漂亮,在提高绘图效率的同时也便于图纸以后的修改及管理,在"甩掉图板"的初级阶段功不可没。但二维 CAD 系统与传统手工绘图相比,对减少产品设计错误、设计更改和返工现象并无显著改进,对企业最需要的设计质量的提高也没有起到显著作用。因此,后来出现了三维 CAD 系统,三维 CAD 系统可以方便地设计出所见即所得的三维实体产品模型。

三维实体模型具有二维绘图无法比拟的优点,例如,可以进行装配和干涉检查,可以对重要零部件进行有限元分析与优化设计(CAE),可以支持工艺规程(CAPP)生成和数控加工程序(CAM),可以在模具制造之前利用快速成型的方法制造出装配检查及测试用的实物零件,也可以启动三维模型与二维图形的关联功能,自动生成二维工程图纸。

三维几何建模方法有线框建模、表面建模和实体建模方法[76~78]等(图 8-2)。

线框建模是利用产品形体的棱边和顶点表示产品几何形状的一种造型方法。用这种方

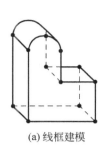 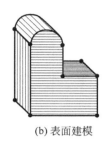 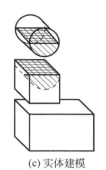

(a) 线框建模　　　　　(b) 表面建模　　　　　(c) 实体建模

图 8-2　三维几何建模方法

法生成的实体模型是由一系列的直线、圆弧、点及自由曲线组成,描述的是实体的轮廓外形。线框模型特点是数据运算简单,所占用的存储空间比较小,对硬件的要求不高,容易掌握。但是,线框模型也有明显的局限性。其一,线框模型的数据结构规定了各条边的两个顶点以及各个顶点的坐标,这对于平面立体来说,因其轮廓线与棱线一致,能够比较清楚地反映物体的真实形状,但对于曲面立体,仅表示其棱线就无法准确反映其形状。例如表示圆柱的形状,就必须添加母线,对有些轮廓就必须描述圆弧的起点、终点、圆弧的走向等;其二,线框模型给出的不是连续的几何信息,只有离散的边,而没有边与边的关系,即没有面的信息。因此,在很多情况下,对形体的判断会产生多义性(图 8-3)。另外,线框模型不能处理求表面交线、消除隐藏线、计算物体重量与惯性矩等问题,因而其应用范围受到限制。

(a) 线框建模　　　　(b) 凹面、通孔　　　　(c) 凸面、无孔

图 8-3　线框模型的二义性

　　表面建模是通过对实体的各个表面进行描述来构造实体模型的一种造型方法。建模时,先将复杂的外表面分解成若干个组成面,然后定义出一块又一块的基本面素。基本面素可以是平面或二次曲面,例如圆柱面、圆锥面、圆环面、回转面等,如图 8-4 所示。通过各面素的连接构成组成面,各组成面的拼接就构成所构造的模型。由于增加了有关面的信息,表面模型在提供三维实体信息的完整性、严密性方面比线框模型前进了一步,从而可以满足面面求交、线面消隐、明暗色彩图、数控加工等应用问题的需要。但在此模型中,实体究竟存在于表面的哪一侧,没有给出明确的定义,很难确定一个由表面模型生成的形体是实心体,还是一个具有一定壁厚的壳,因而在物性计算、有限元分析等应用中,表面模型在形体的表示上仍然缺乏完整性。

　　实体建模主要是以立方体、圆柱体、球体、锥体、楔体和环体等基本体素通过集合运算生成三维几何形体的一种造型方法。它具有以下特点:是一个完全封闭的三维形体的计算机表示;具有完整性和无二义性;使物体的实体特性在计算机中得到定义。

　　实体造型能完整地描述零件的实体特性,在此基础上可以实现零件的质量特性分析、惯

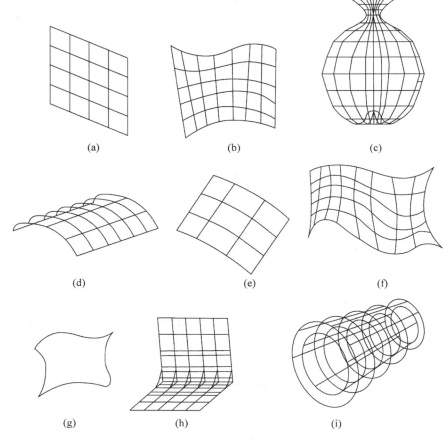

图 8-4 表面建模的基本面素

性分析、表面网格分析、有限元分析、数控加工编程和消隐立体图等。实体造型代表了当代 CAD 建模技术的主流,实现了对零件信息的完整描述。零件实体模型表达的完整性和无二义性也满足了 CAD/CAM 集成中信息共享的要求。

随着实体造型理论和应用的发展,出现了几种典型的构造实体模型的方法,主要有:引例和参数表示法、边界表示法 B-rep、实体几何构造表示法 CSG、扫描表示法、分割表示法、单元分解法、空间占据法等。在商品化实体造型软件中应用最多、最成功的是边界表示法 B-rep 和几何体素构造法 CSG。

边界表示法是以物体边界为基础定义和描述几何形体的方法(图 8-5)。该方法能够给出完整和显式的界面描述,把形体分成体内和体外的点,物体的边界是有限个单元面的并集,而每个单元面也必须是有界的。边界表示法的基本思想是用一系列面或面片来表示形体的边界,这种方法强调形体外表的细节,详细地记录了构成形体的所有元

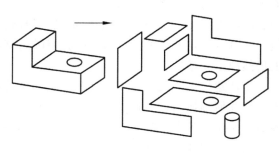

图 8-5 边界表示法

素的几何信息及其相互间的连接关系——拓扑信息。

几何体素构造法是利用预定义好的简单几何形体——体素,进行拼和运算构造实体的方法(图 8-6),又被称为积木几何。该方法的核心思想是将复杂的实体定义成简单体素的组合,这种组合通过正则化的布尔运算来实现,以确保运算的合法性。几何体素构造法以集合论为基础,集合的定义主要基于半空间的基础来定义有界体素,定义的体素通过集合正则布尔运算(交、并、差)生成二叉树形式的拼和树(CSG 树)。CSG 树的树根为生成的几何实体,叶节点是体素,非叶节点为集合运算符号。常用的半空间体素有立方体、圆柱体、圆锥体、球体、圆环和楔体等。许多实体造型系统还有扫描体素,有线扫描、旋转扫描、轮廓元素等多种。体素的有界、有效性的正则运算将确保实体造型的有界和有效。

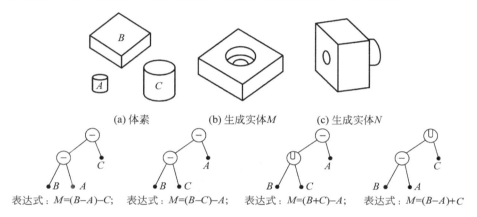

图 8-6　几何体素构造法

边界表示法 B-rep 和几何体素构造法 CSG 对描述零件实体的造型各有所长。随着 CAD/CAM 技术的发展,用 CSG 和 B-rep 综合表示法进行实体造型已经逐渐成为趋势。将 CSG 模型作为外部数据模型,用 B-rep 作为内部拓扑模型,用 CSG 方式接受输入,在计算机内部转化为 B-rep 进行内部处理,并同时保留两种模型的数据。两者信息的互补有助于对零件信息的完整描述。

上面提到的二维绘图、三维线框、曲面和实体造型的建模方法,都是着眼于完善产品的几何描述能力,亦即只描述了产品的几何信息,而对于产品的功能和制造信息则无法表示。为了更好地表达产品完整的功能和制造信息,建立起产品的集成信息模型,产生了特征建模技术,特征建模是 CAD 建模方法的一个新发展。特征包含了产品的特定几何形状、拓扑关系、典型功能、绘图表示方法、制造技术和公差要求等。图 8-7 显示了一个零件的特征组成。特征的引用直接体现了设计意图,使得建立的产品模型更容易为人理解和组织生产。

8.2.2　计算机辅助工艺设计系统

工艺设计是产品制造过程中技术准备工作的一项重要内容,是产品设计与实际生产的纽带,是一个经验性很强而且随制造环境变化而多变的决策过程。工艺设计的任务在于:规定产品工艺过程、工艺操作内容、工艺装备(设备、工夹量辅具)和工艺参数等。常见的产

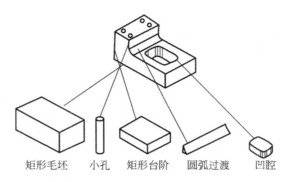

图 8-7 一个零件的特征组成

品加工工艺包括:零件的机械加工工艺、钣金件的冲压工艺、零件的铸造工艺、锻造工艺、热处理工艺,以及装配工艺等。

早期的工艺设计都是工厂的工艺设计人员手工进行的。计算机辅助工艺过程设计(computer aided process planning,CAPP)就是借助于计算机来制定产品的工艺规程、计算工艺参数、生成工序图,最终得到一份完整的加工工艺卡,并以此为依据进行产品的生产加工。CAPP 的出现对机械制造业具有重要意义,其主要作用为:可以代替工艺工程师繁重的手工劳动;提高工艺过程设计质量;缩短生产准备周期,提高生产率;减少工艺过程设计费用及制造费用;实现计算机辅助设计与计算机辅助制造的连接。

CAPP 系统按工艺过程的决策原理可分为:派生式(variant)系统、创成式(generative)系统和综合式(hybrid)系统三类[79~81]。

(1) 派生式(又叫变异式、修订式)CAPP 系统

派生式 CAPP 系统是建立在成组技术的基础上,其基本原理是利用零件结构的相似性,即相似零件有相似工艺规程,一个新零件的工艺规程是通过检索系统中已有的相似零件的工艺规程,并对此"规程"进行编辑修改而成的。从设计角度看,这种方法与常规工艺设计的类比设计思路相同,也就是用计算机模拟人工设计的方式,继承和应用已有的标准工艺。对相似度较高的零件,这种方法具有工艺设计效率高、可靠性好和继承性强等优点。缺点是标准工艺的检索、调用、修改烦琐,工艺决策的自动化程度低,且人为因素较大。

(2) 创成式(又称生成式)CAPP 系统

创成式 CAPP 系统则是利用一些有效的决策、推理技术和方法创造性地解决工艺设计问题。工艺决策中的各种决策逻辑和制造工程数据信息存入工艺知识库,供主程序调用。向系统输入待加工零件信息后,系统能自动生成各种工艺规程文件,用户略加修改即可。这种方法的特点是自动化程度高,工艺规范性好,工艺设计效率高。缺点是技术局限性大,系统通用性差,难以综合考虑繁杂的影响因素,且工艺设计的可靠性差。

(3) 综合式(也称为半创成式或混合式)CAPP 系统

综合式 CAPP 系统是将派生式和创成式结合在一起,即采用派生与自动决策相接合的工作方式。这种方式可以充分发挥派生式和创成式的优点,使系统更加灵活、有效,实用性强。例如有一种综合式 CAPP 系统的工作原理是:当对一个新零件进行工艺设计时,先通过计算机检索其所属零件族的标准工艺路线,再根据零件的具体要求,对标准工艺路

线进行修改,得到零件的加工工艺路线;而各加工工序的内容(包括机床和工装夹具的选择,工序内容及切削参数的确定等)则根据零件输入的特征信息采用逻辑决策的方式自动生成的。

不论采用派生式、创成式还是综合式决策方法,CAPP 系统在功能上都基本是类似的。一般来说,CAPP 系统的功能如图 8-8 所示。CAPP 系统根据产品设计信息,首先完成零件信息描述;然后根据现有工艺人员的经验、标准工艺规范及工艺知识库中的信息,初步完成零件的工艺过程设计;再根据工厂装备、加工规则知识、设备的性能及加工精度,完成各工序、工步的设计;最后输出所要的工艺路线、工艺规程、材料定额、工时定额、工装明细表以及数控程序(NCP)等。

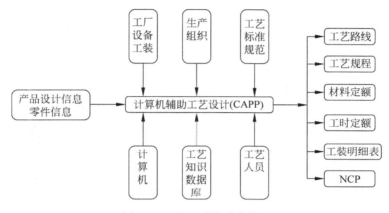

图 8-8　CAPP 系统功能模型

8.2.3　计算机辅助制造系统

计算机辅助制造(computer aided manufacturing,CAM)是指计算机在产品制造方面有关应用的总和[80]。广义上讲,CAM 是指利用计算机辅助产品制造过程中的直接和间接活动,包括 CAPP、NC 编程、工时定额的计算、生产计划的制订、资源需求计划的制订等。狭义 CAM 是指与数控编程有关的内容,包括刀具轨迹规划、刀具文件生成、刀具轨迹仿真以及 NC 代码生成等。由于 CAPP、MRP、ERP 系统的发展,目前所提到的 CAM 大多是指狭义 CAM。在本书中,所提及的 CAM 也是狭义 CAM 的概念,即利用计算机辅助编制数控加工指令。它向上与 CAD、CAPP 实现无缝集成,向下方便、快捷、智能、高效地为数控生产服务。CAD 中设计的结果(零件模型),经过 CAPP 工艺编排产生工艺流程图后,最终在 CAM 中进行加工轨迹生成与仿真,产生数控加工代码,从而控制数控机床进行加工。

CAM 系统一般包括零件加工轨迹定义、零件加工过程仿真、生成数控代码(NC 代码)等功能,其工作步骤如下。

(1) 准备被加工零件的几何模型:可以利用 CAM 系统中提供的 CAD 模块直接建立加工模型,或利用数据接口读入其他 CAD 软件中建立的模型数据文件。还可利用数据接口读入加工零件的测量数据,生成加工模型。目前典型的 CAD 与 CAM 之间的接口文件有 IGES 文件和 STEP 文件。

（2）加工轨迹生成：根据工艺要求，选择加工刀具，生成零件不同加工面的刀位轨迹。

（3）加工轨迹仿真：当数控加工程序（或刀位数据）计算完成以后，将刀位数据在图形显示器上显示出来，从而判断刀位轨迹是否连续，检查刀位计算是否正确；并根据生成的刀位轨迹，经计算机的仿真，模拟零件的整个加工过程（从粗加工到精加工），根据加工结果做出判断，不满意可返回至前两个过程进行修改。

（4）后置处理：不同的数控机床其加工指令总有细微差别。后置处理的目的是根据校验过的刀位轨迹，生成与不同数控机床匹配的数控加工代码（NC代码）。

（5）数控加工代码效验：将零件手工编程或自动编程的数控加工程序读入至CAM系统中，在图形显示器上显示对应的刀位轨迹，检验数控加工程序的正确性。

（6）NC代码传至数控机床（DNC加工）：如果将安装有CAM系统的计算机通过通信接口RS232C、RS422或RS423串行接口与一台（或多台）数控机床相连，则可通过通信协议将CAM系统中产生的NC代码直接传至数控机床，控制其进行加工。

数控编程是CAM的核心，是根据来自CAD的零件几何信息和来自CAPP的零件工艺信息，自动或在人工干预下生成数控代码的过程。

常用的数控编程方式有：手工编程、数控语言编程、CAD/CAM系统编程和自动编程。手工编程是编程人员按照数控系统规定的加工程序段和指令格式，手工编写出待加工零件的数控加工程序。目前手工编程已用得很少，其主要步骤如下：

（1）根据零件图纸对零件进行工艺分析；

（2）确定加工路线和工艺参数（装夹顺序、表面加工先后顺序、切削参数）；

（3）确定刀具移动轨迹（起点、终点、运动形式）；

（4）计算机床运动所需要的数据；

（5）书写零件加工程序单。

数控语言编程往往被称为"自动编程"，这种叫法来源于APT（automatically programmed tools）数控编程语言。事实上，它并不是自动化的编程工具，只是比手工编程前进了一步，实现了用"高级编程语言"来编写数控程序。它采用专用的语言和符号来描述零件的几何形状和刀具相对零件运动的轨迹、顺序和其他工艺参数。由于采用类似于计算机高级语言的数控语言来描述加工过程，大大简化了编程过程，特别是省去了数值计算过程，提高了编程效率。用数控语言编写的程序称为源程序。计算机接受源程序后，首先进行编译处理，再经过后置处理程序才能生成控制机床的数控程序。目前常用的数控编程语言是美国麻省理工学院开发的APT语言。APT语言词汇丰富，定义的几何类型多，并配有多种后置处理程序，通用性好，获得广泛应用。

采用数控语言编程虽比手工编程简化许多，但仍需要编程人员编写源程序，仍比较费时。为此，后来又发展了CAD/CAM编程技术。目前，几乎所有大型CAD/CAM应用软件都具备数控编程功能。在使用这种系统编程时，编程人员不需要编写数控源程序，只需要从CAD数据库中调出零件图形文件，并显示在屏幕上，通过人机交互进行编程。这种方式操作方便，容易学习，又可大大提高编程效率。一般CAD/CAM系统编程部分都包括以下基本内容：查询被加工部位图形元素的几何信息；对设计信息进行工艺处理；刀具中心轨迹计算；定义刀具类型；定义刀位文件数据。对于一些功能强大的CAD/CAM系统，甚至还包括数据后置处理器，自动生成数控加工源程序并进行加工模拟，以检验数控程序的正确性。

在上述 CAD/CAM 系统编程中,仍需要编程人员过多地干预才能生成数控源程序。随着 CAPP 技术的发展,使数控自动编程成为可能。系统可以从 CAD 数据库获取零件的几何信息,从 CAPP 数据库获取零件加工过程的工艺信息,然后自动生成数控源程序,再对源程序进行动态仿真,如果正确无误,则将加工指令送到机床进行加工。

8.2.4 计算机辅助工程

长期以来,机械设备的分析与计算一直沿用材料力学、理论力学和弹性力学所提供的公式来进行。由于采用了许多简化条件,因而计算精度很低。为了保证设备的安全可靠运行,常采用加大安全系数的方法,结果使结构尺寸加大,浪费材料,有时还会造成结构性能的降低。现代产品正朝着高效、高速、高精度、低成本、节省资源、高性能等方面发展,传统的计算分析方法远远无法满足要求。近 30 年来,随着计算机技术的发展,出现了计算机辅助工程分析这一新兴学科(computer aided engineering,CAE)。采用 CAE 技术,即使在进行复杂的工程分析时也无须做很多简化,并且计算速度快、精度高。常见的工程分析包括:对质量、体积、惯性力矩、强度等的计算分析;对产品的运动精度,动、静态特征等的性能分析;对产品的应力、变形等的结构分析。

在计算机辅助工程分析所采用的技术中,有限元分析技术是最重要的工程分析技术之一。它广泛应用于弹塑性力学、断裂力学、流体力学、热传导等领域,并产生了许多商用有限元分析软件,如 ANSYS、NASTRAN、SAP、ADINA/ADINAT 等。在此着重对有限元方法进行介绍。

有限元方法是 20 世纪 60 年代以来发展起来的新的数值计算方法,是计算机时代的产物。虽然有限元的概念早在 20 世纪 40 年代就已提出,但由于当时计算机尚未出现,故并未受到重视。随着计算机技术的发展,有限元法在各个工程领域中不断得到深入应用,如航天航空工业、核工业、机电、化工、建筑、海洋等领域,是机械产品动、静、热特性分析的重要手段。早在 20 世纪 70 年代初期就有人指出:有限元法在产品结构设计中的应用,使机电产品设计产生革命性的变化,使理论设计代替了经验类比设计。目前,有限元法仍在不断发展,理论上不断完善,各种有限元分析程序的功能越来越强大,使用也越来越方便。

有限元方法的基本思想是将结构离散化,用有限个容易分析的单元来表示复杂的对象,单元之间通过有限个节点相互连接,然后根据变形协调条件综合求解(图 8-9)。由于单元的数目是有限的,节点的数目也是有限的,所以称为有限元法。

这种方法灵活性很大,只要改变单元的数目,就可以使解的精确度改变,得到与真实情况无限接近的解。有限元方法的基本理论涉及数学、力学方面的知识。对于一个应用工程师而言,他的目的是应用有限元方法求解各种工程问题。目前市场上各种功能强大的有限元程序包很多,这些程序包使用方便,不需要对有限

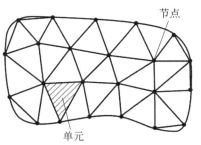

图 8-9 有限元单元及节点

元法有很深入的了解就可应用这些程序求解工程问题。因此,对于一般的工程技术人员来说,只需要花少量时间了解一些有限元的基本知识即可,而不需要对该理论的背景做更深入的研究。

在采用有限元法对结构进行分析计算时,依据分析对象的不同,采用的单元类型也不同,常见的有以下几种单元[76]。

(1) 杆、梁单元:这是最简单的一维单元,单元内任意点的变形和应力由沿轴线的坐标确定。

(2) 板单元:这类单元内任意点的变形和应力由 XY 两个坐标确定,这是应用最广泛的基本单元,有三角形单元和矩形板单元。

(3) 多面体单元:它可分为四面体单元和六面体单元。

(4) 薄壳单元:这是由曲面组成的壳单元。

有限元前、后置处理功能是影响有限元法在实践中应用的主要因素。有限元的前置处理包括:选择所采用的单元类型、单元的划分,确定各节点和单元的编号及坐标,确定载荷类型、边界条件、材料性质等。这些工作不但烦琐、费时,也容易产生错误。所以,一个好的有限元分析程序应能够自动地或在人的控制下完成这些工作。其中最重要的是网格划分,在划分完网格后,应将结果显示出来,以供操作者检查其正确性。如果操作者认为有必要修改,系统应能够提供修改功能,并能对修改后的网格划分的有效性进行检查,指出错误所在。有时,有限元分析的工程师不知道如何确订单元类型,这就要求前置处理程序能够根据零件的状况自动选择单元类型。在进行有限元网格划分时,网格划分的密度是个重要的问题,太密则会大大增加计算时间,但计算精度却不会成比例地增加。因此,存在一个最佳网格密度问题,这个问题往往需要多年工作经验的积累。如果前置处理程序能够自动确定网格密度,对节省机时的意义非常大。另外,在网格划分时,对应力集中部位采用局部网格加密的办法是十分必要的,图 8-10 是三种不同的网格划分方式。

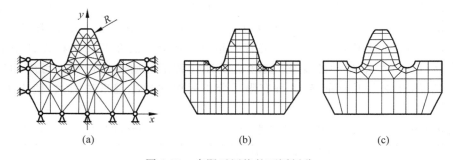

图 8-10 有限元网格的不同划分

在有限元分析结束后,由于节点数目非常多,输出的数据量大得惊人。如果靠人工来分析这些数据,不仅工作量巨大,容易出错,而且也很不直观。所以,一个优秀的有限元分析程序都有一个后置处理器来自动处理分析结果,并根据操作者的要求以各种方式将结果显示出来。例如,它可以显示在载荷作用下零件的变形、零件各部分的应力、应变或温度场的分布等情况。因此,在选择有限元分析软件时,不仅要看它具有的分析功能,能处理的单元类型,能处理的材料特征,更要是看它的前、后置处理的功能是否强大,方便好用,图 8-11 是一个齿轮轮齿有限元分析的前、后置处理图示。

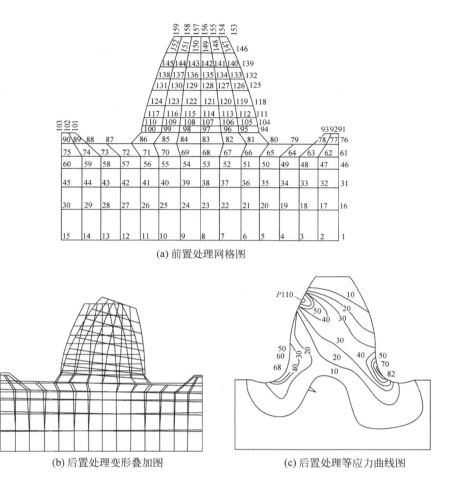

(a) 前置处理网格图

(b) 后置处理变形叠加图

(c) 后置处理等应力曲线图

图 8-11 齿轮轮齿有限元分析的前、后置处理图

8.2.5 产品数据管理

产品数据管理(PDM)可以看成是对工程数据管理、文档管理、产品信息管理、技术数据管理、技术信息管理、图像管理及其他产品信息管理技术的一种概括与总称。最早出现于 20 世纪 80 年代初期,目的是解决大量工程图纸、技术文档以及 CAD 文件的计算机化的管理问题,后来逐渐扩展到产品开发中的三个主要领域:设计图纸和电子文档的管理、物料清单的管理以及与工程文档的集成、工程变更请求/指令的跟踪与管理。由于 PDM 技术与应用范围发展很快,人们对它还没有一个统一的认识,给出的定义也不完全相同。从狭义上讲,PDM 仅管理与工程设计相关的领域内的信息;而从广义上讲,它可以覆盖到整个企业中从产品的市场需求、研究开发、产品设计、工程制造、销售、服务与维护等产品全生命周期中的信息。虽然 PDM 软件功能越来越丰富,但文档管理、工作流和项目管理、产品结构与配置管理以及系统集成仍然是 PDM 系统基本的和核心的功能,目前企业实施 PDM 也主要集中在这些功能的实现上[82,83]。

1. 文档管理

PDM 系统中的文档管理用以取代人工方式的档案管理,使用户方便、快捷、安全地存取、维护及处理各种有关产品的文档,如从设计阶段产生的 AutoCAD 图纸的数据文件、三维实体模型的数据文件、CAE 的分析报告,到制造阶段可能产生的变更单等,都是文档管理的对象。PDM 系统中的文档管理功能如下所述。

(1) 归档管理

归档管理是对文档进出电子仓库进行管理。主要包括归档(CheckIn)、提档(CheckOut)以及对这些操作的安全性管理。归档包括入库及编辑(如复制、删除、文档的转库等)两部分。在进行归档处理时,由于在建模阶段对人员/角色所定义的权限不同,因此承担不同任务的人员对电子仓库的操作权力也不同。通过归档管理还可实现文档的版本控制。在 PDM 系统中,文档的版本可分为版本号和序列号,每当文档从电子仓库中被提出,然后再存入时,其序列号将自动改变;而当文档已被定型时,若将其从库中提出并做修改,则其版本号将自动发生变化。

(2) 文档检索/导航

这是 PDM 系统为用户提供的快速查询手段之一。用户可通过图形界面等导航方式直接查找文档,也可通过指定某些属性等检索方式来快速查找。与人工检索相比,大大减轻了检索工作量,提高了查询速度和工作效率。PDM 系统还提供了一种与产品结构直接相关的文档管理方式,使用户可直观、全面地了解产品及零部件的各种数据和文档。这种功能将在后面讨论。

(3) 文档的处理

主要功能有查看与批注、扫描与绘图及文件格式转换等。在 PDM 系统中,一般应支持对多种格式文件的浏览,如 PDES/STEP、IGES、DXF、DWG、TIFF、PostScript 等文件格式,可支持对某些 CAD 系统原始文件的审阅,并可使用户在这些图形/图像文件上作批注,如以文字注释或以图形方式圈点等,甚至还支持第三方审阅。文档处理功能还可满足用户扫描与绘制文档的要求。

2. 产品结构与配置管理

产品结构与配置管理是 PDM 的核心功能之一,利用此功能可以实现对产品结构与配置信息和物料清单(BOM)的管理。用户可以利用 PDM 提供的图形化界面来对产品结构进行查看和编辑。在 PDM 系统中,零部件按照它们之间的装配关系被组织起来,用户可以将各种产品定义数据与零部件关联起来,最终形成对产品结构的完整描述,传统的 BOM 也可以利用 PDM 自动生成。

PDM 系统通过有效性和配置规则来对产品结构与配置进行管理。有效性分为两种:结构有效性和版本有效性。结构有效性影响的是零部件在某个具体的装配关系中的数量,而版本有效性影响的是对零部件版本的选择。有效性控制有两种形式:时间有效性和序列数有效性。产品配置规则也分为两种:结构配置规则和可替换件配置规则。结构配置规则与结构有效性类似,控制的是零部件在某个具体的装配关系中的数量,结构配置规则与结构有效性可以组合使用;可替换件配置规则控制的是可替换件组中零件的选择。配置规则是由事先定义的配置参数经过逻辑组合而成。用户可以通过选择各配置变量的取值和设定具体的时间及序列数来得到同一产品的不同配置。

在企业中,同一产品的产品结构形式在不同的部门(如设计部门、工艺部门和生产计划部门)并不相同,因此 PDM 系统还提供了按产品视图来组织产品结构的功能。通过建立相应的产品视图,企业的不同部门可以按其需要的形式来对产品结构进行组织。而当产品结构发生更改时,可以通过网络化的产品结构视图来分析和控制该更改对整个企业的影响。

产品结构与配置管理以数据库为底层支持,以物料清单(BOM)为组织核心,对产品对象及其相互之间的联系进行维护和管理。产品结构与配置管理可以使企业中的各个部门在产品的整个生命周期内共享统一的产品配置。根据不同阶段的产品定义,可生成相应的产品结构视图。"设计 BOM"从设计文件中提取出来;而"管理 BOM"是在设计 BOM 的基础上,按照相似性原则建立起系列产品明细数据库;"制造 BOM"是在"管理 BOM"基础上,按照订单/计划等要求配置出来。

因此,产品结构与配置管理的主要功能可归纳如下:

(1) 产品结构定义与编辑:支持用户定义和修改产品结构,并将其存入数据库,还可快速访问和修改 BOM 表。

(2) 产品结构视图管理:针对产品设计的不同阶段(如设计、工艺、制造与组装等),生成产品结构信息的不同视图,以满足对同一产品不同 BOM 描述的需要。

(3) 产品结构查询与浏览:为用户提供多种方式查询与浏览产品结构及其相关信息,并以直观方式显示产品、零件之间的层次关系。

(4) 配置管理:使用户可以按照一定的规则对产品进行配置。

3. 工作流与项目管理

工作流管理实现产品设计与修改过程的跟踪与控制。这一功能为产品开发过程的自动管理提供了保证,并支持企业产品开发过程重组,以获得最大的经济效益。

一般 PDM 系统通过可视化界面定制各类图文档的流程模板。按照任务(流程节点)发放过程,逐级分配任务,并将每项任务落实到具体的设计人员,通过任务流程对提交评审的工作结果进行有效性判断,可保证设计工作的有序进行。在 PDM 系统中存在两种主要的管理流程:审批流程和更改流程。

(1) 审批流程:是指对每项任务进行不同级别的审批过程控制。在审批过程中提供审批任务的自动驱动和跟踪,为产品从设计到完成提供一种闭环的审批信息反馈环境。

(2) 更改流程:是对设计文件进行更改时使用的一种控制过程。在 PDM 系统中,文件的更改过程和更改管理相当复杂,一个简单的设计更改可能会涉及许多部门的工作。更改流程的主要功能有:建立工程更改单,找出工程更改所影响的设计及制造部门,提出工程更改的原因,确定工程更改的有效性(时间、批/架次号),收集与工程更改有关的资料,进行审批、发放,对工程更改的版本进行管理。更改流程实质上是审批流程的一个特例,其管理模式同审批流程管理。

项目管理是在产品开发项目实施过程中实现计划、组织、人员及相关数据的管理与配置,进行项目运行状态的监控,完成计划的反馈。项目管理是建立在工作流程管理基础之上的一种管理,其主要功能有:增加或修改项目及项目相关属性,对人员在项目中承担的任务及角色进行指派,利用授权机制授权他人代签,提供图形化的信息统计,反映项目进展情况,反映人力资源利用情况等。

4. 系统集成

PDM 系统可以解决工程设计阶段和生产制造阶段的信息集成问题，在工程设计阶段，自 20 世纪 70 年代起，就开始研究 CAD、CAPP、CAM 之间数据和信息的自动传递与转换问题，即 3C 集成技术。目前，PDM 系统是最好的 3C 集成平台。PDM 系统可将与产品有关的信息统一管理起来，按信息的不同用途进行管理，不同的 CAD/CAPP/CAM 系统从 PDM 中提取各自所需要的数据。由于各种设计工具的信息模型有差别，PDM 系统面临着如何将信息模型标准化的问题。目前，支持产品数据共享的国际标准是 STEP，这一标准试图对整个产品数据模型标准化，但基于 STEP 标准开发全企业的通用产品模型仍有相当的难度，同时 STEP 标准覆盖的内容与 PDM 系统覆盖的内容仍有较大的差别，所以 STEP 标准如同 IGES、DXF、TIFF 等标准一样，目前仅用于图形信息查看和圈阅。在生产制造阶段，主要考虑 PDM 与 ERP 系统之间的集成。PDM 作为 3C 的集成平台，完整地描述了产品整个生命周期的数据和模型，是 ERP 中有关产品数据的主要来源。PDM 系统是产品设计工艺部门、管理信息系统和制造资源系统之间信息传递的桥梁，ERP 系统从 PDM 系统获得所需的产品信息。可见，PDM 系统也是 3C 系统与 ERP 系统之间信息传递的桥梁，并实现了企业全局信息的集成与共享。

8.2.6 产品生命周期管理

在传统的产品研制模式中，产品开发往往流于各自为政，无法达成信息即时流动的目标，从而使产品研制效率无法提升。并行工程将串行的产品开发模型转变为并行的产品开发，在一定程度上解决了开发效率问题。然而，并行工程只是一种理念和方法，并没有从根本上解决不同生命周期阶段和不同"信息孤岛"之间的信息交互和协同问题。目前的 CAD、CAPP、CAE、PDM 等系统，主要是针对产品生命周期中某些阶段和问题的解决方案，难以支持企业作为一个整体来获得更高的效率、取得更多的创新以及满足客户的特殊需求。

面对这些挑战，企业迫切需要一种将这些单独的系统结合到一起的整体化解决方案，为上述分立的系统提供统一的支撑平台，打破以往的研制模式，建立以信息为核心的研制流程。也就是说，必须建立一套管理产品开发各阶段不同信息的机制，使得产品设计、开发、制造、营销，以及售后服务等信息能快速流动，并且能有效地加以管理。在此机制下，不但产品开发时间能大幅缩短，节省可观的资源，企业也能更紧密地结合上、中、下游各环节的研制体系，缩短反应时间，并有效控管生产资源，进而强化市场竞争力。这就是覆盖产品研制周期不同应用系统的产品生命周期管理（PLM）系统[84]（图 8-12）。

近年来，PLM 发展十分迅速，成为全球制造业关注的焦点。由于 PLM 是企业的一项信息化战略，其具体内容和实施、应用程度可能根据企业的具体需求而有所不同。因此，到目前为止，对于 PLM 并没有完全统一的定义。对 PLM 较为通用的定义是：PLM 是一项企业信息化战略，它描述和规定了产品生命周期过程中产品信息的创建、管理、分发和使用的过程与方法，给出了一个信息基础框架，来集成和管理相关的技术与应用系统，使用户可以在产品生命周期过程中协同地开发、制造和管理产品。

由于 PLM 是一个企业级解决方案，不是一个单项技术或应用，而是一个技术和应用的复杂集合体。因此，PLM 系统必须具备一个完备的技术框架，来规范和描述 PLM 系统应该包含那些组成元素，以及如何组织这些组成元素，使之可以作为一个整体运行，协同完成系统的各项功能，在广泛调研用户、方案提供商以及对大量商业化 PLM 解决方案进行研究和评估的基础上，CIMData 总结出一个多层的 PLM 技术体系，如图 8-13 所示。

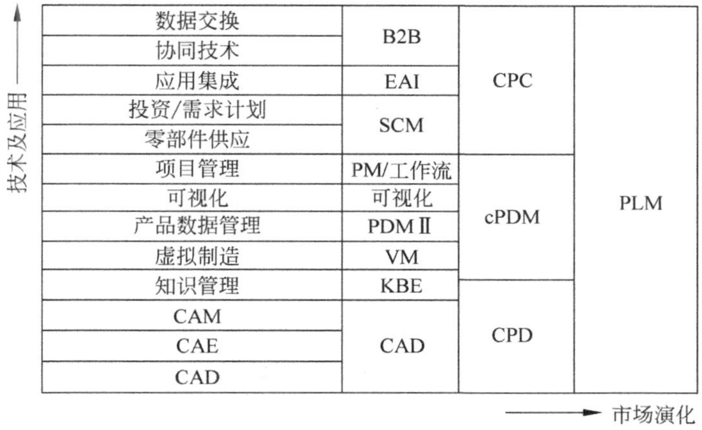

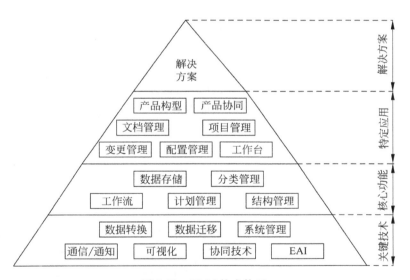

图 8-12　PLM 的发展与演变

图 8-13　PLM 技术体系

该体系描述了 PLM 解决方案中基本组成元素和它们之间的关系，并根据不同的实现层次，将 PLM 组成元素分为关键技术、核心功能、特定应用和解决方案四个层次。

（1）关键技术层：它直接与底层的操作系统和运行环境打交道，将用户从复杂的底层系统操作中解脱出来。用户可以针对需求和环境对关键技术进行裁剪。PLM 的主要关键技术包括：数据转换技术、数据传输技术、系统管理、通信和通知技术、可视化技术、协同技术和 EAI 技术。

（2）核心功能层：提供给用户对数据存储、获取和管理的功能。不同的用户使用不同的功能集合，典型些功能有：数据存储与管理、工作流与过程管理、产品结构管理、分类管理、型号计划管理等。

（3）特定应用层：一个或多个 PLM 核心功能的集合体，提供一套功能满足产品生命周期的一些具体需求。随着 PLM 在工业和企业的推广应用，许多不同的 PLM 使能应用被开发出来，如配置管理、工程变更管理、文档管理等，现在都已成为 PLM 的标准功能。这些应用缩短了 PLM 的实施时间，并将许多成功的实施经验融合在这些应用中。典型的 PLM 应用包括：变更管理、配置管理、工作台、产品配置器、文档处理、项目管理、设计协同工具等。每一个应用都代表了 PLM 解决方案的某一视图。

（4）解决方案层：在关键技术、核心功能和特定应用之上构筑的一个面向行业或职能领域的技术基础结构，它不仅包括了一系列灵活、可配置的软件工具，而且包括了以往相关实施的最佳实践经验、实施方法和资源，以及一些原则性的指导等。

8.3 制造自动化系统

制造自动化系统主要由制造设备子系统、物料运输与存储子系统、制造信息子系统和能量流子系统等组成。制造设备子系统是制造自动化分系统的硬件主体，主要包括专用自动化机床、组合机床、数控机床、加工中心、分布式数字控制（DNC）、柔性制造单元（FMC）、柔性制造系统（FMS）、柔性生产线（FML）等加工设备，以及测量设备、辅助设备（如刀具系统）、夹具装置等；物料运输与存储子系统包括传送带、有轨小车、自动导向小车、立体仓库、搬运机器人、托盘站等；制造信息子系统是制造自动化分系统的神经系统，是整个制造自动化分系统能否正常和优化运行的关键，包括计算机控制系统、数据库管理系统、网络通信系统等，主要负责制造信息的处理、物流管理、制造过程监视与控制、生产计划与生产调度等；能量流子系统为整个制造自动化分系统提供能源和动力，是制造自动化分系统的动能来源。在制造自动化分系统中，与信息技术密切相关的系统包括：数控系统、分布式数控系统、柔性制造系统、快速成型系统和制造执行系统等。

8.3.1 数控系统

数控系统是指用数字量发出指令并实现产品加工与过程控制的系统，简称为 NC（numeric control）系统[85]。数控系统所控制的一般是位置、角度、速度等机械量，也有温度、压力、流量、颜色等物理量。这些量的大小不仅可用数字表示，而且是可测的。如果一台机床（如铣床、钻床、冲床、切割机床等）实现其自动工作的命令是以数字形式来描述的，则称其为数控机床。数控机床的原理框图如图 8-14 所示，对其组成部分介绍如下。

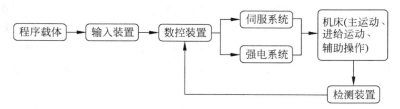

图 8-14　数控机床原理

(1) 程序载体

对数控机床进行控制，首先必须在人与机床之间建立某种联系，这种联系的中间媒介物称为程序载体（或称控制介质）。在程序载体上存储着加工零件所需要的全部几何信息和工艺信息，这些信息是在对加工工件进行工艺分析的基础上确定的，包括：工件在机床坐标系内的相对位置，刀具与工件相对运动的坐标参数，工件加工的工艺路线和顺序，主运动和进给运动的工艺参数以及各种辅助操作。这些信息以字母、数字和符号按规定的标准格式编制成工件的加工程序单，再按程序单制作成穿孔带或磁带等程序载体，也可以采用手工直接输入方式将程序输入到数控系统中。编程工作可以由人工进行，也可以由计算机辅助编程系统完成。

(2) 输入装置

输入装置的作用是将程序载体上的数控代码信息转换成相应的电脉冲信号传送至数控装置的内存储器。输入装置最早使用光电阅读机对穿孔带进行阅读，以后大量使用磁记录原理的磁带机和软盘驱动器。还有通过数控装置控制面板上的输入键，按工件的程序清单用手工方式直接输入内存储器，也可以用通信方式由计算机直接传送给数控装置。

(3) 数控装置

数控装置是数控机床的关键环节。首先接受输入装置送来的电脉冲信号，通过数控装置的逻辑电路或计算机数控软件进行译码和寄存，这些指令和数据将作为控制与运算的原始依据。数控装置的控制器接受相应的指令将有关数据进行运算和处理，输出各种信号和指令，控制机床各部分按程序的要求实现某一操作。这些电信号中最基本的是对应于各坐标轴位移量的电脉冲数，电脉冲经驱动电路送至伺服控制装置，使各坐标轴完成刀具相对工件的进给运动。

(4) 强电系统

强电系统的主要功能是接受数控装置所控制的内置式可编程控制器（PLC）输出的主轴变速、换向、启动或停止信号，以及刀具的选择和更换、分度工作台的转位和锁紧、工件的夹紧或松夹、切削液的升或关等辅助操作的信号，经功率放大直接驱动相应的执行元件，如接触器、电磁阀等，从而实现数控机床在加工过程中的全部自动操作。

(5) 伺服系统

伺服系统接受来自数控装置的位置控制信息，将其转换成相应坐标轴的进给运动和精确定位运动。由于伺服系统是数控机床的最后控制环节，它的伺服精度和动态响应特性将直接影响数控机床的生产率、加工精度和表面加工质量。目前，常用的伺服驱动器件有功率步进电动机、直流伺服电动机和交流伺服电动机等。由于交流伺服电动机具有良好的性能价格比，正成为首选的伺服驱动器件。除了三大类电动机以外，伺服控制装置还必须包括相应的驱动电路。

(6) 机床

数控机床在整体布局、外部造型、主传动系统、进给传动系统、刀具系统、支承系统和排屑系统等方面与普通机床有很大差异，这些差异是为了更好地满足数控技术的要求，并充分适应数控加工的特点。因此，必须建立数控机床设计的新概念，通常在机床的精度、静刚度、动刚度和热刚度等方面提出了更高的要求，而传动链则要求尽可能简单。

在 NC 系统中，工件的加工是在程序控制下通过刀具与工件之间的相对运动实现的。

NC 机床的控制方法主要有以下三种。

(1) 开环控制

是指不带位置反馈装置的控制方式。由功率步进电动机作为驱动器件的运动系统是典型的开环控制。数控装置根据所要求的运动速度和位移量,向环形分配器和功率放大电路输出一定频率和数量的脉冲,不断改变步进电动机各相绕组的供电状态,使相应坐标轴的步进电动机转过相应的角位移,再经过机械传动链,实现运动部件的直线移动或转动。运动部件的速度与位移量是由输入脉冲的频率和脉冲数所决定。开环控制具有结构简单和价格低廉等优点,但通常输出的扭矩值的大小受到限制,而且当输入较高的脉冲频率时,容易产生失步,难以实现运动部件的快速控制。开环控制对运动部件的实际位移量是不进行检测的,因而不能进行运动误差的校正,步进电动机的步距角误差、齿轮和丝杠组成的传动链误差都将直接影响加工零件的精度。

(2) 半闭环控制

是在开环控制伺服电机轴上装有角位移检测装置,通过检测伺服电动机的转角,间接地检测出运动部件的位移(或角位移),再反馈给数控装置的比较器,与输入指令进行比较,用差值控制运动部件。由于惯性较大的机床运动部件不包括在该闭环之内,控制系统的调试十分方便,并具有良好的系统稳定性。甚至可以将脉冲编码器与伺服电动机设计成一个整体,使系统变得更加紧凑。但由于半闭环控制不包括运动部件的机械传动链,机械传动链的误差无法得到校正或消除。幸运的是目前广泛采用的滚珠丝杠螺母机构具有很好的精度和精度保持性,而且采取了可靠的消除反向运动间隙的结构,完全可以满足绝大多数数控机床用户的需要。因此,在一般情况下,半闭环控制正在成为首选的控制方式,获得了广泛应用。

(3) 闭环控制

是在机床最终的运动部件的相应位置直接安装直线或回转式检测装置,将直接测量到的位移或角位移值反馈到数控装置的比较器中,与输入指令位移量进行比较,用差值控制运动部件,使运动部件严格按实际需要的位移量运动。闭环控制的主要优点是将机械传动链的全部环节也包括在闭环之内,因而从理论上讲,闭环控制的运动精度主要取决于检测装置的精度,而与机械传动链的误差无关。很明显其控制精度将超过半闭环系统,这就为高精度数控机床提供了技术保障。但闭环控制除了价格较昂贵之外,对机床结构及传动链都提出了严格的要求,传动链的刚度和间隙、导轨的低速运动特性以及机床结构的抗振性等因素都会增加系统调试的困难,甚至使伺服系统产生振荡,降低了稳定性。

数控技术的发展,使之已经广泛应用在多种领域,因而产生了多种数控装置。按工艺用途分类,最常用的数控装置包括数控钻床、数控车床、数控铣床、数控镗床、数控磨床和数控齿轮加工机床等金属切削类机床。尽管这些机床在加工工艺方面存在着很大差异,具体的控制方式也各不相同,但都适用于单件、小批量和多品种的零件加工,具有良好的加工尺寸一致性、较高的生产率和自动化程度。除了用于金属切削加工的数控机床外,数控技术也大量用于冲床、压力机、弯管机、折弯机、线切割机床、焊接机、火焰切割机、等离子切割机、激光切割机和高压水切割机等非金属切削机床。

近年来在非加工设备中也大量采用数控技术,其中最常见的有自动装配机、多坐标测量机、自动绘图机和工业机器人等。由于企业对加工精度和生产率提出了更高的要求,工艺集中的原则正在被采纳,出现了各种类型的加工中心。加工中心不但具有一般数控机床的所有功能,而且还带有刀库和自动换刀装置,突破了在一台数控机床上只能完成一两种工艺的传统概念。以铣削加工中心为例,在数控铣床上增加了一个较大容量的刀库(一般可容纳20～120把各类刀具)和自动换刀装置,工件在一次装夹后,可以对零件的大部分加工表面进行铣削、锖削、钻孔、扩孔、铰孔和攻螺纹等多种工艺加工。近年来还出现了五面体加工中心,在一次装夹中可以完成除安装面以外的箱体类所有表面的加工。车削加工中心也得到了广泛应用,它可以在一次装夹中完成回转体零件的所有加工工序(包括车削内外表面、铣平面、铣槽、钻孔和攻螺纹等工序)。加工中心可以有效地避免由于多次装夹造成的定位误差,而且减少了机床的台数和占地面积,极大地提高了生产率和加工自动化程度。

8.3.2　CNC 系统

　　CNC(computer numerical control,计算机数控)系统完成的功能与 NC 机床相同,只是 CNC 机床的逻辑控制、几何与工艺数据处理以及程序的执行都由一台(或多台)计算机完成,并且 CNC 的处理功能更为强大,增加了柔性。由于采用了计算机作为控制部件,CNC 系统通过常驻在计算机内部的数控软件实现部分或全部数控功能,从而能对机床运动进行实时控制。只要改变计算机的控制软件就能实现一种新的控制方式,这是 CNC 系统的最大特点。

　　整个 CNC 系统由程序、输入输出设备、CNC 控制器、可编程逻辑控制器 PLC(大多内装在 CNC 控制器中)、主轴驱功单元和进给驱动单元等组成,但目前所说的 CNC 系统大多不包括伺服驱动和某些输入输出设备,因为这些单元和设备完全可以选用不同制造商所提供的产品,以便用户获得更高的性能价格比。因此,在实际中 CNC 系统主要是指 CNC 控制器,它是由计算机硬件、数控系统软件及相应的输入输出接口构成的专用计算机和可编程逻辑控制器组成。前者处理机床轨迹运动的数字控制,后者处理开关量的逻辑控制。CNC 控制器的典型功能包括[85]:

　　(1) 轴控制功能

　　此功能是指 CNC 可控制的和同时控制的轴数。数控机床的轴有移动轴和回转轴,有基本轴和附加轴,一般数控车床只需同时控制 2 根轴。数控铣床、数控镗床和加工中心需要控制 3 根或 3 根以上的轴,对于加工空间曲面的数控机床需要同时控制 3 根以上的轴。控制轴数越多,尤其是同时控制轴数越多,CNC 控制器就越复杂,多轴联动的零件程序编制也越困难。

　　(2) 准备功能

　　准备功能用来发出指令确定机床运动的方式,包括基本移动、平面选择、坐标设定、刀具补偿、固定循环、米英制转换等指令。

　　(3) 插补功能

　　CNC 通过软件插补来实现刀具运动轨迹的调整。由于加工产品轮廓时,要求连续进行轨迹的实时调整,对软件插补的计算速度提出了很高的要求,目前的软件插补计算速度还难以满足数控机床对进给速度和分辨率的要求。因此,CNC 的插补功能在实际应用中被分为粗插补和精插补两部分进行:每次插补一个小线段数据称为粗插补,由软件插补完成;伺服接口根据粗插补的结果,将小线段分成单个脉冲输出,称为精插补。进行轮廓加工的零件形状大多是由直线和圆弧构成，有些由更复杂的曲线构成，因此有直线、圆弧、抛物线、正弦、圆筒、样条等多种插补方法。实现插补运算的方法有逐点比较法、数字积分法和直接函数运算法等。

(4) 进给功能

根据机械加工工艺要求，CNC 控制器需要用指令直接给出数控机床各轴的进给速度，相关的具体概念介绍如下。

- 切削进给速度：以每分钟进给的毫米数指定刀具的进给速度。
- 同步进给速度：以主轴每转进给的毫米数规定的进给速度，如 0.01mm/r。只有主轴上装有位置编码器的数控机床才能指定同步进给速度，目的是便于切削螺纹编程。
- 快速进给速度：通过参数设定或操作面板上的快速倍率开关，完成快速进给速度的设定。
- 进给倍率：通过设置在操作面板上的进给倍率开关设定。

(5) 主轴功能

主轴功能就是指定主轴转速的功能，在机床操作面上装有主轴倍率开关，可不修改程序而改变主轴转速。

(6) 辅助功能

辅助功能用来指令主轴的启、停和转向，切削液的开和关，刀库的启和停等。

(7) 刀具功能和第二辅助功能

刀具功能用来选择所需刀具，第二辅助功能用来指定工作台的分度。

(8) 补偿功能

补偿功能包括刀具尺寸补偿以及丝杆的螺距误差、反向间隙或者热变形补偿，目的是提高机床加工精度的补偿。这两种补偿都是通过将补偿量输入 CNC 的存储器，并按补偿量重新计算刀具的运动轨迹和坐标尺寸，从而加工出符合要求的零件。

(9) 字符、图形显示功能

CNC 控制器可配置单色或彩色 CRT（也可配置液晶显示器），通过软件和接口实现字符和图形显示。通常可显示程序、参数、各种补偿量、坐标位置、故障信息、人机对话编程菜单、零件图形及表示实际切削过程的动态刀具轨迹等。

(10) 自诊断功能

为了防止故障的发生和扩大，以及在故障出现后迅速查明故障的类型及部位，减少故障停机时间，CNC 中设置了各种诊断程序。不同 CNC 设置的诊断程序不同，且诊断的水平也不同。诊断程序一般包含在系统程序中，在系统运行过程中进行检查和诊断，也可作为服务性程序，在系统运行前或故障停机后进行诊断，查找故障的部位。有些 CNC 系统还可以进行远程通信诊断。

(11) 通信功能

为了适应柔性制造系统（FMS）和计算机集成制造系统（CIMS）的需求，CNC 控制器通常都具有 RS232C 通信接口，有的还备有 DNC 接口，设有缓冲存储器，可采用数控格式输入，也可按二进制格式输入，进行高速传输。有些 CNC 系统还可以按照 MAP（制造自动化协议）标准直接接入工厂通信网络。

(12) 人机交互图形编程功能

人机交互图形编程使现有的 CNC 系统可以根据蓝图直接编制程序,即操作工或编程员只需送入图样上简单表示的几何尺寸,如 A(角度)、B(斜面)和 R(半径)等命令,就能自动地计算出全部交点、切点和圆心坐标,生成加工程序;有的 CNC 可根据引导图和显示说明进行对话式编程,并对数控车床具有自动工序选择,对数控铣或加工中心具有自动选择使用刀具、切削条件的智能功能;有的 CNC 备有用户宏程序,未受过 CNC 编程专门训练的机械工人,也能够很快地进行程序编制工作。

CNC 的轴控制功能、准备功能、插补功能、进给功能、刀具及其补偿功能、主轴功能、辅助功能、字符显示功能、自诊断功能等都是数控必备的基本功能,而某些补偿功能、图形显示功能、通信功能,以及人机交互图形编程功能等都是 CNC 特有的功能。这些功能的有机组合,可以满足不同用户的要求。

目前计算机数控技术中的研究热点是开放式数控系统。所谓开放式数控,是指机床制造厂(CNC 的中间用户)和机床用户(CNC 的最终用户)能够更改、添加 CNC 装置,并能够实现整个装置的廉价化。以往的数控系统大多是专用设备,在结构上只提供给用户有限的选择,用户无法对现有数控设备的功能进行修改以满足自己的特殊需求,各厂商提供给用户的系统操作方式也各不相同,用户在人员培训、设备维护等方面要投入大量的时间与资金,这给 CNC 与 CAD/CAM/CAPP 等系统的集成造成了困难,严重阻碍了 CNC 制造商、系统集成者和用户快速、有创造性地解决当今制造环境中数控加工和系统集成中的问题。CNC 制造商、系统集成商和用户都希望能够建立开放式的数控系统,以便能够自由选择 CNC 装置、驱动装置、伺服电机、应用软件等数控系统的各个构成要素,并能够采用规范的、简便的方法将这些构成要素组合起来。目前国内外有关开放式数控的研究工作已取得显著进展,已有不少商品化产品问世。

8.3.3 DNC 系统

DNC 是分布式数字控制(distributed numerical control)或直接数字控制(direct numerical control)的简称,是数控设备联网运行的基本方式。DNC 最早的含义是直接数字控制,指将若干台数控设备直接连接在一台中央计算机上,由中央计算机负责 NC 程序的管理和传送。20 世纪 70 年代以后,CNC 技术不断发展,数控系统的存储容量已扩大到能存储整个零件程序(复杂零件除外),控制器的计算速度也大为提高,完全能完成本机插补,因而随着 CNC 对 NC 的取代,DNC 的基本功能也有了变化,中央计算机的控制信息不再以实时方式送出,而是在中央计算机的管理下,把 NC 程序传送给 CNC 的程序存储器。目前,分享一台主计算机来实时传送控制信息(模具加工除外)的情形已很少见,而现在所说的 DNC,主要是指分布数字控制。分布数字控制除具有直接数字控制的功能外,还具有系统信息收集、系统状态监视以及系统控制等功能。进入 20 世纪 80 年代后,随着计算机辅助 NC 编程技术、计算机及其网络技术、CAD/CAPP/CAM、CIMS 技术的发展以及工厂自动化(FA)的需要,DNC 的功能在不断扩大。现代意义上的 DNC,不仅指单个机床的控制,而且在某种意义上是车间级通信网络的代名词。DNC 已演变成生产准备和制造过程中设备信息互连的一种技术,是实现 CAD/CAPP/CAM 一体化技术最关键的纽带,是现代化制造车间实现 CIMS 信息集成和设备集成的有效途径。

根据 DNC 系统所具备的通信功能，DNC 系统可以分为基本 DNC、狭义 DNC 和广义 DNC 三种。目前 DNC 通信功能主要有三种：下传 NC 程序、上传 NC 程序、系统状态采集和远程控制。只具备第一种功能的 DNC 系统叫基本 DNC，具备前两种功能的叫狭义 DNC。三种功能均具备的叫广义 DNC。最早期的 DNC 用 DNC 主机取代纸带阅读机，只有下传 NC 程序这一种功能；20 世纪 80—90 年代生产的数控系统绝大多数配有 RS232C 通信接口，可实现上、下传 NC 程序这两种功能；20 世纪 90 年代后生产的数控系统很多都带有专用 DNC 接口电路板，能实现上述三种功能，如 FANUC0、FANUC15、FANUC18 等系统，有的系统甚至配有 MAP 3.0 等网络接口。

通信技术在 DNC 系统中至关重要，DNC 的通信技术与 DNC 的接口技术在概念上有些关联，但 DNC 通信技术的范围更为广阔。除 DNC 主机与数控系统的通信外，还包括 DNC 主机与上层计算机的通信。DNC 主机与数控系统的通信采用最多的是串行通信，物理接口最常见的是 RS232C 串行通信接口。这种方式存在通信距离短、传输速度慢、可靠性差，只能实现点到点通信等问题，因而，研究人员在对这种通信方式不断改进的基础上（如增加传输距离、扩展通信口、转换成其他串行接口标准等），还在积极地寻求其他通信方式。近年来出现了现场总线（主要是 Bitbus）和计算机局域网（主要是 MAP 3.0），但这两种方式仍然存在实时性较差等问题，因而还有必要对 DNC 主机与数控系统的通信技术进行更深入的研究，寻找一种更好的解决方法。此外，有关多数控系统的通信竞争、大型零件同步加工和传输的实时通信等也是亟待解决的问题。DNC 主机与上层控制计算机的通信以前主要采用串行通信技术，随着网络技术的发展，现在主要采用计算机局域网技术。这部分的技术发展与网络技术的发展密切相关，主要有以太网（Ethernet）和 MAP 3.0 等。

DNC 系统包括以下基本组成部分。

(1) 过程计算机及外设：用于 DNC 管理、控制、服务的硬件；

(2) I/O 接口：负责本机床控制器与系统的连接；

(3) 通信接口：负责全系统的通信；

(4) 数字控制器：对机床实施控制；

(5) 支持软件系统：负责 DNC 管理、控制。

DNC 系统结构如图 8-15 所示。

DNC 中，有多台 NC、CNC 机床与过程计算机相连。过程计算机在大容量存储器中存取零件程序，并通过接口将这些程序传给各数控机床，完成 DNC 基本功能。

8.3.4 柔性制造系统

柔性制造系统（FMS）是由若干数控设备、物料运贮装置和计算机控制系统组成，能根据制造任务和生产品种变化而迅速进行调整的自动化制造系统。在柔性制造系统中，加工零件被装夹在随行夹具或托盘上，自动地按加工顺序在机床间逐个输送，工序间输送的工件一般不再重新装夹。专用刀具和夹具也能在计算机控制下自动调度和更换。如果在系统中设置有测量工作站，则加工零件的质量也能在测量工作站上检查，甚至进一步实现加工质量的反馈控制。系统只需要最低限度的操作人员，并能实现夜班无人作业，操作人员只负责启

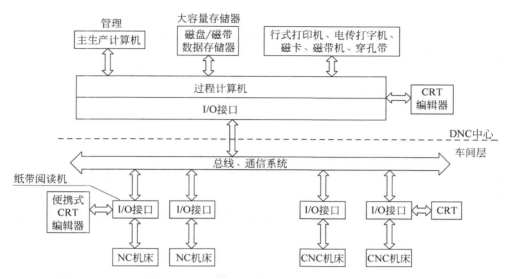

图 8-15 DNC 系统结构

停系统和装卸工件。由于 FMS 是一种具有很高柔性的自动化制造系统,因此最适合于多品种、中小批量的零件生产。对于生产规模为每批 200～2000 件产品的中批量生产类型,采用 FMS 是比较经济的,这种类型的生产企业,有 50%～75% 的零件适于用 FMS 加工。但由于 FMS 的投资很大,在建造 FMS 时必须慎重。

一个 FMS 通常包括能独立工作的数控机床或加工中心、物料运贮系统、FMS 控制系统三个部分。

(1) 能独立工作的数控机床或加工中心

机床是 FMS 的基本构件,要达到通用性,FMS 的加工模块(机床)应是独立的,有独立的刀库和自动刀座更换装置,其机械装置、电子装置、加工控制、设备监测都是独立的,但都有标准接口与其他 FMS 组件相连接。目前 FMS 中的机床配置有两种类型:

- 采用强功能的多主轴加工中心,并配以可适用于不同类型机床的模块化计算机软件,通过软件(控制软件、加工软件)来提高 FMS 的柔性。
- 采用可变模块化机床,加工系统由标准模块(各类工作台、床身、立柱、主轴、加工头、卡盘、刀库等)装配而成,并可根据不同加工要求进行改装。此时的系统柔性主要取决于硬件。

(2) 物料运贮系统

物料运贮系统是在各机床、装卸站、缓冲站之间运送零件和刀具的传送系统。可以由运输带、托板、有轨小车(RGV)、无轨小车(AGV)、机器人等单项或多项装置组成,运输路线可粗略分为直线式、环形封闭式、网状式和直线随机式四类。物料运贮系统把各台机床连接在一起,形成物流式生产系统。目前典型的物料运输方式有:

- 辊柱式:滚子、辊柱式传送带;
- 往复式:轨道式传输;
- 牵引式:链驱动牵引车,磁牵引导向车;
- AGV 自动导向车;

- 机器人。

在 FMS 中，工件的流动始终受计算机的跟踪、监控。常用的 FMS 跟踪工件路径方法有：

- 直接跟踪方法：根据工件的重量、形状、颜色或固定在工件上的编码介质来识别工件、跟踪监测其运动路径。
- 间接跟踪方法：编码被固定在运载工件的装置(小车)上，用于识别跟踪工件。

另外，物料运贮系统有一个工件安装区，在此处将工件装夹在托盘上(实际工作台)，托盘被送到传输系统后，将工件号输入计算机，由计算机确定其加工路线，并将它送至相应加工站。在整个加工过程中只装夹一次。此外，还需配备刀具库及其管理系统。

(3) FMS 控制系统

FMS 控制系统既完成生产管理，又完成加工过程和设备的控制，且该控制系统采用多级(递阶)控制方案，各级都有计算机系统。

- 管理控制级(分厂/车间)

主要负责生产计划调度、生产控制和 FMS 管理、数据库维护。计划调度任务包括：任务分解(月到周的计划)、工艺过程设计、设备计划调度、零件族分配、零件程序设计、资源配置、重新计划调度、发出生产指令、生产优化、生产仿真、调度维护、质量控制等；控制任务包括：系统启/停、路线选定、生产监控、与操作者的交互和引导、系统恢复、报告生成(生产率、完工零件、质量、废品、系统问题)等。

- 作业监控级(车间/单元)

主要负责实施生产计划，并协调和监视各生产设备的工作状况。其中，计划实施任务包括：日作业计划(周到日的计划)、机床与刀具诊断、物料运储、质量控制、NC 程序及其分配等；控制任务包括：设备协调、操作数据评价、工件流控制、支持和指导操作人员等。

- 机床监控级(单元/设备)

是底层控制级，主要任务是控制、监视和测量等。其中，控制任务包括：轨迹控制(工件、测量头、加工头)、设备控制(传动装置、电动机、继电器、泵、阀)等；监测任务包括：执行装置、电动机、继电器、泵、阀、限位开关、光挡板、条形码、刀具磨损、生产率、废品、停机时间等的监测；测量任务包括：性能、尺寸、刀具的磨损、温度、振动等的测量；其他任务包括：工件识别与跟踪、刀具振动检测、磨损的校正、主轴误差校正、热变形调正等。

FMS 可以分成以下四个等级：柔性制造模块、柔性制造单元、柔性自动线及柔性制造工厂。

(1) 柔性制造模块(flexible manufacturing module, FMM)：是一台扩充了多种可任选功能(如刀具库、随行托架、交换装置等)的数控机床。

(2) 柔性制造单元(flexible manufacturing cell, FMC)：一个 FMC 一般包括 2 至 3 个 FMM，它们之间由工件自动输送设备连接。

(3) 柔性自动线(flexible tools line, FTL)：又称柔性制造系统(flexible manufacturing system, FMS)。一般包括四台或更多台全自动 CNC 机床。各自备有搬运小车自动输送物料和一套计算机控制系统用以管理全部生产计划进度、物料搬运以及对机床群加工过程实现综合控制。

(4) 柔性制造工厂(flexible manufacturing factory, FMF)：又称自动化工厂(factory

automation,FA)。柔性由 FMS 覆盖到全厂范围,在全厂范围内实现生产管理过程、机械加工过程和物料储运过程的全面自动化,并由计算机系统进行综合控制。FMF 拥有分布式多级计算机系统(包括生产管理级主计算机)、自动仓库、十几乃至几十台各种 CNC 机床(加工中心、车削中心、CNC 车床、CNC 磨床、CNC 板材加工机床等)。FMF 是一种初级的 CIMS。

图 8-16 给出了一个典型 FMS 系统的示例图。

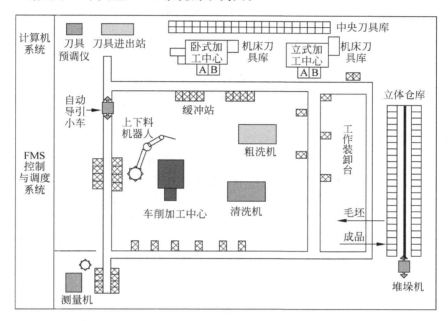

图 8-16　典型 FMS 系统示例图

8.3.5　制造执行系统

制造执行系统(manufacturing execution system,MES)的概念最早形成于 20 世纪 80 年代末,20 世纪 90 年代后获得迅速发展。其目的是实现生产过程及其相关的人、物料、设备和在制品的全面集成,并对其进行有效管理、跟踪和控制[86],是最终实现制造过程的计划与物料流动、质量控制、工艺等的全面集成。

制造执行系统位于车间级并控制执行过程,具有十分重要的作用,它在计划管理层与底层控制之间架起了一座桥梁,填补了计划管理层和底层控制之间的"鸿沟"。MES 是面向车间生产过程的"实时"生产和调度,一方面 MES 可以将来自 ERP 软件的生产管理信息细化、分解,形成操作指令传递给底层控制;另一方面 MES 可以实时监控底层设备的运行状态,采集设备、仪表的状态数据,经过分析、计算与处理,触发新的事件,从而方便、可靠地将控制系统与信息系统联系在一起。

制造执行系统是面向制造过程的,它必然与其他的制造管理系统共享和交互信息,这些系统包括供应链管理、计划管理、销售和客户服务管理、产品及产品工艺管理、财务和成本管理以及底层生产控制管理等。图 8-17 反映了 MES 与企业其他管理系统之间的关系。

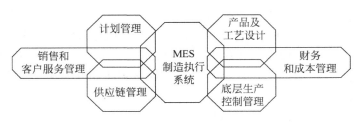

图 8-17 MES 系统定位模型

作为车间生产管理系统核心的 MES 可看作是一个通信工具,为企业各种其他应用系统提供现场的数据信息。MES 向上层计划管理系统提交周期盘点次数、生产能力、材料消耗、劳动力和生产线运行性能、在制品的存放位置和状态、实际订单执行状况等涉及生产运行的数据;向底层控制系统发布生产指令控制及有关的生产线运行的各种参数等;生产工艺管理可以通过 MES 的产品产出和质量数据进行优化。

MES 也要从其他系统中获取自身需要的数据,这些数据保证了 MES 在工厂中的正常运行。例如,计划管理系统的计划数据是 MES 进行生产调度的依据;供应链通过外来物料的采购和供应时间控制着生产计划的制订和某些零件在工厂中的生产活动时间;销售和客户服务模块提供的产品配置和报价为实际生产订单信息提供基本的参考数据;生产工艺管理提供实际生产的工艺文件和各种配方及操作参数;来自控制模块的实时生产状态数据被 MES 用于实际生产性能评估和操作条件的判断。总之,MES 接受企业管理系统的各种信息,充分利用这些信息资源,实现优化调度和资源合理配置。图 8-18 反映了 ERP/MES/底层监控功能之间的信息交换关系。

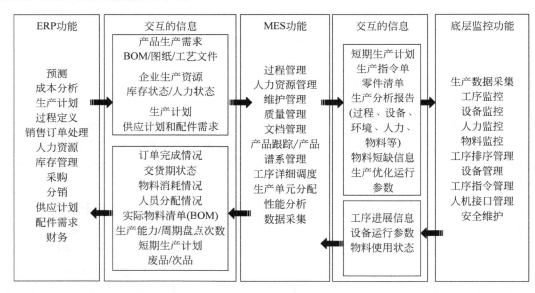

图 8-18 ERP/MES/底层监控功能之间的信息流

根据 MES 国际联合会给出的制造执行系统框架,通用制造执行系统的主要功能如图 8-19 所示。

(1) 资源分配以及状态管理:对资源状态及分配信息进行管理,包括机床、辅助工具

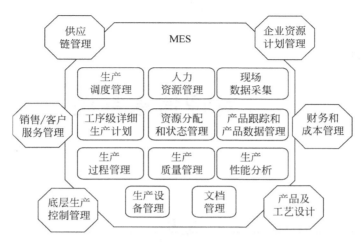

图 8-19 MES 系统功能图

(如刀具、夹具、量具等)、物料、劳动者等生产能力实体以及开始进行加工时必须具备的文档(工艺文件、数控设备的数控加工程序等)和资源的详细历史数据,对资源的管理还包括为满足生产计划要求而对资源所作的预留和调度。

(2) 工序级详细生产计划:负责生成工序级操作计划,提供基于指定生产单元相关的作业排序功能。其目的是要安排一个合理的序列以最大限度地压缩生产过程中的辅助时间,该计划是以有限能力的生产执行计划为基础的。

(3) 生产调度管理:以作业、订单、批量以及工作订单等形式管理和控制生产单元中的物料流和信息流。生产调度能够调整车间规定的生产作业计划,对返修品和废品进行处理,用缓冲管理的方法控制每个生产点的在制品数量。

(4) 文档管理:管理与生产单元相关的文档,包括图纸、配方、工艺文件、工程变更等的记录与单据,该部分还承担对存储的生产历史数据进行维护操作的功能。

(5) 现场数据采集:负责采集生产现场中各种必要的实时更新数据。这些现场数据可以从车间手工输入,也可以通过各种自动方式获得。

(6) 人力资源管理:提供实时更新的员工状态信息数据。人力资源管理可以与设备资源管理模块相互作用,以确定最终的优化分配方案。

(7) 生产质量管理:把从制造现场收集到的数据进行实时分析以控制产品质量,并确定生产中需要注意的问题。

(8) 生产过程管理:监控生产过程,自动修正生产中的错误,提高加工效率和质量,并向用户提供纠正错误和改进在制产品生产行为的决策支持。

(9) 生产设备维护管理:跟踪和指导企业进行设备和刀具维护,以保证制造过程的顺利进行,并产生除报警外的阶段性、周期性和预防性的维护计划,同时对直接需要维护的问题进行响应。

(10) 产品跟踪和产品数据管理:通过监视工件在任意时刻的位置和工艺状态来获取每一个产品的历史记录,该记录向用户提供产品组及每个最终产品使用情况的可追溯信息。

(11) 性能分析:提供实时更新的实际制造过程的结果报告,并将这些结果与过去的历史记录及所期望的经营目标进行比较。

第9章

企业管理信息系统

9.1 企业管理信息系统概述

9.1.1 企业管理信息系统的特点与功能

管理信息系统(management information system,MIS)是一个由人、计算机等组成的能够进行管理信息的收集、传递、储存、加工、维护和使用的系统。MIS 是管理者用来对其管理对象(包括人、财、物、技术、知识、无形资产、社会协作关系)实施管理的工具,其目的是在信息技术的支持下,通过规范组织的管理和操作流程、及时的信息提供、可靠的任务分配与执行、高效的科学计算和事务处理、便捷的沟通和协作、快速准确的统计分析、智能化的决策支持,达到提高整个组织运作效率的目的。

MIS 本身是一个通用的概念、术语和技术,应用于政府管理时即为政府管理信息系统,应用于高校管理时即为高校管理信息系统,应用于军队管理时即为军队管理信息系统,应用于企业管理时即为企业管理信息系统。由于不同机构、行业的特点各异,管理重点和管理方式也不同,所以不同机构、行业的 MIS 系统存在非常大的差异。与政府、军队、大学等机构的管理信息系统相比,企业管理信息系统有以下 4 个方面的特点:

(1) 生产计划为主线

为社会提供产品和服务是企业的主要任务,因此,以面向产品和服务提供的生产计划为主线是企业管理信息系统最主要的特点之一,企业的一切活动都围绕这个主线展开。

(2) 效益驱动

获得利润是企业存在的价值,也是企业追求的主要目标,因此,企业管理信息系统要能够帮助企业管理者提高其经营效益,效益是实施企业管理信息系统的主要驱动力。

(3) 种类多、差异大

由于社会需要的产品和服务种类繁多,所以,为了满足社会需要而进行生产和服务的企业的类型非常多,不同类型的企业在其产品特点和生产组织方式上存在非常大的差异,相应的企业管理信息系统的种类也非常之多,而且,不同行业企业的管理信息系统之间的差异也很大。

(4) 系统复杂、外部接口多

企业包含许多的部门、人员及设备,有成百上千个业务流程在并发地执行,这些业务流程又包含了成千上万个操作、大量的数据存储和处理，并且，在不同的业务流程之间还存在着密切的关联和资源竞争，为了适应市场环境的变化，企业还需要不断地调整其组织结构。由此可见，企业是一个非常复杂的动态系统，相对于其他管理信息系统，企业管理信息系统管理的对象和对象之间的关系要复杂得多，而且这些对象及其相互关系还处于动态的变化过程中，所以企业管理信息系统的复杂性非常高。

另外，企业为了实现其生产任务和社会职责，还必须与大量外部机构进行合作，完成大量人、财、物、信息的交接和交换，如与政府机构（政府、工商、税务、安全、环保）、科研院所、银行、供应商、分销商、物流运输商以及客户均有广泛的合作与联系，所有这些合作与协调都需要与企业管理信息系统进行信息交换，因此，企业管理信息系统对外的接口数量非常多，也非常复杂。

过去在实施企业管理信息系统时，由于没有深入分析企业的业务模式和优化企业的业务流程，将企业管理信息系统做成现有工作流程的计算机化，导致企业信息化工作遇到很多困难。在企业管理信息系统分析、设计与实施中重点和难点是能够把企业先进的管理思想和运行模式融入计算机管理信息系统中，企业管理信息系统的内涵可以用式（9-1）表示。

企业管理信息系统 ＝ 管理信息系统 ＋ 企业的管理思想 ＋ 企业的运作模式　（9-1）

实施企业管理信息系统的目的是增强企业的竞争能力、提高经济效益，主要希望解决制造企业管理中面临的以下问题：生产计划的合理性，库存的合理管理，设备的充分利用，作业的均衡安排，财务状况的及时分析。通过实施企业管理信息系统，希望达到的目标是：合理安排生产，提高生产效率，降低生产成本，提高客户服务水平，提高企业对市场的响应能力和速度，提高企业管理水平。

企业管理信息系统的功能主要有：

（1）信息处理：如信息的收集、传送、加工、查询等；

（2）业务管理：如经营计划管理、物料管理、生产管理、财务管理、人力资源管理等；

（3）辅助决策：利用已有信息，运用科学的方法进行发展趋势预测，为决策提供支持。

图 9-1 给出了企业管理信息系统的主要功能组成。

企业管理信息系统以生产计划为主线，根据企业从外部市场获得的销售订单、企业经营管理部门制订的计划和对生产能力和负荷的预测，制订主生产计划；根据主生产计划制订厂级作业计划；再根据设备的负荷情况，制订车间作业计划。物资供应、设备管理、工具管理、人事管理等功能模块都围绕生产计划主线的执行而开展工作。综合信息、财务管理、成本管理、库存管理、生产监控、质量管理模块则是在获得生产计划执行的相关信息基础上，从提高企业管理水平和运作效率、降低成本、提高产品质量的角度对相关的人、财、物、生产过程进行管理和控制。生产准备模块是支持企业生产计划执行的辅助模块，基础数据管理则保证企业管理信息系统的正确运行，特别是为生产计划的正确制定和执行提供可靠的数据基础。

上述模块位于图 9-1 中的虚线框内部，是制造资源计划（MRP Ⅱ）的主要组成部分，MRP Ⅱ 系统的模块功能表明，它主要关注企业内部的生产管理。进入 20 世纪 90 年代以后，企业管理的视角逐步发生了变化，从主要关注企业内部的生产管理转变为关注客户和整个供应链，同时企业也比过去更加重视新产品的开发和企业知识的管理，重视企业内部协同

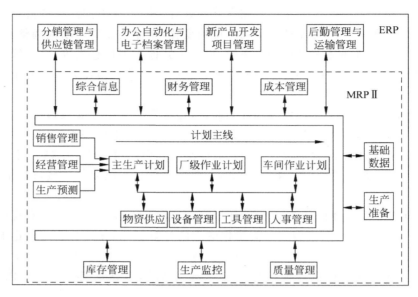

图 9-1　企业管理信息系统组成

工作环境的建设。在此背景下,产生了企业资源计划系统(ERP),ERP 在 MRP Ⅱ 的基础上,增加了分销管理与供应链管理、办公自动化与电子档案管理、新产品开发项目管理、后勤管理与运输管理等功能模块,ERP 的出现丰富和发展了企业管理信息系统的理论与方法,扩展了企业管理信息系统的功能和范围,将企业管理信息系统的应用提高到一个新的水平。

9.1.2　企业管理信息系统的发展历程

企业管理信息系统是企业信息系统最重要的组成部分,它处理的信息通常占企业总信息量的 80% 以上,企业管理信息系统也是企业信息系统中最复杂的系统,对它的研究时间最长(从 20 世纪 40 年代开始),研究成果与软件工具最多。图 9-2 给出了企业管理信息系统的发展历程。

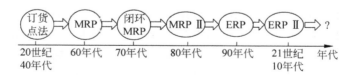

图 9-2　企业管理信息系统的发展历程

1. 订货点法

20 世纪 40 年代开始,库存管理的理论和方法得到广泛重视,订货点法就是为解决库存优化问题而提出的。其基本原则是保证在任何时候仓库里都有一定数量的存货,以便需要时随时取用,希望用这种方法来弥补由于不能确定近期内准确的必要库存储备数量和需求时间所造成的物料短缺问题。图 9-3 给出了订货点法原理示意图。

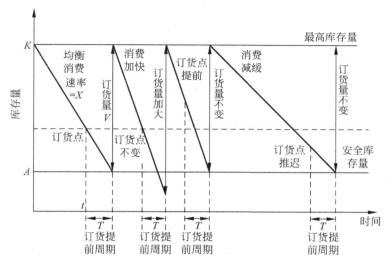

图 9-3　订货点法原理示意图

所谓订货点是一个订货时间点,确定订货点时间和采购数量的方法如下:对某种物料,假设企业在 0 时刻有一定的库存 K(比如,$K=$ 最高库存量),安全库存量为 A,企业以一定的速率消费这种物料,如每周(这里每周代表一个周期)消费这种物料的数量为 x,同时假设这种物料的采购时间(订货提前周期)为 T,如 $T=4$ 就代表采购物料的时间需要 4 个生产周期(4 周)。为了使企业的库存保持在安全库存水平之上,则可以利用式(9-2)来计算订货点的时刻 t,t 时刻的库存数量为 K_t。

$$K_t < T \times x + A \tag{9-2}$$

即在订货点时刻 t,库存量<(单位周期内的消费量×订货提前周期+安全库存量)。而在订货点时刻确定的采购量则需要大于单位周期内的消费量×订货提前周期,一般可以用最高库存量-安全库存量作为采购数量。

如果某项物料的需求量为每周 100 件,提前期为 4 周,并保持 200 的安全库存量,则单位周期内的消费量×订货提前周期+安全库存量=100×4+200＝600,当库存量低于 600 时,就需要进货。

从图 9-3 中还可以看出,当物料消费加快时,如果保持订货点不变,则需要加大订货数量;而如果要保持订货量不变,则订货点需要提前。同样当物料消费减缓时,可以通过推迟订货点来保持订货数量不变。

上述订货点方法在应用中存在比较多的局限性,如该方法中采用的假设是各种物料的需求是相互独立的,而且对物料需求是连续发生的;同时,假设物料采购提前期是已知的和固定的,而且在库存消耗后,则需要被重新补充到理想水平。但是,由于在实际应用中存在许多不确定的因素,上述假设也不完全合理,因此,真正确定"何时订货","订多少货"的问题并未得到有效的解决。

2. MRP 与闭环 MRP

为解决订货点法存在的缺陷,20 世纪 60 年代提出了制定物料供应计划的物料需求计划(material requirements planning,MRP)方法。它以保持合理的原材料、毛坯、部件、配套件储备,降低库存,有效组织生产为目标,实现在需要的时间、以需要的数量供给生产者物料而没有多余的库存。把企业生产过程中涉及的所有产品、零部件、原材料、在制品等在逻辑上分为独立需求和相关需求两种类型,并按时间段确定不同时期的物料需求,解决了何时订货以及订货数量的问题。

MRP是一种根据需求和预测来决定未来物料供应和生产计划的方法。其处理逻辑是沿着产品结构逐级分解,并不断计算各级零部件净需要量和需要时间,进而确定其子项的毛需要量和完工时间。这个过程逐级展开,直到最终物料是外购材料为止。使用MRP能够确定在具体时间内的材料需求,比较适合于均衡的生产过程。由于MRP在计划制订过程中没有考虑企业生产能力的约束和生产完成情况的反馈,因此计划执行的有效性较差。

MRP与订货点法相比是一个质的进步,但仍是一种库存订货方法,只说明了需求的优先顺序,没有说明是否有可能实现,即没有包括企业内部的生产能力和各种资源的变化。于是,通过在MRP的基础上补充能力计划、必要的信息反馈,并据此进行物料需求计划和能力计划调整,便形成了一种生产计划与控制的封闭系统——闭环MRP系统。

闭环MRP系统的原理是根据长期生产计划制订短期主生产计划,而这个主生产计划必须经过生产能力负荷分析,使其真正具有可行性。然后再执行物料需求计划、能力需求计划和车间作业计划,并在计划执行过程中,利用来自车间、供应商和计划人员的反馈信息,进行计划的平衡调整,从而使生产计划的各个子系统得到协调统一。其工作过程是一个"计划—实施—评价—反馈—计划"的封闭循环过程。它能对生产中的人力、设备和材料等各项资源进行计划与控制,管理范围大大超越了MRP系统的物料计划范围,从而使生产管理对市场和生产环境的应变能力大大增强。

3. MRP Ⅱ

20世纪70年代的闭环MRP系统所涉及的是物流,并未涉及与物流密切相关的资金流,资金由财会人员另行管理,这就造成了数据的重复录入与存储,甚至造成数据的不一致。更主要的问题还在于,需要分别制订经营计划与生产计划,使这两个本来密切相关的计划互相独立。为解决这些问题,研究人员提出建立一体化管理系统的思想,通过去掉不必要的重复性工作、减少数据间的不一致现象来提高工作效率。为了实现资金流与物流的统一管理,需要把财务子系统与生产子系统结合到一起成为一个整体,把生产、财务、销售、工程技术、采购等各个子系统集成为一个一体化的系统,这个集成化的系统称为制造资源计划系统(manufacturing resource planning),英文缩写还是MRP,为了区别于物料需求计划系统(亦缩写为MRP)而记为MRPⅡ。

MRPⅡ覆盖整个企业的生产经营活动,围绕企业的基本经营目标,以生产计划为主线,对制造企业的各种资源进行统一计划和控制,是一个能使企业的物流、信息流、资金流畅通流动的动态反馈系统。MRPⅡ可在周密的计划下有效地利用各种制造资源,控制资金占用,缩短生产周期,降低成本;可以对企业的物料、设备、资金、人力等资源进行有效的计划、管理、控制和使用,从而对合理安排生产、缩短生产周期、加速资金周转起到了良好的作用。需要指出的是MRPⅡ的着眼点主要是企业内部的生产管理。

4. ERP与ERPⅡ

在MRPⅡ的基础上,ERP(企业资源计划)将客户需求和企业内部的制造活动,以及供应商的制造资源整合在一起。其基本思想是将制造企业的制造流程看作是一个紧密连接的供应链，其中包括供应商、制造工厂、分销网络和客户等；将企业内部划分成几个相互协同作业的支持子系统，如财务、市场营销、生产制造、质量控制、服务维护、工程技术等，还包括对竞争对手的分析。ERP是一种面向供应链的管理，可对供应链上所有环节进行有效的管理，这些环节包括订单获取、采购、库存、计划、生产制造、质量控制、运输、分销、服务与维护、财务管理、人事管理、项目管理等。与MRPⅡ相比，ERP系统有了很大的变化。

首先，从管理功能上看，ERP增加了一些功能子系统，但更为重要的是这些子系统之间相互紧密联系以及协调，把企业所有的制造、营销、财务等环节紧密结合在一起，从而实现全球范围内多工厂、多地点的跨国经营运作。其次，传统的MRPⅡ系统把企业归类为几种典型的生产方式来进行管理，如重复制造、批量生产、按订单生产、按订单装配、按库存生产等，对每一种类型都有一套管理标准，而在20世纪80年代末到90年代初期，企业为了紧跟市场的变化，纷纷从单一的生产方式向混合型生产方式发展，ERP则能很好地支持和管理混合型制造环境，满足了企业多元化经营的需求。再次，MRPⅡ是通过计划的及时滚动来控制整个生产过程，其实时性较差，一般只能实现事中控制，而ERP强调企业的事前控制能力，可以将设计、制造、销售、运输等环节通过集成并行地进行各种相关的作业，为企业提供了对质量、适应变化、客户满意、效绩等关键问题的实时分析能力。

进入21世纪，随着协同商务的出现，企业开始把主要关注内部功能最优化的垂直一体化组织转变为更灵活的以核心能力为基础的实体，努力在供应链和价值网络中寻找自身的最佳定位。这种定位的主要特征是不仅开展B2B和B2C电子交易，还参与协同产品商务（CPC）过程。在一个协作的环境中，企业的竞争不仅靠产品和服务的实用性、成本和质量，还要靠其能够提供给协作伙伴的信息的质量。为了使ERP系统适应这种改变，用户开始重新考虑ERP过程及外部因素。因此，现有ERP系统在结构以及商业应用前景方面均不能满足需要，"ERPⅡ"系统的概念应运而生。ERPⅡ是通过支持和优化公司内部和公司之间的协同运作和财务过程，以创造客户和股东价值的一种商务战略和一套面向具体行业领域的应用系统。

ERPⅡ在许多方面有别于传统ERP。首先，传统ERP包括会计、采购、订单处理、成本核算、生产管理和库存管理，而ERPⅡ的功能范围却远不止于此，它还包括许多其他功能，比如顾客关系和合作伙伴关系管理、供应链计划和执行、电子采购和合作型产品商务等；其次，ERPⅡ的应用软件都是根据具体的领域（行业群，例如流程制造业、离散制造业、资产密集业和服务密集业）和具体的行业（例如，包装消费品行业）而专门设计和开发的，而ERP则没有考虑到各个领域和各个行业的特性；第三，ERPⅡ不是仅整合传统的、内部的企业流程，而是整合企业内部和外部的全部商务流程，既能帮助企业与某一具体的合作伙伴建立联系，又能帮助企业与由多个合作伙伴组成的共同体建立联系。

图9-4显示了企业管理信息系统的主要发展阶段及其覆盖的功能。图中，MPS是主生产计划，MRP是物料需求计划，CRP是能力需求计划，BOM是物料清单，CRM是客户关系管理，APS是先进生产调度，BI是商业智能。

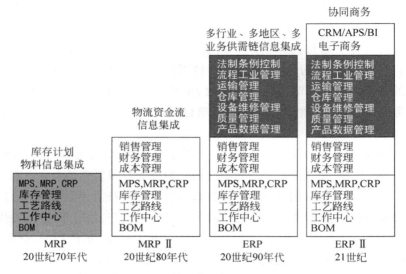

图 9-4 企业管理信息系统的发展历程

9.2 MRP Ⅱ/ERP 系统中的基本概念

1. 物料清单(BOM)

MRP Ⅱ 系统要正确计算出物料需求的时间和数量,特别是相关需求物料的数量和时间,首先就要了解企业所制造的产品结构和所有要使用到的物料。产品结构列出了构成产品或装配件的所有部件、组件和零件,包括装配关系和数量要求,它是 MRP Ⅱ 中将产品分解为零件的基础。为了便于计算机识别,必须把产品结构图转换成规范的数据格式,这种用规范的数据格式来描述产品结构的文件就是物料清单(bill of material,BOM)。BOM 描述了构成产品所需的零部件及其结构关系,即构成一个产品需要哪些零部件和需要多少个零部件。

BOM 一般可分成产品结构 BOM、百分比式计划 BOM、模块式计划 BOM。面向生产过程的各环节,BOM 还可以分为设计 BOM(EBOM)、工艺 BOM(PBOM)、制造 BOM(MBOM)等。

图 9-5 给出的是用图示的方式表示的产品结构 BOM,它描述了最终产品的组成结构关系,自行车由车身、车轮和传动链等部件组成,车身又由车把、车架和车座等零件组成。在图中还给出了每个零部件的装配数量,如一个自行车有 2 个车轮,每个车轮包含有 50 根辐条。

图 9-6 给出的是图示方式表示的百分比式计划 BOM。百分比式计划 BOM 主要用于根据历史统计结果来决定未来的生产安排,如根据历史销售统计,天津自行车厂每年销售的自行车中有 65% 是男车,35% 是女车,根据市场预测,今年的总销售量预计为 100 万辆,则工厂可以按照 65 万辆男车和 35 万辆女车安排年度生产计划。

图 9-7 给出的是图示方式表示的模块式计划 BOM,它是产品结构 BOM 和百分比式计划 BOM 的组合,在图中既给出了产品结构 BOM 的信息,如 20″自行车由通用件、车把、车胎和车架组成,又给出了同一种零件在实际使用中所占的比例,如车胎中 20% 是窄胎、50% 是

标准胎、30%是宽胎。模块式计划 BOM 是在产品结构 BOM 的基础上,供制订详细的零部件生产计划时使用。

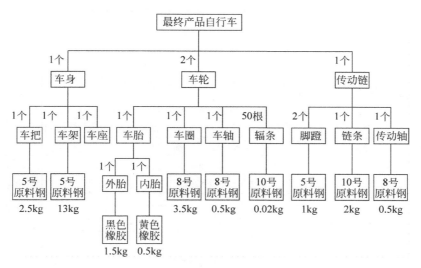

图 9-5　产品结构 BOM

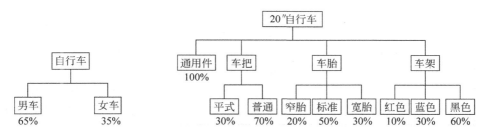

图 9-6　百分比式的计划 BOM　　　　图 9-7　模块式计划 BOM

上在计算机系统中,BOM 实际上是将产品结构信息以一种特殊的方式存在数据系统中,其存储的格式是单级 BOM 方式,在展示给用户时可以采用单级 BOM、多级 BOM 或者综合 BOM 的形式。

单级 BOM 是 BOM 的存储形式,只有一个层次,表 9-1 给出了一个单级 BOM 的示例。最上面一行给出的是构成产品单级 BOM 的父项零部件名称、编号和必要的描述,下面每行给出的是构成父项零部件所需要的子项零部件的详细信息,包括:①唯一辨识每个子零部件的编号;②每个子零部件的简短描述;③生产该父项所必需的各子零部件的数量(装配数量);④储存或发放的子零部件的计量单位。

表 9-1　单级 BOM 结构

长城计算机公司物料清单			
零件号:A1001-GW 中西文终端			
零件号	说明	每台件数	单位
B1001	机箱组件	1	个
B1002	键盘组件	1	个

多级 BOM 是由若干单级 BOM 按照装配关系连接而成。在多级 BOM 中,反映的信息有:单级 BOM 所反映的全部信息、构成产品所需零部件的装配关系、构成产品的层次代码等。图 9-8 给出了一个多级 BOM 的示例。其中 7203E 是最顶层的父项部件,其在 BOM 中的级别是 1;7203E/1、7203E/2、7203E/3 和 7203E/4 是第二层的部件,其在 BOM 中的级别是 2;GCR15-20 是 7203E/1 的子项零件,其在 BOM 中的级别是 3。

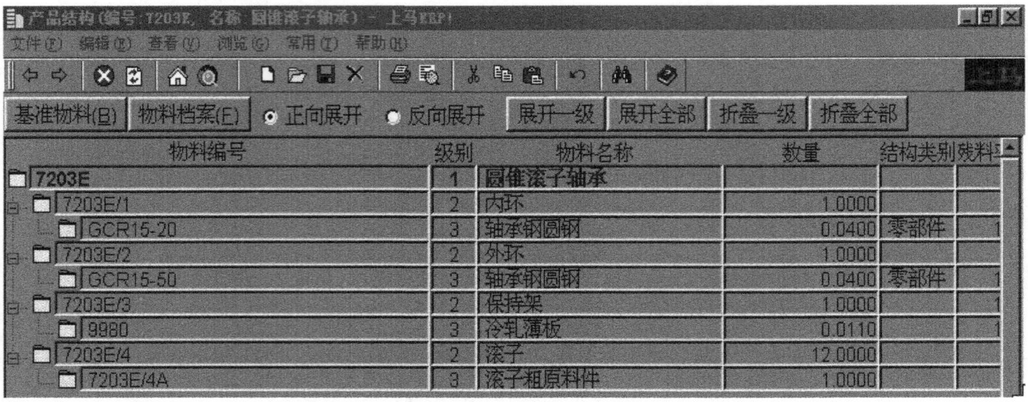

图 9-8 多级 BOM 示例

综合 BOM 则用来展示产品的全部零部件清单,在综合 BOM 中,不考虑各零部件之间的结构关系,不同部件下使用的相同零件进行合并,各零部件仅出现一次。

在 BOM 确定后,企业可以根据 BOM 决定在构成整个产品的零部件中哪些是自己制造,哪些零部件或者原材料需要外购,工程部门据此制定自制件的工艺路线,采购部门据此制定采购计划。BOM 是企业最重要的基础信息,企业中所有与生产相关的部门都需要使用。

工程设计部门使用 BOM 信息辨识制造某个产品所需要的项目,获取所有物料、父子项信息,确定外购或自制零件的信息清单。工艺部门利用 BOM 来建立装配工艺,确定装配物料的放置地点和方法。生产部门使用 BOM(工艺路线)决定每个装配件、子装配件和最终产品制造的方法。产品成本核算部门使用 BOM 中每个自制件或外构件的当前价格来确定最终产品成本。物料需求计划系统使用 BOM 确定下计划订单时所需要的物料。

维持准确的 BOM 信息对企业的生产经营十分重要,如果 BOM 信息不准确,会带来非常严重的后果,如:一些项目在 BOM 中遗漏,造成零件短缺;BOM 中列入了一些不必要的项目,导致零部件过多储存;由于短缺或数量过多,导致制造效率低;由于缺项,导致订单不能按期交货;由于 BOM 信息不准确,导致生产计划缺乏可信性;产品成本估计错误,造成成本控制困难。

2. 库存项目与计划周期

(1) 库存项目

库存项目是指在生产制造和物料库存过程中,一个唯一可标识的零件、部件或原料。每个库存项目有唯一的编号,并对应一个唯一的库存记录。如一个车轮、一根车轴、一辆 20″ 男式自行车。

(2) 计划周期

计划周期是生产计划系统使用的时间单位,通常为一月、一周、一天或者一个小时。

(3) 计划展望期

计划展望期由多个计划周期组成,表示计划制定的时间跨度。图 9-9 给出了一个自行车厂在 1 到 6 月自行车的库存计划,计划周期是一个月,计划展望期是六个月,在本例中一个计划展望期包含 6 个计划周期。

(4) 提前期

提前期在英文中称为 lead time,是指完成一项工作需要花费的时间,因此,为了在规定的时间完成该项工作,就必须提前一段时间开始进行该项工作,最短的提前时间就是等于完成该项工作所要花费的时间,如果晚于最短的提前时间开始工作,则该项工作就不能够按时完成,所以把完成该项工作的时间称为提前期。根据工作的性质不同,在一个企业的运作过程中有各种各样的提前期,如采购提前期是

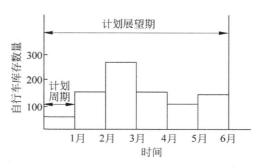

图 9-9　计划周期与计划展望期

指从采购订单发出到收到采购物品所需要花费的时间;制造提前期是指制造零部件需要花费的时间;装配提前期是指完成装配需要花费的时间。

图 9-10 给出了一个具有多种提前期的示例。某企业于 2007 年 9 月 30 日签订了一个产品订单,要求于 2009 年 10 月 30 日交付产品,该产品由 3 个零件组成,在 3 个零件完成后需要 6 个月的时间完成装配,图中列出了 3 个零件的制造提前期和采购 3 个零件材料的提前期,从图中可以看出,在现有的采购、制造、装配提前期下,企业最晚必须于 2008 年 1 月 30 日开始该产品的相关物料采购,否则产品就不能够按时交货,而从订单签订到开始采购之间的这段时间间隔(4 个月)是企业可以灵活安排的时间。

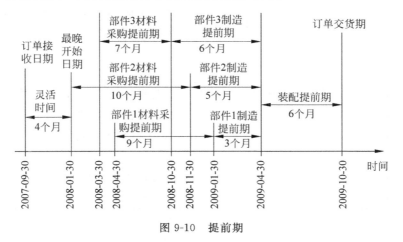

图 9-10　提前期

3. 独立需求和相关需求

按项目需求的来源不同,企业对物料的需求可分为独立需求和相关需求两种类型。当

一个项目的需求不能直接从另一个项目的需求计算得到时,这种需求称为独立需求。独立需求量和需求时间由企业外部的订单和内部生产的特定要求来决定。

独立需求的来源主要包括:

(1) 外部订单:与客户签订的合同中尚未完成生产安排的产品,在面向订单生产型企业中,这类需求是企业进行生产计划和生产组织的主要依据,如飞机、大型发电机、大型机车、大型船舶等;

(2) 最终项目的预测:虽然尚未与客户签订合同,但是根据企业对市场进行分析,可以预测出市场对该类产品(最终项目)的需求量,这类需求是面向库存生产型企业进行生产计划和生产组织的主要依据,如彩电、冰箱、小家电、自行车等;

(3) 工厂内部的需求:如科研试制需要的样品;

(4) 服务件(预测和实际订单):指企业完成售后维修需要的备品备件,这些服务件的需求量包括客户已经下达的实际订单数量,还包括企业根据预测确定的数量;

(5) 客户可选件和附件:如客户购买的最终产品是汽车,对某些汽车要求配一个备用轮胎和一套维修工具,同时对另外一类汽车还选择了加装 GPS 系统,则对备用轮胎、维修工具和 GPS 系统的需求都是独立需求。

相关需求是指根据物料之间的结构组成关系(BOM)由独立需求的物料所产生的需求,相关需求不是独立的,它由某个上级项目需求产生。例如,为了完成最终产品所需要的半成品、零部件、原材料等。表 9-2 给出了独立需求和相关需求的定义和特点

表 9-2 独立需求和相关需求的定义和特点

需求类别	定 义	特 点
独立需求	不能从其他项目的需求量计算出来的需求	通常指最终项目,在 BOM 中位于顶层,有时也指服务件、厂内需求、实验性项目等,它们通常由订单和预测得到
相关需求	总是能够从独立需求中推导出来,并且直接与其他项目或最终产品相关	在 BOM 中处于较低层次,根据独立需求推导而来,不是订单和预测的结果,它是通过物料需求分解计算得到的

4. 库存信息

库存信息是企业在安排生产和组织物料供应中重要的数据,它说明了物料清单中列出的每个项目的现有库存数量。由于在企业的生产运作过程中,库存项目的使用和补充是一个动态的过程,所以库存项目的实际数量始终处于变化过程中,因此,在进行实际的物料需求计算时必须考虑多个方面的因素。

在计算项目库存数量时首先要考虑的因素是计划时间段,即所计算的项目库存数量是什么时间段的库存数量;除了考虑现有项目库存数量外,还需要考虑在过去的生产计划中已经被分配掉的数量,这些已经被分配掉的库存项目数量不能够被再次进行分配使用;也需要考虑过去已经安排了生产或者已经下达了采购单,将于该计划时间段入库的库存项目数量;最后还需要考虑安全库存和经济批量采购等因素。下面对与库存相关的概念进行介绍。

(1) 现有库存量:指在企业仓库中实际存放的库存项目的数量。

(2) 计划入库量:指根据正在执行中的采购订单或生产任务单,在计划时段将要入库

的库存项目数量。

(3) 已分配量：指尚保存在仓库中但已被分配掉的库存项目数量。

(4) 采购(生产)数量：在某个时段内向供应商订购或要求生产部门生产的库存项目数量。

(5) 期初库存：任意计划周期开始时的库存项目数量。

(6) 期末库存：任意计划周期结束时库存项目的数量。

(7) 安全库存：为了预防需求或供应方面的不可预测的波动，保证生产的连续性，某个项目的最低库存量，一般要求期末库存数量大于安全库存数量。

(8) 毛需求：任意给定的计划周期内，对库存项目的总需求量。

(9) 净需求：任意给定的计划周期内，必须完成的(采购或制造)库存项目数量。

根据以上的定义，企业在给定的计划时间段对某项库存项目的净需求量可以用式(9-3)进行计算：

$$\text{净需求} = \text{毛需求} + \text{已分配量} - \text{计划入库量} - \text{期初库存} + \text{期末库存} \quad (9-3)$$

在企业的实际运作过程中，每次对物料需求的计算都会在一个计划展望期内对多个计划周期的物料需求进行计算，在用式(9-3)计算净需求时，上个周期的计划期末库存等于下个周期的期初库存，以下用一个简单的例子说明净需求的计算方法。

表9-3是某个自行车生产企业的相关需求和计划情况，在2009年1月到3月新市场订单和预测产品的总需求量等于毛需求，已分配数量是在本次计算前已经预定了在1月到3月将交付用户的自行车数量，计划入库量是过去的生产计划并且已经安排了生产、在1月到3月将完成的产品数量，期末库存是企业为了保持一定的市场供应能力而设定的库存数量，上个周期的计划期末库存=下个周期的期初库存，2009年1月的期初库存等于2008年12月的期末库存，要求计算2009年1月到3月对自行车的净需求。

表 9-3 2009 年 1 月到 3 月自行车需求和计划数据

库 存 参 数	2009 年 1 月	2009 年 2 月	2009 年 3 月
毛需求	300	200	400
已分配数量	50	70	80
计划入库量	75	100	110
期初库存	100	150	100
期末库存	150	100	130

利用公式9-3可以计算出企业在2009年1到3月的净需求如表9-4所示。

表 9-4 2009 年 1 月到 3 月自行车的净需求

库 存 参 数	2009 年 1 月	2009 年 2 月	2009 年 3 月
净需求	325	120	400

9.3 物料需求计划

物料需求计划(MRP)是一种根据需求和预测来决定未来物料供应和生产计划的方法。它通过把企业生产过程中涉及的所有产品、零部件、原材料、在制品等在逻辑上分为独立需求和相关需求两种类型,并按时间段确定不同时期的物料需求,从而解决了何时订货(或者生产)以及订货数量(生产数量)等问题。

物料需求计划(MRP)的基本内容是编制零件的生产计划和采购计划。然而,要正确编制零件计划,首先必须落实产品的生产进度计划,就是主生产计划(master production schedule,MPS),这是 MRP 展开的依据。要进行 MRP 计算还需要知道产品的结构,即物料清单(BOM),才能把主生产计划展开成零件生产计划;同时,必须知道库存数量才能准确计算出零件的采购数量。因此,进行 MRP 计算的基本依据是:主生产计划、物料清单和库存信息。

MRP 计算的基本任务是:①从最终产品的主生产计划(独立需求)导出相关物料(原材料、零部件等)的需求量和需求时间(相关需求);②根据物料的需求时间和生产(订货)周期来确定其开始生产(订货)的时间。

图 9-11 给出了 MRP 的基本工作原理,其中预测和订单是主生产计划的输入,主生产计划说明了企业需要生产什么(包括什么时间需要完成生产),物料清单(BOM)说明了为了完成主生产计划需要什么物料,库存信息说明了现在有多少物料。在上述数据的基础上,通过 MRP 计算,最终确定生产作业计划和采购计划。生产作业计划确定了每个加工的零部件的生产日期、完工日期和生产数量,采购计划确定了需要采购物料的品种、数量、订货日期和到货日期。

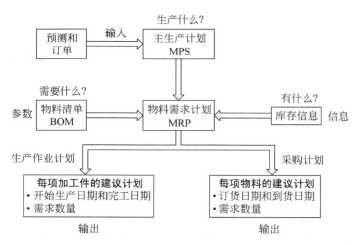

图 9-11 MRP 的基本工作原理

以下对 MRP 计算中涉及的主生产计划、MRP 计算方法和闭环 MRP 逻辑进行介绍。

1. 主生产计划

主生产计划是确定每一种最终产品在每一个计划时间段内生产数量的计划。这里的最终产品是指对于企业来说最终完成并且要交付给最终用户的完成品,要具体落实到产品的品种和型号。计划时间段通常是以周为单位,在有些情况下,也可以日、旬、月为单位。主生产计划详细规定了企业生产什么、生产多少、什么时段完成生产。由于主生产计划是关于订单和预测需求的计划,因此它是独立需求的计划。主生产计划根据客户合同和市场预测,把经营计划或生产大纲中的产品系列具体化,使之成为计算物料需求计划的主要依据,起到从综合计划向具体计划过渡的承上启下作用。

制定企业主生产计划的信息主要来源包括：生产计划大纲（MRP Ⅱ 中）；毛需求（毛需求＝订单＋预测）；可用的原材料和部件；制造、装配、采购等的提前期；生产准备和/或更换时间；合理的生产排序规则和方法。

2. 物料需求计划计算方法

MRP 计算的处理逻辑是沿着产品结构逐级分解的，并不断计算各级零部件净需要量和需要时间，上级物料的净需要量和需要时间就是它的子项的毛需要量和完工时间。这个过程逐级展开，直到最终物料为外购材料或者零部件为止。

图 9-12 给出了 MRP 计算方法的逻辑图。MRP 计算过程如下：①为物料需求计划计算准备相关的数据，包括 BOM 数据、计划周期、各种物料现有库存数量和所有计划周期期末的库存数量；②将主生产计划作为确认的计划订单下达给物料需求计划计算模块，主生产计划是 MRP 计算中最终产品的需求订单，包含了在每个计划周期内要完成的最终产品数量；③根据产品的物料清单，从第一层项目开始，逐层展开，处理各个项目，直至最底层处理完毕为止。

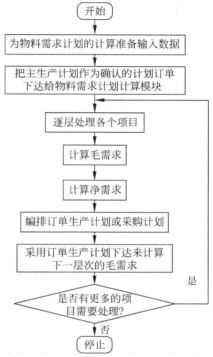

图 9-12 MRP 计算逻辑

在对每个项目进行处理时，要遵循以下步骤：

（1）计算毛需求

在每个计划时间段上，计算项目的毛需求：

$$项目毛需求 = 项目独立需求 + 父项的相关需求$$

$$父项的相关需求 = 所有父项的计划订单数量 \times 装配数量$$

在计算父项的相关需求时，如果一个项目有多个父项对它有需求，则需要将多个父项的需求进行累加。

（2）计算净需求

利用式（9-3）计算每个项目在每个计划时间段上的净需求。

（3）编排订单生产计划或采购计划

- 对于不是处于最底层的项目（这里的最底层不是 BOM 结构上的最底层，而是指 BOM 结构中除了外购项目外的最底层，在其下可能包含外购项目），按照完成订单的日期和提前期，确定其订单生产计划，并进行计划下达，作为下一层次项目的毛需求；
- 对于处于最底层的自制项目（最底层的含义同上），按照完成订单的日期和提前期，确定其订单生产计划，供安排生产使用；
- 对于所有外购项目，按照采购提前期，确定其采购计划。

3. 闭环物料需求计划计算方法

上节 MRP 处理过程中,可以根据有关数据计算出相关物料需求的准确时间与数量,但还不够完善,主要缺陷是没有考虑到生产企业现有的生产能力和采购有关条件的约束。因此,计算出来的物料需求日期有可能因设备和工时不足而没有能力生产,或者因原料不足而无法生产。同时,上述处理过程也缺乏根据计划实施情况的反馈信息对计划进行调整的功能。

因此,除了要编制资源需求计划外,还要制定能力需求计划(CRP),对各个工作中心的能力进行平衡。只有在采取了措施做到能力与资源均满足负荷需求时,才能开始执行计划。而要保证计划能够得到顺利完成,首先就要控制计划的执行过程,执行 MRP 时要用派工单来控制加工的优先级,用采购单来控制采购的优先级。这样,在基本 MRP 系统基础上进一步发展,扩展了能力需求计划和执行及控制计划的功能,形成了一个环形回路,称为闭环 MRP,如图 9-13 所示。

在闭环 MRP 系统中,把关键工作中心的负荷计划称为资源需求计划,或称为粗能力计划,它的计划对象为独立需求件,主要面向的是主生产计划;把全部工作中心的负荷计划称为能力需求计划,或称为详细能力计划,而它的计划对象为相关需求件,主要面向的是车间。由于 MRP 和 MPS 之间存在内在的联系,所以资源需求计划与能力需求计划之间也是一脉相承的,而后者正是在前者的基础上进行计算的。

因此,闭环 MRP 完成主生产计划、粗能力计划、物料需求计划、能力需求计划、物料采购计划(对应于图中的执行物料计划部分的采购)、车间作业计划(对应于图中的执行物料计划部分的加工)与控制(对应于图中的执行能力计划部分)的制定和负荷平衡,并在计划执行过程中,利用来自车间、供应商和计划人员的反馈信息,进行计划的平衡调整,使生产计划涉及的各个子系统得到协调统一。

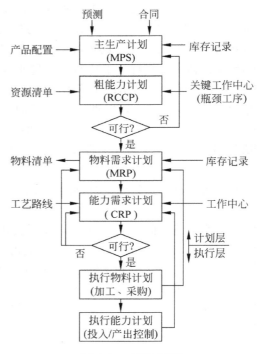

图 9-13 闭环 MRP

其工作过程是一个"计划—实施—评价—反馈—计划"的循环过程。工作过程如下:

(1) 根据长期生产计划(企业的年度生产计划大纲)和市场需求(合同+预测)制定主生产计划,产品配置和库存记录是制定主生产计划的重要参考信息。

(2) 根据主生产计划编制粗能力计划,粗能力计划主要关注资源清单中的关键工作中心的能力和负荷。

(3) 对编制的粗能力计划进行负荷能力分析,如果出现能力不足,则需要对主生产计划进行调整,根据调整后的主生产计划重复进行粗能力计划编制和能力分析,直到关键工作中心的能力能够满足负荷的需求。

(4) 根据主生产计划,基于物料清单和库存记录编制物料需求计划。

(5) 根据工艺路线和工作中心的数据,编制能力需求计划。

能力需求计划是对各生产阶段、各工作中心(工序)所需的各种资源进行计算,得出人力负荷、设备负荷等资源负荷情况,并做好生产能力与生产负荷的平衡工作,制订出能力需求计划。能力需求计划解决如下问题:

- 各个物料经过哪些工作中心加工?
- 各工作中心的可用能力是多少,负荷是多少?
- 工作中心的各个时段的可用能力与负荷是多少?

可以用以下两种方法进行能力需求计划编制,其中无限能力计划方法是比较常用的方法。

- 无限能力计划:无限能力计划是在编制物料需求计划时不考虑生产能力的限制,即假设生产能力无限大,而对各个工作中心的能力、负荷进行计算,从而得出工作中心的负荷情况,产生能力报告。当负荷大于工作中心能力时,对超负荷的工作中心进行负荷调整。
- 有限能力计划:认为工作中心的能力是不变的,计划的安排按照优先级进行,先把能力分配给优先级高的物料,当工作中心负荷已满时,优先级别低的物料将被推迟加工,即订单被推迟。该方法计算出的计划可以不进行负荷与能力平衡。

工作中心的负荷计算方法如下:

- 计算负荷:将所有的任务单分派到相应的工作中心上,然后确定有关工作中心的负荷,从任务单的工艺路线记录中计算出每个有关工作中心的负荷,产生每个中心负荷图或负荷报告。
- 编制工序计划:计算负荷,计算每个工序的交货日期和开工日期。
- 编制负荷图:负荷图显示了在一定的时间周期上计划订单和已下达订单的能力需求,如图 9-14 所示。

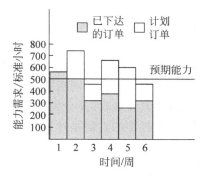

图 9-14 工作中心负荷图

- 分析负荷情况:对每个工作中心都要进行具体的分析检查,确认导致各种具体问题的原因(是主生产计划的问题,还是工作中心或工艺路线的问题)。
- 能力/负荷调整:视具体情况对能力需求计划中的两个要素"能力、负荷"进行调整。调整能力的方法有:加班;增加人员、设备;提高工作效率;更改工艺路线;增加外协处理等。调整负荷的方法有:修改计划;调整生产批量;推迟交货期;撤销订单;交叉作业等。
- 确认能力需求计划:通过反复的平衡与调整,在能力和负荷达到平衡时确认能力需求计划,正式下达任务单。

(6) 对能力需求计划进行可行性分析,如果工作中心的负荷超出了物料需求计划的需求,则要重新调整物料需求计划、能力需求计划直到能力满足生产负荷的要求。在出现能力需求超负荷或低负荷的情况时,闭环 MRP 能力计划模块通常是通过报表的形式(常用直方图的形式)向计划人员报告,但是并不进行能力负荷的自动平衡,这个工作由计划人员人工完成。

上述步骤完成后,就进入计划执行阶段,在执行阶段完成物料采购(对应于图中的执行物料计划部分的采购)、车间作业计划(对应于图中的执行物料计划部分的采购)和车间作业控制(对应于图中的执行能力计划部分)三项主要工作。

(7) 物料采购:按照物料需求计划,考虑采购提前期、安全库存要求、经济批量等各种因素,制定物料采购计划,投入执行并监控采购计划的执行情况。

(8) 现场作业的计划和控制是执行阶段的重要工作,关注合理地组织生产活动,使各种资源既能被合理利用又能按期完成各项订单任务,并将客观生产活动进行的状况及时反馈到系统中,以便根据实际情况进行调整与控制。它的工作内容一般包括以下四个方面:

- 车间订单下达:核实 MRP 生成的计划订单,并转换为下达给车间的订单。
- 作业排序:它是指从工作中心的角度控制加工工件的作业顺序或作业优先级。
- 投入产出控制:是一种监控作业流(正在作业的车间订单)的技术方法,利用投入/产出报告,分析生产中存在的问题,采取相应的措施。
- 作业信息反馈:它主要是跟踪作业订单在制造过程中的运动,收集各种资源消耗的实际数据,更新库存余额并完成 MRP 的闭环控制。

9.4 MRP Ⅱ 系统

闭环 MRP 系统的出现,使生产活动的各种子系统得到了统一,但仍有不足,因为在企业的管理中,生产管理只是一个方面。于是,在 20 世纪 80 年代末到 90 年代初,人们把生产、财务、销售、工程技术、采购等各个子系统集成为一体化的系统,并称为制造资源计划(manufacturing resource planning)系统,英文缩写仍为 MRP,为了区别于物料需求计划(亦缩写为 MRP)而记为 MRP Ⅱ。

MRP Ⅱ 的基本思想就是把企业作为一个有机整体,从整体最优的角度出发,通过运用科学方法对企业各种制造资源和产、供、销、财各个环节进行有效的计划、组织和控制,使它们得以协调发展,并充分发挥作用。MRP Ⅱ 的逻辑流程如图 9-15 所示。

在流程图的右侧是计划与控制的流程,包括决策层、计划层和控制执行层,可以理解为经营计划管理的流程;中间是基础数据,储存在计算机系统的数据库中,并且反复调用。通过这些数据的集成,就可以把企业各个部门的业务沟通起来;左侧是财务系统,这里只列出应收账、总账和应付账,图中各个连线表明信息的流向及相互之间的集成关系。

在计划制定方面,MRP Ⅱ 涉及的主要内容包括:生产计划大纲、主生产计划、物料清单、库存管理、能力需求计划及车间作业计划等。

1. 生产计划大纲

生产计划大纲是企业的中长期生产计划,它考虑企业的经营计划、期末预计库存目标、资源能力的限制。对产品大类或产品组编制的生产计划大纲,主要包括计划期内分周期(按月、季度等)的各产品类生产量,生产计划大纲用以协调满足经营计划所需求的产量与可用

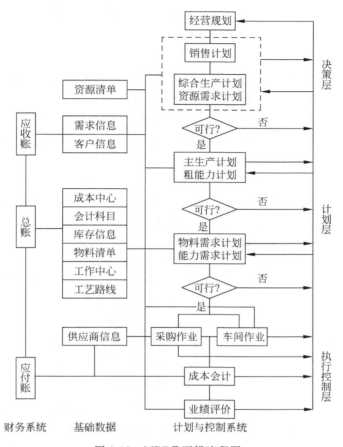

图 9-15　MRP Ⅱ 逻辑流程图

资源之间的差距。编制生产计划大纲的信息来源主要有：经营计划部门、市场部门、工程部门、生产部门、财务部门等。生产计划大纲初稿经过资源需求平衡后，应作为生产计划大纲定稿。定稿后的生产计划大纲应满足经营计划的目标，并得到市场部门、工程部门、生产部门、财务部门等的认可。

生产计划大纲的编制步骤包括：①搜集信息（市场部门，工程部门，生产部门，财务，经营计划）；②编制一个生产计划大纲初稿（初步决定生产量）；③决定资源需求（资源可行性）；④审批生产计划大纲；⑤生产计划大纲定稿。

2. 主生产计划

主生产计划（master production schedule，MPS）是对企业生产计划大纲的细化，说明在可用资源的条件下，在一定的计划展望期内生产什么（通常是具体的产品）、生产多少、什么时间生产。主生产计划的计划展望期一般为 3～18 个月，一般按周或月分解。主生产计划用以协调生产需求与可用资源之间的差距。编制主生产计划的信息来源主要有：当前库存、期望的安全库存、已存在的客户订单、其他实际需求、需求预测等。当预计实际库存量低于安全库存水平时，就要制定一个该周期完成所需要的生产批量的主生产计划，在制定主生产计划的生产批量时要考虑制造和库存目标尽可能与需求接近。

主生产计划制定后,完成粗能力计划及负荷平衡,然后完成物料需求计划和能力需求计划,并进行计划下达。

3. 车间作业管理

企业的整个生产管理可分为长期计划、中期计划和短期计划。车间作业管理是短期计划管理的核心部分。主生产计划编制的产品生产计划经过 MRP 的拆零和订单计算,得到零部件的生产计划。车间作业管理则根据车间的生产资源情况,包括设备、人员、物料的可用性及加工能力的大小,将零部件的生产计划以订单的形式下达给适当的车间。在车间内部,根据零部件的工艺路线等信息制定车间生产的日计划,组织日常的生产。同时,在订单的生产过程中,要实时采集车间生产的动态信息,了解生产进度,发现问题及时解决,尽量使车间的实际生产接近于计划。因此,车间作业管理的主要内容有:下达订单、制定车间作业计划并监控车间生产、采集与反馈车间生产信息。

图 9-16 给出了车间作业计划中订单的下达过程。

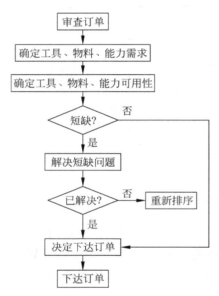

图 9-16 车间作业计划中订单的下达过程

车间作业控制根据零部件的工艺路线编排工序排产计划,其管理目标是按物料需求计划的要求,按时、按质、按量、低成本地完成加工制造任务。车间作业控制包含的主要内容有:①作业计划的编制(作业分解);②生产系统的调度;③生产过程的监控;④物流管理和刀具管理。

4. 库存管理

库存管理是指企业为了生产、销售等经营管理的需要而对计划存储、流通的有关物品进行管理,如对存储的物品进行接收、发放、存储保管等一系列的管理活动。

库存管理(IM)所涉及的对象是库存项目,即企业中的所有物料,包括原材料、零部件、在制品、半成品、产品以及其他辅助物料。由于各种物料的用途不同,需求规律不同,补充库存的方法就不同。因此,对库存项目进行正确的分类是库存管理的前提。在此前提下,对不同的项目采取不同的库存控制策略,才能有效地控制库存水平。同时,库存管理还建立和维护了全面、准确的库存信息,为企业中的各部门提供必要的信息。

库存在供、需之间建立缓冲,可以起到平衡供应和需求的作用,具体有:①用户需求与制造能力之间;②最终装配需求与可用零件之间;③前后工序之间;④生产制造与供应商之间。

虽然库存可以缓解供应和需求之间的矛盾,起到平衡生产的作用,但是高库存和在制品掩盖了企业生产组织和内部管理中存在的许多矛盾。图 9-17 给出了库存的影响示意图[87]。过去人们认为通过增加库存(以图中左侧的高水位表示)可以实现平稳的生产过程、及时交货、避免故障对供应的影响、实现经济性的生产和设备的高利用率,但是它掩盖了生产组织中存在的许多问题(以图中的礁石表示)。通过降低库存(右图中的低水位),这些被掩盖的问题都暴露出来了,因此,要分析产生问题的原因,着力去解决这些问题,而不是用高库存去掩盖它们。

在 MRP Ⅱ 中,根据库存项目的需求规律的不同,可以分为独立需求型库存项目与相关需求型库存项目。独立需求型库存项目是指那些具有不确定性、随机性、企业自身不能控制其需求的库存项目,例如,用户对产品和零部件的需求、生产中使用的辅助材料等。这种库存项目的订货时间、订货量需要在考虑经济批量、采购提前期、安全库存水平等因素的情况下确定。相关需求型库存项目是指其需求与其他需求之间有着内在的相关性,根据这种相关特性,企业便可对这些库存项目进行确定型控制,例如,

欧洲/德国的观点
通过增加库存(在制品)可以得到:
· 平稳的生产过程
· 及时交货
· 避免故障的影响
· 经济性地生产
· 高利用率

日本的观点
库存掩盖的问题:
· 不稳定的生产过程
· 生产能力不平衡
· 缺乏灵活性
· 易产生废品
· 按时交货能力差

图 9-17 库存的影响

MRP 的计划项目均属相关需求型库存项目,其订货时间和订货量是与客户订单相关的,是确定的。

一般情况下,库存项目存在着这样的规律:少数库存项目占用着大部分库存资金,相反,大多数的库存项目只占用小部分库存资金。利用库存与资金占用之间的这种规律对库存项目进行分类,便是库存管理中的"ABC 分类法"。其中:A 类库存项目往往占有 75%~80% 的库存资金,而其品种和数量只占库存项目总数的 10%~20%;B 类库存项目占有 10%~15% 的库存资金,品种占 20%~25%;C 类库存项目占有 5%~10% 的库存资金,品种占 60%~65%。对库存项目进行 ABC 分类,目的在于根据库存项目重要程度的不同,实施不同的库存控制策略。例如,A 类项目的订货点、订货量、库存信息的准确性要求要比 C 类高得多。

库存管理的目标是恰好有足够的库存、按时满足各种需求。然而,当不能准确地确定需求时,就很难实现这个目标,通常是用设置安全库存的办法来解决这个问题,即规定某个项目的最低库存量。为了按时补充库存量,使之既不超前,又不落后,需要确定库存项目的订货时间,即订货点。为了使订购库存项目的成本最低,需要确定库存项目的一次订货量。对不同的库存控制策略,要采用不同的方法确定库存项目的安全库存、订货点及订货量。

库存管理中另外一项重要的经常性工作是进行库存分析,包括库存积压分析、缺件分析和资金占用分析。

(1) 库存积压分析

积压项目是指在库存中停留时间大于规定时间的哪些库存项目,可以用式(9-4)计算积压项目,即凡是满足式(9-4)的库存项目都是积压项目。

$$当前日期 - 最后一次出库日期 - 允许积压时间 > 0 \tag{9-4}$$

积压项目的积压天数、积压数量和积压金额用式(9-5)~式(9-7)进行计算。

$$积压天数 = 当前日期 - 最后一次出库日期 \tag{9-5}$$

$$积压数量 = 当前库存量 \tag{9-6}$$

$$积压金额 = 积压数量 \times 平均价格 \qquad (9\text{-}7)$$

(2) 缺件分析

缺件是指当生产需要时而库存中却没有的物料。缺件将直接导致生产的停顿,对正常的生产组织非常不利。缺件时间指实际供应时间和计划供应时间的差距,用式(9-8)计算。

$$缺件时间 = 实际供应时间 - 计划物料供应 \qquad (9\text{-}8)$$

除了分析单个物料的缺件时间外,对整个库存管理缺件评价的一个重要指标是缺件指数,式(9-9)给出缺件指数的计算方法,缺件指数反映了整个库存的平均缺件程度。

$$缺件指数 = \frac{\sum 缺件时间 \times 缺件数量}{总时间 \times 总供货数量} \qquad (9\text{-}9)$$

(3) 资金占用分析

资金占有分析是指统计库存所占用的资金的情况,对应特定的仓库和一定数量的库存项目。库存资金占用可以用式(9-10)进行计算。

$$占用总资金 = \sum 每种库存现有量 \times 平均价格 \qquad (9\text{-}10)$$

对于库存中的某个项目或者其类项目,其所占用资金的比例可以用式(9-11)和式(9-12)进行计算。

$$某个项目占用资金百分比 = \frac{该项目占用资金}{占用总资金} \times 100\% \qquad (9\text{-}11)$$

$$某类项目占用资金百分比 = \frac{该类项目占用资金}{占用总资金} \times 100\% \qquad (9\text{-}12)$$

5. MRP Ⅱ 方法小结

MRP Ⅱ 是以 MRP 为核心发展起来的闭环生产计划与控制系统,它覆盖整个企业的生产经营活动。MRP Ⅱ 是对制造业企业资源进行有效计划的一整套方法,该方法围绕企业的基本经营目标,以生产计划为主线,对制造企业的各种资源进行统一的计划和控制,使企业的物流、信息流、资金流流动畅通,MRP Ⅱ 系统是一个动态反馈系统。

MRP Ⅱ 的计划体系从上到下可以分为生产计划大纲、主生产计划、物料需求计划、能力需求计划、车间作业计划 5 个层次,从上到下逐步完成 5 层计划的制定。在 MRP Ⅱ 系统中还包括反馈环节,对计划的可行性进行验证。计划的实施从下向上执行,发现问题时,逐级向上进行反馈并完成必要的修改。从计划编制的展望期看,上层为长期计划,中层为中期计划,下层为短期计划。另外,按照从上到下的顺序,MRP Ⅱ 的计划逐步由粗到细、由宏观到微观、由战略到战术逐步细化。

(1) 生产计划大纲是对产品大类编制产量、产值计划;

(2) 主生产计划是对产品或外销半成品编制计划;

(3) 物料需求计划将产品分解后,在对自制件编制生产计划下达加工订单的同时,对外购件编制采购计划,并下达采购单;

(4) 计划的编制分别经过粗能力需求计划及能力需求计划,并对其可行性进行检验;

(5) 车间作业计划将零件的加工按工序进行分解,把各零件、各工序的加工任务以任务调度单和工票的形式下达到车间去执行。

9.5 企业资源计划

9.5.1 企业资源计划的扩展特性

ERP(企业资源计划)的概念是由美国著名计算机技术咨询和评估集团 Garter Group 于 1990 年提出的。ERP 是目前最典型的集成化管理信息系统,其核心思想是企业内外集成、管理整个供需链、实现应用间的同步(协同)。

从本质上看,ERP 仍然是以 MRP Ⅱ 为核心,但在功能和技术上却超越了传统的 MRP Ⅱ,它是以顾客需求驱动的、基于时间的、面向企业或制造单元的整个供应链管理的企业资源计划。ERP 将企业所有资源进行整合集成管理,简单地说,ERP 是将企业的三大流,即物流、资金流和信息流,进行全面一体化管理的管理信息系统。它的功能模块已不同于以往的 MRP 或 MRP Ⅱ 的模块,它不仅可用于生产企业的管理,而且在许多其他类型的企业,如一些非生产性、公益性事业单位,也可导入 ERP 系统进行资源计划和管理。

ERP 对 MRP Ⅱ 的扩展具体表现在以下几个方面:

(1) 资源管理范围方面

MRP Ⅱ 主要侧重对企业内部人、财、物等资源的管理。而 ERP 系统则扩展了管理范围,把客户需求和企业内部的制造活动,以及供应商的制造资源整合在一起,形成了完整的供应链,并对供应链上的所有环节,如订货、采购、库存、计划、制造、质量控制、运输、分销、服务与维护、财务、人事、实验室和项目等进行有效管理。

(2) 生产方式方面

MRP Ⅱ 系统把企业归类为几种典型的生产方式并进行管理,如重复制造、批量生产、按订单生产、按订单装配和按库存生产等,对每一种类型都有一套管理标准。从 20 世纪 90 年代初开始,为了紧跟市场的变化,企业主要采用的是多品种、小批量以及 JIT 等生产方式,并由单一的生产方式向混合型生产方式发展。ERP 能够很好地支持和管理混合型制造环境,满足了企业多元化经营的需求。

(3) 管理功能方面

ERP 除了 MRP Ⅱ 系统的制造、分销和财务管理功能外,还增加了支持整个供应链上物料流通体系中供、产、需各个环节之间的运输管理和仓库管理。ERP 支持生产保障体系的质量管理、实验室管理、设备维修和备品备件管理,支持对工作流(业务处理流程)的管理。

(4) 事务处理控制方面

MRP Ⅱ 通过计划的及时滚动来控制整个生产过程,其实时性较差,一般只能实现事中控制。而 ERP 系统支持在线分析处理 OLAP(online analytical processing)、售后服务及质量反馈。可以将设计、制造、销售和运输等集成起来,并行地进行各种相关的作业,为企业提供了对质量、客户满意度、绩效等关键问题的实时分析能力。

(5) 财务管理方面

在 MRP Ⅱ 中,财务系统只是一个信息的归结者,其功能是将供、产、销中的数量信息转变为价值信息,是物流的价值反映,而 ERP 系统则将财务计划和价值控制功能集成到了整个供应链上。

(6) 跨国(或地区)经营事务处理方面

现代企业的发展,使企业内部各个组织单元之间、企业与外部的业务单元之间的协调变得越来越频繁、越来越重要。ERP 系统可以支持跨国经营的多国家、多地区、多工厂、多语种和多币制的应用需求。

(7) 计算机信息处理技术方面

随着 IT 技术的飞速发展和网络通信技术的广泛应用,使 ERP 系统能够对整个供应链信息进行集成管理。ERP 系统采用客户/服务器(C/S)体系结构和分布式数据处理技术,支持互联网/企业内部网、电子商务、电子数据交换 EDI,还能够实现不同平台间的互操作。

9.5.2 企业资源计划系统的主要功能

图 9-18 给出了企业资源计划系统的主要功能,下面对这些主要功能做一个简要的介绍。

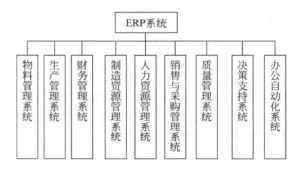

图 9-18 企业资源计划系统的主要功能

1. 物料管理系统

物料管理系统主要负责对企业的各类物料、基础数据与公用数据等进行统一管理。对企业内部生产相关物料的采购、库存和销售进行管理与控制,为企业的生产经营管理提供保障。主要包括制造数据管理、库存管理、销售管理、采购与物资供应管理等子系统。

2. 生产管理系统

生产管理系统是 ERP 系统的核心,它将企业的整个生产过程有机地结合在一起,使企业能够有效地降低库存,提高效率。同时将各个原本分散的生产流程进行自动连接,也使生产流程能够前后连贯地进行,而不会出现生产脱节、延误生产和交货时间的情况。生产管理是一个以计划为导向的管理方法,企业先确定一个总生产计划,再经过系统层层细分后,下达到各部门去执行。

ERP 系统支持多种生产管理模式,如连续流程制造、离散制造、重复式生产、MTS、MTO、ATO、ETO 等。一般情况下,ERP 软件可以提供灵活的、可选配置的生产计划与控制功能模块,以适应不同应用企业的特定需要。

目前大部分商用 ERP 系统都支持 MRP Ⅱ/JIT 混合模式,具有较好的生产计划与调度控制优化能力。生产管理系统主要包括主生产计划、能力需求计划、物料需求计划、车间任务管理、车间作业管理、准时生产管理和配置控制管理等子系统。

3. 财务管理系统

企业中，清晰分明的财务管理具有极其重要的作用。所以，在 ERP 整个方案中，财务管理是不可或缺的一部分。ERP 中的财务模块与一般的财务软件不同，作为 ERP 系统中的一部分，它和系统的其他模块有相应的接口，能够相互集成，比如它可将由生产活动、采购活动输入的信息自动计入财务模块生成总账、会计报表，取消了输入凭证繁琐的过程，几乎完全替代以往传统的手工操作。一般的 ERP 财务软件分为会计核算与财务管理两大部分。

(1) 会计核算

会计核算主要是记录、核算、反映和分析资金在企业经济活动中的变动过程及其结果，由总账、应收账、应付账、现金、固定资产、多币制等部分构成。

- 总账模块：功能是处理记账凭证输入、登记，输出日记账、一般明细账及总分类账，编制主要会计报表，是整个会计核算的核心，应收账、应付账、固定资产核算、现金管理、工资核算、多币制等各模块都以总账模块为中心来交换信息。
- 应收账模块：是指企业应收的由于商品赊欠而产生的正常客户欠款账，包括发票管理、客户管理、付款管理、账龄分析等功能。它和客户订单、发票处理业务相联系，同时将各项事件自动生成记账凭证，导入总账。
- 应付账模块：会计里的应付账是企业应付购货款等账，包括发票管理、供应商管理、支票管理、账龄分析等。它能够与采购模块、库存模块完全集成以替代过去繁琐的手工操作。
- 现金管理模块：主要是对现金流入流出的控制以及零用现金及银行存款的核算，包括对硬币、纸币、支票、汇票和银行存款的管理。在 ERP 中提供了票据维护、票据打印、付款维护、银行清单打印、付款查询、银行查询和支票查询等和现金有关的功能。此外，它还和应收账、应付账、总账等模块集成，自动产生凭证，转入总账。
- 固定资产核算模块：完成对固定资产的增减变动以及折旧的核算工作，能够帮助管理者了解目前固定资产的现状，并能通过该模块提供的各种方法来管理资产，以及进行相应的会计处理。它的具体功能有：登录固定资产卡片和明细账，计算折旧，编制报表，以及自动编制转账凭证，并转入总账。它和应付账、成本、总账模块集成。
- 多币制模块：是为了适应当今企业的国际化经营，对外币结算业务要求增多而设置的功能模块。多币制将企业整个财务系统的各项功能以各种币制来表示和结算，且客户订单、库存管理及采购管理等也能使用多币制进行交易管理。多币制和应收账、应付账、总账、客户订单、采购等各模块均有接口，可自动生成所需数据。
- 工资核算模块：自动进行企业员工的工资结算、分配、核算以及各项相关经费的计算，能够计算工资、打印工资清单及各类汇总报表，计算各项与工资有关的费用，自动做出凭证，导入总账。这一模块是和总账、成本模块集成的。
- 成本模块：依据产品结构、工作中心、工序、采购等信息进行产品的各种成本计算，以便进行成本分析和规划。还能用标准成本或平均成本法按地点维护成本。

(2) 财务管理

财务管理的功能主要是基于会计核算的数据，再加以分析，从而进行相应的预测、管理和控制活动，它侧重于财务计划、控制、分析和预测。

- 财务计划：根据前期财务分析做出下期的财务计划、预算等。

- 财务分析：提供查询功能，并通过图形显示界面进行财务绩效评估、账户分析等。
- 财务决策：是财务管理的核心部分，中心内容是作出有关资金的决策，包括资金筹集、投放及资金管理。

4. 制造资源管理系统

制造资源管理系统主要对与生产制造相关的能力资源进行集成管理，提高资源的利用率，并通过与生产计划体系的集成来提高企业的生产效率及效益。制造资源管理系统主要包括设备管理、能源动力管理和工具管理等子系统。

5. 人力资源管理系统

近年来，企业内部的人力资源开始越来越受到企业的关注，被视为企业的资源之本。在这种情况下，人力资源管理作为一个独立的模块，被加入到了 ERP 系统中，和 ERP 中的财务、生产系统组成了一个高效的、具有高度集成性的企业资源系统。它与传统方式下的人事管理有着根本的不同，具有以下功能。

（1）人力资源规划的辅助决策

对于企业人员、组织结构编制的多种方案，进行模拟比较和运行分析，并辅之以图形化直观评估，辅助管理者做出最终决策。基本内容包括：

- 制定职务模型：包括职位要求、升迁路径和培训计划，根据担任该职位员工的资格和条件，系统会提出针对该员工的一系列培训建议，一旦机构改组或职位变动，系统会提出一系列职位变动或升迁建议。
- 进行人员成本分析：可以对过去、现在、将来的人员成本进行分析及预测，并通过 ERP 集成环境为企业成本分析提供依据。

（2）招聘管理

人才是企业最重要的资源，优秀的人才能保证企业持久的竞争力。招聘系统一般从以下几个方面提供支持：

- 进行招聘过程的管理，优化招聘过程，减少业务工作量。
- 对招聘的成本进行科学管理，从而降低招聘成本。
- 为选择聘用人员的岗位提供辅助信息，并有效地帮助企业进行人才资源的挖掘。

（3）工资核算

根据公司跨地区、跨部门、跨工种的不同薪资结构及处理流程制定与之相适应的薪资核算方法。其特点包括：

- 与时间管理直接集成：能够及时更新，实现对员工的薪资核算动态化。
- 回算功能：通过和其他模块的集成，自动根据要求调整薪资结构及数据。

（4）工时管理

- 根据本国或当地的日历，安排企业的运作时间以及劳动力的作息时间表。
- 运用远端考勤系统，将员工的实际出勤状况记录到主系统中，并把与员工薪资、奖金有关的时间数据导入薪资系统和成本核算中。

（5）差旅核算

系统能够自动控制从差旅申请、差旅批准到差旅报销整个流程。并且通过集成环境将核算数据导入财务成本核算模块中去。

6. 销售与采购管理系统

销售与采购管理系统完成企业产品的销售、物料的采购和库存的管理。

(1) 销售管理

销售管理是从产品的销售计划开始，对销售产品、销售地区、销售客户等信息进行管理和统计，并可对销售数量、金额、利润、绩效、客户服务做出全面的分析。销售管理有以下三方面功能。

- 对于客户信息的管理和服务：能够建立客户信息档案，对客户信息进行分类管理，进而进行针对性的客户服务，以达到最高效率地保留老客户、争取新客户。需要特别指出，近年来客户关系管理(CRM)软件得到了广泛的应用，ERP 与它的结合有利于提高企业的效益。
- 对于销售订单的管理：销售订单是 ERP 的入口，所有生产计划都是根据销售订单下达并进行排产。销售订单的管理贯穿了产品生产的整个流程，具体包括：
  - 客户信用审核及查询(客户信用分级、审核订单交易)；
  - 产品库存查询(决定是否要延期交货、分批发货或用代用品发货等)；
  - 产品报价(为客户做出不同产品的报价)；
  - 订单输入、变更及跟踪(订单输入、变更的修正以及订单的跟踪分析)；
  - 交货期的确认及交货处理(决定交货期和发货安排)。
- 对于销售的统计与分析：系统根据销售订单的完成情况，依据各种指标做出统计，比如客户分类统计、销售代理分类统计等，并根据就这些统计结果来对企业实际销售效果进行评价，主要内容包括：
  - 销售统计：根据销售形式、产品、代理商、地区、销售人员、金额、数量来分别进行统计；
  - 销售分析：包括对比目标、同期比较和订货发货分析，从数量、金额、利润及绩效等方面作相应的分析。
  - 客户服务：客户投诉记录以及原因分析。

(2) 库存管理

用来控制存储物料的数量，以保证稳定的物流，支持正常的生产，但又要最小限度地占用资本。它是一种相关的、动态的及真实的库存控制系统，能够根据相关部门的需求，动态地调整库存，精确地反映库存现状。库存管理功能包括：

- 为所有物料建立库存，决定何时订货采购，同时作为采购部门采购以及生产部门制定生产计划的依据；
- 订购物料的检验入库以及生产产品的检验入库；
- 收发料的日常业务处理。

(3) 采购管理

采购管理需要确定合理的订货量、供应商并保持最佳的安全储备。能够随时提供订购、验收的信息，跟踪和催促外购或委外加工的物料，保证货物及时到达。建立供应商的档案，用最新的成本信息来调整库存的成本。具体功能有：

- 供应商信息查询(查询供应商的能力、信誉等)；
- 催货(对外购或委外加工的物料进行跟催)；

- 采购与委外加工统计(统计、建立档案、计算成本);
- 价格分析(对原料价格进行分析,调整库存成本)。

7. 质量管理系统

目前,越来越多的 ERP 软件增加了质量管理功能,并实现了质量管理与 ISO9000 体系的集成、质量管理与 ERP 的信息集成。质量管理系统的主要功能包括:质量计划编制、质量基本信息管理、质量检测与质量控制过程管理、质量综合信息统计与分析以及质量成本分析等。

8. 决策支持系统

一些 ERP 软件还提供面向企业经营管理的综合信息查询和辅助决策支持功能,并采用了最新的计算机技术,包括数据仓库、数据挖掘和联机事务分析技术等,这使 ERP 的功能更加强大,从管理事务处理层面发展到了决策支持和商务智能层面。决策支持管理系统主要包括综合查询、决策支持等子系统。

9. 办公自动化系统

由于办公自动化是企业管理信息系统的重要组成部分,很多 ERP 软件增加了办公自动化功能,并实现了办公自动化管理系统与 ERP 系统的信息集成。办公自动化子系统可以实现办公室无纸办公,提高了管理效率。办公自动化系统的主要功能包括:公文管理、档案管理、邮件管理、会议管理、公告版、互联网管理和文件审批流程管理等。

除了上述主要功能外,在一些扩展的 ERP 系统中,还包含融资管理、实验室管理、研发项目管理等功能。

图 9-19 给出了一个典型的制造企业 ERP 系统的结构。

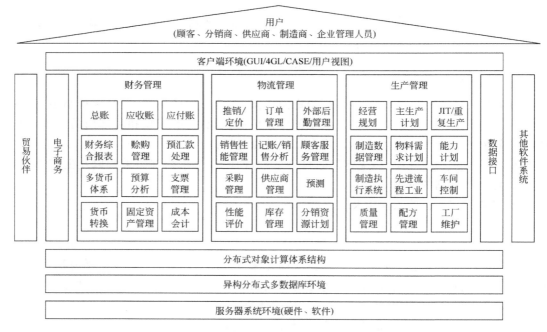

图 9-19 典型制造企业 ERP 系统结构

9.6 供应链与客户关系管理

9.6.1 供应链管理

供应链管理(SCM)是对由供应商、制造商、分销商、零售商到顾客所构成的网络中的物流、信息流、资金流进行管理。从拓扑结构来看,供应链是一个网络,是由自主或半自主的企业实体构成的网络,这些企业实体共同负责与一类或多类产品相关的采购、生产并最终将产品送达顾客等各项活动;从运行机制来看,供应链是一个过程,是根据顾客订单,从原材料供应、存储、产品生产到产品送达顾客的一个物品的移动过程。供应链的目标可以归纳为5个正确,即正确的时间、正确的地点、正确的数量、正确的物料、正确的交易对象[88]。

供应链中存在着三种"流":物流、资金流以及信息流。其中物流从上游向下游流动,资金流从下游向上游流动,而信息流的流动则是双向的,这三种"流"贯穿了企业的全部活动。供应链中的实体包括供应商、工厂、仓库、分销中心和零售商,其产品也可以是某种服务。供应链有时也称为"需求链"或"价值链",是实现最终顾客价值的综合过程。

为了使供应链系统支持以动态联盟为形式的虚拟企业及敏捷制造,要求供应链系统具有良好的开放性、互操作性及可重构性,能够快速适应需求的变化。因此,在传统供应链概念的基础上,产生了敏捷供应链(agile supply chain,ASC)的概念[42]。敏捷供应链是指在竞争、合作、动态的环境中,由若干供应商(供方)、客户(需方)等(自主)实体构成的快速响应环境变化的动态供需网络。实体是指参与供需链的企业或企业内部业务相对独立的部门,具有自主决策权的实体称为自主实体。"动态"表现在适应市场变化而进行的供需关系的重构过程,"敏捷"用于强调供应链对市场变化及用户需求的快速响应能力。敏捷供应链与"供应链"和"需求链"不同,它强调"推"、"拉"结合的系统计划与控制特征和"买方"与"卖方"结合的市场特征。

由敏捷供应链的概念可知,构成供应链的基本要素有四个:供方、需方、需求项目及交易规则。供方是需求项目的提供者,需方是需求项目的消费者。供方和需方可以是供应商、制造商、分销商等任意具有个体理性的实体。需求项目是对需方有价值的事物,可以是各类原材料、半成品、最终消费品、方案、信息等。交易规则是实现需求项目的所有权由供方向需方转移的过程准则。

敏捷供应链管理系统(agile supply chain management system,ASCMS)是指采用系统工程的理论、技术与方法,借助于计算机技术、信息技术等建立的用于支持敏捷供需链管理的信息系统。敏捷供应链管理系统主要由供应关系管理、供应链间信息管理、业务流程快速重构、供应链基本业务管理四个功能模块组成,功能结构如图9-20所示。

1. 供应关系管理

供应关系管理的主要目的是广泛收集供应商信息,及时与供应商进行信息沟通,当因业务需要而建立企业联盟时,能够从中找出最佳的合作伙伴进行企业的动态重组。供应关系管理主要分为供应商基本信息管理、供应商评价和供应商决策选择三个功能模块。

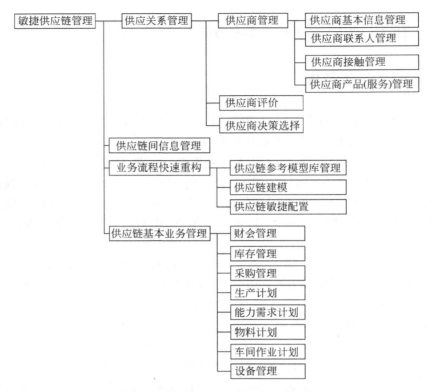

图 9-20 敏捷供应链管理系统功能结构

(1) 供应商管理

供应商管理包括供应商基本信息管理，供应商联系人管理，供应商接触管理，供应商产品(服务)管理。

- 供应商基本信息管理：供应商基本信息管理提供了供应商的基本信息和特征信息。基本信息包括供应商名称、地址、传真、供应商编号、开户银行等；特征信息包括供应商等级、分类、信誉度、供应量等信息。
- 供应商联系人管理：供应商与联系人是一对多的关系，即一个客户可以对应多个联系人。联系人管理主要用来提供联系人的基本信息和特征信息，基本信息包联系人的姓名、性别、所属供应商、职位、电话、住址等；联系人特征信息主要包括影响力级别、决策力级别、重要程度、个人喜好等。
- 供应商接触管理：供应商接触管理定义和管理与供应商接触时的详细记录，包括相关的联系人、活动和费用等信息，形成全方位结构化的供应商资源体系，作为企业选择产品和供应商的辅助依据。
- 供应商产品(服务)管理：供应商产品服务管理对供应商所提供的产品或者服务进行全面的描述，包括产品的外表、包装、规格、重量、价格、质量以及所许诺的服务等信息进行定义和管理，是作为供应商评价时的重要指标之一。

(2) 供应商评价

供应商评价利用数据挖掘技术和 OLAP 等工具建立智能知识库，其中包含各种评估模型,通过评估模型对从供应商管理所得到的所有信息进行分析,提取相应规律,利用报表打印功能将分析结果进行输出。它提供了灵活的查询手段,以多种可视化方式对报表进行打印输出,是企业进行供应商选择的重要依据。

在此,供应商位置、供应约束(设计约束、供应约束、外包生产约束)、供应商态度、供应商报价等都是在建立评价模型时应该考虑的因素,以便能够选择最优的供应合作伙伴,降低供应的风险和成本,提高效率。

(3) 供应商决策选择

根据评价的综合结果进行供应商的自动决策选择,通过网络会议、论坛和电子邮件等手段与之进行业务洽谈,双方协商同意后建立合作伙伴关系,签订合作协议,共同执行统一的业务流程。

2. 供应链间信息管理

供应链间信息管理主要对已经建立了合作关系的供应商之间需要交流的数据进行管理。由于供应商在供应链中所处的位置不同,其需要交流的数据也有所不同,在供应商之间签订协议时应进行说明。供应链间信息的流动是一个双向的过程,包括任务信息、技术要求、标准规范、相关产品定义信息,各种工程指令、计划进度反馈、项目执行状态反馈、费用使用情况反馈,质量问题反馈、项目关键里程碑交付、设计更改问题反馈、备件信息反馈等。通过供应链间透明的访问机制,逐步实现供应商的协同工作。

3. 业务流程快速重构

敏捷供应链管理的最大特点就是支持企业的快速可重构性,进而提高企业的敏捷性。业务流程快速重构模块提供了企业业务快速重构的工具和方法,根据企业快速重构的实现方法,可以将此系统划分为三大功能模块:供应链参考模型库管理、供应链建模和供应链敏捷配置管理。

(1) 供应链参考模型库管理

此功能模块用来对供应链的业务参考模型进行维护和管理,为众多企业提供了可供参考的企业业务模型,为动态联盟企业业务的快速重组提供了方便的模板。

(2) 供应链建模

此功能提供了业务模板载入的功能,可以将供应链参考模型库中的有关企业业务模型载入,利用模板方便地对供应链的业务信息进行映射,快速、完整地将企业业务处理流程转换成系统中的设置。

(3) 供应链敏捷配置

此功能模块的主要任务是在完成企业业务流程的映射后,根据映射结果,系统中的模型可以自行或人机交互实现配置,使系统按企业的实际要求来运行。

4. 供应链基本业务管理

敏捷供应链管理系统由若干基本的功能体组成,功能体就是在可重构体系中通过软件代理所实现的不同遗留系统所提供的功能,功能体与其生存环境隔离开来。和传统的供应链管理不同,功能体之间具有高度的独立性,它们之间的联系和通信不是事先设计好的,而是根据供应链的商业模型进行驱动的。供应链基本业务管理主要包括以下功能体:

(1) 财会管理:以价值的形式,对生产经营活动进行连续、全面、系统的核算,并生成资金台账,使企业领导能快速、准确地了解生产经营和资金使用情况。

(2) 库存管理:取代库存管理的手工记账业务,及时正确地处理各库存账务,通过分析库存状态,最大限度地降低库存占用,以加速资金周转,并能实时地维护库存账务,保证库存数据的最新性,随时提供各供应链节点的库存信息,以作为生产、采购、物料需求计划、销售的依据。

(3) 采购管理:分析不同物料的余缺状态,合理控制动态的物资储备,以免物资积压及缺料。掌握采购进货进度,监督采购合同执行。

(4) 生产计划:根据经营计划或销售计划及生产预测编制主生产计划,在整个供应链范围内进行协调。

(5) 能力需求计划:根据生产计划及物料需求计划而产生出一个切实可行的能力执行计划,在供应链范围内进行生产能力的评估,及早发现生产能力的瓶颈,为完成生产任务提供能力方面的保证。

(6) 物料计划:根据生产需求,按时、按质、按量组织物资供应,以最小的物资储备满足最佳的供货状态。避免物资积压和短缺,保证生产活动正常进行。

(7) 车间作业计划:根据主生产计划和生产技术数据,编制车间作业计划,并按作业优先级,合理地给供应链节点中的每个工作中心或设备分配作业,并对作业完成情况进行跟踪和监控,确保生产作业计划按时完成。

(8) 设备管理:对供应链范围内主要生产设备从购置、安装、使用、维护到报废整个生命周期各个阶段的有关信息进行收集、整理、分析,为设备的科学管理提供依据,以便充分发挥设备的效能。

9.6.2 客户关系管理

客户关系管理(CRM)是一套全新的管理理念,强调把客户作为自身经营的核心,全心全意为客户服务,围绕着客户开展业务。基于这种理念,企业建立自己相应的经营策略、营销模型,并通过信息技术来贯彻这种策略,实施这些模型,完成业务运作。企业资源管理研究中心(www.amteam.org)给出的CRM定义为:CRM是一种以客户为中心的经营策略,它以信息技术为手段,对相关业务功能进行重新设计,并对相关工作流程进行重组,以达到留住老客户、吸引新客户、提高客户利润贡献度的目的。

一般来说,CRM是一个前台系统,主要包含市场、销售和服务三大领域。其功能可以分为三个层次[88,89]:

(1) 运作层次的CRM:对销售、营销和客户服务三部分业务流程和管理进行信息化。作用在于提高日常前台运作的效率和准确性,主要手段是销售自动化、营销自动化和服务自动化。

(2) 协作层次的CRM:对与客户进行沟通所需手段(如电话、传真、网络、Email等)的集成和自动化处理。作用在于帮助企业更好地与客户进行沟通和协作,主要手段是语音技术、网上商店、邮件、会展、面对面沟通。

(3) 分析层次的CRM:对上面两部分应用所产生的信息进行加工处理,产生客户智能,为企业的战略决策提供支持。主要是数据仓库、客户数据库、报表和分析系统,提供对客户数据和客户行为模式进行分析的能力。

目前,市场上 CRM 产品很多,AMT 通过对国内外 CRM 产品的调研和分析,归纳出 CRM 系统的主要功能如下。

(1) 客户和联系人管理:主要对客户和联系人基本信息、与此客户相关的基本活动和活动历史、订单的输入和跟踪、建议书和销售合同的生成、客户联系的跟踪、客户内部机构的设置情况等进行管理。

(2) 时间管理:主要功能有日历、设计约会、活动计划、进行事件安排、备忘录、进行团队事件安排、把事件的安排通知相关的人、任务表、预告/提示等。

(3) 潜在客户/项目管理/销售管理:主要功能包括业务线索的记录、升级和分配、销售机会的升级和分配,潜在客户的跟踪,各销售业务的阶段报告,对销售业务给出战术、策略上的支持,对地域进行维护,把销售员归入某一地域并授权,地域的重新设置,定制关于将要进行的活动、业务等方面的报告,销售秘诀和销售技能的共享,销售费用管理,销售佣金管理。

(4) 电话营销和电话销售管理:主要功能包括电话本、生成电话列表、把电话号码分配到销售员、记录电话细节并安排回电、电话营销内容草稿、电话录音、电话统计和报告、自动拨号服务等。

(5) 营销管理:主要功能包括产品和价格配置、营销百科全书、营销公告板、更新营销资料、跟踪特定事件、安排新事件、信函书写、批量邮件、邮件合并、生成标签和信封等。

(6) 客户服务:主要功能包括服务项目的快速录入,服务项目的安排,调度和重新分配,事件的升级,跟踪与某一业务相关的事件,生成事件报告,服务协议和合同,订单管理和跟踪,问题及其解决方法记录等。

(7) 呼叫中心:主要功能包括呼入呼出电话处理,互联网回呼,呼叫中心运行管理,电话转移,路由选择,通过传真和 E-mail 等自动进行资料发送,呼入呼出调度管理,报表统计分析等。

(8) 合作伙伴关系管理:主要功能包括与合作伙伴共享客户信息,产品和价格信息,公司数据库,与市场活动相关的文档,销售机会信息,销售管理工具和销售机会管理工具等。并提供合作伙伴预定义的和自定义的报告、产品和价格配置器。

(9) 电子商务:主要功能有个性化界面与服务,网站内容管理,订单和业务处理,销售空间拓展,客户自助服务,网站运行情况的分析和报告等。

(10) 商业智能:主要功能有根据预定义或用户定制的条件进行查询并生成报告,报表管理,系统运行状态监视。

9.7 商业智能系统

9.7.1 商业智能概念

商业智能(BI)是在 ERP 等信息化管理工具的基础上建立的智能化管理工具,它实时地对 ERP、CRM、SCM 等管理工具生成的企业数据进行分析,并给出报告,帮助管理者了解企业和市场的现状,做出正确的决策。如今,它已经在电子商务、客户关系管理、信息门户、ERP 以及其他各类企业应用系统中担当起核心技术的角色。作为一种将数据转变为信息、

信息转变成知识的系统,商业智能系统是下列软件工具的集合:

(1) 终端用户查询和报告工具:专门用来支持初级用户的原始数据访问,不包括适用于专业人士的成品报告生成工具。

(2) OLAP 工具:OLAP 也被称为多维分析,它提供多维数据管理环境,其典型应用是对商业问题的建模与商业数据分析。

(3) 数据挖掘(data mining)工具:使用诸如神经网络、规则归纳等技术,用来发现数据之间的关系,做出基于数据的推断。

(4) 数据集市(data mart)和数据仓库(data warehouse)工具:包括数据转换、管理和存取等方面的预配置软件,通常还包括一些业务模型,如财务分析模型等。

(5) 主管信息系统(executive information system,EIS):支持业务主管进行业务性能分析和业务管理的决策支持系统。

在统一的 BI 平台上,企业利用上述软件工具建立所需的支持全企业范围内的商业分析系统。商业智能是数据仓库、OLAP 和数据挖掘等技术的综合运用,BI 的支撑技术包括数据存储技术、数据分析技术、数据表示与发布技术。

1. BI 的数据存储技术

BI 的数据存储技术主要是数据仓库和数据集市技术。数据仓库是将从多个数据源收集的信息,按照统一的模式进行存储,并通常将这些信息存储在一个站点。数据仓库通过数据清理、数据变换、数据集成、数据装入和定期数据刷新来构造其内容。数据仓库收集了整个组织的主题信息,因此,是企业范围的数据存储。一般来讲,数据仓库是一个数据库,企业可以将它与具体的操作数据库分别进行维护。数据仓库系统允许将各种应用系统集成在一起,为统一的历史数据分析提供坚实的平台,对信息处理提供支持。

数据仓库系统构造方面的权威设计师 W. H. Inmon 认为:"数据仓库是一个面向主题的、集成的、时变的、非易失的数据集合,支持管理部门的决策过程"。这个简短而又全面的定义指出了数据仓库具有面向主题的、集成的、时变的、非易失的四个关键特征,这四个关键特征将数据仓库与其他数据存储系统(如关系数据库系统、事务处理系统和文件系统)有效地区别开来。数据集市则是数据仓库的一个部门子集,它聚焦在选定的主题上,是部门范围的。通过提供多维数据视图和汇总数据的预计算,数据仓库非常适合联机分析处理(OLAP)。基于所使用数据的领域背景知识,OLAP 操作允许在不同的抽象层为用户提供满足其不同需求的数据,同样这些操作也适合不同的用户。尽管数据仓库工具对于支持数据分析是有帮助的,但是仍需要更多的数据挖掘工具,以便进行更深入的自动分析。

2. BI 的数据分析技术

BI 的分析技术包括 OLAP 和数据挖掘。根据 OLAP 委员会的定义,联机分析处理(online analytical processing,OLAP)是使分析人员、管理人员或执行人员能够从多种角度对从原始数据中转化出来的、能够真正为用户所理解的、并真实反映企业维度特性的信息进行快速、一致、交互地存取,从而获得对数据的更深入了解的一类软件技术。

OLAP 的技术核心是"维"这个概念,因此 OLAP 也被认为是多维数据分析工具的集合。经过多年的信息化应用,企业会积累大量来自外部或内部的数据,在进行 OLAP 分析时,要预先将这些数据批量装入数据仓库。此外,企业正在运行的业务系统也会不断产生新的数据,并需要增量装入数据仓库。数据仓库建立之后,即可以利用 OLAP 复杂的查询、数据对比、数据抽取和报表能力进行探测式数据分析。之所以称其为探测式数据分析,是因为用户在选择相关数据后,通过切片、切块、上钻、下钻、旋转等操作,可以在不同的粒度上对数据进行分析测试,以便得到不同形式的知识和结果。

在多维数据结构中,按二维选择数据,称为切片(slice),按三维选择数据称为切块(dice)。如在"城市、产品、时间"三维立方体中进行切块和切片,可得到各城市、各产品在各个时间段的销售情况。在数据结构树中,用户选择展开同一级数据的详细信息,称为下钻(drill-down),选择更高一级的数据详细信息以及数据视图,称为上钻(drill-up)。钻取的深度与维所划分的层次相对应。旋转(rotate)则可以通过旋转得到不同视图的数据。

数据挖掘是按照一定的规则对数据库和数据仓库中已有的数据进行信息开采、挖掘和分析,从中识别和抽取隐含的模式和有用的知识,并利用它们为决策者提供决策依据。数据挖掘的任务是从数据中发现模式。模式可以有许多种,按功能可分为两大类:预测型(predictive)模式和描述型(descriptive)模式。预测型模式是可以根据数据项的值精确确定某种结果的模式,通过挖掘获得预测型模式所使用的数据也都是可以明确知道结果的。描述型模式是对数据中存在的规则做一种描述,或者根据数据的相似性把数据分组,描述型模式不能直接用于预测。

在实际应用中,还根据模式的实际作用,细分为分类模式、回归模式、时间序列模式、聚类模式、关联模式和序列模式 6 种。其中包含的具体算法有货篮分析(market analysis)、聚类检测(clustering detection)、神经网络(neural networks)、决策树方法(decision trees)、遗传算法(genetic analysis)、连接分析(link analysis)、基于范例的推理(case based reasoning)、粗糙集(rough set)以及各种统计模型。

数据挖掘与 OLAP 的区别和联系是:OLAP 侧重于与用户的交互、快速的响应速度及提供数据的多维视图,而数据挖掘则注重自动发现隐藏在数据中的模式和有用信息,尽管允许用户指导这一过程。OLAP 的分析结果可以为数据挖掘提供分析信息,作为如何进行挖掘的依据,数据挖掘可以拓展 OLAP 分析的深度,可以发现 OLAP 所不能发现的更为复杂、细致的信息。

3. BI 的数据表示与发布技术

BI 的数据表示与发布技术包括数据可视化和 Web 技术。为了发现这些不同类型的知识,要采用多种发现知识的工具。为了使发现知识的过程和结果易于理解以及在发现知识过程中进行人机交互,要发展发现知识的可视化方法。为了了解数据之间的相互关系及发展趋势,人们可以借助于可视化技术。信息可视化不仅用图像来显示多维的非空间数据,使用户加深对数据含义的理解,而且用形象直观的图像来指引检索过程,加快检索速度。

9.7.2 商业智能系统方案

一个典型的商业智能系统结构和内容如图 9-21 所示,其主要功能如下:

(1) 商业智能应用:这些应用是许多针对不同行业或应用领域经过裁剪的完整的商业智能解决方案软件包,这些软件包使用商业智能结构中其他部分的相应产品。

(2) 决策支持工具:包括基本查询工具、报表工具、在线分析处理工具、信息挖掘工具

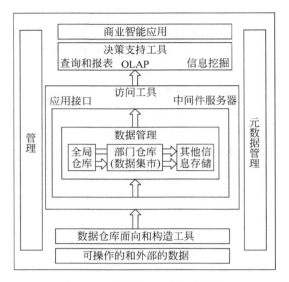

图 9-21　商业智能系统的结构

等。所有工具都支持 GUI 客户界面。许多也可以在 Web 界面上使用。目前这些工具大多设计成能直接处理从数据库产品中获得的结构化信息，未来则需要对从文件系统、多媒体系统、邮件或 Web 服务器上获得的复杂和非结构信息进行处理。

（3）访问工具：包括应用接口和中间件，使客户工具能够访问和处理数据库和文件系统中的商业信息。数据库中间件允许客户透明地访问后台各种异构的数据库服务器，Web 服务器中间件允许 Web 客户连接到数据库进行数据管理。这些产品用于管理终端用户感兴趣的商业信息。一般采用三层信息存储方式，最高层次是数据仓库，数据仓库中集成了全企业的商业信息；中间级是部门数据仓库，又叫做数据集市，这里存储了某个商业单位、用户组或部门的商业信息，数据仓库可以直接建立在企业操作系统的基础上；数据存储结构的最低层次中则存储了根据用户和应用需求经过裁剪后的信息。

（4）数据仓库模型和构造工具：这些工具用于从操作系统和外部数据源系统中捕捉数据，经过数据加工和转换，最后将数据装载进全局的或部门的数据仓库。

（5）元数据管理：该部分管理与整个商业智能系统有关的元数据，包括开发者和管理员使用的技术元数据，以及支持商业用户的商业元数据。

（6）系统管理：该部分包括了商业智能系统管理的所有方面，包括安全性和用户验证、备份和恢复、监控和调整、操作和调度、审计和计算等功能。

第10章

业务流程管理系统

10.1 业务流程管理的意义

企业业务流程集成了人、资源、应用、业务逻辑等多方面的因素,直接反映了企业的运营状态,因而一直是企业管理的核心。业务流程是企业的核心竞争力所在,为什么说流程是企业的核心竞争力呢?要回答这个问题,先回顾一下企业的组织结构是如何定义的。

企业组织结构的定义一般采用功能分解法或目标分解法形成,即,从最大的企业目标开始逐步分解,最终将组织目标分解到每个具体执行的活动上,再把相类似的活动(任务)组织在一个单元中,形成组织单元,因此,企业组织设置重点关注企业目标的分解,它回答了企业需要做什么这个问题,但是它没有回答如何去做这个问题。

如何将这些孤立的功能(活动、动作)有机协调起来,完成企业目标则是由流程来决定的,流程关心的是如何协调不同的活动之间的关系(先后、分支、并发、审核、信息传递、反馈等),回答了如何做的问题,所以流程是企业最核心的竞争力所在。

图 10-1 给出了企业目标、业务功能(活动、任务)和流程之间的关系,如果把业务活动比作是一颗颗珍珠的话,流程就是串起这些珍珠的项链。

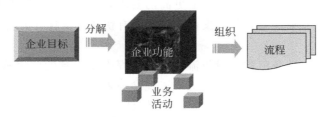

图 10-1 目标、功能和流程的关系

也可以从流程的视角来理解企业管理工作,企业的使命是为顾客创造价值,而给顾客创造价值的则是企业的流程,因此,企业的成功来自于优异的流程运营,而优异的流程运营需要优异的流程管理,所以,企业业务的成功依赖于持续无误地执行关键业务流程的能力,及时正确的评价和反馈业务性能信息则是实现这种能力的保障。

在自动化技术迅速发展的 20 世纪 50~70 年代,高度自动化的制造和物流设备得到了广泛应用,由于没有考虑与其他部门的集成,这些高度自动化的加工单元和柔性制造系统形成了一个个"自动化孤岛"。在企业信息化应用的初期,以提高业务功能事务处理效率为重点的单元信息系统得到了广泛应用,由于没有考虑集成的问题,形成了"信息化孤岛",制约了企业信息化效益的发挥。同样由于企业在业务流程建设和管理上存在的不足,今天制约企业管理水平提高的最大障碍是"流程孤岛"问题。

产生流程孤岛的原因很多,概括起来主要有以下几个方面的原因:

(1) 首先是流程建设缺乏全局观,没有形成公司业务流程完整的体系框架,各部门根据自身需要分别制定流程,流程制定工作盲目性大,缺乏各部门之间的协调,最终形成一个个的流程孤岛。

(2) 当前企业对流程工作指导书的制定工作重视不够,缺乏与流程匹配的"工作指导书",在流程定义中对责任主体的界定不清晰,降低了流程的可操作性,流程执行中存在许多的责任推诿。同样,企业业务流程管理主体不明确,缺乏权威性和统一性的专门部门对整个流程进行管理,不能保证所制定的业务流程得以有效贯彻执行,在流程今天执行上,部门间各自为政,流程接口不统一,不能形成良好的秩序。

(3) 监控主体缺位,对流程执行情况缺乏监控。从流程的设计、培训/执行/监控、反馈、更改、再培训/执行/监控、再反馈等,都应有衔接良好的责任主体,否则不能形成有效的制衡,旧有的行为模式和习惯以及保护自我利益的行为难以打破和杜绝。

(4) 流程执行中随意性大,特别是由于领导违反流程操作,导致下属工作间矛盾和责任不清问题严重,这样往往破坏了流程的严肃性。业务流程的培训工作不到位,培训不够导致员工对流程理解不深入,造成在流程制定过程中已经解决的问题在执行中还出现矛盾,增加了领导协调的负担。

提高企业业务流程的执行和管理能力越来越成为企业的核心能力,信息技术的引入对提高业务流程集成和管理能力提供了有力的支持,IT系统的应用拓展了流程改进的空间、改变了沟通的方式、改变了组织内权利的分配、改变了组织结构,推动了流程管理的实现与组织的变革。

由于市场变化速度的加快,企业的业务流程也在快速的发生调整以适应市场变化的需求,这也对企业信息系统的灵活性提出了更高的要求,要求企业信息系统能够快速进行调整,因此,无论是制造企业还是软件开发商都希望能有快速开发具有灵活性应用系统的支持平台。

这个支持平台能将业务流程逻辑与流程执行过程中使用到的应用软件功能解耦(不是通过编码的方式直接连成一个模块),能管理流程参与者及其参与者之间的关系,能集成内部与外部流程资源和监控流程的运行,这样的系统就是目前发展迅速的业务流程管理系统。

10.2 业务流程管理的基本概念

业务流程是为了实现一定的经营目的而执行的一系列逻辑相关活动的集合,业务流程的输出是能够满足市场需要的产品或者服务。根据功能、管理范围等的不同,企业的流程管理可分为战略层、计划层、运作层和生产层四个层次,表10-1对各个层次的功能、管理范围、时间范围、采用的方法等做了比较。

流程管理的各层次均有相对独立和特定的方法,但层次之间也有着密切的联系。首先,高层的管理目标通过分解后,下达到下一个层次,最终通过底层业务活动来实现;其次,当下层管理解决不了实际问题时,就需要引入上层管理,如在运作层的调度方法无法解决资源的配置问题时,就说明分配给该流程的资源数量需要修改,此时需要引入计划层的管理方法,重新进行资源能力计划计算,并重新进行资源能力的平衡;最后,下层的数据为上层的管理决策提供依据,企业的策略管理和战略管理中的模型和参数来自对企业实际经营活动统计数据的积累。因此,从整个企业的流程管理的角度来看,有必要将这四个层面上的流程管理统一到一个框架下,并和企业的信息系统联系起来。

表 10-1 业务流程管理的不同层次

管理层次	功能	管理范围	影响时间范围	采用的方法	信息系统支持
战略层	战略调整、流程设计和资源类型确定	整个企业	长	经济模型,决策模型	知识管理系统、决策支持系统
计划层	资源能力计划和预算	部门至企业	较长	统计和随机模型、优化理论	企业资源计划系统
运作层	制造执行流程管理	车间	较短	调度和优化理论	制造执行系统,车间调度系统等
生产层	设备和工艺的实时控制	具体设备	很短	流程控制理论	现场总线,数据采集和监控系统

按照项目管理的方法,流程从上往下可以分为项目、任务、流程、活动四个层次,图 10-2 给出了项目、任务、流程、活动之间的关系。

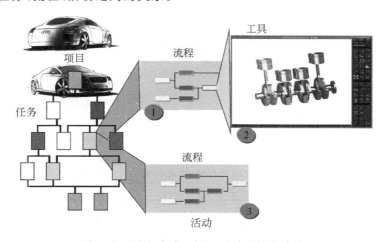

图 10-2 项目、任务、流程、活动之间的关系

项目关注大粒度的阶段性任务管理,涉及的不确定性因素多、复杂,没有重复性,难以自动化,如本例中的设计制造一个汽车。

任务是项目分解后得到的模块或者工作包(work package),它是完成项目所需要的大的任务,类似于项目的子项目,也具有比较大的复杂性和不确定性,难以自动化,如本例中的汽车制造。

流程关注常规性的活动和活动间关系的管理,规律性比较强,粒度相对小一些,流程具有重复性,可以用计算机进行管理(部分或者全部),如本例中的发动机装配。

活动是流程的基本组成部分,它可以是原子活动(不可分割的动作),也可以是具有流程性质的一组活动组成的可进一步分解的复合活动。活动关注具体的动作,重复性非常高,可以完全自动化,目标是提高效率,如本例中的发动机汽缸加工。

本章重点讨论的是企业运作层面的业务流程管理问题。

Gartner 公司给出的业务流程管理(business process management,BPM)的定义是: BPM 是一个描述一组服务和工具的一般名词,这些服务和工具为显式的流程管理(如流程的分析、定义、执行、监视和管理)提供支持[90]。

业务流程管理与数据库管理在许多方面具有类似的特点。关系数据库分离了应用程序使用的数据和具体的应用逻辑。数据库作为数据持久的存储集合,使用实体-关系模型和两阶段提交这样的协议来保证数据的完整性和正确性。数据库的理论基础和实现机制十分复杂,但是对数据的各种操作却可以通过相对简单的接口(SQL)加以实现[91]。

业务流程管理系统(business process management system,BPMS)的提出也是基于这一思想。企业信息系统所处理的业务流程越来越复杂,同时需要不断调整来适应市场。这对企业信息系统的灵活性提出了更高的要求,在此背景下提出了 BPMS 的概念。和 DBMS(数据库管理系统)的思想类似,BPMS 的思想是以一种统一的、中性的表示方法描述业务流程模型,使业务流程模型从实现逻辑中抽取出来,被各个企业应用程序所使用,从而灵活地构建基于流程的信息系统,业务流程逻辑、业务流程的完整性和正确性可以由 BPMS 保证,企业信息系统的开发可以基于 BPMS 进行。

BPMS 为实现 BPM 的功能提供软件环境,表 10-2 对比了 DBMS 与 BPMS 的不同特性。

表 10-2 DBMS 和 BPMS 的比较

属 性	DBMS	BPMS
模型的特性	数据的中性描述	流程的中性描述
模型的形式化表示	实体-关系模型 对象模型	有限状态自动机 过程代数 Petri 网
操作语言	SQL	BPML,BPQL,XPDL
实现功能	数据信息的可靠存储,事务处理	流程信息的可靠存储,事务处理
工具	基于 SQL 的各种工具	基于标准操作语言的各种工具

一般地,BPMS 应具有以下功能:

(1) 流程设计:设计流程的模块、逻辑、规则和执行角色,建立流程模型,提供流程模板和重用机制。

(2) 流程仓库:为流程以及与流程有关的知识提供集中的存储场所,提供目录服务以便于流程的查询和发布。

(3) 流程配置:为流程实例的运行绑定参与者、分配资源,以及设置其他特定的参数。

(4) 流程引擎:驱动流程的运行,并负责流程数据的维护;管理流程的状态,实现流程的事务管理。对于分布式流程执行系统,流程引擎间要进行交互和协调。

(5) 流程维护:流程的监控和异常处理。

(6) 流程入口:为流程的用户提供统一的流程访问机制,包括工作任务列表、报告等。

(7) 流程优化：对业务流程进行优化，包括资源利用的优化，提高业务流程的运行效率，保证流程的一致性，防止出现死锁等问题。

(8) 流程分析：通过流程仿真或基于采集到的流程执行数据，对流程的执行时间和资源性能等关键性能指标进行分析。

10.3 业务流程管理框架

有关 BPM 的学术研究散见于工作流、软件工程和管理科学等领域，对 BPM 整体框架的研究较少，目前较有影响的是业务流程管理联盟（Business Process Management Initiative，BPMI，http://www.bpmi.org）提出的一系列标准和框架。IBM 公司基于其开发的应用软件，提出了持续业务流程管理（continuous business process management，CBPM）框架。

BPMI 推出了业务流程建模语言（business process modeling language，BPML）和业务流程查询语言（business process query language，BPQL）两个标准，分别作为流程建模和流程模型访问的标准接口[92]，并在此基础上提出了 BPM 框架。

BPML 是基于 XML 语言的模型描述语言，它将业务流程描述成控制流、数据流和事件流的结合，在此基础上还可以在业务流程中添加业务规则、安全规则和事务管理等特性。与传统的流程建模语言相比，它具有描述"端到端"的流程（end-to-end process）的能力，这样可以从多个参与者的角度来审视流程模型。另外 BPML 以 Pi-Calculus[93] 作为其数学基础，这种形式化描述方法赋予了 BPML 在一致性检查、防止死锁、瓶颈检测和流程优化方面的较强能力。BPQL 是 BPMS 的访问接口，用于对流程实例的运行状态进行查询和控制以及流程模型的部署。

基于 BPMI 的一系列标准，BPMI 的主要发起者 Intalio 公司提出了图 10-3 所示的 BPM 框架。在这个框架中，BPM 系统介于企业已有的信息系统和 B2B 电子商务系统之间，

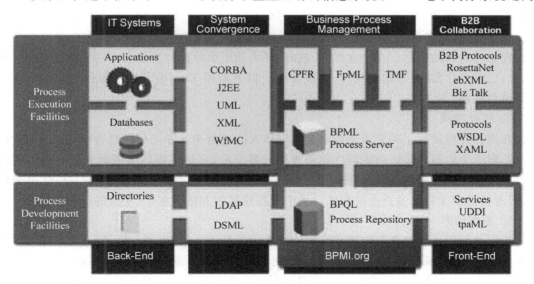

图 10-3　Intalio 的 BPMS 框架

包含流程部署（process repository）和流程执行（process server）两个模块。流程部署模块可以利用目录协议（LDAP、DSML）与企业 IT 系统的目录服务进行联系，另外还可以通过 UDDI 协议将流程发布为 Web 服务。在流程执行模块中，流程可以被其他的高级语言包装成不同的形式（WSDL、XAML），或者直接提供给工作流系统执行。对于跨企业流程，流程的公共部分还可以被封装为 Web 服务，或者遵照电子商务协议（RosettaNet、ebXML、BizTalk）与其他企业的流程进行交互。

IBM 提出的 CBPM 框架[94]，其思想与持续流程改进（CPI）的方法十分类似，是一种持续地进行业务流程的定义、分析和改进的方法学，分为创建、协作、自动化和管理四个步骤。每个步骤又可以细分为若干个阶段。和 BPMI 的框架不同的是，这些步骤和阶段都严格对应于 Holosofx 公司开发的 BPM 工具集或 IBM MQ Series 中的软件模块，四个步骤首尾相联形成一个闭环的流程，支持企业运行时的持续流程管理和改进。

各个阶段的作用如下。

（1）创建阶段：使用 BPM Workbench 建立企业现有业务的流程模型，对这些模型进行仿真和分析，发现业务流程存在的瓶颈问题，对业务流程进行优化。

（2）协作阶段：利用 BPM Server，通过 WEB 方式来收集、共享和修正流程信息。

（3）自动化阶段：利用 BPM Workbench 将业务流程模型直接导出到 MQSeries Workflow 中，在工作流的执行流程中实时地得到需要的信息，对流程执行过程中希望获取到的信息可以在流程模板中进行预先定制。

（4）管理阶段：使用 BPM Monitor 来捕捉实时流程参数信息，并通过调整这些参数对流程运行过程进行调整，优化流程运作，提高业务流程执行效率。

比较而言，BPMI 框架目前局限于流程建模和操作的语言规范，没有涉及从底层到高层的流程管理集成问题；CBPM 基于 IBM 已有的软件系统，其流程建模、运行和应用集成方式不具有普遍性，没有解决跨企业流程的集成问题。这两个框架也仅包含了流程管理中的部分内容，基于作者在流程管理上多年的研究体会，作者提出了图 10-4 所示的流程管理业务流程管理框架和包含的功能。

企业目标、战略、环境和组织分析是建立和实施业务流程管理的输入，也是最终考核业务流程管理效果的依据。在企业目标、战略、环境和组织分析的基础上，开展流程的建模、诊断、优化、可视化监控、自动化执行、性能评估。以下对图 10-4 中①到⑦部分的工作内容进行简单的介绍。

① 流程建模

在流程建模阶段主要完成企业业务流程体系的规划和业务流程模型的建立。这个阶段的工作对于企业而言是迈向流程优化和管理的第一步，也是实施后续流程自动化和可视化的技术基础。在流程建模阶段工作完成后，企业就建立了以流程模型为核心，包含组织模型、资源模型和文档库的企业模型库。关于流程建模的方法将在 15.4 节进行介绍。

② 流程诊断

流程诊断关注企业业务流程战略实施过程中的具体问题，也就是说，通过分析业务流程中的组织结构、资源配置、信息沟通等各方面因素，判断业务流程是否存在不合理的地方，是否需要变革，应该进行怎样的变革。流程诊断的方法主要有专家经验法、流程图分析方法、泳道图分析法、鱼刺图分析方法等。本书不对具体的流程诊断方法进行介绍。

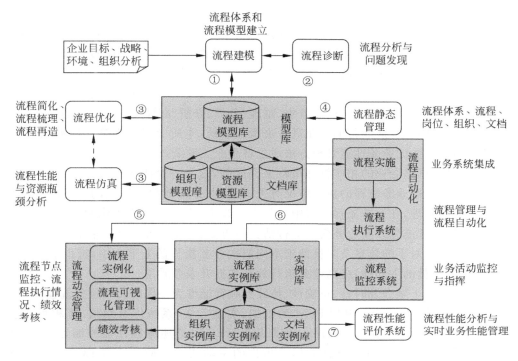

图 10-4 业务流程管理框架和包含的功能

③ 流程优化和流程仿真

流程优化包括业务流程再造、业务流程梳理和业务流程优化三个方面的内容,其目的是通过对流程诊断中发现的问题进行分析,设计更为合理和优化的业务流程,从而达到提高业务流程执行效率的目的。流程仿真是采用对现有业务流程进行仿真的方法,发现流程执行中在时间、成本、资源利用率等方面存在的问题,特别是找到制约业务效率提高的瓶颈环节,为业务流程的优化和再造提供科学的决策依据。

④ 流程静态管理

基于建立的业务流程模型,包括对流程体系、流程、岗位、组织和文档进行可视化管理,为科学化、规范化和制度化的企业管理提供有效的技术支持工具。特别是对于具有多地企业的集团,采用流程静态管理有利于企业管理模式和流程的异地复制和管理,解决地域差距给集团型企业的规范化管理带来的困难。

⑤ 流程动态管理

流程动态管理的主要功能是将业务流程实例化,将形成的流程实例进行发布,流程实例中的关键任务发布到每个业务节点上,并将实例化模型存放在实例模型库中,业务人员根据业务执行情况上报业务活动(关键任务)的执行情况,流程动态管理系统将业务完成情况通过可视化的方式加以展现,并进行统计和分析,用以辅助管理人员掌握业务运行情况进行监控和管理,在此基础上,按照绩效考核指标体系设置的关键指标从业务流程执行数据中获得相关的数据,并进行绩效考核。

⑥ 流程自动化

流程自动化是业务流程管理中非常重要的内容,也是业务流程管理系统实施的重点,通过实施业务流程自动化系统可按照流程的方式实现企业业务系统的集成,并可以对业务流程执行的情况进行监控,及时发现业务流程执行过程中存在的问题,提高业务流程的执行效率。基于 BPMS 实施的业务集成系统具有非常好的柔性,可以根据市场的需求和组织功能的调整迅速进行信息系统的重组,提高企业对市场的响应速度。

⑦ 流程性能评价系统

企业业务性能评价系统就是通过收集、整理、分类、分析、翻译和分发合适的信息来量化过去行为的效率和效果,从而帮助企业进行决策的系统,本质上属于决策支持系统、知识管理系统的范畴。企业的业务性能管理方法通过将企业关键绩效指标的分析结果反馈给相应的管理部门,进而调整企业的相应管理策略来完成的,这是一个闭环的过程。显然,这个改进周期的长短不仅跟业务流程的执行情况有关,还与业务性能信息反馈的速度相关。对业务性能进行实时管理,在业务流程运行中对其进行改进,实现整个业务流程的零周期(零延迟)改进——将业务流程以及业务活动运行情况的历史、现在和可预测的未来的信息以及市场、合作伙伴、竞争对手的信息及时反馈到不同层次业务操作的上下文中,辅助业务人员的决策,激发业务人员的主动性,提高业务运行效率和提升服务质量。

文献[95]提出了融合及时性、正确性、持续性和智能型为一体的实时业务流程性能管理(RTBPPM)的概念,并讨论了 RTBPPM 的框架、实施方法、系统体系结构、流程性能指标计算等问题。文中采用"事件—条件—活动规则"(ECA)描述流程性能控制逻辑,实现了用户自定义的对业务事件和流程性能偏差事件的主动实时响应。通过 ECA 规则的更新可以方便地实现流程性能控制方案的重新设置,使系统快速适应企业不断变化的业务需求。

10.4 业务流程建模与优化方法

10.4.1 业务流程建模的基本概念

流程是企业业务运作的核心,流程建模和分析是业务流程再造的基础,《牛津英语大词典》对流程的定义是:一系列连续有规律的行动,这些行动以确定的方式发生或执行,导致特定结果的实现。一般地,流程是由一系列单独的任务组成的、使一个输入变成输出的全过程。

企业的业务流程是由一系列相关任务组成的,这些任务按照企业的管理规章和业务流程顺序或并行执行,最终完成企业的经营目标,如提供一种产品和服务。在此,作者给出业务流程的定义如下:一个业务流程是为了实现企业某个经营目标的一个过程,它在部分或者全部组织机构和人员的参与下,利用企业资源(包括所需的处理设备、通信设备、计算机硬件、软件等),按照预先确定的规则,在参与者和组织机构之间进行文档、信息、任务的传递和处理(包括经营决策),从而实现预定的经营目标。

为了清晰描述企业的业务流程,应该主要说明以下问题:

(1) 这个业务流程要做什么? 即,其目的或想达到的目标是什么?

(2) 这个业务流程是如何完成的,有哪些任务并经过哪些步骤完成?

(3) 这个业务流程有谁参与完成,有哪些部门参与?

(4) 这个业务流程用了什么方式或手段来完成？
(5) 活动的执行时间和成本如何？
(6) 完成活动所用的资源（物理、人力、知识）及其成本如何？
(7) 活动执行的开始和结束条件是什么？
(8) 不同流程之间的协作（同步、条件、决策点）关系是什么？

仅靠经验和口头描述是很难把以上问题回答清楚准确的，在实际工作中，人们需要基于科学的建模理论和方法，利用有效的建模工具以一种可视化的方式来描述流程的各个方面的特性。描述流程的方法很多，常见的有流程图（flow chart）方法、事件过程链（event process chain）方法、IDEF3方法、活动网络图方法、Petri网方法、进程代数（process algebra）方法等。图10-5给出了一个用活动网络图建立的银行客户取款流程。

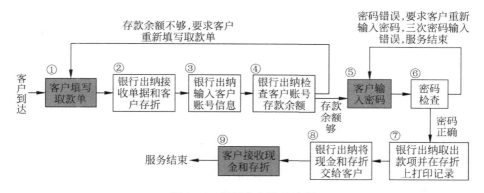

图 10-5　银行客户取款流程

图10-5中的每个方框代表一个业务活动，图中共9个活动，无底色的方框代表银行出纳和计算机执行的活动，3个带底色的方框代表客户执行的活动。方框之间的带箭头连线代表了活动之间的执行顺序。具体执行过程为：客户到达后执行活动①：客户填写取款单；活动②：银行出纳接收取款单和客户的存折；活动③：银行出纳输入客户账号信息；活动④：银行出纳检查客户账号存款余额，如果余额不足，要求客户重新填写取款单，返回活动①；如果存款余额足够，则执行活动⑤；活动⑤：客户输入密码；活动⑥：由计算机系统进行密码检查，如果密码正确，则执行活动⑦；如果密码有误，返回活动⑤，重新输入密码，如果连续三次输入错误，则服务结束；活动⑦：银行出纳取出相应的现金，并在客户的存折上打印记录；活动⑧：银行出纳将存折和现金交给客户；活动⑨：客户接收现金和存折，服务结束。

将前面提到的描述业务流程的几个要素，与图10-5所示的业务流程进行对比。目标：该业务流程的目标是保证正确的客户取到正确的款项，而非法的客户不能够取到款；步骤：在这个业务流程中包含了9个活动和一系列活动之间的逻辑连接关系；参与者：客户和银行出纳；手段：计算机支持的信息管理系统，包括账号管理、密码验证、存取款明细打印等功能；成本和时间：可以计算每个活动的时间和成本，如客户填写取款单活动的时间大约是5分钟，成本是5~8分钱（取款单纸张费、签字笔费用）；还可以进一步计算完成活动所用的资源（物理、人力、知识）及其成本，给出活动执行的开始和结束条件等。

10.4.2 业务流程建模方法

本节介绍的业务流程模型结构采用活动网络图的描述方式,一个业务流程看成是一个由节点与连接弧所组成的有向图,其中,节点代表活动,连接弧代表活动间的连接关系,图 10-6 是采用活动网络图建立的客户取款业务流程模型图,它比图 10-5 给出的模型更加细致和准确,也更加科学。下面介绍流程建模方法和使用的模型元素。

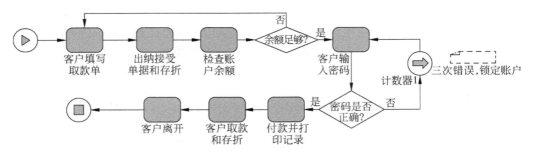

图 10-6　客户取款业务流程模型图

1. 模型元素定义

图 10-7 给出了业务流程建模元素名称和符号,下面按照先第 1 行从左到右,然后第 2 行从左到右的顺序对每个模型元素的含义和用法进行介绍。

图 10-7　业务流程建模元素名称和符号

(1) 开始:标记业务流程的起始,一个业务过程有且仅有一个开始节点。

(2) 结束:标记业务流程的结束,一个业务过程有且仅有一个结束节点。

(3) 活动:代表一个业务流程中的人工型活动,常表示流程中的一个环节或操作任务。活动是过程视图中业务操作的表达,也是过程视图最重要的组成部分。一个过程视图可以由若干活动组成。

(4) 过程:代表一个业务流程,表示企业中实现一个业务功能的流程。在流程建模中每个过程是一个基本的视图单位,具有一个对应的流程模型。在每个业务流程模型中又可以包含若干个过程(每个过程在本流程模型中是作为一个模型元素,在建模方法中把它们称为子过程),每个子过程可以进一步又分解为一个业务流程模型,子过程中还可以再嵌套子过程,从而支持业务流程的多层次建模。图 10-8 给出了一个三层的流程模型图示例,图 10-8(a)是企业的顶层流程模型,其中每个模型元素都是一个子流程,需要再进行分解建模;图 10-8(b)是图 10-8(a)中签约流程的细化;图 10-8(c)是图 10-8(b)中客户信用评估流程的细化。

(5) 决策活动:代表一个决策的活动,它有一个输入、两个输出,根据决策的结果决定下一个执行的活动,如图 10-8(c)所示,如果是老客户就直接进入"可信客户"活动,如果不是老客户则需要进行"信用评估"。

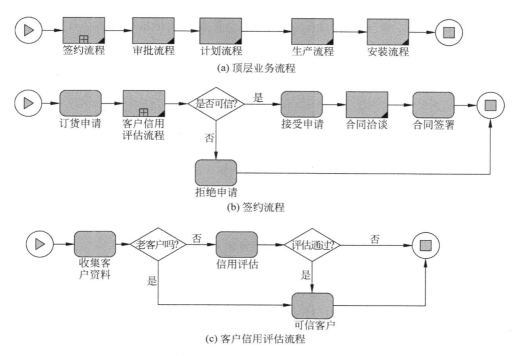

图 10-8 三层的流程模型图示例

(6) 与节点：一个输入多个输出的与节点在输入到达后，每一条输出连接所对应的活动都得到执行。如图 10-9 所示，第一个与节点表示"客户订单处理"活动完成后，同时启动活动"配置产品"、"打印清单和保修说明"、"打印发票"的执行，这种与节点在实际建模时可以省略。多个输入一个输出的与节点，代表输入连接相连的多个活动全部完成后才能进行下一步活动。如图 10-9 所示，第二个与节点表示活动"配置产品"、"打印清单和保修说明"、"打印发票"都完成后，才可以执行"产品包装与发运"活动，这种与节点在建模过程中是不可以省略的。

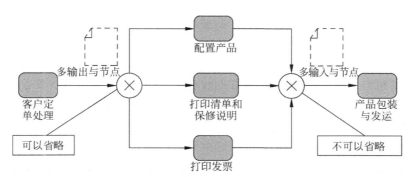

图 10-9 与节点的分支与汇合

(7) 或节点：一个输入多个输出的或节点相当于可以进行条件选择的自动决策节点，它根据前面活动的属性值自动选择后续执行的活动。如图 10-10 所示，在"员工请假"活动发生后，如果请假天数小于 3 天，则执行"组长批准"活动；如果请假天数大于 3 天小于 5 天，则执行"组长批准"和"车间主任批准"两个活动；如果请假天数大于 5 天，则执行"组长批准"、"车间主任批准"和"厂长批准"三个活动。不管前面选择执行的活动有几个,最后都要通过后续的或节点进行汇合。

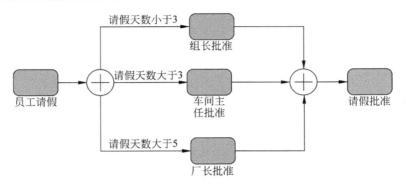

图 10-10 或节点的分支与汇合

(8) 异或节点:异或节点与或节点类似,也是根据前面活动的执行结果自动选择后续执行活动。异或节点与或节点在后续活动选择方法是不同的,图 10-10 中的或节点一次可以选择多个后续活动,而异或节点后续活动路径的选择具有排他性,每次仅够选择一个路径执行,如图 10-11 所示,根据接受的订单类型等于 1、2 或者 3,仅能选择一个后续活动执行。

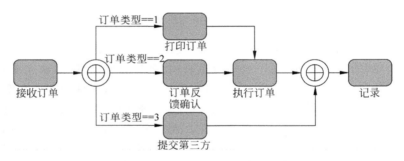

图 10-11 异或节点的分支与汇合

(9) 空节点:为显式地表达那些经过与、或组合而形成的复杂逻辑关系,引入了空节点这种逻辑节点。空节点是一种不执行任何动作的活动,一旦被激活就立即结束,它的唯一用途就在于提供了一个通路的功能,用于表达复杂的业务逻辑关系。当空节点前的活动执行结束时,空节点相当于电路中的短路,空节点前后的活动直接连通;当空节点前的活动执行未结束时,空节点相当于电路中的断路,空节点前后的活动不连通。图 10-12 给出了一个论文评审的流程,一个稿件送给一个主审和两个副审进行评审,评审规则是只要主审和任何一个副审完成评审就可以执行决定是否录用这个活动。

(10) 计时器:计时器是一种特殊的条件节点,在它被触发后,需要按照预先设定的延迟时间等待,然后才能完成。

(11) 计数器:计数器是另外一类特殊的条件节点,连接到该节点的输入连接弧每发生一次转移,计数器就加 1,待计数器累计的触发次数大于预先设定的次数时,该节点完成执行,其输出连接弧发生转移。

(12) 文本:用于在流程模型图上加入注释文字,方便理解模型的含义,如图 10-12 中空

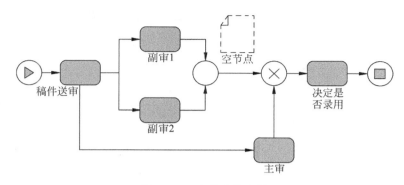

图 10-12　空节点的应用

节点就是注释文字。

（13）连接线：作为活动网络图中的另一类组成元素，连接线是连接不同节点的有向弧，它从前趋节点指向后继节点。连接线所连接的两个节点的执行规则是：只有当前趋节点执行完毕后，并且经过该连接线的转移，后继节点才被允许执行。连接线体现了过程的控制逻辑、节点间的时序关系，连接线的转移意味着节点状态的转移与整个过程的演进。

2．流程模型中的数据

流程模型中需要定义的数据主要包括输入输出相关数据、活动属性数据和活动执行数据三类。

（1）输入输出相关数据

从信息处理的角度来看，企业的生产经营过程就是对生产经营各种信息处理的过程，在这个过程中，每个活动都是根据前驱活动传递过来的数据做出处理或判断，产生新的数据，传递给后继活动，活动接收到的数据就是活动的输入，活动产生的新数据就是活动的输出。一个经营过程的输入信息就是该过程的输入数据，输出信息就是该过程的输出信息。除了输入、输出数据之外，还需要定义过程中的全局变量，即可以被过程内部所有节点使用或者修改的数据。

任何任务节点都可以定义输入和输出数据，输入输出数据之间存在多种匹配关系：①输入输出/全局变量匹配，表示输入数据来源于全局变量，或输出数据改写全局变量；②前驱输入后续输入匹配，表示在时序关系上紧邻（中间可以有任意多个非任务节点）的两个任务节点，后续节点的输入数据来源于前驱节点的输出数据；③输入输出继承匹配，表示一个过程内部与开始节点相连接的任务节点的输入数据继承自过程的输入数据，一个过程的输出数据来源于过程内部与结束节点相连接的任务节点的输出数据；④引用过程输入输出形实参匹配，表示引用过程的输入输出（实参）数据与被引用源过程中定义的输入输出（形参）数据的匹配映射。

输入输出数据具有属性，包括：数据传输方式，定义数据传输的媒介；排队方式，定义在实际执行时，如果同时有多份输入数据到达，数据执行的先后顺序；批处理数量，定义为在实际执行一个活动时需要有一定数量的输入数据到达，活动才对该输入数据进行批量处理。

输入输出相关数据可以有多种数据类型，包括简单变量类型、表单类型、文档类型、产品类型及自定义的数据类型。其中产品类型表示输入输出数据是一个产品对象，而产品对象的定义来源于产品视图。图 10-13 给出了配置产品活动的输出数据,包括产品名称、数量、产品清单和使用说明。

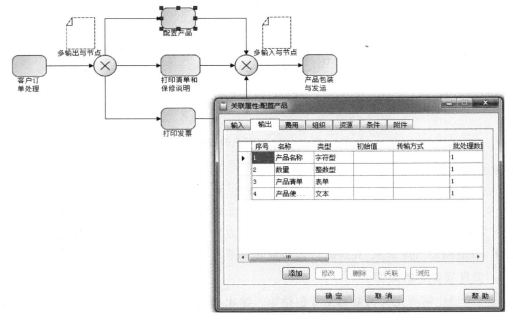

图 10-13　配置产品活动的输出数据

(2) 活动属性数据

活动属性数据定义活动的基本任务属性,包括:活动类型,定义活动是增值活动或非增值活动;活动优先级,定义在多个活动同时达到时,活动执行的先后顺序;活动超时行为,指活动在实际运行中,一旦活动执行超时后采取的处理策略;等待类型,指实际运行时该活动在执行前等待时间的处理;数量限制,指该活动可以被执行的次数限制;活动的执行时间,表示执行该活动所需的时间,时间可以定义为固定时间,如上一节课所需的时间为 45 分钟,时间也可以用概率分布规律来定义,例如,公共汽车到站时间符合某种正态分布规律;活动的成本属性。图 10-14 给出了配置产品活动的业务属性。

(3) 活动执行数据

活动执行数据定义了执行活动所需要的组织/人员、资源相关的数据。定义执行活动的组织信息,需要先定义负责该活动执行的组织部门,然后定义该组织部门内具体执行活动的组织单元,

图 10-14　配置产品活动的业务属性

单元有三种类型,包括人员、代表能力的角色或代表权限的职位,根据活动执行的柔性需求来选择不同的类型,如果选择角色或者职位,表示实际执行时将动态选择满足这个角色或者职位要求的具体人员来执行活动,组织部门、人员、角色及职位的定义来源于组织视图。执行活动需要的资源可以定义具体资源实体或代表功能的资源型,如果选择资源型,表示实际执行时将动态调度属于这个资源型的具体资源实体来执行活动,资源实体、资源型的定义来源于资源视图。

10.4.3 业务流程分析与优化方法

业务流程优化瞄准企业绩效低下的核心过程,通过删除、精简、合并、并行、重组、循环等方法建立新的业务流程,以期提高流程的运作效率。流程优化的前提是发现可能存在问题的业务流程。

可能存在问题的业务流程包括:

(1) 运作效率十分低下,解决业务问题所占用的时间或成本偏高的流程;

(2) 如果某一个流程的存在使得其他流程出现较长时间的等待,那么这个流程可能存在问题;

(3) 与竞争者相比,本企业在产品或服务的配送流程上存在时间过长、成本过高,或服务及技术支持的响应速度上存在明显劣势;

(4) 在分析解决业务问题的流程时,发现了其中包含对满足顾客需要贡献甚微或几乎无贡献的活动;

(5) 统计流程内信息流转的次数,如果一个流程内部信息流转次数很高,表明该流程中信息传递效率越低,该流程可能存在比较大的问题;

(6) 对于涉及多个部门的流程,如果流程在不同部门的活动之间频繁交替,说明该流程设计非常不合理;

(7) 如果一个流程中同类信息多次出现电子信息和纸介质信息,说明这个流程在信息传递上效率不高,存在介质断裂(电子介质转换为纸介质,纸介质又转换成电子介质)问题,导致同样的信息多次录入,工作效率低下;

(8) 曾经造成企业出现重大事故和损失的流程,或者经常导致返工和重复劳动的流程;

(9) 为了对付未来可能出现的不确定性因素,而过多进行了库存、资源、设备、人力备份的流程;

(10) 过分的检察和控制带来了过高管理成本的流程。

对上述可能存在问题的流程中的活动及其相互关系进行简化是优化企业业务流程的有效手段之一。业务流程简化技术经常采用 ESIA 方法,利用 ESIA 的原则来尽可能减少流程中非增值活动以及调整流程的核心增值活动,解决流程问题。ESIA 的具体含义如下:E 指 eliminate(清除),即清除流程中非增值部分;S 指 simplify(简化),即简化业务流程,使流程得到改进;I 指 integrate(整合),即对企业业务流程进行整合,提高业务运作效率;A 指 automate (自动化),即通过自动化手段执行业务流程,提高业务流程运行的自动化水平和效率。

(1) 清除

主要指对企业现有流程内部的非增值活动予以清除。在非增值活动中,有一些是不得已而存在的,而另一些则是多余的,所清除的应该是多余的非增值活动。因而在进行流程优化设计时,对流程的每个环节或要素,可以思考"这个环节为何要存在"、"这个流程所产出的结果是整个流程完成的必要条件吗"、"它的存在直接或间接产生了怎样的结果"、"清除它可以解决怎样的问题"、"清除它可行吗"。通过一系列的问题,来判断该环节是否是非增值环节,是否是多余的环节,它的存在产生了怎样的不利影响,以及清除这些环节是否可行等。如何消除或最小化这些活动,同时又不给流程带来负面影响,是流程优化设计的主要工作。一般而言,以下几个方面的问题需要着重考虑。

- 过量产出:超过需要的产出对于流程而言就是一种浪费,因为它无效地占用了流程有限的资源,在一定意义上,它带来的问题是增加库存和掩盖问题。
- 活动间的等待:指流程内任何时刻由于某种原因导致的对人或物的等待。带来的问题是造成待处理文牍和库存物品的增加,通行时间加长,追踪和监测变得更加复杂,却几乎未增加顾客价值。
- 不必要的运输:任何人员、物料和文牍移动都要花时间,浪费了员工时间,增加了成本。
- 反复加工:在公司运营流程的实际运作中,很多产品或是文件会被处理多遍,而这些处理往往都是不增值的。
- 多余库存:不但指物品的库存,还包括流程运营过程中大量文件和信息的淤积。
- 缺陷、失误:一般来说,产生故障的原因除了人员,还有流程结构的原因。
- 重复活动:如信息需要重复录入。
- 重组活动:是指相似的活动在处理上有部分不同时,为了适应某些特定的习惯而采取了不同的流程方式,这种活动造成流程资源的浪费,应予以清除与重组。
- 反复检验:有些检验、监视与控制变成一种官僚作风和形式主义,已不具有它本来的意义,甚至成了设置管理层次和管理岗位的理由。应将部分检验、审核工作进行授权,不要事无巨细地都上报,造成审核的形式化和上层领导工作的繁重和低价值。
- 跨部门的协调:跨部门的协调已经成了本位主义、官僚作风的代名词。应加强流程的整体观,进行职责的重新定义。

如何消除或最小化这些问题呢?可以从以下几个方面入手:

- 消除或压缩流程的等待和传递时间
  - ➢ 将串行活动变成并行活动;
  - ➢ 去除不需要的活动,减少流程步骤;
  - ➢ 合并内部的界面(环节);
  - ➢ 调整各环节的地理位置,或导入 IT 应用;
  - ➢ 压缩每个环节的时间,规定时间期限。
- 优化流程中的检查、评审点
  - ➢ 根据发生错误的几率来决定检查、评审点设置的必要性;
  - ➢ 取消重复审批点;
  - ➢ 将不同环节的串行审批变为并行审批;
  - ➢ 根据控制对象金额和风险的大小,进行分层审批。

- 减少流程中的返工
  - ➢ 提高流程中决策点的透明度；
  - ➢ 定义操作级流程和重要活动的操作规范及模版；
  - ➢ 建立经验教训共享知识库；
  - ➢ 规范对流程执行人员的培训。
- 优化流程中的客户接触点
  - ➢ 尽量统一接口，避免太多不同的人直接与客户接触；
  - ➢ 简化接触界面，在客户接触点上尽量减少客户的工作量；
  - ➢ 整合客户接触点，将需要客户参与的流程活动尽量整合在一起。

(2) 简化

在尽可能清除了非必要的非增值环节后，对剩下的活动仍需进一步简化。一般来说可从下面各方面进行考虑：

- 表格：许多表格在流程中根本没有实际作用，或表格设计上有许多重复内容。重新设计表格和引入 IT 技术，可以减少工作量和不必要的环节。
- 程序：在原有流程设计时，通常认为流程内员工的信息处理能力非常有限，因而一个流程通常被割裂成多个环节，以让足够多的人来参与流程，完成任务。通过运用 IT 手段，可以增强信息处理能力，简化流程程序，整合工作内容，提高流程结构性效率。
- 沟通：简化沟通，避免沟通的复杂性。
- 物流：虽然大部分物流的初始设计都是自然流畅且有序的，但在使用过程中，为了局部改进而进行的零敲碎打式的变动，在很大程度上使流程变得低效。有时，调整任务顺序或增加一条信息的提供，就能简化物流。

(3) 整合

对分解的流程进行整合，将多个任务组合成为一个复合的任务，将过去由多人经过多个环节完成的任务变成由一个人和一个团队来完成，多技能的员工和多学科的协同团队是实现活动合并必要的人员基础，以使流程顺畅、连贯、更好地满足顾客需求。

- 活动：授权一个人完成一系列简单活动，将活动进行整合，从而减少活动转交的错误率，缩短工作处理时间，实现流程与流程之间的"单点接触"。
- 团队：将不同领域的专家组成同队，形成"个案团队"或"责任团队"。这样能使物料、信息和文件传递距离最短，促进同一流程上人与人之间的沟通。
- 客户（流程的下游）：面向客户，和客户建立完全的合作关系，整合客户组织和企业的关系，将企业的服务连接到客户组织的流程中。
- 供应商（流程的上游）：消除企业和供应商之间不必要的官僚手续，建立相互信任和伙伴关系，整合双方的流程。

(4) 自动化

对于流程的自动化，不是简单以自动化完成就可以了。事实上，在许多流程中计算机的应用反而使流程更加复杂和繁琐，因而应该在对流程任务的清除、简化和整合基础上应用自动化。同时，许多任务的清除、简化和整合也要依靠自动化来解决。

- 脏活、累活与乏味的工作。

- 数据采集与传输。减少反复的数据采集,并降低单次采集的时间。
- 数据分析。通过分析软件,对数据进行收集、整理与分析,加强信息的利用率。

以上均为在流程优化设计中针对细致的流程活动所需考虑的问题,以 ESIA 内容为基础,从方法学的角度可以归纳出流程优化设计的要点,即:以客户为导向;计划与执行相分离;评审流程简化与规范化;审查、执行与评价相分离;会计核算面向管理,财务业务一体化;职责分工明确;信息系统中信息的一体化。

流程简化还可以从成本、时间和再造性三个方面切入进行,即成本导向的流程简化、时间导向的流程简化、再造性流程简化。

成本导向的流程简化是一种基本的流程简化方法,旨在通过对特定流程进行活动成本分析,来识别并减少那些导致资源投入增加或成本上升的因素。

时间导向的流程简化是一种在降低产品开发周期方面运用得越来越广泛的流程简化方法,其特点是注重对整个流程中各活动占用时间以及各活动间的协同时间进行深入的量化分析,从而发现导致流程时间过长的关键环境和瓶颈资源,并提出缩短流程周期的方法,如增加资源、减少审核活动、将串行的活动并行执行等。

再造性流程简化立足于长期流程能力的大幅改进,对整个业务流程进行根本性再设计。该方法强调在企业组织的现有业务流程、绩效及其战略发展需要之间寻找差距与改进空间,以期对流程进行革命性的变革。

AdeltaT 方法是另一种有效的流程简化技术。在整个产品生命周期流程中,一般只有 5% 为产出带来了价值增值。传统的流程改进方法将分析重点放在了这 5% 的优化上,AdeltaT 作为一种通过消除非增值活动来降低产品周转时间的流程分析工具,将改进重点放在了剩余的 95% 上,着重分析从生产制造到市场营销、售后服务、行政管理和人力资源系统支持等广泛的经营管理领域中存在的大量非增值活动和等待时间,并取得了惊人的效果。

AdeltaT 方法的工作步骤如下:①在工作簿上列出流程中所有单项活动;②对单项活动进行计时;③根据特定活动的产出对顾客需求的贡献程度,确定它是增值活动还是非增值活动;④计算 AdeltaT 率,即所有增值活动所占用的时间总量占整个流程周期的比率,这一比值将是流程改进前后衡量动作效率的基准值;⑤通过改进机会的择优,确定一个问题解决流程方案,决定削减哪些非增值活动;⑥对改进后的流程重新计算 AdeltaT 率,确定流程性能改变的程度是否满意,如果结果不令人满意,则重新进行步骤⑤,直到获得满意的流程简化结果。

除了上面介绍的流程简化方法外,对业务流程进行工作流仿真也是进行流程简化的有效方法。通过仿真,可以定量分析企业业务流程的运行时间、运行成本和资源利用率等指标,而从进一步分析业务流程中是否存在死锁或瓶颈环节,业务流程的运行性能是否良好以及业务流程是否是优化等问题。仿真工具系统提供的仿真报表包括:①过程时间统计报告:统计事务和活动的平均周期时间、平均等待时间、平均阻塞时间和平均非活动时间等;②成本统计报告:统计事务的平均成本、活动执行的平均成本和资源成本等;③资源统计报告:统计各项资源的使用时间、空闲时间、资源利用率等。

关于详细的业务流程诊断和优化方法见文献[35]第 7 章,关于工作流仿真内容的详细介绍见文献[34]第 10 章。

10.5 业务流程可视化管理与监控

时下,可视化已成为一个热门话题。什么是可视化?从字面上理解就是可以看见,但实际上人们所说的真实含义是把本来用文字、数字等方式表示的内容改为用图形、图像、动画等更为直观的方式表示。随着互联网的普及,以及多媒体技术的发展和成熟,可视化将成为今后相当长的时期内计算机技术的一个重要发展方向。

对企业来说,"可视化"的要求日益紧迫。让企业的信息"清澈见底"不仅是应付监管机构的需求,更是实现企业流程可控、提升企业竞争力的必由之路。IDC 中国副总经理万宁谈到,"可视化是希望解决企业内部信息失真带来的成本问题,提高效率的有效方法"。贝塔斯曼直接集团(Bertelsmann Direct Group)IT 总监江玮认为,"可视化 IT 的流程,让你的老板有完整的体验,非常重要。老板了解 IT 了,才会对你的工作更支持。"

卖羽绒服的波司登公司在 2001 年曾经深陷一场危机。当时其模式是,从每年 9 月开始卖羽绒服半年,次年 3 月把所有代理商没有卖完的货送回来,这时候要准备大量的现金支付给代理商。但由于企业内部信息不透明,流程并不可视化,财务在每年 3 月都非常紧张,不知道在银行中该准备多少钱。2001 年就差点被存货压垮。后来,波司登给全国各地的代理商都配备了扫描枪,要求所有代理商在销售每件产品时进行扫描。这样波司登总部就可以知道哪个区域、什么时段、哪种型号的羽绒服卖得最好,基于这样的信息公司还可以在不同的地区之间进行存货的交换(因为在一个地区积压的服装可能在另外一个地区卖的很好),从而大大提高了产品的销售水平。这种管理方式非常有效,使波司登摆脱了信息不透明带来的经营风险,提高了其经营效益,使其多年来一直维持了行业老大的地位。

做眼镜的博士伦公司在全国有 1200 家经销点,曾经派了 1000 个营业代表跑这些经销点。但"将在外,君命有所不受",谁也不知道销售流程如何,后来公司用一套系统来实现可视化。让销售代表每天回到家的时候,只要将 PDA 连上,15 分钟内就将一天各个销售商销售的信息、竞争对手的动态等情报回传到了总部,总部可以进行销售计划的管理。而以往,通常是召集各个销售经理回总部开会,会后把公司精神传达到分公司,通常几个月才有一次这样的机会。现在则是第二天就完成全国范围的市场策略的调整。而它的一些对手还停留在月度管理的基础上,博士伦公司依靠可视化管理的方法保持了其竞争优势。

可见,对业务流程进行可视化管理与监控十分重要。它令企业流程直观化,各种信息可读化,公司的营运畅通化。

业务流程可视化管理与监控主要分为三个方面的内容:
(1)静态管理:从静态角度对业务流程的模型进行可视化;
(2)动态管理:从动态角度对业务流程实例执行情况进行可视化管理;
(3)绩效管理:基于业务流程完成情况进行绩效考核。

10.5.1 业务流程模型的可视化

可视化建模技术辅助用户对业务流程进行梳理,构建企业的流程模型、组织模型、资源模型、信息模型等,在这些模型之上可以进一步实现业务流程的可视化管理与监控。

通过可视化的展示，为企业管理者提供了管理组织、岗位、业务流程、资源、文档及其相互间复杂关联的工具，使管理者能够轻松自如地随时了解企业的相关管理信息，为业务流程重组和改进、岗位职责设置、文档管理、业务流程可视化监控、经营管理决策提供了科学的依据。它包括：①展示功能：以四个视图分别展示企业业务、组织、资源和文档；②查询功能：通过特定部门查询该部门涉及的流程、资源、输入输出文件信息、所含子部门、岗位、员工等信息；通过特定流程查询该流程涉及的组织、资源、输入输出文件等信息；通过特定岗位查询不同岗位所处理的业务流程、涉及的输入输出文件等信息；查询特定人员所属部门、处理的业务流程、涉及的输入输出信息等；通过特定文件查询该文件涉及的部门、流程和岗位等信息；通过特定资源查询该资源所属部门、涉及的流程等。

具体的展示内容包括：
（1）展示业务流程图，根据用户权限进行访问控制。
（2）展示业务流程中各部门承担的活动信息（见图10-15）。

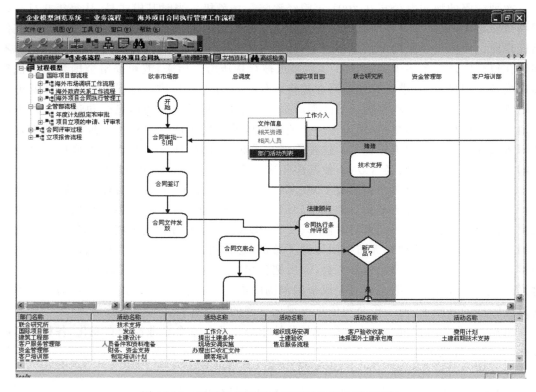

图 10-15　展示业务流程中各部门承担的活动信息

（3）展示业务流程相关的文档、资源和组织信息。
（4）展示业务流程中活动的执行顺序。
（5）生成业务流程 BMP 图。
（6）生成业务流程模型详细报告（见图10-16）。
（7）展示组织结构
- 按权限展示整体组织结构；

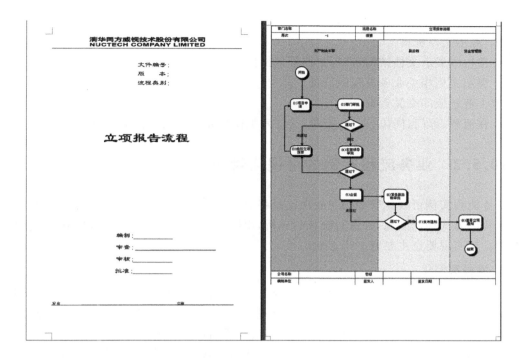

图 10-16　生成项目报告

- 按权限展示部门及其下属部门、岗位和人员信息；
- 展示部门相关的业务流程；
- 展示部门相关的资源；
- 展示部门相关的文档。

（8）展示企业资源
- 按权限展示资源和资源型的信息；

- 展示资源相关业务流程的信息。

(9) 展示文档资料
- 按权限展示文档结构,进行文档管理操作;
- 展示文档相关业务流程的信息。

(10) 各领域的交叉查询
- 在流程、部门、岗位、人员、资源、文件六类模型元素之间进行交叉查询。

10.5.2 业务流程实例的可视化管理

业务流程实例可视化管理的主要功能是将业务流程实例化,获得其运行状况的信息,通过可视化的方式加以展现,并进行统计和分析,用以辅助管理人员对业务运行情况进行监控和管理。其实现要点主要有三个方面。

1. 流程实例化

流程实例化是对拟发布的流程进行必要的修改后将其进行发布执行。首先设置流程实例的基本属性,如名称、标识号(例如型号、批量、指令号等)、项目负责人等。其次要添加子流程或活动的执行人员,由项目负责人添加子流程或活动关联的部门负责人,子流程的负责人添加活动关联的人员。之后由项目负责人或活动关联人员添加与活动关联的资源。在时间和进度方面,需要设置流程整体的时间约束,再由项目负责人设置项目主要节点的时间约束,子流程的负责人设置子流程中的控制点时间约束。在文档方面,需要添加文件作为输入文档的实例,并将输出文档上传作为流程或活动结束的必须要求。所有信息设置完毕之后,就可以发布流程实例了。

具体步骤如下:

步骤1:新建业务流程实例,配置基本属性。从流程模型中选择并编制实例,或新建空白实例进行编制;配置实例的基本属性。

步骤2:设置工作日历,定义工作周,设置特定工作日。

步骤3:安排任务进度和日程。分配任务进度可采用编辑任务的时间属性或编辑甘特图的方法。

步骤4:针对每一个子流程和活动分配部门和人员。

步骤5:分配活动资源。资源可分为两类:一类是非消耗性的设备资源,另一类是消耗性的材料资源。

步骤6:估算项目成本。分析项目成本的组成,制定固定成本预算。

步骤7:处理流程文档,上传业务流程的输入文档,同时维护流程文档的一致性。

步骤8:对实例化的流程在通过评审后进行发布。

2. 业务流程实例运行的可视化

业务流程实例的基本操作包括运行、中断、恢复、终止、作废。在实例运行时可以实时查看并更新流程进度,调整人员分配以及设备资源分配,跟踪项目成本状况。

更新流程的执行情况时需要更新流程进度,上传输出文档,更新固定成本执行情况,更新组织、资源实际配置和使用情况,并且将子流程活动标记为"完成"。

跟踪流程进度时,可以在业务流程实例的主界面中查看总体情况,在流程图中查看流程实例进度(如图10-17),查看历史进度记录,以及跟踪甘特图(如图10-18)。

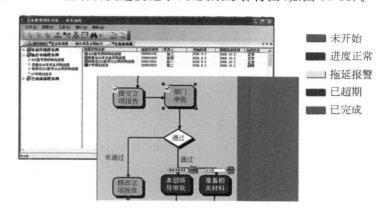

图 10-17　查看流程实例进度

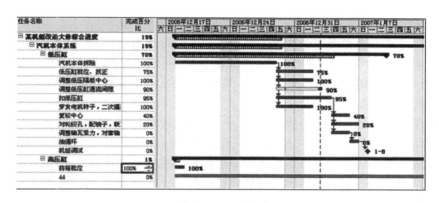

图 10-18　甘特图

跟踪和调整人员分配以及设备资源分配的操作与配置流程实例时类似。跟踪项目成本状况时,可以结合流程图展示成本总体状况,或者分项跟踪成本状况。

3. 数据分析及可视化展示

流程运行流程中会产生大量的数据,如何对这些数据进行处理分析从而得到决策需要的信息是一个关键的问题。在数据输入方法上,可以从已有的信息系统(如 ERP、CRM、工作流)中读取,个别信息也可能需要手动输入。统计的信息主要包括三个方面:正在运行的项目的总体情况;项目内指标的情况;跨项目的时间/进度、质量、成本等指标的横向比较。通过数据分析可以了解流程运行情况、资源负荷与瓶颈,以及人员工作量分配情况等。

可视化展示利用列表、柱状图、饼状图、进度条、变化曲线等方式将数据分析结果形象地展示出来,展示的数据包括当前状况数据和统计分析数据。

10.5.3　基于业务流程的绩效考核

绩效是组织期望的结果,是组织为实现其目标而展现在不同层面上的有效输出,绩效管理已经从人力资源管理的组成部分，发展成为确保企业战略有效实施的管理工具。

绩效管理的流程如图 10-19 所示。

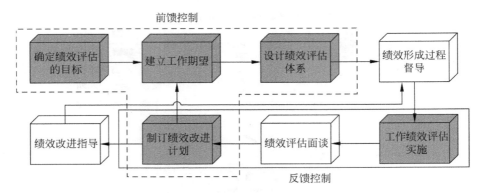

图 10-19　绩效管理流程

绩效考核的主要方法分为两种：

（1）非系统的考核方法

非系统的考核方法主要用于衡量关键职务职责履行状态，对绩效形成流程控制，以及对人员能力与素质状态考核等，常用方法包括：报告法、业绩评定表法、简单排序法、强制分布法、因素评价法、行为锚定等级评定量表法、关键事件法、不良事故评估法等。

（2）系统的考核方法

系统的考核方法多与组织的战略目标、企业文化、经营目标、核心能力培养等目的相关，常用方法包括：目标管理法、标杆超越法、关键业绩指标法（KPI）、平衡记分卡（BSC）等。

所有绩效考核方法最终的操作都落实到指标和标准的定义及跟踪上，因此，绩效考核最关键的问题是建立一套绩效指标体系。绩效指标体系由一组绩效指标集组成，每个绩效指标集包含多个绩效指标类型，每个指标类型又包含多个绩效指标。绩效指标类型独立于具体绩效，它定义了指标的基本属性，而绩效指标则与具体的人在具体时间段的绩效相关。在按照绩效指标的层次结构进行分解时，还要建立绩效指标之间的关联。

绩效指标包含基本属性、与该指标相关联的时间及组织属性、绩效标准以及绩效数据等多个属性。

基于业务流程的绩效考核方法需要建立建立绩效指标与业务流程的关联（图 10-20）。绩效指标与业务流程实例有多种不同的关联方式：①绩效指标与流程实例关联，绩效数据来自流程实例的基本信息，如人员 x 在 A 类项目中所承担任务中按时完成的比例；②绩效指标与流程实例关联，但绩效数据来自于自定义的数据，如评定人员 y 在 B 活动中完成任务的合格率，通过 C 活动检验得到相关数据；③绩效指标与流程无直接关联，绩效数据需要主观评价或手动直接录入，如评价人员 z 是否善于与他人协作。上述关联

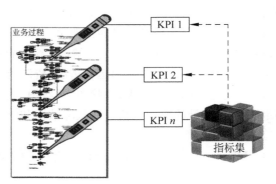

图 10-20　建立绩效指标与业务流程的关联

方式的差别主要体现在绩效数据收集方法上,在绩效指标的"数据来源"属性页可以指定该指标的数据来源(图10-21)。

图 10-21　指定绩效指标的数据来源

通过业务流程的活动收集到的绩效指标需要以合适的方式展现出来,如绩效报告、柱状图、三维折线图等,所形成的综合评价绩效指标可用于企业的绩效监控、模拟业务场景运作、进行资源优化分配、设置新的业务和绩效目标等。

在业务流程的可视化管理与监控方面,作者所在研究组基于集成化企业建模方法开发了相应的管理工具,并在多家企业进行了应用,工具的介绍请参见 http://www.simflow.net。

10.6　业务流程实施与自动化

10.6.1　工作流管理系统参考模型与功能

工作流管理系统是实施业务流程自动化的核心系统,也是提高由于企业应用系统柔性的核心技术[34]。工作流的概念起源于生产组织和办公自动化领域,它是针对日常工作中具有固定程序的活动而提出的一个概念,通过将工作分解成定义良好的任务、角色,按照一定的规则和流程来执行这些任务,并对它们进行监控,达到提高办事效率、降低生产成本、提高企业生产经营管理水平和企业竞争力的目标。实际上,自从进入工业化时代以来,有关流程管理与流程优化工作就一直在进行,它是企业管理的主要研究内容之一,只不过在没有引入信息系统的支持以前,这些工作是由人来完成的。在计算机、网络和分布式数据库技术迅速发展,多机协同工作技术日臻成熟的基础上,20 世纪 80 年代中期开始,工作流技术得到了迅速的发展,它为企业高效地实现经营和管理目标提供了先进的支持手段。

通常,工作流管理系统指用于定义、执行和管理工作流(业务流程)运行的一套软件系统,它和工作流执行者(人、应用)交互,推进工作流实例的执行,并监控工作流的运行状态。在这里需要强调指出的是工作流管理系统不是企业的业务系统,在很大程度上,工作流管理系统为企业业务系统运行提供一个软件支撑环境,非常类似于在单个计算机上的操作系统,只不过工作流管理系统支撑的范围比较大、环境比较复杂而已,所以工作流管理系统也称为业务操作系统(business operating system,BOS)。在工作流管理系统的支撑下,通过集成业务应用软件和业务人员的操作，才能够良好地完成企业经营流程运行和管理，所以，工作流管理系统在企业的应用是系统实施与应用集成过程。

虽然不同的工作流管理系统具有不同的应用范围和实施方式，它们还是具有许多共同的特性，从比较高的层次上来抽象地考察工作流管理系统，可以发现所有的工作流管理系统都提供了以下3种功能。

（1）建立阶段功能：完成工作流流程和相关活动的定义和建模功能。

（2）运行阶段的控制功能：在一定的运行环境下，执行工作流流程，并完成流程中活动的排序和调度功能。

（3）运行阶段的人机交互功能：在活动执行过程中，支持用户与IT应用之间的交互。

图10-22为工作流管理联盟（WfMC）提出的工作流参考模型的体系结构图[96]。这个参考模型的体系结构给出了工作流管理系统的功能组成部件和接口，它能够满足工作流管理系统和产品所应该具有的主要功能特征，可为实现工作流产品之间的互操作提供公共的基础。

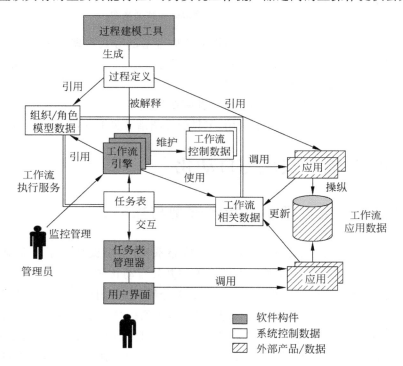

图 10-22　WfMC 的工作流参考模型

从图 10-22 可以看出，工作流管理系统主要由三类构件组成，这三类构件分别是：

（1）软件构件：实现工作流管理系统不同组成部分的功能。

（2）系统控制数据：工作流管理系统中的一个或多个软件构件使用的数据。

（3）应用与应用数据：对于工作流管理系统来说，它们不是工作流管理系统的内部组成部分，而是属于企业业务应用系统和数据，它们被工作流系统调用来完成整个和部分工作流管理的功能。

必须指出，组成工作流管理系统的每个功能部件可以在不同的软硬件平台上采用不同的方法实现，同样的接口也可以在不同的软硬件平台上采用不同的编程语言实现。工作流产品的提供商通常不会将这些部件之间的所有接口完全对外开放,有时为了实现不同工作流产品之间的集成,提供商会按照互操作和协作的要求在一定层次上开放其产品接口。

为了提高工作流管理系统不同模块之间的可集成性和互操作性,工作流管理联盟提出了工作流管理系统设计实施过程中的 5 类接口,如图 10-23 所示。定义这 5 类接口是为了规范开发商不同软件模块的开发,方便这些不同模块之间的连接。接口 1 定义了流程定义工具与工作流机之间的接口规范;接口 2 定义了工作流机与用户之间接口规范;接口 3 定义了工作流机与外部应用程序之间接口规范;接口 4 定义了不同工作流机之间实现互操作的接口规范;接口 5 定义了工作流机与工作流管理工具(如状态监控、性能分析软件)之间的接口规范。关于这 5 类接口的详细介绍请参见文献[34]。

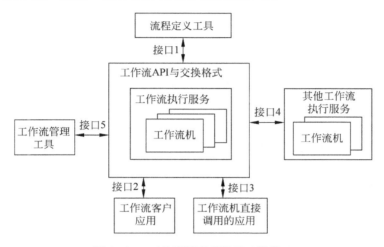

图 10-23　工作流管理系统的 5 类接口

图 10-24 是作者所在研究组基于 COM＋技术开发的分布式工作流管理系统 CIMFlow 的体系结构图,系统分为应用层、逻辑层和数据层。

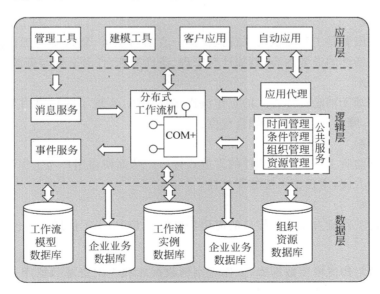

图 10-24　工作流管理系统 CIMFlow 的体系结构图

1. 应用层

应用层是工作流管理系统用户直接操作的功能,包括建模工具、客户应用、自动应用和管理工具4个模块。

(1) 建模工具:提供工作流模型定义、版本控制、正确性验证,以及组织资源定义等功能。

(2) 客户应用:是用户操作工作流系统所分配工作项的应用模块,用户可以通过它获取、处理并提交其负责的工作任务项。

(3) 自动应用:是由工作流执行系统控制的具体信息化应用模块或者系统,由工作流机自动触发完成某项任务。

(4) 管理工具:为具有特定权限用户(如系统管理员或流程管理员)提供对工作流系统的管理功能,包括系统配置、流程实例管理、异常处理、日志查看以及数据统计等。

2. 逻辑层

逻辑层是工作流管理系统内部实现的功能,用户无须了解其实现细节,包括工作流机、公共服务、消息服务、事件服务和应用代理5个模块。

(1) 工作流机

完成对工作流业务逻辑控制和操作,其功能包括:

- 存取工作流模型定义和组织资源模型定义;
- 创建和控制流程实例运行;
- 控制活动实例运行并实现活动实例间的导航;
- 支持用户处理工作任务项;
- 激活和管理自动应用;
- 维护、传递工作流控制数据和工作流相关数据;
- 支持异常处理与动态建模;
- 对运行情况与历史进行监控、管理与分析等。

(2) 公共服务

工作流公共服务是工作流执行系统提供的一套后台服务,负责协同工作流机组件处理具有时延或时耗特性的业务内容,例如计时管理、条件判断、任务分配与资源分配等功能。

(3) 消息服务

为用户提供基于消息传递方式的工作流机接口调用,实现了客户应用与工作流机组件之间的消息传递,降低二者之间的耦合程度。

(4) 事件服务

向外界提供监听工作流内部事件的开放式接口。从而使得用户与工作流执行系统之间的信息交互更为方便,增强了系统的开放性。

(5) 应用代理

为无法实现工作流自动应用接口的应用程序提供COM+组件形式的包装。

3. 数据层

数据层是由工作流模型数据库、工作流实例数据库和组织资源数据库三个工作流内部数据库以及多个企业业务数据库组成。

CIMFLow 工作流管理系统支持基于 Web 的系统管理与运行,用户既可以通过企业内联网访问工作流执行系统,也可以通过互联网访问系统。为了保证工作流系统的安全性,通过 Web 服务器来响应以互联网方式访问系统的用户操作。CIMFlow 系统已经在中航一集团航空制造工程研究所和大连机车厂等单位进行了应用,取得了良好的效果。

10.6.2　业务流程管理系统实施方法

业务流程管理系统的实施需要一套方法论的支持,图 10-25 给出了一个业务流程管理系统的实施步骤。

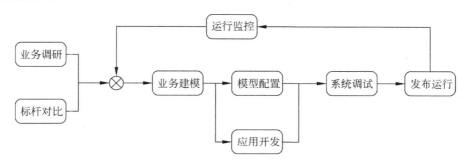

图 10-25　业务流程管理系统实施方法

各个步骤的执行顺序及作用如下:

(1) 业务调研和标杆对比

通过对企业现有业务流程、组织结构的调研,分析企业对业务流程管理系统的需求;通过与典型企业(或行业)参考模型的对比,确定系统实施的总体目标。

(2) 业务建模

建立企业业务流程模型,该模型描述将要通过业务流程管理系统执行的流程及相关属性,包括组织、资源、时间、成本等。

(3) 模型配置

进一步对业务模型进行配置,使之适应特定的业务流程管理系统的需要,包括模型格式的转换、表单的定制与挂接、自动应用的挂接等。

(4) 应用开发

对业务功能模块进行开发,或者对已有的系统进行适当的封装,使之能够被业务流程管理系统调用。

(5) 系统调试

IT 人员和管理人员对系统进行联合调试,注入一些试验数据进行系统的试运行。

(6) 发布运行

在通过调试以后进行模型发布,通知企业员工新业务模型的运行,同时对员工进行必要的培训。

(7) 运行监控

综合流程执行产生的数据和员工的反映,对系统进行必要的调整,包括工作流程的调整、占用资源和人员的调整,以及应用程序、系统界面的调整等。

10.6.3 实施案例

中航一集团航空制造工程研究所(又称 625 所)是我国专门从事航空制造技术研究和工艺装备设备开发的综合性研究所。由于其对产品设计流程自动控制的需要,基于 CIMFlow 工作流平台,作者所在项目组为其开发实施了"625 所产品设计流程管理系统",以支持机械类产品的设计流程执行和管理。

系统需求是设计基于工作流技术的产品数字化设计制造管理集成系统的运行平台,系统最终将实现的目标是:利用建立的工作流模型,实现对产品设计制造流程中的数据文件(包括二维和三维模型文件,Office 文档以及一些结构化数据)审批发放、项目进度、资源、质量、合同和项目经费的控制。

625 所的产品设计流程具有以下特点:

(1) 产品结构的不确定性导致设计流程的非结构化;

(2) 设计流程在执行流程中要求有较高的动态性,包括任务分配的动态性和错误处理的动态性;

(3) 项目要求对所有流程和任务的执行情况进行实时监控;

(4) 同类产品划分为相同的设计阶段;

(5) 根据不同的项目设置不同的组织权限。

根据这些需求开发的产品设计流程管理系统主要包含下列功能:设计文档管理、项目文档管理、BOM 管理、设计流程建模与执行、设计流程与设计活动的监控与管理、协同设计、组织机构管理、日志管理、新闻管理等。系统的体系结构如图 10-26 所示。

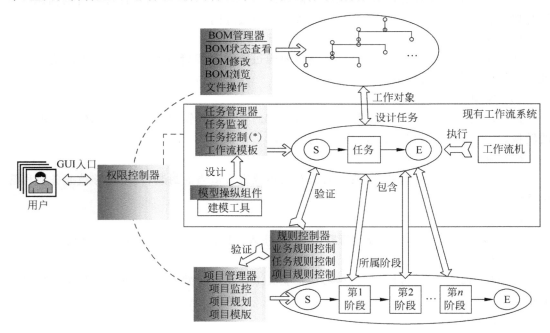

图 10-26 系统体系结构

整个系统采用B/S结构实现,软件开发平台为Microsoft.NET,后台数据库采用SQL Server 2000,数据库访问采用ADO.NET方式。

用户登录后进入如图10-27所示的任务列表界面,界面右上角是系统功能菜单,界面中间是三个任务列表,从上到下分别是"等待处理的工作"、"正在进行的工作"和"已经完成的工作",分别表示用户所承担的不同状态的任务。其中"等待处理的工作"和"正在进行的工作"的区别是"等待处理的工作"是新分配给用户的,用户还没有开始执行。单击"等待处理的工作"和"正在进行的工作"列表中的"处理"或"执行"按钮,将根据任务类型进入相应的任务执行界面。

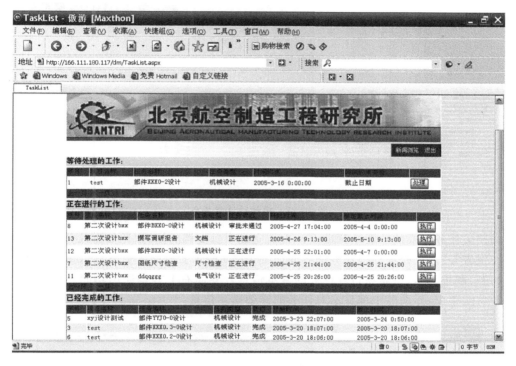

图10-27　用户任务列表

本系统中任务分为5种类型:机械设计类任务、电气设计类任务、文档类任务、审批类任务、图纸检查类任务。

对于机械设计类任务来说,主要功能是帮助设计人员完成一个机械部件的设计。机械设计类任务有三个基本的属性:是否可以设计BOM树、是否可以将所负责部件中的子部件分配给其他设计人员进行设计、设计完成后是否需要审批。用户进入机械设计类任务系统后,界面中将显示对任务的详细描述信息,在描述信息下还显示了以该任务负责的部件为根节点的BOM树结构,如图10-28所示。

采用任务分配向导可以新建任务并将其分配给相关的人员。根据系统提示,不断单击"下一步"按钮,即可完成新任务相关属性的配置操作,包括类型、设计部件、承担者、时间约束、权限、审批负责人等,完成属性设置后,系统会将用户设置的属性集合以报告的形式展现出来,帮助用户进一步确认属性设置的正确与否,单击"确认"按钮,新任务启动成功,处于"已创建"状态,并流转到相关设计人员的任务列表中。

图 10-28 机械设计类任务

文档类任务完成的功能是帮助设计人员完成项目文档的撰写（比如需求分析报告、项目可行性报告等）。文档设计类任务的界面如图 10-29 所示。界面的上方显示该任务的名称、运行状态、截止时间、所属项目等任务的基本信息。界面右上方是通用功能菜单，界面左侧是任务功能菜单，界面的中部显示对任务的详细描述信息。

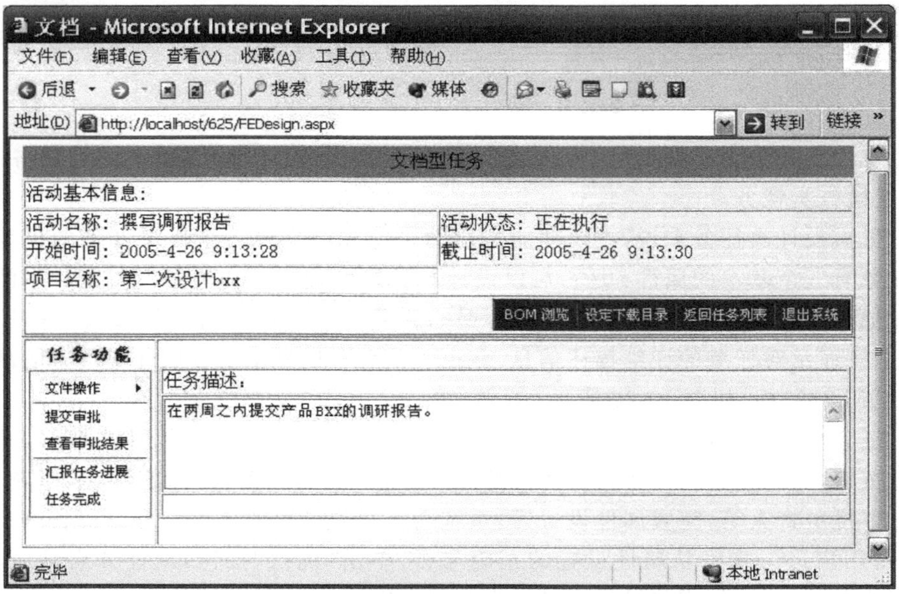

图 10-29 文档类任务界面

"组织管理"部分可以选择进行人员管理、角色管理和部门管理。人员管理可以增添、删除人员，也可以修改人员属性信息；角色管理可以增添、删除角色，也可以修改角色属性信息；而部门管理负责增添、删除部门或修改部门属性信息，也可以为部门增添、删除人员，或修改人员信息。

人员管理功能中，将人员的属性分为两类，一类是必须填写和选择的属性，因为系统运行时期需要根据此类信息进行任务的分配和导航，此类信息包括：姓名、部门、角色、账号和密码。另一类属性是附加属性，填写与否可根据实际需要确定，不影响系统运行。此类属性包括：性别、年龄、电话、邮件和简介等。在这个功能中还可以进行查看员工信息、添加新员工、修改员工信息、删除员工等操作。

系统日志记录了所有项目运行中的主要操作的信息，包括操作时间、执行者、所属项目、操作类型以及操作对象等。用户可以按时间、人员、项目、类型等不同形式对系统日志进行查询。单击不同的查询类型按钮，例如"按时间"，界面将显现筛选条件框，设定筛选条件后，单击系统功能中的"查询"按钮即可查看查询结果。

第三篇

信息化管理的基础与核心技术

第11章

企业管理的基本理论

11.1 企业的基本组成

企业是社会经济系统的主要构成元素,是社会经济系统中最具活力的组织,也是管理学科的主要研究对象。从这个意义上说,管理者对企业的深入认识和对管理理论的充分了解,是成功实现企业管理的基础。尤其是在企业信息化实施过程中,深入了解企业管理相关理论和方法,将先进的管理理念和管理模式,通过应用软件系统固化到企业管理信息系统的业务流程中,对于提高企业业务信息系统的运作效率和现代化管理水平有重要的意义。

11.1.1 企业的基本概念

企业是从事商品生产、流通或服务等经济活动,为获取盈利,进行自主经营、自负盈亏,实行独立核算,具有法人资格的经济实体[97]。

企业并不是人类社会存在以来就有的,它是社会生产力发展到一定水平的结果,是商品经济的产物。在生产力不断发展的推动下,在商品经济不断发展的前提下,由资本主义商品经济代替了自然经济,企业才成为社会的基本经济单位。

在资本主义社会产生以前,从原始社会到封建社会,以自给自足为特征的自然经济是主要的经济形态,社会生产和消费主要以家庭或手工作坊为经济单位,它们还都不是企业。

随着商品交换的出现和商品经济的发展,生产组织方式从个体向着社会协作的方式演变,生产的目的也由满足自身需要转向满足社会需要,工业革命实现了以机器为主要生产工具的产品制造过程,从而使作坊式的生产方式逐渐过渡到工厂生产方式,逐步完善的工厂制度的建立则标志着企业真正形成。

自20世纪中期以来,随着科学技术水平的发展,企业生产力水平得到迅速的提高,企业规模、环境及相应的管理方式也发生了深刻的变化,企业的规模不断扩大,产生了跨国企业和虚拟企业等新的企业模式,新技术、新设备、新工艺不断运用到生产中来,生产过程中的实际需求也在不断推动企业管理理论和方法的发展,特别是企业经营权和所有权的分离,大大促进了企业管理专业化水平的提高。企业组织体系和管理制度日益健全,制度化、科学化和规范化已经成为现代企业管理中重要的基本特征。

1937年美国芝加哥大学教授罗纳德·科斯(Ronald H. Coase)创造性地运用交易成本

的概念和方法对企业与市场的关系进行了分析,阐述了企业存在的原因[98]。所谓交易成本是指为了完成交换活动而耗费的成本,即为了达成协议或者完成交易所需花费的经济资源。科斯将自己的企业理论归纳为:企业是一系列契约的集合,在这一系列契约中,有些表现为雇主与雇员之间的权力关系(等级序列),有些表现为雇主与雇员之间以及雇员们之间的一种合作关系(团队精神)等。将这些契约成本与市场交易成本进行比较,当市场交易成本大于企业组织成本时,资源配置就会以企业这种经济组织来进行。这种由企业制度、企业文化与企业精神因素导致的交易成本减少和效率提高是企业产生的根本原因。科斯还指出,企业运营需要花费一定的经营组织成本,当企业规模持续扩大时,经营管理层次的增加将使得组织的运营成本增加,进而限制了企业无休止地扩展规模。

11.1.2 企业的基本特性

1. 企业是经济组织

企业是在国家和社会统一管理下,以盈利为目的,具有独立地位的经济实体。企业以谋求利润为目的,是市场中的经营主体,以自身生产的产品或提供的服务,通过交换来满足社会需要,并从中获得利润。在健全的市场经济环境下,企业所获得的利润与它为社会做出的贡献成正比,企业盈利不仅有利于企业自身的进一步发展和企业员工的价值体现,还意味着社会财富增加、政府税收增加和社会福利事业发展。亏损企业缺乏发展动力,从社会资源合理利用这个意义上说,这样的企业也不能够长期生存下去。

企业的经济性是它区别于政府机关、政治组织、事业单位、群众组织和学术团体等非经济组织最本质的特征。如何最大程度地获得经济效益是企业管理首先要解决的问题。

2. 企业是社会组织

企业不仅是一个经济组织,也是一个社会组织。在现代社会中,企业是一个开放式系统,它不但承担着经济责任,同时也承担着社会责任和政治责任。

首先,企业的经济活动要受到社会环境和政治环境的制约和影响。企业的经营目标决定了企业需要通过向社会提供满足其需要的商品和服务来获取利润,因此企业在生产和经营中不仅需要考虑经济因素,还需要考虑政治、法律、道德、伦理等问题。其次,企业作为社会大系统的组成部分,在追求利润的同时还要解决企业可持续发展和环境等问题,这些问题都与社会密切相关。在这些问题的制约下,企业利润最大化的目标往往不能很好地实现,如何处理好经济利益和社会利益的矛盾,是企业管理者需要重点解决的问题。

作为社会成员一部分的企业需要承担相应的社会责任,2010年11月1日国际标准化组织(ISO)正式发布了ISO 26000社会责任国际标准。ISO 26000框架大致分为范围、参考标准、术语和定义、组织运作的社会责任环境、社会责任的原则、社会责任的基本目标、组织履行社会责任的指导等10个部分。标准的核心部分覆盖了社会责任内容的9个方面,包括:组织管理、人权、劳工、环境、公平经营、消费者权益保护、社区参与、社会发展、利益相关方合作[99]。

3. 企业是一个自治系统

企业是独立自主从事生产经营活动的经济组织,在国家法律、政策允许的范围内,企业生产经营活动不受其他主体的干预。法人企业的独立自主性在法律上表现为财产独立、核算独立、经营自主,并以自己独立的财产享有民事权利和承担民事责任。

企业的自主性是由企业面临的客观环境决定的,企业面临的是变化的市场和变化的需求,企业是市场中的竞争主体,为了在竞争的市场中抓住稍纵即逝的机会,企业的经营管理决策应具有一定的独立性而不应受到其他方面的直接干预。在合理合法的框架下,应该赋予企业充分的自主权,使其在市场经济环境下能够独立自主地进行生产经营活动,并严格按照法律规定行使权利和履行义务。

11.1.3 企业类型

现代经济系统是十分复杂的,企业作为其重要组成部分,也可以分为很多类别。为了更加深入地对企业和企业管理方法加以研究,需要将企业进行合理的分类,根据所研究问题的不同,对企业可以有以下不同的分类方法。

1. 按企业资产的所有制性质分类

这是我国过去常用的一种分类方法。按照企业资产的所有制性质可以将企业分成如下几种类型:

(1) 全民所有制企业

全民所有制企业也称国有企业,它的全部生产资料和劳动成果归全体劳动者所有,或归代表全体劳动者利益的国家所有。在计划经济体制下,我国的国有企业全部由国家直接经营,由国家直接经营的国有企业称国营企业。

(2) 集体所有制企业

集体所有制企业简称集体企业,企业的全部生产资料和劳动成果归一定范围内的劳动者共同所有。

(3) 私营企业

这是指企业的全部资产属私人所有的企业,我国《私营企业暂行条例》规定:"私营企业是指企业资产属于私人所有,雇工8人以上的营利性经济组织。"

(4) 混合所有制企业

混合所有制企业指具有两种或两种以上所有制经济成分的企业,如中外合资经营企业、中外合作经营企业、国内具有多种经济成分的股份制企业等。

2. 根据企业产权的形态构成分类

企业产权制度的发展经历了三种形态,即业主制产权制度、合伙制产权制度和公司制产权制度。业主制产权制度是最早出现的企业产权制度形态,合伙制产权制度是由业主制企业的扩张而形成,但与业主制产权制度无本质区别的一种企业产权制度。公司制产权制度是一种现代企业产权制度,它的突出特点是企业投资者(股东)负有限责任。

(1) 业主制

业主制也称为个人企业,指个人出资经营、归个人所有和控制的企业。这种企业在法律上称为自然人企业,企业不具有法人资格。它是历史上最早出现也是最简单的企业形式,在小规模生产时期,这种企业制度占主导地位,即使在今天,这类企业总数依然是所有类型企业中最多的。业主制企业的特点是企业的监督管理者就是企业财产的所有者,其所有权与经营权是统一的。业主制企业的产权结构是业主制企业形成的基础。企业业主独享企业利润,独自承担企业风险,对企业债务负无限责任。

业主制企业一般规模较小,管理简单,建立和停业的程序简便,产权能够自由转让,经营灵活。但是由于个人财力的限制,这种企业往往难以扩大经营规模,由于经营者需要承担无限责任,经营的风险较大。而且业主制企业的生命力在很大程度上取决于业主的个人管理水平,因此企业的生存周期较短。

在市场经济环境下,业主制企业通常存在于零售业、自由职业、个体农业、服务业等领域,具体形式有零售商店、注册医师、注册律师、注册会计师、家庭农场等。这种企业数量庞大,但是由于规模小、发展余地有限,在现代经济中不占主导地位。

(2) 合伙制

业主制虽然从产权明晰的角度看有它的优点,但由于个人资金和个人投资能力有限,同时也由于投资者承担无限责任,投资者往往不愿意经营风险较大的业务,所以它对社会经济发展的贡献不大。合伙制企业是随着企业的扩张、对资本投入和降低风险的需求扩大而出现的,它是由两个或两个以上的所有者共同所有的企业,由若干合伙人根据协议共同出资、合伙经营、共同分享经营所得、共同承担经营风险。合伙人的出资既可以是资金或其他财物,也可以是知识、技术、信用和劳动等。

与业主制企业相比,合伙制企业的筹资能力提高;合伙人实行分工,从事各自擅长的工作,有利于企业规模的扩大和竞争力的提升。所有合伙人均对企业债务承担无限责任,在某种程度上提高了企业的信誉。但和业主制企业一样,合伙制属于古典的企业制度,企业主对债务承担无限责任使得企业经营风险仍然很大。更重要的是,合伙制企业是根据合伙人之间的契约建立的,合伙人的变更需要经过复杂的协商和法律程序。合伙人的集体决策容易造成决策延迟,导致市场机遇的丧失。由于这些特点,合伙制往往适用于那些规模较小而注重合伙人信誉的企业,如律师事务所、会计师事务所等。

(3) 公司制

公司制企业是在自然人企业的基础上发展起来的。从自然人企业到公司制企业,是社会化大生产和商品经济发展的必然,是企业制度的重大变革。由于技术进步、生产工具不断改进,生产技术变得越来越复杂,企业的资金投入也愈来愈多;同时企业也迫切需要通过扩大规模来提高经济效益;在激烈的市场竞争中,企业的经营风险加大,广大投资者希望有一种降低风险的保护制度。公司制企业就是为了满足上述需求而产生的一种新型企业制度。

公司制企业是指依公司法设立的以盈利为目的的企业法人[100]。公司与业主制、合伙制企业最重要的区别是,公司是法人企业,而业主和合伙制企业是自然人企业。作为法人企业,公司有权利以自己的名义来从事经营活动和参加其他有关民事活动。与传统的企业制度相比,公司制在资金筹集、风险承担和管理机制这三个方面都有了较大进步。在资金筹集方面,公司可以由多个股东出资建立,并且可以发行股票向社会筹集资本,这种方式扩大了企业资金来源。在风险承担方面,公司的股东一般按其出资比例和数额对公司的经营风险承担责任,从而降低了投资者的风险。在管理机制方面,公司制突破了业主制和合伙制的局限,实现了所有权和经营权的分离,由专业管理人员负责企业的运作,并向董事会负责,这使得企业管理的科学性大大增强。由此可以看出,公司制的出现是企业组织形式的重大变革和飞跃,对当代经济的发展有着深远的影响。

公司按照债务责任和是否将资本平均分为股份,可以分为无限责任公司、有限责任公司和股份有限公司三种形式。

(1) 无限责任公司

无限责任公司是由两个以上的股东出资设立,股东对公司债务负无限连带责任的公司。无限连带责任实际上包括连带责任和无限责任两方面。所谓连带责任,指公司每个股东对公司的债务都负有全部清偿的责任;所谓无限责任,指股东必须将公司债务全部如数清偿后才可解除债务责任,而不能以出资额度或者个人财产为限。

无限责任公司制度由于股东所负责任和风险太大而没有得到很大发展,我国公司法规定不能够设立该类公司。

(2) 有限责任公司

有限责任公司,即通常所说的有限公司,是由一定数量(我国公司法规定为50个以下)的股东出资设立,各股东仅以出资额为限对公司债务承担清偿责任的公司。有限责任公司不能对外发行股票,股东向公司的出资额度由股东协商制定。公司的全部资本由若干份额所组成,但不分为等额的股份。股东只有一份表示股份份额的股权证书,股东的出资份额可以在一定规则的约束下转让。股东按其出资额度对公司债务负有限清偿的责任,同时按其出资额度享受公司利润的分配和其他权利。

有限责任公司的优点是成立程序比较简单,公司不发行股票;同时公司不必公开账目,尤其是公司的资产负债表一般不予公开;由于股东人数有限,公司内部机构设置灵活,管理简单。其缺点是公司不能公开发行股票,筹资的范围仍受限制,同时股东转让股本须征得其他股东的同意,股本的转让比较困难。

我国公司法规定可以设立一人有限责任公司,2014年2月18日国务院印发了注册资本登记制度改革方案,取消了有限责任公司最低注册资本3万元、一人有限责任公司最低注册资本10万元、股份有限公司最低注册资本500万元的限制。一人有限责任公司不设股东会。在责任方面,我国公司法规定:一人有限责任公司的股东不能证明公司财产独立于股东自己的财产的,应当对公司债务承担连带责任。

(3) 股份有限公司

股份有限公司是由一定数量(我国公司法规定为2~200个)的发起人设立,半数以上发起人在中国境内有住所。公司全部资本分为均等股份,股东以其所持股份为限对公司债务承担责任的公司。股份有限公司的财务公开,股份在法律和公司章程规定的范围内可以自由转让。

股份公司是法人,股份有限公司的财务公开,股份在法律和公司章程规定的范围内可以自由转让。

股份有限公司采用发行股票的方式来筹集资金,资本来源范围广,可以很快筹集到大量资金。采取有限责任制,有利于保护股票持有者的利益,降低投资者的风险。股票可以在证券市场自由交易和转让,这种资本的流动性体现了社会资源的有效配置。

股份有限公司的所有权和经营权分离。公司法规定公司的最高权力机构为股东大会,由股东大会委托董事会负责处理公司的重大事宜。董事会聘任总经理负责公司的日常经营和管理。此外,公司还设立监视会,对董事会和总经理的工作进行监督。

股份有限公司的缺点是公司的设立程序复杂,需要定期向社会公布财务状况,保密性差,股东流动性大,股东投资往往仅为从股票升值中盈利,缺乏对公司的责任感等。

除了以上介绍的无限责任公司、有限责任公司和股份有限公司这三种形式以外,还有两合公司、股份两合公司等形式,这里不再一一介绍。应该说明的是,有限责任公司和股份有限公司这两种公司制企业形式,由于具有筹资能力强、有规范的法人财产制度、经营风险分散、管理机构完善且投资者仅承担有限责任等优点,因而得到迅速发展,成为国际上普遍采用的公司制企业形式。

3. 按企业生产经营业务的性质分类

出于对企业生产经营类型进行分类和统计的目的,常常将企业分为以下类型:
(1) 工业企业:从事工业品生产的企业,为社会提供工业产品和工业性服务;
(2) 农业企业:从事农、林、牧、副、渔业生产的企业,为社会提供农副产品;
(3) 商业企业:从事生活资料流通和流通服务的企业;
(4) 物资企业:从事工业品生产资料流通或流通服务的企业;
(5) 交通运输企业:为社会提供交通运输服务的企业;
(6) 金融企业:专门经营货币或信用业务的企业。

11.2 现代企业制度的内涵

现代企业制度是指在市场经济和社会化大生产长期发展中形成的,以企业法人制度为关键,以有限责任制为标志,以有限责任公司和股份有限公司为主要组织形态的现代公司制度。其基本内涵如下。

11.2.1 产权清晰、权责明确的企业法人制度

这里首先对若干概念做简要说明。

法人:我国《民法通则》规定,法人是具有民事权利能力和民事行为能力,依法独立享有民事权利和承担民事义务的组织[101]。法人应当具备以下条件:依法成立;有必要的财产或经费;有自己的名称、组织机构和场所;能够独立承担民事责任。法人有四种类型,即企业法人、机关法人、事业单位法人和社团法人,这里只讨论企业法人。企业法人对其法定主体及其工作人员的经营活动,承担民事责任。我国《公司法》规定有限责任公司和股份有限公司是企业法人。

产权和所有权:产权是财产权的简称,一般指以所有权为核心并从所有权派生出来的占有权、使用权、收益权和转让权等权利以及与之相应承担义务的总称。所有权指财产的最终归属权;使用权指以生产或其他方式使用财产的权利;收益权指从财产中获得收入的权利;转让权指转让或出售财产的权利。其中所有权是产权的基础和核心,产权的其他权利都是以所有权为基础派生出来的。现代企业制度的很多特征及要求与企业产权有关。

法人财产权:法人财产权是指法定主体对企业全部法人财产依法拥有的独立支配的权利,包括产权中财产使用权、收益权和转让权。法人财产权也可以理解为企业经营权。企业拥有法人财产权,是企业成为自主经营、自负盈亏、自我发展、自我约束的法人实体和市场竞

争主体的必备条件。

有了对上述概念的认识,接下来介绍企业的法人制度和产权制度的相关概念。

公司是依法设立的,公司的宗旨、章程、业务经营范围以及经营方式等必须符合法律规定,同时也受到法律保护。公司作为一个企业法人,以独立经济实体的身份参与社会经济活动,享有相应权利,承担相应责任。随着公司制的设立,出现了产权的多元化和分散化,但同时公司的经营管理权必须是统一的,这就形成了所有权分散和经营权统一的矛盾。这种矛盾直接导致了所有权和经营权的分离。公司的出资人拥有公司财产的原始产权和应得利益,以及对法人企业的基本控制权、对经营者的选择权以及在法人企业破产清算时依法享有的财产索还权,而将财产的占用、使用和处置的权力交给企业经营者,企业经营者以企业法人的名义承担民事责任。

企业法人财产制度是企业对其全部法人财产依法拥有独立支配权力并承担相应民事责任的有关制度。它把分散的出资人财产归于统一的法人支配之下,并排斥出资人的直接干预,使公司法人获得对公司财产的一切法定权利,保证法人经营的灵活与效率,为股东带来最大利益。正是通过出资人产权与法人制度的相互依存、相互制衡作用,使出资人、法人及债权人结成一个较为紧密而又相对独立的利益共同体,现代企业才有了强大的动力、压力和活力。

11.2.2 有限责任制度

有限责任制度是对早期的无限责任制度的一种改进。无限责任意味着投资人必须无条件地偿付一切债务,即对公司债务承担连带无限清偿责任。如果公司的资产不足清偿全部债务,债权人可以对股东全体或对股东中某些人要求全部偿还。早期的无限责任制度由于个人财产与公司财产的界限难以划清,不仅容易造成大量家庭破产,危及社会安定,而且使得公司管理者从外部获得资本极为困难。而有限责任制度则包含两层意思,一是公司以其全部法人财产为限,对债务承担有限责任;二是股东仅以其出资额为限对企业债务负责,不涉及出资者的其他财产。这样就限制和分散了投资者的风险,为更多的人创造了参与投资的制度环境和安全保障。它是人类社会经过几百年的制度创新摸索出的一套有效动员社会资源(资本)的制度。对我国的国有企业来说,这种有限责任制度使国有企业与政府之间产生了一条隔离带,政府不再对企业负无限责任,这就有效降低了国家作为投资者的风险,为实现政企分离创造了基本的前提条件。

11.2.3 科学的组织管理制度

现代企业法人制度、有限责任制度的建立还需要有一套与之相适应的组织管理制度。首先要根据法律和公司章程建立一套科学、完整的组织机构。包括决策机构、执行机构和监督机构,以实现所有者、经营者和生产者的合理分工,三者应当各自独立,权、责、利对等明确,相互协调又相互制衡;同时应调节好所有者、经营者和职工之间的关系,形成激励和约束相结合的经营机制,使企业始终保持较高的效率和得到稳定的发展。公司法人治理机构便是这种组织制度的典型形式。这种组织制度既赋予经营者充分的自主权,又切实保障所有者的权益,同时能够调动生产者的积极性,因此它是现代企业制度中不可缺少的内容之一。其次需要建立一整套正确的科学管理制度,包括企业财务会计制度、生产组织制度、用工制度、工资制度等。

公司制在其长期的发展过程中,形成了一套较为完善的组织管理体系,即所有者、经营者和监督者通过公司的权利机构、监督机构和管理机构形成的相对独立、相互制约的关系,这种关系往往通过法律、法规或者公司章程的形式加以确立。

股东大会是公司的最高权力机构,由股东大会选举产生董事会和监事会,股东大会代表全体股东的利益。董事会是公司的经营决策机构,董事会执行股东大会的决议,决定公司生产经营的重大决策;董事会负责选用或者聘用总经理和其他的公司管理人员。总经理负责主持公司的日常生产经营工作,总经理按照董事会的授权进行工作,对董事会负责。监事会对董事会和总经理行使职权的活动进行监督。

11.3 管理的内涵与特性

企业作为一个经济系统,从外部来看,它面临着竞争、变化的市场;从内部来看,它需要处理复杂的业务、协调各种关系、合理配置资源。因此需要有一种职能和手段,来合理组织企业的各种生产经营活动,这种手段就是管理。

管理是人类社会中必不可少的活动,小到个人、家庭,大到国家甚至世界,都存在管理的问题。管理通过对群体活动的约束来满足群体多方面的需求,实现个体无法达到的目标。只要有人类社会,就存在着对人类社会的管理问题,因此人类社会发展的过程实际上就是管理思想孕育、成熟的过程。但是将管理作为一个学科进行研究,还是近一二百年的事情。概括来讲,管理就是在特定的环境下,对组织所拥有的资源进行有效的计划、组织、领导和控制,以便于达成某一既定目标的过程。随着社会的发展和管理实践的不断深入,管理的概念和内涵得到不断的丰富和发展,在此基础上形成了一系列的管理思想和体系。本节首先对管理的概念做一个简单的介绍,然后阐述管理科学的特点,以期为读者提供一个对管理科学的全景性的认识。

11.3.1 管理的概念

随着社会的进步,管理已经成为生产力发展中一个十分活跃的因素。特别是自工业革命以来,生产力的飞速发展和生产关系的深刻变革,使人们对管理的认识发生了很大的变化,各国学者从不同角度对管理的内涵进行了总结,对管理的概念进行了多方面的表述。下面通过对具有代表性的几种观点的介绍,对管理的本质问题和内涵进行探讨。

管代表管制、调节或控制。理代表条理、事理(规律)或梳理。管理就是指通过管制(调节)使事情按照客观的规律来运作。再看"管"字的组成是"竹"+"官",因为过去文字是写在竹简上的,所以"竹"+"官"代表文官,因此"管"就是通过文化来进行统治,管理就是通过文化来达到条理化。

在英文中管理是 management,management 由 man+age+ment 组成,man 代表人,age 表示年龄,ment 是手段的意思,management 就是说有年纪的人可做官,可进行管理。

科学管理理论创始人泰勒(Taylor)给出管理的定义是：Management is the art of knowing what you want to do and then seeing that it is done in the best and cheapest way(管理是一门知道需要做什么工作和如何以最便宜、最好的方式完成工作的艺术)。

法国管理学家法约尔(Henri Fayol)认为：管理是实施计划、组织、指挥、协调与控制的活动过程[102]。法约尔的定义概括总结了管理工作的必要环节，其论点已经被多年的实践所检验，至今仍具有理论和实践上的指导意义。

美国管理学家西蒙(Herbert A. Simon)认为，从广义上讲，决策与管理几乎是同义的[103]。这一观点虽然没有全面反映管理的内涵，但是从一个角度突出了决策在管理中的突出地位。

美国管理学家孔茨(Harold Koontz)认为[104]，管理的任务就是创立一个供集体生产的环境，使每个人能以最少数量的投入为实现集体目标做出贡献。这里突出了"集体"、"最少投入"、"目标"几个概念，说明管理是为有效实现集体目标而设计的过程。

美国管理协会给出的定义：管理是通过他人的努力来达到目标。

梅奥(Mayol)：管理就是做人的工作。其主要内容是以研究人的心理、生理、社会环境影响为中心，激发人的行为动机，调动人的工作积极性。

伯发(Buffa)：管理就是用数学模式与程序来表示计划、组织、控制、决策等合乎逻辑的程序，求得最优的解答，以达到企业的目标。

另外还有一些观点，如管理就是由一个人或多个人来协调其他人的活动，以便收到个人单独活动所不能收到的效果；"管理就是效率"，"管理就是生产力"，"管理就是调动人的积极性"等。以上定义虽然在表述上有一定差别，实际上都是从不同角度来认识管理问题，都突出了管理在某些方面的本质特征，这些特征总结如下。

(1) 管理的目的是实现组织目标：管理是一种社会现象，管理存在的前提是必须是两个人以上的集体活动；有共同的目标。所以管理活动是在一定目的下进行的群体活动。这说明管理是一个有意识、有目的地进行的过程，离开了这个特定的目标，管理就无从谈起。

(2) 管理是组织行为的重要组成部分：管理的对象是组织(包括企业、社会团体等其他形式，这里主要谈对企业的管理)，包括其各项活动及其所使用的各种资源(人、资金、生产资料、时间、信息等)，在达到管理目标的前提下，要求在管理过程中追求资源使用的经济性。

(3) 管理的实质是协调：管理适应协调的需要而产生。

(4) 管理工作是一个过程：管理过程是由一系列相互关联、连续进行的活动所构成的。这些活动包括计划、组织、领导、控制、协调等，它们组成了管理的基本职能。

(5) 管理以人为中心：人是一切管理活动的中心，离开了人管理就无从谈起，不以人为中心的管理注定不能够取得良好的效果。

(6) 管理活动是在一定的环境下进行的：管理受到企业所处的社会、文化、经济、区域，以及管理者和被管理者的个人素质、信仰、年龄、家庭环境等多种非技术因素的影响，所有这些因素可以通称为环境，因此，在不同的环境下，管理者采用的管理模式、管理方法是不同的，这也产生西方管理模式和东方管理模式的主要原因。

11.3.2 管理科学的特性

1. 二重性

管理科学具有自然属性和社会属性的二重性。管理的自然属性,指管理是与生产力相联系的。首先,管理是社会化大生产的客观需求,是实现生产力要素合理组织的必要条件,这一职能是独立于社会制度而具有普遍意义的。其次,管理活动最终要由操作者通过合理支配资源来实现。离开了组织存在的客观环境,离开其赖以生存的自然资源和必备要素,任何管理都将失去意义。

管理的社会属性,指管理是与生产关系相联系的,是一定生产关系的体现。管理反映着人与人之间的关系。在管理实践中,要处理好经济活动各领域、部门、环节之间,以及它们内部的关系,并从整体上不断调整生产关系和经济利益关系,促进生产力的发展,这就是管理的社会属性。不同的社会制度、历史发展阶段和社会文化背景都会对管理的研究与实践产生重要影响。

2. 系统性和综合性

管理科学具有系统性和综合性。系统是指由若干相互联系、相互作用的部分组成,在一定的环境中完成特定功能的有机整体。而组织是一个复杂的、动态的社会经济技术系统,管理是为了达到一定的目的而设计并运作好这个系统的一系列活动。系统的复杂性造成了管理活动的复杂性和综合性,也决定了管理需要借助的理论、方法、手段的多样化。

作为企业的管理者,首先要熟悉相应的行业知识,如行业特点、生产工艺、经营策略等,这样才能通过管理活动使各种要素和各项专业技术更好地发挥作用,提高工作效率和经济效益。其次,管理是对人的管理,管理者需要通晓心理学、教育学、社会学的理论和方法,才能达到"知人善任"的境界。另外,企业最关心的是经济效益,这样就要求企业的管理者具备财会、经济、金融等方面的知识。随着信息技术,特别是计算机技术和网络技术在企业中的广泛运用,信息技术正逐渐融入到企业的管理活动中去,并对管理思想产生重大的影响,因此管理者还必须对信息技术有一定了解。总而言之,管理科学实际上就是在上述学科的基础上综合发展而成的,管理科学的系统性和综合性对管理者的素质提出了很高的要求。

3. 艺术性

管理是一门科学,因此具有客观性和系统性。但是管理科学又与其他科学不同,具有很强的艺术性,主要表现在以下几个方面:

首先,管理的许多内容不能以逻辑思维的一般形式表达出来,更不能用定量的数学模型来表示,只能以形象思维的形式来实现,这正是艺术的特征。

其次,管理对象处于不同环境、不同行业、不同文化背景下,所以管理没有固定的模式可以遵循。因此,管理活动的成效与管理主体对管理技巧的发挥有很大相关性。人们从事管理活动需要熟练掌握知识并通过巧妙运用技能来达到效果,这些技能包括经验、才识、创造力等,这些都是艺术性的体现。

另外,在达到资源有效配置目标的过程中可供选择的管理方式、手段多种多样,从中选择一种合适的,并将其应用于对现实对象的管理之中,也是管理的一种艺术性技能。

现代管理艺术主要表现在四个方面：

（1）统筹艺术：善于从全局考虑问题，能综合运用主客观条件和各种内外部的关系去实现总体目标。

（2）决断艺术：善辨是非曲直、权衡利弊得失、区别轻重缓急，且能果断决策。

（3）用人艺术：知人善任、用人唯贤、讲究为人正道，做到得其心而致其力。

（4）应变艺术：处变不惊、因势利导，能积极主动地处理问题，变不利为有利。

11.3.3 企业管理的目标

企业管理的目的是为了实现企业的目标。而企业的目标是多方面的，不同类型的企业在不同的时期、不同环境条件下会有各种不同的具体目标，包括生产任务目标、产品质量目标、社会服务目标、经营利润目标、企业发展目标等。但是归根到底，企业最根本的目标只有两个，一是企业自身的经济效益目标，二是社会效益目标。因为企业是一个经济组织，它的首要目标是实现利润最大化，即实现经济效益目标。企业又是一个社会组织，它要承担一定的社会责任，包括以产品或服务满足社会需求、为社会提供就业机会等，即实现社会效益目标。企业的其他各种具体目标，实际上都是这两个目标分解而得到的子目标。企业管理的目的既然是要实现企业的目标，当然也就包括了根本目标和保证根本目标实现的各种子目标。企业的经济效益目标与社会效益目标有时会出现矛盾，协调这种矛盾也是企业管理的内容和目的之一。

11.3.4 企业管理的职能

企业管理的职能是指企业进行的一系列管理活动的基本功能。一般认为计划、组织、控制、指挥和协调是企业管理的主要职能。

1. 计划

简单来说，计划是对未来活动如何进行的预先筹划。企业管理中的计划职能有两层含义，一是根据企业的实际情况，通过科学的分析，明确企业活动的目标，以及活动的方向和内容、要求，也就是通常所说的决策。二是对如何达到目标，进行规划和论证，确定达到目标的一系列政策、方法和步骤安排。从这个意义上说，计划职能实际上是决策、目标管理和计划工作的结合，是广义上的计划。

计划是管理的首要职能，因为任何一个组织的存在都有其一定的目标，而目标的实现有赖于一系列计划的制定和执行。所谓计划，是通过调查研究、预测未来，确定组织的目标，并规定出实现目标的途径、方法，从而把既定目标具体转化为全体组织成员在一定时期内的行动纲领，它是组织未来行动的蓝图。计划确定了企业组织部门在各阶段的目标，明确了组织部门和成员行动的方向和方式；同时计划是连接其他管理职能，如指挥、控制等的纽带，为组织资源的筹措和整合提供依据，为检查与控制组织活动奠定基础。计划是其他各项管理工作的基础，是各级管理人员行动的指南。计划的有效性保证了企业的目标能够在具体业务活动中得到体现和落实，并最终转化为预期的结果。因此，计划的职能是十分重要的，其内容也是十分丰富的。

计划的组成包括如下的 5W1H：

- 做什么（What）：需要什么样的行动，明确所进行的活动及其要求。
- 为什么做（Why）：为什么需要这项行动。明确计划的目的和原因，使计划执行者了解、接受和支持这项计划，把"要我做"变成"我要做"，充分发挥下属的积极性、主动性和创造性，实现预期目标。
- 何时做（When）：何时行动。规定计划中各项工作的开始和结束时间，以便进行有效的控制，并对组织的资源进行平衡。
- 何地做（Where）：何处采取这项行动。规定计划的实施地点和场所，了解计划实施的环境条件及限制条件，以便合理地安排计划实施时间。
- 谁去做（Who）：谁应该为这项行动负责。需要划分各部门和组织单位的任务，规定由哪些部门和人员负责实施计划，包括每一阶段的责任者、协助者，各阶段交接时由谁负责鉴定、审核。
- 怎么做（How）：如何行动。需要制定实现计划的措施，以及相应的政策、规则，对资源进行合理分配和集中使用，对生产能力进行平衡，对各种派生计划进行综合平衡。

根据计划对企业影响范围和程度的不同，可以将计划分为战略计划和战术计划。战略计划是关于企业总体目标和战略方案的计划，战术计划是关于企业具体如何运作的计划。

战略计划包含的时间跨度长，影响范围广，计划内容相对抽象和概括，可操作性不强。在这个阶段，一般没有既定的目标框架作为计划的着眼点和依据，因而设立目标本身成为计划工作的一项重要任务。战略计划方案往往是一次性的，很少能在将来得到重复的使用。由于战略计划制定的前提条件多是不确定的，计划执行结果也往往带有高度不确定性，因此，战略计划的制定者必须有较高的风险意识，能在诸多不确定因素下选定企业未来的行动目标和经营方向。

战术计划的主要特点是计划所涉及的时间跨度比较短，覆盖的范围也较窄。战术计划内容具体、明确，并通常具有良好的可操作性。战术计划主要规定企业如何在战略计划的目标框架下，根据企业总体目标分解得到具体的企业行动方案。战术计划的执行风险也远比战略计划低。

按照计划的表现形式可以把计划分为以下类型：

- 宗旨：表明了社会赋予组织的基本职能和基本使命，它说明企业的基本信仰，价值观和愿望是什么，企业是干什么的，应该干什么，顾客是哪些，市场在哪里，为顾客提供什么价值，产品是什么，给股东和社会创造什么价值，给员工带来什么价值。组织不同其宗旨就不同。
- 目标：目标是宗旨的具体化，是活动所要达到的结果。它不仅是计划的终点，也是组织、人员配备、领导和指导、以及控制等活动所要达到的结果。目标通常是由一系列的指标所组成的，并形成相互关联的目标网络，这便构成了计划的核心内容。目标是计划的重要表现形式。
- 策略：策略决定一个企业基本的长远目标，以及为实现这些目标所必须采用的行为过程和资源的分配方案。它是为实现宗旨和目标服务的，同时又为政策和规划的确定提供一些基本原则。

- 政策：政策是表现在计划之中的文字说明或协商一致的意见，用于指导或沟通决策过程中的思想或行动。它是组织制定的在管理中处理各种具体问题的一般规定，政策的制定和执行保证了对同类问题处理的一致性，有助于提高解决问题的程序性，有助于在控制全局的同时下放权力。
- 程序：程序是组织制定的未来活动的例行方法或行动步骤，其作用不是指导如何考虑问题，而是指导如何行动；它详细规定了完成某项活动的准确方式，其实质就是对所要进行的行动规定时间顺序。程序的设置是保证组织活动协调一致和有效控制组织的重要条件，是提高管理规范水平的重要方法。
- 规则：规则是组织规定的指导成员行动的是非标准，它要求根据各种具体情况采取或不采取某个特殊的或特定的行动，它与指导行动的程序相关，但不规定时间顺序。
- 规划：规划是由宗旨、目标、策略、政策、程序、规则以及任务委派、行动步骤、资源利用等构成的复合体，是计划的综合反映。规划包括了组织的各种计划，构成了相互协调、整体一致的计划网络，是计划的主要表现形式。
- 预算：预算是用数字来表示预期结果的一种报告书，它以数字的形式来表示计划的投入与产出的数量、时间、方向。简单说，预算就是数字化的计划。同时，预算也是检查计划、实现控制的重要手段。

从计划活动的生命周期来看，分为以下几个过程：

(1) 确定计划的背景和约束条件

在制定计划之前，应该充分收集有关的背景材料，包括组织外部和内部的情况、定量和定性的资源约束、可控和不可控的前提条件等。这些材料为计划的制定提供科学的决策依据。本阶段的工作成果是总结计划工作的前提条件，在总结的过程中需要注意合理选择关键性的前提条件以简化约束，降低复杂性，同时还要保证这些前提条件的协调一致。

(2) 确定企业目标和实现目标的总体框架

该阶段的工作是确定企业的管理活动和其他业务活动的总体目标，展示企业的发展前景，实现在目标整体框架导向下的组织整合。

(3) 分解目标，形成合理的目标层次结构

企业的总体目标确定以后，需要制定分部门及分阶段的目标。通过目标的分解将整体目标细化到各个责任点上，这种自顶向下的分解可以保证目标的一致性。目标的分解有助于企业内形成共同的思想状态或组织气氛，为员工指明工作努力方向，为资源组织和资源分配提供依据。在目标分解的同时形成详细的指标体系也有助于实现企业绩效的科学评价与考核。

(4) 计划编制的综合平衡

该阶段主要是对由目标结构所决定的或与目标结构所对应的各组织部门在各时期的任务是否互相衔接和协调进行分析，并完成任务的时间平衡和空间平衡。通过分析组织活动的执行与资源供应的关系，来确定组织能否在适当的时间筹集到适合的资源，保证组织活动执行的连续性。通过对任务与能力进行平衡，保证组织的各个部分能够在任何时间都有足够的能力去完成规定的任务。

(5) 编制并下达执行计划

在完成计划平衡后形成企业的执行计划并下达。在下达计划后，要随时监控计划的执

行情况,并及时反馈到计划的制定部门,对计划进行必要的调整,从而保证计划能够持续稳定地执行。

2. 组织

组织是计划得以执行的机制保证。"组织"作为名词来讲,是为实现某个共同目标,经由分工与合作及不同层次的权利和责任制度而构成的人的集合。作为动词来讲,是为了有效地达到计划所确定的目标,在组织中进行资源调配、部门划分、权利分配等的过程。组织职能要解决以下几个问题:接收计划指令,确定需要完成的工作;将这些工作进行整理和分类,建立相应的组织机构与之对应;在组织机构下将权利、责任落实到具体的个人。

3. 控制

控制是指按照规定的计划、命令或者工作标准,对企业实际工作的执行情况进行检查与纠偏,以保证工作结果符合计划要求的过程。

与传统控制理论相比,管理中的控制职能具有控制所蕴含的基本属性。管理中的控制同样是一个反馈过程,要经历"制定标准—根据系统运行情况计算输出—利用反馈原理纠正偏差"等步骤。但管理中的控制面对的对象往往比较复杂,难以建立精确的数学模型,控制的手段往往来源于灵感和管理经验。

4. 指挥

指挥是指通过沟通、下达命令、指示等形式,对组织内部的个人施加影响,使个人的意志服从于权威的统一意志,将计划或者领导者的决心变成全员的统一活动。简言之,指挥的本质就在于通过影响组织中的个人来实现组织的目标。

指挥职能具体体现在以下几个方面:

(1) 施展领导才能,鼓舞和引导员工;
(2) 满足员工的合理需求,激发员工的潜力;
(3) 及时沟通信息,消除矛盾,提高效率;
(4) 通过奖惩措施加强指挥者的影响力。

5. 协调

协调也称调节职能,是指企业在生产经营活动过程中,对企业内外各部门、各环节的活动按照计划的要求加以统一调节,使各项工作实现良好配合的管理活动。

企业是社会经济系统的一个子系统,企业外部的政治、经济、社会、科学技术等因素都会对企业的生存和发展产生极大的影响。企业也是一个开放的动态系统,它与外部环境之间进行着广泛的物质、能量和信息交换。在这些影响和交换中,必然会产生各种各样的矛盾,这就需要通过企业的管理活动进行内外关系的协调,并不断调整内部组织结构,使企业能够适应外部环境的变化。

以上所介绍的管理的五大职能是相互联系、相互促进、不可分割的一个整体。计划职能确定组织的目标和方向,是通向未来的桥梁。组织职能是实现目标的机制保障,是管理活动的主体。通过指挥职能,使得组织内个人目标与集体目标达到一致。通过控制职能,检查计划的实施情况,保证计划的实现。通过协调职能,解决现实和目标之间的种种矛盾。

11.4 企业管理理论的起源与发展

11.4.1 早期的管理思想

人类社会发展的历史,实际上就是管理思想的发展历史。因为人类社会一旦产生,便产生了管理的需要。在管理学科形成之前的漫长时间里,已经出现了形形色色的管理思想,这些思想为管理作为一门科学的形成奠定了坚实的基础。

管理科学是随着社会生产力的发展而逐渐发展起来的,奴隶社会的生产力水平低,管理也就相对落后。封建社会的基本生产单位是家庭,也不需太多管理活动。资本主义社会初期,生产的组织形式是手工作坊,这是一种简单协作劳动,需要一些管理,但仍比较简单,一般不需要专门从事管理的人员。尽管如此,在人类长期的实践活动中,还是孕育着丰富的管理思想。例如[105]:

(1) 公元前 1200 年制定的《周礼》中记载了当时中国在官僚体制、计划、指挥、控制方面的原则;

(2) 公元前 2000 年,巴比伦王制定了关于个人财产、不动产、贸易和商业、家庭和劳动的各种法律;

(3) 中世纪,随着威尼斯海上商运业的繁荣,威尼斯兵工厂开始实行按照标准化零部件与生产线生产的管理方法;

(4) 公元前 600 年,中国产生了以《孙子兵法》为代表的一系列战略战术计划与管理方面的战策理论。

早期管理思想在资本主义产业革命以后有了较大发展。18 世纪 60 年代开始产生了以机器为基本生产手段的工厂代替了手工业工场,生产规模的扩大、专业化程度的提高、产品和生产技术的复杂性都对管理职能的专业化提出了新的要求。在这种背景下,以现代工业生产为背景的管理思想和管理理论相继出现。公认的早期管理思想的代表人物是英国经济学家亚当·斯密(Adam Smith,1723—1790)和英国数学家查尔斯·巴贝奇(Charles Babbage,1791—1871)。下面分别对他们的管理思想做简要阐述。

1776 年,英国政治经济学家和哲学家亚当·斯密发表了他具有划时代意义的著作《国富论》。在该著作中斯密提出劳动是国民财富的源泉,在管理思想方面,该著作深入细致地分析了劳动分工与提高工作效率的问题,强调专业化和劳动分工是促进技术进步、提高劳动生产率的最重要的原因。他认为劳动分工之所以能大大提高生产效率,可以归纳为三个原因:提高了工人的技术熟练程度;节省了从一种工作变换为另一种工作所需要的时间;简化了劳动,有利于改进工具设备。斯密以缝衣针生产做了一个实验,10 个人分工一天可以生产 48 000 根针,每个人做全部工作,一人一天只能生产 10 根针,从而有力地说明了劳动分工带来的优势,劳动分工理论成为以后企业管理理论中的一条重要原理。

19 世纪初,英国人查尔斯·巴贝奇进一步分析了分工可以提高劳动生产率的原因,指出分工节省了学习所需要的时间。如果生产中包含的不同工序越多,所需的学习时间就越长。如果一个工作只做其中一道工序,学习时间就缩短了。由于劳动分工所需学习的内容减少,学习时间缩短,学习所耗费的材料也就相应减少,这也有利于改进工具和机器。

巴贝奇还提出了一种工资加利润的分享制度，以此来调动劳动者工作的积极性，这样的做法有以下几点好处：

(1) 每个工人的利益同工厂的发展及其所创利润的多少直接有关；

(2) 每个工人都会关心浪费和管理不善等问题；

(3) 能促使每个部门改进工作；

(4) 有助于激励工人提高技术及品德；

(5) 工人同雇主的利益一致，可以消除隔阂，共求企业的发展。

巴贝奇的另一贡献是他在其名作《论机器和制造业的经济》中对经理人员提出的许多建设性意见，包括应该研究制造程序及成本，搜集资料时应使用印好的标准表格，应考虑厂址是否邻近原料供应地以确定厂址位置，应建立一套对人人都有利的建议制度等。这些建议实际上是对企业管理一般原则的总结，而巴贝奇本人也被认为是科学管理的先驱之一。

11.4.2 古典管理理论

古典管理理论[106]形成于19世纪末和20世纪初。到20世纪30年代，古典管理理论已经得到了长足的发展。在美国、法国、德国分别诞生了具有奠基人地位的管理大师，其代表人物有泰勒(Frederick Winslow Taylor，1856—1915)、法约尔(Henri Fayol，1841—1925)和韦伯(Max Weber，1864—1920)。

1. 泰勒及其科学管理思想

泰勒出生于美国费城一个富裕的家庭里，19岁时因故停学进入一家小机械厂当徒工。22岁时进入费城米德维尔钢铁公司，开始当技工，后来迅速提升为工长、总技师。28岁时任钢铁公司的总工程师。1890年泰勒离开这家公司，从事顾问工作。1898年进入伯利恒钢铁公司继续从事管理方面的研究，后来他取得发明高速工具钢的专利。泰勒根据自己长期的实验研究和管理实践，系统化地总结出管理的原理和方法，形成了"科学管理"的思想。泰勒的代表作为《科学管理原理》(1911)，其科学管理思想概括起来主要有5条：工作方法的标准化原理；能力与工作相适应原理；工时定额原理；差别计件付酬制；计划和执行分离原理。

工作方法的标准化原理是指工人在工作时要采用标准的操作方法，而且工人所使用的工具、机器、材料和所在工作现场环境等都应该实行标准化，以利于提高劳动生产率。能力与工作相适应原理是主张改变过去工人挑选工作的传统，而坚持以工作挑选工人，每一个岗位都挑选第一流的工人，以确保较高的工作效率。工时定额原理指通过对工人工作花费工时的研究，合理制定劳动时间定额。泰勒还认为，工人消极对待工作的重要原因之一是付酬制度不合理，不能体现按劳付酬的原则，他主张采用差别计件工资制来鼓励工人完成或超额完成定额。泰勒还认为应该用科学的工作方法取代经验工作方法，应该把计划和执行分离开来。

泰勒的一整套科学管理制度被称为"泰勒制"，其根本目的是谋求高效率，而高效率是雇主和雇员达到共同富裕的基础。泰勒制使得较高的工资和较低的劳动成本统一起来，从而促进企业的扩大再生产。而达到高效率的重要手段是用科学化、标准化的管理方法代替过去的经验管理。

泰勒在历史上第一次使管理从经验上升为科学,其讲求效率的优化思想和调查研究的科学方法,对后来管理科学的发展具有深远的影响。但泰勒的局限性在于,仅重视技术因素,不重视人和社会的因素;仅解决了个别具体工作的作业效率问题,而没有解决企业作为一个整体如何经营和管理的问题。

在科学管理方面具有较大影响的人物还有甘特(Henry L. Gantt,1861—1919),他创造出生产计划作业的线图,即甘特图。另外,福特(Henry Ford,1863—1947)创建了世界第一条汽车流水生产线,实现了机械化的大工业。在福特的生产线中,工人和设备都按照操作顺序进行排列,每个工人都只从事特定的工作。这种生产管理方式提高了劳动的专业化程度和劳动生产率,使得工厂生产出现了高效率、低成本、高工资和高利润的局面。

2. 法约尔及其一般管理思想

亨利·法约尔,法国人。1860年从矿业学校毕业,从此以后长期担任企业的高级管理职务。他涉足采矿、地质、教育和管理等多个领域,而且著述颇丰。特别是由于他在管理领域的贡献,使其成为古典管理理论的代表人物之一。他的代表作是1916年出版的《工业管理和一般管理》。由于法约尔一直从事企业的高层领导和决策工作,他的理论以大企业为研究对象,同时他认为他的理论不仅适用于企业,也适用于军政机关和宗教组织等。法约尔一般管理的主要内容包括企业活动类别、管理的一般原则和管理的五大职能等。

(1) 企业活动类别

法约尔认为,企业从事的一切活动都可以归类到以下六种类别中,这六种类别的活动分别是:技术活动(如生产、制造等)、商业活动(如采购、销售、交换等)、财务活动(资金的取得与控制)、安全活动(人员、设备的保护)、会计活动(盘点、报表、统计、核算等)和管理活动(计划、组织、指挥、协调、控制等)。这六种活动是企业组织中各级人员都可能要进行的,只不过由于职务高低和企业规模不同而各有侧重。管理只是企业六类活动中的一种。

(2) 管理的五大职能

法约尔首先把管理活动分为计划、组织、指挥、协调与控制五大职能,也称为管理的五要素。前面的章节已经对这五种职能进行了详细的论述,这里不再展开。

(3) 管理的十四条原则

法约尔还提出了管理的十四条原则,它们是:

- 分工原则:分工可以提高工作效率,但是分工应适度,不是越细越好。
- 权力和责任原则:权力与责任对等。
- 纪律原则:组织的成功离不开纪律,组织中任何级别的个体都必须受纪律的约束。
- 统一指挥:一个下级只应接收一个上级的命令。
- 统一领导:统一目标的全部行动只能有一套计划和一个领导。
- 个人利益服从集体利益原则:集体的目标必须包含员工个人的目标,在个人利益与集体利益发生矛盾时,须按照个人利益服从集体利益的原则进行协调。作为管理者必须经常监督并以身作则,这样才能缓和个人和集体的矛盾,使个人和集体行动一致。
- 报酬原则:报酬应当公平合理,奖励应当能够激起员工的热情。
- 集权原则:集权和分权的程度应当根据企业规模、管理层和员工的素质,以及企业的条件与环境来确定。

- 等级链与跳板原则:企业中的信息传递应尊重等级路线,使信息自上而下或自下而上经过等级制度中的每一级而传送。这对统一指挥、统一思想是必要的。但是为了提高沟通效率,也应该建立跨部门、跨等级信息交换的"跳板"。
- 秩序原则:建立秩序的目的是为了避免物质和时间的损失。为了达到这个目的,要求人与物都处于适合他们的位置上,从而尽可能地为整个工作程序的顺利运转提供便利。
- 公平原则:严格、公平地执行已经建立的规章制度,努力使公平感深入各级员工的内心。
- 保持人员稳定原则:要努力保持人员的稳定,因为适应一个岗位并做好工作需要时间。
- 首创精神原则:在不违反纪律的前提下,鼓励员工发挥个人的创造性。
- 集体原则:企业内部的团结与和谐,是实现企业利益的基本保证。

法约尔的一般管理理论与泰勒的科学管理理论都是古典管理思想的代表,但与泰勒的管理思想相比,法约尔管理思想的系统性和理论性更强。法约尔提出的管理职能和原则,经过多年的研究和实践证明,总的来说仍然是正确的,这些思想至今仍被管理者所铭记。法约尔一般管理理论的主要不足之处是他的管理原则缺乏弹性,以至于在实际工作中管理者有时无法完全遵守。

3. 韦伯及其行政组织理论

德国社会学家马克斯·韦伯被后人称为"组织理论之父"。他提出的行政组织理论主要反映在他的著作《社会组织与经济组织理论》中。

韦伯认为,组织必须以某种形式的权力作为基础,离开权力,任何组织都无法达到自己的目标。存在三种为人类社会所接受的权力:传统权力、超凡权力和法定权力。传统权力来源于传统惯例或世袭制度。超凡权力来源于对领袖人物的崇拜与追随。而法定权利来源于法律和理性。韦伯认为管理活动必须在理性前提下有秩序地进行,同时领导者的权力应受到约束,因此只有法定权力才能作为行政组织体系的基础。基于此,韦伯构建了所谓"理想的官僚组织模式"(bureaucratic ideal type),这种行政组织模式包括6个内容:

(1) 组织依据合法程序产生,有明确的目标和完整的规章制度。组织中的人员应有固定和正式的职责并依法行使职权。

(2) 各种任务和职位是按照职权的等级原则组织起来的,每一职位有明文规定的权利和义务,形成一个指挥系统或层次体系。

(3) 组织中人员的任用应完全根据职务的要求,通过正式考试或教育培训来实行。

(4) 管理人员有明确规定的薪金、奖励和升迁制度,是一种职业的管理人员。

(5) 管理人员必须严格遵守组织规定的规则和纪律,使之不受任何人的感情因素的影响,保证在一切情况下都能贯彻执行。

(6) 组织中人员的关系完全以理性为指导。

11.4.3 管理思想中的人性假设

马克思说"人的本质并不是单个人所固有的抽象物,实际上,它是一切社会关系的总和。"人性也不是先天因素决定的,必须从人们在社会中所处的地位,从人们所处的社会关系来看待人性。对有关人性问题的讨论,对企业领导人制定什么样的制度。采用什么样的管理模式、建立什么样的组织结构都具有重要的意义。

管理人员的人性观,实际上是指他们对人为什么要工作,以及应该如何去激励和管理所持的观点和看法。管理人员的人性观是其世界观的重要组成部分[107]。

衡量管理人员人性观倾向的六个方面如下:

(1) 信赖程度:认为人是可以依赖的,或是不值得依赖的程度。

(2) 利己程度:认为人是利他的或者利己、自私的程度。

(3) 独立性:认为人是独立的和自力更生的,或者是依赖并顺从于群体或权威人物的程度。

(4) 理性:认为人是有意志和理性力量的,或者相信他们是非理性的内部和外部因素所控制的程度。

(5) 价值观与知觉一致性:认为人是有不同的思想,知觉和价值观的,或者是相信他们的知觉与价值观等是基本一样的程度。

(6) 人的复杂性:认为人是简单的或者是十分复杂动物的程度。

在对人性的假设中,主要的观点有"经济人"、"社会人"、"自我实现人"和"复杂人假设",下面对这几种假设进行介绍。

1. 经济人假设

斯密《国富论》中提出了"经济人"观点,即人是理性的经济人,为了经济利益而劳动,所有的经济现象都是具有利己主义的人们的活动所产生的。人的生存必须依赖于其他人的协助,他人的帮助不是无偿的,这种利益上的相互依存和相互制约,产生共同利益,进而产生社会利益。斯密的"经济人"观点解释了人们为什么会劳动和为什么会协作的问题,为管理者进行企业管理提供了基本的入手点。

在"经济人"假设下,相应的管理措施主要包括:

(1) 管理工作的重点是提高劳动生产率,完成生产任务,而对于人的感情、需要、动机、人际交往和道义上应负的责任,则是无关紧要的。这种管理方式叫任务管理。

(2) 管理工作仅是少数人的事情,与广大职工无关。工人的任务是听从管理者的指挥。

(3) 在奖励制度上,主要用金钱来刺激工人的生产积极性,同时对消极怠工的采取严厉的惩罚。

在企业实践中,"经济人"假设改变了企业放任自流的管理状态,促进了科学管理制度的建立,对于不发达国家和地区有应用价值。它也存在比较多的问题,如把人看成天生懒惰的,实质上是早已被否定了的遗传决定论的人性观,它没有看到人的社会性一面。"经济人"假设否定了人的主动性、自觉性、创造性与责任心,把人看成主要受金钱驱动的、被动接受管理的被管理者。把管理者和被管理者对立起来,实际上是为了少数人对多数人的剥削。了解经济人假设的局限性,有利于提醒管理者改正错误的管理方式和方法。

2. "社会人"假设

"社会人"假设认为一个组织由相互作用的社会关系的人组成的,而人是组织中的一员,工人是"社会人",而不是"经济人",有社会和心理方面的需求,良好的人际关系是调动人的生产积极性的决定因素,社会和心理因素形成的动力对生产率有更大的影响。

企业中存在的非正式组织是员工在工作过程中,由于具有共同的兴趣爱好、共同的社会感情而形成的非正式群体,这种无形的组织有其特殊的感情、规范和倾向,并左右着成员的行为。作为管理者应善于引导和发挥非正式组织的正面作用。新型有效的领导应该通过提高员工满意度,来激励士气,最终提高生产率。

在"社会人"假设下,管理者的作用是进行沟通,激励下属做出更大的努力。相应的管理措施包括:

(1) 管理人员不应只注意完成生产任务,而应该把注意的重点放在关心人、满足人的需要上;

(2) 管理人员不应只注意指挥、监督、计划、控制和组织,而应更重视职工间的人际关系;

(3) 在奖励时提倡集体奖励制度,不主张个人奖励制度;

(4) 管理人员的职能也应有所改变,不应只局限于制定计划、组织工序、检验产品,而应在职工和上级之间起联络人的作用;

(5) 采用参与管理的形式,让职工和下级人员不同程度上参与企业决策的研究和讨论。

社会人假设认为人际关系对于调度职工生产积极性是比物质奖励更为重要的因素,从经济人到社会人的假设是管理思想与方法的进步,职工参与管理在一定程度上起到了缓解劳资矛盾的作用。

3. "自我实现人"假设

"自我实现人"假设认为人在本质上是自发、自动向上、能自制的,人人都有潜能,都需要发挥自己的潜力,表现自己的才能,只有人的潜力充分发挥出来,人才会得到最大的满足。

"自我实现人"是一个理想的人。这种人具有以下特征:有敏锐的观察力;思想高度集中;有创造性;不受环境偶然的影响;只跟少数志趣相投的人来往;喜欢独居;重客观;重实际;崇新颖;自我定向;抗拒服从,择善固执;爱生命;具坦诚;重公益;能包容;富幽默;悦己信人。现实中,自我实现人是极少数的人。

与前两种假设相比,在"自我实现人"假设下,管理者职责有以下的变化。

(1) 管理重点的变化:重点在于创造一种适宜的工作环境、工作条件,使人们能在这种条件下充分挖掘自己的潜能,充分发挥自己的才能;

(2) 管理者职能的变化:管理者应是生产环境和条件的设计者与开发者,他们的主要任务是创造适宜的条件,减少和消除职工在自我实现过程中遇到的困难;

(3) 奖励方式的变化:重视内在奖励,重视职工从工作中获得知识,增长才干,充分发挥自己的潜能;

(4) 管理制度的变化:管理制度应能保证职工能充分表现自己的才能,达到自己所希望的成就。

4. "复杂人"假设

"复杂人"假设认为人的本质不是单纯的经济人或社会人或自我实现人,人是很复杂的。不仅人的个性因人而异,而且同一个人在不同的年龄、不同的时间、不同的地点会有不同的表现。人的需要和潜力会随着年龄的增长、知识的增加、地位的改变以及人与人之间的关系的变化而有所不同。人是因时、因地、因各种情况而变化的,应采取不同的适当管理措施。

相应的管理措施包括:

(1) 采取不同的组织形式提高管理效率;

(2) 根据企业的不同,采取弹性、应变的领导方式;

(3) 善于发现职工在需要、动机、能力、个性上的差异,因人、因时、因事、因地制宜地采取灵活多样的管理方式。

11.4.4 现代管理理论

第二次世界大战后,世界上许多国家都致力于发展本国经济,科学技术得到迅速发展,生产社会化程度日益提高,生产力发展加快。生产力的快速发展对管理提出了更高的要求,相应地对管理理论的研究也日趋深入。从20世纪60年代开始,管理科学有了飞速的发展,各种管理理论不断涌现,并形成不同派别,管理思想逐渐呈现出多元化的态势[108~110]。这种现象被美国管理学家哈罗德·孔茨(Harold Koontz)称为"管理理论丛林"。这些不同的学派都有自己独特的理论与方法,从不同角度对管理理论进行了发展和丰富。

1. 管理程序学派

也称为管理过程学派,是在法约尔管理思想的基础上发展起来的,该学派的代表人物有美国的孔茨和西里尔·奥唐奈(Cyril O'Donnell)。

该学派的基本观点是将管理解释为一种程序和许多相互关联着的职能,认为可以将计划、组织、控制等职能逐一进行分析,归纳出若干指导性原则,以便更好地提高组织效率,达到组织目标。强调管理职能的共同性,认为任何组织无论其性质多么不同,所处环境差异多大,管理人员所应履行的基本管理职能都是相同的。

该学派提供了一个分析研究管理问题的思想框架,一些新的管理概念和管理技术均可以容纳在计划、组织、控制等职能中,它为构建管理学的学科体系奠定了基础。

管理程序学派一方面为人们普遍接受,另一方面也常常受到批评,主要的批评意见是:

(1) 将管理看作是静态程序,而忽略了管理中人的因素;

(2) 所归纳的管理原则适用性有限,缺乏灵活性;

(3) 对管理职能的归纳缺乏通用性质。

2. 社会系统学派

社会系统学派的创始人是切·巴纳德(Chester I. Barnard),1938年出版的其代表作《经理的职能》是社会系统理论的奠基之作。

社会系统理论是以协作系统为核心,论述组织内部平衡和对外部条件适应的管理理论。其理论要点有如下三个。

(1) 社会的各级组织都是一个协作系统,即由相互协作的各个人组成的系统。这个系统能否继续生存取决于三个因素:

- 协作的效果,即能否顺利完成协作目标;
- 协作的效率:即在达到目标的过程中,是否使协作的成员损失最小,而心理满足最高;

- 协作目标与协作环境相适应的程度。

(2) 正式组织的协作系统有以下三个要素：
- 协作的意愿：即每一位成员都能够自觉自愿为组织目标的实现作贡献；
- 共同的目标：即有统一的共同目标；
- 信息的联系：即组织内部有一个能够彼此沟通的信息联系系统。非正式组织也起着与正式组织互相创造条件，并在某些方面产生积极影响的重要作用。

(3) 经理人员是协作系统因素中的关键因素：经理在系统中的作用，就是在协作系统中作为相互联系的中心，并对协作进行有效的协调，以使协作系统能够维持运作。

经理的五项职能包括：
- 建立和维持一个信息联系的系统；
- 招募和选拔能最好地作出贡献、能协调地进行工作的人员，并使之协调地、有效率地进行工作；
- 规定组织的目标；
- 授权的职能；
- 决策的职能。

社会系统学派强调协作系统的三个基本要素和经理人员的五项职能，是为了实现组织的内部平衡，并使这种协作系统适应外部条件，以求得系统的正常运转和顺利发展。

3. 决策理论学派

决策理论学派是从社会系统学派发展起来的。它的代表人物是美国卡内基-梅隆大学教授赫伯特·西蒙（Herbert Simon），其代表作是《管理决策新科学》。由于其在决策理论研究中的成就，西蒙于1978年获得诺贝尔经济学奖。该学派的基本观点是：管理的关键是决策。

西蒙最大的贡献是提出了决策过程的有限理性理论[111]，西蒙认为现实生活中作为管理者或决策者的人是介于完全理性与非理性之间的"有限理性"的"管理人"。"管理人"的价值取向和目标往往是多元的，不仅受到多方面因素的制约，而且处于变动之中乃至彼此矛盾状态。"管理人"的知识、信息、经验和能力都是有限的，他不可能也不企望达到绝对的最优解，而只以找到满意解为满足。在实际决策中，"有限理性"表现为：决策者无法寻找到全部备选方案，也无法完全预测全部备选方案的后果，还不具有一套明确的、完全一致的偏好体系，以使他能在多种多样的决策环境中选择最优的决策方案。

西蒙认为，有关决策的合理性理论必须考虑人的基本生理限制以及由此而引起的认知限制、动机限制及其相互影响的限制。从而所探讨的应当是有限的理性，而不是全知全能的理性；应当是过程合理性，而不是本质合理性；所考虑的人类选择机制应当是有限理性的适应机制，而不是完全理性的最优机制。决策者在决策之前没有全部备选方案和全部信息，而必须进行方案搜索和信息收集；决策者没有一个能度量的效用函数，从而也不是对效用函数求极大化，而只有一个可调节的欲望水平，这个欲望水平受决策者的理论和经验知识、搜索方案的难易、决策者的个性特征（如固执性）等因素调节，以此来决定方案的选定和搜索过程的结束，从而获得问题的满意解决。因此"管理人"之所以接受足够好的解，并不是因为他宁劣勿优，而是因为他根本没有选择的余地，根本不可能获得最优解。

决策理论的主要观点有以下几条。

(1) 决策是一个复杂的过程：决策不仅是决策瞬间的决定，而应该包括在此之前的了解、调查、分析过程，以及此后的检查、控制过程。提出作为决策的全过程应包括若干步骤，而决策的每个步骤都含有丰富的内容，各步骤之间还可能相互交错，因此，决策是一个复杂的动态过程。

(2) 程序化决策与非程序化决策：程序化决策针对反复出现的简单的管理问题，事先制订一套例行程序，人们依照执行。非程序化决策针对一次性出现或性质和结构尚不确定的复杂问题，这种决策需要决策者根据具体情况具体分析。随着认识的提高，非程序化决策过程可能转变为程序化决策过程。

(3) 组织设计的任务就是建立一种决策的人-机系统：计算机的广泛应用对组织结构和管理工作产生了巨大的影响，程序化决策的自动化程度越来越高，许多非程序化决策也逐步进入程序化决策。现代企业是一个人与计算机所共同组合形成的结合体。组织设计的任务就是建立一种决策的人-机系统。

4. 系统管理学派

系统管理学派将自然科学中的系统论和控制论引入管理科学，代表人物是卡斯特(F. E. Kast)等人，其代表作是《系统理论和管理》。

系统管理学派把组织看成是一个人造系统，侧重于用系统的观点来考察组织结构及管理的基本职能。以系统的观点考察计划、组织、控制等管理职能，认为这样有助于提高企业的效率，使各个系统和有关部门的相互联系网络更加清楚，最优地实现企业的总目标。

系统管理学派的理论要点是：组织是由人们建立起来的、相互联系并且共同工作着的要素所构成的系统。这一人造的开放系统同外部环境之间存在着动态的相互作用，并具有内部和外部的信息反馈网络，能够不断进行自我调节，以适应环境和本身的需要。企业的组织结构是一个完整的系统，同时也是一个管理信息系统。

5. 管理科学学派

管理科学学派又称数理学派，其创始人是伯发(E. S. Buffa)。他们认为管理就是用数学模式与程序来表达计划、组织、控制、决策等合乎逻辑的程序，求出最优的解答，以达到系统追求的目标。管理科学就是制定用于管理决策的数学模式与程序的系统，并把他们通过计算机应用于组织管理。在管理过程中要力求减少决策的个人艺术成分，依靠建立一套决策程序和决策模型以增加决策的科学性。

把众多方案中各种变数或因素加以数量化，利用数学工具建立数量模型研究各变数和因素之间的相互关系，寻求一个用数量表示的最优化答案。决策过程实际上就是建立和运用数量模型的过程。各种可行的方案均以经济效果作为评价的依据。

基于对管理过程的认识，他们提出了以下解决问题的一般程序：①提出问题；②建立一个研究系统的数学模型；③从模型中取得解决问题的方案，并对数学模型求解，取得能够使系统达到最佳效益的数量值；④检查这个模型对预测实际情况的准确程度；⑤对所求得的解进行控制，提出对方案进行调整控制的措施；⑥把方案付诸实施。

6. 社会技术系统学派

社会技术系统学派的创始人是英国的特里斯特(E. L. Trist)，他认为要解决管理问题只分析社会协作系统是不够的，还要分析研究技术系统(机器和方法)对社会的影响以及对个人心理的影响,因为技术系统对于社会系统有强烈的影响,主张在社会系统和技术系统之间建立协调关系,一旦发现两者的不协调时,就应对技术系统作出某些变革。管理的绩效乃至组织的绩效,不仅取决于人们的行为态度及其相互影响,而且取决于人们工作的技术环境。管理人员的任务之一就是确保社会系统与技术系统相互协调。

社会技术系统学派的重大贡献在于首次把组织作为一个社会系统和技术系统综合起来考虑,因而填补了管理理论的一个空白。

7. 权变理论学派

20世纪70年代产生的权变理论学派(contingency theory of management),其主要创始人是弗莱德·菲德勒(Fred Fiedler)和琼·伍德沃德(Joan Woodward)。

权变理论的核心是力图揭示组织的各子系统内部和子系统之间的相互关系,以及组织和它所处环境之间的关系,并确定各种变数的关系类型和结构类型。权变理论认为:组织和组织成员的行为是复杂的,而且是不断变化的,组织所处的环境的复杂性进一步加大了有效管理的困难程度,使得以前的各种管理理论所适用的范围变得十分狭窄,例外情况越来越多。

管理方式或方法也应随着情况的不同而权宜应变,没有什么普遍适用的最好的管理理论和方法,要针对不同的具体条件寻求不同的最合适的管理模式和方法。要在大量调查研究的基础上,对组织的情况进行分类并建立模式,据此选择适当的管理方式和方法。建立模式时,需要考虑组织规模、工艺技术的模糊性和复杂性。管理者位置的高低、管理者的位置权力、下级个人之间的差别、环境的不确定性程度等多种因素。

8. 行为科学学派

古典理论过多强调科学性、精密性、纪律性,忽视对人这个关键因素的研究,把人当成机器的附属物看待,因而存在比较大的局限性。实际上,工人并非纯粹的"经济人",他们所追求的不仅是金钱和物质利益上的满足,而且客观地存在不断增长的心理上的需求。

科技进步和生产规模扩大,具有较高技术水平和文化水平的工人逐步占主导地位,体力劳动逐步让位于脑力劳动,对脑力劳动者,单纯的金钱刺激和严格的控制难以发挥作用。

研究人的工作动机、情绪、行为与工作环境之间的关系,视图找出影响生产率的因素,创建了行为科学理论。行为科学学派的代表人物是美国的马斯洛(Abraham H. Maslow)和赫兹伯格(Fredrick Herzberg)。该学派认为,管理中最重要的是对人的管理,因此要非常重视组织中人的因素,要研究人、尊重人和关心人。人是有需要的,需要又是多方面的,应当考虑人的需要,通过满足这种需要来调动积极性,并创造一种能使下级充分发挥潜力的工作环境,在此基础上指导他们的工作。

马斯洛提出了人的5层次需求模型,从下到上分为生理、安全、社会、尊重和自我实现需求。5个层次中的任何一个需求都在前一个需求满足以后才被激活,一旦一种需求得到充分满足,它就不再具有激励作用。因此,人的自我实现可以实现人的全部潜能,它是人类存在的最高价值所在。

随着个人心理发展水平的变化,人们对不同层次需求满足的强度要求也不同,图11-1给出了个人心理发展水平与需求满足强度的变化关系。随着社会生活水平的提高,人们对不同需要的比例也在发生变化,表11-1是美国不同时期个人需要结构的变化情况。从表中可以看出,美国工人的需要结构显著地从低层需要向高层需要转移。

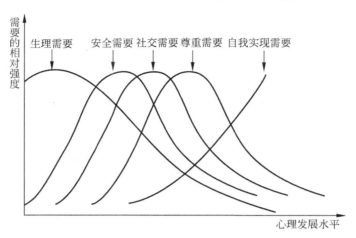

图 11-1　个人心理发展水平与需求满足强度的变化关系

表 11-1　美国不同时期个人需要结构的变化　　　　　　　　　　　　　%

时间	需要类型				
	生理	安全	社交	尊重	自我实现
1935 年	35	45	10	7	3
1995 年	5	15	24	30	26

9. 经验主义学派

经验主义学派又称案例学派,其代表人物是美国管理学家欧内斯特·戴尔(Ernest Dale)和彼得·德鲁克(Peter F. Dracker)。这一学派认为古典管理理论和行为科学都不能完全适应企业发展的实际需要,有关企业管理的科学应该从企业管理的实际出发,以大企业成功的组织管理者的经验为主要研究对象,对之加以概括,找出其中具有共性的东西,将其系统化、理论化,并以此为依据向企业管理人员提供实际的建议。

他们强调不必企图去确定一些原则,只要通过案例研究,分析一些经理人员的成功经验和他们解决特殊问题的方法,就可以在相仿的情况下进行有效的管理。

11.4.5　未来管理变革的发展趋势

随着社会的发展和信息技术的引入,现代管理也处于不断的变化过程中,文献[110]给出了未来管理变革的 10 个发展趋势。

(1) 创新性管理:未来企业管理的典型特征;
(2) 知识资源:未来企业的核心资源;
(3) 学习型组织:未来成功企业的模式;
(4) 快速的应变力:未来企业的基本素质;
(5) 授权:未来企业提高组织效率的必由之路;
(6) 团队精神:未来企业成功的法宝;

（7）全球性战略和可持续发展战略：未来企业生存与发展的决定性因素；
（8）"四个满意"：未来企业的永恒追求；
（9）没有管理的管理：未来管理的最高境界；
（10）跨文化管理：未来企业管理的必然趋势。

1. 创新性管理

21世纪，管理者面临的是以前所未有的速度发生变革的环境，传统的、固定不变的常规型管理必将为创新型管理所取代。

创新型管理与传统管理的区别如下：

（1）创新渗透于整个管理过程之中，是管理者主要的经常性职责；
（2）每一位管理者都是创新者，其主要时间和精力放在研究新问题、把握新方向、提出新思路上；
（3）在企业内部建立新型管理机制，激发所有员工勇于创新探索，自由发挥创新才能的积极性；
（4）把企业建成为个性化、活性化的创新型组织，经营上独具特色，不断推出与众不同的产品和服务，以新取胜。

2. 知识资源

在知识经济时代，知识对企业业绩的贡献率将远远超过传统的生产要素，最先拥有并有效运用创新知识的企业将在竞争中具有明显优势。知识创新的速度与方向成为企业经营成败的关键，建立"信息—智力—知识"管理机制，改变传统的资源配置方式和管理模式，实现知识整合，要求在管理中不断增加知识含量，以知识创新的优势弥补自然资源以及资本上的劣势。

3. 学习型组织

企业要进步，就必须不断学习。员工要学习，从而不断更新知识，实现自我超越；管理者要学习，培养系统思考能力，实现企业的知识整合，并凝聚集体的智慧，化知识为动力，增强企业竞争力。

4. 快速的应变力

企业要有快速的反应力和应变能力，必须把效率作为衡量组织功能的首要标准，以快取胜。

5. 授权

在员工自身知识、技术、能力的持续提升中，其独立处理问题的管理能力不断提高，未来的组织将实现权力结构的转换，在组织中实现授权，权力从领导者手中分散到与用户打交道、最了解用户需求的员工手中，让他们直接处理自己职责范围内的事务，直接承担为用户服务的责任。一方面有利于激发员工勇于开拓的积极性；另外一方面可以减少管理层次，提高组织效率。

6. 团队精神

团队精神的实质是在于相互协作。强调团队精神，就要突破传统的部门分工的严格界限，为实现某一目标和任务，实现功能的重新组合，建立跨功能的机动团队，以利于增强企业的活力、效能和系统的整体合力。团队精神也适合于企业之间的联系,建立企业间协作的战略联盟,共享技术资源和营销渠道,降低开发费用分担风险。

7. 全球性战略和可持续发展战略

在经济全球化和知识经济条件下经营的企业,一方面要树立牢固的全球化观念,制定全球性经营战略,力求以高品位、高质量和名牌产品打开国际市场的大门,并以此巩固其有利地位;另外一方面在资源利用、对生态环境的保护以及对劳动者的培养等方面,要符合社会经济环境可持续发展的主方向,唯有如此企业才能持续发展下去。

8. "四个满意"

所谓"四个满意"是指消费者满意、员工满意、投资者满意和社会满意。消费者满意可以为企业从市场上获得更多的订单,取得竞争优势;员工满意可以在最大程度上提高员工对企业的认同感,更加积极主动地为企业多做贡献;投资者满意可以使企业获得更多的投资;社会满意指企业承担了更多的社会责任,为企业营造一个非常有利的社会环境。

9. 没有管理的管理

没有管理的管理将当前的全员管理提升到一个新的高度。企业内全体成员,人人参与管理,既是重大决策的决策主体,又是该决策的执行主体。在企业中实现人本管理,把人的因素放在显要位置,确保其主体地位的管理。它注重启迪人们自己管理自己的主体性和自觉性,主要依靠人们的这种主体性和自觉性,开展全员、全过程、全环节、全方位的经营管理活动。建立荣辱与共的群体,上下级之间、员工之间高度和谐,在亲切、融洽的气氛中,形成有凝聚力的群体,人们共生共存、荣辱与共、共促企业发展。建立以成绩评价和内在报酬为主的激励模式,以成绩评价和赋予更重的责任与管理权限为主的新型激励模式将在很大程度上满足员工的心理需求。

10. 跨文化管理

经济全球化趋势日益加强,不同文化之间的相互冲击、相互渗透、相互影响、相互融合。管理必须能够在多文化环境下实现企业有效和高效的运作,发挥多文化的优势,避免不同文化的冲突给企业经营管理带来的负面影响。

11.5 企业组织

从前面有关管理职能的论述可以看出,管理的组织职能就是通过设计和维持组织内部的结构和相互之间的关系,使人们为实现组织的目标而有效地协调工作的过程。企业的组织职能主要包括组织设计、人员配备、组织的运行、监控和协调等。本节对组织的定义、企业的主要组织形式、组织设计的原则等内容进行介绍,以期给读者提供一个关于组织的基本认识。

11.5.1 组织的定义

在管理学中,一般认为,组织是为了实现某种目标而形成的,是责任明确、分工协作的人组成的有序集合。这一观点强调了三个方面的含义:一是组织必须具有目标,离开具体目标而存在的组织是冗余的,甚至对企业是有害的;二是组织是由人组成的,是人的集合;三是组织的有序性,即组织是通过人员间的分工协作以及权利和责任相互结合形成的有机体,制度是组织得以正常运行的根本保证。

11.5.2 组织设计的基本原则

科学有效的组织结构是确保管理效率的基础,是企业实现长期战略目标和短期业务目标的制度平台,因此组织设计是组织职能的重要内容。组织的设计必须紧密结合企业现状,基于优秀企业的实践经验,根据组织结构设计的一般原则来进行。本节对组织设计的基本原则进行介绍,11.5.4 节将介绍组织设计的步骤。

1. 目标原则

目标是企业一切管理活动的出发点和落脚点。前面已经提到明确的目标对组织的重要性,这就要求整个组织和组织的每一部分都能够帮助实现企业的目标。从企业的内部和外部环境来看,企业的各项目标之间是互相影响、互相制约的,而且在不同时期里,企业目标的内容或侧重点将有明显的不同,因此组织的设计必须考虑到这种目标的动态性和目标间的耦合性。

2. 分工原则

分工原则的含义是科学地分割组织的任务或工作,形成明确的分工。分工原则是组织设计的一个重要原则,有利于组织整体功能的发挥和企业效益的提高。分工带来的优点是提高劳动的专业化水平,提高劳动效率和质量。但过细的分工往往会导致非经济性(原因是单调的工作使员工产生厌倦和疲劳,以及产生官僚机构和人浮于事的现象),这种非经济性会超过分工带来的优势。解决分工过细带来的负面效应的方法是,适当扩大员工的工作范围,丰富工作内容,或者采用轮换制,以及将员工组合到一个工作团队中去等。

3. 管理幅度原则

所谓管理幅度,是指一名上级主管人员能直接高效地领导下属部门或人员的数量,管理层次指企业管理层的阶次。

一个管理者由于精力和能力的限制,所能管理的下属部门或人数是有限的。随着下属部门或人数的增加,相互人际关系数将呈指数增加,当下属部门或人数增加到一定程度时,就超越了管理者所能有效管理的范围。一般认为,基层管理者能有效管理的下属不超过 15 至 20 人,中层管理者能有效管理的下属不超过 10 人,高层管理者能有效管理的下属不超过 7 人。通常越往高层,一个管理者能有效管理的下属就越少。

管理幅度体现了组织的横向结构,而管理层次决定组织的纵向结构;显然两者成反比关系。因此组织按其层次和幅度的相对关系,大致可以分为层级结构(也称为科层制结构)和扁平式结构两种。前者管理层次多,管理幅度小;后者则正好相反,管理层次少,管理幅度大。层级结构的优点是管理严密和分工明确,缺点是上层和基层沟通困难,信息交互速度慢。扁平式结构减少了管理费用,上下层信息交互速度快,有利于调用员工的积极性。缺点是管理幅度过大加重了管理者负担,同时加大了上级对下级的工作监督以及同级之间的工作协调的工作量和难度。

应当从企业的实际情况出发决定其管理幅度和管理层次。首先应考虑下属员工和领导的素质。下属素质高、工作能力强、经验丰富,那么上级处理上下级关系所需的时间和次数就会减少,这样就可扩大管理幅度,采用扁平式结构。反之则应该缩小管理幅度,采用层级结构。同样地,领导者的素质高则可考虑采用偏向扁平的结构,反之应采用层级结构。

其次应该考虑信息交流的难易程度。在管理活动中,如上下级意见能及时交流,位于同一层次部门之间关系能协调配合,就有利于扩大管理幅度。

还应考虑的因素是机构在空间上的分散程度和工作任务的标准化程度。组织中各个工作地点距离较近,则可以加大管理幅度,反之则应采用层级结构;同时,工作任务标准化和规范化的程度越高,越适合采用扁平化的组织结构。

层级结构的组织形式在相对稳定的市场环境中效率较高。但在目前遇到了两方面的强大挑战,一是企业组织规模越来越庞大,产生了一大批超级跨国公司,企业管理层次的迅速增加已使得管理难以有效运作;二是外部环境快速变化要求企业灵活应变,而管理层次众多的层级结构缺少对变化的快速响应能力和适应性。

扁平化是解决层级组织结构在现代环境下面临难题的最有效办法。当企业规模扩大时,传统的办法是增加管理层次,而现在的有效办法是增加管理幅度。当管理层次减少而管理幅度增加时,金字塔状的组织形式就被压缩成扁平状的组织形式。

在传统管理幅度理论中,制约管理幅度增加的是处理指数增长的信息量和复杂人际关系的难度,而这些问题在计算机强大的信息处理能力面前迎刃而解。通过计算机能够实现管理层之间和层内的信息共享,而不必逐级传递,从而增强组织对环境变化的感应能力和快速反应能力;而且通过计算机发布指令能够有效避免信息失真。

4. 权力与责任统一原则

权力指在规定的职位上具有的指挥和行事的能力。责任指在接受权力的同时所应尽的义务。权力与责任统一原则,简单来说就是有多大权力必须承担多大责任,职权与职责相对应。高层管理者拥有企业的决策权,同时也就承担了相应的决策后果责任。基层的管理者通常拥有执行和监督权,因而也承担了相应的监督责任。在企业中,各级管理人员所拥有的权力和承担的责任都应作为企业制度的一部分而加以明确规定。

5. 统一指挥原则

统一指挥原则是指应在企业中建立一条等级链,每个下属只向一个上级主管直接负责,上级领导不应越级指挥下属。等级链是贯彻管理指令、保证信息交互顺畅的机制。下属向多个领导负责会使其疲于应付甚至无所适从,上级对下级指挥的逐级进行保证了等级链的正常运转和各级管理人员工作的正常进行。

11.5.3 企业组织结构的基本类型

企业的组织结构是企业制度的重要组成部分。随着企业制度的变化和发展以及管理思想的演变,企业的组织结构形式也经历了一个发展变化的过程。目前企业组织结构主要有直线制、直线功能制、事业部制、矩阵结构和网络型结构等类型[112]。以下对这些结构形式做一个简单介绍。

1. 直线制结构

直线制是最早出现的一种企业组织形式,其特点是组织的各种职位按垂直系统排列,不设专门的职能机构,而通过各级主管人员直接进行管理。

直线制组织结构的优点是管理结构简单,管理费用低;命令统一,决策迅速;责任明确,易于维护纪律和秩序。缺点是管理工作简单粗放,成员之间和组织之间横向联系差,需要企业领导精明能干、具有多种管理专业知识和生产技能知识。因此直线制只适用于规模较小、产品单一、工艺简单、市场相对稳定的企业。直线制结构如图11-2所示。

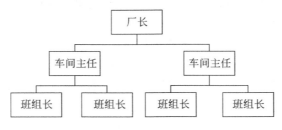

图11-2 直线制组织结构示意图

2. 直线功能制

直线功能制(也称为直线职能制)组织形式,是以直线制为基础,适应现代工业生产而产生的一种组织结构,是我国企业常见的组织形式。其特点是在直线领导机构和人员的基础上,另外设置职能部门,进行专业化职能(如财务、人事、销售、后勤等)管理工作。即在直线制组织统一指挥的原则下,增加了参谋机构。

直线功能制的优点在于既保证了集中统一的指挥,又能发挥各种专业业务管理部门的作用。其缺点是各职能机构自成体系,协调性不强,容易造成工作重复。职能部门和直线部门的双重领导可能造成效率低下和管理成本的增加。直线功能制结构如图11-3所示。

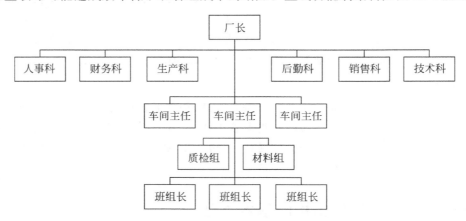

图11-3 直线功能制结构示意图

3. 事业部制结构

事业部制结构最初由美国通用汽车公司总裁斯隆提出,因此又称为斯隆模型。它是在一个企业内对具有独立产品市场、独立责任和利益的部门实行分权管理的一种组织结构形式,适用于市场庞大、产品复杂、区域分散的企业。事业部制是欧美、日本大型企业所采用的典型组织形式。

这种组织结构的思想是以总公司作为决策中心,在总公司下按产品或地区分为许多事业部或分公司,它们都是独立核算、自负盈亏的经营实体。总公司对事业部进行经营决策上的领导以及人事和预算方面的控制,但不干预事业部的日常经营活动。"集中决策,分散经营"是事业部结构的管理原则。

事业部可以根据产品或者区域进行划分。产品事业部结构将企业生产某一类产品的有关活动安排至同一产品事业部,然后在产品事业部内细分功能,完成该类产品的生产工作。这种结构适用于产品品种繁多、产品系列间差别较大的公司。区域事业部则是把某个区域内的各种业务活动集中起来,由一个统一的机构加以管理,这种结构适用于大型跨国公司。

事业部制的优点是总公司和事业部之间的责、权、利划分比较明确,能较好地调动事业部员工的能动性;可以使总公司领导层将精力集中在经营决策、长远规划、人才培养等全局性、战略性的问题上;事业部能为公司不断培养出高级管理人才。

事业部制的主要缺点是经营活动分散使得管理机构增多,管理总成本增加;事业部之间利益的相对独立性可能影响部门之间的沟通与合作,因此难以实施合理的资源配置、难以进行公司经营活动的全面协调。图11-4是事业部制组织结构示意图。

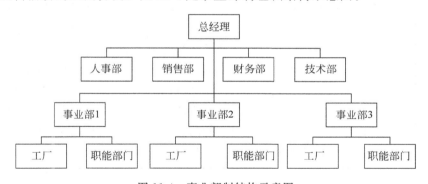

图11-4 事业部制结构示意图

4. 矩阵制

矩阵制是由项目组形式发展而来的一种组织形式,它将按职能划分的垂直领导系统和按项目划分的横向领导系统结合起来。矩阵制的显著优点是加强了横向联系,克服了职能部门各自为政的现象;专业人员和专用设备能得到充分利用;灵活性和机动性强,可随项目的开始和完成建立或解散组织;各种专业人员同在一个组织共同工作一段时期,完成同一任务,为了一个目标互相帮助,相得益彰。矩阵结构的缺点是成员不固定在一个岗位,有临时观念,有时责任心不够强;项目负责人的责任大于权力,管理上有一定的难度。

矩阵制结构适用于企业重大工程项目的组织,以及研究型单位中科研活动的组织。矩阵制结构如表11-2所示。

5. 网络型组织

网络型组织(network organization)是利用现代信息技术手段建立和发展起来的一种新型组织结构。它的产生源于信息技术、特别是网络技术的飞速发展和企业内部的需要。

表 11-2　矩阵制结构示意图

项目	职能部门 1	职能部门 2	职能部门 3	职能部门 4
项目组 1	人员 1	人员 2	人员 3	人员 4
项目组 2	—	—	人员 5	人员 6
项目组 3	人员 7	人员 8	—	—

首先，从技术驱动因素看，信息技术在企业中的广泛应用，扩展了企业与外界的联系渠道，使得企业的经营不再受地域范围的限制。基于这一条件，企业可以重新审视自身机构的边界，不断缩小内部生产经营活动的范围，相应地扩大与外部单位之间的分工协作。这就产生了一种基于契约关系的新型组织结构形式，即网络型组织结构。

其次，从企业自身的需要来看，在现代市场环境中，顾客需求的多样化、个性化程度越来越高，变化也越来越快，同时科学技术的发展和更新速度也越来越快，这在客观上要求企业将有限的资源专注于自身所擅长的领域。

文献[112]给出的网络型组织的定义是，网络型组织是一个由多个具有特定技能的独立企业或自主组织实体为了共同的任务而组成的联合体，其运行不依靠传统的层级控制，而依靠一个定义了成员角色和各自职责的公共价值体系，在这个体系中各实体通过充分的横向联系、相互依存和互惠互利来完成目标。文献[112]还根据成员的性质及其关系将网络型组织分为四种类型，即内部网络、垂直网络、市场间网络和机会网络。内部网络的目的是减少管理层级和突破部门限制，为部门营造一个开放环境。垂直网络通过建立供应链上下游独立厂商之间的伙伴关系，实现实体间的信息和技术的共享，达到提高生产效率、降低成本的目的。市场间网络由不同行业的企业组成，其目的是利用跨行业的协作达到相互依存的目的。机会网络是建立在顾客需求和市场机会的基础上的，其目的是为顾客寻找最优解决方案。

与传统企业组织形式不同，网络型组织结构的特点是，成员机构精干，功能相对简单，成员间以契约关系基础，进行充分的横向联系与合作。网络化组织在以下三个方面具有明显的经济优势：

(1) 促进了分工和专业化，减少了内部管理成本，提高了企业的效率；

(2) 实现了跨地域、跨行业的资源整合，以及信息的快速流动、知识的共享和企业间的优势互补；

(3) 相对稳定的网络组织的建立，降低了企业的交易成本以及伙伴选择带来的潜在市场风险。

网络型组织结构如图 11-5 所示。

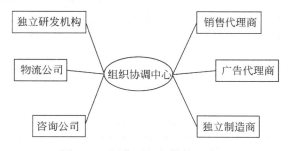

图 11-5　网络型组织结构示意图

11.5.4 组织设计的步骤

在前面讨论的组织设计的原则和组织形式分类的基础上,本小节讨论组织设计的步骤。组织的设计一般分为以下五个步骤。

(1) 工作岗位设计:分析组织的目标,将目标落实到组织需要完成的具体任务,根据对任务的分解和综合形成岗位。

(2) 部门划分:根据一定的原则,把相近的工作归为一类,在每一类工作之上建立相应的职能部门。

(3) 管理层次及管理幅度设计:对岗位和部门的设计进行调整,并形成机构之间的层次关系。管理层次和幅度可以参照科层制和扁平制两种模式。

(4) 领导者职位规定与授权:授予各级管理者完成任务所必需的职务,规定职务的责任和权力,从而确定组织成员间的职权关系,包括上下级间的垂直职权关系以及直线部门与专业职能部门之间的横向职权关系。

(5) 组织结构改善:通过发现组织运行过程中的问题,不断完善组织结构。

组织设计是一个不断修改和完善的动态过程。组织运行过程中必然暴露问题,也会获得一些有益的经验,这一切都应作为反馈信息,促使领导者重视审视原有的组织设计,酌情进行修改,使其日臻完善。

11.6 企业案例

本章是关于企业的组成、管理方面基本知识的介绍。在这一节中,将通过对一个具体企业的分析认识企业和企业管理,从而帮助理解本章的内容。

QD整流器股份有限公司是国内最早专业生产电力半导体装置的大型国有企业,公司拥有员工800余名,工程技术人员130余名。企业生产30多个系列400多种规格的变流装置,主要应用于电力、通信、航空、石化、铁路、机械等行业和部门。主导产品有智能型电力整流器、新型电力直流屏、免维护电池直流电源成套设备、核安全级整流器、通信用高频开关电源系统、电力用高频开关电源系统、不间断电源系统(UPS)、车用直流电源、电镀用直流电源等,公司实行全面质量管理,通过了ISO 9001质量体系验证。该公司的生产特点是以销定产,即根据销售合同组织生产。

11.6.1 组织机构与信息流图

公司实行董事会领导下的总经理负责制。董事会负责决定公司的重大经营决策、人事任免等;总经理由董事会任命,对董事会负责,主持公司日常经营活动。

图11-6是公司的组织结构图。其中总装分厂、开关电源分厂完全隶属于总公司,不能对外独立承接生产任务。变压器分厂和机柜分厂在保证总公司正常生产的前提下可以对外承接生产任务。对外承接生产部分若使用总公司物资,将与总公司进行结算,每年需要向总公司交纳一定的管理费。电子设备厂、电镀电源厂是完全独立的分厂,可以自主地安排生

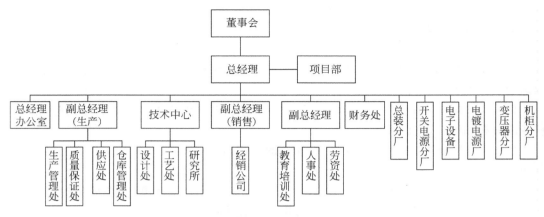

图 11-6 公司组织结构图

产,自负盈亏,独立核算,每年向总公司交纳一定的管理费。

从图 11-6 可以看出,该公司实行的是直线功能制和事业部制相结合的组织机构。从整体上看,该公司在直线制统一指挥的原则下增加了财务、销售、质量管理等职能机构,符合直线职能制的特征。同时公司又按照产品设立了事业部性质的分厂(电子设备厂、电镀电源厂),这些分厂有相对独立的责任和权力。

近年来,为适应市场经济环境,满足企业深化改革的需要,公司的组织结构正经历深刻的变革,从过去的层级制转向以现代信息技术为支撑的面向流程的扁平化组织。在目前按照功能划分的部门的基础上,面向重要新产品的开发和重大技术革新,项目部将组织由市场、设计、工艺、制造、销售和质量保证各部门人员组成的项目团队,由总经理直接领导和协调。这样就使得公司的业务流程成为一个过程连续、信息畅通、直接面向市场的增值链。与此同时,公司还加大了对市场营销和产品研发的投入,扩大了营销与研发部门的规模,公司正在从过去的橄榄型结构向哑铃型结构转变。

分析 QD 整流器股份有限公司的生产、研发、计划、销售、管理的各个环节,可以得到如图 11-7 所示的企业信息流向图,主要包括经营、计划、财务、物资、设计、生产等各部门间交流的信息。

11.6.2 部门功能和主要业务流程

根据图 11-6 和图 11-7,本节介绍公司主要部门的功能和业务流程。

1. 技术中心

技术中心主要负责新产品的研发、产品设计、工艺规划以及产品技术文件的归档保存工作。其中研究所主要负责组织新产品的研究开发和关键技术攻关。设计处的主要职责是完成产品的设计工作,包括新产品设计和变形产品设计。工艺处在产品设计基础上完成工艺设计。产品设计流程(新产品的设计和变形产品设计)如图 11-8 和图 11-9 所示。

技术中心引进了电力系统专用 CAD 软件,建立了部件和产品数据库、设计信息库,通过统一的界面和接口提供快速有效的信息访问手段,为设计人员进行变形设计和创新设计

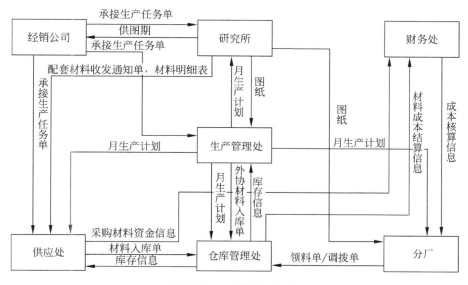

图 11-7 企业信息流向图

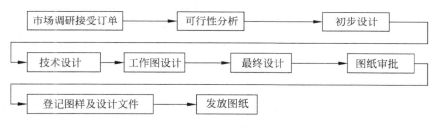

图 11-8 新产品设计流程

图 11-9 变形产品设计流程

创造了良好的条件。通过集成 PDM 系统,实现了对产品的信息管理(对象、文档、配置等的管理)、过程管理(文档流转、设计过程审核)和项目管理。与此同时,建立了并行设计环境,使工艺人员在设计早期就能够对产品的工艺进行评估,提高了新产品的设计效率,同时降低了设计成本。

2. 销售部门(经销公司)

经销公司的职能是了解市场信息和顾客的服务要求,组织合同的评审,开展客户服务活动。主要业务活动包括销售合同管理、市场信息管理、客户信息管理和分析、库存管理、应收账款管理等。

图 11-10 和图 11-11 分别是新、老产品的销售流程。

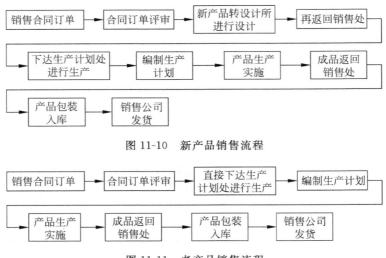

图 11-10　新产品销售流程

图 11-11　老产品销售流程

3. 生产管理部门

生产管理部门包括生产计划处、仓库管理处、供应处、质量保证处。

生产计划处包括计划员、计划准备员、调度员、外协员、统计员等职位。其中，计划员的主要工作是制定生产作业计划（包括月度计划、外协计划）、下达临时追加计划、根据仓储处月度计划情况下达备品备件计划及半成品与成品计划等。计划准备员主要工作是给计划员提供初步计划。调度员的主要工作是通过下达工种平衡命令单来平衡生产。外协员的主要工作是根据生产计划做外协件的计划与准备。统计员的主要工作是完成生产实际情况的日报、周报、月报等。生产计划处是核心的生产管理部门，其他生产管理部门均围绕它展开工作。图 11-12 与图 11-13 分别是新、老产品的生产计划管理流程图。

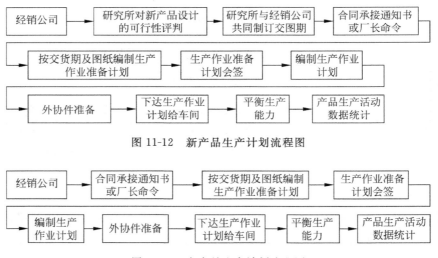

图 11-12　新产品生产计划流程图

图 11-13　老产品生产计划流程图

仓库管理处负责保存、管理企业外购原材料、零部件、外协半成品和配件、自制半成品和成品以及其他纳入总公司物资管理的外购非生产用材料。这些材料在使用和交付之前，按其种类分别存于电器库、五金化工库和半成品库。包装好的成品储存于经销公司成品仓库。仓库管理员负责办理入库出库手续,并兼作记账员,统计各厂用料情况,对材料价格按不变价进行核算,将入库单和出库单复件返给财务结算。

供应处负责公司生产所需的全部零配件(除自制半成品和外协半成品)的采购,为各分厂生产做准备。采购的零件种类多达上千种,包括电器材料、五金材料和化工原料等。正常情况下,供应处根据销售公司提供的承接生产任务通知单、研究所提供的配套材料收发通知单和材料明细表,在清点库存的基础上,生成采购材料计划汇总表(分解到采购员),由各采购员分头执行。同时,根据采购材料计划汇报总表,供应处向生产副总经理、财务处提交资金需求计划,获得批准后,向供货方付款,发票交财务处结算。

质量保证处的职能是产品的质量监测与控制、质量文档管理、产品售后质量管理和质量指标综合统计分析。

4. 财务部门(财务处)

企业财务状况是企业经营的真实反映。财务处的职能是跟踪合同制定、工程设计、原材料采购、产品制造和测试、系统运输、安装和调试及其他企业管理功能的全过程,掌握资金的投入、占用、回收的流动过程和状态,准确核算各个管理和制造过程的成本,合理评估企业的经营效益。为满足企业的经营需要,财务管理与销售、计划、供应、库存管理密切配合,其主要工作流程如图 11-14 所示。

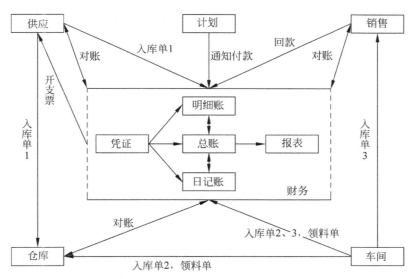

图 11-14 财务部门的主要工作流程

5. 人事部门

人事部门主要负责公司的人事管理、劳动工资管理和职工教育培训管理等,对应人事处、劳资处和教育培训处三个职能部门。

6. 总经理办公室

总经理办公室的职能是:负责公司决策的起草、贯彻和执行;负责总经理日常事务的安排;负责总经理、副总经理、部门领导之间的协调和平衡;公司行政工作会议的组织安排和记录；日常文书的处理、登记、传发和保管；公关和接待工作。

7. 分厂

(1) 总装分厂

总装分厂完全隶属于总公司，其生产完全按照生产管理处下达的计划执行，不能单独对外承接生产任务。生产用料直接从仓库领取，是非独立核算单位。

(2) 开关电源分厂

开关电源分厂承担所有通信电源的生产任务，在财务上完全隶属于总公司，是非独立核算单位，没有法人资格，不能单独对外承接生产任务，其生产按照公司生产管理处下达的计划执行。但是，由于开关电源分厂独立承担通信电源部分的生产，在生产管理方面相对独立，设有单独的设计中心，承担通信电源的设计，配有采购员，负责采购生产所需的特殊元件（总公司仓库没有储备），并设有仓库。

(3) 变压器分厂

变压器分厂隶属于总公司，其产品有配套变压器等。其工作一部分是为总公司生产各种整流器提供配套变压器，另一部分是独立经营。独立经营时和总公司发生的关系属于两独立实体之间的买卖关系。

(4) 机柜分厂

机柜分厂隶属于总公司，其产品有配套机柜、钣金加工件等。其工作一部分是为总公司生产各种整流器提供配套的机柜，另一部分是自己独立经营。自己独立经营时和总公司发生的关系属于两独立实体之间的买卖关系。

(5) 电子设备厂

电子设备厂为整流器提供有关电子设备，如可控硅模块、整流器控制模块等，同时面向公司外部生产照明控制器、电动机软起动器等产品。

(6) 电镀电源厂

电镀电源分厂与总公司相对独立，主要为其他单位的电镀流水线提供整套电镀电源。

11.6.3 信息系统

在现代集成制造(CIM)思想的指导下，结合企业生产经营特点，企业建立了企业的计算机网络环境及实用的信息系统，如图11-15所示。该系统着眼于提高企业产品创新设计、变型设计及工艺规划、生产管理的水平和客户服务质量，力图解决企业在产品设计、生产管理、经营决策等方面的诸多问题，从而增强企业对市场的快速响应能力，为公司实现发展战略提供有力支持。从功能来看，QD整流器公司CIM系统由三个功能模块组成，分别是以MRP Ⅱ为核心的管理信息系统(MIS)；以产品设计、工艺设计和生产制造为核心的CAD/CAPP/CAM工程信息系统；以计划调度、工序质量控制和车间作业管理为核心的制造自动化系统(MAS)。

在这个信息系统中，企业各个应用系统以组件方式开发，采用工作流和企业应用集成系统将各组件功能整合成完整的业务流程加以执行，同时监控流程的运作，考核绩效，达到集成企业资源，充分发挥企业信息系统效用的目的。

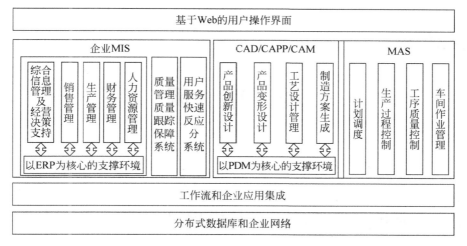

图 11-15　企业信息系统结构图

第12章

物 联 网

12.1 物联网的基本概念与发展过程

12.1.1 物联网的概念

场景1：早晨，柔和的闹钟把一位白领从睡梦中唤醒，窗帘自动缓缓拉开，一缕阳光从窗口洒进来。厨房的微波炉自动启动，加热早餐。盥洗间的水已经调节到合适的温度。待该白领洗漱完毕，吃完早餐，智能衣柜已经根据今天的温度提出着装搭配建议，她确认后，衣物自动配送到衣柜门口。她戴上手表，血压、心跳、体温等健康数据已经发送给她的家庭医生。她离开家后，大部分电器转入离家模式进入待机或休眠状态，火灾防护系统自动开启，安保系统自动开启，家庭安全有了系统的保障。

电动轿车感知到她的到来，已经自动启动，开启车门。她坐进车内，吩咐去公司，音乐自动响起，车辆自动驾驶系统按照路况自动选择通畅的路线，驾驶车辆安全快速地往公司驶去。在行驶过程中，车辆不断获取道路情况，自动调整行驶路线，确保畅通。为了安全，始终保持与其他车辆的安全车距。经过收费站，自动付费，顺利通过。在车上，手机上已经收到公司自动推送的今天的工作安排，一些必要的材料也已经推送到手机。一些事务已经在从家到公司的路上先行处理，节省了她的工作时间。

场景2：一位"现代农民"坐在办公室中，看着今天刚刚生成的昨日农田及作物情况的报告。他其实是农业公司的一名普通员工，负责维护农作物苗壮成长，确保丰收。昨夜下了一场大雨，农作物并没有受到任何损失。这得益于防雨棚的自动开启，排水系统以及雨水收集系统已经自动把雨水收集起来，供灌溉使用。

他走出办公室，对他管理的田地进行例行检查。首先来到庄稼地里，昨夜的雨水比较充足，今天阳光明媚，作物自动管理系统监测到土地湿度稍有下降，启动滴灌系统适当引导昨夜的雨水，为庄稼适当补充了一些水分。他又来到温室大棚，黄瓜已经长出，需要更多的阳光，温室自动调节反光系统的角度，将阳光引入温室内，为幼小的黄瓜提供全方位的阳光照射。他最后到达果树区域，为了预防病虫害的发生，病虫害防治系统正在自动喷洒生态农药。农药的喷洒量有严格的限制，既可以避免病虫害，又尽量确保最终的果实没有农药残留。走过每片田间地头的时候，当他观察某片作物时，作物的数据、灌溉、阳光调节、农药喷洒等情况都自动推送到他的智能眼镜里，他结合数据观察，发现灌溉系统在水量控制上有些许误差,便立刻动手解决了这个问题。看着作物茁壮成长,他满意地笑了。

这些看起来像科幻影片的场景,在不久的将来会成为我们日常生活中习以为常的一部分。这得益于一种称为"物联网"(Internet of Things)的技术。政府、企业、高校、科研机构正在通力合作,物联网正在蓬勃地发展,上述场景正在逐渐变为现实。有人将物联网誉为继计算机、互联网与移动通信网络之后的信息产业第三次浪潮。

顾名思义,物联网是"物与物相联构成的网络"。得益于传感技术、网络通信技术、大数据、云服务等软件技术的发展,网络将从对计算机之间的相互连接,扩展到将每个实际物体连接起来。人与人、人与物、物与物之间能够互相交换信息。物体也可以灵活地参与到商业、信息和社会财产活动中。它们可以与环境进行互动,对环境的改变自动做出相应的响应[113]。最终,将无缝地为人类的生产生活提供智能化和便捷化的服务。

从信息物理系统(cyber physical system)的角度看,物联网是物理世界与信息世界的接口,物联网将物理世界中的人与物的状态及相互之间的关系实时反映到信息世界,在信息世界中重构了一个与物理世界高度吻合的虚拟世界。在互联网时代,这个虚拟世界的主角只有人;而在物联网时代,这个虚拟世界不仅包括人,还包括所有的实际物体。

按照国际电信联盟(ITU)的定义[114]:物联网是通过 RFID 和智能计算等技术实现全世界设备互连的网络。如图 12-1 所示,在不久的将来,物联网有可能如互联网一样,形成一个全球性的网络,在任何时间、任何地点,任何人和物都能建立连接。在互联网时代,主要强调的是任何时间、任何地点两个维度。在物联网时代,增加了第三个维度,强调了任何人和物体都能够进行连接。

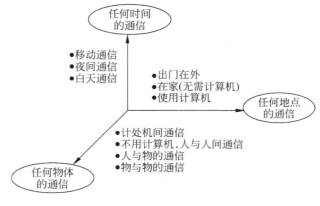

图 12-1　物联网新维度

12.1.2　物联网的基本架构

物联网架构由三个层次构成:智能感知层、接入传输层、处理决策层,如图 12-2 所示[115]。

在智能感知层,通过大规模部署的、泛在的、多样的传感器,实时全面感知各种物体和现实世界的状态,并将其转化为数字信号。从传感器的类型分类,传感器包括无线射频识别(radio frequency identification,RFID)标签、无线传感器、有线传感器。从传感器监控对象分类,有环境传感器、化学传感器、压力传感器、电力传感器等。从传感器的位置分类,有内

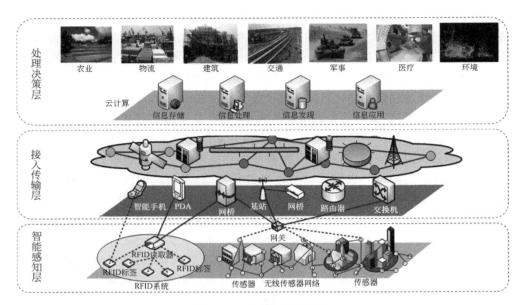

图 12-2　物联网应用框架

置在物体中的传感器，也有外部部署对物体进行监控的传感器。

在接入传输层，将传感器感知到的数据通过泛在的接口接入到信息网络中，并实时可靠地进行传输、交换和汇集。组网可以是单层次的，也可以是多层次的。IPv6 技术（互联网协议第 6 版，它将 IP 地址长度从当前第 4 版的 32 位扩展到了 128 位）足够支持为全世界现有的每个物体分配一个 IP 地址，因此，理论上每个物体都可以直接接入 Internet（国际互联网），从而实现物体的互联。然而，在很多应用场景中，这种方案从经济性、传输速度、稳定性等方面并不适用。更通用的是采用"汇聚网＋广域网"模式，将传感器信息先汇聚到区域中心节点，然后再利用广域互联网进行传输和发布。例如，局部范围内的无线传感器节点可以通过 Zigbee 协议（一种低速短距离传输的无线网络协议）组成小规模的无线传感器网络。RFID 标签的信息将首先被 RFID 阅读器所获取，然后再向其他设备传递。传统有线传感器采集的数据一般也首先汇聚到一个汇聚节点或计算机上，由它向外发布。大量局域网汇聚的数据在光纤通信、千兆交换机、3G/4G 移动通信技术支撑下，在互联网上进行传输，在人或物之间交换信息，或者汇聚起来支持业务应用和决策。

在处理决策层，在云平台技术的支撑下，数据将汇集到云平台，形成物理上分散存储，但逻辑上统一管理、统一处理的形式。多种定制化的云服务将对数据进行管理，或对这些数据进行分析并创造商业应用价值。常见的数据管理类云服务有多源数据接入服务、数据清洗服务、数据存储服务、数据管理服务、数据检索服务、数据可视化服务等。在大数据技术支撑下，针对不同应用需求发展了数量庞大的海量数据处理的云服务。例如，工业物联网中 MES（制造执行系统）、ERP（企业资源计划系统）和 OA（办公自动化系统）等均已有运行于云平台的产品。而基于车联网，通过云服务可以实现车辆智能调度、道路智能控制、应急指挥、追踪逃犯等多种功能。

12.1.3 物联网的特点

1. 全面的感知

在传统应用中,由于传感器价格、体积、传输布线等因素影响,部署的传感器相对较少。往往仅针对应用目标进行某一方面局部数据的监控。例如,采用土壤湿度监控系统监控土壤湿度信息。在物联网时代,传感器在小型化和廉价化技术方面不断发展,同时通信技术(包括 Zigbee 协议、蓝牙协议等)、无线网技术、3G/4G 技术也在快速的发展,过去制约大规模应用的瓶颈在逐渐消失,大规模部署和应用物联网有了实现的基础。无所不在的感知逐渐成为可能,大规模部署和应用物联网能够全面监控每个所有物体的各种状态,精确获知每个物体的实际信息,使得精确控制每个物体成为可能。

2. 实时的传输

在局域组网层面,传统的无线传感器只能存储和每秒传输几十 Kb 的数据。随着芯片存储容量的扩大、通信芯片小型化和功耗的降低、WIFI、3G/4G 等技术的发展,每个传感器每秒传送几 Mb 数据的技术已经成熟,这使得物联网可以在局域组网层面做到数据的实时传输汇集。在广域网层面,随着第二代互联网技术的发展和千兆级交换机设备的普及,实时传输海量数据成为可能。

3. 广泛的连通

与传统的传感器网络不同,物联网通常并不是为单一的应用目的所建立。它强调的是将所有的物体都连通到同一个网络中。这种广泛的连通性,需要一种框架既能够支持方便地接入种类繁多的数据,又能够支持将不同的数据进行融合,为数量众多的应用提供不同的服务。云平台技术的发展,为有效管理和应用物联网提供了基础。

4. 大数据

由于传感器的规模以及物联网全面感知的需求,物联网往往会产生海量数据。针对社交网络、物联网等产生的巨大规模的数据,学术界在 2008 年左右提出了"大数据"的概念。它是指管理和处理数据所耗时间超过可容忍时间的数据集。物联网产生的大数据具备以下一些特点:

(1) 高速与海量

由于传感器大规模全方位的布网和高速高精度传感器的使用,物联网将产生海量的数据。据报道,一个大型城市电力物联网每天产生的数据可达 TB 级,一个大型城市交通物联网每天产生的数据可达 10TB,这对数据实时汇集、传输、存储和处理都带来了巨大的挑战。

(2) 异构与多样性

传感器的种类繁多,监控的信息也千差万别,在类型、量级、精度、是否结构化等方面存在极大差异。例如,人体的体温数据是在 35~42 摄氏度的范围内,而钢铁的熔点是数千摄氏度。同样针对人,体温和心跳数据是结构化数据,照片和 B 超等影像数据是非结构化数据。异构和多样性数据带来了丰富的信息,为支撑更加丰富的应用奠定了基础,但也给数据的有效分析带来了挑战。

(3) 价值稀疏性

大规模布网的传感器产生了大量数据,但是真正有价值的数据却非常少。例如,许多城市安装了大量监控摄像头,一个大型城市的各种摄像头多达几十万个,但在一个时间段,拍摄到的违章或者违法的场景可能只有数个。物联网数据的这种价值稀疏性是大数据研究和应用中必须考虑的关键问题之一。

面对物联网产生的大数据,在传输层需要解决实时传输的问题;在应用层需要解决存储和处理两方面的问题。在大规模数据存储方面,并行数据库、No-SQL 技术、列存储技术等发挥着重要的作用。在海量数据处理方面,需要发展专门的方法,进行更有效的多维分析及数据挖掘,寻找数据的价值。Map-reduce 技术、Hadoop 框架、深度学习算法等方面的研究和应用丰富和发展了大数据处理技术。

(4) 智能的服务

感知、传输、大数据处理都是从开发者的角度出发看待大数据的特点。从用户的角度,通过大量物、设备和人的连接,来收集大量数据的作用就是要为人类的生产生活智能化提供优质的、个性化的、自动化的服务,因此,服务的智能化和自动化是物联网技术应用的重要特点。

12.1.4 物联网的发展历程

在国际上,物联网已经有 20 余年的发展历史。1991 年,美国麻省理工学院(MIT)的教授 Kevin Ashton 首次提出了"物联网"的概念。1995 年,比尔·盖茨在《未来之路》一书中提及物联网,但未引起重视。1999 年,美国 MIT 建立自动识别中心(Auto-ID Labs),Ashton 教授研究 RFID 系统时阐明了物联网的基本含义。这个系统通过 RFID 等将所有物品通过信息传感设备与互联网连接起来,实现智能化识别和管理[116]。

2005 年,ITU 在突尼斯举行了信息社会世界峰会(WSIS),发布了 *ITU Internet Reports: The Internet of Things* (2005)[117],正式确立了"物联网"的概念,并介绍了物联网的特征、相关的技术、面临的挑战和未来的市场机遇。2008 年 3 月,瑞士 ETH Zurich、St. Gallen 大学 Auto-ID 实验室和美国 MIT 举办了全球首个国际物联网会议"物联网2008",探讨了物联网下一个阶段的推进发展策略。

2008 年 11 月,IBM 公司在美国纽约发布了《智慧的地球:下一代领导人议程》主题报告,提出了"智慧地球"的概念[118],将物联网列为智慧地球的关键组成部分。奥巴马就任后对智慧地球概念做出积极回应,将物联网纳入美国国家战略,与新能源一起列为振兴美国经济的两大重点。

2009 年 6 月,欧盟发布了 *Internet of Things—An Action Plan for Europe*,阐述了物联网发展和管理设想,提出了 12 项行动保障物联网加速发展,标志着欧盟正式启动了物联网的研究与应用行动[119]。2009 年 10 月,韩国通信委员会发布了《物联网基础设施构建基本规划》,提出"通过构建世界最先进的物联网基础实施,打造未来广播通信融合领域超一流 ICT 强国"的目标,并为实现这一目标,确定了构建物联网基础设施、发展物联网服务、研发物联网技术、营造物联网扩散环境等 4 大领域、12 项详细课题[120]。图 12-3 给出了物联网发展应用的三个阶段。

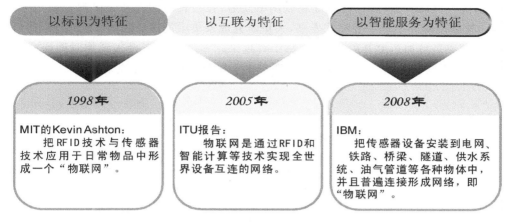

图 12-3 物联网应用发展的三个阶段

第一个阶段以 RFID 标识为特征,是物联网的初级阶段,因为 RFID 仅提供了对物体的身份识别,它不具有感知世界的功能;第二个阶段以互联为特征,实现物理世界的物体与虚拟世界(计算机网络)连通,它是物联网应用的中级阶段;第三阶段是物联网应用的高级阶段,是以无线传感器网络、RFID 等共同组成的一个复杂系统,IBM 公司定义物联网是"把传感器设备安装到电网、铁路、桥梁、隧道、供水系统、油气管道等各种物体中,并且普遍连接形成网络"。在物联网的高级阶段,其科学内涵是以"全面的感知、可靠的传输、智能化处理"为特征,连接现实世界和虚拟世界,以安全优质、随时随地提供可运营、可管理的信息服务为目标的全球化网络。

我国政府对物联网十分重视,2009 年 8 月,时任政府总理温家宝在视察无锡微纳传感网工程技术研发中心时,指出"要在激烈的国际竞争中,迅速建立中国的传感信息中心或'感知中国'中心",第一次在政府层面对物联网表示关注。无锡市委市政府组织力量,建立了国家"感知中国"示范区(中心)。2010 年 3 月,"物联网"首次纳入《政府工作报告》,指出"要加快物联网的研发应用"。此后连续三年,物联网均纳入《政府工作报告》。《国务院关于加快培育和发展战略性新兴产业的决定》(2010 年 10 月)与《中华人民共和国国民经济和社会发展第十二个五年规划纲要》(2011 年 3 月)将物联网列为需要推动跨越发展的重点领域和战略性新兴产业。2011 年 11 月,工业和信息化部专门制定了《物联网"十二五"发展规划》[121],为我国物联网研究与产业的发展指明了方向,确立了指导思想、主要任务,将信息感知技术、信息传输技术、信息处理技术和信息安全技术列为需要尽快突破的四大关键技术。2013 年 9 月,国家发展改革委、工信部、科技部等部门联合印发了《物联网发展专项行动计划(2013—2015)》[122],提出了物联网发展中十大专项行动计划。

在产业层面,2009 年 11 月,40 余家优势企业,包括同方股份、中国移动北京、中星微电子等公司,成立中关村物联网产业联盟。2009 年,中国联通成立了中国联通物联网研究院。2010 年,中国移动在重庆成立了专门的中国移动物联网公司,从事物联网研究与应用推广。2010 年,据工信部《物联网"十二五"发展规划》调查,我国物联网市场规模接近 2000 亿元。

图 12-4 是 Google 学术搜索收录的历年"物联网/Internet of Things"相关中英文论文

的发表情况。可以看到，ITU在确立物联网概念后，在很长时期内并未得到重视。然而，在2010年，物联网研究出现了井喷式发展，大量研究成果集中涌现。2010—2013年，国内外物联网的研究成果呈加速上升趋势，说明每年有越来越多的研究者投入到物联网研究中。特别是，国内对物联网的研究成果从数量上明显多于国际同行的研究成果。

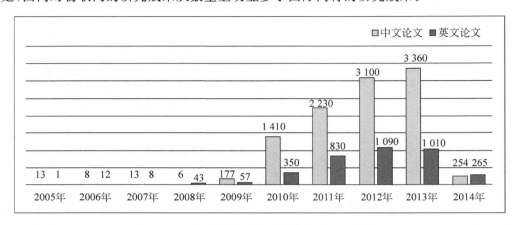

图 12-4　历年"物联网"相关中英文论文发表情况

表12-1对比了"物联网"、"大数据"、"云计算"三个热门研究领域近四年中发表的英文论文数量情况。从数据看出，物联网在三个热门领域中，热度较高，发展势头良好。说明物联网已经形成了学术界研究的最重要的热点话题之一。

表12-1　"物联网"、"大数据"、"云计算"近四年中发表英文论文数量情况

年代	物联网		大数据		云计算	
	中文	英文	中文	英文	中文	英文
2010	1410	350	29	45	974	1470
2011	2230	830	42	93	1750	2510
2012	3100	1090	339	548	2740	3660
2013	3360	1010	1960	1790	3030	3860

12.2　RFID的起源与系统组成

12.2.1　RFID的起源

如果说20世纪90年代是"互联网（Internet）"的时代，那么21世纪将是"物联网（internet of things）"的时代。物联网以人与物、物与物之间的信息交换和通信为主要内容，其核心技术之一是无线射频识别（radio frequency identification，RFID）技术，无线射频识别是一种非接触式自动识别技术，它通过射频信号自动识别目标对象并获取相关数据信息。作为快速、实时、准确采集与处理信息的技术，RFID技术在生产、销售和流通等领域有着广泛的应用前景，美国商业周刊、国际市场研究公司Gartner Group、IDC（国际数据集团旗下子公司）等，都把RFID列为21世纪十大策略性产业之一。

RFID 起源于"二战"期间盟军基于射频的轰炸机识别系统[23]。由于盟军的轰炸机很可能被德军的防空炮兵击中,他们都希望在夜间执行轰炸任务,因为夜间飞机不容易被地面炮兵发现和击中。当然,德国人也会利用夜幕出动轰炸机攻击盟军目标。这样就很难区分是盟军的返航飞机还是德军的轰炸机。1937 年,美国海军研究试验室开发出了敌我识别系统(identification friend-or-foe system, IFF system),用来识别是返航的盟军轰炸机还是德军轰炸机。这一系统通过无线通信(radio)发送编码的识别信号,能够发送正确信号的飞机是自己的飞机,否则被认为是敌人的飞机。射频识别系统(RFID)就这样诞生了,从 20 世纪 50 年代起,RFID 技术成为现代空中交通管制的基础。

早期的射频识别系统,是由被观测的物体主动地发送无线信号,识别系统接收到这些信号后解析信号,以便识别该物体,这实际上是今天人们所说的主动式 RFID 系统。"二战"结束后不久,Harry Stockman 发现,移动发射机(transmitter)完全可以从接收到的无线信号中获得能量来发送信号。20 世纪 70 年代,劳伦斯利弗莫尔实验室(Lawrence Livermore Laboratory, LLL)发现手持接收机(receiver)能够被接收到的射频无线信号的能量激活,然后发送回编码的无线信号。后来他们将这项技术开发成为敏感材料和核武器的控制访问系统[123]。这些研究成果为开发应用被动式 RFID 系统奠定了技术基础。

20 世纪 60 年代后期和 70 年代早期,电子物品监控(electronic article surveillance, EAS)系统开始出现,如商场防盗系统。20 世纪 80 年代,RFID 开始进入商业应用,包括铁路和食品领域。20 世纪 90 年代,RFID 进入了标准化的发展阶段,在国际上形成了多个标准化组织,其中比较有影响力的是 EPCglobal,吉列(Gillette)公司和宝洁(Procter & Gamble)公司是 EPCglobal 组织最早的赞助商和应用方,为 RFID 的大规模应用积累了宝贵经验。

零售业巨头美国沃尔玛公司在 2003 年中期宣布,要求其全球前 100 名供货商在 2005 年开始在货箱和托盘级别上贴上 RFID 标签,随后,美国国防部(DoD)也提出了类似需求,从而在全球范围内推动了 RFID 的应用。

需要指出的是,RFID 得到广泛关注的另一个重要原因是其具有巨大的潜在市场需求,目前大量使用的物品识别技术——条形码技术存在很多不足,如条码技术无法大批量读取物品信息、容易脱落等,市场需要一个新型的技术来弥补条码技术的不足,这就为 RFID 技术的推广应用提供了广大的市场空间。

RFID 系统的基本组成部分包括:RFID 标签、读写器、所选择的天线与无线通信频段、以及连接读写器的应用系统。除此之外,RFID 系统还包含标签打印机等辅助设备。

12.2.2　RFID 标签

标签是 RFID 系统最基本的构成元素,如图 12-5 所示。标签包含天线和芯片,芯片包含无线信号调制器和解调器、编码器和解码器、数模转换器、内存和电源。图中虚线部分的电源系统是可选部件,被动式标签不需要电源。图 12-6 给出了 RFID 标签的实例。

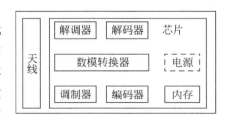

图 12-5　RFID 标签基本结构

图 12-6　电子标签实例

1. 标签类别

标签可以分为主动式标签、被动式标签和半被动式标签。其中,被动式标签(passive tag)是指标签不需要电源,发射信号需要的能量完全由接收到的射频信号来供给;主动式标签(active tag)是指标签发射信号需要的能量由电池来供应。

主动式标签的主要优势是其读取范围广和可靠性高。如果给标签和读写器配备良好的天线,一个 915MHz 的标签最大的读取范围可以达到 100m,由于不需要持续的射频信号来供给能源,因而更可靠。

被动式标签由于没有电池,它比主动标签体积更小、价格更低廉。被动式标签的另一个优势是具有更长的生命周期。主动式标签一般可以使用几年的时间,而被动式标签原则上可以无限期地使用下去,只要其硬件保持良好。

在主动式标签和被动式标签之间,还有半被动式标签(semi-passive tag)。这样的标签像主动式标签一样拥有电池,同时也使用读写器发送信号中的能量来将信息传送给读写器,使用读写器发送信号中的能量来发送信息的技术称为反向散射技术(backscatter)。半被动式标签具有主动式标签的可靠性,被动式标签的阅读范围,比主动式标签的生命周期更长等多种优点。

2. 标签形状和尺寸

标签具有不同的尺寸和形状。小的标签可以仅有几毫米大小,比如日立公司(Hitachi)生产的 mu-chip,其每个边长小于 0.4mm,主要内嵌在纸张中,用来跟踪办公环境中的纸质文档。标签的尺寸也可以很大,Fast Lane 和 E-ZPass 电子收费系统中的标签有一本书那么大,其中包含天线和可以使用五年的电池[123]。

RFID 标签可以是无区别的,也可以是安全的。无区别的标签是指其可以跟任何读写器进行通信;而安全的标签是指读写器必须通过密码或者其他验证机制的验证才能读取标签信息。目前部署的大部分 RFID 标签都是无区别的。这不仅仅是因为无区别的标签价格低廉,更重要是因为这样部署的系统易于管理。

3. 标签数据

目前市场上使用的大部分 RFID 电子标签都包含系统数据、物品唯一代码和用户数据三部分内容。其中系统数据包含访问控制数据(访问口令、自毁口令等)、标签功能描述数据等。物品唯一代码用来在全球范围内唯一标识一个物品,不同的标准化组织使用不同的方式来标识物品,其中比较有影响力的有 EPCglobal 的 EPC 编码,以及日本 Ubiquitous ID 中心的 ucode 编码。而用户数据是指用户在标签使用过程中的自定义数据,比如对标签所标识物品进行操作的名称、时间、地点等信息。

最简单的 RFID 标签中的芯片只包含系统数据和物品唯一代码。物品唯一代码可以由标签的制造厂商在出厂前写入芯片,然而在大部分情况下,物品唯一代码由终端用户通过编程写入。一些标签的物品唯一代码写入后无法更改,还有一些标签的物品唯一代码可以由用户编程更改。目前已经有很多标准组织给出不同的编码体系,比如 EPC 编码规则、ucode 编码规则等。EPC 编码规则是与 EAN/UCC 编码规则兼容的新一代编码标准。它由四部分内容组成,依次为:版本号、管理域、类别和序列号。版本号用来决定整个 EPC 码的位数;管理域用于表示产品的厂商信息;类别用于表示商品种类;序列号用于唯一表示一件物品。EPC 编码可以分为 64 位、96 位和 256 位三种类型。由于成本的限制,目前广泛使用的是 64 位或者 96 位 EPC 编码。

表 12-2 是 96 位 EPC 编码的一个例子,其中版本号由 8 位二进制数表示,管理域由 28 位二进制数表示,类别由 24 位二进制数表示,序列号由 36 位二进制数表示。"示例"行中的每一个数字都是 16 进制数,表示 4 位二进制数。

表 12-2 一个 EPC-96 位码的例子

项目	版本号	管理域	类别	序列号
位数	8 位	28 位	24 位	36 位
示例	01	0000A29	00016F	000169DC0

4. 防冲突

如果在一个读写器的读取范围内有多个电子标签,不同电子标签向读写器同时传送的信号可能相互影响,这样电子标签之间就会互相干扰、冲突,阻碍了标签的快速识别。在一些 RFID 应用系统中,标签之间不会产生干扰和冲突,比如停车场应用系统,因为经过优化系统保证了每一个读写器的读取范围内只有一个电子标签。但是在大部分应用系统中,标签之间的干扰和冲突是一个非常严重的问题,在这些系统中,一个读写器同时读取多个电子标签是一个非常普遍的现象。在这种情况下,电子标签需要采用防冲突协议[124]来保证获取正确的标签信息。

标签防冲突协议可以分为基于阿罗哈(aloha-based)的协议和基于树的协议[124,125]两类。这两类方法各有利弊,基于阿罗哈的协议使得标签在不同的时间发送信息,从而减少标签发生冲突的可能性。但是基于阿罗哈的协议不能完全防止标签冲突,而且可能导致"标签饥饿问题(tag starvation problem)",也就是说某个标签可能在很长的时间范围内不能被识别。基于树的协议的主要思想是首先将同时传送信息的标签构成一个集合,当这个集合内的标签引发冲突的时候,就将这个集合分为多个集合,直到所有集合内的标签不发生冲突为止。其中的二叉树协议已经被 ISO/IEC 18000 Part 6 采纳为 RFID 标签防冲突的标准协议。尽管基于树的协议不导致"标签饥饿问题",但是标签集合的划分过程会导致较长的标签识别延时。

5. 保护隐私和信息安全机制

标签内的信息很可能被其他没有授权的读写器或者用户无意、有意甚至是恶意读取和修改，损害了标签用户的利益。因此必须建立相应的机制来保证标签信息的安全，使标签用户的隐私不被非法窃取。

在保证标签信息安全性和用户隐私方面已经有了很多研究成果[126,127]。其中最简单、也是很极端的做法是标签芯片使用自我毁坏或者自杀机制，通过向标签发送一个特殊代码，使它不再响应任何读写器发送的读取命令，这样标签内的信息就无法被读出，相当于标签"死去"一样。另外一种类似的方法是在物品售出以后，可以从物品上取下 RFID 电子标签，这样其他 RFID 读写器就无法再读写物品的信息。EPCglobal 最新的 Class 1 的第二代标签就可以使用标签自毁机制来保护用户隐私。

但是，为了保护用户隐私而将标签自毁的做法存在许多应用问题，主要体现在如下几个方面：

第一，售出物品上的 RFID 电子标签有很多其他价值，比如售后服务、帮助盲人识别物品等。这样，简单地采用标签自毁功能来保护用户隐私势必使得 RFID 的优势大打折扣。

第二，物品的 RFID 电子标签可以在物品的回收利用、销毁等方面发挥重要作用。

第三，即使采用标签自毁功能来保护用户隐私是完全满足需求的，但是目前市场上已经有很多标签本身没有自毁功能，它们所包含的信息同样面临着被篡改和盗用的危险。

因此，必须采用其他方法来保护用户隐私和信息安全。这些方法包括：

（1）信息加密 加密是保护隐私和信息安全的传统方法。在 RFID 电子标签上存储加密的物品唯一编码来保护隐私和信息安全，至少需要解决两个问题：一是如何管理密钥，二是高效并且容易实现的加密算法。简单的加密算法容易被破解，而复杂的加密算法实现比较困难，势必使得 RFID 标签的成本增加。

（2）标签口令 这是保护隐私和信息安全简单有效的方法之一。比如，符合 EPC 标准的基本 RFID 标签具有验证口令的能力，它可以保证只有得到正确口令才将自身信息发送出去。

（3）标签伪名 为了保护消费者的隐私和信息安全，可以为物品的 RFID 电子标签变更名称，改变它们的物品唯一编码。基本的实现方法是给出每个标签伪名的集合，比如 $\{p_1, p_2, \cdots, p_k\}$，并且每当标签被读一次，它们就按照一定的循环顺序，为标签赋予一个新的伪名。

（4）阻碍标签(blocker tags) 阻碍标签是一个特别配置的，辅助的 RFID 标签，用来阻止那些没有得到授权的标签读写操作，而得到授权的标签读写操作能够正常进行。

（5）天线能量分析 天线能量分析的一个基本假设是，合法的 RFID 读写器是离电子标签比较近的，而恶意的 RFID 读写器离电子标签比较远。RFID 读写器信号的信噪比随着读写器与标签之间距离的增大而减小。这样，读写器距离越远，信号中的噪声比例就越大，通过标签中的附加电路就可以估计读写器与标签的距离，根据这个距离来采取相应的操作，距离近的为合法读写，而距离远的为非法读写。当然，单独使用距离并不能提供令人满意的隐私保护机制，可以结合其他访问控制机制一起使用[126]。

6. 集成传感器

标签芯片还可以包含传感器，典型的例子为：使用气压传感器来监控轮胎的充气程度。另外，还有温度传感器、湿度传感器等。在这样的情况下，标签芯片可以在内存中暂时存储传感器感知的结果，或者直接将这些结果报告给读写器。

12.2.3 RFID 读写器

RFID 读写器主要用来读取电子标签中的数据,或者将相关数据写入电子标签。RFID 读写器向标签发送射频信号,并且监听标签的响应。标签检测到读写器发送的无线信号,接收该信号,并且发送回一个响应信号。响应信号主要包含标签中的物品代码,还可以包含其他信息,比如标签内存中保存的数据、传感器感知的数据等。

在简单的 RFID 系统中,读写器的射频信号仅仅相当于标签的开关;在比较复杂的 RFID 应用系统中,读写器的射频信号可以包含发送给标签的命令,比如读取标签内存的指令、口令、修改标签内存内容的指令等。

RFID 读写器一般情况处于"接通"状态,持续地发送无线信号,等待在其读取范围中标签的响应。然而对于一些应用来讲,读写器一直处于接通状态是没有必要的,尤其是对那些由电池供给能量的读写器,这更是不可取的。因此,需要对 RFID 读写器进行配置,使其只有在接收到外部触发事件的情况下才发送无线信号,读取标签信息。

RFID 读写器可以呈现不同的形状和尺寸,如通道式读写器、手持式读写器、普通读写器等,图 12-7 给出几种读写器的示例。

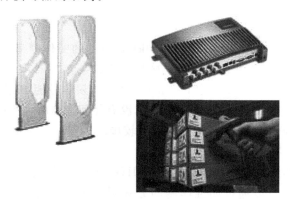

图 12-7 不同形式的读写器

12.2.4 天线、频段与应用系统

1. 天线

天线是一种以电磁波形式接收或发射射频信号的装置。天线按工作频段可分为短波天线、超短波天线、微波天线等;按方向性可分为全向天线、定向天线等;按外形可分为线状天线、面状天线等[128]。

RFID 标签通常需要粘贴在不同类型和形状的物体表面,甚至需要嵌入物体内部,同时要求 RFID 标签具有低成本和高可靠性。这些因素对天线的设计提出了严格要求,目前对 RFID 天线的研究主要集中在天线结构和环境因素对天线性能的影响方面。

天线特性受所标识物体的形状及物理特性影响,如金属物体对电磁信号有衰减作用,金属表面对电磁信号有反射作用,弹性基层会造成标签及天线变形,物体尺寸对天线大小有一定限制等。天线特性还受天线周围物体和环境的影响,障碍物会妨碍电磁波传输,金属物体会产生电磁屏蔽,这些因素都会导致读写器无法正确地读取电子标签内容。宽频带信号源,如发动机、水泵、发电机和交直流转换器等,也会产生电磁干扰,影响电子标签的正确读取。如何减少电磁屏蔽和电磁干扰是 RFID 天线技术研究的一个重要方向。

2. 频段

RFID 是用无线方式进行数据通信的,标签工作时所使用的频率称为 RFID 的工作频率。工作频率是 RFID 系统最重要的特征之一,它不仅决定 RFID 系统的工作原理和识别距离,而且还决定了 RFID 标签设计和读写器实现的难易程度以及设备成本。

工作在不同频段上的 RFID 标签具有不同的特征。RFID 占用的频段主要分为低频(LF)、高频(HF)、超高频(UHF)和微波四个范围,典型的工作频率为 125kHz、133kHz、13.56MHz、27.12MHz、433MHz、860~930MHz、2.45GHz 和 5.8GHz[129]。

一般而言,工作频率在 100MHz 以下的 RFID 系统是通过线圈之间磁场耦合的方式工作,具有工作距离近、成本低、天线尺寸大、通信速度低等特点,这类电子标签对人体一般没有影响。400MHz 以上的 RFID 系统是通过无线电波发射和反射方式工作的,具有工作距离远、天线尺寸小、通信速度高等特点,对这类电子标签一般会有发射功率的限制,以避免对人体或环境造成伤害。

(1) 低频 RFID 标签

低频 RFID 标签工作频率范围为 30~300kHz,典型的工作频率有 125kHz 和 133kHz。低频标签一般为无源标签,工作能量通过电感耦合方式从读写器耦合线圈的辐射近场中获得,读写距离一般情况下小于 1m。除了金属材料外,低频信号能够穿过一般材料的物品而不降低其读取距离,工作在低频的读写器在全球没有任何特殊的许可限制,相对于其他频段的 RFID 产品,低频 RFID 标签的数据传输速度较慢。

(2) 高频 RFID 标签

高频 RFID 标签的典型工作频率为 13.56MHz。标签发射信号的能量通过电感耦合方式获得。该频率的标签可以通过腐蚀印制的方式制作天线,不需要绕制线圈以制作天线。除了金属材料外,该频率的波长可以穿过大多数材料,但往往会降低读取距离。该频段标签的使用在全球都没有特殊限制。高频 RFID 标签具有防碰撞特性,读写器可以同时读取多个 RFID 标签。

(3) 超高频 RFID 标签

超高频 RFID 标签的典型工作频率为 860~930MHz。该频段的读取距离比较远,无源标签可达 100m 左右。该频段在全球的定义不是很相同,欧洲和部分亚洲国家定义的频率为 868MHz,北美定义的频段为 902~905MHz,日本建议的频段为 950~956MHz。超高频频段的电波不能穿过很多材料,特别是水、灰尘和雾等悬浮颗粒状物质。

(4) 微波 RFID 标签

微波 RFID 标签的典型工作频率为 2.45GHz 和 5.8GHz。标签位于读写器天线辐射远区场内,标签与读写器之间的耦合方式为电磁耦合方式。读写器天线辐射场为无源标签提供射频能量,将标签唤醒。

表 12-3 给出了不同频段的优缺点[130]。

表 12-3 各工作频段的优缺点

工作频段	优点	缺点
低频（<150kHz）	（1）标准的 CMOS 工艺 （2）技术简单可靠成熟 （3）无频率限制	（1）通信速度低 （2）工作距离短（<1m） （3）天线尺寸大
高频（13.56MHz）	（1）与标准 CMOS 工艺兼容 （2）和 125kHz 频段相比,具有较高的通信速度和较长的工作距离 （3）此频段在公交等领域的非接触卡中应用广泛	和更高的频段比较： （1）工作距离不够远（最大为 75cm 左右） （2）天线尺寸大 （3）受金属材料等的影响较大
超高频（860～960MHz）	（1）工作距离长（大于 10m） （2）天线尺寸小 （3）可绕开障碍物,无须保持视线接触 （4）可定向识别	（1）各国有不同的频段管制 （2）对人体有伤害,发射功率受限制 （3）受某些材料影响较大
微波（2.45GHz 或 5.8GHz）	除具有超高频特点外,还具有以下优点： （1）更高的带宽和通信速率 （2）更长的工作距离 （3）更小的天线尺寸	除具有超高频缺点外,还存在： （1）共享此频段的产品较多,易受干扰 （2）技术相对复杂 （3）因共享频段,标准仍在制定中

3. 应用软件系统

在大部分情况下,RFID 读写器从标签中读到的是一个物品编码。为了能够根据这个编码获取物品的相关信息,需要应用软件系统对这个编码进行处理。

对于 RFID 简单的应用,比如访问控制系统,应用软件系统仅仅是将该物品编码与一系列号码列表进行对比。而对于大型供应链应用系统来讲,用户需要知道与物品编码对应的产品的详细信息,比如生产厂商、生产日期、有效期等,并且将这些信息在不同的供应链参与者之间进行共享,这就需要复杂的应用软件系统。EPCglobal 标准组织提出了一种应用方法,如 12.3 节所述。

12.3 RFID 的工作原理

本部分首先介绍 RFID 的基本工作原理,即读写器如何与 RFID 电子标签进行数据通信,然后介绍 RFID 应用系统的工作原理。

1. 基本工作原理

对于被动式 RFID 系统来讲,读写器通过发射天线发送一定频率的射频信号,如图 12-8 所示。当 RFID 标签进入发射天线工作区域时产生感应电流,标签周围形成电磁场,RFID 标签从电磁场中获得能量,激活标签中的微芯片电路,将标签芯片中的信息转换为电磁波,通过标签内置发送天线发送出去。读写器接收天线接收到从标签发送来的信号,经天线调节器传送到读写器。读写器对接收到的信号进行解调和解码,然后送到后台信息系统进行后续处理。对于主动式 RFID 系统来讲,电子标签利用自身的电源系统,主动发送电磁波信号,读写器接收到这些信号,将其转换为相应的数据。

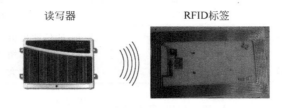

图 12-8　RFID 系统基本工作原理

2. 应用系统工作原理

本节以 EPCglobal 的 EPC 网络为例,说明 RFID 应用系统的工作原理。EPCglobal 的目标是在全球供应链中及时、准确地知道每一件商品的信息,构建物联网络。为了实现这一目标,需要解决如下几方面的问题:首先,要有一种技术能够标识每一件商品,而不是和条码一样只能标识一类商品;其次,要能够快速准确地采集到每一件商品的信息;第三,需要相应的方法来管理企业间或企业内部信息的传递。物联网通过以下方法满足了上述需求,图 12-9 给出了 RFID 应用系统工作原理示意图。

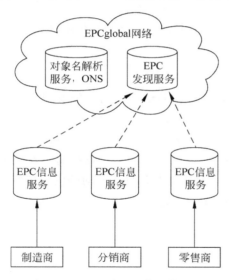

贴在商品上的 RFID 电子标签内的主要内容是与该产品对应的全球唯一编码,即 EPC 编码。在 RFID 标签微型芯片中仅仅存储 EPC 和其他有限的信息,这样可使得 RFID 标签维持低廉的成本。而与标签所对应商品的详细信息则存放在制造商、分销商、零售商的数据库中,在获得标签对应的 EPC 编码后,通过查询相应的信息系统就可以得到商品的详细信息,这样既保持了标签本身的简单性,又保持了商品信息的完整性。

每件产品贴有电子标签之后,在其生产、运输和销售过程中,读写器将不断收到该 EPC 编码数据。整个过程中最为重要、同时也是最困难的问题就是传送和管理不同地点收到的 EPC 编码数据,这由 RFID 的中间件来实现,RFID 中间件将在 12.4 节中介绍。

图 12-9　RFID 应用系统工作原理

产品的详细信息存放在 EPC 信息服务器内(EPCIS),主要包括:为了实现物品跟踪而需要的产品序列号数据;实物层的数据,如生产日期、过期日期等;物品类别层次数据,如产品种类信息等。为了响应信息请求,EPC 信息服务需要从企业内部提取一系列相关数据并将其转化为 PML 格式(物理标记语言格式)。PML 是 XML 的扩展,提供了一种通用的标准化词汇来表示 EPC 网络所能识别物体的相关信息。EPC 信息服务对不同的信息请求作不同的数据处理,以满足用户需要。从这个意义上来讲,EPC 信息服务就像是整个 EPC 网络运行的大脑,它处理着企业核心的信息服务需求。EPC 网络中的每个企业都管理、控制着自己的 EPC 信息服务,决定着给谁授予获取不同信息服务的相应权限。

有了产品的 EPC 编码(存放在 RFID 标签中)以及产品的详细信息(存放在 EPC 信息

服务器中),如何通过 EPC 编码得到产品的详细信息呢? EPC 网络采用了类似于互联网中使用的 DNS(域名系统(服务)协议)机制的对象名解析服务(object naming service,ONS)。对象名解析服务将 EPC 编码与相应商品信息进行匹配,将产品的 EPC 编码转换成一个或多个互联网统一参考定位器(uniform reference locator,URL),通过 URL 就可以定位 EPC 网络中存储 EPC 编码对应产品信息的服务器,即企业 EPC 信息系统的地址,当然也有可能找到与 EPC 编码对应的网站和其他互联网资源地址来实现其定位服务。当读写器读取 EPC 标签的信息时,EPC 编码就传递给了中间件系统,中间件系统利用对象名解析服务找到这个产品信息所存储的位置。对象名解析服务给中间件系统指明了存储这个产品的有关信息的服务器地址,中间件系统可以从这个地址中取得产品信息,并将获得的信息应用于供应链管理。

当中间件系统根据 EPC 编码找到产品的详细信息以后,它以什么样的格式将这些信息取回来呢? 在 EPC 网络中,采用的是物理标记语言(physical markup language,PML)。EPC 编码标识单个产品,PML 用来描述所有关于产品的信息。PML 是由可扩展标记语言(XML)发展而来的,它用一种通用的层次结构来描述自然物体。除了描述不会改变的产品信息(如物质成分)之外,PML 还可以用来描述动态数据和时序数据。动态数据有船运水果的温度,机器震动的级别等;时序数据是指在整个物品的生命周期中,离散且间歇地变化的数据,如物品所处的地点等。这些数据都存储在 PML 文件中,PML 文件存储在 PML 服务器上,它为供应链中其他部门提供所需的信息。PML 服务器由制造商维护,并且负责输入其生生产的所有商品的信息。在供应链管理中,可以利用这些信息实现供应链的动态管理,如可以设置一个触发器,当产品有效期临近时,通过降价来进行促销。

EPC 发现服务(EPC discovery service)实际上是一个产品的保管链。它为产品的制造商提供一个目录,该目录记录了所有曾经读取和保存过该产品的分销商、零售商等的 EPC 信息系统地址信息。

通过上面的描述,EPCglobal 应用系统的工作原理如下:

(1) 产品制造出来以后,贴上 RFID 标签,其中记录了产品的 EPC 编码,与该产品相关的其他信息存放在 EPC 信息服务器中;

(2) EPC 信息服务器将保存该产品信息的服务器地址注册到 EPC 发现服务中去;

(3) 产品从制造商运送到分销商,并在制造商的 EPC 信息服务器中记录产品已经运出;

(4) 分销商接收到货物后,在分销商的 EPC 信息服务器中记录产品已经到货;

(5) 将产品已经到分销商的信息和保存该产品信息的分销商服务器地址注册到 EPC 发现服务中;

(6) 当产品从分销商运送到零售商的时候,执行类似步骤(3)、(4)、(5)的过程;

(7) 当用户想知道产品的详细信息时,可根据产品的唯一编码查询 ONS 服务器,找到存储该产品信息的服务器地址;

(8) 根据找到的地址,到相应的服务器上查询产品的详细信息;

(9) 制造商想知道产品现在到了哪个流通环节,只要根据产品的唯一编码就可以从 EPC 发现服务器中查询到。

12.4 RFID中间件

从上面的分析可以看出,RFID应用系统的关键是RFID中间件系统。目前,已经有很多机构和公司致力于RFID中间件的研究和开发。EPCglobal制定了EPC中间件的规范,即应用层事件(ALE)规范,它在较高层次上定义了EPC中间件的基本接口。其他机构和公司分别从不同的角度研究开发RFID中间件,如加州大学洛杉矶分校(UCLA)开发了WinRFID中间件,SUN公司开发了EPC Network中间件,SAP公司开发了AII(auto-id infrastructure)中间件,Oracle公司开发了Sensor Edge Server中间件,BEA公司提出了WeblogicRFID解决方案,IBM公司开发了WebSphere RFID Premises Server中间件,Sybase公司提出了其RFID解决方案,以及Siemens公司开发的RFID中间件等。这些中间件基于这些公司已有的中间件技术,对获取的数据进行相对简单的处理,比如数据过滤、增补与修复、简单的数据聚合等,但是这些简单的数据处理还无法发现隐含在这些数据背后的企业运作信息。

对于大规模分布式应用系统来说,基于事件的通信方式是比较合适的选择[131]。基于事件的中间件构建在发布/订阅机制基础上,能较好地支持大规模分布式系统中复杂的多对多异步通信,并且通过形式化的事件模型,可以简化系统中信息的处理和通信过程,发现隐含在大量数据背后的信息。因此,这里给出RFID中间件的体系结构如图12-10所示。

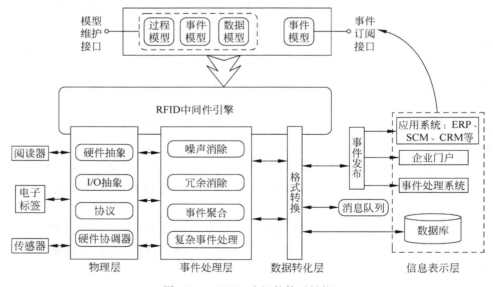

图 12-10 RFID中间件体系结构

图 12-10 所示的体系结构分为模型、RFID中间件引擎以及功能三个部分。

1. 模型

模型部分主要包含中间件引擎需要用到过程模型、事件模型、数据模型等。此外,还提供相应的接口来对这些模型进行维护。过程模型描述企业的业务模型,用来支持中间件引擎更好地过滤事件、处理数据,实现基于业务流程的信息获取。事件模型用来规范化地描述事件以及事件之间的关系,支持事件的各种运算。数据模型描述 RFID 产生的数据的结构和数据之间的关系,以便更高效地实现数据存储、查询以及分析。

2. RFID 中间件引擎

中间件引擎是指利用事先定义好的模型来更好地实现系统功能的软件组件,它广泛应用于处理快速变化的海量数据,利用已有的事件模式来实现事件的聚合,利用数据模型进行数据处理。

3. 功能

功能部分主要包括物理、事件处理、数据转化、信息表示四个层次,下面分别介绍。

(1) 物理层

物理层主要用来抽象表示系统的硬件及其协议,包括:硬件抽象(读写器、标签、传感器等)、I/O 抽象和协议。

(2) 事件处理层

事件处理层主要从海量的数据中找出用户需要的信息,并且加工成便于理解的格式将这些信息提供给用户,其主要功能包括噪声消除、冗余消除、事件聚合、复杂事件处理等。

由于环境等因素的影响,RFID 读写器会收到不是其希望获得的数据,甚至是完全错误的数据,这些数据叫做噪声数据。另外,由于一个读写器重复读取同一个标签数据,或者多个读写器重复读取同一个标签数据,会产生很多重复的数据,这些数据叫做冗余数据。文献[132]给出了消除冗余和噪声数据的算法。

用户通常关心的是经过加工综合后的高层事件,而不关心未经处理的非常底层的事件。因此,系统需要相应的方法来为用户提供感兴趣的、高层次的、具有较高抽象级别的事件信息,事件加工处理的方法包括事件聚合、复杂事件处理、语义事件挖掘等。

事件聚合方法是指根据系统事先确定的规则将用户不感兴趣的事件过滤掉,或者将不同事件按照一定的规则聚合成一个复杂的高级事件,事件聚合方法中采用的规则通常用形式化方法描述。在事件过滤和聚合过程中,中间件引擎可以对错误数据进行修复,可以按照业务模型中的语义为原始数据增补相应的信息。

事件过滤和事件聚合需要有事先确定的规则,而复杂事件处理方法,不仅仅需要对事件集进行过滤、聚合以及关联,还要对事件之间的关系进行相应的操作,以发现事件之间蕴涵的意义,找出事件之间的因果关系,形成管理人员关心的更易理解的事件。事件之间的关系可以采用事件模式进行定义。

文献[133]给出了语义事件挖掘的方法,实现从实时海量 RFID 流数据和事件中发现人们通过一般途径难以发现的规律和知识,并且实时地将这些知识传送给相应的人员。复杂的事件挖掘算法可以用来从系统现有的事件中挖掘出新的事件。

(3) 数据转化层

数据转化层主要用来将数据转化为客户应用系统需要的格式,常用的方法就是将数据转化为 XML 格式或者某个特定的数据库模式。

(4) 信息表示层

信息表示层使用不同的方式来展现用户得到的信息,基本方式有三种:一是通过企业建立的应用系统,比如 MES、ERP、SCM、CRM 等;二是通过企业门户系统;三是通过数据库系统。通过企业应用系统对得到的信息进行相应的处理,然后提供给业务处理部门或者业务人员,促进企业的业务运作;通过企业门户以统一的方式将获取到的信息提供给企业的客户、供应商、合作伙伴,促进价值链的有效运作;通过数据库系统将获取到的信息集中保存起来,供不同的应用系统进行查询和分析。

中间系统基于发布/订阅机制,企业信息系统、门户系统等以事件订阅的方式来提出它们对特定事件的需求,通过事件订阅接口以事件模式的形式表达它们的信息需求,中间件系统将获取的事件进行发布,这些事件将发送到所有感兴趣的事件订阅者那里。在这样的机制中,事件发布者可以发布它产生的事件,并不需要知道有谁订阅了这些事件,而事件订阅者可以获取感兴趣的事件,也无需知道这些事件是谁发布的。

12.5 物联网的关键技术

工信部《物联网"十二五"发展规划》列出了物联网领域重点发展的四项关键技术是信息感知技术、信息传输技术、信息处理技术和信息安全技术。下面分别对这四类技术进行介绍。

12.5.1 信息感知技术

国家标准 GB 7665—87 将传感器定义为"能感受规定的被测量并按照一定的规律转换成可用输出信号的器件或装置,通常由敏感元件和转换元件组成"。它强调了一种量的转化。最早的传感器可以追溯到伽利略在 1593 年发明的气温计以及桑克托留斯在 1600 年改进的体温计。将被测量转化为电信号的传感器是 1821 年德国赛贝发明的热电偶传感器。经过数百年的发展,传感器器件和设备已经发展出了几千种不同的类型。按应用分类,常见的传感器有压力传感器、温湿度传感器、温度传感器、流量传感器、液位传感器、超声波传感器、浸水传感器、照度传感器、差压变送器、加速度传感器、位移传感器、称重传感器等。传统的传感器已经发展得相对成熟,并大量用到了工业生产和社会生活当中。作为物联网连接物理世界的重要介质,传感器的微型化和智能化是一种重要的趋势。本节重点介绍传感器领域一些新技术发展情况,包括智能手机、可穿戴设备等。

1. 智能手机

2007 年苹果公司发布第一代 iPhone 以来,将传感器嵌入智能手机成为一种趋势。智能手机也成为了最常见的传感器终端设备。现在绝大部分智能手机中嵌入的传感器有重力传感器、三维加速度传感器、麦克风、光强传感器、指南针、摄像头等。这些传感器已经逐渐成为智能手机的标准配置,得到了 Android 系统、Windows Phone 系统、iOS 系统等主流手机操作系统的支持。由于智能手机的普及率高,同时智能手机具备稳定快速的数据实时发送功能,充分利用智能手机的传感能力,可使物联网的传感触角延伸得更广。

2. 可穿戴设备

可穿戴设备是穿戴在人身上的一些电子设备,它们常常做成衣服、配饰、眼镜、手表等形式,兼顾舒适性与功能性。由于通常情况下人体不适宜植入传感器,因此,可穿戴设备得到了迅速发展。可穿戴设备具备两方面的功能,一是对人体状态进行随时随地的监测,二是与用户进行随时随地的交互。可穿戴设备发展是物联网发展的重要组成部分。首先,可穿戴设备将物联网的传感器端从物体延伸到了人体,扩展了物联网监测的范围。其次,可穿戴设备可以综合分析使用者与环境物体的信息,将分析结果实时直接推送到用户,与增强现实等技术融合,实现所见即所得、所感即所得的用户体验,扩展了物联网的应用模式。在可预见的未来,可穿戴设备将成为信息产业发展的一个热点。下面介绍一些流行的可穿戴设备产品。

(1) 谷歌眼镜

谷歌眼镜(Google Glass)是谷歌公司在2012年4月发表的一款可穿戴设备,如图12-11所示。它基于一个眼镜,在右眼镜片前方悬置摄像头以及能将影像直接投射到使用者眼球中的显示屏,同时在右边镜框内置有处理芯片,以及一块触摸屏用于操控。

谷歌眼镜是基于增强现实理念的一款产品,它强调通过摄像头即时从第一人称视角拍摄用户所看到的影像,并可以上传到互联网上进行实时转播。通过图像处理及数据挖掘,还可实时识别用户所在场景或所注视的物体,实时给出场景或物体信息。例如,走路的时候实时显示地图,看窗外时实时显示天气信息等。谷歌眼镜是第一款以第一人称视角获取图像数据的商业产品,该理念拓展了物联网传感设备设计思路。

(2) 健康手环

健康手环类产品在市场上大量涌现,目前销量较大的有Jawbone UP、Fitbit Flex、W/Me、三星Gear 2、Gear Fit等,如图12-12所示。健康手环就是通过手环内置的传感器,实时监测使用者走过的步数、脉搏、血压、皮肤温度、细微动作等信息,用以分析使用者的身体情况、运动能量消耗、睡眠质量、心理及情绪状况等。大部分健康手环类产品可以通过蓝牙、NFC等技术实时传输数据到智能手机或计算机上,健康手环未来将成为监控人体状态的重要的物联网传感设备。

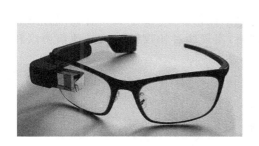

图12-11 谷歌眼镜

图12-12 一些健康手环产品

12.5.2 信息传输技术

在物联网中,信息通过传输技术聚合在一起。物联网通常是多层次的,包括底层的汇聚网和高层的广域网。在汇聚网内,空间位置相近的传感器节点通过局域网通信技术聚合到一起。而广域网信息传输则主要需要考虑传输速度以及异构网络融合所带来的挑战。在光纤技术、局域网技术、千兆级交换机等支撑下,有线接入方式能向终端用户提供 1Mbps 到 1Gbps 的传输速率。然而,这对组网环境的要求较高。物联网是一个泛在网络,在任何有需要的环境下,都需要数据能够有效传输,因此,有线网络是远远不够的。在这一节,我们将介绍信息传输的一些新技术,包括无线传感器网络、蓝牙技术、IPv6、3G 与 4G 移动通信等。

12.5.2.1 无线传感器网络

无线传感器网络(wireless sensor network,WSN)是由部署在监测区域内的大量廉价微型传感器节点组成,通过无线通信方式形成的一个多跳的自组织网络系统[134]。图 12-13 展示了在野外利用无线传感器网络监测环境事件的场景。

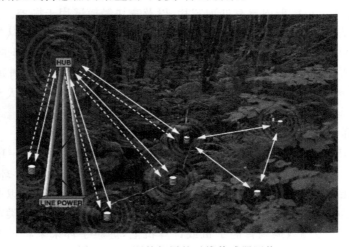

图 12-13 野外部署的无线传感器网络

无线传感器网络的体系结构如图 12-14 所示[134],包括传感器节点和汇聚节点。大量传感器节点随机部署在监测区域内,能够通过自组织的方式构成网络。一个传感器监测的信息,通过附近的传感器逐跳转发,经过多跳传输到汇聚节点,再传输到广域网上。汇聚节点是一类特殊的节点,它具有较强的信息处理、存储、通信能力,通常也没有能源容量的制约。它既连接传感器网络中的节点,也连接外部网络,实现两种协议栈之间的通信协议转换,将收集到的传感器采集的信息转发到外部网络上。

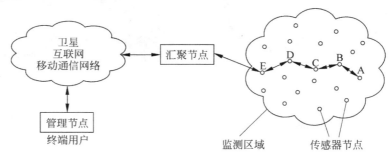

图 12-14 无线传感器网络体系结构

无线传感器网络有如下特点：首先，相较于传统的有线传感器网络，无线通信模式避免了有线布网带来的麻烦，具有布网方便、价格低廉、数据可靠性高等特点。特别适合一些难以布设有线网络的环境或特别恶劣的环境，如野外环境、战场环境、山地峡谷等人迹罕至环境、已经完成装修的家居环境等。其次，无线传感器节点的尺寸较小，几乎可以融入任何环境，不会对人们的正常生活或者物体的正常状态产生影响。第三，动态自适应，由于无线传感器网络具备自组网特点，根据应用需要在一定范围内增加、移除、移动部分无线传感器节点，或者由于环境变化，数据通道的带宽变化，或传感器节点的失效或故障，网络均可以自动适应这些变化，动态重构网络，以确保数据能顺利送达汇聚节点。第四，精度高容错性强，由于无线传感器网络避免了传输线路的部署，因此可以大规模布网，通过冗余节点的部署，一方面可以提高监测的数据的精确度，另一方面，某些传感器节点误报时，通过冗余数据可以进行数据修正，从而确保数据质量。

1. 无线传感器节点

如图 12-15 所示，无线传感器网络节点由四部分组成：传感器模块、处理器模块、无线通信模块和电源供应模块。传感器模块负责采集监测区域内的信息并将其转化为数字信号。处理器模块负责处理、打包、存储本节点采集的信息，存储、转发其他传感器节点发来的信息。无线通信模块负责与其他无线传感器节点进行通信，交换信息及控制命令。能量供应模块采用纽扣电池为上述三个模块提供电能。典型的商用无线传感器节点如图 12-16 所示。

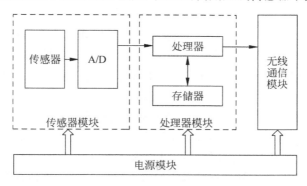

图 12-15　无线传感器节点体系结构

图 12-16　典型的无线传感器网络节点

不同的应用对传感器有不同的需求，重新开发具有自组网、多跳信息传输等功能的无线传感器网络节点，将产生巨大的成本，限制了无线传感器网络的应用。现有的无线传感器节点通常采用传感器模块与基座分离的设计，将传感和通信功能分开，如图 12-17 所示。传感器模块根据应用需求集成各类传感器，它与要解决的实际应用问题相关。基座包含通用的处理器、无线通信模块以及能量供应模块,运行通用的无线传感器操作系统,基座独立于特定应用,基座与应用者通过接口进行连接。同一个基座可以连接多个不同传感器。因此,现有的传感器(包括一些专业传感器),只要通过适当的模数转换,符合信号规范,就可以方便的连接到基座上,从而融入无线传感器网络,降低了无线传感器网络的使用门槛。

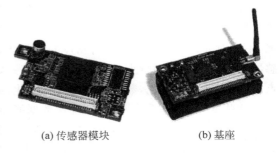

(a) 传感器模块　　　　(b) 基座

图 12-17　无线传感器模块和基座

现有商用无线传感器网络节点硬件有小型化廉价化的趋势,一般常用的无线传感器节点长宽都在 10cm 以下,美国的"智能灰尘"(smart dust)项目已经将微型的传感器节点做到数毫米大小[135]。批量生产的传感器节点能将成本控制在 10 美元以下。

无线传感器节点的传输距离在无遮挡情况下可达数百米,依靠自组网和多跳信息传输技术,无线传感器网络的有效监控半径可达数千米。随着能源管理技术的深入研究,无线传感器节点使用时间大幅度提高。当实际应用对采样频率要求较低(如每小时一次)时,依靠普通电池供电,能够支撑传感器节点工作半年时间。

2. 无线传感器网络协议栈

无线传感器网络节点的协议栈如图 12-18 所示[136]。该协议栈包括:物理层提供简单健壮的信号调制和无线收发技术;数据链路层负责数据帧的生成与检测;网络层负责路由生成与选择;传输层负责数据流控制;应用层包含一系列用于监测任务的应用软件。能量管理平台管理无线传感器网络节点的能量使用,由于数据传输是无线传感器网络中耗能最多的部分,因此每一层都需要考虑节省能量;移动管理平台检测并注册节点的移动,维护每个节点到汇聚节点的路由;任务管理平台平衡和调度监测任务。

ZigBee 技术是一种近距离、低复杂度、低功耗、低数据速率、低成本的双向无线通信技术,主要适合于自动控制和远程控制领域,可以嵌入各种设备中,同时支持地理定位功能。它基于 IEEE 的低速无线个人局域网协议 802.15.4,但是由于该协议只定义了物理层和低级的 MAC 层的协议,因此 ZigBee 联盟扩展了该协议,对网络层以及应用层 API 进行了标准化,如图 12-19 所示[137]。

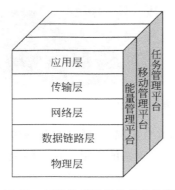

图 12-18　无线传感器网络节点协议栈

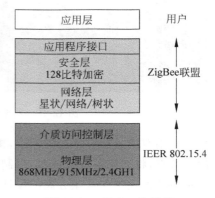

图 12-19　ZigBee 协议栈

现有的无线传感器网络大多采用 ZigBee 协议。其特点为：

(1) 低功耗：发射功率仅为 1mW，支持在不工作时启用休眠模式，能耗只有工作状态的千分之一；

(2) 低速率：在 2.4GHz、915MHz、868MHz 工作频率下的数据吞吐率分别是 250kbps、40kbps 和 20kbps；

(3) 低延时：从休眠转入工作模式只需要 15ms 左右，入网只需 30ms，远少于蓝牙、WiFi 的数秒的入网时间；

(4) 大规模组网：一个主节点可管理 254 个子节点，在具有两层管理节点情况下，可容纳 6 万 5 千余个节点。

3. 无线传感器网络软件

早期的无线传感器节点中的软件基于汇编语言以及 C 语言开发，通过多年的实践发现，C 语言不能有效方便地支持无线传感器网络的软件开发。因此，在 C 语言基础上，研究人员扩展出了现有无线传感器网络最常用的 nesC 语言[138]。nesC 语言体现了组件化、事件驱动等特点，提高了软件开发的方便性和应用执行的可靠性。

在无线传感器网络发展早期，节点的软件是直接针对硬件开发的嵌入式软件，但经过进一步研究发现，这种做法带来了较高的开发难度，开发人员需要掌握硬件细节，而且开发出来的软件可复用性差，针对一款传感器节点开发的软件难以移植到其他节点上。因此，现在的无线传感器节点软件大都采用"操作系统＋应用软件"的模式，将通信协议、能量管理、数据存储等基本功能封装于操作系统中，而与应用相关的传感器数据的处理、存储、打包等功能由应用软件实现。部分无线传感器节点还在操作系统和应用软件间构建中间件，将自组网、多跳转发等功能封装于中间件中。

由于无线传感器节点受到处理能力、能源总量等硬件条件限制，现有的嵌入式操作系统难以直接应用于无线传感器节点中，研究人员开发了用于无线传感器节点的操作系统。目前最成功的无线传感器节点操作系统是 TinyOS 系统[139]。TinyOS 系统最早是由美国加州大学伯克利分校研发的，现在已经成为一个国际合作项目，形成了 TinyOS 联盟。它基本基于 nesC 语言编写，其构建体现了基于组件的软件工程（component software）思想，组件间通过接口连接，同时为了适应无线传感器网络的任务处理特点，采用了主动消息推送、事件驱动、轻量级线程、两层调度等技术。

4. 其他关键技术问题

能耗：能耗是目前制约无线传感器网络普及应用的关键问题。在许多应用中，无线传感器节点需要依靠电池等一次性供电设备供电，在小型化的需求制约下，电源的容量有限，因此要求节点能耗尽量低，从而延长无线传感器网络的使用寿命。降低传输、处理能耗是能耗管理方面重点发展的技术方向。

成本：成本是制约无线传感器网络大规模使用的关键问题。目前的一个无线传感器节点成本还在数十美元，一个包含数千传感器节点的中型网络，成本将达到十万美元，这阻碍了无线传感器网络的民用化应用。如何平衡成本、性能和能量供应，是亟待解决的关键问题。

微型化：现有传感器节点只微型化到厘米的量级，而发展更小的，甚至能嵌入到物体中的无线传感器节点,是物联网发展的必然要求,因此是无线传感器网络发展中的关键问题。

定位:空间信息是描述物体状态非常重要的信息,在不同的应用环境中,例如野外环境、室内环境等,如何定位无线传感器节点,是目前研究的热点问题。

快速移动:在目前的协议支持下,无线传感器节点的重新自组网的时间在数秒至数分钟的量级,而对一些快速移动的物体(如汽车、动物等)检测要求自组网时间能够达到毫秒量级,快速组网是无线传感器网络应用中需要解决的一个重要问题。

12.5.2.2 其他汇聚网组网技术

1. WiFi 技术

WiFi 技术也被大量用于物联网中汇聚网层的组网。WiFi 技术在传输速率、安全性、可靠性、价格等方面具有优势。以 WiFi 路由器作为汇聚节点,所有电子设备都通过 WiFi 相互连接形成家庭物联网,这是智能家居的一种廉价快捷解决方案。但是由于 WiFi 网络对路由器的依赖,以及自身的技术局限性,如能量消耗、传输距离等限制,一般适用于智能楼宇、智能家居等环境的物联汇聚,而对室外环境、野外环境并不适合。WiFi Direct 标准则试图解决 WiFi 网络对路由器的依赖,支持设备点对点的数据传输,但是该标准还未在现有设备上普及。

2. 蓝牙技术

蓝牙技术是一种短距离点对点无线通信技术,传输速率能够达到 25Mbps。在手持设备中,蓝牙技术已经得到了成功的应用。蓝牙技术的优势在于,它是专为点对点信息传输而设计的,摆脱了其他汇聚网组网方式对中心节点/汇聚节点的依赖;数据传输的稳定性较好。蓝牙技术也有其劣势,本质上,蓝牙技术的发明是为了解决设备一对一传输数据的问题,因此,设备之间传输数据需要"配对"。在大规模组网情况下,设备节点一一配对,配对量过大,难以管理,易造成混乱。在无线传感器网络中,一般采用 Ad hoc(多跳)网络模式,Ad hoc 网络是一种特殊的无线移动网络,网络中所有节点的地位平等,无需设置任何的中心控制节点,网络中的节点不仅具有普通移动终端所需的功能,而且具有报文转发能力,将源传感器发送的信号经过多个中间传感器节点的接力最终传递到目标节点,即传感器发送的信号在网络中进行跳跃式传递(多跳)。由于蓝牙协议并不支持多跳模式,需要专门开发应用层软件来实现多跳模式,这就会加重处理器负担,增加应用开发难度。因此蓝牙技术不适合大规模组网,仅适合小规模设备的数据传输。

3. 红外技术

在物联网的开发应用中,不要忽视一些已经成熟的技术将在物联网发展中将发挥的重要作用。据某设备制造商调查,电器设备中最普及的无线通信装置是通过红外线技术支撑的遥控装置。通过设备内置的红外线装置,可以操控设备以及获取少量的设备信息。在目前智能芯片及 ZigBee、WiFi、蓝牙等传输芯片还未大规模嵌入到物体中的今天,依靠红外技术进行组网是物联网商业应用的一个值得重视的实现途径。

12.5.2.3 IPv6

IP 地址是互联网中计算机的一个编号,计算机间通信的报文需要根据 IP 地址投递。

现有最流行的互联网协议 IPv4,即互联网协议(Internet Protocol,IP)的第 4 版,规定 IP 地址由 4 个字节也就是 32 位组成,最大能支持 $2^{32}-1\approx42$ 亿个地址。互联网在发展的早期,主要是满足学术机构、软件公司、研究实验室等小规模应用。但是,随着经济的全球化,互联网得到了长足的发展,全球仅移动联网设备已突破 70 亿个,IP 地址已经成为互联网发展的瓶颈。在互联网时代,局域网、动态分配 IP 等技术部分缓解了 IP 地址稀缺的问题。但在物联网时代,所有物体或设备都将时刻联网,每个物体或设备都需要有一个固定 IP 地址,以便时刻获取数据及访问。据估算,全世界现有设备 1.5 万亿,如果要将生产、生活中的每个物体都联入物联网,IPv4 定义的地址远远不能满足需求。

对于 IP 地址稀缺的问题,1994 年,Internet 工程任务组(IETF)提出了新版 IP 建议书,称为 IPv6,也就是互联网协议第 6 版。除了对网络层处理的一些简化外,其最主要的特点是将 IP 地址长度扩展到了 128 位,即支持 $2^{128}-1\approx3.4\times10^{38}$ 个地址。以现有世界人口计算,平均每人能分配到 4.8×10^{28} 个地址,足够将生产生活中的物体全都纳入物联网中。

但是,从 IPv4 标准转化为 IPv6 标准是一个漫长的过程。IPv4 标准下形成的既有设备、习惯和产业链还不易改变。现在大部分网关设备、电子设备,支持的还是 IPv4 标准,真正完全应用 IPv6 标准的设备还比较少,这需要各国网络管理机构、研究机构、商业公司的共同推动。

中国在 2003 年正式启动了中国下一代互联网示范工程(CNGI),在 IPv6 技术的支撑下,近十年以来已经形成六个基于 IPv6 的主干网 CERNET2(第二代中国教育科研网)、中国电信、中国网通/中科院、中国移动、中国联通和中国铁通,形成了北京、上海两个交换中心,以及相应的数据链路,推动了 IPv6 技术在我国的应用,改变了我国 IP 地址受制于人的被动局面。

12.5.2.4　3G 与 4G 移动通信

移动通信已经日益成为最重要的广域网通信技术之一。据《中国移动互联网发展报告(2014)》指出,2014 年中国移动互联网用户数量达到 8.38 亿,月户均流量达到 139.3M。同时期,据 CNN 报道,美国的移动互联网使用率高达 55%,远超过 PC 端的使用率 45%。在物联网中,要将室外的物体、设备、人的信息远距离的传输,移动通信技术是重要的选项。

第一代移动通信技术是模拟信号通信方式,现已淘汰。第二代移动通信技术简称 GSM,是目前使用最为广泛的移动通信技术。它主要为语音通话、短信等设计,数据传输速率较慢。最早的 GSM 技术数据传输速率是 9.6kbps,引入 GPRS 通用分组无线技术后,速率峰值理论上可达 171.2kbps,引入 EDGE 增强数据率演进技术后,速率理论峰值可达 384kbps。而这些数据传输速率,都难以满足稍大数据量的传输需求。

3G 是第三代移动通信技术的简称,其特征是提供高速数据传输业务。国际电信联盟(ITU)的标准要求,3G 在室内环境数据传输速率要达到 2Mbps,运动中达到 384kbps,车辆中达到 144kbps,卫星移动环境下满足 9.6kbps,均较 2G 标准有很大提高。目前,流行的 3G 标准有三种:W-CDMA、CDMA2000、TD-SCDMA。

W-CDMA 是宽频码分多址技术(windeband code division multiple access)的简称,是现今全球最流行的移动通信 3G 技术,全球用户已超过 36 亿,遍布 170 个国家 156 家运营商。其采用 5MHz 信号带宽，码片速率 3.84Mcps，信道编码采用卷积码和 Turbo 码，在 5MHz 带宽内，可提供 2Mbps 下行速率。引入高速下行分组接入技术（HSDPA）和高速上行分组接入技术（HSUPA）后，在 5MHz 带宽内分别可提供最高 14.4Mbps 和 6Mbps 的下行和上行数据传输速率。

CDMA2000 是美国高通主导的 3G 通信技术，占据了 20％的 3G 市场。它采用多载波方式，载波带宽为 1.25MHz。早期的时候，CDMA2000 仅支持最高 153.6kbps 的数据速率，因此未达到 3G 标准要求。现在的 CDMA2000 1xEV 技术已经可以提供最高 3.1Mbps 的下行数据速率和 1.8Mbps 的上行数据速率。

TD-SCDMA 是时分-同步码分多址存取（time division-synchronous code division multiple access）技术的简称，是由中国大唐电信主导的 3G 通信技术。TD-SCDMA 采用时分双工，下行和上行信道特性基本一致，可以灵活的设置下行和上行时隙比例而调整上下行数据速率的比例。在单载波 1.6MHz 带宽下，上下行时隙配置 1∶5 时，引入 HSDPA，理论下行数据速率可达 2.8Mbps。

4G 是第四代移动通信技术的简称。由于 3G 技术的理论数据速率普遍不高于 15Mbps，而在实际环境中测量数据速率仅不到 2Mbps，不能满足高速网络数据传输的需求，特别是高清视频信号，因此又发展了 4G 通信技术标准。按照国际电信联盟的定义，静态传输速率达到 1Gbps，高速移动状态可达 100Mbps 的通信技术可称为 4G。长期演进技术（LTE）是 3G 向 4G 过渡的一种技术，可提供 300Mbps 数据下行速率和 75Mbps 的上行速率，以及低于 5ms 的延迟。LTE 频段扩展度好，支持 1.4MHz 到 20MHz 的频分双工（FDD）和时分双工（TDD）通信。其增强版（LTE Advanced）已被国际电信联盟接纳为 4G 技术标准。LTE 通信技术已在全世界广泛采用，韩国 62％的移动设备使用 LTE 通信方式，在日本、澳大利亚和美国，这一通信方式的市场占有率已超过或接近 20％。

12.5.3 信息处理技术

一个大型城市电力物联网每天产生的数据可达 TB 级，一个大型城市交通物联网每天产生的数据可达 10TB 级。如何管理、应用物联网产生的如此庞大的数据，产生价值，是物联网发展必须要回答的问题。这与目前另外两个学术界、企业界关注的热点"云计算技术"及"大数据技术"发生了联系。

面对如此大的数据量，单个服务器不可能进行有效地存储与管理。只有依赖云平台技术，在物理上将数据分散存储，在逻辑上将数据统一管理，才可能将如此规模的数据有效地存储管理起来。针对社交网络、物联网等产生的极大规模的数据，学术界在 2008 年左右提出了大数据的概念，它是指管理和处理数据所耗时间超过可容忍时间的数据集[140]。大数据处理技术的发展将使物联网数据发挥更重要的价值。

1. 基于云平台的大数据存储管理技术

针对云平台的大数据管理与存储，学术界在创造新的文件系统、创造新的数据库管理方式等方面做出了努力。在文件系统方面，Google 公司成为先驱，率先推出了 Google 文件系统 GFS（Google File System）[141]，通过优化对大文件的数据分块、追加等操作，实现了海量数据的存储与管理。同类文件系统还有微软公司的 Cosmos、开源的 HDFS、CloudStore 等。

然而，GFS 类的文件系统对海量小文件存取，效率很低。针对这种情况，Facebook 公司推出了 Haystack 文件系统，类似的文件系统还有 Google 重新设计的 Colosuss、淘宝公司的 TFS（Tao File System）等。

在数据库方面，由于数据规模效应、数据类型的多样化、严格一致性难以满足等原因，使得传统的关系型数据库难以满足大数据的管理需求。面对这些挑战，Google 公司最早开发了 BigTable 数据库系统，通过稀疏的、分布式的、持久化存储的多维度排序表存储海量数据。早期代表性的数据库系统还有 Amazon 公司的 Dynamo、Yahoo 公司的 PNUTS 等。这些数据库的成功促使人们对关系型数据库进行反思，产生了一批未采用关系模型的数据库，统称为 NoSQL（Not Only SQL）。一般认为 NoSQL 数据库应具有以下特征：模式自由、支持简易备份、简单的应用程序接口、最终一致性（事务支持 BASE 特性，不支持 ACID 特性）、支持海量数据等。典型的 NoSQL 数据库分为四类：Key-Value 式如 Redis、Riak，列式如 HBase、Cassandra，文档型如 CouchBD、MongoDB，图形模型式如 Neo4J、OrientDB 等[140]。

2. 大数据处理技术

大数据处理技术为深入挖掘物联网数据的价值提供了手段。2004 年，Google 公司提出了 MapReduce 技术，致力于通过大规模廉价服务器集群实现大数据的并行处理。14.7 节将对 MapReduce 技术作详细介绍。

传统的数据挖掘技术在商业智能、金融分析等方面取得了巨大成功。但是，面对大数据，在数据维度和规模增大时，所需资源指数级增加，面对大数据，还需要新的数据挖掘方法。传统的人工智能方法可以接受多项式级复杂度的算法，而面对大数据，甚至线性复杂度算法都难以接受，处理大数据需要更为简单有效的人工智能算法。IBM 主导的 DeepQA 问答系统以及在此基础上开发的 Watson 软件是这方面的有益尝试。Watson 通过对互联网中异构海量数据的深度挖掘，形成知识库，最终在智力问答竞赛"Jeopardy!（危险边缘）"中打败了 74 连胜的人类冠军 Ken Jennings。

12.5.4 信息安全技术

安全性是决定物联网能否成功应用的关键。物联网连接物体和设备的规模、物体和设备的异构性与相互作用、庞大的数据量等都使得一些现有的安全解决方案不再适用。由于物联网是一个融合多层的综合系统，分别保证感知层、传输层、应用层的安全，也不一定能保证物联网的安全，许多的安全问题来源于系统整合。因此，需要为物联网专门制定可持续发展的安全架构。

在感知层，大量使用传感器来标识物体、设备。传感器功能简单、能量较少，无法进行复杂的安全防护，易被攻击控制，使其失效或被篡改数据。

在传输层，需要保障的安全性有数据的机密性，防止数据泄露；数据的完整性，保证数据在传输过程中不被非法篡改，或能检测出被篡改的内容；异构网络融合的认证问题等。

在应用层，对垃圾信息、恶意信息、攻击信息的判别尤为重要。同时，由于物联网采集的信息涉及个人隐私，对隐私的保护也是一个重要的问题。

12.6　物联网的企业应用

目前,在所有物联网应用中,由于发展时间较长,成本较低,RFID 的应用最为广泛与成熟,RFID 广泛应用在零售业、供应链管理、生产制造中。

12.6.1　RFID 在零售业的应用

目前,零售行业存在如下一些问题:库存盘点需要大量人力,人力成本居高不下;库存水平很高,而货架还经常出现缺货现象;结账时经常出现排长队的现象;在产品发生质量问题时,无法快速、准确地确定这些货物是由那些厂家生产的,经由何种运输途径发运的;货物丢失的现象时有发生。

目前零售业广泛采用的条形码技术存在着一些不足,使得从技术层面上解决上述问题存在比较大的困难。如,条形码只能识别一类产品,不能识别单件商品;条形码必须在看得见的情况下才能识别;条码容易撕裂、污损和脱落等。

RFID 对于零售业的优势体现在后台的优化库存管理和前台的提高顾客服务质量。

(1) 使用 RFID 可以提高配送中心的货物装卸效率和准确性,可以快速、准确地盘点货物的数量、位置、有效期等。

(2) 通过在货架上安装 RFID 读写器,可以准确地确定货物的在架数量,如果货架即将缺货,系统能够及时通知相关人员补充货物。通过在仓库部署 RFID 系统可以快速准确地知道目前货物的库存量、有效期等,如果库存货物数量降低到一定程度,可以及时通知供货商快速地补充库存。这样就可以做到在更好地进行库存控制、降低库存量的同时,减少货架缺货的现象。

(3) 使用 RFID 技术可以快速地清点顾客购买的货物数量、种类以及价格等,通过与信用卡、银行卡或 RFID 卡关联,可以快速地结账,无需排长队,提高顾客满意度。

(4) RFID 技术可以快速、详细地记录货物的生产厂商、运输途径、经过哪些流通环节等信息。当货物出现质量问题需要召回的时候,零售商可以快速、准确地确定应该召回产品的生产厂商、生产批次等,避免召回所有的产品,减少浪费。

(5) 由于 RFID 可以实时跟踪货物的位置和流向,因此可以减少货物的丢失。

(6) 相对于条码技术来讲,RFID 技术具有批量读取、可以识别单件商品、不需要看见商品就可以读取其中的信息等优点。

在众多已经实施 RFID 的公司当中,最受关注的无疑是沃尔玛公司。在零售业这样一个微利行业中,沃尔玛能够成为"零售帝国",先进的信息系统做出了巨大贡献。今天,沃尔玛又开展了 RFID 技术的应用,以期望提高整个供应链的效率,减少缺货,降低库存。

沃尔玛在 2003 年宣布,它将要求它的前 100 名供货商自 2005 年 1 月 1 号起,所有送往达拉斯地区仓库的货物,都要在货箱和货盘上面贴上 RFID 标签。然而,沃尔玛推动 RFID 应用的路程并不顺利。沃尔玛和它的供货商在 RFID 的实施过程当中,很快就发现了诸多挑战性问题。比如用来作为标准的 UHF 频率不能穿透很多商店销售的常见产品(如金属包装的液体产品等)。

沃尔玛对于新技术的推广过于自信,在 RFID 技术标准尚未完全统一、成本还不是很低、读取率也不是特别可靠、RFID 技术市场认知度还处于培育期的情况下,强硬推行 RFID 技术的推广应用,难免困难重重。因此,在随后的 RFID 推广计划中,沃尔玛不得不与供应商妥协,多次调整实施计划。到目前为止,沃尔玛的 RFID 计划已经取得了初步成果,并且开始了新的扩展计划[142]。

有关方面公布的最新数据显示,应用 RFID 技术后,沃尔玛的产品脱销率降低了 32%,大大优于原先预计的降低 16% 的预期目标。脱销率的降低主要得益于 RFID 能够帮助监控入库货箱和上架货箱的数量,然后再将这些数据与 POS(point of sales)机提供的销售数据进行比较,以便制定更为合理的补货计划。另外,RFID 为缩短供货周期、减少供货批量、增加供货频率提供了条件,这使得超市和配送中心平均库存量降低了 10%,库存周转率提高了 3 倍。沃尔玛与其部分供应商合作的 RFID 试验项目,证实了 RFID 技术确实能够大幅度提升供应链管理水平。沃尔玛计划在今后几年里投入 30 亿美元来继续推行 RFID 技术的应用。

12.6.2 RFID 在供应链管理方面的应用

在供应链管理方面,目前存在流通环节不透明、库存控制能力弱、产品召回成本高、时效产品管理粗放、防伪能力差等问题,RFID 以及相应的信息系统,在生产、运输、存储、零售、配送和分销等供应链环节中可以发挥重要作用,解决这些影响供应链运作效率和质量的问题。

RFID 为每一件单品在全球供应链中提供唯一的号码,这使得企业的产品信息管理粒度由现在的类别级细化到物品级,客户可以查询产品的来源、中间加工环节、运输途径等相关信息,政府也可以采用相应的机制来监控整个供应链,构建一个安全、和谐的货物流通环境。

信息共享已被证实是削弱长尾效应的有效策略。企业 ERP 系统、供应链管理平台为供应链各环节信息共享和资源整合提供了强大的 IT 平台。但是这个平台能否充分发挥作用取决于能否具有准确实时的底层和终端数据基础。目前的供应链管理中底层和终端数据的采集(如库存盘点、货物出入库、数据录入等)主要依赖条形码技术,需要大量人工介入,效率低下、差错率高,所提供信息的准确性和实时性得不到保证。RFID 技术的应用将为企业提供实时、准确的数据,在后台 IT 系统的支持下将极大地提升供应链环节中的信息共享能力,为供应链管理的策略制定、实施提供坚实的基础。

RFID 可以有效地降低生产和库存的成本,加速供应链上下游企业之间的信息传输速度,缩短响应时间。上游企业通过对其产品在下游企业中的跟踪可以快速地了解产品需求情况,实时地监控库存中的原材料、产品,从而更加准确、及时地制订生产计划。下游企业通过 EPC 网络可以清楚地掌握上游企业产品的生产情况,从而更加明确所需求的产品或原材料何时能够到达本企业,实现快速采购。此外,供应商可以随时知悉自己售出的产品在什么地方,状态如何,是否已经丢失或损坏,还可以通过 EPC 网络跟踪到第三方物流公司是否将产品送到指定地点。分销商或零售商可以具体地知道某次定购的产品具体存放在什么位置,目前状况如何,而无需物理盘点,从而更有效地制定产品定购计划。同时,由于标签是唯一的,还可以知道产品的存放时长,确定产品是否过期,这对于食品类产品尤为重要。通过对货架上产品的监控,可以及时补货,避免产品脱销。通过对顾客在购买过程中的行为数据(如,顾客拿起一件商品又放下的时间)的采集,可以帮助营销人员做好产品分析。顾客则可以很快地找到自己要购买的商品,在结账时不再需要排长队,他们还能确切地了解商品的产地、供应链中的运行过程和库存信息等。

当时效商品在供应链中流通的时候,可以采用带有传感器的RFID标签监控和记录货运环境,在运输过程对时效商品加以保护,如,判断温度变化是否对时效商品造成了破坏或者影响了其保质期。销售商也可以根据货物运输环境的历史信息,更好地制定时效商品的销售策略。如果货物保存的温度已知,那么就可以确切地计算出任何一种货物的保质期,也很容易计算出"最佳日期"或者"截止日期"。如果货物在运输途中能够被很好地监控,并采取必要的措施,就能够有效地防止浪费。

当产品出现问题时,可以准确地查出与问题产品同一批次、使用同一原材料的产品,准确召回问题产品,避免扩大召回范围,尽量降低损失。

RFID技术给产品的防伪提供了基本的技术保障,通过对RFID标签的识别,可以准确知道产品的详细出厂信息和流通渠道,有效杜绝假冒产品。

RFID技术在供应链管理中具有多重应用价值,并且这些应用价值已在相关应用案例中得到了证实。但是,由于供应链历来都是一个多方利益博弈的战场,RFID应用获得最大化效益的前提是供应链上下游数据、信息的共享,而这些数据、信息往往是其拥有者参与供应链博弈的资本。因此,信息共享带来的收益必须能够恰当地在供应链成员之间进行分配,信息共享本身才有可能,RFID在供应链中的应用才能显示强大威力。可见,良好的供应链协调机制是RFID价值充分发挥的重要条件。

具有行业领先地位的企业,比如海尔、联想等公司,它们在供应链中具有举足轻重的地位,能够主导供应链协调机制的建立,由这类企业推动实施的供应链RFID项目会有比较大的成功几率。对于广大中小企业而言,RFID技术将更多地应用于产品防伪和内部流程改造等非供应链管理领域,同时在供应链核心企业推动RFID项目时,它们可以通过积极参与而从中获益。

12.6.3 RFID在制造企业中的应用

在中国制造企业的发展过程中,企业信息系统发挥了重要作用,在一定程度上提高了企业的管理水平和竞争力。但是,目前的企业信息系统在支撑企业经营运作方面还有一定的不足,主要体现在数据采集、信息获取两个方面,如下所述。

(1) 企业的底层生产系统与企业上层应用信息系统之间存在脱节,没有实现紧密的信息集成,企业上层应用信息系统不能自动、实时、准确、详细地获取企业生产系统的信息(库存、加工完成情况、产品质量情况等),从而造成不能实时、准确、可视化地确定生产的当前状态,不能很好地实现供应链管理。由于无法详细了解企业资源、生产能力等情况,生产调度不能有效发挥作用,生产人员没有及时报告生产事故信息,使生产管理者无法及时调整生产过程,减少产品质量问题。

(2) 现有企业应用信息系统的原始数据基本上是靠人工输入的,这种方式不仅仅效率低,也很容易产生错误,影响信息系统的准确性。即使采用条码技术来进行数据采集,其效率依然不高。

(3) 在信息获取方面存在的问题是没有较好的方法来发现数据之间蕴含的信息,虽然数据挖掘、业务智能等方法能够在一定程度解决这个问题,但是它们是对数据的事后分析,实时性不够好,如果企业信息系统不能实时获取现实环境中的数据,就无法快速发现隐含在这些数据中的信息,如潜在的重大质量事故。

针对目前制造企业信息系统存在的问题,作者提出了图12-20所示的在基于RFID的制造企业信息系统体系结构。

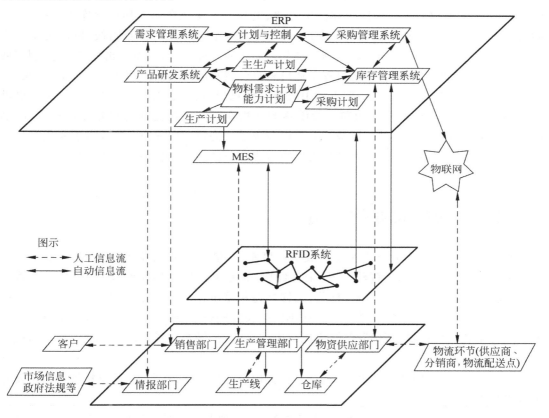

图 12-20 基于 RFID 的制造企业信息系统体系结构

通过给产品、零部件、人员等贴上RFID电子标签,在企业的重要部位(仓库、生产线、工厂的出入口、物料流转的路径等)安装RFID读写器,使其覆盖企业的库存、生产线甚至是职员、办公环境等,从而构建基于RFID的企业信息系统,可以在一定程度上自动、实时、准确、详细地获取企业的相关数据,更好地组织和管理产品的制造过程。

北美福特于1995年就已经开始使用RFID技术来跟踪发动机的生产。它们采购了一万多个标签,每个标签约150美金。标签被置于载有发动机的托盘上,在装配开始时,发动机被放入托盘上,将一个序列号写入标签。当发动机沿着不同的装配工位移动时,相关的制造信息被不断地写入。这样,RFID标签可用来追踪每项作业的时间等相关数据,收集质量控制数据,并且产生一个特定的发动机装配记录。当完成所有工序时,托盘经过最后一个读写器,将所有关于装配的信息传送到制造商的数据库中去。然后托盘再装载其他发动机,实现了生产线上的电子标签的循环利用。

波音、空中客车、联合利华、戴尔等国际知名企业,以及国内的海尔公司等,也已经在生产制造过程中引入了RFID技术,监控生产过程,控制生产质量。

12.6.4 RFID在其他领域的成功应用

此外,RFID成功应用于其他领域。法国的Bassin de Thau医院将中央档案室约4万份病历粘贴RFID标签,以便医院和医生更快、更高效方便地在海量病例仓库中查找、追踪病历。荷兰Drents博物馆在门票中嵌入RFID标签,记录游客的参观路线,供博物馆分析顾客行为。博物馆可根据相关数据判定展品的受欢迎程度,特别是那些轮换展品,以制定展品的轮换规则和频率。游客参观过程中还可将自己感兴趣的展品与所持门票的ID相关联,回家后登入博物馆网站,输入门票上的ID编码,便可以再次欣赏展品。北京协和医院借助RFID技术,对毒麻药、精神药物和温度敏感的药物在医院中的流通过程建立可追溯性,加强对特殊和管制药品的管理。挪威南方生活垃圾处理公司利用RFID技术提供先进的垃圾回收、分类处理解决方案,不仅管理垃圾回收过程,而且能够准确计费,拒绝处理未付费居民的垃圾。

12.7 智能农业物联网

本章开头讲述了一个现代农业的故事。事实上,借助物联网技术,它正在逐步变为现实。传统农业,浇水、施肥、打药,农民全凭经验、靠感觉。借助物联网技术,却是另一番景象:瓜果蔬菜该不该浇水?施肥、打药,怎样保持精确的浓度?温度、湿度、光照、二氧化碳浓度,如何实行按需供给?一系列作物在不同生长周期曾被"模糊"处理的问题,都有信息化智能监控系统实时定量"精确"把关,农民只需按个开关,做个选择,或是完全听"指令",就能种好菜、养好花。

现在,农业物联网得到了蓬勃的发展,在大田农业生产管理、园艺、蔬菜精细种植中发挥了越来越重要的作用。

2002年,Intel公司将Crossbow公司的Mote系列节点,部署于美国俄勒冈州的一个葡萄园,用以监测其环境的微小变化[143]。传感器节点被分布在葡萄园的每个角落,每隔一定时间监测一次土壤温度以及养分含量等,以确保葡萄能够健康生长,进而提高葡萄产量,获得好的收获。不久以后,研究人员实施一种系统,用于监测每一传感器区域的温度,或该地区有害物质的数量。这些信息有助于开展有效的灌溉和喷洒农药措施,从而降低成本并且确保农场获得高效益。

韩国Dae-Heon Park等人提出[144],使用温度传感器、湿度传感器、叶片温度传感器、叶片湿度传感器、ZigBee无线传感器节点、自动控制的中继节点,来采集空气环境以及作物本身的数据,存储到远程数据库中。以这些数据作为参考,让农民通过研究室内环境信息和作物本身的监测信息之间的关系,做到控制植物的生长,可以更有效地提高生产率并防止作物病害发生。

Mancuso 和 Bustaffa 等人[145]利用无线传感器网络对种植西红柿的温室环境进行实时监测,并根据监测的环境信息结果对温室环境做出适当调整,譬如一些通风、灌溉、温室卷帘措施,使得温室环境达到最利于作物生长的水平,从而提高作物的产出与投入比。

在国内,2013年农业部牵头在天津、上海、安徽启动了农业物联网区域试验工程。在温室大棚中,通过无线传感器网络监控了作物生命信息以及温湿度、二氧化碳浓度等环境信息在内的农业要素信息;通过红外遥感技术和图像识别技术监控了植物实际生长状况,使农民能够实时监测各个棚室的作物生长情况,通过自动化系统精细化控制温室大棚的水、肥、光照等,并且通过数据融合研究光合作用、蒸腾作用,对作物早期病害、重点虫害和水分胁迫等情况进行了分析预测。从几个人管理一个大棚,转变为一个人可以管理多个大棚。在水产业试验基地,通过传感器进行了水质监测,包括水中溶氧量、pH 值等。从传统手工监测的数小时一次的频率缩短到数分钟一次,适时进行调整,并实现了自动投喂、质量追溯等功能。近万平方米的水产养殖车间,只需要 10 名左右的工人。

安徽大田生产物联网试验区、北京大兴精准农业示范区等均展开了农业物联网的示范试验。试验结果表明,将物联网技术引入农业生产,极大节约了人力成本,控制了资源消耗,实现了精细化控制。

12.8 智能交通物联网

在交通领域,也形成了相当规模的物联网应用。智能交通系统(ITS),将信息技术、数据传输技术、电子传感技术、控制技术及计算机技术等进行集成,综合运用于地面交通管理系统,从而建立起较大范围、实时、准确、高效的全方位综合交通运输管理系统。智能交通系统可以有效地利用现有交通设施、减少交通负荷和环境污染、保证交通安全、提高运输效率[146]。

基于物联网的智能交通系统,从单纯的被动式交通控制,转化为集信息采集、动态诱导、智能管控、应急指挥等功能为一体的综合交通管理体系。它涵盖多样化的信息采集、异构数据的传输、海量数据的存储与处理,以支持丰富的交通管理应用。

在感知层,智能交通系统采用线圈、微波、地磁检测等多种固定式采集手段采集道路信息、交通信息;利用智能设备构成的车联网采集车辆信息;利用交警的手持设备记录驾驶人员的违章信息;利用 ETC 等设备记录车辆的行驶路径信息;利用摄像头记录视频信息;利用 GPS 记录空间位置信息等。

利用这些信息,可以实现的应用包括:

(1) 智能交通指挥:包括交通指挥调度、交通信号控制、交通电视监视、闯红灯自动记录、公路车辆智能监测记录、交通流信息采集、警用车辆定位、LED 交通诱导可变标志信息发布,并连接各类公安业务子系统(如车管、驾管、违法、事故等)等子系统。实现实时路况信息处理、显示功能;交通管理功能,包括信号控制、视频监控、电子警察、卡口监控、交通诱导、交通流检测、GPS 警车定位、122 接出警、移动警务等;指挥调度功能,包括预案管理、勤务管理、日常指挥调度、突发事件处理、重大活动管理;辅助决策功能,包括业务专题图、态势分析、交通预测;设备设施管理及交通管理人员考核等。

(2) 电子警察:利用视频分析技术与其他数据相融合,在城市道路交通、高速公路、地面轨道交通、重点区域关键出入口管理等场景,实现车辆闯红灯、逆行、违规变道、违章停靠等行为记录和查询、违章处理;车牌号码的识别、比对、丢失车辆检测报警、车型的区别;交通应急指挥、疏导交通流量,应对交通事故、高峰流量和灾害的影响;电子广告、交通标志和引导、告警提示控制等功能。

(3) 电子车牌:通过安装在车辆上的 RFID 电子标签以及遍布城市内各节点的识读基站网络,融合视频监控等现有交通信息化技术,实现交通管理功能,包括车辆监测子系统、卡口监控和车辆肇事逃逸追查、交通诱导、公交及出租等营运车治安管理、车牌防伪等功能;交通规费征收功能,包括路桥收费征收、地税局征收、保险费征收等功能。

(4) 智能公交:通过信息的获取、融合与发布,连接车辆营运管理系统和各停车场站的智能终端信息网络,加强对运营车辆的指挥调度,提高运营效率和运行安全。同时,让乘客实时了解公交动态,合理安排出行。

12.9 智能家居

智能家居不仅实现普通家居的居住功能,而且利用传感器技术、网络通信技术、安全防范技术、自动控制技术、音视频技术将家居生活有关的设施集成,构建高效的住宅设施与家庭日程事务的管理系统,提升家居安全性、便利性、舒适性、艺术性,并实现环保节能的居住环境。

位于微软公司雷蒙德总部园区的"未来之家"是微软建造的一个智能家居示范房子,它由客厅、厨房、起居室、餐厅等组成。一眼望去,这是一个普通的家庭环境,然而,各种传感器遍布其间,先进的人机交互方式无处不在。在桌面、墙壁、植物甚至装饰画上,可以用手操控计算机,也可以用声音进行人机对话。在未来之家的入口,结合了全掌纹识别技术、声音识别、ID 卡识别等多重门禁技术,确保安全。入口的植物通过传感器监测植物状态,提醒主人光照和水分。将手机和手表放在门口的托盘上,会自动显示温度、天气、日程等信息。墙壁会显示欢迎信息、安防、温度、能耗等状态。通过体感传感器,电视可以进行非接触式的手势操作。厨房的显示屏会显示主人的健康信息以及健康方案,操作台可以一步步教人如何做菜。药品怎么吃,吃多少,放在操作台上,各种信息显现出来。墙上的装饰品可以显示日期、日程表、购物清单等。餐厅的桌布可以用来学习以及与孩子们一起玩互动游戏。卧室的墙纸、相框可以根据入住者的年龄、习惯随时更换。

物联网技术的蓬勃发展为智能家居的普及带来了契机。微软公司为了建立早期的未来之家,仅为了将家中的各种设备连接起来并有效地控制,就铺设了 52 英里的电缆,其造价和工程量不是普通家庭能够承受的。而传感器的小型化、智能化,无线传输技术的发展,各种基于人工智能的数据处理技术的发展,均极大地提高了智能家居的智能化程度,降低了应用成本,使智能家居走入千家万户不再是未来的梦想。

从物联网概念的提出以来,在研究者、商业公司等共同努力下,传感器的小型化智能化、泛在接入和高速数据传输通信网络、大数据智能处理技术有了长足的进步,取得了丰硕的成果,有效地推动物联网应用的普及。但是,物联网仍然处于发展的早期,在使用体验和技术等方面都还需要进一步发展。

从使用体验来说,物联网仍然不够智能化、人性化。大部分物联网应用还处于"事件-简单响应"模式或"信息收集-信息展示"模式。而能够智能处理收集到的数据,为人类提供智能化服务,甚至不让人察觉到物联网的存在,这样的应用还非常少。

从技术上说,在传感器技术方面,平衡能量消耗、数据传输、数据的精确性、传感器小型化、传感器使用时间等因素仍然是一个难题;在数据传输技术方面,TB甚至PB级的数据如何无线、便宜、快速的传输仍然是需要解决的重要问题;在数据处理技术方面,在大数据背景下发展人工智能技术尤其重要,这是使得计算机更加智能化的关键。也是物联网满足智能化需求的关键。

在未来,希望借助物联网,人们可以与计算机以更加自然的方式对话。计算机的形态将极大改变,各种传感器终端和显示设备可以与人类生活的环境自然和谐地融合,不被察觉,却又无处不在。不需要繁琐的操作,人们就能随时随地获知信息,享受智能化服务,更有效地工作,更舒适地生活。

第13章

云 计 算

13.1 云计算的概念和主要特征

云计算是互联网计算的新构想,在最近几年得到了突飞猛进的发展。它创新的计算模式使用户能够通过互联网随时获得近乎无限的计算能力和丰富多样的信息服务,它创新的商业模式使用户对计算和服务可以取用自由、按量付费,不受任何约束[147]。

早在计算机刚刚发明出来的 20 世纪 40 年代初期,IBM 公司当时的首席执行官老托马斯·沃森(Thomas J. Watson)预言:"世界只需要五台计算机",当其儿子小托马斯·沃森准备带领 IBM 公司将主要业务从经营收益可观的打孔卡机领域转变到计算机领域时,老托马斯·沃森是非常反对的。20 世纪 80 年代开始的个人计算机(PC)的普及应用推翻了老托马斯·沃森的预言。美国知名 IT 杂志《PC World》网络版 2009 年 1 月 1 日评出了过去 65 年来美国 7 大最为失败的科技预言(http://tech.qq.com/a/20090101/000068.htm)。这 7 大失败预言分别是:

(1)"世界只需要 5 台计算机。"预言人:IBM 公司创始人老托马斯·沃森,时间:1943 年;

(2)"电视节目的流行时间不会超过半年,公众每晚会面对着一个小盒子(指电视机),他们将对此感到厌烦。"预言人:美国电影公司 20 世纪福克斯高管达里尔·扎努克,时间:1946 年;

(3)"今后 10 年内,核能吸尘器产品将上市销售。"预言人:美国 Lewyt 吸尘器公司总裁亚历克斯·卢伊特,时间:1955 年;

(4)"我找不到普通家庭也需要计算机的理由。"预言人:美国数字设备公司(DEC)创始人肯·奥尔森,时间:1977 年;

(5)"很多人预测 1996 年互联网产业将大规模增长。但我的预测是,1996 年互联网产业由于增长过于快速,因此将像超新星一样爆炸后而走向崩溃。"预言人:美国网络设备制造商 3Com 创始人罗伯特·迈特卡尔夫,时间:1995 年;

(6)"苹果公司已死。"预言人:微软前首席技术官(CTO)纳桑·梅沃尔德,时间:1997 年;

(7)"全球垃圾邮件问题将在今后两年内得到解决。"预言人:微软创始人兼董事长比尔·盖茨,时间:2004 年。

人们也常引用这些例子,来说明 IT 业的未来不可以预测。然而,由于半导体技术、互联网技术和虚拟化技术的飞速发展使得业界不得不重新思考这个"世界只需要 5 台计算机"这个预言,未来人们可能不再采用传统的计算应用模式,利用云计算技术可以把各种应用封装成服务,并在网络上进行共享,用户采用可租用的方式来远程使用这些计算资源,未来世界也许仅用 5 台计算机就可以了,这 5 台计算机提供 5 类服务来满足人们的计算和信息服务需要。第一台计算机叫"谷歌"或"百度",它为用户提供信息查询和知识搜索服务;第二台计算机叫"微软",它为用户提供数据保管和科学计算服务;第三台计算机叫"亚马逊"或"阿里",它为用户提供各种各样的应用服务,如电子商务、物流管理、办公自动化、客户关系管理服务;第四台计算机叫"IBM",它为用户提供解决方案服务;最后一台计算机叫"中国电信",它为用户提供信息采集、接入、传输服务。

13.1.1 云计算的概念

本小节将首先从云计算的典型案例入手[148],并以这些案例为脉络,来探究云计算的内涵,领略云中的真实世界。

案例 1:2008 年 3 月 19 日,美国国家档案馆公开了希拉里·克林顿在 1993—2001 年作为第一夫人期间的白宫日程档案。这些档案具有极高的社会关注度与新闻时效性,《华盛顿邮报》希望将这些档案在第一时间上传到互联网,以便公众查询。但这些档案是不可检索的低质素 PDF 文件,若想将其转化为可以检索便于浏览的文件格式,需要进行再处理。而以《华盛顿邮报》当时所拥有的计算能力,需要超过一年的时间才能完成全部档案的格式转换工作。显然,这样的效率不能满足新闻的时效性和公众对于信息的期盼。因此,《华盛顿邮报》将这个档案的转换工程提交给亚马逊公司的弹性计算云(Amazon EC2,Elastic Compute Cloud)。Amazon EC2 同时使用 200 个虚拟服务器实例,花费了 1407 小时的虚拟服务器机时,在 9 小时内将所有的档案转化完毕,使华盛顿邮报社可以以最快的速度将这些第一手资料呈现给读者。华盛顿邮报社为此向亚马逊公司支付 144.62 美元的计算费用。

案例 2:Giftag 是一款 Web 2.0 应用,其以插件的形式安装在 Firefox(火狐)和 IE 浏览器上。互联网用户在浏览网页,尤其是购物网站的时候,可以利用这个插件将心仪的商品加入到由 Giftag 维护的商品清单中,并将这个清单与好友分享。这个应用一经推出,便广泛流行起来,注册用户数量激增,每天 Giftag 的服务器都要响应数以百万计的请求,并存储用户提交的海量信息,服务器很快就不堪重负。为此,Giftag 将应用迁移到谷歌公司的 Google App Engine(GAE)平台,基于 GAE 的开放 API,Giftag 可以利用 Google 具有伸缩性的计算处理性能来响应高峰期的用户请求,利用 Google 的分布式数据库来存储用户数据,甚至可以使用 Gmail 的邮箱和 Google 的搜索功能来增强用户体验。Giftag 从一个初创的 Web 2.0 应用平稳过渡到一个稳定的、持续增长的网络服务。在这一过程中,Giftag 公司避开了高昂的基础设施投入风险和 Web 应用复杂的软件配置。在 GAE 平台上,Giftag 可以将自己的精力集中于应用本身,而将诸如服务器动态扩展、数据库访问、负载均衡等各个层次的问题交给 GAE 平台来解决。正是由于 GAE 将 Web 应用所需的基础功能作为服务提供给了 Giftag,才使得其可以专注于应用的开发和优化。

案例 3：哈根达斯是著名的冰激凌供应商，其加盟店遍布于世界各地。公司需要一个 CRM（客户关系管理）系统对所有的加盟店进行管理。当时哈根达斯用 Excel 表单来管理和跟踪主要的加盟店，用 Access 数据库来存储加盟店的数据，但是使用虚拟专用网（VPN）来访问该数据库的方法效果总不是很好。因此，公司急需一个能够让分布在各地的员工沟通协作的解决方案，并且要求该方案能够根据不同的需求进行灵活配置。哈根达斯公司选择了 Salesforce CRM 企业版，应用系统在不到 6 个月的时间就上线了。哈根达斯公司用更少的成本获得了超预期的效果。如果哈根达斯公司要搭建自己的 CRM 平台，传统的做法是先聘请一支专业的顾问团队研究公司的业务流程，建模分析并提出咨询报告。然后再雇用一家 IT 外包公司，进驻自己的公司对平台进行开发。同时，还需要购买服务器、交换机、防火墙、各种各样的软件，以及租用带宽等。最后，经历了这令人精疲力竭的过程后系统终于上线了，但它是不是真的满足了哈根达斯最初的愿望呢，可能永远不会有人知道和提起了。幸运的是，哈根达斯公司没有重复这条被别的公司走过无数次的老路。Salesforce.com 作为 CRM 系统的专业提供商，对这个领域有着精深的理解。同时，它能够将已经完成的 CRM 应用模块打包，供用户选择。用户只需要如同在超市选购商品一样选择自己需要的功能模块，让 Salesforce.com 进行定制集成一个属于自己的 CRM 系统，系统的上线和维护也将由 Salesforce.com 的专业团队负责。这样，一家非 IT 公司就可以专注于它的主营业务，使 IT 真正成为公司的支撑，而不是拖累。

云计算这一概念自诞生至今，尚未形成业界广泛认可的统一定义，这里将给出几种有代表性的云计算定义。目前广为接受的一个云计算定义是美国国家标准与技术研究院（NIST）给出的[149]：云计算是一种 IT 资源按使用量付费的模式，对共享的可配置资源（如网络、服务器、存储、应用和服务等）提供普适的、方便的、按需的网络访问。与此同时资源的使用和释放可以快速进行，不需要很大的管理代价。

加州大学伯克利分校电子工程和计算机学院的 Michael Armbrust 等人发布技术报告"Above the Clouds：A Berkeley View of Cloud Computing"[150]，该技术报告对云计算这一概念的定义如下：云计算既指通过互联网以服务形式发布的应用程序，也指数据中心为提供这些服务的硬件及系统软件。这些服务本身就是人们常说的软件即服务（Software as a Service，SaaS），而位于数据中心的软硬件则是"云"。

IBM 的 Greg Boss 等人以技术白皮书[151]的形式给出了云计算的定义：云计算是一种共享的网络交付信息服务的模式，云服务的使用者看到的只有服务本身，而不用关心相关基础设施的具体实现。也就是说，硬件和软件都是资源并被封装为服务，用户可以通过互联网按需的访问和使用。

维基百科（Wikipedia.com）认为[152]：云计算是一种基于互联网的计算方式，通过这种方式，共享的软硬件资源和信息可以按需提供给计算机和其他设备。云计算是继 1980 年代大型计算机到客户端-服务器的大转变之后的又一种巨变。用户不再需要了解"云"中基础设施的细节，不必具有相应的专业知识，也无须直接进行控制。

Gartner 将云计算定义为[153]：云计算是利用互联网技术将庞大且可伸缩的 IT 能力集合起来，以"服务"的形式提供给多个客户使用的技术。

上述定义给出了云计算两方面的含义：一方面，云计算描述了其基础设施资源；另一方面，云计算描述了建立在这种基础设施资源之上的应用。云计算是一个具有广泛含义的计算平台,能够支持各类密集型的应用,例如支持网络应用程序中的三层应用架构模式,即 Web 服务器、应用服务器和数据库服务器,以及支持当前 Web 2.0 和 Web 3.0 模式下的网络应用程序等。同时云计算也能够通过虚拟化等手段提供动态按需和高可用的资源池给其上层的应用。

13.1.2 云计算的主要特征

现如今,在云计算、大数据、移动和社交网络四大热门技术之中,云计算起着核心的支撑作用。具体而言,由于在后端有规模庞大、高度自动化和高可靠性的云计算数据中心的存在,人们只要接入互联网,就能非常方便地访问各种基于云的应用和信息,并免去了安装和维护等烦琐操作。同时,企业和个人也能以低廉的价格来使用这些由云计算数据中心提供的各类服务或者在云中直接搭建其所需的服务。在收费模式上,云计算和水电等公用事业非常类似,用户只需为其所使用的部分付费。对云计算的使用者(主要是个人用户和企业)来讲,云计算将会给用户提供良好的用户体验和低廉的应用成本,图 13-1 给出了云计算数据中心服务模式。云服务提供商则基于云计算数据中心为用户提供所需要的服务,用户按需使用云服务提供商提供的硬件和软件服务,按使用量支付相应的费用。

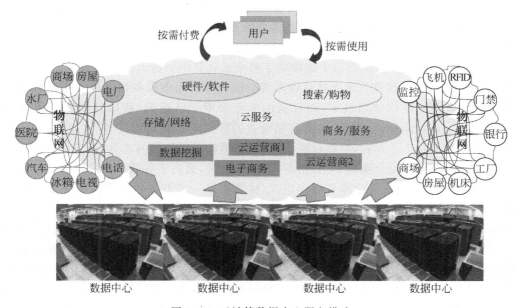

图 13-1 云计算数据中心服务模式

目前,云计算作为一种新型的 IT 服务交付模式,除了常见的超大规模、高可扩展性和按需服务之外,还有自动化和节能环保等优点。具体特征如下。

(1) 超大规模:大多数云计算中心都具有相当的规模,比如,谷歌公司云计算中心已经拥有几百万台服务器,而亚马逊、IBM、微软、雅虎等企业所掌控的云计算规模也十分庞大,并且云计算中心能通过整合和管理这些数目庞大的计算机集群来为用户提供巨大的计算和存储能力。

(2) 透明化:云计算支持用户在任意位置、使用各种终端获取应用服务,所请求的资源都来自"云",而不是固定有形的特色计算实体。应用在"云"中某处运行,但实际上用户无须了解、也不用担心应用运行的具体位置,这样能方便用户使用该应用。

(3) 高可靠性:云计算中心在软硬件层面采用了数据多副本容错、心跳检测和计算节点同构可互换等措施来保障服务的高可靠性,还在基础设施层面上对能源、制冷和网络连接等采用了冗余设计来进一步确保服务的可靠性。

(4) 高可扩展性:用户所使用"云"的资源可以根据其应用的需要进行调整和动态伸缩,并且再加上前面所提到的云计算中心本身的超大规模,使得"云"能有效地满足应用和用户大规模快速增长的需要。

(5) 资源聚合成池:应用服务的提供由一组资源支撑,资源组中的任何一个物理资源对于应用服务来讲是透明的和可替换的(现在许多企业的 IT 服务部署是直接绑定到特定的物理资源,所以灵活性差);云服务中的同一份资源可以被不同的用户或应用服务共享,而非隔离的和孤立的,这可大大降低 IT 基础设施的运行和维护成本(现在许多企业的 IT 服务运行模式多为竖井式,提供不同服务的设备是物理上隔离的,所以运行和维护成本高)。

(6) 按需服务:"云"是一个庞大的资源池,用户可以按需购买,就像水、电和煤气等公用事业那样根据用户的使用量计费,用户无须任何软硬件和基础设施等方面进行前期投入。

(7) 廉价:由于云计算中心本身巨大规模所带来的经济性和资源利用率的提升,并且"云"大都采用廉价和通用的 X86 节点来构建,因此用户可以充分享受云计算所带来的低成本优势,经常只要花费几百美元就能完成以前需要数万美元才能完成的计算和信息应用任务。

(8) 自动化:云中不论是应用、服务和资源的部署,还是软硬件的管理,都主要通过自动化的方式来执行和管理,从而极大地降低了整个云计算中心庞大的人力成本。

(9) 节能环保:云计算技术能将许许多多分散在低利用率服务器上的工作负载整合到云中,来提升资源的整体使用效率,而且云由专业管理团队运维,所以其电源使用效率值(power usage effectiveness,PUE)值和普通企业的数据中心相比低很多,比如,谷歌公司数据中心的 PUE 值在 1.2 左右,也就是说,计算资源消耗了一块钱的电力,只需再花两角钱电力用于制冷等设备,常见企业的 PUE 值却在 2~3 之间,远高于谷歌公司的对应值。云计算中心还可以建设在水电厂等洁净资源旁边,这样既能进一步节省能源方面的开支又能保护环境。

(10) 专业化的运维机制:云计算平台的运行维护通常由专业化的团队来完成,他们帮助用户管理信息,采用先进的数据中心来帮用户保存数据。采用严格的权限管理和系统维护策略保证这些数据的安全,用户无须花费重金就可以享受到最专业的系统运维服务服务。

由于这些特点的存在,使得云计算能以更低廉的成本为用户提供更好的体验,这些特点也是云计算能在众多技术中脱颖而出,并且被大多数业界人士所推崇的原因之一。那么云计算的工作原理是怎样的呢?下节对其进行介绍。

13.2 云计算的工作原理与关键技术

13.2.1 云计算的工作原理

在典型的云计算模式中,用户通过终端接入网络,向"云"提出需求;"云"接受请求后组织资源,通过网络为"端"提供服务。用户终端的功能可以大大简化,诸多复杂的计算与处理过程都将转移到终端背后的"云"上去完成。用户所需的应用程序并不需要运行在用户的个人电脑、手机等终端设备上,而是运行在互联网上的大规模服务器集群中;用户所处理的数据也无须存储在本地,而是保存在互联网上的数据中心里。提供云计算服务的企业负责这些数据中心和服务器的正常运转和管理维护,并保证为用户提供足够强的计算能力和足够大的存储空间。在任何时间和任何地点,用户只要能够连接至互联网,就可以访问云,实现随需随用。这种"云+端"的使用模式,使得个人和单位的计算机不再重要,未来互联网就是计算机。图 13-2 给出了云计算的概念模型。

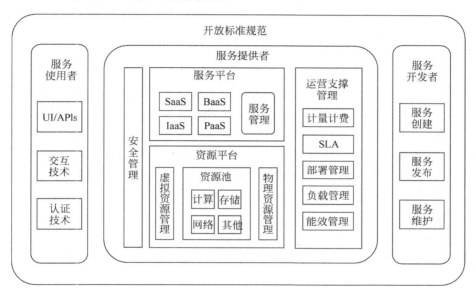

图 13-2 云计算概念模型

该模型建立在统一的开放标准规范之上,包括三类不同的角色:服务使用者、服务提供者和服务开发者。不同角色之间以及同一角色内部不同模块之间通过标准接口进行交互。只有这样才能实现服务提供者和服务开发者之间的互联互通,才能保证服务使用者方便一致地访问云服务。

服务使用者通过用户接口与服务提供者进行交互。服务开发者负责服务的创建、发布和维护。服务提供者负责服务管理、资源管理、安全管理和运营支撑管理。服务提供者作为联系服务使用者和服务开发者的桥梁,在整个云计算概念模型中发挥着重要作用。同时,服务提供者的效率也决定了整个云计算服务平台的效率。从组成上看,服务提供者主要完成 4 个方面的工作:资源平台、服务平台、安全管理和运营支撑管理。

(1) 资源平台主要包括计算、存储、网络、软件、数据等各类软硬件资源以及对资源的管理。根据管理对象的不同,将资源管理分为两类:虚拟资源管理和物理资源管理。虚拟资源管理包括资源的虚拟化和对虚拟资源的管理。虚拟化技术是实现云计算中资源按需使用的重要技术。物理资源主要指不适合或不能虚拟化的资源,例如数据等。云计算环境下数据分布在网络的多个节点上,且数据量增长迅速,因此云计算下的数据管理主要指分布式海量数据的管理。

(2) 服务平台主要包括基础设施即服务(Infrastructure as a Service,IaaS)、平台即服务(Platform as a Service,PaaS)、软件即服务(Software as a Service,SaaS)和业务即服务(Business as a Service,BaaS)等服务以及对这些服务的管理。服务管理包括服务组合、服务检索、服务质量(QoS)等。

(3) 安全管理主要包括跨云的身份鉴别、数据的安全存储、安全传输等方面。安全性是用户是否选择云计算的首要考虑因素。

(4) 运营支撑管理主要包括计量计费、服务等级协议(service level agreement,SLA)、部署管理、负载管理和能效管理。其中,计量计费和 SLA 主要面向服务使用者,部署管理主要面向服务开发者,负载管理和能效管理用于服务提供者自身的运营管理。

13.2.2 云计算的关键技术

云计算是随着虚拟化技术、分布式存储技术、面向服务体系架构和 Web 服务技术、虚拟资源的调度与管理以及多租户技术等发展而产生的。通过对云计算概念模型中3类不同角色,尤其是服务提供者的分析,可以总结出云计算涉及的6类主要关键技术是虚拟化、面向服务的体系架构和 Web 服务技术、虚拟资源的调度与管理、多租户技术、分布式存储技术、并行编程与计算。其中分布式存储技术、并行编程与计算在14.7.1节中介绍,本节介绍其他3类关键技术。

1. 虚拟化技术

1956年6月的国际信息处理大会(International Conference on Information Processing)上,计算机科学家 Christopher Strachev 发表了论文《大型高速计算机中的时间共享》(*Time Sharing in Large Fast Computers*)[154],首次提出并论述了虚拟化技术。

虚拟化的核心思想是使用虚拟化软件在一台物理机上虚拟出一台或多台虚拟机。虚拟机是指使用系统虚拟化技术,运行在一个隔离环境中,具有完整硬件功能的逻辑计算机系统,包括客户操作系统和其中的应用程序。采用虚拟化技术可以实现计算机资源利用的最大化。在服务器虚拟化中,虚拟化软件需要实现对硬件的抽象,资源的分配、调度和管理,虚拟机与宿主操作系统及多个虚拟机间的隔离等功能,目前典型的虚拟化软件有 Citrix Xen、VMware ESX Server 和 Microsoft Hyper-V 等。图 13-3 给出了服务器虚拟化应用的原理示意图。图 13-3 中左边部分的图表示过去需要3台物理服务器来支持3个软件系统的运行,经过服务器虚拟化后,现在用一个物理服务器就可以支持3个软件的运行(图 13-3 中右边部分的图),而且这3个软件相互隔离,3个软件在运行上都好像自己是独自占用一个服务器。

运用虚拟化技术可以随时方便地进行资源调度,实现资源的按需分配,应用和服务既不会因为缺乏基础资源而性能下降,也不会由于长期处于空闲状态而造成基础资源的浪费。硬件的廉价性和虚拟机的易创建性使应用和服务可以拥有更多的虚拟机来进行容错和灾难恢复,从而提高了自身的可靠性和可用性。

由此可见,正是由于虚拟化技术的成熟和广泛运用,云计算中计算、存储、应用和服务都变成了资源,这些资源可以被动态扩展和配置,云计算最终在逻辑上以单一整体形式呈现的特性才能实现。虚拟化技术是云计算中最关键、最核心的技术原动力。

图 13-3 服务器虚拟化应用原理示意图

虚拟机是一类特殊的软件,能够完全模拟硬件的执行,运行不经修改的完整的操作系统,保留了一整套运行环境语义。通过虚拟机的方式,在云计算平台上获得如下一些优点:①云计算的管理平台能够动态地将计算平台定位到所需要的物理节点上,而无须停止运行在虚拟机平台上的应用程序,进程迁移方法更加灵活;②降低集群电能消耗,将多个负载不是很重的虚拟机计算节点合并到同一个物理节点上,从而能够关闭空闲的物理节点,达到节约电能的目的;③通过虚拟机在不同物理节点上的动态迁移,迁移了整体的虚拟运行环境,能够获得与应用无关的负载平衡性能;④在部署上也更加灵活,即可以将虚拟机直接部署到物理计算平台上,而虚拟机本身就包括了相应的操作系统以及相应的应用软件,直接将大量的虚拟机映像复制到对应的物理节点即可。

2. 面向服务的体系架构和 Web 服务技术

面向服务的体系架构(Service-Oriented Architecture,SOA)是 1996 年由 Gartner 公司最早提出来的。SOA 强调信息系统及其模块的设计和开发尽可能松散耦合,同时可以灵活地重用和互操作,以便帮助企业实现"随需应变(on-demand)"的业务需求。强调松散耦合、重用和互操作并非 SOA 所特有,许多新型计算模式(如网格计算、分布式计算和对等计算等)也都提出过类似的要求。然而,SOA 的特点在于突出以"服务"为其核心理念,强调一方可以"消费"另一方所提供的"服务"。SOA 的这种"服务提供"与"服务消费"关系能够灵活动态地随着业务需求的改变而改变,从而实现业务的随需应变。

无论工业界还是学术界都没有给出 SOA 中所提出的"服务"的明确定义。而当前实践中,SOA 主要是采用 Web 服务技术来实现的。因此,通常情况下 SOA 中的"服务"与"Web 服务"并不加以严格区分。根据万维网联盟(World Wide Web Consortium,W3C)的定义,Web 服务是指"被设计用来支持网络上可互操作的、机器对机器交互的软件系统"。

简单来说,SOA 是一种新型的 IT 架构设计模式,而"服务"是该体系架构中最重要的组成元素。通过这种设计,用户的业务可以被直接转换成为能够通过网络访问的一组相互连接的服务模块。这个网络可以是本地网络或者是互联网。SOA 所强调的是将业务直接映射到模块化的信息服务,并且最大限度地重用 IT 资产,尤其是软件资产。当使用 SOA 来实现业务时,用户可以快速创建适合自己的商业应用,并通过流程管理技术来加速业务的处理,促进业务的创新。SOA 还可以为用户屏蔽运行平台及数据来源上的差异,从而使得 IT 系统能够以一种一致的方式提供服务。

资源和功能服务化是云计算的一个核心思想。SOA 为云中的资源与服务的组织方式提供了可行的方案。云计算依赖于 SOA 的思想,通过标准化、流程化和自动化的松耦合组件为用户提供服务。不过,云计算不仅是一种设计架构的模式或方法,而且是一个完整的应用运行平台,基于 SOA 思想构建的解决方案将在云中运行,服务于云外的用户。

与此同时,SOA 的设计思想引领了 Web 服务技术的发展,使得开放式的数据模型和通信标准越来越广泛地为人们使用,更大程度地促进了已有信息系统的互联。目前,无论是网格技术,还是云计算,基本上都符合 Web 服务规范。Web 服务是 SOA 的实现机制之一。Web 服务是由统一资源标识(uniform resource identifier,URI)标识的软件应用。该应用的接口和绑定可通过基于 XML 的语言进行定义、描述和发现。同时,该应用可通过基于互联网的 XML 消息协议与其他软件应用直接交互。Web 服务具有简单的、标准的、跨平台的且与厂商无关的特性,因此被广泛使用,Web 服务还可以大幅度降低架构耦合度,可以提供服务层次的集成。

从 Web 服务组合的角度来说,单个 Web 服务(特别是细粒度的服务)提供的功能通常较为简单。当复杂业务需求出现,单个 Web 服务又无法满足该业务需求的时候,往往需要将若干个服务组合起来形成一个更粗粒度的复合服务,以便实现所要求的业务需求。将若干 Web 服务按照一定逻辑关系组合成能够满足更高层次的业务需求的服务或系统的过程叫做 Web 服务组合(或简称为服务组合)。相对于复合服务而言,这些参与组合的单个服务被认为是成员服务,复合服务经常也被称为组合服务。同时,经过组合后的服务可用满足一定的业务需求,进而构成了流程服务。SOA 之所以引起工业界和学术界的广泛关注,跟 Web 服务能够灵活方便地进行服务组合有很大关系。更明确地说,由于 Web 服务具有松散耦合和基于标准等特点,使得 Web 服务能够灵活方便地通过服务组合来满足快速变化的业务需求。由此可见,这也是为什么云计算中广泛采用 SOA 技术的重要原因之一。关于 SOA 与 Web 服务的详细介绍见 15.6 节至 15.9 节。

3. 虚拟资源的调度与管理

在云计算中广泛采用虚拟化技术,其重要特征是通过整合物理资源形成资源池,并通过资源管理层(管理中间件)实现对资源池中虚拟资源的调度。由于云计算环境中虚拟机的数量会很多,虚拟资源管理要求迁移具有共享存储服务的两个不同计算机中的虚拟机,当虚拟机的数量非常多时,存储服务可能会成为性能瓶颈,甚至无法提供服务。在这种场景下,需要虚拟资源管理能够支持迁移双方分别使用自己的存储服务的场景。目前比较成熟的技术是 VMware 的 Storage vMotion 技术,它可以支持动态迁移时实现虚拟机镜像文件在不同存储服务之间的迁移。此外,当虚拟机迁移时,其网络配置是不变的,而在云计算环境中,要求虚拟资源管理能够在虚拟机动态迁移时对网络配置进行灵活地调整。目前动态迁移限制迁移的双方物理机处于同一个广播域(broadcast domain)内。在这里,广播域是指在一个共享以太网中,站点广播帧通过一个共享媒介到所有的节点。其他节点收听这个广播但仅仅是接收帧转发给它们。因此,所有节点共享属于相同广播域的以太网。虚拟 LAN 技术能够创造一个虚拟的广播域。在云计算环境中,虚拟机的数量非常大时,可能导致广播域无法给所有的虚拟机分配地址。针对这个问题,VMware 提出了 vNetwork Distributed Switch 技术,将多个广播域整合成为一个虚拟的广播域,并维护所有的虚拟机地址。但同时还要避免广播风暴、安全问题等的发生。

虚拟资源调度需要考虑到资源的实时使用情况，这就要求对云计算环境中的资源进行实时监控和管理。该环境中资源的种类多、规模大，对资源的实时监控和管理就变得十分困难。在这方面，主要依赖于云计算平台层的技术提供者能够提供详尽的资源使用情况数据。此外，该环境中可能有成千上万的计算任务存在，这对调度算法的复杂性和有效性也提出了新的挑战，调度算法必须在精确性和速度之间寻找一个平衡点，提供给用户多种选择。

4．多租户技术

多租户技术是云计算平台的一个关键技术，该技术使得大量用户组织能够共享同一堆栈的软硬件资源，每个用户组织可以按需使用资源，并且能够对软件服务进行客户化配置而不影响其他用户组织的使用，每一个用户组织被称为租户，如图13-4所示。

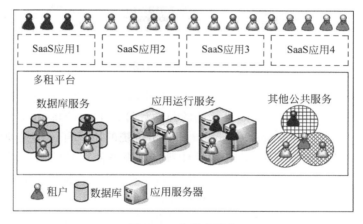

图13-4　多租户平台

目前，多租户技术面临的技术难点包括：数据隔离、架构扩展、性能定制等。其中，数据隔离是指多个租户使用同一个系统时，租户的业务数据是相互隔离存储的，不同租户的业务数据处理不会相互干扰。多租户技术需要实现安全高效的数据隔离从而保证租户数据安全以及多租平台的整体性能。架构扩展是指多租服务能够提供灵活的、具备高可伸缩性的基础架构，从而保证不同负载下的多租平台的性能。在典型的多租场景中，多租平台需要支持大规模租户同时访问平台，因此平台的可伸缩性至关重要。性能定制是指对于同一个 SaaS 应用实例来说，不同租户对共享资源性能的要求可能是不同的，而为某个特定应用的不同租户建立一套灵活的资源共享配置方案是多租户技术中的难点之一。

13.3　典型云计算的服务模式

在对云计算定义深入理解的基础上，产业界和学术界对云计算的服务模式进行了总结。云计算能够把整个 IT 体系架构的所有层次从底层的物理设备、应用开发和运行平台、提供业务功能的软件直到支持企业运营的业务流程都可以作为服务随时、随地按照需要交付使用，典型的云计算服务模式包括四类：基础设施即服务（IaaS）、平台即服务（PaaS）、软件即服务（SaaS）和业务即服务（BaaS），如图13-5所示。

图 13-5 典型云计算服务模式

(1) 基础设施即服务(IaaS)：提供虚拟硬件资源，如虚拟主机、存储、网络、安全等资源，并封装成服务供用户使用，典型的如亚马逊的弹性计算云 EC2(Elastic Compute Cloud)和简单存储服务 S3(Simple Storage Service)。相对于传统的用户自行购置硬件的使用方式，IaaS 允许用户按需使用硬件资源，并且按量计费。从服务使用者的角度看，IaaS 的服务器规模巨大，用户可以认为能够申请的资源几乎是无限的；从服务提供者的角度看，IaaS 同时为多个用户提供服务，因而具有更高的资源利用率。

(2) 平台即服务(PaaS)：指将一个完整的应用开发平台，包括应用设计、应用开发、应用测试、应用托管、数据库、操作系统和应用开发平台，都作为一种服务提供给用户。在这种服务模式中，客户不需要购买软硬件，只需要利用 PaaS 平台，就能够创建、测试、部署相关的应用和服务。其典型的应用包括 Google App Engine、Microsoft Azure 服务、IBM Develop Cloud 和阿里云。PaaS 负责资源的动态扩展、容错管理和节点间的配合，但与此同时，用户的自主权也降低，必须使用特定的编程环境并遵照其编程模型来构建该类应用。例如，Google App Engine 只允许使用 Python 和 Java 语言，并调用 Google App Engine SDK 来开发在线应用服务。

(3) 软件即服务(SaaS)：指将某些特定应用软件功能封装成服务，用户通过标准的 Web 浏览器来使用 Internet 上的软件。用户不必购买软件，只需按需租用软件。典型的应用如 Salesforce 公司提供的在线客户关系管理 CRM 服务、IBM Lotus Live。SaaS 既不像 IaaS 一样提供计算或存储等资源类型的服务，也不像 PaaS 一样提供运行用户自定义应用程序的环境，它只提供具有某些专门用途的服务调用。

(4) 业务即服务(BaaS)：是指通过互联网将一个完整的业务作为服务提供给用户。其中业务包括了虚拟和实际的运营商、设备制造商、终端提供商、互联网服务提供商等产业链的各个环节的服务，也包括将各种服务组合成为一个业务流程为用户提供集成化的综合业务服务，如一个完整的从采购到供应链配送服务。业务流程是一组相互关联业务活动的集成，不是凭空设计重组、孤立存在的，它遵循企业的经营发展战略、业务模式和生产经营活动的客观规律。一个企业的业务流程是否合理和高效取决于这个企业的商务、供应链、市场营销、产品研发、物料采购、产品制造、财务成本、物流配送、售后服务等各个环节服务的高效运作和协同水平。

13.4 典型云计算的部署模式

以云服务提供商的所属关系和服务提供方式作为划分标准,可以将云计算分为四类典型的部署模式:公有云、私有云、社区云和混合云。具体描述如下:

(1) 公有云:在公有云模式下,云基础设施是公开的,可以自由地分配给公众。企业、学术界与政府机构都可以拥有和管理公有云,并实现对公有云的操作。公有云能够以低廉的价格为最终用户提供有吸引力的服务,创造新的业务价值。作为支撑平台,公有云还能够整合上游服务(如增值业务、广告)提供商和下游终端用户,打造新的价值链和生态系统。

(2) 私有云:在私有云模式下,云基础设施分配给由多种用户组成的企业或组织。用户是这个企业或组织的内部成员,这些成员共享着该云计算环境所提供的所有资源,公司或组织以外的用户无法访问这个云计算环境提供的任何服务。同时它可以被这个企业或组织所拥有、管理及操作。

(3) 社区云:在社区云模式下,云基础设施分配给一些社区组织所专有,这些组织共同关注任务、安全需求、政策或合规性等信息。云基础设施由若干个组织分享,以支持某个特定的社区。其中,社区是指有共同诉求和追求的团体。社区云也可以由该组织或某个第三方负责管理。

(4) 混合云:在混合云模式下,云基础设施由两个或多个云(私有云、社区云或公有云)组成,独立存在,但是通过标准的或私有的技术绑定在一起。由于安全和控制原因,并非所有的企业信息都能放置在公有云上,因此企业将使用混合云模式,将公有信息和私有信息分别放置在公有云和私有云环境中。在混合云构建方面,大部分企业选择同时使用公有云和私有云,有些也会同时建立社区云。

13.5 云计算的现状分析

云计算是一个典型的以产业需求推动科学研究发展与政府政策支持的技术。云计算技术在海量数据处理、信息检索、Web应用等需求的推动下应运而生,在谷歌、亚马逊、IBM、微软等大型IT公司的推动下,迅速发展并成长。随后,科研人员借助云计算技术解决机器学习、数据挖掘、网络分析等各个领域的数据处理问题,产生了大量研究成果。与此同时,各国政府机构借助云计算的海量信息计算和存储能力,大力构建云计算数据中心,提供更加高效的公共事务处理、教育与人才培养等服务。

目前几乎所有的国际主流IT企业都已参与云计算领域,各公司根据自己的传统技术领域和市场策略提出了各自的云计算架构,从各个方向进军云计算。不同企业凭借不同的技术背景,将以前的产品和技术中的云计算特征挖掘出来,如软件的虚拟化、分布式存储系统等,提出自己的云计算产品线。国际主流公司有实力参与IaaS的竞争,获得垄断地位,而中小企业很难参与。PaaS发展潜力巨大,年复合增长率高,是未来云计算产业链的关键环节。目前国际各大厂商都在积极构建和推广自己的 PaaS,以期在未来云计算产业链中占据有利地位。SaaS 市场规模最大,利润空间最大。基于 PaaS 进行各种服务、内容和应用的开发、运营和销售是 SaaS 的发展趋势。传统软件巨头也已开始进入 SaaS 领域。表 13-1 所示为每一层次上对应的一些典型国际云计算产品。

表 13-1　典型国际云计算产品分类表

层次	典型云计算产品
SaaS	Google Apps、Salesforce CRM
PaaS	Google App Engine、Force.com、Microsoft Azure
IaaS	Amazon EC2、Amazon S3、Rackspace CloudServer、Microsoft Azure、IBM Blue Cloud

表 13-1 列举的只是一些典型的国际云计算产品。实际上,已经有越来越多的 IT 企业将自己的传统业务逐渐转移到云计算平台上。

在国际各大公司关注云计算云服务的同时,国内的一些公司也开始关注云计算市场,同时也逐渐形成了自己的云计算架构。但由于我国云计算起步较晚,商业模式还很模糊,国内云计算企业普遍实力不足,真正有实力的云计算解决方案集成商屈指可数,云计算运营商更是目前国内云计算产业链中最薄弱的一环。虽然电信运营商们纷纷推出自己的云服务平台,如中国移动的"大云"和中国联通的"互联云"等,但是这些云大多还处于实验阶段。传统的电子商务厂商和中间件厂商凭借自己成熟的产品和稳定的客户群,逐步进军 SaaS 市场。表 13-2 所示为一些典型的国内云计算产品。

表 13-2　典型国内云计算产品分类表

层次	典型云计算产品
SaaS	金蝶 K3-Cloud、用友伟库云、中搜商务云、阿里商务云
PaaS	中创 InforSuite AS、东方通 Tongcloud、百度应用引擎(BAE)、阿里云
IaaS	CloudEx Cloud Server、中标麒麟安全存储云

从表 13-2 可以看出,国内云计算主要集中在 SaaS,PaaS 和 IaaS 层的产品还比较少。我国云计算市场发展空间巨大,也将对我国互联网产业、软件和服务产业以及通信产业的发展产生较大的影响。

下面给出工业界 2 个具体的云计算实例,具体包括 IBM 公司的"蓝云"计算平台产品和 Amazon 公司的弹性计算云。

1. IBM"蓝云"计算平台

IBM 的"蓝云"计算平台是一套软、硬件平台,将 Internet 上使用的技术扩展到企业平台上,使得数据中心使用类似于互联网的计算环境。"蓝云"大量使用了 IBM 先进的大规模计算技术,结合了 IBM 自身的软、硬件系统以及服务技术,支持开放标准与开放源代码软件。"蓝云"基于 IBM Almaden 研究中心的云基础架构,采用了 Xen 和 PowerVM 虚拟化软件、Linux 操作系统映像以及 Hadoop 软件(Google File System 以及 MapReduce 的开源实现)。IBM 已经正式推出了基于 x86 芯片服务器系统的"蓝云"产品。

"蓝云"计算平台由一个数据中心、IBM Tivoli 部署管理软件(Tivoli provisioning manager)、IBM Tivoli 监控软件(IBM Tivoli monitoring)、IBM WebSphere 应用服务器、

IBM DB2 数据库以及一些开源信息处理软件和开源虚拟化软件共同组成。"蓝云"的硬件平台环境与一般的 x86 服务器集群类似，使用刀片服务器的方式增加了计算密度。"蓝云"软件平台的特点主要体现在虚拟机以及对于大规模数据处理软件 Apache Hadoop 的使用上。IBM"蓝云"产品架构如图 13-6 所示。

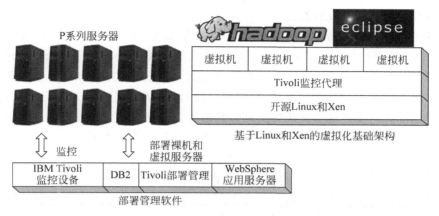

图 13-6　IBM"蓝云"产品架构

（1）"蓝云"计算平台中的虚拟化技术

"蓝云"软件的一个重要特点是在内部使用了虚拟化技术。虚拟化的方式在"蓝云"中可以在两个级别上实现。一个级别是在硬件级别上实现虚拟化。硬件级别的虚拟化可以使用 IBM P 系列的服务器，获得硬件的逻辑分区 LPAR（logic partition）。逻辑分区的 CPU 资源能够通过 IBM 企业级负载管理工具（IBM Enterprise Workload Manager）来管理。通过这样的方式加上在实际使用过程中的资源分配策略，能够使相应的资源合理地分配到各个逻辑分区。P 系列系统的逻辑分区最小粒度是 1/10 颗中央处理器（CPU）。虚拟化的另外一个级别是通过软件来获得，在蓝云计算平台中使用了 Xen 虚拟化软件。Xen 也是一个开源的虚拟化软件，能够在现有的 Linux 基础之上虚拟出若干操作系统，虚拟 Linux 和 Windows 等都可以，并通过虚拟机的方式灵活地进行软件部署和操作。

（2）"蓝云"计算平台中的存储体系结构

"蓝云"计算平台中的存储体系结构对于云计算来说也是非常重要的，无论是操作系统、服务程序还是用户的应用程序的数据都保存在存储体系中。"蓝云"存储体系结构包含类似于 Google File System 的集群文件系统以及基于块设备方式的存储区域网络 SAN。在设计云计算平台的存储体系结构时，不仅仅是需要考虑存储容量的问题。实际上，随着硬盘容量的不断扩充以及硬盘价格的不断下降，可以通过组合多个磁盘获得很大的磁盘容量。相对于磁盘的容量，在云计算平台的存储中，磁盘数据的读写速度是一个更重要的问题，因此需要对多个磁盘进行同时读写。这种方式要求将数据分配到多个节点的多个磁盘当中。为达到这一目的，存储技术采用两种方式，一种是使用类似于 Google File System 的集群文件系统，另一种是基于块设备的存储区域网络 SAN 系统。

在蓝云计算平台上，SAN 系统与分布式文件系统（例如 Google File System）并不是相互对立的系统，SAN 提供的是块设备接口，需要在此基础上构建文件系统，才能被上层应用程序所使用。而 Google File System 正好是一个分布式的文件系统，能够建立在 SAN 之上。两者都能提供可靠性、可扩展性,至于如何使用还需要由建立在云计算平台之上的应用程序来决定,这也体现了计算平台与上层应用相互协作的关系。

2. Amazon 的弹性计算云

Amazon 是互联网上最大的在线零售商,每天负担着大量的网络交易,同时 Amazon 也为独立软件开发人员以及开发商提供云计算服务平台。Amazon 将他们的云计算平台称为弹性计算云(elastic compute cloud,EC2),是最早提供远程云计算平台服务的公司。Amazon 将自己的弹性计算云建立在公司内部的大规模集群计算的平台上,而用户可以通过弹性计算云的网络界面去操作在云计算平台上运行的各个实例(instance)。用户使用实例的付费方式由用户的使用状况决定,即用户只需为自己所使用的计算平台实例付费,运行结束后计费也随之结束。这里所说的实例即是由用户控制的完整的虚拟机运行实例。通过这种方式,用户不必自己去建立云计算平台,节省了设备与维护费用。

Amazon 的弹性计算云由名为 Amazon 网络服务(Amazon Web services)的现有平台发展而来。2006 年 3 月,Amazon 发布了简单存储服务(simple storage service,S3),用户使用 SOAP 协议存放和获取自己的数据对象。在 2007 年 7 月,Amazon 公司推出了简单队列服务(simple queuing service,SQS),这项服务能够使得托管虚拟主机之间发送的消息,支持分布式程序之间的数据传递,无须考虑消息丢失的问题。Amazon 又继续提供了弹性块存储(elastic block storage,EBS)服务,为用户提供块级别的存储接口。在提供这些基础设施的同时,Amazon 公司开发了弹性计算云 EC2 系统,开放给外部开发人员使用。图 13-7 给出了一个 EC2 系统的使用模式。

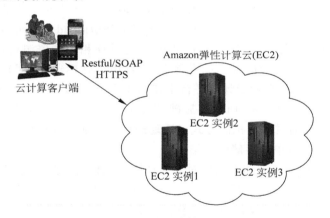

图 13-7 Amazon 弹性计算云的使用模式

从图 13-7 中可以看出,弹性计算云用户使用客户端通过 Restful 或 SOAP 接口方式在 HTTPS 协议基础上与 Amazon 弹性计算云内部的实例进行交互。这样,弹性计算云平台为用户或者开发人员提供了一个虚拟的集群环境,在用户具有充分灵活性的同时,也减轻了云计算平台拥有者(Amazon 公司)的管理负担。弹性计算云中的每一个实例代表一个运行中的虚拟机。用户对自己的虚拟机具有完整的访问权限,包括针对此虚拟机操作系统的管理员权限。虚拟机的收费也是根据虚拟机的能力进行费用计算。实际上,用户租用的是虚拟的计算能力。总而言之,Amazon 通过提供弹性计算云,满足了小规模软件开发人员对集群系统的需求,减小了维护负担。用户根据使用资源的多少来支付资源费用即可。

为了弹性计算云的进一步发展,Amazon 公司也规划了如何在云计算平台基础上帮助用户开发网络化的应用程序。除了网络零售业务以外,云计算也是 Amazon 公司的核心价值所在。可以预见,在将来的发展过程中,Amazon 公司必然会在弹性计算云的平台上添加更多的网络服务组件模块,为用户构建云计算应用提供方便。

13.6 云计算的行业实践

13.6.1 云计算在电信行业的应用

云计算需要对 IT 基础技术进行深入的研究和投入。电信运营商在对这些基础技术的实际应用、试验环境和企业资本方面都具有独到的优势,在云计算领域可大有作为。由于国内三大运营商业务发展状况和拥有核心资源的不同,它们对待云计算也有不同的态度和行动。中国移动拥有最多的用户数量,其战略重点放在提升每用户平均收入值上,因此需借助云计算的先进理念和技术进行多种增值业务的开拓。

以中国移动为例,中国移动在 2007 年 3 月确定了"大云"的研究方向,同年 10 月进行了首次扩容,建立了 256 个节点的规模试验环境;12 月进行了再次扩容,节点数量增加到了 1024 个。其中核心的"大云"产品包括五部分:并行数据挖掘工具、分布式海量数据仓库、弹性计算系统、云存储系统和 MapReduce 并行计算执行环境。可见,中国移动在云计算领域的投入力度很大。

目前,"大云"计划在积极围绕实际业务需求进行新的试验,并且希望能够建立一些基于开源社区的云计算规范标准,使得不同的应用能够遵循这些标准从而不需要只绑定在一个平台上。在初步成功的基础上,中国移动提出建立一个由企业牵头,官、产、学、研共同联合部署和建设的大规模、开放、可扩展、安全的公共云计算技术研发、试验和应用平台,积极推动云计算的技术和应用的普及与成熟,推动云计算产业的发展。

目前,中国移动主要是从服务自身主营业务的角度出发研究云计算,期望基于云计算技术搭建企业 IT 基础设施平台以节约成本并服务于移动互联网,与国外运营商建立云平台以提供各种服务并为用户开源共用的经营思路不尽相同。不过,在向综合信息服务提供商转型的过程中,中国移动高度重视云计算对于未来业务的支撑作用,希望能够在提供庞大的基础网络和平台级服务之上,利用云计算帮助中小企业减少 IT 成本和复杂性,并提供办公自动化的解决方案。为此,中国移动正在加紧进行试验,期望在将来推出基于云计算的正式商业应用。

13.6.2 云计算在医疗行业的应用

很多国家的政府都在考虑基于云计算的医疗行业解决方案。比如,美国的医疗计划有一个雄心勃勃的目标,通过云计算改造现有的医疗系统,让每个人都能在学校、图书馆等公共场所连接到全美的医院,查询最新的医疗信息。丹麦政府计划通过云计算建立全国性的医疗体系,从而改善该国药品管理局的工作流程,并将优化的流程推广至药商甚至全丹麦的医药行业。

在我国,新医改的第十四条明确提到:"加快医疗卫生信息系统的建设,以建立居民健康档案为重点,构建乡村和社区卫生信息网络平台。"要达到这个目标,必须建立新的医疗系统和平台。现在政府正在全力推广以电子病历为先导的智能医疗系统,要对医疗行业中的海量数据进行存储、整合和管理,满足远程医疗的实时性要求。云计算是建立智能医疗系统的理想解决方案,通过将电子健康档案和云计算平台融合在一起,每个人的健康记录和病历能够被完整地记录和保存下来,在合适的时候为医疗机构、主管部门、保险机构和科研单位所使用。

同时,一些知名的医疗研究机构也开始使用"健康云"。美国哈佛医学院是最早部署和使用云计算平台的医疗机构之一,它所建立的私有"医疗云"已经成为其在日常医疗和研究工作中不可或缺的一部分。哈佛医学院的研究人员和工作室分布在波士顿的多个地点,其中有6个基础研究实验室,50个门诊部,17个附属的研究所和医院等。其间进行的个性化医疗和基因研究等的项目往往需要海量的数据处理能力,不同的研究小组对IT环境和资源的要求也不尽相同。随着学院规模的扩大,IT部门面临着巨大的压力。就此,哈佛医学院希望通过云计算解决在各个研究小组和机构之间实时、动态、按需调配计算资源的问题,以减少日常的管理和维护成本,将主要精力投入到与医学研究相关的任务上来。哈佛医学院将自己的IT平台搭建在Amazon EC2之上,形成了自己私有的"健康云",在所管辖的不同研究机构之间实现共享。除此之外,该机构采用一系列成熟的云环境管理工具,将研究人员从底层的管理实施细节中解放出来,使管理成本降低到原来的20%左右。

13.6.3 云计算在制造行业的应用

经济全球化促成了全球化分工,一个产品的设计、研发和制造在不同国家进行。在改革开放初期,得益于低廉的人力成本和开放优惠的政策,中国迅速成为全球各大企业的代工中心。然而,随着中国经济的发展,沿海地区的人力成本优势正在逐渐消失,代工企业的利润也正在逐步降低,产业转型势在必行,需要寻找新的利润增长点。在产业转型的十字路口,许多厂商要么提高自身的竞争优势开始做自主品牌,要么将工厂逐渐转向其他人力资源成本更低的新兴发展中国家。鉴于竞争日渐白热化,厂商需要缩短产品的研发周期,让其在尽可能短的时间内上市。这个新需求将引入一系列的新问题,比如,如何协调供应链,如何互通文档数据等。

云计算为以上问题提供了答案。通过打造企业的私有云平台,制造业公司分布在世界各地的各相关部门能够将数据上传到云中进行共享和同步,通过与各个物料和零件供应商之间的公有云平台,随时了解它们的库存与市场行情,调整组装和备料方案,在最短的时间内完成产品的设计、生产和上市流程。除此之外,云计算平台还能整合企业内部的行政系统,电子化工作流程。世界各地的员工都可以通过私有云连接在一起,利用网络系统开会,减少差旅成本,进行协同设计。

13.6.4 云计算在教育领域的应用

教育领域是一个国家保持可持续发展和创新的基础,也是全社会关注的重点。教育领域的信息化建设就是要采纳最新的信息技术,实现广泛的合作,促进先进的教育成果的流通,从而提高教育效果,加快科技进步。

一般来说,教育可以分为三个阶段:以保证人口素质为目标的普及性基础教育,以培养人才为目标的高等教育,以不断更新和提高为目标的继续教育。在这三个阶段中,教育的目标和方式各不相同,对信息化技术也提出了不同的要求。但不论哪个阶段,提供教育服务的大学、中小学、职成教等机构的主要工作内容包括课堂教学、实验和教辅三大领域。

教育云能提高学校的行政管理能力,整合学校的各种信息化系统,如办公自动化系统、学生信息系统、教学管理和教育效果评估系统等。通过这样的整合,学校管理者可以有效地监控教学的效果,分析相关的原因、寻求改进提高的方案。综上,我们可以将云计算在教研、教学和教辅三大领域的应用统称为"教育云"。打造教育云对于一个国家来说是重要而迫切的,因为在培养国家认同感和国家竞争力方面,教育向来是重要的基石。教育云所蕴涵的资源和能量,不应只局限在一个国家的内部,而应从全球的角度来考察。教育云除了能让学生方便地接触到全世界的知识,还能使教育机构进行跨国界的交流与合作,进一步强化教育内容体系,对内提升国民对传统文化和国家的认同感,对外实现交流文化、科技乃至价值观的目标。

第14章

大 数 据

14.1 大数据的产生背景与数据来源

14.1.1 大数据的产生背景

进入21世纪以来，信息技术的发展以不可阻挡之势变革着世界，以"数字化"为基本特征的信息技术将人类引入了具有云计算、社会化计算、大数据、高速互联网特征的新时代。从台式机到笔记本，从笔记本到智能手机、平板电脑，再到各式各样的可穿戴设备，曾经笨重的计算工具以越来越便携的方式出现在人们身边，并随时传递着丰富的文字、图片、音视频等信息资源，同时，它们也空前详细地记录着使用者的一言一行，并将这些数据存储到设备本身的存储介质，或者是远方的"云存储"中。网络购物为传统的商品交易活动带来了全新的模式，顾客在享受网购便利的同时，也被购物网站记录着购物行为，代表用户行为的数据经过后台数据分析流程，被归纳成了顾客们的购物兴趣和偏好，并最终以相关商品推荐的形式出现在顾客的面前。这些看似平常的生活细节背后，正是包含数据收集、数据存储、数据分析在内的大数据相关技术和以数据为核心的思维模式发展对社会生活所带来的改变，"大数据"已经远非一个距离人们生活十分遥远的概念，它正在大刀阔斧地改变着各行各业，宣告着一个被数据主宰时代的到来。

作为全球最大的搜索引擎服务提供商和互联网行业巨头，谷歌公司平均每天处理近40亿条搜索请求，而这些记录着用户兴趣和搜索行为的搜索请求则成为了谷歌公司十分宝贵的数据资源。凭借对搜索语义的分析，谷歌在线广告平均每天收入超过1亿美元，这部分收入构成了谷歌公司经营利润的90%，图14-1给出了谷歌公司三个主要的收入来源。

虽然搜索引擎和在线广告已经早就在互联网领域中成为了两个密不可分的名词，但是在2009年以前很少有人会想到谷歌搜索可以和流感趋势发生关联。按照美国相关规定，公共卫生部门需要随时对流感疫情进行监控并统计疫情状况，然而由于大部分患者都是在患病长时间后才会向医院寻求帮助，这导致卫生部门的统计信息可能会产生一至两周延迟，而在面对快速传播的疫情时，这一段延迟可能会对流感疫情的控制产生非常重大的影响。在对搜索引擎上的用户检索词条和流感暴发数据进行对比分析时，谷歌公司的工程师们惊奇地发现，在流感疫情暴发的前期，搜索引擎上用户搜索的词条会发生变化，而这些变化也许

图 14-1　谷歌公司的三个主要利润来源

可以帮助卫生部门更好地预测流感疫情。于是，谷歌公司的工程师们把 5000 万条美国人频繁检索的词条和美国疾控中心 2003—2008 年季节性流感传播时期的数据进行了对比分析。在对检索词条的频繁使用和流感在时间和空间上的传播建立相关关系的基础上，工程师们分析了 1 亿多个模型，发现了 45 条检索词条的组合，使用它们进行流感发病预测的准确率高达 97％。这个模型不仅可以像卫生部门一样判断流感的传播来源，而且能够得到更具有即时性的预测结果，这意味着卫生部门可以借助它迅速地对流感疫情作出反应，从而控制疫情传播。

这个研究成果发表于 2009 年 2 月的《自然》杂志上[155]，如今来自全球的用户都可以在谷歌流感趋势网站（http://www.google.org/flutrends/）上查看当前全球流感分布图，以了解世界上大部分国家的流感疫情。在 2009 年甲型 H1N1 流感爆发时，谷歌流感预测为卫生部门提供了更加及时准确的疫情信息，为疫情的防控立下了汗马功劳。正是由于掌握了海量数据，人们可以以一种全新的方式建立信息与现象之间的关联，并从而获得更有价值的产品、服务或是准确的预测。

在 2012 年的美国总统竞选中，奥巴马竞选阵营的数据挖掘团队为竞选活动搜集、存储和分析了大量数据，作为奥巴马的数据收集、处理和分析助手，帮助整个竞选团队成功策划多场活动，从资金筹集到选民分析提供了完整的支持，促成了奥巴马的成功连任[156]。从总统大选一开始，奥巴马竞选团队主管吉姆·梅斯纳（Jim Messina）便希望打造一个以数据驱动、完全不同于以前的竞选活动，在这场数据驱动的竞选中"政治天赋是基础，但不再是唯一决定因素"。梅斯纳在成为竞选主管后说："我们会在此次竞选活动中测量每一件事情。"他打造了一个规模五倍于 2008 年总统竞选时的数据分析部门，这个数据分析团队基于海量社交网络统计数据构建了庞大的分析系统，将从民调专家、筹款人、选战一线员工、消费者数据库等处得到的信息汇总起来以支持整个团队的数据分析过程。

在分析系统中，每个选民被划分为了 1000 多个特征群体，根据不同州的选民特点，分析系统可以对奥巴马团队的竞选过程给出最精确的建议。例如，通过对数据进行分析，奥巴马竞选团队发现明星乔治·克鲁尼（George Clooney）对于年龄在 40～49 岁之间的美国西海岸地区女性选民具有较强吸引力，因此特别联系乔治·克鲁尼于 2012 年 5 月 10 日在好莱坞举办了竞选筹资晚宴，这次晚宴大获成功，为奥巴马筹集了 1500 万美元的竞选经费。类似地,竞选团队在东海岸选择了女明星莎拉·杰西卡·帕克(Sarah Jessica Parker),成功地复制了西海岸的筹款效果。在数据的支持下,竞选团队帮助奥巴马筹措到了创纪录的10亿美元竞选资金。

在筹资活动结束之后,数据挖掘团队转向选情分析。他们通过4个来源的民调数据来详细分析关键州的选民。竞选团队中的一位官员说,通过对俄亥俄州2.9万选民的民调数据,他们可以深入分析各个族群的选民在任何时刻的投票倾向。在总统候选人的第一次辩论之后,数据分析团队可以分析出哪些选民倒戈,哪些没有。通过对这个数据库的分析,他们在10月时发现,大部分俄亥俄州选民并非奥巴马的本来支持者,而是因为罗姆尼的失误而倒戈的人。奥巴马的数据团队每晚要实施6.6万次模拟选举,正是这些模拟选举推算出了奥巴马在摇摆州的胜率,并让他们得以参考这些数据来分配资源。

此外,数据挖掘同样决定了竞选团队的竞选广告策略。数据分析人员通过构造一些复杂的模型来精准定位不同选民,最终决定购买一些冷门节目的广告时段,而没有采用在本地新闻时段购买广告的传统做法。来自芝加哥竞选总部的数据证明,2012年奥巴马的竞选广告效率相比2008年提高了14%。

奥巴马的数据挖掘团队让整个政界感受到了大数据的力量,而这个团队在竞选结束后,也成为了投资人眼中的新宠,在谷歌执行董事埃里克·施密特(Eric Emerson Schmidt)的支持下成立了Civis Analytics顾问公司,为更多的企业提供数据分析服务。

大数据的热潮由互联网公司发起,在最近数年间迅速发展,以不可阻挡之势席卷了几乎所有的行业,成为了最炙手可热的话题。大数据概念的出现是快速进步的信息技术的结果。

14.1.2 大数据的来源

英特尔公司联合创始人戈登·摩尔(Gordon Moore)于1965年发现芯片上可容纳的晶体管数目每隔两年左右的时间会增加一倍,而同样价格所购买的的计算机性能也会提高一倍,这个规律被命名为摩尔定律。随后,摩尔定律被推广到包括数据存储、网络速度、计算能力等更多的方面,成功地预言了信息产业中计算设备的周期性升级:在从1965年至今的50年里,存储的价格从20世纪60年代的1万美元/1MB下降到如今的1美分/1GB的水平;网络带宽的增加使得更多的文件可以被快速便捷地分享;计算机CPU的性能不断提升,如今的个人电脑可以承担极为复杂的计算任务;这些信息基础设施的发展为人们更好地使用计算机完成数据收集、整理和分析提供了前提,而云计算的提出和应用则使得分布式计算架构被广泛推广,云计算的分布式处理、分布式数据库、云存储和虚拟化技术为海量数据管理和挖掘提供了基础。

大数据的来源主要包括以下四个方面:

1. 企业业务与交易数据

企业业务运作过程中会产生大量的业务数据和交易数据,沃尔玛公司2010年数据库的规模约为2500TB,图14-2是美国各行业的数据存储量。

相比传统的企业业务和交易,电子商务交易产生了更大的数据,eBay网站有1.8亿名活跃用户,eBay的拍卖搜索引擎上,每天会产生2.5亿次搜索。eBay的搜索及平台副总裁Hugh Williams说,公司在Hadoop集群和Teradata服务器上拥有的原始数据是10PB。据

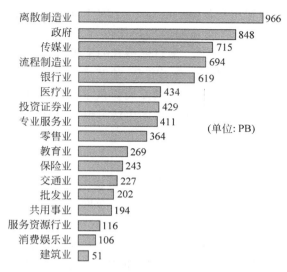

图 14-2 美国各行业数据存储量

淘宝数据产品团队负责人赵昆介绍,淘宝现在的数据量大约 20PB,每月会增加 1.5PB。亚马逊每秒的订货数量是 72.9 件。

2. 移动互联、社交网络和智能终端

进入互联网时代以来,成千上万的用户通过计算机被接入更加广阔的网络,越来越多传统的社会行为可以在互联网上完成。通过电子购物网站,顾客足不出户就可以走进店铺、挑选商品、支付货款。与传统的购物行为相比,每一个顾客在互联网上的购物行为可以更加便利地被网上零售商记录,顾客的行为在互联网上被转化成一次次鼠标单击、顾客在不同页面上的停留时间、选择的支付方式等,而这些数据被网上零售商悉数记录下来,并作为通过数据分析深入研究顾客购物行为的原材料。社交网络平台在进入 21 世纪后飞速发展,人们通过社交网络平台进行交流,在互联网上发布心情、分享生活、经营人际关系,因此,社交网络上的海量数据也成为了了解社会关系、把握社会舆情的重要来源。正是由于互联网广泛连接、存储便利的特征,它已经成为了研究用户、了解用户的最重要工具。

移动互联与社交网络产生了巨大的数据,全球现有 24 亿互联网用户,相比较 2011 年同期增长 8%,而这部分增量主要得益于移动互联网用户的增长。全球现有 6.34 亿个网站,11 亿智能手机用户,50 亿手机用户。Facebook 有 10 亿名用户,每月有 33 亿条内容被分享,每月产生 7PB 的图片和视频数据,上传照片数超过 3 亿。Twitter 有 2 亿名用户,2012 年共发布了 1.75 亿条信息。谷歌公司已经从单纯的搜索引擎公司发展为目前包括博客、邮件、网络分析、新闻、问答、数字图书、日历、软件服务、云计算、地图、广告、阅读、图片、视频等数十种服务的综合网络服务提供商,其搜索引擎至少拥有 10 亿用户,每秒响应 3.4 万次搜索,每天处理的搜索量超过 30 亿次,2012 年累计发生了 1.2 万亿次谷歌搜索。在线视频每月大于 5 亿人次的访问量,博客有 4 亿读者,Gmail 有 2 亿用户,1.35 亿位 Google+活跃用户。

智能终端的推出使移动互联网用户数量激增,根据预测,移动互联网用户数量将在

2014年底超过桌面互联网的用户数量,在 Twitter 的 1.5 亿用户中,有近一半的用户使用 Twitter 移动版进行登录,使用智能终端的用户使内容更加精细的数据采集成为了可能。智能终端也在不断地改变人们的生活。通过便携式的平板电脑、智能手机,用户可以随时随地地访问互联网、拍摄图片、发布信息、购买商品、甚至进行理财管理,智能终端上的地理信息采集功能又为更多与位置相结合的服务的发展提供了可能,互联网真正成为人们生活的必需品。智能终端的发展与应用改变了人们的生活习惯,也提供了更多丰富详细的数据,使大数据的应用不再是无源之水。

3. 物联网感知数据

在物联网技术应用潮流的推动下,RFID 标签数量激增,截至 2010 年,全球 RFID 数量已经超过了 300 亿个。加上传感器大规模全方位的布网和高速高精度传感器的使用,物联网将产生海量的数据。据报道,一个大型城市电力物联网每天产生的数据可达 TB 级,一个大型城市交通物联网每天产生的数据可达 10TB,加上环境监测、天文探索、海洋探测、生命科学研究(DNA 分析)、气象分析等,物联网产生的数据量将呈指数增长。

在工业设备运行监控和物流跟踪上同样会产生海量的数据,以西门子对燃气发电机组监测控制系统为例,其监测变量数目大于每秒 5000 个,需要计算 1000 个以上的中间模型,每台燃机 24 小时运行信息约 2TB,通过对这些数据的分析可以进行系统实时诊断故障,优化发动机运行状态,减少发动机运行故障,提高工作效率并降低废气排放。

4. 政府开放数据

除了互联网、社交网络、智能终端、物联网的发展所产生的海量数据外,一些传统的数据管理机构也逐渐开始开放自己所保存的大量数据。奥巴马在 2009 年 1 月 21 日的总统就职讲话中说:"我的这届政府将致力于建设一个前所未有的开放政府;我们将共同努力,以确保取得公众的信任,建立起透明、公众参与和多方合作的制度。"随后他所签署的第一份总统令解除了此前政府对公众查阅总统文件的限制,而他的首份总统备忘案《透明和开放的政府》则更加具体地阐述了他致力于建立透明、开放政府的执政理念。在奥巴马的影响下,美国联邦政府的各部门以前所未有的开放态度将本部门所保管的海量数据向公众开放,同时,为了方便公众查阅,美国政府专门设立了 www.data.gov 政府数据查询网站,图 14-3 是该网站的首页。美国政府利用该平台公开数据,并鼓励政府与公众的交流,推动企业与政府的合作。截止到 2014 年 4 月,data.gov 平台上已经包含了 95 118 个数据集,这些数据集涵盖了农业、天气、教育、能源、制造等近 40 个公共管理和生活领域。开放数据的风潮从美国开始,逐渐影响全球。在开源政府平台计划的要求下,美国政府开放了数据公开平台代码以供更多的国家使用。目前已经有包括联合国、世界银行、美国、芬兰、澳大利亚在内的 40 余个国际组织、国家和地区建立了数据开放平台。

海量数据中所蕴涵的丰富宝藏吸引了越来越多的淘金者。通过数据分析技术,谷歌公司推出的个性化搜索广告技术和内容广告技术为它带来了每天高达 1 亿美元的收入,亚马逊公司将商品推荐作为广告促销的重要手段,使用推荐系统促成了 20%~30% 的用户订单。这股数据利用的潮流,自互联网始,迅速普及整个社会,从互联网到政治,再到媒体、医疗、零售业、制造业,几乎所有的领域中都可以见到大数据的身影,一个以海量数据为核心资产,以数据分析为核心竞争力的时代已经到来。

图 14-3　www.data.gov 网站首页

14.2　大数据定义与特征

　　与许多信息技术名词一样,"大数据"在被广泛使用的同时,依然没有一个统一公认的定义。数据科学家维克托·迈尔·舍恩伯格[157]认为大数据并非一个确切的概念,最初这个概念是指需要处理的信息量过大,超过了一般计算机的存储计算性能的一些数据,而为了处理这些超出当前技术范围的数据,新的处理技术应运而生,这些新的技术为人们挖掘数据价值提供了更多可能。随着大数据概念的逐渐扩展,今天大数据已经不仅是指数据本身,更包括人们在大规模数据的基础上可以做到的事情,而这些事情在小规模数据的基础上是无法完成的。2011 年麦肯锡咨询公司所发布的大数据研究报告[158]中,大数据被定义为大小超出常规的数据库工具获取、存储、管理和分析能力的数据集。而到底多大规模的数据集可以被称为是大数据则不一定,这个概念可能会随着数据库处理能力的增强而不断发生变化。维基百科中,大数据指的是所涉及的数据量规模巨大到无法通过人工在合理时间内达到截取、管理、处理并整理成为人类所能解读的信息。网络上每一次搜索、网站上每一笔交易、每一条输入都是数据,通过计算机对这些数据做筛选、整理和分析,不仅只是为了得到简单和客观的结论,而是希望发现本质规律和变化趋势,并用于帮助企业进行经营决策和完成更清晰的战略规划。纵观前述的各种定义,可以发现大数据之"大"是其不同于传统数据的重要特征,大数据是蕴涵了海量信息、甚至超出了当前处理能力的数据的集合,其"大"反映了数据集的最重要特征,正是拥有了不同于以往的更多更丰富同时也更加鱼龙混杂的数据,人们对于数据的使用模式发生了变化,因此,大数据概念的提出和应用对于计算技术、数据科学以及产业理念都带来了颠覆性的改变。

一般来说,大数据被认为具有 4V 特征,分别是大规模(volume),快速的数据处理要求(velocity)、差异化的数据类型(variety)、巨大的潜在价值(value)或者价值密度低(veracity)。以下从 4V 模型出发,对大数据的典型特征进行说明。

1. 大规模(volume)

国际数据公司(IDC)2012 年 12 月所发布的《数字宇宙研究报告》[159]中,研究人员对当前全世界保有、产生和使用的数据进行了统计,这些统计数据中既包括传统的文本数据,也包括图像、视频数据,涵盖的范围包括数字电影、金融记录、安检数据、科研原始数据、文本信息等。该报告预测,从 2005 年至 2020 年,全球数据规模将增加 300 倍,从 134EB 增加到 40ZB(40ZB 相当于 40 万亿 GB),全球数据规模在 2013 年后以每两年翻一番的速度增长,在此期间,平均每人将产生 5TB 的数据(如图 14-4 所示)。2012 年,有 68% 的数据直接由消费者产生或是使用;随着智能设备的发展,物联网的普及,更多的数据将在传感器中直接采集、传输并保存。图灵奖获得者 Jim Gray 于 1998 年提出的存储界"新摩尔定律":每 18 个月全球新增信息量等于有史以来全部信息量的总和。表 14-1 给出了数据量的单位和含义[160]。

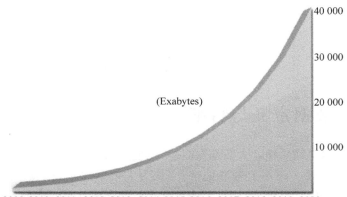

图 14-4　数字宇宙规模增长预测

根据研究人员估计,当前的全球人类所掌握的数据只有一小部分被用于分析并产生新的数据价值(截至 2012 年底约为 25%),而到 2020 年,将有 33% 的数据价值被分析并挖掘,这一部分新的具有价值的数据可能来自于社会媒体使用模式数据、跨学科领域的科学关联数据、医学信息和社会学信息的交叉数据等。总之,人类当前所利用的数据仅仅是数据总量的一部分,在未来,还有更大的数据金矿等待着人们的挖掘。

表 14-1　数据量的单位和含义

英文	单 位 大 小	解　　释
Bit	位,1 或者 0	一个二进制数位,0 或者 1
Byte	字节,8 位	计算机存储信息的基本单位,存储一个英文字母在计算机上,其大小就是一个字节
KB	千字节,1KB=1024 字节,2^{10} 字节	一页纸上的文字为 3~5KB

续表

英文	单位大小	含 义
MB	兆字节,1MB=1024KB,2^{20}字节	一个普通的 MP3 格式的歌曲为 3~4MB
GB	吉字节,1GB=1024MB,2^{30}字节	一部 DVD 原版影片为 5~6GB
TB	太字节,1TB=1024GB,2^{40}字节	美国国会图书馆所有登记的印刷版书本数据量为 15TB
PB	拍字节,1PB=1024TB,2^{50}字节	美国邮政局一年处理的信件大约为 5PB,谷歌每小时处理的数据为 1PB,eBay 每天处理的信息量大于 100PB
EB	艾字节,1ZB=1024PB,2^{60}字节	相对于 13 亿中国人每人一本 500 页书加起来的信息量
ZB	泽字节,1ZB=1024EB,2^{70}字节	截止到 2010 年,人类拥有的信息总量是 1.2ZB
YB	尧字节,1YB=1024ZB,2^{80}字节	

在数据的地区分布方面,新兴经济体(如中国、印度等)将产生并持有越来越多的数据。2005 年,全球 48%的数据来自美国和西欧国家,新兴国家市场仅占不到 20%;而到了 2012 年,新兴市场的数据份额达到 36%;根据趋势预测,2020 年这一比例将会达到 62%,其中我国所占比例将达到 21%,这也意味着在大数据开发应用方面,我国拥有不逊于美欧国家的客观条件。

2. 快速的数据处理要求(velocity)

对于大数据应用来说,处理速度发挥着至关重要的作用。一方面,在实际的应用中,从数据的采集到运算分析得到结果之间的时间要求可能是秒、甚至是毫秒级的。购物网站对用户行为进行采集和分析的过程就是对时间要求很高的,从一个用户进入页面开始浏览到最终下单的过程中,购物网站需要根据用户的购物历史和当前行为,最终输出推荐结果。根据统计,37%的用户在购物时会发生冲动型行为,那么如果数据分析系统在冲动发生的瞬间推荐最为合适的商品,将能够有效提升成交率。用户对网络搜索的时间要求非常苛刻,如果网页加载时间超过 4 秒,25%的用户会放弃该网页,如果网页加载时间超过 10 秒,50%的用户会放弃该网页。此外,包括股票交易、应急救援、基于地理位置的服务(LBS)都具有时效性要求高的特点。

另一方面,当数据量没有达到"大数据"规模时,使用传统的算法,也许在可以接受的时间长度范围内获得所需要的分析处理结果。但是一旦数据规模(包括数据的数量、维度以及复杂度)从普通数据规模到海量数据规模的增长后,原有的算法和计算方式将不能在现有的计算能力下继续满足新的处理速度要求,因此,新的数据管理及分析框架成为大数据分析与应用中的必然需求。而这对这些新的要求,谷歌公司于 2004 年提出了包含 Google File System、MapReduce 和 Big Table 等技术框架的分布式数据处理模型,在这个新的架构中,数据不再集中存放在存储盘柜中,而是分割成小块散布在每个计算节点上,这样使得业务需求增加时,可以灵活地对原有计算集群进行扩展。在 14.6 节中将对这些由大数据所带来的技术革新进行更加详细的介绍。

3. 差异化的数据类型(variety)

差异化的数据类型一方面指数量的来源多。大数据的来源包括:①社交网站、微博、视频网站、电子商务网站;②自物联网、移动设备、终端中的商品、个人位置、传感器采集的数据；③通信和互联网运营商；④天文望远镜拍摄的图像、视频数据、气象学里面的卫星云图数据；⑤社会组织各部门统计数据，如人口抽样调查、交通数据、卫生统计数据等。

差异化的数据类型另一方面是指数据的格式多样。计算机所处理的数据被分为结构化和非结构化数据两种。结构化数据所代表的就是传统数据库所处理的数据，即存储在数据表中的行数据，例如企业信息数据库中的每一条企业信息都包含企业名称、组织机构代码证编号、法人姓名、电话、地址、主营业务等字段，这些企业信息条目就是所谓的结构化数据，可以使用数据库直接对数据库表中的记录进行统一的添加、删除、修改和查询。而非结构化数据则广泛代指那些不能直接用数据库中的二维逻辑表来表现的数据，它包括所有格式的办公文档、文本、图片、XML、HTML、各类报表、图像和音频、视频信息等。

由于生活中大部分的数据都是非结构化数据，在将这些原始数据存储汇总成大数据资料时，需要研究非结构化数据的存储、处理技术，使得能够像处理结构化数据一样方便快捷地完成数据的存储和管理。针对非结构化数据的大量出现，非结构化数据库也在逐渐被推广和使用。与以往流行的关系数据库相比，非结构化数据库突破了关系数据库结构定义不易改变和数据定长的限制，支持重复字段、子字段以及变长字段，并实现了对变长数据和重复字段的处理和数据项的变长存储管理。非结构化数据库在处理连续信息（包括全文信息）和非结构化信息（包括各种多媒体信息）方面有着传统关系型数据库所无法比拟的优势。目前的非结构化数据库已经可以管理各种文档信息、多媒体信息，并且对于各种具有检索意义的文档信息资源（如 HTML、DOC、RTF、TXT 等）还可以提供强大的全文检索能力。

4. 巨大的潜在价值（value）或者价值密度低（veracity）

大数据的主要价值在于预测未来，在《爆发》[161]一书中，复杂网络研究领域的权威巴拉巴斯指出，人类的活动是有迹可循的，其中 93%的人类行为都是可以预测的。一旦掌握了足够多的历史信息，就可以从中得到规律，并对未来即将发生事件进行准确的预判。而大数据的出现无疑是给了人们一把打开未来之锁的钥匙。也正是因为大数据的预测特性，谷歌可以对流感趋势实现预判，亚马逊可以推断出用户的购物喜好并予以推荐，阿里巴巴公司根据平台上的询盘数暴跌而成功预测了外贸交易市场中的成交量变化，Farecast 网站根据 2000 亿条飞行数据记录预测出每一条航线上每班飞机每个座位的综合票价变更趋势（Farecast 网站于 2009 年 6 月被微软公司收购，现在作为微软旗下 Bing 搜索中旅游板块的组成部分而存在，2014 年微软公司关闭了其机票价格走势预测功能）。对冲基金通过分析 Twitter 上的数据信息预测股市的表现，UPS 快递公司通过分析汽车行驶数据对车队中 60 000 辆汽车进行监测和预测性维修……大数据就像是一副能够帮助我们更清晰地观察世界的眼镜，在它的帮助下，更多的可能将在更多的领域发生，我们生活中的方方面面都将感受到它的影响，并享受到它所带来的便利。

但是必须指出大数据存在的一个严重的不足是数据良莠不齐，价值密度非常低，斯特金定律说"互联网上 90%的信息是垃圾"。实际数据的价值密度比斯特金定律还要低。美国国家安全局对全美电话进行监控，每小时产生的数据量是 2.5TB，这些数据中有多少是有价值的，万分之一还是百万分之一？因此，大数据的处理必须依赖超级计算机或者云计算平台，对数据进行过滤，提升数据的价值密度，而过滤数据的工作量是非常巨大的。

14.3 大数据所带来的思维转变

大数据开启了一次重要的时代转型,而与时代转型所同步的是人们看待数据和使用数据的思维模式。在大数据时代,人们的思维方式将面临的转变包括,从对抽样数据的使用到全体数据的使用,从计较数据的准确性、确定性到重点关注在大量数据中所得到的统计性质,从执著于推断现象与结果之间的因果关系到仅仅归纳使用获得数据的相关关系,从关注单个数据或单类数据集上的研究到广泛使用跨领域的海量数据进行联合分析。以下对这四种重要转变进行更细致的说明。

1. 从抽样样本到全体数据

在传统的数据分析领域中,人们习惯于通过抽样来估计待研究对象的全貌。这是因为在很长的一段时期里面,人们使用的用于记录、存储和分析数据的工具处理能力和速度都不够好,在面对那些超过当前计算能力的数据时,只能退而求其次,通过科学的抽样方法以较少的样本来进行分析,这些抽样得到的样本就近似作为数据的全貌使用。

这样的一种思维方式已经逐渐成为了人们在开展数据分析时的惯性思维,人们会习惯性地采用统计学的方式,以尽可能少的数据得到尽可能接近"真相"的结论。为了实现这个目标,统计学家们不断探索着科学的采样方法,他们证明:抽样分析的精确性随着抽样随机性的增加而大幅提升,并且与样本数量的增加关系不大。当样本数量达到某个阈值后,再增加新的样本而带来的信息增加会越来越少。

随机抽样在过去的科学研究中扮演了十分重要的作用,帮助人们以较少的花费作出高精准程度的判断,但它毕竟只是在有限计算能力下的一种权宜之计。随机采样的有效性依赖于采样的随机性,然而采样的完全随机性是难以保证的,而这些偏差就会在最终的分析结果中得到体现,例如在 2008 年美国大选的民调中,几家大型的咨询公司就发现,如果在抽样过程中没有将只使用移动电话的用户进行单独考虑,就会导致最终的准确度发生 3 个点的偏差,而如果将这些用户考虑进来,就可以将偏差缩小到 1 个点。

除了抽样的随机性之外,人们还发现随机采样不适合考察子类别的情况,在有限的样本下,可以通过当前的随机样本来估计总体,而如果研究人员希望能够在当前样本基础上进一步研究子类别的情形,则会由于样本量的急剧减少而导致研究结果不准确。这就像是人们使用可以接受的抽象程度对现实世界进行了缩微照相,这张缩微照片反映出了现实世界的轮廓,但是如果还希望能够利用缩微照片进一步研究更细致层面的问题时,当前的抽象程度就难以满足进一步的要求了。这样的问题不仅存在于研究子类别分布的情况,也会导致一次随机抽样只能满足特定预置问题、特定抽象层面的需要,而无法应对在研究过程中人们希望能够解决的新问题。

抽样的目的是减少信息收集、存储和处理的工作量,使得研究者能以更加低成本和高效的方式去解决数据问题。然而,随着大数据时代的到来,人们所面对的客观环境和所能利用的工具都发生了巨大的变化:在大数据时代,数据收集变得更加便利,人们可以轻而易举地获得海量的完整数据,可以具体到每一个人在日常生活中的每一个行动;人们使用的数据处理技术水平得到了巨大的提升,分布式存储和运算使得海量数据分析变得可行。所以,现在人们不必再纠结于如何以更加随机的方式完成采样的过程,通过采集并使用所有的数据,人们可以发现那些原本可能会由于采样的不完整性而被湮没的重要结论,而这些在随机抽样中被作为不重要的细节而被忽略的"异常",则恰恰可能是带来新发现的关键所在。

2. 从锱铢必较到良莠不齐

在只能通过抽样获得少部分数据以估计全体数据的时代,数据的准确性十分重要,因为收集信息的有限性意味着其中的每一个小错误都会在全体数据的估计中被放大,从而导致结果发生意料之外的偏差。然而大数据的出现使人们对于数据精确程度锱铢必较的习惯也发生了改变。

在收集少量有限数据的情形下,数据采集者需要不断优化测量的工具,保证每一次测量的准确性,但是当数据的规模变成原来的成千上万倍乃至更多时,人们将会很难确保每一次的测量的精准性。而也正是因为放松了容错的标准,人们才可能会掌握更多的数据,并利用这些数据去探索规律,完成新的分析和研究。因此,数据的"良莠不齐"是获取大数据时所伴随的一个必然结果,它既指数据的质量会出现波动,会包含一些不那么精确,甚至是错误的数据,同时,它也代表了数据格式多样化、非结构化数据大量涌现的特征。总之,传统的数据分析工作中确保每一个数据精确程度的要求不再是大数据时代的必要特征。

数据的误差必然会对后续的分析带来不利的影响,所幸的是,在大数据时代,人们拥有了规模更大的数据,在概率意义下,那些细微的错误所带来的影响将作为小概率事件而被消除。例如在进行果园的温度监控时,既可以采用1个温度计进行测量,在测量时充分保证它的运行正常和读数准确,同时也可以采用分片检测的方式,在每十平方米的空间内安置一个温度计进行温度的监控。在这新的 1000 个温度计中,可能有部分的温度计会出现读数的误差或是混乱,然而综合研究这 1000 个温度计的读数,将必然可以得到远比以前那种依赖一个温度计准确读数的方式更加精确可靠的结果。而这就是这些可能良莠不齐,但是却具有海量规模的数据给人们带来的改变。相比较依赖少量数据和精确性的时代,大数据更加关注数据的完整性并同时正视数据的混杂性;在大数据时代的分析中,数据通常用概率来说话,而不是用"确凿无疑"的方式来给出结论。

3. 从因果关系到相关关系

因果关系是人类认识世界时最直观的关注点,在传统的科学体系和逻辑体系中,人们认为事出必有因,任何所观察到的现象都有原因的驱使。在这样的模式下,人们习惯于追寻现象之间的因果关系,因果关系可能来自于人们的直观假设,并在严格控制因变量和排除干扰变量的科学实验中得到证实。研究因果关系使得人们不仅知道"是什么",更了解了背后的"为什么"。然而,人们所面临的世界是十分复杂的,在极少数的情况下,人们可以归纳可能对某个结果发生作用的变量,并在精心设计的实验中严格控制每一个变量对最终现象的作用,从而探讨因果关系的存在,然而,在大多数情况下,因果关系是难以得到证实的。

相关关系的核心是量化两个变量或者是多个变量之间的数值关系:对于强相关关系的两个变量而言,一个数据值增加时,其他数据值也可能会增加(正相关)或者减少(负相关);而对于相关关系较弱的两个变量,当一个数据值增加时,其他数据值则不会发生明显变化。与因果关系不同,相关关系并不关注"为什么",它只需要能够通过相关性确认变量之间的关联，并用来进行数据的预测，寻找相关关系的实现难度明显小于因果关系，尤其是在人们掌握了海量数据的情况下。

在亚马逊的推荐系统中，根据所有用户的购书或是浏览记录，"item-to-item"协同过滤算法自动为当前用户推荐可能感兴趣的书。在整个亚马逊网站的销售额中，有近三分之一来自于这个推荐系统，而在推荐时，系统并不需要知道为当前用户推荐这些书籍的原因何在，它只是根据所有的用户记录，从用户行为和这本书籍的购买之间发现了相关关系而已。全球最大的零售商沃尔玛公司在对过往交易系统中的数据库进行整理、分析后发现，每当季节性飓风来临之前，不仅手电筒的销售额增加了，一种名为POP-Tarts的蛋挞的销售额也会增加，因此，即便无法直接了解飓风和该品牌蛋挞之间的因果关系，但是沃尔玛公司依然决定在下一次的季节性飓风来临前把蛋挞放在靠近飓风用品的位置。

腾讯科技讯2011年9月11日消息[162]：据国外媒体报道，微博网Twitter上的数百万条消息已成为了对冲基金经理预测股市走势的利器。多年前，股票交易者就已开始通过了解人们的共同情绪来预测股价的走势。但是现在，专家们发现，Twitter消息由于具有直接性的特点，因而可以更准确地测量人们的情绪。以前，人们以为股市的跌落导致人们产生了负面情绪，但是，现在看来事实正好相反。位于英国伦敦中部梅菲尔的基金公司Derwent Capital Markets的分析师，通过一套分析程序来评估人们的共同情绪是高兴、悲伤、焦虑或是疲惫，从而确定他们的投资行为。

这套分析程序原本是由印第安纳州大学信息和计算机系教授约翰·博伦（Johan Bollen）设计。它随机抽取10%的Twitter消息，然后利用两种方法整理数据。其一，比较正面评价和负面评价；其二，利用谷歌设计的程序确定人们的六种情绪：冷静、警觉、确信、活跃、友好和高兴。在2010年10月发布的一项研究中，博伦利用社交网站来预测纽约道琼斯指数的走势，结果准确率达到了87.6%。约翰·博伦说："我们记录了在线社区的情绪，但是我们无法证实它能否做出准确预测。于是，我们观察道琼斯指数的变动，从而验证它们之间是否有某种联系。我们原以为如果股市下跌，人们在Twitter上的情绪将会表现得很低落。但是，我们后来意识到事实正好相反——如果在线社区的情绪低落，股市就会出现下滑。这真是一个让人豁然开朗的时刻。这意味着，我们能够预测股市的变化，并让你在股市中获得更多的胜算。"

以前人们通过理论假设来建立世界的运作方式模型，并通过数据收集和分析来验证这些模型，从而形成通用的因果规律。而在大数据时代，不再需要在还没有收集数据之前，就把分析建立在早已设立的少量理论假设的基础上，人们可以在海量数据的帮助下直接发现数据之间的规律而不受限于各种假设。也正是因为不再受限于传统的思维模式和特定领域里面所隐含的固有偏见，大数据才能为人们提供更开阔的视野，从数据中挖掘出更多的价值。

4. 从单一数据集到多类型数据集的关联分析

在传统的数据分析领域，大部分的数据分析者只能掌握某一领域的相关数据，例如保险公司可以收集用户的基本信息（年龄、性别、职业等）并用来对用户的消费行为进行预测，天气预报部门可以根据过去天气的信息进行未来天气情况的预测，超市可以根据不同商品被同时购买的记录向新的用户推荐产品。虽然这些使用单一类型的数据进行分析的行为可以给人们提供许多有意义的结论，但是，跨类型、跨领域的多数据集关联分析却没有得到广泛的应用。这一方面是由于跨领域的数据相对于单领域的数据更加难以获得,大部分的数据可能会因为涉及个人隐私或是商业机密而没有进行公开,而那些公开的少部分数据集也因为数据存储方式的问题而难以被数据分析过程直接使用;另一方面则是因为数据分析能力的限制。假如需要对数据集进行合并关联分析,那么究竟该选取什么样的数据集?使用什么样的数据集可以得到有意思的结论?这些都是跨领域数据分析中需要解决的问题。

大数据技术和思想的发展使得跨类型、领域的数据分析成为可能,随着政府、企业等社会组织对于数据分析的重视和对于数据共享意识的提升,越来越多的公开数据可以被获取,取得跨领域的数据集并用于数据分析变得比以前便利得多。而基于海量数据分析的技术使得用户可以对海量的数据进行相关分析,而不用将自己的精力花在讨论因果关系上,这样使得用户可以输入品类繁杂的大量数据,并最终得到"有趣"的相关关系结论。

正是这样的变化使得数据分析的视野得到了空前的扩展,人们可以将任意类型的、来自不同领域的数据组合到一起,使用最先进的数据分析方法去探索那些原本在单一数据集里无法呈现的关联关系,并将这些关联应用到实际的生活中。因此,人们才能获取用户的社交网络数据去进行信用评级,使用朋友圈中的有效信息得到对于个人生活的更精准描述,从而减少个人贷款发放的风险;而谷歌的工程师们才能够将种类繁多的输入词语和流感暴发的数据库进行合并分析,并最终发现两者之间的关联。

人们所生活的世界原本就是一个由紧密关联的众多要素所组成的复杂系统,在这个系统中,要素与要素之间的联动最终使得事物以人们所看到的模式而运行。传统的单一类型、单一领域的数据集的分析方式就像是盲人摸象,帮助人们在无法得到足够多的数据、无法进行大规模的分析时能够管中窥豹,对生活中的规律形成认识。然而,原本这些数据之下所蕴涵的规律本来就不是相互割裂的方式而彼此独立存在的,大数据的出现使得人们可以更好地完成不同类型数据之间的联合分析,而这样的分析过程无疑也将更加完整准确地呈现出世界的本来面目。

14.4 大数据与产业变革

1. 以数据为核心竞争力的新时代

对于过去的企业来说,日常数据可能只是存储在电脑数据库中的二进制字符,或是堆叠在文件仓库里泛黄的文件,这些在实际运营中所积累的资料是食之无味弃之可惜的鸡肋,既占据了存储空间,又暂时不知道该如何去使用。而在大数据时代,这些原本是"鸡肋"的数据将成为企业最重要的资产,在大数据思维催化下转化为企业最核心的竞争力。

在互联网领域,相对于 IBM、微软、甲骨文等传统强势企业,谷歌、Facebook、亚马逊和苹果公司被称为大数据时代的新巨头,而它们的共同特点都是直接面对用户并掌控着海量数据。作为世界上最大的搜索引擎,谷歌拥有最大规模的网页数据库,并依托对关键词查询的记录和分析,建立了效率最高的商业广告投放系统,并实现盈利。它所提供的免费邮件、在线文件编辑、日历管理等服务都源源不断地产生数据,这些数据描绘着人们生活的方方面面,并在未来成为谷歌持续创造新价值的原材料。Facebook 则拥有最完整的社交网络,里面包括了海量的人际关系数据,以及不断更新的状态、日志、图片等信息,拥有了这些数据,就可以对每一个人的社交习惯和当前的各类热点话题趋势进行描绘。亚马逊则拥有世界上最大的商品电子目录,以及海量的购物行为信息,而与 Kindle(电子书阅读器)所配套推出的图书购买服务更是成为亚马逊直接面向终端客户收集数据的利器;在过去,这些数据帮助亚马逊取得了惊人的销售成绩,而在未来,它们可能会发挥更加有价值的作用。苹果公司依靠以 iPhone、iPad 为代表的智能终端销售一度成为世界上最值钱的公司,它在通过售卖智能终端获取巨大收益的同时,经营着十分繁荣的生态系统,苹果在线商店已经涵盖了应用程序、图书、音乐、广播以及在线课程等领域,它们的购买数据与智能终端所采集到的用户数据一起构成了苹果公司的数据资产。

与其他实物性资源不同,数据的价值不会随着使用而减少,而是像一座有待开采却又储量不断丰富的金矿,只要能够找到合适的工具和矿脉的走向,就可以从里面挖掘出新的财富。数据的真实价值就像是漂浮在海洋中的冰山,第一眼只能看到冰山一角,而它的绝大部分都隐藏在表面之下。因此,这个新的时代,原本需要经年累月才能累积的生产工具和技术优势不再那么关键,具有能够获得数据并以敏锐的思维方式从数据中提取其潜在价值的公司将具有更大的发展可能,而这也是越来越多的创新型企业获得成功的原因。

在《大数据时代的历史机遇》[163]一书中,赵国栋等提出了数据资产的评估模型,从规模、活性、多维度、关联性和颗粒度等五个维度来评价数据资产的质量。其中规模是指数据的规模大小,可以用信息领域的存储单位比特(byte)来衡量;活性表示数据采集的时间间隔,采集频率越高的数据,其活性越高;多维度表示采集数据来源的丰富性,维度不同的数据可能会带来截然不同的分析结果;关联性指多维数据之间的内在联系;颗粒度则代表数据采集的精细程度。当然,在实际的使用中,数据采集的时效性也十分重要,在使用数据进行分析时,不同的时间断面所采集的数据对于当前状态的预测具有不同的意义,距离现在越近的数据,则相较更早期的数据而言,具有更重大的意义。

2. 数字化的世界

在 19 世纪,一名曾经的海军军官马修·方丹·莫里(Matthew Fontaine Maury)在担任图表仪器厂负责人期间发现了大量航海日志,他从这些记录着当时日期、风向、海面情况的日志中提取出一副完整的航海导航图,这些从日志中得到的数据帮助了千千万万的船员绕过难以对付的洋流和恶劣的天气,顺利地完成航行。当莫里从那些纷繁冗杂的日志中整理出每一个经纬度所对应的天气、日期、洋流信息时,他完成了航海信息的数据化过程,而当他在自己制作完成的航海图中为海员们指引出一条新的安全航线时,数据的价值得到了体现。人类把观察到的现象和产生信息进行记录形成了数据,并对数据进行开发利用,这个过程在人类进入数字化社会之前就已经在不断进行了。

虽然莫里可以从海量数据中发现重要航线,但是这个过程耗费的人力物力都可能会让人望而却步。幸运的是,数字化的时代使得人们可以将那些原本需要人工阅读才能理解的数据经过整理交给计算机,借助科技的力量大大提升数据分析的效率。大数据时代的组织拥有更多的数据,这些意味着,数据采集和整理成为他们扩张并利用数据资产的必然工作。为了以更高效率采集更多的数据,人们使用传感器代替了人工读取温度湿度等各种物理状态信息,现代的传感设备可以自动定期读取数据并直接存入数据库,传感器的部署和应用极大地提升了数据资产的增长速度。而如果希望从这些海量数据中发现有价值的蛛丝马迹,单凭借人的力量显然也是难以完成的,因此,只有将传统的数据转化为电子化的、计算机可以理解的数字化数据,才能够使得更多的数据分析工具发挥作用。

在企业争相积累数据资产的今天，人们发现自己所生活的地球已经成为了一个高度数字化的世界：人们的位置可以用 GPS 系统或汽车里的无线传感器准确定位，人们的人际关系可以使用 Facebook 等社交网站的人际图谱进行描绘，人们的睡眠质量通过智能手机中的 App 来检测，人们的运动时间和模式也被人们穿着的运动鞋所记录。数字化的进程还在不断继续，而这些进程所积累的数据将成为人类发现自身、改变世界的重要工具。

3. 大数据产业链的发展与更迭

当获取并利用数据成为企业的核心关注点时，原有的产业链和产业布局也在朝着以数据为中心的方向变化。在大数据产业链中，一共有三种类型的企业[157]：

第一种是掌握大数据资产的企业。这部分企业通过自身的运营过程收集到海量数据，并获得了大规模的数据资产。那些能够直接与用户接触，并采集用户数据的企业，都可以视作此类，例如谷歌公司、苹果公司，或者是接受信用卡申请的金融机构等，这其中有些企业已经自身建立了完整的数据分析模式，还有一些企业并没有意识到自己所拥有的巨大财富，它们还没有主动去对这些数据资产进行挖掘和分析利用。掌握大数据资产的企业可以通过直接出售或是出租数据进行营利，也可以在自身数据的基础上进行分析和挖掘，将数据以信息或服务的方式为自己企业服务或是进行出售。

第二种是掌握数据分析技能的公司。这些公司自身并不一定拥有海量数据，但是它们具有数据分析的经验和专业的技能，可以站在旁观者的角度上对客户所提供的数据进行处理和分析，并帮助客户获得新的增长点。很多的咨询公司都属于此类，而更多的专门从事数据分析的公司也在不断涌现。

第三种是拥有大数据思维的公司。它们自身可能并不独具大数据资产，但是具有与众不同的大数据思维，能够先于他人一步发现机遇，然后可以利用公开的数据集来实现其大数据设想，并创造新的价值。例如航班准点率预测网站 FlightCaster.com 就是最先意识到可以利用美国运输统计局、联邦航空局和天气服务网站的统计数据来进行航班准点率预测的公司。

上述三类公司共同构成了以大数据为核心的产业链，也正是因为数据是产业链中最为关键的部分，拥有数据资产的第一类公司成为产业链中最具有话语权的角色，它们可能不一定是直接收集数据的人，但是拥有数据资产、有权使用数据或是将数据进行处理和出售。如果企业能够将自己放在这条数据产业链的核心，就能够更轻松地挖掘数据的价值并扩大经营业务规模。因此，这也导致越来越多的企业开始扩张原有业务领域，以各式各样的方式来获取更多的数据，提升企业在大数据产业链中的核心地位。

对于企业来说，直接与用户接触并获取形式多样的用户数据是积累大数据资产的重要模式，因此越来越多的传统企业开始向用户端倾斜，而一些互联网企业也开始延伸业务触角，力求打造"平台＋终端＋应用"的一体化模式，以全面掌握自己所在产业每一环中的数据资产。例如，谷歌公司推出安卓操作系统和 Google Glass（谷歌眼镜），就是希望能够从传统的互联网平台逐渐触及最终用户，并能够直接从用户身上获得数据。

图 14-5 是 Big Data Group 所描绘的大数据云图（http://www.bigdatalandscape.com/），从中可以看出，围绕大数据已经逐渐演化发展成为十分繁荣的生态系统，里面包含了提供硬件、操作系统软件、数据库软件、应用软件、云平台软件、数据分析、咨询服务等各种类型业务的公司，这些公司在大数据基础设施层和应用层分别提供不同类型的服务，同类型的服务之间相互竞争，不同类型的服务之间相互协作，共同形成一个以大数据为核心的服务

协同生态系统。

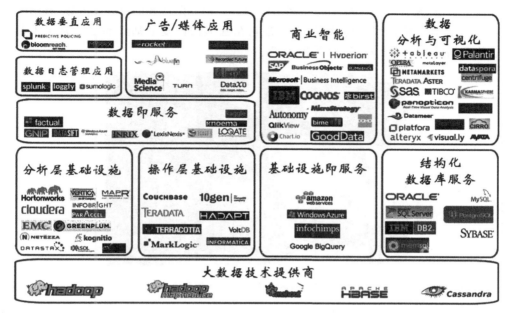

图 14-5　大数据云图

14.5　大数据典型行业应用

14.5.1　医疗与健康领域应用

人体是十分复杂的系统。传统医学尤其是西医,注重了解人体的内部构成,研究疾病成因并施以治疗。而在海量数据的帮助下,相关关系的挖掘变得更加简单、快捷、准确,在采集海量数据的情形下,医生甚至可以直接依据相关关系进行疾病的预判和诊疗。

在 IBM、安大略理工大学和一些医院的合作项目中,心率、呼吸、体温、血压和血氧含量等 16 组数据被用于检测早产儿的身体状况,这些数据的采集频度达到了每秒 1260 次之多,在这个系统的帮助下,医生可以通过早产儿的身体细微变化预判他们可能出现的感染症状,将诊疗预防提前 24 小时。

而与此同时,IBM 也和其他机构就大数据应用开展了多项合作。在与美国加州大学洛杉矶分校里根医学中心的医生们就创伤性脑损伤治疗的合作中[164],IBM 的科学家通过分析从患者身上获得的巨大数据流,预测出现可能导致认知能力损害甚至死亡的脑肿胀病情的可能性。通过跟踪实时采集到的患者呼吸率数据和心率模式,医生可以利用 IBM 开发的大数据软件识别并预测患者未来数小时的各种生理迹象。

IBM 大数据项目的负责人 Nagui Halim 说:"我们可以将治疗脑损伤的大数据技术与一本书的写作做一个生动的比较。计算机科学家通常会在数据被编译后才对其进行分析——就像扫描已完成的一本或者一百本书的关键字一样。有了目前的技术,我们可以一边打字,一边分析。"Halim 还说,未来科学家可以通过研究病人的病历,将病人的健康形态拼在一起来预测病人未来的状况——就像可以通过了解一个作者如何在其以往著作中塑造人物和故事情节，从而在其未成书时预测书的内容。得克萨斯州的脑损伤专家 Brent Masel 医生表示："这并不能彻底治愈脑损伤，但是它在脑损伤恢复上却起到了非常了不起的作用。这使我们的治疗更为精确，意义非凡。"

图 14-6　里根医学中心的医生正在使用大数据平台进行诊断[164]

哈佛医学院布赖海姆女子医院的医学研究人员也在使用大数据技术来研究开给 1000 万患者处方药的效果。研究人员正在创建全新的研究方式来分析海量数据，用以辨别数以百万计病患者的用药风险。

对数据分析能力的增强也使得更精细的诊断分析成为可能，在苹果公司前总裁史蒂夫·乔布斯（Steve Jobs）的癌症治疗过程中，他支付几十万美元的费用完成了自身所有 DNA 序列和肿瘤序列的排序，以便医生们能够基于他的个体基因组成给出用药建议。

在公共卫生和传染病预防领域，基于社交网络和搜索词条的检测系统（如谷歌流感趋势分析系统）也发挥着重要的作用。美国堪萨斯州路易斯维尔市政府针对当地的哮喘病高发状况推出了"路易斯维尔哮喘数据创新计划"[165]。该计划由当地政府部门、IBM 公司和 Asthmapolis 公司（Asthmapolish 公司现在已经更名为 Propeller Hearth 公司，http://propellerhealth.com/）联合发起，一共选择了 500 名患者，在其呼吸器中装入传感器，可以实时记录他们使用呼吸器的情况，这样可以直接得到比患者自行记录更加准确的数据。随后传感器可以将数据传至患者的智能手机上，并由手机传送给负责的医生。患者可以通过手机上的 Asthmapolis 应用获取已发送数据的反馈和指导，从而更好地控制哮喘病的发作。而另一方面，"路易斯维尔哮喘数据创新计划"中采集的数据可以与其他渠道采集的数据进行联合分析，结合手机 GPS 所采集的地理位置信息、空气质量数据、交通数据等数据，在进行数据分析之后，医生可以对该地区哮喘病发生的原因形成更加清晰的认识，不仅可以在患者前来就医时给予有针对性的诊治，还可以对疾病的暴发时间及地区进行预警。

14.5.2　媒体与广告行业应用

互联网的全面深入到人们的生活中是大数据广泛应用产生的重要背景。今天人们可以随时随地通过智能手机在线阅读报纸、杂志和图书，这对传统媒体行业带来了巨大的冲击。

互联网企业正通过在线广告获取大量的利润,企业广告营销投入从传统纸媒转到互联网媒体平台无疑是导致传统媒体业绩下滑的重要原因。数据分析的引入使得在线广告相对于传统广告而言具有更加精细地投放渠道。用户通过淘宝网站浏览货品的历史会被记录下来,一旦用户使用相同的浏览器登录新浪微博,那么新浪微博的淘宝专用广告栏中就会出现与用户浏览过货品相类似的商品(图14-7),淘宝网站浏览货品的历史记录和新浪微博数据的贯通和整合无疑将给淘宝商家带来更多的收入。

图 14-7 新浪微博上出现的个性化商品广告

New Relic 公司是一家提供应用或是网站性能监测服务的网站,通过整理汇总本公司来自 Salesforce.com、需求生成系统 Marketo 和 Twitter 上营销活动的数据,在对这些数据进行集中处理和分析的基础上,他们可以评估各种因素对最终营销收益的影响,包括顾客的地理位置、顾客浏览推文、顾客和销售代表的联系次数等,从而对本公司过往的营销活动进行更加全面的总结,并指导接下来的营销活动开展。

作为大数据的应用先驱,亚马逊公司也通过基于大数据技术的广告传播为自己带来了传统零售业务之外新的收入增长渠道[166]。根据 eMarketer 最新发布的数字显示,亚马逊 2013 年的广告收入(扣除流量购买成本)将达到 8.35 亿美元,较之 2012 年的 6.10 亿美元增长 45.51%,预计这种高速增长仍将持续。eMarketer 预计目前亚马逊广告收入的大部分还是来自于搜索广告,即在搜索结果内或旁边显示的广告。当然来自于亚马逊旗下其他网站的广告收入也占到相当一部分。2008 年亚马逊开始通过官方网站以及附属网站售卖广告,主要是来自于品牌厂商和卖家的促销广告或品牌广告,目前亚马逊的大部分广告收入也是来自于此。2012 年 10 月,亚马逊发布了全新的广告形式 Amazon Media Group,这是亚马逊广告发展史上的一件大事,标志着亚马逊真正开始考虑拓展广告业务。

基于多年的数据积累和不断优化的技术,亚马逊的个性化推荐技术闻名业界。亚马逊将这些数据和技术的积累应用到广告领域,希望凭借对消费者的理解和先进的技术实力进行精准的广告投放,提升消费者购物的效率和体验。Amazon.com 是亚马逊公司的官方网站,目前拥有超过 2 亿的活跃用户和每个月 1.5 亿的独立访客。广告主可以在搜索页面、顾客评论页面、购物车页面等地方展示广告,也可以通过优惠券推送或者嵌入视频的方式投放广告。同时,亚马逊个性化推荐的技术应用到旗下的 Quidsi、IMDB、DPReview 等公司网站,开始进入电影娱乐、数码产品分享社区。2012年底,亚马逊建立了一个移动广告联盟网络,目前该网络的广告已经可以在 Kindle Fire,Android 以及 iOS(iPhone、iPad)上的应用中显示广告。亚马逊的移动广告联盟网络同样利用了亚马逊积累的海量用户数据和精准化的顾客定位技术,以实现广告投放效率的最大化。在过去20年间,亚马逊公司追踪了海量用户在亚马逊网站上的浏览、搜索、单击和购买等记录,这些海量数据资源和在这些资源基础上所开发出来的推荐算法都成为了大数据时代亚马逊公司征战广告领域的利剑,帮助亚马逊打造基于海量用户购物数据的强大实时广告竞价产品,帮助企业将其广告在合适的网站、合适的时间展现给合适的消费者。

14.5.3 教育和科研领域应用

在线教育的发展使得足不出户享受优质的教育资源成为了可能,国外的 Coursera、edX、Udacity 以及国内的网易公开课、新浪公开课、优米网等都是在线教育的典型代表。通过在线课程平台,用户在进行在线课程学习的同时,还可以通过在线答题、反馈等方式与授课人员进行互动。如今 Coursera 上面拥有来自全球的 609 门在线课程,吸引了全球超过400万学生的参加,图 14-8 是 Coursera 网站的联合创始人 Daphne Koller 和 Andrew Ng (吴恩达,2014 年 5 月加入百度,任百度研究院首席科学家,领导百度大脑研究计划)。在线平台的开放带来了海量学习者,同时,这些学习者的课程反馈也可以用于进一步研究各国、各地区学习者的学习模式,以获得对于开发新的课程和发展新的教学领域等有指导价值的研究成果,还可以发现什么样的时间、什么样的授课方式、什么样的作业内容可以取得最好的授课效果,从而针对性地改善在线教育模式,或是指导现实中的课程面授过程。除了研究意义之外,在线教育课程平台通过激励措施鼓励优秀的教育者们将他们的视频资料上传到网络平台,而这些资料将作为重要的数据资料留存,以期在未来的研究中发挥更加重要的作用。

图 14-8 Coursera 网站的联合创始人 Daphne Koller(右)和 Andrew Ng

自然科学研究中海量观测数据的积累和分析为自然科学的研究也带来的新的发展可能。1998 年启动的"全球海洋监测网"(Array for Real-time Geostrophic Oceanography,ARGO,http://www.argo.ucsd.edu/)计划[165]力求借助巨大的观测网,快速、准确地收集全球海洋上层海水的温度、盐度等数据,从而提升气候预报的准确性,更好地完成灾害预警工作。该计划从 2000 年开始,在大洋中每隔 300km 布置一个卫星跟踪的浮标,一共 3000 个,这些所有的浮标共同组成全球海洋观测网。图 14-9 给出了 ARGO 计划中的全球浮标分布图。

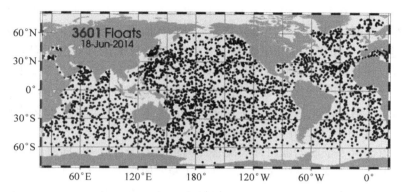

图 14-9　ARGO 计划中的全球浮标分布图(至 2014 年 6 月 17 日止)

在 4～5 年的使用期限内,这些浮标将每隔 10～14 天自动发送一组实时观测数据到数据中心。中国于 2001 年加入了该项计划,截至 2012 年 11 月,中国共投放 ARGO 浮标 146 个,采集到超过 100 万组观测数据。"全球海洋监测网"计划被誉为"海洋观测手段的一场革命",因为它不仅能够实现长期、自动、实时、连续地获取大范围海洋资料,同时将所有采集数据以开放的方式公布给公众,所有的研究人员都可以从 ARGO 计划网站上下载所有的观测数据,利用这些观测数据开展研究。

截止到 2014 年 6 月,基于 ARGO 计划采集到的数据发表的研究论文已经达到了近 1700 篇,图 14-10 给出了基于 ARGO 数据发表的年度论文数量(http://www-argo.ucsd.edu/Bibliography.html)。ARGO 计划不仅促进了气象学领域的研究进展,更关键的是它所开创的全球多国协作获取自然界大数据的模式为科学研究开展提供了新的思路。

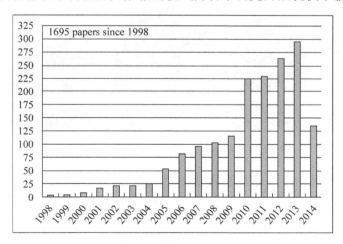

图 14-10　基于 ARGO 数据发表的年度论文数量

14.5.4 制造与设计领域应用

在对产品进行设计及制造过程中采集的数据有助于帮助设计人员更好地得到反馈信息从而进行产品改进。在 Facebook 网站设计中,数据被用来作为驱动决策和修改网站设计的重要标准。为了方便用户进行照片的上传,Facebook 推出了图片上传控件,这个控件在安装时,浏览器会跳出一条警告或是通知信息。在对下载数据进行研究后,Facebook 团队发现在 120 万名收到软件安装请求的用户中,只有 37% 的用户选择了安装。因此,他们重新整合上传方式,现在采用的方式不需要用户安装插件,直接在网页上就可以上传了,同时加入了人脸识别之类的技术来帮助用户实现圈人功能,并且提升了多设备支持和更快速的上传图片方式,可以让用户有更好的传图体验。

福特公司内部每一个职能部门都会配备专门的数据分析小组,同时还在硅谷设立了一个专门依据数据进行科技创新的实验室。这个实验室收集大约 400 万辆装有车载传感设备的汽车数据,通过对数据进行分析,工程师可以了解司机在驾驶汽车时的感受、外部的环境变化以及汽车的环境相应表现,从而改善车辆的操作性,提高能源的利用效率和车辆的排气质量,同时,还针对车内噪声的问题改变了扬声器的位置,从而最大程度地减少了车内噪声。在 2014 年举行的北美国际车展中,福特重新设计了 F-150 皮卡车,使用轻量铝代替了原来的钢材,有效减少了燃料消耗。负责 F-150 皮卡车设计的数据分析师 Michael Cavaretta 说,在减少燃料消耗的过程中,技术团队选择了多项备选方案,并在估算了这些技术的成本和利润,以及实现技术需要消耗的时间的基础上进行了优化分析和抉择,而轻量铝就是团队进行数据分析和综合评估之后的选择。图 14-11 是使用轻量铝的福特新型 F-150 皮卡。

图 14-11 使用轻量铝的福特新型 F-150 皮卡

福特研究和创新中心一直希望能够通过使用先进的数学模型帮助福特汽车降低对环境的影响,从而提高公司的影响力。针对燃油经济性问题,这个由科学家、数学家和建模专家所组成的研究团队开发出了基于统计数据的研发模型,对未来 50 年内全球汽车所产生的二氧化碳排放量进行预测,进而帮助福特制定较高的燃油经济性目标并提醒公司高层保持对环境的重视。针对汽车能源动力选择问题,福特数据团队利用数学建模方法,证明某一种替代能源动力要取代其他所有动力的可能性很小,由此帮助福特开发出包括 EcoBoost 发动机、混合动力、插电式混合动力、灵活燃料、纯电动、生物燃油、天然气和液化天然气在内的一系列动力技术。同时,福特团队还开发了具有特殊功用的分析工具,如福特车辆采购计划工具,该分析系统能根据大宗客户的需求帮助他们进行采购分析,同时也帮助他们降低成本,保护环境。福特认为分析模型与大数据将是增强自身创新能力、竞争能力和工作效率的下一个突破点,在越来越多新的技术方法不断涌现的今天,分析模型与大数据将为消费者和企业自身创造更多的价值。

14.5.5 金融行业应用

数据分析在金融业中最直接的应用是个人信用等级的评估。美国个人消费信用评估公司 FICO 在 20 世纪 50 年代发明了信用分概念和评价方法,根据支付历史、欠款金额和使用信用卡时间长度等信用报告指标进行信用评分,并用于个人信贷等领域。进入大数据时代后,越来越多新指标被纳入评估体系,包括在过去常常被认为是不可能获取的社交网络数据。Lenddo 公司是一家创立于 2011 年的个人贷款在线社区,目前该社区已经在全球范围内拥有超过 25 万的会员,其会员数量以每 60~90 天翻一番的速度在增长。Lenddo 公司最初聚焦于向用户提供用于教育、医疗等领域的小额贷款,与时下热门的 P2P(peer-to-peer)贷款模式不同,Lenddo 并不提供平台用户之间的借贷服务,他们放贷的资金源于公司的自有资金以及投资者和合作伙伴的资金。Lenddo 进行放贷时会将用户的社交网络资料纳入考虑范畴,例如他们的教育信息、职业信息、好友信息、关注者数量,同时,公司在用户发生欠款时还会通过用户的好友网络对用户进行施压,以催促用户还款,如果用户逾期不还,则其好友在 Lenddo 系统中的评分也会降低,图 14-12 是 Lenddo 公司的网页(https://www.lenddo.com/)。

图 14-12 Lenddo 公司依赖社交关系进行个人贷款

在 Lenddo 上申请贷款只需五个简单的步骤:①在线报名;②上传一张照片;③连接你的社会化网络媒体;④邀请 3 位朋友在 Lenddo 上创建你的"可信社区";⑤网上申请贷款。在 Lenddo 的商业模式里,人的信誉成为一种财富,那些做得好而且对别人有益的人,将是最富有的人。在这样的逻辑里,人的社交网络将成为衡量人们"做得好"的重要指标。基于这样的理念,在 Lenddo 平台上设置有 LenddoScore(Lenddo 得分),这是用户的声望信誉在网上的排名,它与用户的性格以及社交网络有关,Lenddo 以用户在线上社区的社交数据和信息为基础,来给出相应的 LenddoScore。

提高个人 LenddoScore 的途径有三种:关联真实且活跃的社会化网络账户;在 Lenddo 上关联最亲密的朋友和家人,他们的 LenddoScore 可以帮助你提高积分;你能够及时还贷的历史,或者是在 Lenddo 上你有信任的朋友,并且他们愿意为你声誉、你的品质做担保。换个角度来看,用户在提高自己 LenddoScore 的同时,也使得 Lenddo 社区更加活跃,这也能从侧面解释为何 Lenddo 的会员数量增长如此之快。

目前,Lenddo 将业务发展的重心放在传统金融服务比较薄弱的国家和地区。Lenddo 首席科学家、Lenddo 专有算法开发团队的负责人 Naveen Agnihotri 博士介绍,"通过 LenddoScore(将社区和声誉与信誉相连接),Lenddo 能够将之前依赖直觉的风险评估交由科学的算法来处理"。

Lenddo 于 2011 年开始在菲律宾开展业务,2012 年扩大到哥伦比亚,随后拓展到墨西哥,目前在纽约也设立了自己的办公室,而 Lenddo 会员则来自于超过 35 个不同的国家,并且还在不断增长。

正是因为数据的广泛使用为信用评估带来的便利,越来越多的传统互联网企业开始进入个人金融领域,例如阿里巴巴就基于旗下的支付宝、淘宝以及 B2B 网站数据,面向中小企业放开了小额贷款业务,这些子网站上所积累的用户身份、交易数据、资金流动信息都是进行信用评估的利器。为了应对互联网企业的挑战,传统的银行业、保险业等企业也将进一步加快信息技术的利用,以数字化的方式收集、管理用户数据。

14.5.6 零售行业应用

在零售业,沃尔玛公司是积累数据和分析数据的先锋,今天,数据分析逐渐成为每一家大型零售企业了解用户和控制库存的重要手段。美国折扣零售商塔吉特(Target,美国仅次于沃尔玛的第二大零售百货集团)一直在使用相关关系分析用户需求,他们成功地通过婴儿礼物登记簿、无香乳液等 20 种关联物预测出怀孕女性的故事在零售业界广为流传。而之所以能够完成这样准确的预测,与他们一直以来对用户信息收集的重视密不可分。在塔吉特的数据库中,每一个用户都有唯一的 ID 号码,用户与商店发生的每一个交互行为都通过 ID 号进行了详细的记录。2002 年,安德鲁·波尔开始为塔吉特百货担任数据统计员。波尔拥有统计学和经济学双硕士学位,平日着迷于研究数据与人类行为的关系。销售部的两名同事找到他,问了一个古怪的问题:"如果我们想在顾客不知情的前提下推测出一名女顾客怀孕了,能做到吗?"塔吉特设有宝宝派对登记处(孩子出生前举办的特殊派对),波尔以此为起点,观察孕妇在预产期内的购物习惯如何转变。他反复测试和分析数据,很快一些有用的计算公式开始出现。波尔发现,妊娠中期刚开始,女性通常会大量购买无香型沐浴露;另一位分析员发现,在怀孕最初的 20 周,女顾客经常会大笔购买保健品,而当一位女士突然开始大量购入无添加肥皂、洗手液和毛巾时,意味着她可能接近了预产期。波尔通过累积的数据,推算出当 25 种商品部分或集中出现时,就可以为一位顾客贴上"可能怀孕"的标签,更重要的是,完全能够推断她的预产期,这意味着塔吉特可以在孕期的不同阶段送出特别设计的广告单。波尔在塔吉特百货的全美国会员数据库中找到上万名有可能怀孕的女顾客。得到这份名单后,销售部门疯狂庆祝。

在海量数据处理变得越来越便利的现在,零售企业将能够收集更多的数据资产,并使用数据资产完成更多的分析。目前已经有许多的零售企业在专业机构的帮助下开始进行营业时间内客流量的实时统计、用户路径监测等工作,同时,现有的POS机数据、门禁数据、商品数据和客户关系数据都可以成为进行综合分析的重要资料。借助这些新的数据资料和数据分析手段,零售企业可以分析客流高峰、顾客偏好的购物通道、容易发生协同购买行为的商品组合等,并依据这些发现来改进现有的销售模式。

成立于1962年的耐克公司是全球最知名的零售企业,当许多服装企业还在被库存和渠道清理搞得焦头烂额时,耐克公司却依然腾出手来推进其互联网、数字化战略平台Nike+,为企业在大数据时代的持续发展积蓄能量。图14-13给出了Nike+生态系统发展历程。

图14-13 Nike+生态系统发展历程

2004年,耐克总部的工程师发现俄勒冈大学校园内几乎人人都在使用iPod,从而找到了开发的灵感。经过18个月的合作开发,2006年5月,耐克公司与苹果公司共同推出了Nike+iPod产品。随后,以Nike+运动数据分享和社交平台为中心的业务品类不断发展。

2008年3月,耐克公司发布传感器和Sportband跑步腕带套件,使用Sportband作为iPod的替代品,完成自身运动数据采集和接收上传的闭环;2008年8月,iPod健体发布,从跑步数据扩展到健身数据的采集;2008年9月,Nike+功能被集成到新的iTouch中,可以支持数据采集后的直接上传;2009年起,耐克公司与iOS平台合作,推出了Nike+running、Nike+training、Nike+basketball等多种应用,在收集数据的同时,为用户提供健康服务和运动指导;2012年12月,推出Nike+Fuelband智能腕带,随时记录用户日常运动数据。2012年冬季推出Nike+SportWatch运动腕表,在传统手表中加入了心率监测等功能。2013年10月,Nike+Fuelband SE,加入了睡眠监测等更多日常行为采集功能,提供全面健康监测。同时,发布了Nike+FuelLab计划,允许开发者使用Nike+的开放接口开发Nike+应用,促进平台走向开放。2013年11月11日,发布微信公众账号Nike+ Run Club,作为对Nike+网站的补充,进一步推进其通过运动群体进行推广的策略。

根据耐克公司的介绍,截止到2013年8月份,Nike+全球用户量已经突破1800万,这些Nike+平台(https://nikeplus.nike.com)用户可以通过Nike旗下的硬件产品FuelBand

手环或者 SportWatch，以及耐克公司在智能手机上推出的一系列用于健身的应用登录，并提供了丰富多彩的社交功能和运动激励机制（图 14-14）。

图 14-14　Nike＋社区提供了丰富多彩的运动激励功能

从 2006 年至今，耐克公司一直在着力营造属于自己的运动者社群；从第一代的 Nike＋iPod 到 Nike＋Running、可穿戴设备，再到刚刚推出的 Nike＋Run Club，耐克通过在互联网产品上持续发力，积累了越来越多的用户，同时也不断接近用户的核心需求。

虽然目前 Nike＋的战略布局还没有直接与数据发生关联，但是在数据成为企业核心竞争力的时代，耐克在 Nike＋生态系统中所积累的海量数据资源将成为耐克公司下一步发展的最重要财富。

- 通过利用用户不断上传到 Nike＋网站上的运动数据，耐克公司可以完成许多其他运动用品制造商所梦寐以求的事情；
- 通过了解运动爱好者集中的区域，实现更加精准的广告投放和促销活动选址；
- 将运动爱好者的位置信息开放给代理商，为代理商的实体店选址提供支持；
- 通过收集不同年龄段用户的运动数据，可以帮助设计师设计出更加贴合用户需求的产品；
- 由于用户在注册 Nike＋时可以填写自己的身高、体重、年龄等信息，在了解到用户所在地区后，可以在不同的地区重点推广不同的产品，并在库存方面做好提前准备；
- 通过海量的用户运动数据，还可以判断当前用户运动习惯的变化，从而预测整个运动市场的走向，提前制定针对性的策略。

在大数据成为企业新的营收增长点的时代，Nike＋正在帮助耐克实现从传统的运动产品制造商向更具有创新特质的类互联网企业的转变。

14.6 大数据下企业管理的新方法

大数据所带来的并非从无到有的创新,而是基于传统的数据挖掘领域,在海量数据的背景下,对人们观念进行的重塑和更新。企业管理服务于企业的经营过程,在大数据出现以前,企业的管理中存在以下问题[167]:

(1) 以用户为中心的经营战略难以落地:自进入20世纪90年代以来,世界范围内经营环境的变化使得企业的相对稳定的经营环境变得更加复杂多变,为应对企业生产与用户需求脱节而导致用户满意度不高的情况,以用户为中心的经营策略逐渐受到重视,以敏捷制造为代表的经营框架为企业根据用户需求紧随市场变化提供了指导。然而,用户为中心战略的前提是充分了解用户,即便企业领导层充分重视了用户,但是对用户需求进行实时跟踪、细分化了解依然因为工作量过大、分析技术难以选择而存在较大的问题。因为没有了对用户的精准了解,以用户为中心的经营战略也就难以落地了。

(2) 企业的商业智能化程度不够高:1996年Gartner Group给出商业智能的定义是"商业智能描述了一系列概念和方法,通过应用基于事实的支持系统来辅助商业决策的制定。"商业智能技术提供企业迅速分析数据的技术和方法,包括收集、管理和分析数据,将这些数据转化为有用的信息,然后分发到企业各处。商业智能的理想状态是企业内部的决策能够得到数据、事实的完美支持,从而极大地简化决策的过程,减少决策过程中的不确定性,提高决策过程的可信程度。然而,在企业实际运营过程中,大部分的企业都没有意识到商业智能的重要性,"拍脑袋"式决策依然是企业,尤其是我国中小型企业中最为常见的决策方式。有些企业即便坐拥大量的用户数据、生产数据和服务数据,却依然没有意识到这些数据中所蕴涵的巨大价值,或是没有找到合适的方法将数据"变废为宝",实现从数据资源到商业智能的转化。

(3) 企业经营者对于决策主体认识的局限:传统的商业环境下,企业经营过程的话语权属于掌握更多内部数据的商业精英团体,这些商业精英团体以企业高管、咨询公司为代表,他们基于自身经验和内部数据完成决策过程。然而,随着大数据的发展,数据公开成为必然的趋势,通过将不同的数据资源整合,结合适当的数据分析手段,普通的社会公众也可以获得有关企业经营过程的数据分析结果,并借此参与企业决策过程。因此,企业经营者也应该逐渐实现决策过程的进一步转变,更多地将社会公众的建议纳入决策过程,借此获得更充分完整的信息支持。

大数据的引入对于企业来说,一方面提升了整个企业内部对于数据资源的重视程度,另一方面大数据技术所提供的数据分析方法也为企业更好地利用数据奠定了基础。在海量数据应用策略的影响下,企业的管理模式乃至价值链都将发生以用户为中心的转变,企业内部的决策商业智能化进一步增强、管理结构更加扁平、内部沟通更加透明化,企业与企业之间的数据交流将更加频繁密切,建立在数据合作基础上的企业协同将成为商业环境中的常态。以下给出大数据策略下企业经营管理中的一些新理念和新方法。

14.6.1 新的价值创造过程

基于大数据进行更加精准的用户分析机制,建立真正以用户为中心的价值创造过程是提升现代企业经营绩效的一个有效方法。在产品供给短缺的时代，企业价值链以企业的生产资料为核心，通过投入人、财、物，生产产品并提供给用户。由于供给有限，企业的产品处于供不应求的状态，用户的需求并没有得到充分的重视。然而，随着经济的发展和市场产品从供不应求转为供过于求，企业之间的竞争进一步加剧，用户具有了挑选产品的发言权，关注用户需求，并跟随用户需求改进产品设计、组织产品生产已经成为企业在市场中占领竞争先机、获得利润的必要手段。传统的以企业生产资料为核心的价值链也逐渐发生转变，在现代的企业价值链中，顾客成为企业价值创造的核心驱动。图 14-15 给出了以顾客为中心的企业价值链图。

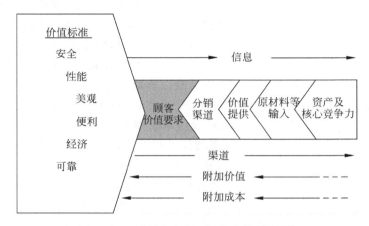

图 14-15　以顾客为中心的企业价值链[168]

虽然以顾客为中心的现代价值链经过数十年的广泛普及，已经成为了商业界的基本常识，然而识别用户需求却在执行层面上存在一定的困难。由于用户数据采集和分析的成本较高，对用户需求的分析要么难以执行，要么则主要针对用户的整体层面的概要用户需求，无法针对用户的细分需求进行有效即时的收集和整理。对于传统企业来说，如果希望能够了解用户信息和需求，一般是通过问卷访问、小组访谈等传统的市场调研技术来进行，限于企业所能够投入的人力、时间、成本等因素，这样的调研一般仅限于对有限客户进行群体性的研究，通过对用户的群体行为和需求的大致划分和刻画，针对不同的用户群体开展企业产品的推荐、销售、售后等服务。另一方面，由于传统的市场调研技术从问卷设计、调研群体选择、问卷发放、问卷回收、数据录入到数据分析的整个流程周期较长，当对客户需求的收集过程完成后，得到的数据将存在较大的滞后性，而这些滞后性将导致企业无法及时把握最准确的客户需求，进而影响企业的客户分析效果。

在大数据环境下，得益于各类互联网技术的发展，用户的信息采集变得前所未有的简单便捷，企业可以轻而易举地记录每一个用户在交互过程所中发生的每一次行为，而存储技术的发展也为这些用户信息的记录提供了快速、准确、稳定的存储支持。因此，大数据支持下的用户形象从过去脸谱式的群体成为了一些具有个人特征的鲜活个体。除了研究用户针对产品所发生的交互之外，通过分析用户在社交网络、朋友圈等平台上的行为，还可以获得更加丰满完整的用户形象，这也使得企业对用户的了解更加全面丰富，针对用户需求而开展的设计、生产和销售活动可以具有极强的针对性和准确性。

与此同时，得益于海量数据获取和处理速度的进一步提升，现在的企业可以准确地把握用户的即时需求信息并进行针对性的销售与服务。互联网销售企业根据用户的单击行为进行实时分析,并迅速改变产品推荐策略,以取得用户购买率的最大限度提升。在线音乐网站基于用户对当前音乐的判断可以改变后续音乐的推荐策略,并根据用户当前的音乐喜好判断分析用户所处的环境与音乐需求,从而更具针对性地为用户进行音乐推荐。基于位置的服务获得了越来越广泛的应用,通过用户随身携带的智能移动设备所发送的位置信息,商家可以针对附近的用户提供优惠券,而包括大众点评在内的信息服务平台则推出了根据用户当前位置和用户历史偏好而进行极具个性化的信息服务。

大数据的影响下,企业可以准确、快速识别用户的个性化需求,这些需求的识别将进一步驱动企业的整个价值创造过程。因为充分掌握了用户需求,企业的生产过程将更加准确地契合用户的需求,企业的生产过程也将进一步向着个性化、多品种、定制化的方向发展,生产过程的柔性化进一步增强,基于数据支持的企业生产过程也将具有更高的效率,利于企业柔性化生产水平的提升。企业销售过程实现多元化、个性化,对于用户信息的管理更加科学,以针对性地营销方式提升企业产品宣传推广的效率。通过个性化的用户档案,以及产品使用过程的数据分析记录,企业可以实现更具备主动性地售后服务,进一步提升用户满意度。

14.6.2 以数据中心为基础的知识管理与决策支持

在传统的企业信息系统架构中,由于孤立信息系统造成的"信息孤岛"严重影响着企业内部的协同和企业的整体化运营,对企业的运营效率造成了严重的影响。对企业信息系统进行集成,打破各信息系统之间的信息孤岛,成为了企业IT运营部门的重要工作。随着大数据时代的到来,单纯打通各企业之间的信息流转途径已经不能满足新的时代要求,挖掘大数据的价值要求企业统一整合来自不同部门、不同系统的多结构数据,通过建立企业公共的数据中心或是数据仓库,实现数据的汇总,并在数据中心的基础上完善企业的知识挖掘和知识管理过程,实现从数据到知识到决策并最终转化为新的价值的过程。

企业数据中心是企业的业务系统和数据资源进行汇总、整合、共享、分析和使用的平台,建立统一的企业数据中心应用系统平台,能够有效地简化数据使用的过程,提升数据利用率,新一代数据中心所提供的综合分析功能,能够有效支持大数据环境下数据资产的管理和应用。新一代数据中心是一个集成的、标准化的、自动化的适应性基础设施和高性能计算环境,为整个企业建立了一个数据环境,采用统一的规范和管理手段以保证数据定义的准确性和一致性,为各种应用系统提供数据服务,并实现各个系统之间的数据共享。企业数据中心依托流程管理系统、商业智能系统、制造执行系统、财务系统、OA系统、客户关系管理系统、企业资源计划系统等业务系统软件,为它们搭建数据环境,其数据来源为以上业务系统软件和外部用户提交的数据,图14-16是企业数据中心架构图。

在企业数据中心架构中,前端数据及指令输入输出接口为各业务系统向数据输入整理转化软件及数据查询、轮询中间层向各业务系统输出查询命令提供合适的接口。数据查询、轮询中间层在收到检索及订阅请求后先对指令进行处理,将其转化为单一的查询命令,最后通过前端数据及指令输入输出接口向业务系统进行数据查询。数据输入整理转化软件将业务系统输入的业务系统数据进行整理转化,将数据处理为可在数据中心内通用的标准数据,

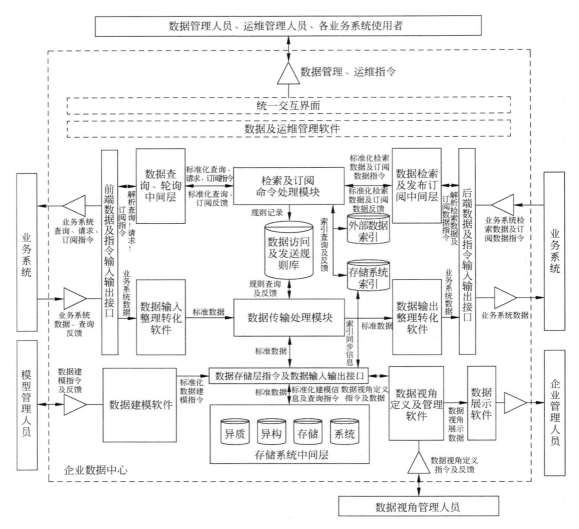

图 14-16 企业数据中心架构图

并将此标准数据提供给数据传输处理模块。检索及订阅命令处理模块接收数据检索及发布订阅中间层发来的检索及订阅指令,在存储系统索引、外部数据索引中查找请求数据的位置,并将检索规则记录在数据访问及发送规则库中。数据输出整理转化软件将数据传输处理模块提供的标准数据进行整理转化,将数据处理成业务系统便于利用的数据,并将各业务系统需要的数据通过后端数据及指令输入输出端口输出给业务系统。后端数据及指令输入输出接口为数据中心向各个业务系统提供数据、业务系统向数据中心请求查询数据或订阅数据提供合适的接口。数据建模软件提供图形化的界面,支持模型管理人员对企业的数据进行分层建模。根据所建模型自动生成建模命令,并支持对数据模型的修改。数据视角定义及管理软件提供图形化、命令行等界面,支持数据视角管理人员进行数据视角定义。并通过数据存储层指令及数据输入输出接口获得数据视角展示数据,将其传递到数据展示软件进行展示,供企业管理人员参考。数据展示软件接收数据视角定义及管理软件提供的数据视角展示数据,并通过图、表等多种直观形式进行展示。外部数据索引记录各个业务系统中涉及各业务系统共享的数据的位置,供检索及订阅命令处理模块查询;存储系统索引记录存储系统中的数据的位置,供检索及订阅命令处理模块查询。数据及运维管理软件接收数据管理人员、运维管理人员的管理指令,带有用户接口,向企业数据中心其他软件发布各类管理指令。统一交互界面提供整个数据中心除数据建模、数据视角建模和展示之外的所有信息、功能的图形化交互平台。

从数据中提取知识之后,企业还需要重视知识积累和知识提炼,只有建立完整的知识管理流程,才能够实现对大数据的充分利用。知识管理是网络新经济时代的新兴管理思潮与方法,管理学者彼得·德鲁克早在1965年即预言:"知识将取代土地、劳动、资本与机器设备,成为最重要的生产因素。"

知识管理系统,即根据知识管理理论、客户实际状况,完成对组织中大量有价值的方案、策划、成果、经验等知识进行分类存储和管理,积累知识资产,避免知识资产流失,促进知识的学习、共享、培训、再利用和创新,有效降低组织运营成本,强化其核心竞争力的软件系统。知识管理系统作为知识管理过程中最主要的生产、应用、分析系统,从工具性的角度它提供了知识的创造、审核、发布、使用、交互、共享、推送、评价、考核、分析、分拣等具体的功能。图14-17是作者所在研究组设计的新一代知识管理系统架构图,它汇总了内、外部不同来源知识,并提供了知识挖掘、知识地图、专家网络等多种信息处理、知识抽取、知识管理等功能支持的知识管理系统架构图。

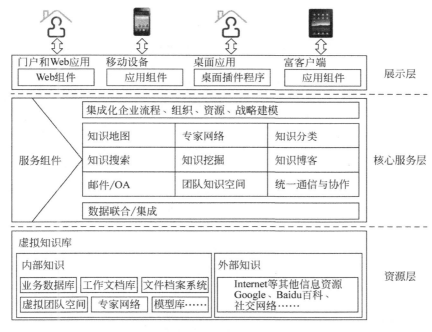

图14-17 新一代知识管理系统架构图

大数据改变了企业数据利用和知识管理的现状,并进一步改变了传统企业主要依靠经验的企业决策方式,使得企业经营者可以借助海量数据和先进的数据分析手段,得到更加有据可依的经营建议,而这也将对企业的决策模式带来影响。对于企业高层管理者来说,以往的决策过程主要依赖个人经验和简单的数据分析,而立足于充分数据分析的决策模式将帮助企业管理者以更加科学的方式完成决策过程,提高决策的准确度。在以往的决策过程中,企业的一般员工因为对企业全貌缺乏把握,难以提出对企业决策的全局性建议,也就无法参与企业的核心决策过程。但是在大数据时代,企业数据中心的建立和企业知识管理流程的科学化、规范化和公开化使得普通员工也能够获得充足的企业决策信息,使得更多的普通员工能够了解企业的整体动向并提出有意义的决策建议。而这样的变化无疑也将改变原有的企业运营模式,使得企业的组织架构、决策模式进一步向扁平化发展,企业管理者将和普通员工一起完成决策过程。大数据影响下的决策环境更加复杂,决策时效性更高,而传统的集中式决策方式也将向着分散式的决策方式进行转变,这也要求企业的领导者具有一定的放权意识,对企业的决策过程进行更趋于扁平化的调整。

另一方面,由于数据中心的建立,企业各部门之间的数据和信息变得透明,来自设计、生产、销售、支持等不同部门的数据能够被有效整合,形成完整、精细的产品、用户信息流。因此,企业各部门之间的合作也将变得更加简单便捷,有助于企业部门之间边界的模糊化,极大地提升企业价值创造流程的效率。

当然,对于企业的领导者来说,实现大数据背景下的企业转型并不是一蹴而就的。企业管理过程和决策模式的改变不仅依赖于企业内部数据中心、知识管理系统等技术层面的发展,更需要依靠企业内部员工对于数据的重视和主动决策意识的觉醒。因此,企业内部需要进行大数据思维模式的培养和数据收集、整理、分析、决策过程的规范化指导,以树立关注数据、科学决策、全员参与的整体氛围,真正实现数据对企业发展的促进。

14.6.3 建立企业数据共享平台和开放式企业环境

正如14.3节所述,数据的原始价值来自于数据集本身,但是跨领域数据之间的联合分析则会从数据中挖掘出新的价值。当企业把多个数据集进行整合时,这个新的数据集合价值可能会远大于单独数据集价值的总和。因此,在数据资产越来越丰富的世界里,数据的分享和数据之间的连接将成为常态,而企业对于数据的管理也将呈现出越来越开放的姿态。

大数据技术的发展提升了企业之间的数据关联,企业之间的数据分享将极大地促进彼此的发展,也将进一步加深企业之间的合作和联系。因此,企业数据共享平台的建立将成为大数据发展的必然,基于原来的企业边界而产生的企业之间的数据边界将进一步模糊。

在整个商业环境中逐渐形成开放式的企业环境不仅有利于企业之间的合作与分享,一部分私有数据的公开化将在社会范围内产生更大的价值。美国政府的交通安全管理局每年都组织工作人员进行数据收集和分析的培训,在整个部门内部进行政策实施效果的评估,并根据实施效果数据分析的情况最终确定最合适的实施方案。同时,他们还通过互联网公布本部门所收集到的所有数据,通过在网上发布数据,他们吸引了一大批对于交通安全问题感兴趣的各界人士参与到政策制定的过程中来,公众的大范围参与使得政策执行中的问题能够最大限度地被发现,从而更好地提升政策制定的科学性。这种基于数据的开放式决策过程对于企业来说也是类似的。企业通过选择性地开放自身的数据,改变以往"闭门造车"的运作过程,鼓励公众参与到企业的决策、设计和生产等过程中来,一方面可以促进公众对于企业的了解,向公众展示企业的经营透明度,另一方面更可以充分了解用户意见,听取用户建议,促进企业的科学决策。例如肯德基在2014年推出的两大鸡肉类产品的选择中,采用了公众投票的方式,肯德基旗下各店铺分别在两个月份内仅销售两种产品中的一种,并通过有奖投票的方式吸引用户参与两大产品的决策过程,一方面提升了产品知名度,树立了企业重视顾客的良好形象,同时也充分考虑了用户的意见,提升了决策结果的可靠性。加拿大矿产公司 GoldCorp 为解决 RedLake 矿区的矿脉定位问题,在社会媒体上公开了该矿区 1948 年至今的全部地质数据,在短短几周内收到大量网民的积极反馈,并在网民建议的全部 110 个矿点中准确地发现了 80 多处矿藏[169]。因此,大数据时代的企业将以更加开放的姿态呈现在公众面前,数据的公开和合作不仅将发生于企业之间,更将把整个社会吸纳进来,形成更具有开放式的企业环境。

14.7 大数据应用中的关键技术

2012 年 3 月 29 日,美国政府发布了《大数据研发计划》(*Big Data Research and Development Initiative*),该计划旨在通过开启一系列由政府各部门与高校、科研组织、企业研发部门等社会机构的合作项目,提高从大型复杂的数字数据集中提取知识和观点的能力,促进大数据技术在科学与工程中的应用,从而全面提升国家安全保障水平和教学科研实力。在该计划中发布了六个联邦政府的部门和机构高达 2 亿美元的投资项目,这些项目主要聚焦如何提高从大量数据中访问、组织、收集发现信息的工具和技术水平,其具体研究内容包括大规模数据集的异常检测和特征化处理、高性能存储研究、半结构化及非结构化数据分析方法、文本及图像数据识别技术等。

美国政府所发布的计划体现了政府机构对于大数据技术研发的高度重视,而其背景正是大数据对于传统的数据提取、存储、分析技术所提出的挑战。数据技术是为了满足企业和社会组织在大数据时代的数据处理需求而发展的数据采集、清理、存储、变换、分析和挖掘的一系列方法和工具的总称,先进的数据技术是企业顺利地储备大数据、管理大数据、使用大数据的前提。

面对大数据规模大、增长快、结构复杂的新特征和大数据应用本身对于处理速度、管理效率的要求,研究人员开展了许多相关研究,这些技术的发展成为大数据能够从设想成为现实的关键,而这里也将对一些大数据相关的典型技术发展进行介绍。目前,在数据采集、存储、分析以及应用等层面都已经出现了比较成熟的技术,这也为企业发展大数据奠定了良好的基础。我们将重点对数据挖掘技术、当前常用的分布式架构 MapReduce 及开源 Hadoop 系统、分布数据存储领域的最新情况进行介绍,这些技术的发展共同构成了目前大数据应用研究的基础。

14.7.1 分布式架构技术

大数据的出现使海量数据的快速处理成为 IT 从业人员所急需解决的问题,而谷歌公司无疑是最早面对海量数据处理的公司之一。谷歌搜索引擎存储着全球规模最大的互联网网页数据,而每接收到一次搜索请求,搜索引擎都需要在后台运行一系列复杂算法,在所有的网页中返回与搜索请求最相关的网页。为了保证用户体验,谷歌公司必须尽量缩短这个计算的过程所耗费的时间。因此,谷歌的工程师在实际的工作中研发了一系列技术以保证海量数据的高效存储、处理和分析,其中最核心的技术就是被称为谷歌公司三大核心技术的 Google File System、BigTable 和 MapReduce,另外就是得到广泛应用的 Apache 开源组织开发的 Hadoop 体系结构。

1. Google File System

Google File System(谷歌文件系统,GFS)是一个面向大规模数据密集型应用的分布式文件系统,具有高度的可扩展性。GFS 通过高效的监控措施、错误侦测机制、冗余存储机制和自动恢复机制等设计大大减少了整个系统稳定运行对单台计算机性能的要求,使得通过购买廉价的计算机就可以组成具有高性能的计算机文件处理集群系统。而它的高度扩展性可以帮助企业在面临快速增长的数据时,通过增加新的计算机快速扩展存储能力。目前为止,谷歌公司最大的一个集群利用数千台机器的数千个硬盘,提供了数百 TB 的存储空间,同时为数百个客户机服务。

GFS 是 Google 云存储的基石,其他存储系统,如 Google Bigtable,Google Megastore,Google Percolator 均直接或间接地构建在 GFS 之上。另外,Google 大规模批处理系统 MapReduce 也需要利用 GFS 作为海量数据的输入输出。GFS 的系统架构如图 14-18 所示[170]。

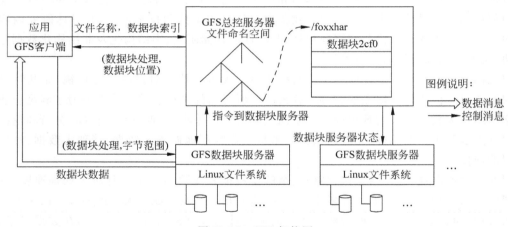

图 14-18 GFS 架构图

GFS 将整个系统的节点分为三种角色:GFS Master(总控服务器),GFS ChunkServer(数据块服务器,简称 CS)以及 GFS Client(客户端)。GFS 文件被划分为固定大小的数据块(Chunk),谷歌公司选择数据块规模为 64MB,由总控服务器在创建时分配一个 64 位全局唯一的数据块句柄。数据块服务器以普通的 Linux 文件的形式将数据块存储在磁盘中。为了保证可靠性,数据块在不同的机器中复制多份,默认为三份。

总控服务器中维护了系统的元数据,包括文件及数据块名字空间、GFS 文件到数据块之间的映射、数据块位置信息。它也负责整个系统的全局控制,如数据块租约管理、无用数据块垃圾回收、数据块复制等。总控服务器会定期与数据块服务器通过心跳的方式交换信息。

客户端是 GFS 提供给应用程序的访问接口,它是一组专用接口,以库文件的形式提供。客户端访问 GFS 时,首先访问总控服务器节点,获取与之进行交互的数据块服务器信息,然后直接访问这些数据块服务器,完成数据存取工作。

在云计算环境中数据类型多种多样,包括了普通文件、虚拟机镜像文件、类似 XML 的格式化数据,甚至数据库的关系型数据等。云计算的分布式存储服务设计必须考虑到各种不同数据类型的大规模存储机制,以及数据操作的性能、可靠性、安全性和简单性等。

2. BigTable

BigTable 是一个分布式结构化数据存储系统,它是谷歌公司为了海量数据存储,尤其是分布在数千台普通服务器上的 PB 级的数据存储而设计的。BigTable 是一种压缩的、高性能的、高可扩展性的,基于 Google 文件系统的数据存储系统,用于存储大规模结构化数据,非常适合于云端计算。

BigTable 是非关系型数据库,是一个稀疏的、分布式的、持久化存储的多维度排序图。BigTable 的设计目的是可靠地处理 PB 级别的数据,并且能够部署到上千台机器上。BigTable 具有适用性广泛、可扩展、高性能和高可用性等优点。

在很多方面,BigTable 和数据库很类似,它使用了很多数据库的实现策略。但是 BigTable 提供了一个和这些系统完全不同的接口。BigTable 不支持完整的关系数据模型,与之相反,BigTable 为客户提供了简单的数据模型,利用这个模型,客户可以动态控制数据的分布和格式(也就是对 BigTable 而言,数据是没有格式的),数据的下标是行和列的名字,名字可以是任意的字符串。BigTable 将存储的数据都视为字符串,但是 BigTable 本身不去解析这些字符串,客户程序通常会在把各种结构化或者半结构化的数据串行化到这些字符串里[171]。

BigTable 不是关系型数据库,但是却沿用了很多关系型数据库的术语,像 table(表)、row(行)、column(列)等。这容易让读者误入歧途,将其与关系型数据库的概念对应起来,从而难以理解。本质上说,BigTable 是一个键值(key-value)映射。按文献[171]作者的说法,BigTable 是一个稀疏的、分布式的、持久化的、多维的排序映射。

BigTable 的键有三维,分别是行键(row key)、列键(column key)和时间戳(timestamp),行键和列键都是字节串(string),时间戳是 64 位整型(int64),而值是一个字节串,可以用(row:string,column:string,time:int64)→string 来表示一条键值对记录。

行键可以是任意字节串,通常有 10~100 字节。行的读写都是原子性的。BigTable 按照行键的字典序存储数据。BigTable 的表会根据行键自动划分为片(tablet),片是负载均衡的单元。最初表都只有一个片,但随着表不断增大,片会自动分裂,片的大小控制在100~200MB。行是表的第一级索引,我们可以把该行的列、时间和值看成一个整体,简化为一维键值映射。

列是第二级索引,每行拥有的列是不受限制的,可以随时增加减少。为了方便管理,列被分为多个列族(column family,是访问控制的单元),一个列族里的列一般存储相同类型的数据。一行的列族很少变化,但是列族里的列可以随意添加删除。列键按照 family:qualifier(标识符)格式命名的。

时间戳是第三级索引。BigTable 允许保存数据的多个版本,版本区分的依据就是时间戳。时间戳可以由 BigTable 赋值,代表数据进入 BigTable 的准确时间,也可以由客户端赋值。数据的不同版本按照时间戳降序存储,因此先读到的是最新版本的数据。加入时间戳后,就得到了 BigTable 的完整数据模型。

查询时，如果只给出行列，那么返回的是最新版本的数据；如果给出了行列时间戳，那么返回的是时间小于或等于时间戳的数据。

图 14-19 是文献[170]中给出的一个 BigTable 例子，Webtable 表存储了大量网页和相关信息。在 Webtable，每一行存储一个网页，其反转的 URL 作为行键，比如 CNN 网页 www.cnn.com 写成"com.cnn.www"，反转的原因是为了让同一个域名下的子域名网页能聚集在一起。图 14-19 中的列族"contents"保存的是网页的内容，它有三个时间版本，时间戳是 t_3，t_5，t_6；列族"anchor"保存了该网页的引用站点（比如引用了 CNN 主页的站点）的名称，图上显示有 cnnsi.com 和 my.look.ca 引用了 CNN 主页，每个引用的版本仅有一个，时间戳分别是 t_9，t_8。

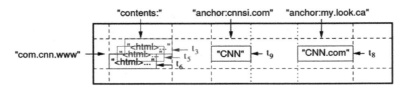

图 14-19　一个存储 Web 网页的 Webtable 表的切片

3. MapReduce

MapReduce 是一个处理和生成超大数据集的算法。谷歌公司的工程师在进行海量原始数据处理时，可能会需要使用一些简单的算法来反复处理海量的原始数据，这些处理工作如果在单机上执行将会导致速度极慢，因此，为了在可接受的时间内完成运算，谷歌公司研发了 MapReduce 算法，通过使用该算法，原来的程序运行过程可以以并行方式分布式地运行在成百上千台主机所组成的计算机集群上，而使得计算效率得到大幅的提升。由于 MapReduce 是谷歌三大技术中最核心的部分，下面对 MapReduce 的计算过程和原理进行介绍。

在早期的计算中，大部分程序都是以串行方式执行的。随着编程思想的不断演进，逐渐出现了可以以并行方式运行的程序，在一个并行程序里，一段处理过程可以被划分为几部分，这几部分可以并发地在不同的 CPU 上面同时运行，这些 CPU 可以存在于单台机器上，也可以是分布式地存在于许多不同的机器上。相对于只能运行于单台机器上的串行程序，并行编程的方式可以极大地提高程序执行的性能和效率，不仅可以加快程序运行的速度，而且可以通过分布式的运行方式，更好地扩展原有的计算能力，使得仅拥有多台低性能的计算机也可以实现对海量数据集的存储、管理和分析。

如果一个程序每一步运行的结果都完整依赖于上一步的值，那么就会比较难以并行化，而如果我们拥有大量结构一致的数据需要处理，则可以把数据分解成相互之间没有关联的部分，分别交给不同的计算机处理，最后对总的结果进行合并。例如，如果希望计算一个文件集合中每个单词所出现的次数，就可以采用先分割文件集合，随后在不同的机器上分别统计子文件集合中的单词出现次数，再进行汇总统计，得到总的文件集合中的单词出现次数。

在 MapReduce 算法实现的过程中，上述并行计算的过程被分为了"映射"（map）和"归约"（reduce）两个阶段：在"映射"阶段，需要处理的工作被分割为多个子集，多个节点并行处理这些子集，并产生一个键值对（Key/Value Pair），关键字（Key）用来区分不同的记录（比如"清华大学"),而值则是需要处理或是计算的数据值(比如"清华大学"在一个文件中出现的次数);在"归约"步骤中,对具有相同关键字(Key)值的数值记录(Value)应用适当的合并操作,最终输出汇总的结果。在谷歌的 MapReduce 过程中,用户只需要分别编写自己的映射函数(Map Function)和归约函数(Reduce Function)就可以实现整个过程。用户定义的映射函数接受一个输入对,产生一个中间的键值对集合,随后 MapReduce 系统将所有具有某些关键字(Key=X)的键值对聚合起来,将它们传递给归约函数。归约函数也由用户定义,它可以接收符合某些关键字约束(例如 Key=X)的键值对集合,并通过预设好的合并操作,输出最终的值集合。

在通常的 MapReduce 执行中,所有的计算机被分为主机(master)和从机(worker)两种角色,其中主机主要完成初始化任务、任务分割、任务分配和结果汇总的工作,而从机则是进行具体工作的处理。在执行具体工作时,因为 MapReduce 对应映射和归约两个过程,因此,分别执行这两个过程的节点又被称为映射机(mapper)和归约机(reducer)。图 14-20 给出了谷歌 MapReduce 算法的执行过程[172],其中映射过程中输入数据被自动分割成 M 片从而分配到多台机器上,输入的片能够在不同的机器上被并行处理,归约过程则通过分割函数依据中间关键字(Key)的数量进行分割,从而形成 R 片,并再次将中间键值对分布到多台机器上。分割数量 R 和分割函数由用户来指定。

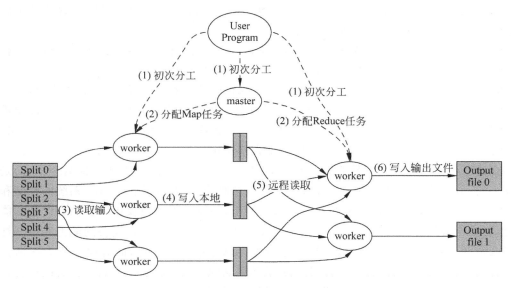

图 14-20　Google MapReduce 算法的执行过程

当用户的程序调用 MapReduce 函数的时候,将发生下面一系列动作:

(1) 调用 MapReduce 系统程序中提供的数据处理函数将输入文件分割成 M 个片,每个片的大小一般为 16~64MB(用户可以通过可选参数来控制),然后在计算机集群上启动 Map 和 Reduce 程序,用户会预先编写好映射函数(Map)和归约函数(Reduce),分别用来执行映射和归约的操作。归约阶段由多个从机来并行执行,在完成文件的分割后,用户编写的映射和归约程序将会被复制到机群中的各台机器上。

(2) 为计算机集群中所有的计算机分配角色,在这些计算机中选取一个作为主机

(master)，而其他计算都是由主机管理的从机(worker)执行，在全过程中有 M 个映射任务和 R 个归约任务将被分配到各台计算机上。在 MapReduce 过程中，主机将会分配一个映射任务或归约任务给一台空闲的从机。如果一个从机保持沉默超过一个预设的时间间隔，主机记录下这个从机状态为死亡，并把分配给这个从机的数据发往别的从机。

（3）一个被分配了映射任务的从机读取相关输入数据片（Split 片）的内容。它从输入数据中分析出输入键值对，然后把键值对传递给用户自定义的映射函数。由映射函数运行算法，从输入键值对产生中间键值对输出，并将中间结果缓存在内存中。

（4）缓存在内存中的键值对被周期性地写入本地磁盘，写入本地磁盘的数据根据用户指定的分割函数被分为 R 个数据区，将来每个数据区会对应一个归约任务，这 R 个区域将分别和 R 台执行归约操作的从机相对应。在本地磁盘上的缓存对的位置被传送给主机，主机负责把这些位置传送给执行归约操作的从机。

（5）当一个执行归约任务的从机得到主机的位置通知的时候，它使用远程过程调用来从映射从机的磁盘上读取缓存数据。当归约从机读取了所有中间数据后，它通过排序使具有相同关键字值的内容聚合在一起。因为可能会有许多不同的关键字映射给同一台的归约从机，所以必须先通过排序对键值对进行整理。

（6）归约从机对排过序的中间数据分别进行计算，对于遇到的每一个唯一的中间关键字，它把关键字和相关的中间值集合传递给用户自定义的归约函数。归约函数的输出被添加到这个归约过程分割的最终输出文件中。

（7）当所有的映射和归约任务都完成后，主机唤醒用户程序。在这个时候，在用户程序里的 MapReduce 函数调用结束，返回到用户程序执行后续操作。

在以上操作都成功完成之后，MapReduce 执行的输出存放在 R 个输出文件中，每一个 Reduce 任务都会产生一个由用户指定名字的文件。一般来说，用户不需要合并这 R 个输出文件成一个文件，因为他们经常把这些文件当作一个输入传递给其他 MapReduce 调用，或者在可以处理多个分割文件的分布式应用中直接使用。

在这三项谷歌所提出的核心技术基础上，数据可以不再集中存放于存储盘柜中，而是分割成小块，分布式地存储与每个计算节点上。在这种模型中，计算机（集群）系统的存储和计算能力不再集中于一点，而是分布在多台服务器上，系统性能不再仅由一台核心设备的能力决定，而是所有计算设备能力的集合。在这种模式下，系统对于单台设备的能力和可靠性不再那么强调，当一个节点出现问题时，其他节点可以迅速弥补，而当面对业务能力逐渐扩展的情况时，只需要购买新的计算机并加入原有集群即可，这样的系统无疑是既具有高稳定性、高计算能力，同时性价比又是极高的。因此，随着大数据逐渐引起重视，企业对于海量数据处理的需求急剧增长，基于分布式结构的系统和技术也迅速发展起来。

4. Hadoop

Hadoop 是 Apache 开源组织的一个分布式计算开源框架。Hadoop 项目于 2005 年秋天作为 Lucene 的子项目 Nutch 的一部分正式引入，它的架构和建设就是受到谷歌公司所提出的 MapReduce 和 GFS 的启发而完成的。2006 年 3 月份，MapReduce 和 Nutch Distributed File System（NDFS）分别被纳入项目中。经过近 10 年的发展，Hadoop 已经逐渐发展成熟，在多个商业领域得到应用，在 Hadoop 的使用者名单中包括了许多互联网行业的巨头，如 IBM、Facebook、亚马逊、雅虎等，而包括百度、腾讯、阿里巴巴在内的许多国内互联网企业也纷纷搭建了自己的 Hadoop 计算机集群系统。在 2012 年由几家 IT 门户网站发起的"Hadoop 在中国企业中部署情况"的调查中,将近 79％的企业用户已经部署,或是即将部署自己的 Hadoop 或是相关的大数据计算集群解决方案[165]。

Apache Hadoop 由一系列子项目组成,这些子项目分别完成大数据处理过程中的不同工作内容,例如 Core 和 Avro 为其他项目提供底层支持,Core 提供了一系列分布式文件系统和通用 I/O 的组件与接口,Avro 是一个用于数据持久化储存的数据序列号工具,分布式文件系统 HDFS 用于支持集群中的数据存储和管理,MapReduce 用于支持并行大规模数据分析,Zookeeper 则提供了用于分布式数据管理的服务框架,如统一服务命名、集群管理等,HBase 是一种基于 HDFS(分布式文件系统)的分布式数据库系统,Hive 是基于 Hadoop 的数据仓库工具。

图 14-21 给出了 Hadoop 集群中 HDFS 的体系结构,在 Hadoop 中有客户端(Client)、名称节点(NameNode)和数据节点(DataNode)三种不同的角色的节点。其中客户端通过引用程序对 Hadoop 中的文件进行创建、删除、移动等操作。名称节点类似于谷歌 MapReduce 过程中的主机(Master)节点,负责整个文件系统的管理和协调工作,具体来说,名称节点完成的功能包括:

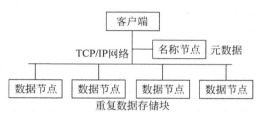

图 14-21 Hadoop 集群的 HDFS 体系结构图

(1) 元数据和文件块的管理,通过名称节点中所保存的文件属性、存储位置等信息(这些信息也被称为元数据),系统可以快速定位寻找到用户所需要的文件;

(2) 文件系统命名空间管理,对元数据进行增删改查等操作;

(3) 监听并响应客户端的文件查询、命名空间修改等请求;

(4) 对数据节点进行定期轮询,对于长时间没有反馈的节点进行故障标记和处理。

数据节点是最基本的数据存储单元,负责文件内容的存储,为了减少大集群中硬件故障带来的数据丢失等影响,HDFS 采取了冗余复制的策略,文件中每个数据块都被默认复制到了多个数据节点中。数据节点将每个数据块存储在本地文件系统中,并保存文件块对应的元数据信息,周期性地将文件元数据信息发给名称节点,接受名称节点的轮询。

14.7.2 数据挖掘技术

所谓的数据挖掘,就是在数据中去粗存精,得到有价值结论的过程。使用更科学的定义方法,数据挖掘就是综合使用传统的统计学知识和人工智能、机器学习、模式识别等方法,从大量数据中归纳、推断出隐含的有效信息的过程。有许多学者将数据挖掘视为另一个术语"数据知识发现"(knowledge discovery in data,KDD)的近义词。广义的数据挖掘指的就是数据知识发现(KDD)的过程,而狭义的数据挖掘只是知识发现过程中一个基本步骤,使用机器学习的方式来提取数据模式。数据挖掘是一种通用技术,它的对象可以是任何类型的数据,既可以是来自数据库存储的规范化数据,也可以是企业的数据仓库中所存储的数据,还可以是文本数据、网络数据、多媒体数据、视频数据等多种类型的数据集合。一般来说,知识发现的过程包含以下环节：

（1）数据集成与清理：将多种数据源进行组合与合并，同时消除数据中的噪声、数据中的冗余部分并删除不一致的数据；

（2）数据选择：从数据库（或是企业数据仓库）中提取与分析任务相关的数据；

（3）数据变换：通过数据汇总或是数据聚集操作，将数据变换成适合进行挖掘的形式；

（4）数据挖掘：知识发现过程的重要步骤，使用机器学习的方式来提取数据模式；

（5）模式评估：根据某种兴趣度度量，识别能够作为代表知识的有意思的模式；

（6）知识表示：归纳前面阶段的挖掘结果，将所挖掘到的知识以可视化或是其他知识表示的方式呈现在用户面前。

其中前三个步骤是对数据进行预处理的过程，经过预处理的数据能够更好地支持数据挖掘过程。数据挖掘是知识发现过程中的核心过程，在这个过程中，数据挖掘人员建立对应的数据分析模型，在理解数据的基础上选择相应的数据挖掘算法，并对算法进行反复地调试、实验，最终使得算法能够从数据集合中得到用户所需要的模式。而模式评估则是对前一阶段数据挖掘结果的提炼和评价，数据挖掘算法可能会从原始数据中发现各式各样的原始模式，但是并非所有模式都是有意义的，所以模式评估的主要目标就是从这些原始模式中寻找出有价值的模式，而如果在本次模式评估中没有得到有价值的模式，则那么研究人员需要重新反思数据挖掘过程中所使用的方法，或是回到数据预处理的步骤，检视是否因为没有筛选合适的数据集合而导致模式发现过程的失败。知识表示建立在前面所有阶段的基础上，是对有价值模式的综合表述，也是直接呈现给用户的数据挖掘结果，在知识表示的过程中，越来越多的可视化工具和方法得到应用。

在数据挖掘阶段，根据所面对的数据挖掘任务不同、需要挖掘的数据模式的不同，所需要采取的方法也不一样。一般来说，数据挖掘任务可以分为两类：描述性任务和预测性任务，其中描述性挖掘任务刻画目标数据中数据的一般性质，而预测性挖掘任务在当前数据上进行归纳，从而进行预测。数据挖掘的核心是模式发现，总的来说，使用数据挖掘的方法可以完成特征分析与数据区分、频繁模式挖掘、使用分类和回归进行预测、聚类分析、异常点检测等几类任务。

1. 特征分析与数据区分

一般情况下，原始的数据由数字组成，这些数字中并不带有明显的便于观察的区分特征，但是为了研究或者讨论的便利，人们需要将数据背后的特征进行归纳与分析，也就是用归纳式的、简洁的、精确的表达方式描述数据中的每一个类别或者概念。

数据特征分析就是对目标类数据的一般特征或者特征的汇总。例如，一家银行中拥有顾客存款数额、顾客年龄、顾客职业、顾客信用积分等特征，银行经理可能希望重点关注那些存款在500万以上的顾客所具有的特征，而这时就可以利用数据特征分析的方法从数据库中读取那些目标顾客并进行其他关键属性的分析，而相应的结论可能是顾客年龄在40～50岁，职业大部分是经商，信用积分在3000分以上等。

在数据特征分析的过程中，既可以使用基于统计度量的简单数据汇总方法，也可以使用更高级的面向属性的数据归纳技术对数据进行泛化和特征化操作。数据特征化的输出既可以使用饼图、条状图等图表展示，也可以使用特征规则的方式进行归纳。

数据区分则是对将目标数据对象的一般特征与一个或多个对比类别对象的特征进行比

较,从而得到多种类别之间的区分性特征。数据区分的具体执行过程和特征分析十分相似,只是将特征区分过程中的单个类别扩展到多个类别,并指定对应的目标类和待比较类。在上面的例子中,银行的经理可能希望在存款 500 万元以上的顾客中进行进一步的区分,例如比较存款在 500~1000 万元和存款 1000 万元以上的顾客特征差异,在这次分析中,就需要引入更多新的特征,并寻找那些能够对这两个数据总体差异进行概括的特征了。

2. 频繁模式挖掘

频繁模式是指在数据中频繁出现的模式,一般来说包括频繁项集、频繁子序列、频繁子结构等类型。其中频繁项集指的是在事务数据集条目中一起频繁出现的个体,例如在飓风到来前,沃尔玛的顾客购买记录中频繁出现蛋挞和手电筒;频繁子序列则是在频繁项集的基础上加入了频繁模式中个体出现的先后特征(或者序列化特征),例如光顾数码商店的顾客常常是先购买智能手机,再购买手机贴膜、手机保护套、充电宝等手机配件;频繁子结构则是针对存在复杂内部结构的数据而言,如图、树、网格状结构等,通过频繁子结构挖掘,可以发现这些数据结构中的内部规则。

频繁项集挖掘是频繁模式挖掘的基础,它的方法可以扩展应用于频繁子序列挖掘和频繁子结构挖掘。目前针对频繁项集挖掘已经开发了许多行之有效的方法,总体来说可以分为三类:Apriori 和类 Apriori 算法;频繁模式增长算法(FP-growth 算法)等;使用垂直数据格式的算法。

Apriori 算法是应用最广泛的算法之一,该算法基于"频繁项集的所有非空子集也是频繁的"规则而运行。Apriori 算法使用逐层搜索的迭代方法,其中第 k 次迭代时获得的频繁 k 项集用于支持对频繁($k+1$)项集的挖掘。首先,通过扫描数据集,累计每个个体项的技术,并收集满足最小支持度(该项最少出现的次数)的项,找出频繁 1 项集的集合,并将其记为 L_1;然后使用 L_1 找出频繁 2 项集的集合 L_2,使用 L_2 再找出 L_3,依次逐层迭代,直到不能再找出频繁 k 项集为止。

频繁模式增长(FP-growth)方法是一种不产生候选集合的频繁项集挖掘方法,它通过构造一个高度压缩的 FP 树而压缩原来的事务数据库,与 Apriori 方法的产生所有项集并继续测试筛选的模式不同,它采用的是频繁模式逐段增长的模式,这样可以在面对海量数据集时具有更高的效率。

在 Apriori 和频繁模式增长算法中,数据都是以{事务编号:个体项集合}的模式出现的,例如{001:薯条、啤酒、炸鸡}、{002:啤酒、炸鸡}、{003:薯条、炸鸡}等,这种模式称为水平数据模式。以等价类变换(Equivalence CLAss Transformation,Eclat)为代表的基于垂直模式的算法,采用就是以{个体项:事务编号集合}类型的数据,例如{薯条:001、003}、{啤酒:001、002}、{炸鸡:001、002、003}。在算法运行过程中,不断选取满足最小支持度的项集,并通过对不同个体项集合对应的事务编号集合求交集,并同时不断扩大个体项集合的规模,从而最终得到所需要的频繁项集合。

3. 使用分类和回归进行预测

分类是按照已知的分类模式找出数据对象的共同特征,并依据共同特征建立模型,从而将待分类样本划分到对应的类别中,对未知类的标号或者类别进行预测。分类的输入是单次事务的各项数据特征,例如银行顾客的收入、职业、年龄等,而输出对应的是各项类别,每一个类别则代表不同实际意义,并与每一项事务相对应,如"能结清贷款"和"不能结清贷款"、销售额的"高"、"中"和"低"。通过抽取 Web 服务模型中不同服务的标签、创建时间、调用次数等特征,可以构造分类器,对服务失效可能性进行分类预测,从而服务用户选择稳定性更好的服务[173];基于服务结构中原有的服务合作模式,可以对即将出现的新的服务连接进行预测,从而为用户推荐可能的服务组合模式[174,175]。回归的出发点与分类相类似,只是将分类器所输出的编号改为具体的数值,例如房产经纪希望通过房屋的朝向、面积、地理位置、小区环境等特征进行综合分析,得到房屋的价值估计,这个读取特征,建立模型并输出具体预测数值的过程就是回归分析。分类和数值预测是预测问题的两种主要类型。

目前用于分类有许多成熟的算法。

决策树归纳是一种自顶向下的递归树归纳算法,以生成树的方式不断生成新的规则从而实现对数据的区分,树中每个非叶子节点对应一个属性规则,而叶子节点则对应分类的结果。常用的决策树方法有 ID3、C4.5、CART 等。同时,通过树剪枝的方式可以减去数据中带来噪声的分支,从而得到更加有效的分类模型。基于规则的分类器使用 IF-THEN 规则进行分类,规则可以从决策树直接提取,也可以使用顺序覆盖算法直接从训练数据中产生。

贝叶斯分类方法基于后验概率的贝叶斯定理,其中朴素贝叶斯分类假设类条件独立,而如果使用贝叶斯信念网络,则可以通过构造变量之间的因果关系而利用训练数据进行学习,最终产生可以用来分类的贝叶斯信念网络。

支持向量机(SVM)方法是一种用于线性和非线性数据分类的方法,它把源数据变换到较高维空间,使用支持向量作为基本元组,训练得到能够用于分离数据的超平面。

神经网络算法也得到了十分广泛的引用,例如使用后向传播神经网络(BP 神经网络)可以通过构造神经网络层隐藏层,并通过训练集以及输出结果误差前馈的方法迭代获得层间权重,最终获得可以用于分类的神经网络。近年来,基于神经网络思路的深度学习算法因为其在构造多层神经网络中的表现而得到了越来越多的重视,在计算机视觉等模式识别领域得到了广泛的应用。

4. 聚类分析

聚类分析将一组对象按照相似性划分为几个不同的类别(簇、子集),使得同一类别中样本的相似性尽可能大,而不同样本集合之间的差异性尽可能大。例如,在 Web 服务推荐中,可以使用话题模型对不同的 Web 服务所重点解决的问题进行分类,并给予 Web 服务描述中不同话题的比重进行聚类,从而实现对 Web 服务的自动聚类,以用于服务推荐、失效服务替换等领域。

在所有的聚类分析中,都需要根据研究对象的基本属性和研究目的选择合适的相似性(差异性)判断指标,在选择指标并计算相似度的过程中,可能会使用欧氏距离、余弦相似度等空间距离计算方法。在得到相似度之后,就可以直接使用机器学习的方法,对数据点进行分类了。

目前常用的聚类方法包括以下几类:

(1) 划分方法:给定 n 个对象组成的集合,划分方法构建数据的 k 个分区,每个分区代表一个分类簇。一般来说,划分方法首先根据用户所需要构建的簇数 k 对原始数据构造初始分区,然后通过迭代的方式将簇中的对象移动到更加合适的簇中,从而对现有划分进行优化。为了加快优化划分的效率,一些启发式算法也被用于进行聚类,其中 k-均值和 k-中心点就是最常用的算法代表。

(2) 层次方法：层次方法创建给定数据对象集的层次分解，从而形成聚类。针对现有的数据集合，层次方法可以采用自底向上的方法，在初始划分中将每个对象作为单独的一个组，然后逐次合并相近的对象或者组，直到所有的组合并为一个组，或者是满足用户设置的终止条件为止；同时层次方法也可以采用自顶向下的方法，开始将所有的对象置入一个簇中，在每次相继迭代中，一个簇被划分为更小的簇，直到最终每个对象在单独的一个簇中。

(3) 基于密度的方法：大部分划分方法是基于对象距离进行聚类的，因此发现的簇大多数是球状簇，而基于密度的方法则可以用于发现任何形状的簇。基于密度方法的核心思想是，只要"领域"中数据点的个数(密度)超过了某个阈值，就继续增长给定的簇。

(4) 基于网格的方法：基于网格的方法把对象空间量化为有限个单元，形成一个网格式结构。所有聚类操作都在网格结构上进行。相对于其他方法，基于网格方法的优点是处理时间随着数据对象规模的增长并不明显增加，因为基于网格方法的处理时间仅依赖于量化空间中每一维度的单元数，而与数据的个数无关。

5. 异常点检测

如果在基于某种度量而言，该数据点与数据集中的其他数据有着显著的不同，那么这个点就被定义为异常点。长期以来，异常点都被作为系统中的噪声而对待，希望能够减少异常点对于系统描述的影响。异常点[176]的来源主要包括三类：第一类异常点由数据变量固有变化而引起，由观测值在样本总体中发生了变化而出现，这类异常是不可控的，也是无法避免的，它的出现从侧面反映了数据集的数据分布特征；第二类异常点由测量错误引起，测量仪器的一些缺陷导致部分测量值成为异常点；第三类异常点由执行错误引起，如黑客入侵网络、系统机械故障导致数据集出现异常点。随着对数据挖掘领域研究的不断深入，研究人员发现，异常点往往反映着研究对象本身所发生的变化，或是数据采集工具中所出现的故障，对于异常点进行检测和识别，不仅可以对数据对象本身进行精炼，使数据更加准确，还可以作为判断样本异常的重要手段。

异常点是数据集内与其余数据有显著不同的数据点，因此，比较直观的异常点检测方法是建立数据集中绝大部分数据的数据模型，从而把不满足该数据模型的那一部分数据认为是异常点。一般来说，异常点检测包括基于统计模型的方法、基于距离模型的方法、基于偏差/偏离模型的方法等。基于统计模型的方法首先对给定的数据集假设一个分布或者概率模型，然后针对该模型采用不一致检测，从而确定异常点；但是该类方法需要了解数据集的数据模型类型、分布参数以及假设的异常点的数目。基于距离模型的算法与聚类的思路非常类似，通过待检测数据点与数据集中其他点的距离进行是否异常的判断。如果某个数据点与其他至少 p 个对象的距离大于 d，则该数据点是基于距离的 (p,d) 异常点。基于偏差的算法通过对一组数据对象的特征进行检查而确定异常点，如果某些数据点的特征与给定的数据特征差异过大，就可以被认定为异常点。

异常点的背后往往可能跟蕴涵着数据集中不常见的行为，所以，通过异常点检测可以对医疗保险、证券交易等数据集中的非正常行为(如欺诈等)进行有效的判断和筛选。在证券交易行业中，通过提取客户交易数据中的异常点，券商可以有效发现客户交易中的违法违规行为，而通过跟踪行为出现异常的客户并采取相应的防范措施，能够更好地避免违法违规交易行为的发生，维护良好的证券交易秩序。

14.7.3 新型企业数据存储技术

对于企业或者其他组织而言,数据是企业核心资料的记录,也是企业核心价值的承载者,因此随着计算机技术的发展,数据库技术也成为了人们所关注的重要技术之一。数据库存储技术在 20 世纪 60 年代诞生,因为有了数据库,人们可以把庞杂的资料以规范的格式进行管理,从而便于数据的查询、使用。从最早期的层次型数据库、网状数据库系统,到获得广泛应用的关系型数据库,数据库技术的应用在许多领域中都发挥了非常重要的作用。关系数据库的原型理论诞生于 20 世纪 70 年代 IBM 工程师 Codd 所发表的论文"A Relational Model of Data for Large Shared Data Banks",Codd 将现实世界中的各类实体及其相互之间的关系映射成为表格以及表格中的行和列,并建立了严格的关系代数运算体系,严格的数据基础以及简单直接的模型逻辑使得关系型数据库模型成为了最流行的数据库模型,并同时带来了数据库产业的繁荣发展[177]。

然而,随着大数据时代的到来,需要管理的数据发生了巨大变化:数据产生的速度加快,数据的规模在量级上发生了翻天覆地的变化,短期内需要进行大数据量的读写操作;数据的类型多种多样,不仅要处理传统的结构化数据,还需要关注各类半结构化和非结构化数据;针对海量数据的分析操作要求对数据执行相对于传统的增删改查来说更加复杂的操作,对于分析的时效性要求使得数据库能够快速地完成数据的复杂操作;数据的快速增长不仅对数据读写速度提出了要求,更要求数据库系统具有更加良好的扩展性,从而减少增加硬件时升级数据库系统带来的麻烦。面对这些新的要求,传统的关系型数据库却存在许多问题:类型多样的数据不便于用关系模型管理;传统的关系型数据库如何在成百上千台计算机所构成的集群上实现稳定高速的大数据操作;现有的数据分析工具通过从数据库中提取数据再进行分析,在海量对象处理时,处理速度必然会受到严重的影响。

基于上述问题,通过数据划分和并行计算,从而实现对海量数据的高效处理成为数据库发展的重要趋势,而 NoSQL 技术成为了数据库中逐渐发展壮大的新力量。NoSQL 是一类技术的统称,用以代指那些不使用传统的关系型数据库模型的、具备超大量数据处理能力的数据库技术。各类 NoSQL 技术在设计的时候,考虑了一系列新的原则,首要的问题是如何对大数据进行有效处理。对大数据的操作不仅要求读取速度要快,对写入的性能要求也是极高的,这对于写入操作密集的应用来讲非常重要。这些新原则包括:提升数据库系统的可扩展性,针对海量数据的管理要求,通过加入存储节点的方式对数据库结构进行横向扩展;放松对原来对关系型数据库的一致性约束,在快速频繁读写时允许数据暂时出现不一致的情况,而接受最终一致性;对各个数据分区进行备份,以适当冗余的方式来弥补大集群系统中节点或是网络失效所带来的稳定性风险。经过最近几年的发展,目前已经出现了许多比较成熟的 NoSQL 技术,以下对于其中比较具有代表性的类别进行简单介绍。

1. 基于 Key Value 存储的 NoSQL 技术

基于 Key Value 进行存储的数据库技术使用哈希表技术。哈希表(Hash table,也叫散列表)是根据关键字(key value)而直接访问在内存存储位置的数据结构。也就是说,它通过把键值通过一个函数的计算,映射到表中一个位置来访问记录,这加快了查找速度。这个映射函数称做散列函数,存放记录的数组称做散列表。为了查找电话簿中某人的号码,可以创建一个按照人名首字母顺序排列的表（即建立人名到首字母的一个函数关系），在首字母为 W 的表中查找"王"姓的电话号码，显然要比直接查找快得多。这里使用人名作为关键字，"取首字母"是这个例子中散列函数的函数法则，存放首字母的表对应散列表。

基于 Key Value 进行存储的数据库存储 Key 值到 Value 值的映射，程序访问数据库时通过提供 Key 值寻找对应的 Value 值的存储地址，从而寻找到对应的 Value 值并返回。在仅需要查询单个 Key 值对应的 Value 时，Key Value 存储能够获得良好的性能。同时，和传统的关系型数据库不同，虽然 Key Value 存储的 Value 部分内部可能会具有某种结构，即存储某种类型的数据，但是 NoSQL 系统并不对其进行解释，而是直接将 Value 部分取出并返回给应用程序进行处理，而应用程序就需要根据数据存储时所定义的格式进行解读；另一方面，用户无法像从关系型数据库中读取字段值一样直接根据 Key 值读取 Value 内部某属性值。

由于 Key Value 存储模型和查询的简单性便于把数据进行横向分割，从而分布到大规模集群上进行存储和处理，Key Value 型数据库十分适合分布式存储，并具有较高的操作性能。比较典型的系统是 Tokyo Cabinet/Tyrant、Redis、Voldemort、Oracle Berkeley DB、Amazon Dynamo/SimpleDB 等。

2. 基于 Column Family 存储的 NoSQL 技术

基于 Column Family 存储的 NoSQL 技术和 Key Value 的索引方式相似，同样是通过 Key Value 的模型对数据进行索引和存储，但是 Column Family 模型中所对应的 Value 具有了更精细的内部结构——一个 Value 存储中包含多个列，而这些列还可以分组进行存储，用来表现更加复杂的结构。此外，在 Column Family 存储中，每列数据都带有了时间属性的，用来描述同一种数据所对应的不同版本，这样就可以在数据库里十分便利地实现历史版本的管理和数据的恢复。

Column Family 模型是一种在分布式系统中应用十分广泛的 NoSQL 模型，我们所了解的 Google BigTable、Hadoop 架构中的 HBase 数据库都是典型的代表。Facebook 以开源的 HBase 数据库为蓝本，对原有代码进行了改进，从而极大地提高了 HBase 的吞吐能力，根据统计，目前 Facebook 所使用的数据库可以达到每天完成 200 亿个写操作，也就是每秒可以完成 23 万次写操作。也正是因为有了如此高性能的数据库，Facebook 才能快速稳定地记录每天发生在社交网络上的频繁交互行为。

3. 基于文件（document）存储的 NoSQL 技术

基于文件存储的 NoSQL 技术同样以 Key Value 存储模型作为基础模型，但是这个模型可以对文档的历史版本进行追踪，而每个文档内容又对应一个 Key Value 的列表，形成了循环嵌套的结构。在基于文件存储的 NoSQL 系统中，文档格式一般采用 JSON 或者类似于 JSON 的格式。

JSON(JavaScript Object Notation)是一种轻量级的数据交换格式，它基于 JavaScript，采用完全独立于语言的文本格式，但是也使用了类似于 C 语言家族的习惯。一个比较简单的 JSON 格式的数据为｛"firstName":"Brett","lastName":"McLaughlin","email":"aaaa"｝，表示一个人的下列数据：firstName＝Brett，lastName＝McLaughlin，email＝aaaa。

JSON 具有既易于人阅读和编写，同时也易于机器解析的效果。基于文件存储给予数据库设计者极大的灵活性来对数据建模,但是对数据进行操作的编程负担落在了程序员身上,数据的循环嵌套结构特点有可能会增加应用程序数据操作的复杂性。主要的技术和产品包括 CouchDB、MongoDB 和 Riak 等。

4. 基于图(graph)存储的 NoSQL 技术

随着 Web 2.0 的发展,社交网络逐渐成为海量数据的重要来源,而和传统的文档式、关系型数据相比,类似于社交网络人际关系这样的数据在使用图进行表示时具有更高的效率。因此,基于图存储的 NoSQL 技术也就应运而生,目前比较常见的基于图存储的系统包括 Neo4J、InfoGrid、Infinite Graph、Hyper Graph DB 等。这其中有的数据库基于面向对象数据库创建,比如 Infinite Graph,在节点的遍历等图数据的操作中表现出优异的性能。因为表示对象的不同,图数据库和其他 3 类 NoSQL 技术在存储模型、物理设计、数据分布、数据遍历、查询处理、事务的语义等方面都具有明显的差异。除了社交网络作为典型的图存储服务对象外,用于生物学研究的基因表达网络、服务计算领域中 Web 服务组合关联网络以及计算机通信领域的计算机互联网络等研究课题中,基于图存储的 NoSQL 技术都可以发挥十分重要的作用。

第15章

企业集成技术

15.1 企业集成平台

企业业务协调运作首先需要实现企业系统集成,良好的集成支持工具可以帮助企业快速实现企业系统集成。企业集成平台是支持企业集成运行的使能工具,其主要功能是为企业中各种数据、系统、过程等多种对象的协同运行提供公共服务及运行时支撑环境,降低实现企业内部的"信息孤岛"集成的复杂度,提高应用间集成的有效性,将企业信息化规划中确定的各种应用系统、服务、人员、信息资源及数字化设备的协同关系固化到集成运行的系统中。

15.1.1 企业集成平台概念

企业集成平台概念的提出和发展受到企业应用需求和计算机技术发展两方面的驱动。一方面,企业中各种业务信息系统(包括各种遗留信息系统)数量的增加,为企业集成平台的应用提出了明确的需求;另一方面,计算机及软件技术水平的提高促进了企业集成平台技术的发展。

企业中的各种遗留信息系统一般具有可重用性低、扩展能力差、难以维护等问题,为了实现企业的功能、信息、组织管理的集成化运行,必须克服由于这些遗留系统带来的异构信息源、应用系统的功能及实现技术的多样性与复杂性等造成的障碍。而为解决这些问题而进行的企业集成实施过程一般具有投资大、实施周期长、实施效率低等问题。

企业实际应用给企业集成平台提出了以下明确的需求:缩短应用开发和集成周期,提高企业的综合运行效率,降低系统维护费用;提供通用的通信和信息访问服务,使应用软件功能不依赖于特定的硬件、操作系统、网络协议和数据库管理系统(因此具有良好的可移植性);提供通用的应用编程接口和图示化界面,方便用户使用;能够集成企业遗留系统和信息源,充分发挥企业过去在信息技术上投资的效益,保证所开发的软件具有高度的可重用性等。

软件技术的发展越来越明显地表现出以下特征,即软件系统越来越庞大,但是软件系统内部组成模块的规模却越来越小,软件系统的功能越来越复杂,但是系统的开放性却越来越好。计算机应用软件正在向着不依赖于特定的硬件和操作系统、具有高度可重用性的方向发展，从而为企业集成平台的出现奠定了良好的技术基础。

实现企业集成的技术和方法多种多样，早期的集成方式是在不同应用之间开发一对一的专用接口来实现应用之间的数据集成，即，采用点到点集成方式。这种点到点集成方式的优点是比较直观，在企业应用数量少时易实现。但这种方式也存在比较多的问题。第一个问题是工作量大，如果企业有 n 个应用软件，实现所有这些应用软件之间的集成需要开发 $n(n-1)/2$ 个集成接口，当 n 的数量增加时，需要开发的集成接口数量急剧增加。大量专用集成接口的开发，导致企业实施集成系统的成本上升和周期加长，使企业在信息化上的投资不能尽快见效。第二个问题是集成系统的维护费用高，系统升级和扩展困难，任何一个应用软件的改变都会导致修改甚至重新开发相应的集成接口，在企业有 n 个应用软件的情况下，最多需要修改 $n-1$ 个集成接口。第三个问题是采用点到点应用集成方式不易于标准化，由于接口数量多，专用接口不能屏蔽不同应用系统之间的异构性，给应用集成和系统管理带来严重的困难。第四个问题是点到点集成方式一般仅能够解决应用系统之间的数据集成问题，难以用来支持过程集成和应用之间的协调。

为了克服点到点集成方式给企业应用系统集成和维护管理带来的困难，人们提出了采用集成平台的方式来实现企业集成。经过多年的发展，集成平台已经成为支持企业集成的先进和有效的方法。基于集成平台，可以使分散的信息系统通过一个单一的接口，以可管理、可重复的方式实现单端集成（每个应用软件仅需要开发一个与集成平台的接口，就可以实现与所有应用的集成），使企业内的所有应用都可以通过集成平台进行通信和数据交换，实现广义范围内和深层次上的企业资源共享和集成。图 15-1 给出了企业集成平台的示意图。

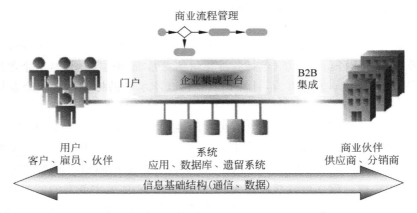

图 15-1　企业集成平台在企业集成化运行中的作用

企业集成平台的产生和发展，使得企业应用软件的开发方式较传统方式发生了很大变化，也使得应用系统维护和扩展的难度及费用大为减少。应用集成平台提供了应用软件集成机制和接口，可使异构分布环境下的应用软件通过该接口集成到平台上，共享平台所拥有的资源，方便地实现应用间信息的透明交换，还可以大大降低集成的复杂度，提高集成的有效性。由于其诸多优点，从 20 世纪 80 年代中期以后，集成平台的概念和产品在全世界范围内得到了广泛的推广应用。

随着对集成平台的研究和应用不断深入，集成平台的概念和功能也在不断扩展，出现了狭义集成平台和广义集成平台两种概念。狭义集成平台是指一个软件平台，它为企业内多个应用软件系统或组件间的信息共享与互操作提供所需的通用服务，达到降低企业内（间）多个应用、服务或系统之间的集成复杂性的目的。广义的集成平台则是指由支撑软件系统（狭义集成平台）同其他完成不同业务逻辑功能的各应用系统一起组成数字化企业的协同运行环境。而无论是广义的集成平台，还是狭义的集成平台，其核心的内容都是为企业提供集成所需要的服务，并对集成系统进行管理。笔者给出企业集成平台的定义如下：企业集成平台是一个支持复杂信息环境下信息系统开发、集成和协同运行的软件支撑环境。它基于各种企业经营业务的信息特征，在异构分布环境（操作系统、网络、数据库）下为应用提供透明一致的信息访问和交互手段，对其上运行的应用进行管理，为应用提供服务，并支持企业信息环境下各特定领域应用系统的集成。

从上面的定义可以看出，集成平台是支持企业集成的支撑环境，包括硬件、软件、集成工具，通过它可方便地集成各种企业应用软件形成企业集成系统。由于硬件环境和应用软件的多样性，企业信息系统的功能和环境都非常复杂，因此，为了能够较好地满足企业的应用需求，作为企业集成支持环境，集成平台应该具有以下的基本功能：

（1）通信服务

提供分布环境下透明的同步/异步通信服务功能，使用户和应用程序无须关心具体的操作系统和应用程序所处的物理网络位置，以透明的函数调用或对象服务方式完成它们所需的通信要求。

（2）信息集成服务

为应用提供透明的信息访问服务，通过支持异种数据库系统之间的数据交换、互操作、分布数据管理和共享信息模型定义（或共享信息数据库的建立），使集成平台上运行的应用、服务或客户端能够以一致的语义和接口实现对数据（数据库、数据文件、应用交互信息）的访问与控制。

（3）应用集成服务

通过高层应用编程接口实现对应用程序的访问，高层应用编程接口包含在不同适配器或代理中，它们被用来连接应用程序。这些接口以函数或对象服务的方式向平台组件模型提供信息，使用户在无须对原有系统进行修改（不影响原有系统的功能）的情况下，只要在原有系统的基础上增加相应的访问接口就可以将用不同技术实现的现有系统互联起来，通过为应用提供数据交换和访问操作，使各种不同的系统能够相互协作。

（4）二次开发工具

二次开发工具是集成平台提供的一组帮助用户开发特定应用程序（如实现数据转换的适配器或应用封装服务等）的支持工具，其目的是简化用户在企业集成平台实施过程中特定应用程序（接口）的开发工作。

（5）平台运行管理工具

它是企业集成平台的运行管理和控制模块，负责企业集成平台系统的静态和动态配置、应用运行管理和维护、事件管理和出错处理等。通过平台提供的命名服务、目录服务、动态静态配置服务、关键数据的存储和备份等功能，维护企业集成系统的安全配置和稳定运行。

15.1.2 集成平台的标准化

由于集成平台上集成的应用软件系统通常都是由不同的软件厂家提供的产品,具有很强的异构性,因此,在集成平台中需要广泛采用开放性标准。研究和发展系统集成的相关标准,不断使平台的接口和服务标准化,可以显著提高集成平台系统的适应性和可扩展性,减少异构性给集成带来的障碍。采用标准化的技术也是提高集成平台系统开放性和软件模块可重用性的重要方法。

集成平台的标准化内容非常广泛,涉及通信协议、中间件、企业建模、工作流管理系统、互联网环境下的数据交换、产品数据标准、应用系统集成的标准等。Goldstone 技术公司(http://www.goldstonetech.com/index.html)在国际标准化组织定义的开放系统互联(ISO/OSI)的 7 层网络应用模型的基础上,给出了如图 15-2 所示的集成平台的 12 层 OSI(开放系统互联)模型。

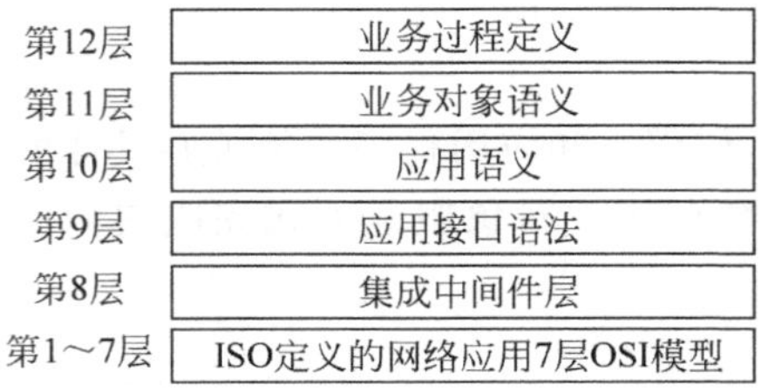

第12层	业务过程定义
第11层	业务对象语义
第10层	应用语义
第9层	应用接口语法
第8层	集成中间件层
第1~7层	ISO定义的网络应用7层OSI模型

图 15-2 企业集成平台的 12 层 OSI 模型

在这个 12 层 OSI 模型中,第 1~7 层依然是国际标准化组织(ISO)关于网络应用 7 个层次的定义。第 8 层为支持应用集成的中间件层,它为集成平台提供商实施企业系统集成提供了可扩展集成架构。第 9 层为应用开发商定义的应用间方法(服务)调用、接收/发送消息格式的接口语法层。第 10 层为应用提供商和集成平台提供商共同提供的用来描述应用软件系统结构和内涵的应用语义层。第 11 层作为业务语义描述层,供业务操作人员和信息管理人员用来定义基于模型操作的业务对象的数据结构及其语义。第 12 层为业务过程层,用来为业务操作人员定义企业关键业务流程及流程之间的交互关系。

15.1.3 企业集成平台实现技术发展趋势

通过分析国内外集成平台的应用及发展情况,结合企业集成系统对集成平台实施提出的要求和计算机软件技术的发展趋势[178],本节对企业集成平台的技术发展趋势进行了介绍。

1. 集成的实现技术从 2 层过渡到 n 层

传统的集成实现一般采用如图 15-3 所示的 2 层 C/S 或 B/S 结构,这样的系统将业务逻辑和应用功能逻辑封装在一起,这个封装在一起的逻辑模块可以安装在客户端应用上,也可以安装在服务器上,但是无论是在服务器端,还是在客户端,由于业务逻辑和应用功能逻辑的紧密捆绑,对系统的升级和扩展都带来了比较大的困难。

未来的集成平台将采用如图 15-4 所示的 n 层系统集成方式,将业务过程逻辑、业务表示逻辑等进行分离,将每层的功能集中在一个特定的角色上,这样可以得到一

图 15-3 2 层集成实现技术

个非常便于进行系统功能扩展、逻辑修改的应用集成框架,进而提高集成平台和集成系统的柔性。

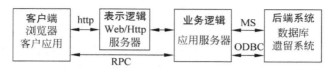

图 15-4　n 层集成实现技术

2. 从支持信息集成发展到支持过程集成、服务集成

信息集成主要是针对企业大量存在的"信息孤岛"问题而提出来的,其目的是实现不同应用间的数据共享和集成。这些应用系统分布在网络环境下异构计算机系统中,它们所管理和操作的数据格式和存储方式各异,实现信息集成需要完成数据转换(不同数据格式和存储方式之间的转换)、数据源统一(同一个数据仅有一个数据入口)、数据一致性维护、异构环境下不同应用系统之间数据传送等功能。信息集成面向企业内的数据库和数据源,具体实现方法主要有数据复制、数据联邦、基于接口的信息集成和基于集成平台四种方法(前三种集成方法将在 15.2 节介绍,第四种方法在 15.3 节进行介绍)。

过程集成(这里主要是指技术层面的过程集成)是指利用工作流引擎来执行企业业务流程,实现业务应用数据在不同应用、子过程、执行任务的人员之间流动(如图 15-5 所示)。

采用工作流管理方式可以对业务过程逻辑和应用逻辑进行分离,实现过程建模和数据、功能的分离,从而可以在保持具体功能单元不变的情况下,通过修改过程模型来改变系统功能,进而提高系统的柔性。当然,面向过程集成需要在信息集成基础上进行,或者说面向过程集成可能会对信息集成提出新的要求,因为在执行过程模型时,过程模型中包含的各种活动之间(特别是自动应用之间)同样需要信息共享与集成。需要指出的是,过程集成更重要的是一种策略行为,它还具有过程逻辑可视化、业务执行过程自动化、业务过程执行状态和性能的实时监控等功能。

服务集成(见图 15-6)主要是为支持大范围内的公共业务过程集成而提出的一种动态集成方式(如,供应链内企业群体),服务集成可以较好地实现(企业间)具有松散耦合关系的不同应用间的互操作。

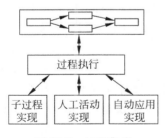

图 15-5　过程集成

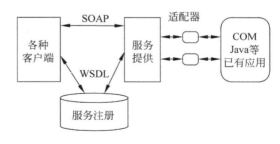

图 15-6　面向服务集成

在这种集成方式中,服务提供者(平台、企业)将应用作为服务部署在 Web 上,通过使用 Web 服务描述语言(WSDL)来描述 WEB 服务提供的功能,并通过统一的服务发布与发现协议(UDDI)将其注册到 UDDI 中心。服务请求者使用 UDDI 协议定义的 API 向 UDDI 中心提出服务请求,UDDI 为其寻求到它所需要的服务,并由 UDDI 中心返回服务请求,同时与特定服务进行绑定,在此基础上,服务请求者继而通过 SOAP 协议完成应用服务的调用。

服务集成方式非常便于集成企业原有系统,在不需要对原有系统进行修改的情况下,只要在原有系统的基础上增加一个对它们进行访问的 SOAP 接口,就可以完成原有系统到集成平台的集成。服务集成将以前主要在企业内部网络基础上实施的集成扩展到了面向开放网络环境下的集成,扩展了集成的范围。服务集成方式具有最好的柔性和开放性,然而这种松散的动态集成方式的局限性是只能适合实时性要求不高和小流量数据的交换。

3. 集成规范的标准化

开放性和标准化在集成实现技术中的重要性已经得到广泛的认同,从数据描述的角度来看,数据结构定义已经从过去的各个应用专有数据类型、行业内的标准数据表达(如 STEP、EDI 等),逐渐过渡到具有自描述功能的基于 XML 语言的数据表达与存储方式。从应用间集成接口的实现与接口表现形式来看,已经从最初的自定义应用编程接口,基于某集成技术框架下的接口定义(如 CORBA 或 COM 的接口描述语言),发展到更通用的基于 XML 语言的 Web 服务接口定义语言(WSDL)的集成接口描述。从过程集成所需的业务过程定义方面,从过去的不同产品自定义业务过程描述方式,工作流联盟为实现不同工作流产品间互操作而提出的工作流过程定义语言(WPDL),发展到近来出现的基于 XML 语言的业务流程模型描述语言(如 WSFL、BPEL 等)。标准化技术的采用增强了集成平台的开放性和通用性,为企业集成提供了更强有力的技术支持。

4. 集成耦合度及集成粒度的变化

随着编程技术的发展,集成实现技术也在不断发展,应用集成的耦合度(松散集成、紧密集成)不断降低,集成范围不断扩大,而集成粒度(对象、组件、服务)也在不断缩小,图 15-7 给出了集成范围和集成耦合度的对应关系。

图 15-7 集成范围与集成耦合度

从图 15-7 中可以看出,随着集成范围的不断扩大,集成的耦合度不断降低。集成耦合度最高的是对象间集成方式,它比较适合于功能单元之间的集成;集成耦合度最低的是服务集成方式,它能够比较好地实现企业间的集成;集成耦合度中等的是组件集成方式,它可以较好地完成企业内的集成。对象间集成主要通过程序代码级对象之间的调用来实现,组件之间的集成方式则基于分布式计算规范(如,对象管理组织提出的公共对象请求代理程序体系结构(CORBA)或微软公司提出的组件对象模型(COM)),采用远程过程调用方式实现跨语言、进程和计算机的组件集成。对象与组件这两个层次的集成都属于同步集成方式,服务集成方式属于异步集成方式,服务集成方式分为基于消息中间件服务和基于 Web 服务两种,基于消息中间件的服务集成通过消息中间件来实现应用或系统之间的互操作,基于 Web 服务的集成则通过 SOAP 消息交换协议来实现互联网环境下的分布式计算。由于 Web 服务的方式具有良好的松散耦合集成结构,因此它更适合于用来支持企间应用的集成。

15.2 数据集成及其实现模式

构建企业集成平台的首要目的是实现数据集成,即为平台上运行的各种应用系统或服务提供具有完整性、一致性和安全性的数据访问、信息查询及决策支持服务。其中,完整性包括业务对象本身数据完整性和不同业务对象之间数据约束完整性两方面的含义,一致性指消除不同业务信息资源之间存在的语法或语义上的冲突,安全性指在保证数据源访问权限控制的前提下,提供对整个集成平台管理范围内的异构数据源数据的安全访问及管理。

数据集成包括共享信息管理、共享模型管理和数据操作管理三个功能。其中,共享信息管理通过定义统一的集成服务模型和共享信息访问机制,完成对集成平台运行过程中产生数据信息的共享、分发和存储管理,共享模型管理则提供数据资源配置管理、集成资源关系管理、资源运行生命周期管理及相应的业务数据协同监控管理等功能,数据操作管理为集成平台用户提供数据操作服务,包括多通道的异构模型之间的数据转换、数据映射、数据传递和数据操作等服务功能。

企业运行的业务应用系统采用的体系结构与其实现技术的标准化(规范化)程度,对数据集成的水平有非常大的影响。企业现有各种应用系统的规范化程度不高是影响企业数据集成水平提高的主要问题,因此,采用先进的软件体系结构和规范化的实现技术是实现良好的数据集成的基础。而有些应用系统,由于系统结构设计不合理,没有方便的数据访问接口,因此,为了实现不同业务应用系统间的数据交换与共享,解决业务数据的分布性和异构性问题,有时需要公开其应用系统的数据存储和组织结构,这实在是不得已而为之的做法,这种做法不仅不方便,而且对应用系统数据的安全性和一致性带来了很大的隐患。本节的以下部分总结了在数据库和数据源级别上进行数据集成的实现模式,并对其进行讨论。

所谓模式是在某种特定的场景下,针对某类不断重复出现的问题,所给出解决方案的本质特征,模式是对于一些已经被证明为优秀解决方法的归类和总结,目的是使人们可以更加简单方便地复用成功的设计方法和系统体系结构。Erith Gamma 在《设计模式》一书总结了面向对象软件设计与开发中常用的各种解决方案,从对象创建、类或对象的组合结构、类或对象的行为三个层面,给出了23种面向对象的系统设计模式。本节主要介绍三种数据集成模式(如图15-8 所示):数据复制、数据联邦和基于接口的数据集成,它们分别描述了对多个异构数据源透明、一致访问的三种实现方法。

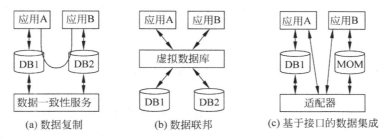

图 15-8 三种典型的数据集成模式

1. 数据复制模式

在数据复制模式中,通过底层应用数据源之间的一致性复制来实现(访问不同数据库的)不同应用之间的信息共享和互操作。

数据复制模式实现的关键是必须能够提供一个基础结构(以屏蔽不同数据库间数据模型的差异),以支持在两个或多个数据库系统之间的数据转换和传输。这个基础结构的核心是一个数据复制中间件(或代理),它的功能包括从一个应用或数据库系统中提取数据,对数据进行转换,将数据传输并导入到另一个应用的数据库中。在数据复制中间件完成了数据抽取、转换、传输、导入工作后,一个应用就可以在本地数据库中访问到其他应用的数据,这样就解决了数据分布和异构的问题。

在数据复制实现过程中,产生数据的源系统和使用数据的目的系统既可以是同构的也可以是异构的,它们内部的业务数据可以采用相同的也可以采用不同的数据模型和管理模式。在采用数据抽取、转换、导入等功能的软件中间件来实现数据复制过程中,关键是要保持业务数据在不同数据库间的一致性及完整性。

在这种数据集成模式中,源系统和目的系统完全自治,两者之间没有一种从属或控制关系。任何一方都不依赖于另一方的数据库存储模式,源数据端对发送哪些数据有完全的控制权,目的数据端对接收哪些数据也有完全的控制权。数据复制模式具有位置透明、数据透明及本地自治等特点,能够保持分布在不同节点的不同数据库系统(存储并管理相应业务数据)的相对独立性和保密性。它比较适用于对数据提取速度有一定要求,而传递数据量不太大的数据集成应用环境中。

2. 数据联邦模式

数据联邦是指不同应用共同访问一个全局虚拟数据库,通过全局虚拟数据库管理系统为不同的应用提供全局信息服务,实现不同应用和数据源之间的信息共享和数据交换。

数据联邦模式的具体实现由客户端应用、全局信息服务和若干个局部数据源三部分组成。客户端应用程序发出数据访问请求,全局信息服务对请求进行分析处理,对于那些可以由客户端应用本地数据源处理的请求,直接返回处理结果;对于那些必须由全局虚拟数据库处理的访问请求,全局信息服务通过底层通信系统将请求信息发给全局虚拟数据库。全局虚拟数据库管理系统接收到请求后,对数据访问请求进行分解处理,访问全局数据字典及局部数据源,将从多个信息源获取到的数据进行汇总,最后将结果返回给客户端应用程序。

全局信息服务负责建立和维护全局数据字典,并通过同构/异构数据库之间的远程数据复制的管理功能,实现在全局信息模型及全局虚拟数据库管理系统基础上的分布式数据集成与管理。全局虚拟数据库在多个实际的物理数据库和应用之间建立了一个中间件层,每一个实际的物理数据库用其自带的接口与该层相连,从而将分布的数据库映射为一种统一的全局信息库。全局信息模型提供一组公共的数据表示,这组数据表示可以被不同的企业应用或系统所理解。全局虚拟数据库管理系统为各种应用系统提供对存储于不同计算节点数据库中的数据查询、读取、存储和检索等操作,还对不同应用系统的数据访问权限进行统一的管理。全局虚拟数据库是企业内各种相关业务数据的集散地,为分布在各节点的应用系统进行数据交换与共享提供一个公共通道。

数据联邦模式采用了将多个数据库和数据库模型集成为一种统一的数据库视图的方法

来实现数据集成。其最大的特点在于对存储在多种异构数据库中的不同应用数据,通过全局虚拟数据库可以将这些异构数据库集成为一个逻辑数据库,用户可以如同访问一个数据库一样访问保存在不同的异构数据库中的数据。数据联邦模式比较适用于对数据提取速度和实时性要求不太高的数据集成应用环境。

3. 基于接口的数据集成模式

在基于接口的数据集成模式中,不同应用系统之间利用适配器(或接口代理)提供的应用编程接口来实现相互调用。应用适配器或接口代理通过其开放或私有接口将业务信息从其所封装的具体应用系统中提取出来,实现不同应用系统之间业务数据的共享与交换。接口调用的方式可以采用同步调用方法,也可以采用基于消息中间件的异步方法来实现。

这种集成方式通过接口抽象屏蔽完成数据转换的适配器的实现细节,甚至可以屏蔽应用间的信息传输过程,方便应用之间信息交互(数据集成实施人员不必了解业务数据库的存储和组织结构等具体细节)。基于接口抽象的数据集成方法不需要建立相应的全局数据模型,也不需要开发专门的管理工具用以保证业务数据的一致性,因此它能够保证不同类型的应用之间数据交互的高效性,这也是面向接口集成方法的主要优势。这种方法已经在一些企业应用软件包,如 ERP 套件(如 SAP、PeopleSoft、Oracle 等)的集成中得到广泛的应用。

显然,这种基于接口的数据集成模式在实现上是建立在应用集成的基础之上的,下节将对应用集成进行深入探讨,在此就不再展开论述。

15.3 应用集成及其实现模式

应用集成是指两个或多个应用系统根据业务逻辑的需要,进行功能之间的相互调用和互操作。从图 15-9 所示的企业集成技术层次图可以看出,应用集成需要在数据集成的基础上完成。底层的网络集成和数据集成解决了企业集成化运行所需的异构系统间语法互连和语义互通问题,应用集成在它们的基础上实现异构应用系统之间语用层次上的互操作,共同构成了会聚集成所需的技术基础。

从实现方法来说,应用集成最初主要采用点对点的紧耦合方式。这种集成方式虽然不需要对应用系统做较大的改动,但用这种方式集成的系统缺乏必要的柔性,不能适应业务系统快速重构的需求。随着应用软件系统设计和实现过程中标准化程度的不断提高,系统的开放性(可配置性、可扩展性)越来越好,组件化的系统实现及松散耦合(它是实现系统柔性的基础)的应用集成方式逐渐成为构建企业业务处理系统的主流。用松散耦合的集成方式不但能够提高信息系统的柔性,而且在对原有应用系统修改很小甚至不需要修改的情况下就可以实现不同应用系统之间的集成。

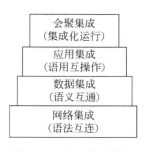

图 15-9 企业集成技术层次图

本节将基于应用集成模式对各种应用集成的实现方法从体系结构的层次上进行讨论。应用集成模式包括集成适配器、集成信使、集成面板、集成代理四种,每种应用集成模式都是对具有业务功能依赖关系的多个应用之间互操作实现方法的总结。在具体应用中,集成模式可能以某种变形的形式出现,这些变形可能不仅是一种模式的实例化,而可能是一种具有广泛适用性的新集成方式。

1. 适配器集成模式

在 EAI 技术发展的初期,广泛采用在需要交互的系统之间加入适配器(adapter)的解决方案来实现企业原有应用系统与新实施系统之间的互操作。在应用系统提供的 API 基础上(在应用系统没有提供 API 的情况下,可以在其数据库表结构已知的条件下直接完成对其数据库的写入与读出),通过适配器完成不同系统间数据格式及访问方式的转换与映射,进而实现不同系统之间业务功能及业务数据的集成。

从原理上看,适配器集成模式与面向对象设计方法中的适配器设计模式是一样的,即将已有的遗留应用(服务器端)的接口转换成一种客户端可以访问的接口形式。当遗留系统需要与其他应用系统进行集成时,就可以直接利用相应适配器提供的接口来完成。图 15-10 给出了适配器集成模式的图示化表达。这种集成模式包括一个或多个客户端应用、实现接口转换的集成适配器和服务器端应用(企业遗留系统)三个部分。集成适配器将服务器端应用自定义的接口映射为一个开放的、可重用的接口,以方便一个或多个客户端应用的访问,而客户端应用通过集成适配器提供的接口来完成对服务器端应用(遗留系统)的访问。

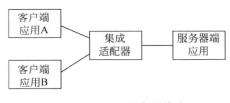

图 15-10 适配器集成模式

在适配器集成模式中,从服务器端应用的专用编程接口转换得到的通用应用编程接口是公开的,适配器并不需要知道客户端应用具体在什么位置,服务器端应用也不用知道适配器的具体运行方式和所处的位置。在集成适配器的具体实现过程中,并不需要对遗留系统做任何的修改(如果将适配器嵌入到服务器端应用中时,需要对服务器端应用做某些修改)。显然,适配器集成模式是一种与应用系统直接绑定在一起,实现单向访问的点对点集成方式。

在实际应用中,适配器集成模式主要采用封装器和信使适配器两种实现方式,它们分别应用于同步集成和异步集成两种情况。其中应用封装模式通过一种公共访问接口对外发布其封装应用所提供的服务,其他应用通过这个公共访问接口实现对被封装应用的访问。如图 15-11(a)所示,应用封装器为遗留的客户账目管理系统提供了一种方便的访问接口,通过它,批发订单系统和在线客户账目系统可以完成对客户账目管理系统的访问。信使适配器主要用来实现异步集成,具体如图 15-11(b)所示。信使适配器与封装器很类似,但它公开

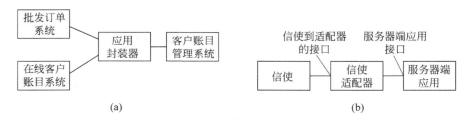

图 15-11 适配器集成模式的两种变形

的是一个符合信使要求的接口,信使是一个具有智能性的中介,它为实现不同应用间的交互完成相应消息流的传递。在基于信使适配器的集成系统中,一个信使可以具有多个适用于不同应用系统的适配器,每个信使适配器都符合相应的信使接口规范,并完成信使接口到服务器端应用的应用编程接口间的转换。

2. 信使集成模式

随着企业中业务应用系统个数的增多,应用系统间的接口变得越来越复杂,为了更灵活实现应用系统间点对点集成,提出了如图 15-12 所示基于信使的集成结构。在这种集成结构中,系统之间的通信和数据交换通过信使(消息代理)来实现,每个应用只需要建立与集成信使之间的接口连接,就可实现与所有通过集成信使相联应用系统间的交互。这种结构大大减少了接口连接数量,同时由于采用了信使(消息代理)作为信息交流的中介,可以将应用之间的交互对通信服务能力的依赖程度降到最低,另外,当某一系统发生改变时,只需要改变信使中相应的部分,从而降低了系统维护工作量和系统升级的难度。

图 15-12 信使集成模式

在集成信使模式下,由应用系统自己完成应用交互逻辑的定义和实现,集成信使只负责在不同应用之间传递符合一定语法格式的消息,而对其中的应用集成语义不进行解释。在具体的实现过程中,这种模式可以采用以下三种通信模型实现应用间的信息交互:

(1) 一对一同步集成(请求/应答)模型:在这个模型中包括一个客户端应用和一个服务器端应用,当客户端应用向服务器端应用发出请求后,客户端应用处于等待状态,直到服务器端应用返回应答。

(2) 一对一异步集成(消息队列)模型:在这个模型中同样包含一个客户端及一个服务器端应用,但与一对一同步集成模型方式的差别是客户端应用在发出请求后,继续进行其相应的运算或业务功能的执行,在得到服务器端返回的应答时,暂停其正在执行的计算过程,对应答进行响应。

(3) 一对多异步集成(发布与订阅)模型:这种模型与一对一异步集成模型不同的是它包含多个服务器端应用,当客户端应用发送一条消息时,所有订阅该消息的服务器端应用都将收到该消息的副本。

虽然所采用的通信模型不同,上述三种实现方式都是在完成应用交互所需通信情况下,尽量减小应用对通信的依赖性。图 15-12 给出的集成信使模式中包括需要集成的应用和集成信使两部分,集成信使为应用提供透明的定位服务,并负责在不同应用间传递消息,作为一个逻辑实体的集成信使在物理上一般分布于不同的计算机节点中。

上面介绍的三种通信模型与应用间的远程方法调用、消息队列、发布与订阅三种应用交互模型相对应。应用交互模型描述了应用间的交互形式,远程方法调用一般通过同步代理来完成,它为需要交互的应用或组件提供同步的一对一通信,这种模式适合于耦合程度相对比较高的应用交互场景,目前,这种方法广泛应用于多层结构的应用系统中。消息队列为需要进行一对一交互的应用提供了异步通信方式,通过消息队列为应用提供有一定质量保证的消息传递服务。发布与订阅是一种支持一对多交互的应用交互模型,多个订阅者(应用)可以订阅同一个应用发布的消息或事件。在订阅与发布这种在松散耦合通信结构支持下实现的集成环境中,进行交互的应用无须知道对方的位置,甚至也不需要知道对方是否处于激活状态。

下面以一个例子来说明这种集成模式的应用方法。假设一个企业开发了一个在线定购应用系统,其功能的实现需要客户账号信息和订单处理服务的支持。客户账号信息由客户账号信息管理系统进行管理,客户账号信息管理系统通过定制的消息服务(基于 Socket 接口)为其客户应用提供相应的信息。订单处理系统提供订单处理服务,其客户端应用同样可以通过定制的应用消息协议及 Socket 接口获得其所需的信息。用户通过基于 Web 的在线定购应用进行产品或服务订单的填写,这个客户端应用通过与账号信息管理系统和订单处理系统的交互来完成订单的处理过程。图 15-13(a)给出了一种客户端应用和后端服务点对点的集成方法。这种实现方法有比较大的局限性。首先是客户端应用(在线定购处理应用)必须预先知道后端服务应用所处的位置,另外,客户端应用必须实现 Socket 接口的编码及定制的应用消息协议才能访问在服务器端应用(账户信息管理系统和订单处理系统)提供的接口服务。这种需要客户应用和服务器紧密绑定的集成方式大大降低了系统的柔性。

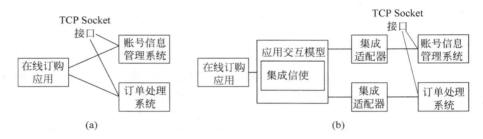

图 15-13 简单的点对点集成与信使集成模式的比较

为了提高系统的柔性,可以采用如图 15-13(b)所示的利用集成信使与集成适配器的复合模式进行应用集成,利用集成适配器完成账号信息管理系统和订单处理系统自定义应用编程接口到信使能够理解的通用接口形式的转换。通过集成信使与每个服务器端应用的集成适配器的集成,为客户端应用和服务器端应用的集成提供中介服务,通过集成信使来实现客户端应用和服务器端应用之间紧密依赖关系的解耦,服务器端应用的维护与升级对于客户应用来说是透明的,而且客户端应用不再关心底层的通信及消息协议,这种松耦合的集成方式可以在最大限度上提高集成系统的柔性。

3. 面板集成模式

面板集成模式与面向对象软件设计方法中的面板模式很相似,它是从应用交互实现层面来描述客户端应用和服务器端应用集成的一种方法。图 15-14 给出了面板集成模式框架图。集成面板可以为一对多、多对一、多对多等多种应用提供集成接口,在这种模式中包含有一个或多个客户端应用、一个集成面板、一个或多个服务器端应用。集成面板通过对服务器端应用功能的抽象和简化,为客户端应用访问与调用服务器端应用提供了一种简化的公共接口。集成面板在得到客户端应用的服务请求后,将客户端的服务请求转换成服务器端应用能理解的形

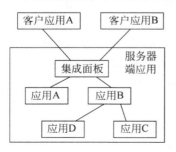

图 15-14 面板集成模式

式,并将该请求提交给服务器端应用。

集成面板为客户端应用提供了一种抽象和简化的公共接口,可以方便地实现客户端应用与服务器端应用的交互。这种集成模式降低了应用间交互的复杂性、降低了客户端应用和服务器端应用之间的耦合度,从而提高了应用和应用集成服务的柔性,提高了应用系统的可重用能力。

与适配器集成模式类似,面板集成模式的基础是单向交互的客户/服务器模型。在这种单向访问的模式中,集成面板无须知道客户端应用的具体实现细节和状态,服务器端应用也无须了解集成面板的具体实现细节和状态。集成面板模式与适配器集成模式的差别是它为客户端应用提供的是一组服务器端应用功能(包含不同应用功能之间的逻辑关系)的通用接口,也就是说,在集成面板中除了包含多个服务器端应用的功能外,还包含了这些应用间的逻辑关系(如不同应用协同完成客户端应用请求的处理逻辑)。

下面用一个例子来说明集成面板模式在企业集成中的应用方式。企业中不同的业务应用采用不同供应商的信息系统是非常常见的。以一家电信服务公司的应用为例,假设该公司的两个主要业务分别是为用户提供互联网接入服务和声讯服务,其互联网接入服务业务采用基于组件的应用系统,而声讯服务业务的信息系统是企业的遗留系统,这两种业务的相关信息分别存储在两个不同的应用系统中。该公司的客户可能会同时申请这两种服务,因而一个客户服务请求可能需要同时访问这两个系统。图 15-15(a)给出了一种基于点对点的客户端应用与后台服务(声讯服务请求处理系统和互联网接入服务处理系统)的系统集成方式。这种强耦合的点对点集成方式不具有共享公共功能的能力,如,虽然订单处理系统中实现了服务获取功能,但这个功能并不能被其他应用使用,当企业增加了一个新的应用(如增加一个基于 Web 的订单处理系统),如果该应用需要服务获取功能,它并不能重用订单处理系统中实现的服务获取功能,而需要重新编制服务获取功能模块,这样显然降低了系统的可重用水平。而且,改变上述服务支持系统中的任何一个,都需要修改所有访问这个应用的客户端系统,这样显然降低了基础业务和系统架构的柔性。图 15-15(b)给出了基于集成面板模式的应用系统集成方式。集成面板作为客户端系统和两种后端服务支持系统之间的中介,通过提供服务获取功能的集成化视图,为客户端应用获取两种后端服务提供了一种简化的接口方式。

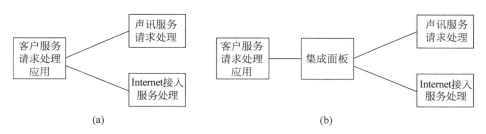

图 15-15 简单的点对点集成与面板集成模式的比较

业务服务面板和活动服务面板是企业应用集成中广泛使用的两种集成面板,其中,业务服务面板的作用是实现客户端应用(界面层)与服务器端系统(功能实现)的分离,实现多个客户端应用以一种通用接口对服务器端系统的访问;活动服务面板是将应用系统间的交互行为抽象为一个活动,它为过程执行控制器(实现过程活动执行顺序导航的程序)提供基于请求的服务,活动服务面板发布的接口格式需要符合业务过程控制器对活动接口定义的要求。采用这种方式的好处是实现了业务过程控制器与供应商提供的应用实现方法的分离,在应用实现方法发生变化时(只要接口不发生变化),业务过程控制器不受影响。

4. 代理集成模式

面板集成模式实现了服务器端应用交互逻辑的分离,在本节介绍的代理集成模式中,不需要明确地去区分客户端应用和服务器端应用,仅需要将待集成应用间的交互逻辑从应用中分离出来,并对应用间交互逻辑进行封装,由集成代理来引导多个应用之间的交互。

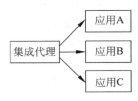

图 15-16 代理集成模式

和集成信使相比较,集成代理知道应用的具体位置及功能属性。图 15-16 给出了集成代理模式的图形化描述。集成代理模式中包含集成代理和需要集成的应用,在这种集成模式中淡化了客户和服务器的概念,由于集成代理中已经包含了应用交互逻辑,因此,需要集成的应用直接通过集成代理进行交互,而不采用客户/服务器的模式来完成。

采用这种集成方式的主要好处在于:

(1) 对遗留应用的依赖及影响最小;

(2) 交互逻辑不再分布在需要集成的应用中,而是采用集中的方式进行表达,所以,集成后形成的集成系统比较容易维护;

(3) 根据封装的应用交互逻辑可以很方便地创建可重用应用服务。

下面用一个例子来说明集成代理模式在企业集成中的应用方式。假设某个声讯服务提供商需要在已有的声讯服务系统(包含基于 Web 的订单提交系统和订单处理系统)中增加接受和处理无线服务订单的功能,进而为用户提供一个一致的集成化订单处理服务系统。为了完成它新增加的无线业务,它需要得到另一个无线电信服务提供商的支持。无线服务提供商已经有了自己的订单处理系统与无线服务业务支持系统。在这种情况下,实现这两种应用系统(声讯服务提供商的订单提交及处理系统、无线服务供应商的订单处理及无线服务业务支持系统)之间的交互是应用集成需要完成的一项基本任务。为了实现这种集成,首先需要将基于 Web 的订单提交系统和订单处理系统中的客户 ID 映射(转换)为无线服务业务支持系统可以理解(符合其内部编码要求)的格式。图 15-17 给出了采用代理集成模式实现的系统集成方法,其中位于中心位置的集成代理用来封装客户 ID 转换功能。显然,将转换功能从两个需要交互的应用系统中分离出来有其优势,一方面它简化了客户 ID 号的转换功能模块的开发与维护工作,另一方面可以降低系统之间的耦合度,从而达到提高业务及信息系统的柔性的作用。

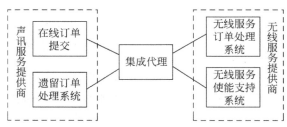

图 15-17 集成代理模式应用示例

利用代理集成模式实现企业应用集成的方法可以具体分为无状态集成和有状态集成两种。无状态集成代理适用于在应用交互过程中不关心应用运行状态的情况。在这种情况下，集成代理对于一个应用请求消息或事件的响应只取决于消息或事件的内容，与交互的状态无关，即，对请求的响应完全独立于以前交互过程中发生的事件。这种集成模式不需要对应用的交互状态进行管理，无状态集成代理的功能主要有数据转换和智能路由等。数据转换包括语法层次上的格式转换和语义层次上的内容转换两种。格式转换是指对数据的表现形式进行变换，如将一种大小写混合的字符串转换为都是大写的字符串；内容转换是指基于消息数据属性的赋值进行表达形式的转换，如，根据业务需要将订购数量大于 100 的订单逻辑值标为"正"，而订购数量小于 100 的订单逻辑值标为"负"。智能路由是指采用一定的规则来控制消息的流转，使其能够顺利到达目的地。控制消息流动方向的路由决策可以基于消息内容、基于消息源及类型或其他形式的规则。比如将所有的与数据产品相关的消息导向到数据产品服务提供系统上，而将无线产品/服务相关的消息导向到无线产品供应系统上。

有状态集成代理适用于应用交互逻辑的执行与以前发生过的应用交互历史相关的情况，如，集成代理持续收集某类事件并累加该类事件发生的次数，在发生次数超过一个给定的数量时就向某个应用发送一个消息。基于状态的交互情况有时候会很复杂，所以必须对状态进行管理。有些交互的持续时间很长，在这种情况下可能涉及很多的状态和事件，而且也会涉及多个应用，这时候就需要提供状态的持久化服务。在集成调解器系统发生错误、正常关机、非正常关机的情况下，通过状态持久化服务可以保持有关应用交互数据和状态的完整性。另外，有状态集成代理方式的实施和运行还需要专业化的设计、开发、配置及运行工具的支持。

以上介绍的几种应用集成模式各具特点，在适配器集成模式中，集成适配器将一个应用接口转换成另一种符合其他应用访问要求的形式；信使集成模式可以将应用之间的交互对通信的依赖降低到最小；面板集成模式为多个服务器端应用提供了一种简化的接口，从而减少了客户端应用对服务器端应用交互逻辑的依赖程度；代理集成模式完全实现了应用交互逻辑与业务功能的分离。显然，这几种应用集成模式按照介绍的顺序逐渐将应用交互逻辑从业务应用系统中分离出来，逐步降低了过程控制逻辑和具体应用功能实现之间的耦合度。

需要说明的是，应用集成模式主要应用到两种场景中，第一种场景是企业集成体系结构的规划实施，采用企业集成模式完成对企业应用之间交互关系的标准化描述，从而保证最终构建信息系统的有序性和一致性；第二种场景是针对一个给定的应用，利用企业应用集成模式来描述它与其他应用之间的交互关系及实现策略。在具体应用过程中，首先需要将企业业务运作需求转化为合适的系统体系结构（采用相应的应用集成模式来描述），并在此基础上，通过应用适合的集成模式将系统体系结构转变为柔性的业务运行系统。

15.4 企业集成平台的实现模式

在讨论企业集成平台实现模式之前，首先讨论软件系统的功能逻辑层次。企业应用软件系统从功能逻辑上可以分为表示、业务逻辑和数据三个层次，其中，表示层负责完成系统与用户交互的接口(界面)定义,业务逻辑层主要根据具体业务规则完成相应业务数据的处理,数据层负责存储由业务逻辑层处理或产生的业务数据,它是系统中相对稳定的部分。按照这些逻辑功能层次间是否分离和分离程度,在软件系统具体实现上可以大致分为单层结构系统(未分离)、两层结构系统(分离为两层)、三层结构系统(三层分离)和 n 层结构系统四类(三层以上的更细致的分离)。

(1) 单层结构系统

很多企业遗留应用系统属于这一类,这种应用一般是采用传统编程方法得到的一个紧密结构应用,三个层次之间没有进行分离,因此某个层次的变化通常引起其他两个层次内容的重新设计与开发。

(2) 两层结构系统

这样的系统通常是将表示层与业务逻辑层紧密耦合在一起,或者是将业务逻辑和数据库层紧密耦合在一起。显然,这种结构实现了三个层次间部分的分离,这样在应用的某个部分发生变化时仅需要修改与其紧密耦合的部分,而无须重新开发所有的代码。如,将表示层分离出来,可以使同样的业务功能采用不同的图形化用户接口及显示器屏幕模式,改变客户端接口(如增加 Web 界面)并不需要修改业务逻辑的功能实现。

(3) 三层结构系统

这是当前比较流行的系统实现方式,它将业务应用系统的表示、业务逻辑和数据三个层次分成独立的模块实现。这样,应用系统的各层可以并行开发,各层也可以选择各自最适合的开发环境和编程语言,这种系统结构不仅可维护性好,也有利于系统的安全管理。

(4) n 层结构系统

是对三层系统结构的进一步细化(主要是将业务逻辑或数据库层分成更多、粒度更小的分布式业务对象来分别实现),其目的是提高系统不同业务功能模块的独立性。在提高了系统的可配置能力的同时,可以使系统具有最好的柔性及可扩展能力。

支持企业间应用集成和交互的集成平台在系统结构上通常都采用多层结构,其目的是最大程度地提高系统的柔性。在集成平台的具体设计开发中,需要按照功能的通用性程度(通用功能、面向特定领域的功能、专业化功能)对系统实现模块进行分层(分成不同的中间件)。

根据企业集成平台的功能支持范围,可以将其划分为侧重于支持企业内部集成化运行的 EAI 和侧重于支持企业间业务集成的 B2Bi。而一般来说,EAI 是 B2Bi 的基础,下面主要讨论 EAI 的实现模式。

从企业集成运行的实现策略上看,EAI 主要包括前端集成模式、后端集成模式和混合集成模式三种,下面分别对它们进行介绍。

1. 前端集成模式

前端集成模式是指 EAI 侧重于业务应用系统表示层的集成,通过单一的用户入口实现跨多个应用系统事务的运作。这种方式适合于用户启动的业务过程会产生多个跨应用的事务,并且这些事务都需要实时响应的情况(主要指 B2C 的环境)。如,一个保险客户或代理通过终端系统(可以是采用基于 Web 的方式)填写保险索赔单,客户通过互联网和一个公共的用户访问接口(如某种浏览器界面)启动相应的事务操作,EAI 需要对此做出及时的响应,启动索赔处理系统完成相应的索赔处理信息查询和处理,并完成保险管理数据库更新。

在如图 15-18 给出的前端集成模式的示意图中,用户通过统一的 Web 浏览器接口实现对企业应用和数据的访问,Web 应用服务器接受用户请求,将它们转发给应用集成服务器,EAI 服务器根据相应的业务规则实现跨多个应用的事务操作。完成用户请求的应用可以是企业遗留系统,也可以是企业新开发的应用,甚至可以是企业外部的服务(如,客户信用验证应用可能是某个银行提供的)。为了完成事务在多个应用间的路由功能,EAI 平台一方面需要采用事先定义的业务规则完成事务处理逻辑,另一方面还需要将事务处理过程中涉及的各种业务数据映射到不同的应用中,并为不同类型事务及应用提供不同级别的安全控制机制。上述 EAI 服务器对应用的访问与管理功能需要在数据集成及应用集成的基础上实现。

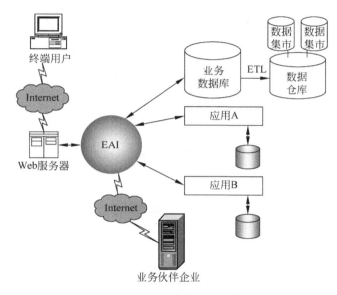

图 15-18 EAI 的前端集成模式

采用前端集成模式还可以对已经运行的核心业务应用系统增加功能,如,通过 EAI 为已有的财务系统增加在线信用验证及授权功能。

2. 后端集成模式

后端集成模式主要侧重于应用系统数据层面的集成,通过专门的数据维护及转换工具实现不同应用或数据源之间的信息交换,维护企业整体业务数据的完整性和一致性。在如图 15-19 所示的后端集成模式中,企业内外部的用户通过定制的客户端工具或浏览器实现对企业不同业务应用的访问,每个业务应用系统独立处理其相应事务(这是与前端集成模式的主要不同之处),而应用之间的数据集成通过后端 EAI 服务器中的数据管理工具来完成。

后端集成模式就像一个方便多个应用系统之间数据自动交互的数据管道。当然,后端集成模式的实施同样需要得到数据集成及应用集成的支持,但由于 EAI 平台不需要提供与具体应用相关的 API,因此利用它来实现数据的集成更加方便。

后端集成模式实现起来相对比较简单,因为 EAI 服务器不需要跨应用的事务维护,而只需要维护一些相对简单的业务规则,基于 EAI 服务器提供的存储-转发机制可以方便地支持合作伙伴企业之间大量的业务数据交换(主要指 B2B 集成)。

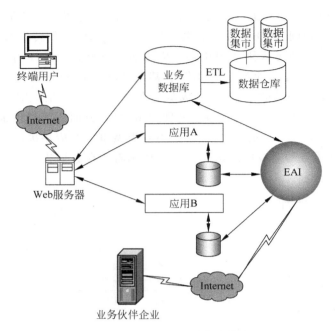

图 15-19　EAI 的后端集成模式

3. 混杂集成模式

混杂集成模式是前端集成模式和后端集成模式的组合，图 15-20 给出了其示意图。

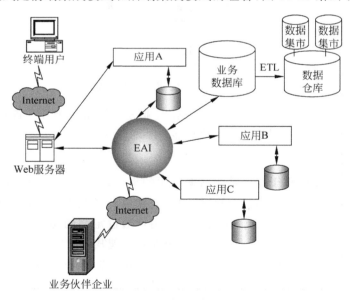

图 15-20　EAI 的混合集成模式

客户通过基于 Web 浏览器的客户端实现对业务应用或 EAI 服务器的访问，服务请求可以由前端应用系统执行，也可以通过 EAI 服务器将服务请求路由到后端，由后端的业务应用来执行。在前面给出的保险公司例子中，索赔处理的申请直接由客户或代理（已经授权的代理可以利用其有效的身份和密码进行访问)填写,而根据保险条款和赔偿规则进行申请处理的事务则由 EAI 服务器分发给不同的业务应用系统来协同完成(包括维护事务及客户数据的一致性)。

混合模式几乎具有前端集成模式和后端集成模式所具有的所有特征,它主要应用于既需要实时响应大量服务请求,又需要维护多个数据源(存在大量业务数据)的完整性和一致性的情况。当请求负载很大时,最好使用两个 EAI 服务器分别实现前端和后端的集成。在这种情况下,前端 EAI 服务器处理那些大量需要实时响应的请求,而后端服务器主要处理定制的、批处理的请求。

目前 EAI 技术的发展已经比较成熟,企业可以根据其自身业务运作及信息技术的应用现状,选择符合其自身需求的 EAI 集成模式。由于在集成平台的实施过程中需要综合考虑各应用软件系统或组件(完成某种业务功能)的地理位置、它们之间的逻辑关系等,而应用软件和它们的逻辑关系又与企业现状(包括技术、市场两方面)和业务模型密切相关,如何使不同应用系统能够在一个统一的运行环境中实现面向企业经营目标的高效协同工作(即如何根据具体企业现状进行集成平台实施)一直是企业信息化研究和实施人员关心的重要问题,目前还缺少具体的方法论来指导这项工作,本书作者在企业信息化实践经验基础上提出了信息化整体解决方案,为有效组织、管理、评价企业信息化工作的实施提供了系统化的指导框架和参考模板,有关信息化整体解决方案的详细内容已经在第 6 章中进行了介绍。

15.5 企业集成运行的成熟度模型

在企业集成具体技术的实现过程中,由于业务应用系统的多样性及大量存在的遗留系统,造成了企业集成实际需求本身就非常复杂,另一方面由于存在大量可供选择的应用集成技术、软件产品和集成实现方案,使企业集成的实施手段也十分复杂。为了帮助企业清楚地了解其目前所处的技术状态,进而更好地处理上述复杂性,美国管理系统协会(AMS)给出了一个企业集成实现成熟度模型,以期能够帮助和指导企业逐步实现业务系统的集成化运行。

根据图 15-21 给出的 AMS 的企业集成技术实现成熟度模型,企业的集成状态分为预集成、点对点集成、结构化集成、过程集成和协同业务集成五个阶段。

(1)预集成阶段

各个业务系统都独立运行,这些独立运行的业务系统之间没有任何形式的直接交互,形成"信息孤岛"。

(2)点对点集成阶段

在这个阶段,通过为需要互连的两个应用建立基础数据交换接口,实现应用间点到点的集成。经过应用间数据交换接口的连接,应用已经从独立的信息单元向集成的系统转化。应用系统之间的交互主要通过应用编程接口来实现,应用之间的数据交换大部分已经通过不需要手工参与的自动化手段实现。集成的应用系统采用紧耦合的结构,反映应用之间依赖关系的业务逻辑规则通常直接编码在具体的应用系统中。虽然集成系统采用的是紧耦合的结构,但是它也允许应用有一定程度的独立性,通常采用面向消息的中间件的方法来提高应用的可扩展性和访问能力。

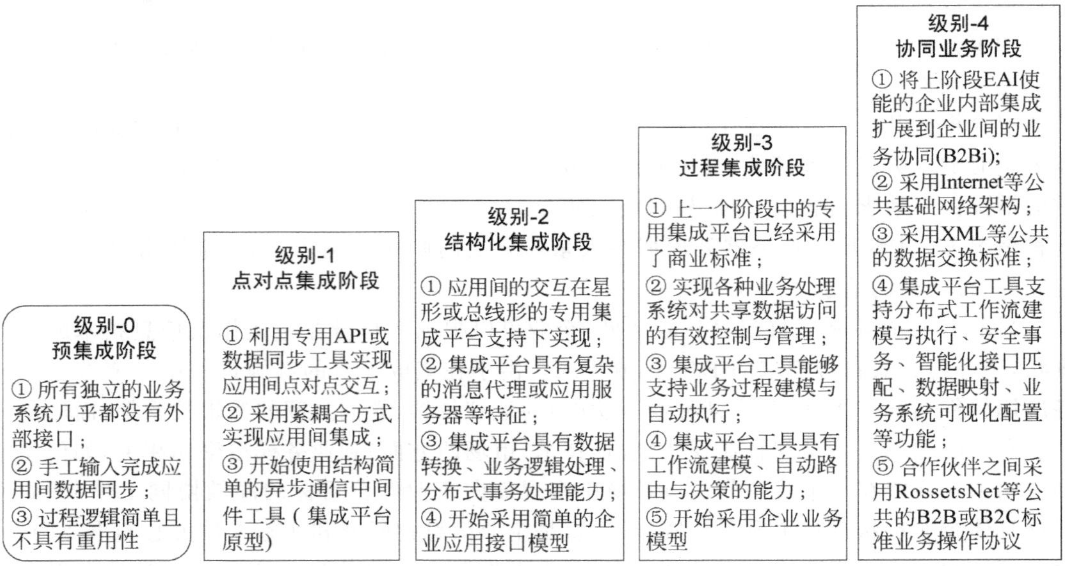

图 15-21 AMS 的企业集成实现成熟度模型

级别-0 预集成阶段
① 所有独立的业务系统几乎都没有外部接口；
② 手工输入完成应用间数据同步；
③ 过程逻辑简单且不具有重用性

级别-1 点对点集成阶段
① 利用专用 API 或数据同步工具实现应用间点对点交互；
② 采用紧耦合方式实现应用间集成；
③ 开始使用结构简单的异步通信中间件工具（集成平台原型）

级别-2 结构化集成阶段
① 应用间的交互在星形或总线形的专用集成平台支持下实现；
② 集成平台具有复杂的消息代理或应用服务器等特征；
③ 集成平台具有数据转换、业务逻辑处理、分布式事务处理能力；
④ 开始采用简单的企业应用接口模型

级别-3 过程集成阶段
① 上一个阶段中的专用集成平台已经采用了商业标准；
② 实现各种业务处理系统对共享数据访问的有效控制与管理；
③ 集成平台工具能够支持业务过程建模与自动执行；
④ 集成平台工具具有工作流建模、自动路由与决策的能力；
⑤ 开始采用企业业务模型

级别-4 协同业务阶段
① 将上阶段 EAI 使能的企业内部集成扩展到企业间的业务协同(B2Bi)；
② 采用 Internet 等公共基础网络架构；
③ 采用 XML 等公共的数据交换标准；
④ 集成平台工具支持分布式工作流建模与执行、安全事务、智能化接口匹配、数据映射、业务系统可视化配置等功能；
⑤ 合作伙伴之间采用 RossetsNet 等公共的 B2B 或 B2C 标准业务操作协议

（3）结构化集成阶段

在这个集成阶段，通常采用先进的中间件工具来实现不同业务应用之间的互操作及数据交换。具体包括两个方面的内容：采用结构化的中心式 HUB 或总线来控制应用间的信息交换；对不同业务应用之间数据或信息流动的各种业务逻辑规则进行集中管理，并将其固化到相应的中间件中。在这个阶段，企业的应用需要遵循一个规范化的集成接口模型（包括公共数据模型），从而便于实现对多种业务系统及数据源的集成化管理。

（4）过程集成

在这个集成阶段，企业集成的重点是实现过程集成。在实施过程集成之前，企业已经实现了应用之间信息共享和对应用之间信息流的控制，为了实现过程集成，企业还需要建立涵盖全企业的公共业务模型，需要专门的工具（友好界面的过程建模工具、自动化的工作流管理工具及决策支持工具等）来完成业务模型的建立、业务流程的配置与管理功能。

（5）协同业务阶段

在这个集成阶段，企业集成从全面满足客户需求的角度来权衡技术、业务过程及组织重组的相互影响，以 EAI 技术作为支撑，将企业与客户和供应商建立的协同竞争策略转化为跨企业的协同业务操作。企业通过互联网提供创新性的在线服务项目和新产品，从而提升企业已有品牌的市场竞争力。本阶段的企业应用集成完成了企业、合作伙伴、客户之间的紧密关联，客户需求可以迅速转化为对企业及其合作伙伴的市场和业务行为的驱动力，通过采用先进的信息资源共享和知识管理等技术，使企业实现对动态变化市场的快速响应。

15.6 SOA 的基本概念和内涵

面向服务的体系结构（service oriented architecture，SOA）由 Gartner 公司于 1996 年最早提出[179]。最近 SOA 之所以引起学术界和工业界广泛关注，却跟 Web 服务（Web service)技术的出现和成熟有很大关系。虽然 Web 服务不等同于 SOA，SOA 也不一定必须基于 Web 服务，但是 Web 服务和 SOA 之间有着紧密的联系。Web 服务技术的成熟使得 SOA 的实现变得容易，而 SOA 各种实践也为 Web 服务提供了更为广泛的应用背景。因此，在本章接下来的部分，作者将不严格区分"Web 服务"和"服务"这两个概念，可以认为，目前 Web 服务就是 SOA 中"服务"的一种最佳实现方式。

SOA 是一种构建信息系统的体系结构，在这个体系结构中，"服务"被认为是最重要的组成单元。与传统的组件模式相比，服务提供了一种独立于具体软件实现方法且面向业务的功能抽象。服务实现了业务功能，但又独立于具体的编程语言、系统平台和访问协议。SOA 是一种分层的体系结构，小粒度服务可以被组合为更大粒度服务，以实现更为复杂的功能，并实现服务的重用。

目前学术界和业界给出了多种 SOA 的定义，这里引用文献[180]中给出的具有代表性的两个定义。这两个定义分别从业务和 IT 的角度来描述 SOA。

定义 1：面向服务的体系结构（SOA）是将业务流程及其支撑的 IT 基础设施中各种要素都封装成为标准的、安全的组件（这种组件称为"服务"），这些服务能够被重用，被组合成新的服务以满足业务需求的变化。

定义 2：SOA 是一种企业范围内的 IT 架构，它强调系统间的松散耦合、重用和互操作。

从以上两个定义可以看出，SOA 是一种构建企业信息系统的架构，和传统企业信息系统架构的不同之处是 SOA 强调业务与 IT 的结合，强调重用，强调系统的开放性。

作为一种构建信息系统的体系结构，SOA 有一些公认的体系架构原则，这些原则体现了 SOA 的内涵，也是设计和实现 SOA 所需要遵循的指导方针。对 SOA 内涵可以从"服务"、"面向"和"体系结构"三个方面进行理解。首先介绍对服务内涵的理解，在 SOA 中，"服务"被认为是最重要的组成单元，服务的特性包括：

（1）服务封装和抽象

作为沟通业务与 IT 技术的手段，SOA 将信息系统的基本功能封装成为"服务"。前面已经提到，服务跟传统的组件有着一定的区别。首先，服务并不依赖与具体的编程语言（Java，C++或者 C♯等），也不依赖于特定的操作系统平台（如 Windows，Linux 等）。其次，服务的封装和抽象，隐藏了内部的实现逻辑。最后，服务的封装是面向业务的，也就是说，服务往往会聚合一系列的其他服务，或者组件，暴露出一些粒度较大、直接面向业务操作（而不是业务操作的实现细节）的接口。比如一个订单服务，可能会暴露出"提交订单"、"查询订单"、"修改订单"等接口；而一个对订单对象进行具体操作的组件，可能暴露的接口是"向数据库写入订单项"、"修改数据库中的订单项"等接口，可以看出，传统组件的接口更加侧重于实现细节，而服务的接口更侧重于业务操作。

（2）服务契约

服务的封装和抽象，与服务的契约紧密相关。服务按照服务描述文档所定义的服务契约与外界进行交互，而服务的使用者可以不必知道服务的其他信息。

（3）服务松耦合

服务松耦合的含义是使得服务之间的关系最小化，服务之间只是互相了解其接口信息，而不必关注其他细节。在某些情况下，服务甚至不用关心其调用的其他服务的接口信息，而只是向某个中介机构（如服务中介，或者服务总线）等发送请求，中介机构会将请求转换为可供其他服务接收的消息,从而实现服务之间更为松散的耦合。

(4) 服务的可组合性和重用性

前面已经提到,一组服务可以协调工作,组合起来形成一个更大粒度的复合服务,这个复合服务将实现更加复杂的功能。服务的可组合性和重用性是密切相关的。将各个小粒度的服务组合起来,实际上提高了这些服务的重用性。这使得各个服务的开发者只需关注自己的业务逻辑。

(5) 服务自治

服务对所封装的业务逻辑具有控制权,整个服务生态系统中,未必有集中的控制机构。

(6) 服务的可被发现性

服务需要对外部提供服务描述信息,这样外界就可以通过服务发现机制发现并访问这些服务。服务的可被发现性,实际上保证了服务的重用性,因为只有基于服务的发现机制,用户需要某些功能的时候才能够在服务生态系统中发现相应的服务,从而避免服务的重复开发。

其次是对"面向"概念的理解,作者认为企业的服务化是一个过程。首先需要选择适合被服务化的功能,例如,在目前技术条件下,对实时性要求比较高的操作(如发电机的实时控制功能)就不适合采用服务化的方式;其次,根据企业实际情况,服务化有不同的层次,包括:组件的封装,系统内的服务交互,企业内的服务交互,供应链范围内的服务交互等多个层次。

从体系结构上看,SOA 是一个分层的体系结构,如图 15-22 所示。

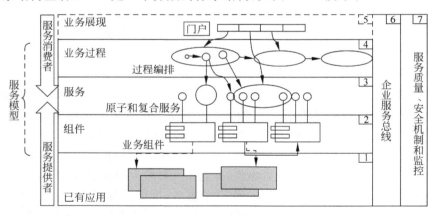

图 15-22　SOA 的分层体系结构

在 SOA 的分层体系结构中,从上到下分为业务展现层(宏观业务层,采用 CBM 方法描述),业务过程层(对 CBM 模型采用 SOMA 方法进行细化,形成用 BPEL 定义的细致业务流程层),服务层(定义各种相关的服务和接口,采用面向服务的组件体系结构(SCA)方法进行描述),组件层(IT 组件,采用 COM,EJB,CORBA 等方法定义和开发),已有应用层(企业已有的信息系统,如 ERP,PDM,SCM 等)。服务模型是联系不同层次的媒介,从上到下支持服务的消费,从下到上进行服务的提供。

对 SOA 概念,不同人有不同的理解。业务领导和咨询人员将 SOA 看成是一组服务,用来展示给他们的客户、合作伙伴或企业的其他部门。对系统架构师,SOA 是体系架构的一种设计风格,它需要定义服务提供者、请求者和服务描述,SOA 也是一组体系结构原则、模式和准则,在 SOA 模式下,模块化、封装、松耦合、关注点分离、可重用、可组合和独立实现是其重要的特性。而对程序开发人员,SOA 则是一种采用标准、工具和 Web 服务技术来进行编程的模型。

15.7 SOA 的参考模型与实施策略

15.7.1 SOA 的参考模型

1. W3C 的参考模型

图 15-23 是 W3C 给出的 SOA 功能模型,包括服务提供者、服务请求者、服务代理者三种不同角色的关系,以及将其联系在一起的服务。

服务提供者是一个可通过网络寻址的实体,它提供服务,并接受和执行来自服务消费者的调用请求。服务提供者将服务的描述发布到服务注册中心,以便服务消费者可以发现和访问该服务。

服务消费者是需要使用服务的任何实体,可以是普通应用程序或者另一个服务。服务消费者通过服务注册中心查询自己需要的服务,然后利用查询的结果,定位到服务提供者,与服务提供者绑定,并且调用服务。

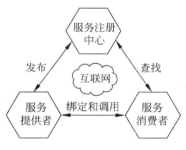

图 15-23 W3C 给出的 SOA 功能模型

服务注册中心是一个中介中心,它接受各个服务提供商的服务注册,建立和维护描述服务的目录,服务提供者可以通过服务注册中心发布它们的服务,而服务消费者可以通过服务注册中心查询、发现可用的服务。

支持 SOA 的功能实现的标准协议是统一描述、发现和集成协议(universal description,discovery,integration,UDDI)、Web 服务描述语言(Web service description language,WSDL)和简单对象访问协议(simple object access protocol,SOAP)。用 UDDI 来实现服务的注册和查找,使用 Web 服务描述语言实现服务的描述,使用简单对象访问协议来实现服务的绑定和调用。

因此,服务使用的基本流程是:服务消费者在 UDDI 注册中心查询服务,定向到服务提供者取得服务的 WSDL 描述,然后通过 SOAP 来调用所需服务。

统一描述、发现和集成协议(UDDI)是一个基于 XML 的跨平台描述规范,可以使企业在互联网上发布自己所提供的服务。UDDI 将企业与服务的注册信息分成以下三组:白页、黄页和绿页。

(1) 白页:有关企业的基本信息,如地址、联系方式等。

(2) 黄页:基于标准分类的目录。像在普通的黄页中那样,企业可在不同的目录下注册企业自身或者其提供的服务。

(3) 绿页:与服务相关联的绑定信息,及对这些服务所依赖的技术规范的描述。

Web 服务描述语言 WSDL 是基于 XML 描述 Web 服务公共接口信息的规范。它描述了调用 Web 服务时用户需要了解的接口信息、需要绑定的协议等。在 WSDL 中可以抽象描述该服务支持的操作和输入输出消息,在使用 Web 服务的时候再将实际的网络协议和信息格式绑定给该服务。目前 WSDL 的正式版本为 2.0 版。

简单对象访问协议 SOAP 是一种用于访问 Web 服务的标准化通信规范。SOAP 同样是一个基于 XML 的协议,它包括三个部分:

(1) SOAP 封装(envelop):定义了 SOAP 消息中的内容是什么,是谁发送的,谁应当接受并处理以及如何处理。

(2) SOAP 编码规则(encoding rules):定义了一种序列化机制,用于支持应用程序所定义数据类型的交换。

(3) SOAP RPC 表示(RPC representation):定义了用于远程过程调用和应答的协定。目前 SOAP 协议的正式版本为 1.2。

2. IBM 的 SOA 参考模型

图 15-24 给出的是 IBM 公司提出的 SOA 参考模型。IBM 提出的 SOA 参考模型分为服务基础设施层、服务总线层、业务流程层、业务入口层四个层次。

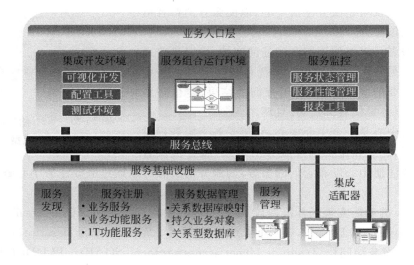

图 15-24　IBM 公司提出的 SOA 参考模型

各部分功能介绍如下。

(1) 服务注册

服务注册模块定义了描述服务的数据库,服务提供者可以通过服务注册模块发布它们的服务,而服务使用者可以通过服务注册中心发现或查找可用的服务。服务注册模块利用 UDDI 协议,对企业中已有的服务进行归类、发布。SOA 中的服务可以映射为具体系统中任意功能模块,但是从功能性方面可以将服务划分为以下三种类型:

- 业务服务或者是业务过程,这一类服务是企业可以暴露给外部用户或合作伙伴使用的服务。如,提交贷款申请,用户信用检查,贷款信用查询。
- 业务功能服务,这类服务会完成一些具体的商业操作,也会被更上层的商业服务调用,大多数情况下这类服务不会暴露给外部用户直接调用,如,检索用户账户信息,存储用户信息等。
- 技术功能服务,这类服务主要完成底层技术操作功能,如,日志服务,安全服务等。

(2) 服务发现

为特定的用户请求或者来自服务总线的请求查询相关的服务。服务发现基于服务注册模块中的服务分类信息和服务的功能描述。

(3) 服务数据管理

服务数据管理模块提供对 SOA 下异构数据的管理和访问,包括对各种关系数据库的访问和映射,以及对各种业务对象的访问和操作,提供类似 JDBC、ODBC 等数据库访问接口,提供统一展现和访问各种类型数据的方式。

(4) 服务管理

对服务版本和服务的整个生命周期进行管理。

(5) 集成适配器

集成适配器用于封装已有的异构企业应用系统和信息资源,如 .NET 应用、J2EE 应用和 CORBA 应用,通过集成已有的应用和信息,实现业务逻辑和业务数据等重要资产的重用,为企业提供更多增值服务。

(6) 服务总线

服务总线是一个基于消息的通信模块,它提供基于标准的连接服务,将应用中实现的功能或数据资源转化为标准的服务,这样服务请求者就能以标准的方式来访问所需的服务。服务总线的主要功能是实现企业内部信息准确、高效和安全的传递,消除采用不同技术开发的应用之间的差异,让不同应用服务协调运作,实现不同服务之间的通信与整合。

当服务请求者请求一个服务时,对于简单的服务,服务总线可以无须执行任何转化过程。而对于某些复杂的服务,则可能需要很复杂的中介服务支持,包括动态查找、选择一个服务,消息的传递、路由和转换,协议的转换。这种中介过程,是服务总线借助于服务注册、服务发现以及问题域相关的知识(如业务规则)自动进行的,不需要服务请求者和提供者介入,从而实现了服务请求者和提供者间的解耦,使得服务请求者不需要关心服务提供者的位置和具体实现技术,双方在保持接口不变的情况下,各自可以独立地执行操作。

服务总线结构采用了总线模式来简化应用之间的集成关系,提供基于标准的通用连接服务,使得服务请求者和服务提供者之间可以以松散耦合和动态的方式进行交互,在不同层次上实现面向服务的、松散的和灵活的集成。

业务流程层提供服务的组合、监控等功能,包括服务集成开发环境、服务组合运行环境和服务监控三个模块。

(7) 服务集成开发环境

服务集成开发环境包括服务的可视化开发环境、配置工具和测试环境。服务的可视化开发环境基于 SOA 编程模型,将服务作为开发的直接目标和基本构成模块,使用可视化的方式开发和组合服务组件。服务的组合基于 WS-BPEL 标准,利用已经封装好的各种服务来构建商业系统中的商业流程。配置工具基于模板实现服务的快速配置,最大限度地实现服务的重用。测试环境为服务的开发提供可视化的调试环境。服务集成开发环境充分体现模型驱动的体系架构(MDA)的开发思想,服务模型、可视化编程模型和代码实现之间的映射和一致性将通过集成开发环境进行实现和维护。

(8) 服务组合运行环境

类似于组件容器,服务组合运行环境支持各种服务的运行。其主要功能是对 WS-BPEL 组合流程的支持,包括流程导航、Web 服务调用、对长事务以及异常处理的支持等功能。

(9) 服务监控

除了系统的业务需求外,系统架构还应该能够满足系统中非功能性服务级别(service-level)需求以及服务质量(QoS)方面的需求,如,性能、可升级性、可靠性、可用性、可扩展性、可维护性、易管理性以及安全性。通过预设关键性能指标(KPI)和业务规则,服务监控层实时监控系统各方面的性能,并可视化地展现给用户。服务监控也可以对一些异常活动或者超时情况设置报警或提醒,以便实时地为用户提供系统运行情况,在系统出现异常时通知用户及时进行处理。服务监控功能包括服务状态管理、服务性能管理和报表工具三个模块。

(10) 服务表示

服务表示层为用户提供接口服务,它基于入口技术来构建,为各种不同业务系统和异构的客户端提供获取服务功能的一致访问方式。

3. IDC 的 SOA 参考模型

著名的信息技术咨询顾问公司 IDC 提出了图 15-25 所示的 SOA 参考模型。

图 15-25　IDC 的 SOA 参考模型

IDC 提出的 SOA 参考模型包括核心服务和外围辅助服务。核心服务包括集成服务、流程协调服务、状态管理服务、策略服务、状态管理服务和部署服务,围绕着它们的是外围辅助服务,包括访问服务、开发工具、应用程序和数据服务、安全性和管理服务。这些辅助服务决定了 SOA 解决方案的构建方式(开发工具)、人员和其他环境的访问方式(访问服务)、安全保护和管理方式(安全性和管理服务),以及使用方式(应用程序和数据服务)。

SOA 的服务功能如下:

(1) 部署服务:用于部署和管理服务的操作以及运行时功能。

(2) 集成服务:提供支持需求驱动(请求/回复)和事件驱动的跨操作系统环境和平台的互操作性,实现数据和流程集成。

(3) 流程协调:对服务进行编排、组织并形成业务流程,实现业务流程自动化。

(4)策略:控制行为的业务策略、系统规则或条件(业务规则是业务流程的基础)。

(5)状态管理:对系统状态进行识别,支持和管理实体状态,控制和管理状态的变化。

(6)访问服务:以基于系统和基于角色的方式对 SOA 服务和系统控件进行可靠、安全的访问。

(7)开发工具:为服务和消息提供全生命周期的支持和版本控制,包括建模、编码、调试、测试、部署和更改控制。

(8)安全性和管理服务:对服务和流程进行监视、管理,对系统的安全性及身份进行管理。

(9)应用程序和数据服务:提供数据持久性和数据语义建立服务。

4. BEA 的 SOA 参考模型

图 15-26 给出的是 BEA 公司提出的 SOA 参考模型。

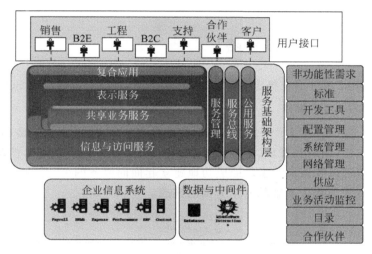

图 15-26 BEA 的 SOA 参考模型

BEA 提出的 SOA 参考模型包括服务基础架构层、信息与访问服务层、共享业务服务层、表示服务层和复合应用层,图中还包括了 SOA 的非功能性需求、企业信息系统、数据与中间件和用户接口等部分。

(1)服务基础架构层

服务基础架构层提供创建和部署服务与复合应用的公共基础,提供集中化管理/监控功能,具体包括:公用服务、服务总线和服务管理。公用服务提供日志、审计、安全以及错误处理等各种业务应用服务所需要的基础服务,服务总线提供服务交互所需的信息传输、翻译、转换和消息路由,消息传递分为异步和同步传输模式,服务管理提供管理所有 SOA 参与者所需要的服务目录、版本、监控和配置等功能。

(2)信息与访问服务层

信息与访问服务层通过公布统一的接口,其他层服务或用户应用可以直接调用或访问它所提供服务。信息与访问服务层包含数据库适配器、应用适配器、消息适配器等接口组件。提供各类信息的标准存取方式,如企业业务数据、信息系统数据、定制应用软件数据、消息中间件访问的数据等。信息与访问服务层还为企业数据提供了统一的信息表示方式,从而可以在全企业范围内方便地使用所有数据。

(3) 共享业务服务层

共享业务服务层为企业业务提供服务,它建立在信息存取服务之上,其主要目的是协调其他服务,为上层应用提供支持,它包含流程服务和复合服务两个模块,分别提供独立的核心业务功能服务及不需要与遗留信息系统有直接关联的服务。实现核心业务功能的梳理和整合,并将整合后可共享的业务功能对外开放。

(4) 表示服务层

表示服务层基于开放标准接口协议,提供标准化和个性化的信息与功能展现方式,包含远程 portlets、Java 页面流和内容管理等功能模块。

(5) 复合应用层

利用企业已有的服务组件,通过结合与协调下层服务组件,组合成复合应用,形成面向高层业务的业务流程逻辑。

15.7.2　SOA 的实施策略

BEA、IDC、IBM 等公司在提出 SOA 参考模型的同时,也分别给出了 SOA 的实施策略。

1. BEA 的 SOA 实施策略

BEA 给出了图 15-27 所示的影响 SOA 实施的六个域,包括业务策略和流程、架构、服务组件、项目与应用、组织和管理、成本和效益。虽然这六个域各自不同,但却互相关联、互为依存,对每个域都需要认真考虑才能成功地建立起面向服务的 IT 架构,这六个域也非常符合在企业 IT 建设过程中面临的六个方面的挑战。

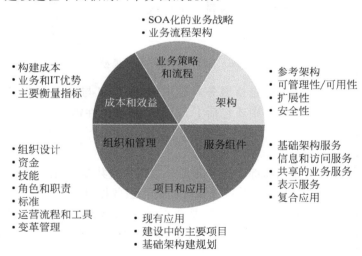

图 15-27　影响 SOA 实施的六个方面的因素

(1) 业务策略和流程

在这个域中,企业面临的主要挑战是如何让 IT 最好地支持业务及其需求的变化。应对这一挑战的最佳途径是提供一个适当的环境,能够将 IT 管理与企业的业务战略连接起来,并使二者协调一致,在 IT 的支持下不断改进业务流程的运作。

（2）架构

仅仅根据业务的需求按项目的方式建立企业IT系统，是带来企业IT架构缺乏一致性的主要原因，当业务需求发生变化时，企业需要在企业范围内重新进行IT整合和流程整合，这个整合工作既费钱也费力。SOA是支持业务流程和IT高效率整合的最佳途径，它为企业业务流程的运作提供了一个基于标准的、分布式的、松耦合的IT架构，从而能够快速响应业务需求的变化。

（3）服务组件

缺少可重用的服务组件是当前企业IT系统建设中面临的一个比较严重的问题，它使得很多企业都无法在资金预算范围内实现其IT构建目标。通过创建可重用的、基于标准的服务组件，可以帮助企业尽可能地重用已有资源，减少资金投入。

（4）项目和应用

过去，企业IT建设主要是按项目进行的，一旦业务需求发生变化，整个企业IT系统就需要重新改变，很多应用功能也需要重复开发，导致极大的投资浪费，如果将所有的应用功能以分类的、可重用的、基于标准服务形式提供，在业务需求发生变化时，能够快速重组系统，避免重复开发，提高IT投资回报率。

（5）组织和管理

随着企业机构的变化，企业IT也会需要相应的调整，如果为每一个新需求单独增添解决方案，就会使企业IT成本大幅度地上升。解决这一问题的有效方法是在企业IT建设初期就充分考虑IT系统对企业组织结构变化的灵活性，采用可视化、模型化和标准化的IT变更流程，以最小的维护工作量满足业务需求的变化。

（6）成本和收益

成本和收益是任何企业在投资IT建设初期都必须考虑的事情，也是企业最为关心的问题之一，BEA的SOA系统实施方法论可以帮助更好地规划和实施企业IT系统，使企业的IT投资成本最小，收益回报最大。

充分考虑以上每个域面临的挑战，平衡企业长期战略与短期业务需求，就能成功地实施SOA并从中获益。

2．IDC的SOA设计要求和原则

在SOA参考模型基础上，IDC也提出了如下SOA设计要求及原则。

（1）SOA设计要求

SOA是一种结构化应用程序开发方法，提高了应用的可伸缩性、可维护性以及可延展性。IDC认为企业必须遵循以下设计要求才能获得上述好处，使用SOA架构的系统必须具有以下基本功能：

- 松耦合形式：设计的服务具有自主性和实施无关性。这样做可以在引进新服务、将现有服务合并成复合解决方案及更改服务部署方面获得更大的灵活性，而不必考虑原有系统中不同级别服务之间的关联。
- 服务封装：对服务进行封装可以将服务接口与服务的详细内部规格和实施细节相分离。
- 接口标准化：通过标准化的服务互操作接口，确保不同服务可以相互通信。
- 共享语义框架：通过共享语义框架可以确保服务间交换的消息内容能够被正确理解。

(2) SOA 设计原则

在 SOA 基础中，核心基础架构和支持元素本身应以服务形式进行设计和使用。这些元素可以解决应用中的关键技术问题，如安全性、管理和监视、数据和访问服务、事件和消息处理服务及类似的其他服务。由于这些功能必须处于"一直开启"状态，最好将它们可靠地构建在 SOA 运行功能中。具备这些良好的特性，就可以显著改善 SOA 的运行。IDC 给出的设计原则包括：

- 服务查找：提供查找和自动配置可用服务及简化服务管理的机制。
- 服务安全性：管理和执行身份及安全性策略，确保正确的数据、消息和服务访问。
- 面向服务的管理：在分布式网络环境中，根据业务规则和服务级别协议（SLA）对服务进行定义、执行、监视和管理。
- 服务集成：简化消息处理机制、服务支持接口定义和信息向常用格式的转换方法。
- 事件驱动的架构（EDA）：用消息传递来触发服务调用，事件是一种消息类型，它反映了系统状态的变化，业务流程受业务规则控制，业务规则根据事件信息进行响应，另外还可以通过警报方式将事件发送至其他系统或用户。
- 服务自动配置：为了实现动态服务调用，核心系统及应用基础架构要以服务自动配置、负载平衡以及将服务方便移动到其他所需服务器为主要部署目标。
- 服务呈现：提供将服务呈现给各种"客户机"所需的转换功能，为企业门户或移动设备的访问提供便利。
- 服务开发和生命周期管理：设计、开发和管理良好的服务组件环境。

3. IBM 的 SOA 实施策略

IBM 首先给出了图 15-28 所示的实施 SOA 需要相互配合的四个方面的工作，包括业务流程、系统架构、业务、技术的相互匹配和组织。

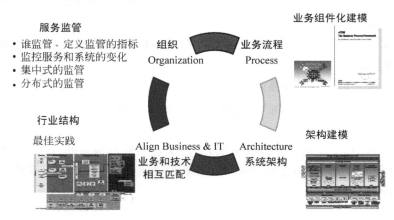

图 15-28　SOA 实施中需要相互配合的四方面工作

进一步，IBM 给出了图 15-29 所示的 SOA 实施路线图。

SOA 实施包括以下步骤。

（1）业务建模：建立企业的业务模型，并对其进行业务分析，通过业务转型和优化，形成优化后的业务运作模型。

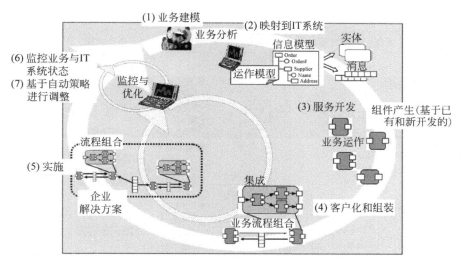

图 15-29 SOA 实施路线图

（2）映射到 IT 系统：将上述优化后的业务运作模型映射到信息系统，形成相应的信息模型，包括信息实体和实体间需要交换的消息。

（3）服务开发：按照业务运作的需要，开发服务组件，这些服务组件可以基于已有的企业应用组件，或者从头开始开发。

（4）客户化和组装：按照企业业务流程的需要，通过集成和流程组合对所开发的组件进行客户化配置和组装，形成支持业务运作的服务流程。

（5）实施：将所形成的基于服务的业务流程在企业进行实施，形成支持企业业务运作的解决方案。

（6）监控业务与 IT 系统状态：对基于服务的业务流程和 IT 系统的状态进行持续监控。

（7）基于自动策略进行调整：按照事先定义好的业务规则，对监控获得的事件进行响应，调整业务运作方式和 IT 系统配置，提高服务响应和业务运作性能。

4. SOA 实施层次和运作示例

SOA 的实施涉及企业多个层面，图 15-30 给出了 SOA 实施的三个层面的示意图。最上层是业务过程层面，它关注的是定义业务流程的宏观（拓扑）结构，建立企业的业务流程模型，并定义明确的业务性能评价指标。服务层面完成服务的定义，根据业务流程的需要进行服务流程编排，形成服务的逻辑视图，在服务流程中根据业务监控的需要定义服务状态监控和业务规则控制点，并在投入正式实施前对服务流程进行部署和必要的测试。IT 架构层面完成面向服务的 IT 系统部署，在 IT 系统中设置必要的策略控制点，并建立服务组件的输入到输出的连接。在实际运行中，客户端应用通过 Web 服务入口访问所需的服务组件，工作负荷管理器根据系统的负载情况分配不同的服务实例到不同的服务器上，以实现服务负荷的均衡，同时根据业务性能和服务响应的消息进行系统的性能评估，以实现业务和系统高效率运转。

根据企业对业务运作和 SOA 的需求，SOA 在企业的实施也可以采用不同的实施方法

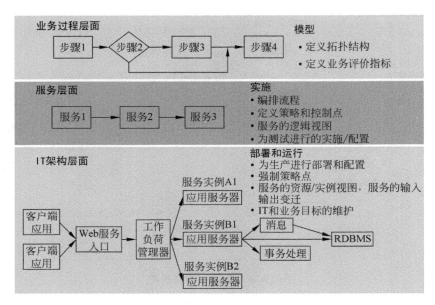

图 15-30 SOA 实施的三个层面

和实施范围。图 15-31 给出了 SOA 在企业实施的不同切入点,从①到④,企业实施 SOA 的服务和深度不断增加,其对企业的业务价值也不断增加。第①种实施方式是实施单个的 Web 服务,所实施的 Web 服务可以来源于企业已有的应用,或者来源于新开发的应用。第②种实施方式是实施面向服务的业务功能集成,围绕一个业务目标将企业内、外的多个应用进行集成,形成所需要的集成化服务。第③种实施方式是实施企业级的 IT 转型,这种实施方式需要定义良好的企业业务体系结构,在此基础上,采用面向服务的方式完成全企业的业务功能的集成。第④种实施方式是实施随需应变的业务转型,这种方式是对企业进行彻底革新的方式,在面向服务体系结构下,实现现有业务模式向新的业务模式的转变。

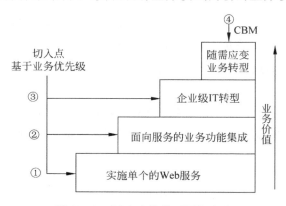

图 15-31 SOA 实施的不同切入点

以下用图 15-32 和图 15-33 两个场景来说明基于 SOA 的业务转型的应用过程。

图 15-32 给出的是一个企业的产品销售过程,该产品的销售过程涉及客户、销售、仓库和客户服务四个部门,其销售流程如图所示,从下订单开始,到接收产品结束。过去企业采用了销售管理、仓库管理和客户关系管理三个系统支持该销售流程。为了实现面向服务的

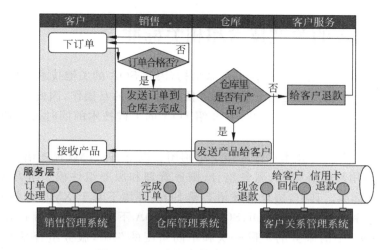

图 15-32　面向服务的应用示例场景 1

业务转型,首先将销售管理系统、仓库管理系统和客户关系管理系统中的功能组织成为相应的 IT 服务组件,并将这些服务组件统一形成企业的 IT 服务层。

完成 IT 服务层的构建后,业务流程就可以根据需要调用所需的 IT 服务功能来完成其业务操作。图 15-33 给出了面向服务的应用示例场景 2,其中订单检查业务活动调用订单处理服务,给客户发送产品的活动调用完成订单服务。如果 IT 服务中没有业务活动执行所需要的 IT 服务,则可以根据需要在 IT 服务层增加新的服务,如图中检查仓库服务是新增加的服务。在有些情况下,部分业务功能需要由在企业外的第三方机构完成,如图中的退款功能。在此情况下,采用基于 SOA 的方式就可以快速实现业务集成,如图中所示的通过服务调用的方法实现产品销售过程和第三方退款过程的集成。

因此,基于 SOA 可以快速实现企业业务的转型与跨企业间流程集成。

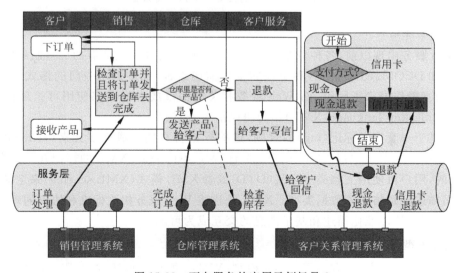

图 15-33　面向服务的应用示例场景 2

15.8 SOA 的关键技术和相关标准

前面已经提到,SOA 是一个分层的体系结构,因此 SOA 的关键技术也分布在各个层次中,另外,SOA 的一个特点就是基于标准来方便应用之间的互操作,因此,SOA 关键技术与协议和标准等密切相关。在这一节里,在介绍 SOA 的关键技术的同时,将同时介绍与这些关键技术密切相关的标准。

图 15-34 是 SOA 关键技术和标准体系结构图。以下将从协议描述语言、支撑技术(服务描述、发现和调用)、服务模型、服务组合、服务管理和服务组件模型等几个方面来介绍 SOA 关键技术和标准。其中,协议描述语言是 SOA 环境下基于 XML 的各种标准和协议的载体,服务发现和调用技术(UDDI、SOAP)则是 SOA 下服务通信和互操作的基础,服务模型提供了对 SOA 中的服务的不同层次和不同角度的刻画,服务组合是 SOA 下系统集成、服务重用和新业务快速开发的重要使能技术,它通过聚合服务形成更大粒度的服务,以满足不同的业务需要。而服务组件模型是 SOA 的组件模型和编程模型,可简化使用 SOA 进行的应用程序开发和实现工作,服务管理技术则为 SOA 中的安全和互操作等提供支持。

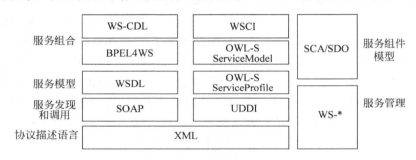

图 15-34 SOA 的关键技术和相关标准

1. 协议描述语言

在 Web 服务出现以前,各种分布式对象的调用机制都使用其特有的二进制编码方式和通信协议,如 DCOM、EJB 等。各种组件的接口描述语言,也多采用专门的格式规范,这给应用之间的互操作带来了困难,而 Web 服务相关的协议或者标准都使用可扩展标记语言(extensible markup language,XML)作为协议描述语言。

XML 基于一套定义标记(tag)的规则,这些标记将文档分成许多元素(element),并对这些元素加以标识[181]。与超文本标记语言 HTML 不同的是,XML 的标记并不是在 XML 中预定义的,用户可使用文档类型定义(DTD)或者 XML 模式(XML schema)来定义自己的标记,从而描述任意格式的数据类型。XML 是描述 Web 服务相关标准和协议的理想基础,因为它使得消息的标准化描述和基于消息的交互成为可能。

2. 服务模型

针对服务的不同方面,有不同的描述模型,WSDL 侧重于描述 Web 服务的操作接口及调用绑定方式,它已经成为 Web 服务接口描述事实上的标准,得到了主要软件供应商的支持。

另一个有重要影响的 Web 服务建模语言是服务本体描述语言 OWL-S[182]。OWL-S 通过建立一套公共的本体语言来描述 Web 服务。OWL-S 中的服务描述分为服务概要描述(ServiceProfile)、服务基础描述(ServiceGrounding)和服务模型描述(ServiceModel)三个部分。其中服务概要描述用于描述"服务做了什么",即服务所属的类型、输入输出参数、执行条件等。服务基础描述用来描述"服务是如何工作的",即服务内部的业务流程逻辑。而服务模型描述用来描述"如何访问服务",即访问服务的消息格式,通信协议,以及其他细节如端口号等。

与 OWL-S 类似,爱尔兰国立大学 DERI 实验室联合其他研究机构开展的 WSMO(Web service modeling ontology)项目[183],WSMO 也定义了一系列的本体来为服务建模。基于 WSMO,该项目组还开发了一系列的服务本体描述语言和服务执行环境。关于 WSMO 和 OWL-S 的详细比较,读者可以参考文献[184]。

3. 服务管理

在 Web 服务的协议栈中,有一类协议主要涉及非功能性需求,本书中把这一类协议统称为管理模型。这一类协议主要包括 Web 服务安全框架(WS-security)、Web 服务互操作框架(WS-I 和)Web 服务策略框架(WS-policy)等。下面分别做简要介绍。

Web 服务安全框架的目标是使 Web 服务之间能够通过安全的 SOAP 消息交换进行交互。Web 服务安全框架定义了使用 XML 安全标准把数字签名和加密运用于 SOAP 文档的标准方法,该方法可提供消息完整性、消息机密性以及单次消息身份验证等功能,能够保证 SOAP 消息传输的安全性。

Web 服务互操作框架是提供清晰而一致的协议,以确保 Web 服务标准、规范和技术(如 XML、SOAP 和 WSDL)之间的互操作性,这些协议对于支持 Web 服务协同工作至关重要。

Web 服务策略框架提供了一种灵活且可扩展的语法,用于表达 Web 服务系统中实体的功能、要求和一般特性(称为"策略")。Web 服务策略框架定义了一个框架和一个模型,用于表达策略。如,可以创建一个策略断言来定义如下要求:必须使用受信任的 X.509 证书来对 SOAP 消息进行签名。

4. 服务组合

在 SOA 中,服务是基本的调用单元,服务通过组合(composition)形成更大粒度服务,以满足不同业务需要。因此,服务组合已经成为 SOA 下系统集成、服务重用和新业务快速开发的重要使能技术[185]。

在 Web 服务组合技术方面,工业界和学术界有着不同的侧重。工业界关注服务组合描述语言,提出了 Web 服务业务流程描述语言(Business Process Execution Language for Web Services,BPEL4WS)、Web 服务编排接口(Web Service Choreography Interface,WSCI)和 Web 服务编排描述语言(Web Service Choreography Description Language,WS-CDL)等多种 Web 服务组合描述语言,许多厂商还基于这些语言开发出了相应的建模和运行工具。学术界关注的热点是服务的自动组合方法,以及组合服务模型的形式化验证方法等[186]。

以下对 BPEL4WS、WSCI 和 WS-CDL 这三种 Web 服务组合描述语言进行介绍。

(1) BPEL4WS

近年来,很多信息行业的巨头对业务流程管理都开展了大量的研究,最显著的成果就是由 IBM、Microsoft 和 BEA 于 2002 年 8 月联合提出的业务流程执行语言 BPEL4WS。BPEL4WS 的出现取代了 IBM 原有的 Web 服务流程语言(Web Service Flow Language,WSFL)和 Microsoft 的 XLANG 规范,并集成了 WSFL 和 XLANG 各自的优势(前者支持面向图形的流程,后者则支持流程的结构化构造),从而形成了一个支持以自然的方式定义各种类型业务流程的规范。BPEL4WS 提交给结构化信息标准促进组织(Organization for the Advancement of Structured Information Standards,OASIS)以后,被更名为 WS-BPEL(Web 服务业务流程描述语言),并得到不断的完善。

BPEL4WS 的主要设计目的有以下几个方面:
- 基于 XML 的业务过程定义;
- 基于 Web 服务相关协议定义;
- 既描述流程内部执行逻辑,又描述流程与外界的交互;
- 支持流程实例标识的灵活定义;
- 支持事务处理和错误恢复。

BPEL4WS 是基于 XML 定义的流程描述语言,它位于 WSDL 1.1、XML Schema 1.0 和 XPath1.0 规范之上。其中 WSDL 消息和 XML Schema 类型定义提供了 BPEL 流程所用的数据模型,XPath 为数据处理提供支持,所有的外部资源和伙伴被表示成 WSDL 服务。

BPEL4WS 描述的业务流程指定了一组 Web 服务操作的可能执行顺序及其相互依赖关系,提供了 Web 服务的合作伙伴及其在业务流程中扮演的角色、服务间数据共享、故障及补偿处理等一系列定义和方法。

BPEL4WS 和 WSDL 标准之间的关系可以用图 15-35 进行说明。

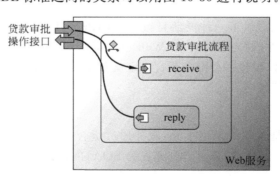

图 15-35　BPEL4WS 和 WSDL 标准之间的关系

BPEL 流程被封装为 WSDL 服务,如图中的贷款审批流程,消息交互被映射为 Web 服务的操作,业务流程的活动被映射成为 Web 服务的操作,接收(receive)和答复(reply)构成一个操作的请求和响应,所以说一个 Web 服务的一次访问可以涉及业务流程的多个活动,如图中贷款审批操作这个 Web 服务访问了 receive 和 reply 活动。基于 BPEL 将流程封装成服务功能后,就可以基于 BPEL 进行 Web 服务组合,如图 15-36 所示。

为了实现这些功能,BPEL4WS 引入了变量、合作伙伴链接、活动、相关性、作用域等关键元素。

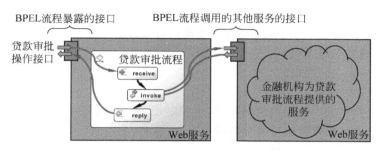

图 15-36　基于 BPEL 的 Web 服务组合

① 变量(variable)

变量用来保存组成业务流程状态的消息,它们通常是从合作伙伴那里接收到的消息,或是将被发送给合作伙伴的消息。同时,它们还有可能是与流程有关的状态信息,这些消息并不与合作伙伴进行交换。每个变量的类型可以是 WSDL 消息类型、XML Schema 简单类型或 XML Schema 元素。

变量通过 WSDL 中的消息或者 XML Schema 来定义,活动的输入输出被保存在变量中,图 15-37 给出了活动的输入输出变量的示例。

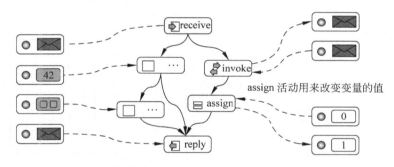

图 15-37　活动的输入输出变量示例

② 合作伙伴链接(partnerlink)

合作伙伴链接用于实现 Web 服务间长期稳定的交互,它是由合作伙伴链接类型来描述的。合作伙伴链接类型定义了服务在会话中扮演的"role",并指定了每个服务所提供的"portType",以便接收会话的上下文的消息。合作伙伴链接类型与合作伙伴链接之间具有一对多的关系,同一个合作伙伴链接类型可以用来描述多个合作伙伴链接。虽然使用服务的用户必须静态的依赖于特定的 port-Type,但是在执行流程中可以通过端口类型动态的发现和使用包括在端口定义中的信息。

③ 活动(activity)

活动用于描述流程的正常行为,包括基本活动和结构化的活动,其中基本活动定义了组成业务流程的任务,主要包括:

- receive:等待一个匹配的消息到达;
- reply:作为对 receive 的相应;
- invoke:向一个交互对象发出请求;
- assign:更新变量的值;

- exit：立即终止一个业务流程的执行；
- validate：验证变量中存储的 XML 数据的有效性；
- throw：抛出一个异常；
- compensate：补偿操作；
- empty：空指令。

结构化的活动定义了流程的逻辑顺序，即控制流，主要包括：
- sequence：定义顺序执行多个活动；
- flow：定义多个并行的活动；
- pick：等待几个消息之中的一个到达，或超时；
- scope：定义嵌套活动，包括和自己关联的变量、故障处理程序和补偿处理程序；
- if-then-else：从多个活动中选择一个；
- while、repeatUntil、forEach：循环控制；
- link：同步两个活动。

每个流程都通过结构化的活动将基本活动组织起来，完成特定的任务。图 15-38 给出了一个 BPEL 流程的示例。

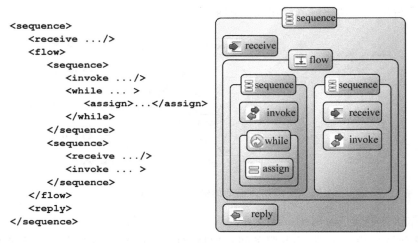

图 15-38　BPEL 流程示例

④ 相关集（correlation）

相关集用来将消息关联到特定的流程实例，相关集概念对传统工作流系统中的"流程实例标识"进行了扩展，允许用户根据流程中的数据自定义流程实例的标识。如图 15-39 所示，客户号（customerId）和订单号（orderNumber）的组合标识了特定的流程实例。

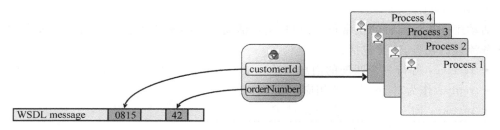

图 15-39　相关集的概念

⑤ 作用域(scope)

每个作用域提供了活动执行的上下文,包括故障处理程序、事件处理程序、补偿处理程序、数据变量和相关集,作用域中的所有活动共享这些上下文的内容。

⑥ 生命周期

BPEL4WS 业务流程定义可被看成创建业务流程实例的模板,每个实例都具有自己的生命周期,从实例的创建到实例的终止。实例的创建是隐式的,当 receive 或 pick 活动的 createInstance 属性被设为"yes"时,当活动执行到它们时就会检查该实例是否存在,如果不存在就创建一个新实例。实例可以通过以下几种方式被终止:当定义流程行为的活动全部完成时;当故障到达流程的作用域时;当流程实例被 terminate 活动显式地终止。其中,只有第一种情况下流程的终止是正常的,其他都属于异常终止。

BPEL4WS 虽然定义为业务执行语言,但实际上它并不实际执行业务流程,也就是说它并不涉及业务数据的存储和处理。BPEL4WS 语言从本质上来说应该是一种描述性语言,它只是描述了什么时候、以什么顺序、到哪儿去调用哪些 Web 服务,以及怎样组织这些调用的问题。

BPEL4WS 支持分布式系统的运作,比起传统的分布式系统来说,基于 BPEL4WS 实现的分布式系统具有更高的灵活性,这主要体现在以下几个方面:

- 各个节点机可以为异构系统;
- 可以在运行时动态选择节点机进行处理;
- 可以采用各种通信协议进行通信,只要符合 SOAP 协议。

由于 BPEL4WS 在描述基于 Web 服务的业务流程方面具有的独特优势,很多软件生产厂商也都纷纷加入,随着 BPEL4WS 规范的不断完善,BPEL 在业务流程管理方面的作用将会越来越大。

(2) WSCI

与 BPEL 不同,WSCI 的用途有两个:一是作为 WSDL 的一种扩充,来描述一个服务在与外界交互过程中所遵循的行为规范;二是用来描述多个服务在交互过程中,消息交换的顺序。WSCI 不直接描述可执行的流程,但是其描述的行为规范可以作为设计可执行流程的参考。

WSCI 规范主要包括以下元素。

- 接口(interface):一个接口将包含至少一个流程(process),而一个 Web 服务可以有多个接口,分别表示该服务跟不同的客户端(client)交互时的行为。
- 活动及其编排(activities and choreography of activities):WSCI 通过活动的编排来描述 Web 服务的行为。活动可以是原子的(atomic)或者复杂的(complex),复杂活动是其他活动的组合。而这种组合就是用来编排活动的方式,主要编排方式有顺序执行(sequential execution)、并行执行(parallel execution)、循环执行(looping)和有条件执行(conditional execution)四种。
- 流程(processes):WSCI 中,流程是描述服务行为的、可重用的单元。流程包含原子活动和复杂活动。
- 属性(properties):类似于 BPEL 中的变量(variable),用来表示接口定义中的消息(或者消息的一部分),也可以用来表示服务的其他属性值(如服务实例化时用户设定的该实例的属性值）。
- 上下文（context）：描述一系列活动的执行环境，与 BPEL 中的 Scope 元素类似。
- 消息关联（message correlation）：是一种消息关联机制，保证在服务的交互中，消息能够与正确的服务实例关联。与 BPEL 中的 correlation set 类似。
- 异常（exceptions）：声明服务编排中的异常行为定义和处理方法。
- 事务处理行为（transactions behavior）：定义活动的事务行为和补偿活动。
- 全局模型（global model）：前面已经提到，WSCI 可以用来作为 WSDL 的一种扩充，描述一个服务在与外界交互过程中所遵循的行为规范；同时，WSCI 还可以用来描述多个服务在交互过程中，消息交换的顺序。WSCI 的全局模型用来描述在多个服务交互的情况下的消息行为。通过连接（connect）元素，WSCI 将参与交互的双方的接口连接起来，从而表明了消息的传输方向；而通过多个这种连接，WSCI 提供了描述多个参与者的交互行为的机制。

BPEL 支持定义抽象和可执行的流程，其中抽象流程侧重于描述业务协议，而可执行流程则面向业务流程的自动执行。在 BPEL 的 1.1 版本中，缺乏对人工型活动、子过程等的支持，这也被认为是 BPEL 1.1 版本的主要缺点。目前正在使用的 BPEL 2.0 版已可以实现对人工型活动和子过程的支持。

在运行时，BPEL 语言描述的业务模型需要相应的 BPEL 引擎。目前支持 BPEL 语言的引擎主要有 IBM 公司的 WebSphere Process Server、Oracle 公司的 BPEL Process Manager 和 Active Endpoints 公司的 ActiveBPEL 等。

与 BPEL 不同的是，WSCI 和 WS-CDL 并不面向可执行的流程，而是侧重于描述业务协作的抽象协议。这两个协议在比 BPEL 更抽象的层面描述业务流程的交互和服务的组合，并可以转换为用 BPEL 描述的可执行流程。

（3）WS-CDL

WS-CDL 是基于 XML 的，描述 Web 服务交互的全局行为的语言。与 WSCI 类似，WS-CDL 不是一种可执行的流程描述语言，它也不依赖于任何一种特定的流程描述语言。WS-CDL 的目的是作为流程描述语言（或其他 Web 服务的实现方式）的一种补充，来描述多个服务交互的时候的行为约束，与 WSCI 的 Global Model 的目的是类似的。

WS-CDL 的模型元素主要有以下几种：角色类型（roleType）、关系类型（relationshipType）和参与者类型（participantType）。

- 角色类型是交互参与方的行为的抽象集合。例如，在服务组合中，"Buyer"角色类型代表购买产品或服务的实体；而"Supplier"角色类型代表提供产品或服务，并收取费用的实体。
- 关系类型描述角色类型之间的责任。例如，角色类型"Buyer"和"Supplier"之间的责任可能包括：
    - "Purchasing"关系类型，描述在服务或者产品的购买过程中，角色类型"Buyer"和"Supplier"的责任。
    - "Customer Management"关系类型，描述在购买过程发生之后，角色类型"Supplier"应该如何为角色类型"Buyer"提供售后服务。
- 参与者类型是角色类型的集合，表示了在 Web 服务交互中一个参与方所承担的所有角色。

在 WS-CDL 中还包括信息类型(informationType)、变量(variable)和令牌(token)。其中信息类型用来定义 Web 服务交互中使用的数据对象的类型,变量用来描述交互的数据对象,而令牌用来描述变量的一部分。

WS-CDL 中的编排(choreography)定义了参与者类型之间的交互(collaboration);管道类型(channelType)定义参与者类型之间的信息交互类型和方式;工作单元(workunit)定义一系列活动的组合,并可以定义这个组合的执行约束;活动(activities)和顺序结构(ordering structures)活动用来定义编排中发生的行为,而顺序结构描述如何将多个活动按一定顺序组织成一个更大的结构;交互活动(interaction activity)中的交互(interaction)是编排中的基本单元,一次交互意味着参与者之间的一次信息传递;语义(semantics)用来记录交互模型中与语义有关的描述信息。

BPEL 直接面向执行,因此需要执行引擎的支持。而 WSCI 和 WS-CDL 侧重于对交互行为的描述,因此可以用于 Web 服务组合的描述、可视化、仿真和分析。另外,还可以通过模型驱动的方法,将 WSCI 或者 WS-CDL 的描述转换为 BPEL,从而支持 Web 服务交互的自动执行。

另外还存在一些其他的服务组合描述语言。例如前面提到的 OWL-S,其规范中的 ServiceModel 也是对服务组合的描述。这里不再赘述,感兴趣的读者可以阅读相关参考文献。

15.9 面向服务的组件模型

通过这一章前面的讨论可以看出,SOA 更像是一个概念框架。在 SOA 中,服务是基本要素,相对粗粒度的业务组件被作为服务公开。SOA 将企业的 IT 系统构造为一系列可重用的服务,这些服务是松散耦合的,与平台和实现无关的。SOA 将解决方案设计为服务的组装,通过定义良好的接口和契约进行连接。

与 SOA 的概念相比,面向服务的组件模型还是一个新出现的事物。虽然 Web 服务相关标准(如 WSDL、SOAP、UDDI、BPEL4WS 等)的出现使得用户使用和组装服务成为可能,但是,仅凭借这些标准,还不足以支持 SOA 下应用的开发,也无法支持对已有遗产系统的统一的封装。为了使客户能够更加简单地实现向 SOA 的转变,IBM、BEA、SAP、Oracle 等厂商于 2005 年 11 月提出了一种新的服务组件模型,即服务组件架构(service component architecture,SCA)。

简单来说,SCA 是一个规范,它描述使用 SOA 构建应用程序和系统的开发模型。它可简化使用 SOA 进行的应用程序开发和实现工作。

SCA 是一种全新的、跟语言无关的组件编程模型,它提供了一种统一的调用方式,从而使得用户可以把不同的组件类型,比如简单 Java 对象、EJB、C++ 对象、流程组件等,通过标准的接口来进行封装和调用。通过与服务数据对象(service data objects,SDO)这种数据模型相结合,这种服务组件的编程模型可以大大地简化客户的编程,提高应用的灵活性。

服务组件架构的概念示意图如图 15-40 所示,下面解释图中的各个概念。

组件(component)是 SCA 中的基本组成元素和基本构建单位,也是实现具体业务逻辑

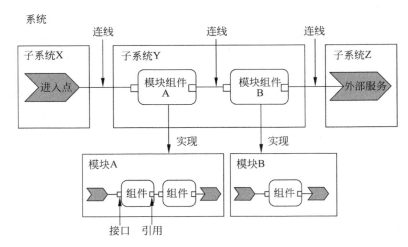

图 15-40　服务组件架构(SCA)概念示意图

单元。基于 SCA 规范，SCA 中的服务组件可通过 Java 对象、C++ 对象、业务流程(BPEL)等来实现。服务组件提供给其他服务调用的入口叫接口(interface)。而服务组件本身可能也需要调用其他服务，这个调用出口叫引用(reference)。SCA 服务组件的接口规范主要基于 WSDL(Web Service Description Language)，为了给 Java 编程人员提供一个比较直接的接口，SCA 的部分服务组件也提供了 Java 接口。因此，使用服务组件的客户端可以选择使用 WSDL 接口或 Java 接口。无论是接口还是引用，其调用规范都是 WSDL 或 Java 接口。

相对紧密耦合的组件组成模块(module)，模块之间是相对松散耦合的。模块组件(module component)是经过配置的模块，包含一个或者多个组件、外部服务(external services)、进入点(entry points)，以及它们之间的连线(wire)。下面解释以上提到的三个概念，即外部服务、进入点以及连线。

- 进入点(entry points)定义了模块提供的服务，这种服务可以被同一模块中的其他组件使用，也可供模块外的其他组件使用，即，通过进入点将模块的功能暴露给外界。
- 外部服务(external services)用来引用其他模块提供的服务，与进入点的功能恰好相反，外部服务用来引用那些已经暴露出来的供外界调用的服务。
- 连线(wire)用来连接组件之间的接口和引用，连接模块(或者组件)和它们的进入点/外部服务。

一个子系统(subsystem)用来聚合提供相关业务功能的模块，而子系统又可以聚合成系统(system)。

与传统组件模型相比，SCA 的主要特点在于：

(1) 服务组件往往是粗粒度的，而传统组件以细粒度居多，即 SCA 面向业务，而传统组件面向具体的软件实现。

(2) 服务组件的接口是标准的，主要是 WSDL 接口，其实现与语言无关，而传统组件常以依赖具体编程语言的 API 形式出现。

(3) 服务组件可以通过组件容器提供 QoS 的服务，而传统组件则完全由程序代码直接控制。

目前支持 SCA 的软件工具有 IBM 的业务流程运行平台 WebSphere Process Server(WPS)

V6（www.ibm.com/software/integration/wps/）、开源项目 Apache Tuscany（http://incubator.apache.org/tuscany/）等。值得注意的是，目前 SCA 只是在 IBM 的业务流程运行平台中得到支持，而今后 SCA 将作为一个 IBM 软件重要的编程模型被应用到底层平台（如应用服务器）当中。

与 SCA 相对，服务数据对象（service data objects）致力于为 SOA 中处理数据提供统一的方式，而不论数据的来源和格式。SDO 提供了一种对数据库和对服务来说统一的数据处理方式。SCA 和 SDO 都可以独自使用，然而如果将 SCA 和 SDO 结合起来一起使用，就可以为使用 SOA 搭建应用系统提供一种快捷而灵活的方式。

参 考 文 献

[1] Lucas H C,Jr. 管理信息技术[M]. 北京:机械工业出版社,1999.

[2] Davis G B, Olson M H. Management information systems:Conceptual foundations,structure,and development[M]. 2nd ed. New York:McGraw-Hill,1985.

[3] 刘红军. 信息管理基础[M]. 北京:高等教育出版社,2004.

[4] 托马斯·弗里德曼. 世界是平的——"凌志汽车"和"橄榄树"的视角[M]. 赵绍棣,黄其祥,译. 北京:东方出版社,2006.

[5] Manyika J,et al. Big data:The next frontier for innovation, competition, and productivity[OL]. (2011-07)[2014-02-21]. http://www.mckinsey.com/insights/business_technology/big_data_the_next_frontier_for_innovation.

[6] Howe J. 众包——大众力量缘何推动商业未来[M]. 牛文静,译. 北京:中信出版社,2009.

[7] Michael S. Branicky, et al. Multi-disciplinary challenges and directions in networked cyber-physical systems [OL]. http://varma.ece.cmu.edu/cps/Position-Papers/Branicky.pdf.

[8] 周海平. 信息物理系统(cyber physical systems)及其对复杂网络研究的影响[OL]. 2010-03-23. http://www.sciencenet.cn/blog/user_content.aspx?id=305683.

[9] 任晓华,丁立铭. 联合攻击战斗机(JSF)项目中信息化技术的应用经验[J]. 军民两用技术与产品,2002,(11):34-36.

[10] 范玉顺,刘飞,祁国宁. 网络化制造系统及其应用实践[M]. 北京:机械工业出版社,2003.

[11] 陈果. 协同产品商务(CPC)在高科技制造行业的应用——惠普和戴尔的案例分析[OL]. 2014-06-08. http://www.ie56.com/page/subject/articleshow.asp?articleid=23.

[12] 王瑞斌. 新 Secondlife 异常惊艳[OL]. 2014-07-12. http://blog.sina.com.cn/s/blog_53f3605001000apw.html.

[13] 荷兰百强企业中百分之三十参与虚拟世界[OL]. 2014-07-12. http://www.qianjia.com/html/2007-07/29845.html.

[14] 詹姆斯·P.沃麦克,英丹尼尔·T.琼斯,美丹尼尔·鲁斯. 改变世界的机器[M]. 沈希瑾,李京生,周亿俭,等,译. 北京:商务印书馆,1999.

[15] 邓宏筹,胡春晓,刘现柱. 敏捷制造模式的探索研究[J]. 计算机集成制造系统-CIMS,1997,3(4):24-29.

[16] 战德臣,叶丹,徐晓飞,等. 动态联盟建立过程研究[J]. 计算机集成制造系统-CIMS,1997,3(4):3-7.

[17] 祁国宁,顾新建. 制造业信息化导论[M]. 杭州:浙江大学出版社,2007.

[18] 美国波音公司简介[EB/OL]. 2014-06-08. http://mil.eastday.com/m/20061020/u1a2389728.html.

[19] 顾惠忠,王荣阳,等. 浅析战略引领下的企业管理与重组——对波音公司、联合技术公司的考察报告[J]. 中国总会计师,2010,78(1):70-74.

[20] 冯斌. 波音 787 的新技术[J]. 航空维修与工程,2005,(5):37-39.

[21] 于勇,陶剑,等. 波音 787 飞机装配技术及其装配过程[J]. 航空制造技术,2009,14:44-47.

[22] 李薇田,等. 智能物流[M]. 北京:北京大学出版社,2013.

[23] 任晓华,丁立铭. 联合攻击战斗机(JSF)项目中信息化技术的应用经验[J]. 军民两用技术与产品. 2002,(11):34-36.

[24] 众包[OL]. MBA 智库百科. 2014-06-09. http://wiki.mbalib.com/wiki/%E4%BC%97%E5%8C%85.

[25] Arthur F. Pease. Software revving the creativity engine. Pictures of the future[M]. Simens,Spring 2013,15-17.

[26] 众包[OL]. 百度百科. 2014-06-09. http://baike. baidu. com/view/729695. htm.

[27] 袁选民,殷志云. 无边界组织的产生、概念、内涵及其构建[J]. 经济问题探索,2005,(3):90-93.

[28] 杨敏杰. 创新性企业如何构建扁平化无边界组织结构[J]. 商业研究,2003,(12,总第 272 期):35-37.

[29] 财富中文网. 2014-07-07. http://www. fortunechina. com/global500/12/2013/GENERAL-ELECTRIC.

[30] 杰克·韦尔奇,约翰·拜恩. 杰克·韦尔奇自传[M]. 草彦博,孙立明,丁浩,译. 北京:中信出版社,2004.

[31] Hammer M. Reengineering work:Don't automate,obliterate[J]. Harvard Business Review,1990,July:104-112.

[32] Davenport T H,Short J E. The new industrial engineering:Information technology and business process redesign[J]. Sloan Management Review,1990,Summer:11-27.

[33] Grover V,Kettinger W. Business process change:Reengineering concepts,methods and technologies [M]. Hershey,PA:Idea Group Publishing,1995.

[34] 范玉顺. 工作流管理技术基础[M]. 北京:清华大学出版社,德国:施普林格出版社,2001.

[35] 范玉顺. 集成化企业建模方法与系统[M]. 北京:电力工业出版社,2007.

[36] 张瑞敏. 前台一张网,后台一条链——以市场链为纽带实施业务流程再造和信息化[J]. 企业管理,2002,(1):21-24.

[37] 蒋黔贵. 海尔市场链与信息化[M]. 北京:中国经济出版社,2002.

[38] 王田苗,胡耀光. 基于价值链的企业流程再造与信息集成[M]. 北京:清华大学出版社,2002 .

[39] 路蓉. 海尔业务流程再造研究[D]. 中国海洋大学研究生学位论文,2004.

[40] Grover V. From business reengineering to business process change management:A longitudinal study of trends and practices[J]. IEEE Trans on Engineering Management,1999,46(1):36-46.

[41] 张世琪,李迎,孙宇,等. 现代制造引论[M]. 北京:科学出版社,2003.

[42] 吴澄. 现代集成制造系统导论——概念、方法、技术和应用[M]. 北京:清华大学出版社,德国:施普林格出版社,2002.

[43] 吴丹,王先逵,魏志强. 飞机产品数字化定义技术[J]. 航空制造技术,2001,(4):21-25.

[44] 王克明. 多学科协同仿真平台研究及其应用[D]. 清华大学博士学位论文,2005.

[45] 唐福勇. 中国存在较大空间提升服务业[N/OL]. 中国经济时报,2013-09-11. http://lib. cet. com. cn/paper/szb_con/168544. html.

[46] 谢鸿光.《2013 年统计公报》评读[N/OL]. 2014-02-24. http://www. stats. gov. cn/tjsj/sjjd/201402/t20140224_514990. html.

[47] 刘建国. 现代制造服务业发展模式与实施策略[J]. 商业经济,2012,(3):56-57.

[48] 祁国宁. 制造服务——背景、内涵和技术体系[C]//2008 年制造业信息化科技工程——现代制造服务业专题工作研讨会,大会报告,2008-11-26.

[49] Fitzsimmons J A,Fitzsimmons M I. 服务管理:运作、战略与信息技术(原书第 5 版)[M]. 张金成,范秀成,等,译. 北京:机械工业出版社,2007.

[50] 蔺雷,吴贵生. 服务创新[M]. 北京:清华大学出版社,2003.

[51] 杨坤. 信息技术、服务生产力与服务质量[J]. 生产力研究,2005,(10):84-86.

[52] 鲁若愚,段小华,张鸿. 制造业的服务创新与差别化战略[J]. 四川大学学报(哲学社会科学版),2000,(6):16-20.

[53] 蔺雷,吴贵生. 服务创新:研究现状、概念界定及特征描述[J]. 科研管理,2005,(2):1-6.

[54] 张光明. 物流服务创新模式研究[J]. 经济管理,2006,(18):57-61.

[55] 蔺雷,吴贵生. 服务创新的四维度模型[J]. 数量经济技术经济研究,2004,(3):32-37.

[56] 翟运开,倪燕翎,杜娟. 物流服务创新模式:"四棱锥"模型研究[J]. 统计与决策,2006,(21):17-19.

[57] 舒伯阳,樊志勇. 服务创新的价值贡献与方法选择[J]. 经济管理,2006,(9):79-83.

[58] 比特网. 富士施乐办公文件管理服务提升企业竞争力[OL]. 2014-07-11. http://tech.sina.com.cn/roll/2008-02-09/0200574862.shtml.

[59] Janssen M. Exploring the service-oriented enterprise: Drawing lessons from a case study[C]//Proc of the 41st Hawaii International Conference on System Science, Jan 7-10, 2008, pp. 1-10.

[60] Janssen M, Hoha A. Emerging shared service organizations and the service-oriented enterprise-critical management issues[J]. International Journal of Strategic Outsourcing, 2008, 1(1): 35-48.

[61] Brown G, Carpenter R. Successful application of service-oriented architecture across the enterprise and beyond[J]. Intel Technology Journal, 2004, 8(4): 345-359.

[62] Cherbakov L, Galambos G, Harishankar R, et al. Impact of service orientation at the business level[J]. IBM Systems Journal, 2005, 44(4): 653-668.

[63] 范玉顺. 面向服务的企业的体系架构与关键技术[J]. 航空制造技术, 2010, (3): 26-31.

[64] ESPRIT Consortium AMICE. CIMOSA: Open System Architecture for CIM[M]. Berlin: Springer-Verlag, 1993.

[65] Williams T J. CIM 规划和实施的技术指南——Purdue 企业参考体系结构[M]. 陈禹六, 等, 译. 北京: 兵器工业出版社, 1993.

[66] Doumemeingts G, et al. GRAI approach to designing and controlling advanced manufacturing system in CIM environment[M]// Nof S Y, Modies C L, eds. Advanced Information Technologies for Industrial Material Flow Systems. New York: Springer, 1989.

[67] Scheer A W. Architecture of integrated information system—Foundations of enterprise modelling [M]. Berlin: Springer-Verlag, 1992.

[68] Rodim E, ed. Dynamic enterprise innovation: Establishing continuous improvement in business. The Netherlands: BAAN Business Innovation B. V., 1998.

[69] 吴澄, 范玉顺. 企业实施 CIMS 工程的 20 字方针[J]. 机械工艺师, 1997, (2): p. 2-3.

[70] Steve Clarke. Information systems strategic management—An integrated approach [M]. London & New York: Routledge, 2001.

[71] 李芳芸, 田雨华. CIMS 问答[M]. 北京: 兵器工业出版社, 1999.

[72] 国家高技术计划自动化领域 CIMS 主题专家组. 863/CIMS 主题项目技术研究纲要[R]. 1989 年 6 月.

[73] 吴澄, 李伯虎. 从计算机集成制造到现代集成制造——兼谈中国 CIMS 的系统论的特点[J]. 计算机集成制造系统, 1998, 4(5): 1-6.

[74] 李伯虎, 吴澄. 现代集成制造的发展与 863/CIMS 主题的实施策略[J]. 计算机集成制造系统, 1998, 4(5): 7-15.

[75] 黄双喜, 范玉顺. 飞机产品生命周期管理入口技术研究[J]. 航空制造技术, 2004, 2: 49-52.

[76] 杨岳, 罗意平. CAD/CAM 原理与实践[M]. 北京: 中国铁道出版社, 2002.

[77] 蔡颖, 薛庆, 徐弘山. CAD/CAM 原理与应用[M]. 北京: 机械工业出版社, 1998.

[78] 姚英学, 蔡颖. 计算机辅助设计与制造[M]. 北京: 高等教育出版社, 2002.

[79] 卜昆. 计算机辅助制造[M]. 北京: 科学出版社, 2003.

[80] 王先逵. 计算机辅助制造[M]. 北京: 清华大学出版社, 1999.

[81] 罗学科. 计算机辅助制造[M]. 北京: 化学工业出版社, 2001.

[82] 约瑟夫·萧塔纳. 制造企业的产品数据管理[M]. 祁国宁, 译. 北京: 机械工业出版社, 2000.

[83] 高奇微, 莫欣农. 产品数据管理(PDM)及其实施[M]. 北京: 机械工业出版社, 1998.

[84] 黄双喜, 范玉顺. 飞机产品生命周期管理[J]. 航空制造技术, 2003, 4: 3-7.

[85] 吴祖育, 秦鹏飞. 数控机床[M]. 上海: 上海科学技术出版社, 2000.

[86] 黄学文. 制造执行系统的研究和应用[D]. 大连理工大学博士学位论文, 2003.

[87] Wiendahl H P. 面向负荷的生产控制——理论基础、方法与实践[M]. 肖田元, 范玉顺, 姚小冬, 译.

北京：清华大学出版社,1999.
- [88] 孟凡强. CRM 行动手册：策略、技术和实现[M]. 北京：机械工业出版社,2002.
- [89] 朱云龙,南琳,王扶东. CRM 理念、方法与整体解决方案[M]. 北京：清华大学出版社,2004.
- [90] Biscotti F, Fulton R. Infrastructure and applications worldwide software market definitions (Gartner Dataquest Guide). 2014-07-17. http://www.gartner.com/DisplayDocument? doc_cd=106528.
- [91] Codd E F. Relational databases: A practical foundation for Productivity[J]. Comm ACM,1982,25(2):109-117.
- [92] BPMI.org. Business Process Modeling Language [EB/OL]. 2002. http://www.bpmi.org/bpml-spec.esp.
- [93] Sangiorgi D, Walker D. The Pi-calculus: A theory of mobile processes [M]. Cambridge, UK: Cambridge University Press,2001.
- [94] IBM Redbook. Continuous business process management with HOLOSOFX BPM suite and IBM MQSeries workflow. 2002-05-12. http://www.redbooks.ibm.com/pubs/pdfs/redbooks/sg246590.pdf.
- [95] 白鑫鑫. 实时业务过程性能管理与工作流动态建模技术研究[D]. 清华大学自动化系硕士学位论文,2005.
- [96] Workflow Management Coalition. The workflow reference model. WFMC-TC00-1003. 1995. http://www.wfmc.org/standards/docs.htm.
- [97] 林友芳. 现代企业管理[M]. 北京：中国统计出版社,2000.
- [98] Coase R H. The nature of the firm [J]. Economica,1937,(4):386-405.
- [99] ISO 26000. Social responsibility. 2014-08-16. http://www.iso.org/iso/home/standards/iso26000.htm.
- [100] 王耀平,王伯庭. 现代企业问题法律分析[M]. 长春：吉林人民出版社,2003,p.65.
- [101] 傅静坤. 民法总论[M]. 广州：中山大学出版社,2002,p.87.
- [102] Fayol H. 工业管理与一般管理[M]. 周安华,等,译. 北京：中国社会科学出版社,1982.
- [103] Simon H A. 管理决策新科学[M]. 李柱流,等,译. 北京：中国社会科学出版社,1982.
- [104] Harold H, et al. 管理学[M]. 黄洁钢,范煦,等,译. 上海：上海人民出版社,1990.
- [105] 金占明. 企业管理学[M]. 北京：清华大学出版社,2002.
- [106] 蔡宁. 现代管理学[M]. 北京：科学出版社,2000.
- [107] 陈力华,邱羚. 组织行为学[M]. 北京：清华大学出版社,2005.
- [108] 赵黎明. 现代企业管理学[M]. 天津：天津大学出版社,2002.
- [109] Koontz H. The management theory jungle [J]. Journal of the Academy of Management,1961,4(3):174-188.
- [110] 赵丽芬. 管理学概论[M]. 上海：立信会计出版社,2004.
- [111] 赫伯特·西蒙. 维基百科. 2014-08-12. http://wiki.mbalib.com/wiki/%E8%B5%AB%E4%BC%AF%E7%89%B9%C2%B7%E8%A5%BF%E8%92%99.
- [112] Achrol R S, Kotler P. Marketing in the network economy[J]. Journal of Marketing,1999,63(4):146-163.
- [113] 张鸿涛,徐连明,张一文. 物联网关键技术及系统应用[M]. 北京：机械工业出版社,2011.
- [114] ITU-T-Y.2060. Overview of the internet of things. 2012. [2014-08-18]. https://www.document-center.com/standards/show/ITU-T-Y.2060.
- [115] 中国互联网络信息中心. 物联网简介. 2014-08-18. http://www1.cnnic.cn/ScientificResearch/LeadingEdge/wlw1/.
- [116] Ashton K. That 'Internet of Things' Thing [J/OL]. RFID Journal,2009-06-22. [2014-08-18] http://www.itrco.jp/libraries/RFIDjournal-That%20Internet%20of%20Things%20Thing.pdf.

[117] ITU. ITU Internet Reports: The Internet of Things[R]. 2005.

[118] IBM. What is a smarter planet[OL]. 2014-08-18. http://www.ibm.com/smarterplanet/us/en/overview/ideas.

[119] Commission of the European Communities. Internet of things—An action plan for Europe. 2009. [2014-08-18], http://eur-lex.europa.eu/LexUriServ/LexUriServ.do?uri=COM:2009:0278:FIN:EN:PDF.

[120] 孙其博,刘杰,黎羴. 物联网:概念,架构与关键技术研究综述[J]. 北京邮电大学学报. 2010,33(3):1-9.

[121] 工业和信息化部. 物联网"十二五"发展规划[R]. 2011.

[122] 国家发展改革委员会. 物联网发展专项行动计划(2013—2015)[R]. 2013.

[123] Garfinkel S, Rosenberg B. RFID: Application, security, and privacy[M]. Boston, MA: Addison-Wesley, 2006.

[124] Myung J, Lee W, Srivastava J. Adaptive binary splitting for efficient RFID tag anti-collision[J]. IEEE Communications Letters, 2006, 10(3): 144-146.

[125] Quan C-H, Hong W-K, Kim H-C. Performance analysis of tag anti-collision algorithms for RFID systems[C]//Zhou X, ed. EUC Workshops 2006, 2006, 382-391.

[126] Garfinkel S L, Juels A, Pappu R. RFID privacy: An overview of problems and proposed solutions[J]. IEEE Security & Privacy, 2005, 34-43.

[127] Juels A. RFID security and privacy: A research survey [J]. IEEE Journal on Selected Areas in Communications, 2006, 24(2): 381-394.

[128] 李锦涛,郭俊波,罗海勇,等. 射频识别(RFID)技术及其应用[J]. 信息技术快报, 2004, (11).

[129] 郎为民. 射频识别(RFID)技术原理与应用[M]. 北京:机械工业出版社, 2006.

[130] 李泉林,郭龙岩. 综述 RFID 技术及其应用领域[J]. RFID 技术与应用, 2006, 1(1): 51-62.

[131] Pietzuch P. Hermes: A scalable event-based middleware[D]. Computer Laboratory, University of Cambridge, 2004.

[132] Bai Y, Wang F, Liu P. Efficiently filtering RFID data streams [C]//Proceedings of the First Int'l VLDB Workshop on Clean Databases(CleanDB 2006). New York: ACM, 2006, 50-57.

[133] Perrochon L, Mann W, Kasriel S, et al. Event mining with event processing networks[C]//Zhong N, Zhou L, eds. Proceedings of the Third Pacific-Asia Conference on Methodologies for Knowledge Discovery and Data Mining. Berlin: Springer, 1999, 474-478.

[134] 孙利民,李建中,陈渝. 无线传感器网络[M]. 北京:清华大学出版社, 2005.

[135] Kahn J M, Katz R H, Pister K S J. Next century challenges: Mobile networking for 'Smart Dust' [C]//Proceedings of the 5th Annual ACM/IEEE International Conference on Mobile Computing and Networking, 1999, 271-278.

[136] Akyildiz I F, Su W, Sankarasubramaniam Y. Wireless sensor networks: A survey[J]. Computer Networks, 2002, 38(4): 393-422.

[137] 朱向庆,王建明. ZigBee 协议网络层的研究与实现[J]. 电子应用技术, 2006, 1: 129-132.

[138] Gay D, Levis P, Von Behren R, et al. The nesC language: A holistic approach to networked embedded systems[J]. ACM SIGPLAN Notices, 2003, 38(5): 1-11.

[139] Levis P, Madden S, Polastre J, et al. TinyOS: An operating system for sensor networks [M]//Weber W, Rabaey J M, Aarts E, eds. Ambient Intelligence. Berlin: Springer, 2005.

[140] 孟小峰,慈祥. 大数据管理:概念、技术与挑战[J]. 计算机研究与发展, 2013, (1): 146-169.

[141] Ghemawat S, Gobioff H, Leung S T. The Google file system[C/J]//Proceedings of the 19th ACM Symposium on Operating Systems Principles: ACM SIGOPS Operating Systems Review, 2003, 37(5): 29-43.

[142] 樊宏. 沃尔玛的 RFID 时代[J]. 中国物流与采购,2006,13:50-51.

[143] 王凤花,张淑娟. 精细农业田间信息采集关键技术的研究进展[J]. 农业机械学报,2008,5: 112-121.

[144] Park D H, Kang B J, Cho K R, et al. A study on greenhouse automatic control system based on wireless sensor network [J]. Wireless Personal Communication,2011,56(1):117-130.

[145] Mancuso M, Bustaffa F. A wireless sensors network for monitoring environmental variables in a tomato greenhouse[C]//2006 IEEE International Workshop on Factory Communication Systems, Torino, Italy. 2006,107-110.

[146] 谢辉,董德存,欧冬秀. 基于物联网的新一代智能交通[J]. 交通科技与经济,2011,1:33-36.

[147] 陈滢,王庆波,金涬,等. 虚拟化与云计算[M]. 北京:电子工业出版社,2009.

[148] 祁伟,刘冰,路士华,等. 云计算:从基础架构到最佳实践[M]. 北京:清华大学出版社,2013.

[149] NIST 的云计算定义. 2014-02-17. http://csrc.nist.gov/publications/nistpubs/800-145/SP800-145.pdf.

[150] 加州大学伯克利分校的云计算定义. 2010-03-19. http://www.eecs.berkeley.edu/Pubs/TechRpts/2009/EECS-2009-28.html.

[151] IBM 云计算技术白皮书. 2014-06-17. http://download.boulder.ibm.com/ibmdl/pub/software/dw/wes/hipods/Cloud_computing_wp_final_8Oct.pdf.

[152] 维基百科的云计算定义. 2014-06-17. http://en.wikipedia.org/wiki/Cloud_computing.

[153] Gartner 的云计算定义. 2014-06-17. http://www.gartner.com/technology/topics/cloud-computing.jsp.

[154] Strachey C. Time sharing in large fast computers[J]. Proceedings of IFIP Congress, 1959: 336-341.

[155] Ginsberg J, Mohebbi M H, Patel R S, et al. Detecting influenza epidemics using search engine query data[J]. Nature,2009,457(7232):1012-1014.

[156] Scherer M. Inside the secret world of the data crunchers who helped Obama win [J]. TIME,2012, 42:8-13.

[157] 维克托·迈尔-舍恩伯格. 大数据时代[M]. 周涛,译. 浙江:浙江人民出版社,2012.

[158] Chui M, Brown B, Bughin J, et al. Big data: The next frontier for innovation, competition, and productivity[R]. McKinsey Global Institute,2011.

[159] The Digital Universe in 2020: Big Data, Bigger Digital Shadows, and Biggest Growth in the Far East [J]. IDC Digital Universe Study,2012.

[160] 涂子沛. 大数据[M]. 桂林:广西师范大学出版社,2012.

[161] 艾伯特·拉斯洛·巴拉巴西. 爆发[M]. 马慧,译. 北京:中国人民大学出版社,2012.

[162] 腾讯科技讯. Twitter 消息成对冲基金经理预测股价走势利器[OL]. 2014-08-31. http://finance.qq.com/a/20110911/000849.htm.

[163] 赵国栋,易欢欢,糜万军,等. 大数据时代的历史机遇:产业变革与数据科学[M]. 北京:清华大学出版社,2013.

[164] IBM 大数据软件正在颠覆脑损伤治疗[OL]. 2014-07-19. http://www.sootoo.com/content/404510.shtml.

[165] 郭昕,孟晔. 大数据的力量[M]. 北京:机械工业出版社,2013.

[166] 贞元. 亚马逊——大数据时代的广告新玩法[OL]. 2014-07-19. http:zhenyuan.baijia.baidu.com/article/18957.

[167] 吴忠,丁绪武. 大数据时代下的管理模式创新[J]. 企业管理,2013,(10):35-37.

[168] Walters D, Lancaster G. Value and information—concepts and issues for management [J]. Management Decision,1999,37(8):643-656.

[169] 冯芷艳,郭迅华,曾大军,等. 大数据背景下商务管理研究若干前沿课题[J]. 管理科学学报,

2013,(01):1-9.

[170] Ghemawat S,Gobioff H,Leung S T. The Google File System[C]//In Proceedings of International Conference on SOSP,Oct. 19-22,2003. New York, NY: ACM Press, 2003:29-43.

[171] Chang F,Dean J,Ghemawat S,et al. Bigtable: A distributed storage system for structured data [C]//Proceeding of International Conference on OSDI,2006,205-218.

[172] Dean J,Ghemawat S. MapReduce: Simplified data processing on large clusters[C]//Proceedings of International Conference on OSDI,2004,137-150.

[173] Xia B, Fan Y,Huang K. A method for predicting perishing services in a service ecosystem[C]// 2013 International Conference on Service Sciences (ICSS), Shenzhen, China, 11-13 April, 2013: 13-17.

[174] Huang K,Fan Y,Tan W,et al. Service recommendation in an evolving ecosystem: A link prediction approach [C]//2013 IEEE 20th International Conference on Web Services (ICWS), Santa Clara, CA. June 28-July 3, 2013. Wiley-IEEE Press, 2013:507-514.

[175] Huang K, Fan Y, Tan W. Recommendation in an evolving service ecosystem based on network prediction [J]. IEEE Transactions on Automation Science and Engineering,2014,11(3):906-920.

[176] 王宏鼎,童云海,谭少华,等. 异常点挖掘研究进展[J]. 智能系统学报,2006,(1):67-73.

[177] 覃雄派,王会举,李芙蓉,等. 数据管理技术的新格局[J]. 软件学报,2013,(2):175-197.

[178] 范玉顺,吴澄,石伟. CIMS应用集成平台技术发展现状与趋势[J]. 计算机集成制造系统,1997,3 (5):3-8.

[179] Gartner. Service Oriented Architectures,Part 1,Part 2[R]. Research Note SPA-401-068,SPA-401-069. 1996. [2014-09-10]. https://www.gartner.com/doc/302868.

[180] Bieberstein N,et al. Service-oriented architecture compass: Business value,planning,and enterprise roadmap. Indianapolis,IN: IBM Press,2005.

[181] W3C. Extensible Markup Language(XML). 2014. http://www.w3.org/xml/.

[182] W3C. OWL-S: Semantic markup for Web services 2004. 2014-09-10. http://www.w3.org/Submission/OWL-S/.

[183] Roman D,et al. WWW: WSMO, WSML, and WSMX in a nutshell[C]//The Semantic Web—ASWC 2006,LNCS 4185,Berlin: Springer,2006:516-522.

[184] Lara R,et al. A conceptual comparison of WSMO and OWL-S[C]//European conf on Web Services (ECOWS 2004),2004:254-269.

[185] Milanovic N, Malek M. Current solutions for Web service composition [J]. IEEE Internet Computing,2004,8(6):51-59.

[186] Hull R,Su J. Tools for composite web services: A short overview [J]. ACM SIGMOD Record, 2005,34(2):86-95.